# Die Stellung des Staatsoberhauptes in der parlamentarischen Diskussion und Staatsrechtslehre von 1848 bis 1918

# Rechtshistorische Reihe



Band 272

Peter Lang
Frankfurt am Main · Berlin · Bern · Bruxelles · New York · Oxford · Wien

Mathias Bouveret

# Die Stellung des Staatsoberhauptes in der parlamentarischen Diskussion und Staatsrechtslehre von 1848 bis 1918

Peter Lang
Europäischer Verlag der Wissenschaften

**Bibliografische Information Der Deutschen Bibliothek**
Die Deutsche Bibliothek verzeichnet diese Publikation in der Deutschen Nationalbibliografie; detaillierte bibliografische Daten sind im Internet über <http://dnb.ddb.de> abrufbar.

Zugl.: Würzburg, Univ., Diss., 2002

Die vorliegende Arbeit wurde von
Prof. Dr. Dietmar Willoweit
zur Aufnahme in die Reihe empfohlen.

D 20
ISSN 0344-290X
ISBN 3-631-51158-2



www.peterlang.de

# INHALTSVERZEICHNIS

# A. EINLEITUNG

## I.

Geschichte - auch Verfassungsgeschichte - wird häufig aus der Perspektive eines Beobachters geschildert, der den sich dem jeweils geschilderten Vorgang anschließenden Vorgang kennt. Geschichtsschilderung aus dieser ex-post-Perspektive läßt historische Ereignisse gerne in Richtung auf das bekannte Ergebnis einer Entwicklung ablaufen. So werden die den Zeitgenossen möglicherweise noch als reale Handlungsvarianten erscheinenden Möglichkeiten im nachhinein zu abwegigen Alternativen; gewisse Vorgänge "müssen" einen bestimmten Ausgang nehmen, um noch - deterministisch - in das Bild eines auf ein Ziel zustrebenden Ablaufes zu passen.

Davon sollte man sich freimachen. Das Ziel der vorliegenden Arbeit sollte es sein, die Entwicklung der Stellung der deutschen Staatsoberhäupter zwischen 1848 und 1918 aus sich selbst heraus zu schildern. Da Geschichte gerade nicht final abläuft, verbietet sich eine zielorientierte Betrachtung der Entwicklung der konstitutionellen Monarchie in dem angesprochenen Zeitraum im Hinblick auf die Einführung des Parlamentarismus nach dem Ersten Weltkrieg. Diese Arbeit sollte daher nicht aus der Sicht von 1918 oder gar aus der Sicht der heutigen parlamentarischen Demokratie geschrieben werden.

Diese Untersuchung geht daher von der Entwicklungsgeschichte der einzelnen Verfassungen[1] aus und versucht sodann eine Interpretation der einschlägigen Verfassungsnormen aus der Perspektive der Zeitgenossen zum Zeitpunkt der Schaffung der jeweiligen Verfassung. Daran schließt sich der Versuch an, die Entwicklung der Auffassungen der Zeitgenossen zu den einmal in den Verfassungen zum Ausdruck kommenden Wertvorstellungen zu verfolgen und beides - Entstehungs- und Entwicklungsgeschichte - einander jeweils kurz gegenüberzustellen. Dabei gerät natürlich die Staatsrechtslehre in den Vordergrund, auf die ein besonderes Augenmerk gelegt wurde, spiegelt sich doch gerade in ihr die jeweils aktuelle "Auseinandersetzung" zwischen Verfassungstheorie und Verfassungspraxis, das heißt Verfassungspolitik wieder.

Auf diese Weise sollte ein Entwicklungsprofil entstehen, das abseits von Fragestellungen, die heute - aus der ex-post-Perspektive zu Recht - Ver-

---

1. Im Einzelnen sind dies die Paulskirchenverfassung von 1848/49, die preußische Verfassung von 1850, die Verfassung des Norddeutschen Bundes von 1866/67 und die Reichsverfassung von 1871.

fassungshistoriker beschäftigen[2], einen Abriss zeitgenössischen Denkens über die Rolle des Staatsoberhaupts in den konstitutionellen Monarchien Deutschlands in der zweiten Hälfte des 19. Jahrhunderts bis zum Ende des Ersten Weltkrieges zeichnet.

Ins Blickfeld gerieten dabei 70 sehr ereignisreiche[3] Jahre. Diese komplexe Phase deutscher Verfassungsgeschichte machte es erforderlich, sich auf Kosten der Betrachtung weiterer (Territorial-) Verfassungen auf die "entscheidenden" Verfassungen dieser "Epoche" zu konzentrieren. Die Alternative der Untersuchung der Entstehungs- und Entwicklungsgeschichte weiterer Landesverfassungen bei gleichzeitiger Verkürzung des Untersuchungszeitraumes hätte das Vorhaben torpediert, die erwähnte Entwicklungslinie verfassungsrechtlichen Denkens zu skizzieren. In diesem Fall wäre die Untersuchung über das Betrachten verfassungsgeschichtlicher Ausschnitte nicht hinausgekommen.

Die Menge der Literatur, die sich auf einzelne Phasen des hier untersuchten Zeitraums beziehungsweise auf einzelne Fragestellungen innerhalb dieses Zeitraumes oder gar auf einzelne Fragestellungen innerhalb einzelner der hier untersuchten Verfassungen fokussiert, ist immens. Das Verfolgen der Entwicklung des verfassungsrechtlichen Verständnisses der Zeitgenossen innerhalb des (gesamten) angesprochenen Zeitfensters aus der ex-ante Sicht liegt jedoch in der verfassungshistorischen Literatur - soweit ersichtlich - nicht vor. Bereits in dem Versuch der Beseitigung dieses Defizits[4] liegt die Rechtfertigung der vorliegenden Arbeit.

## II.

Wählt man das Epochenjahr 1848 als Ausgangspunkt seiner Betrachtungen über die verfassungsrechtliche Stellung der deutschen Staatsoberhäupter bis zum Ende des Ersten Weltkrieges, so ist zunächst auffällig, daß es zu diesem Zeitpunkt gar kein (gesamt-) deutsches Staatsoberhaupt gab. Die Reihe dieser Monarchen fand 1806 mit der Niederlegung der Kaiserkrone durch Franz II.[5] ihren vorläufigen Abschluß.

---

2. Ich denke unter anderem an die Frage der möglichen Eigenständigkeit der Epoche des deutschen Konstitutionalismus; lag dem deutschen Konstitutionalismus "ein echter oder ein dilatorischer Kompromiß" zugrunde (so die Fragestellung bei Huber, Verfassungsgeschichte, Bd. 3, S. 9).
3. Erwähnt seien nur die Kriege zwischen Preußen und Österreich, zwischen Deutschland und Frankreich, der Erste Weltkrieg, die Revolution 1918 und der Verfassungskonflikt in Preußen mit seiner innerstaatlichen Zerreißprobe.
4. In dem Begriff "Defizit" steckt eine bewußte Wertung des Verfassers.
5. Erklärung bei Huber, Dokumente, Bd. 1, S. 37 f.

Mit diesem (faktischen) Untergang des Reiches fand eine Entwicklung ihren Abschluß, die bereits weit vor der Französischen Revolution und dem Ansturm der napoleonischen Truppen ihren Ursprung hatte. Gekennzeichnet war diese Entwicklung insbesondere durch einen kontinuierlichen rechtlichen "Machtzerfall"[6] des Kaisers.

Signifikante äußere Merkmale dieser Entwicklung waren sicherlich die "Wahlkapitulationen", derer sich die Reichsstände seit der Wahl Karls V. 1519 bedienten. Sie beschnitten ebenso die kaiserliche Macht, wie die im Westfälischen Frieden von 1648 normierten Bestimmungen.

Seit dem 12. Jahrhundert verdichtete sich der Prozeß der Staatsbildung und damit auch die Organisation der Staatstätigkeit. Dieser Prozeß hatte sich vom Reich immer mehr auf die einzelnen Territorien - mit sehr unterschiedlichen Ergebnissen dort - verlagert. Staatliche Gebilde mit sehr unterschiedlicher Ausbildung der Landeshoheit wie auch der landständischen Institutionen waren aus dieser Entwicklung hervorgegangen. Auch die Entwicklung des Reiches war geprägt durch die immer "souveräner" agierenden Territorialfürsten. Demzufolge entstand auch spätestens ab dem 15. Jahrhundert eine Diskrepanz zwischen dem gewählten Kaiser des Reiches und dem in Personalunion als Landesherr aktiven König, der zugleich eigene dynastische Interessen verfolgte. Zu diesem Zeitpunkt hatte die Reichsverfassung noch einen weitgehend offenen Charakter. Die Regeln für das politische Zusammenwirken von Kaiser, Kurfürsten und Fürsten waren juristisch nicht exakt fixiert, sondern hingen in weitem Maße von den jeweils handelnden Personen ab.

Der Westfälische Friede brachte schließlich die zum Dualismus zwischen Fürsten und Kaiser tendierende Entwicklung zum Abschluß, indem er diesen Dualismus sanktionierte und festschrieb. Für die Gesamtentwicklung von Reich und Ländern von großer Bedeutung war, daß der Westfälische Friede den Reichsständen ihre souveränitätsähnliche Stellung, die die innere Verwaltung und die Vertretung nach außen betraf, und das Recht einschloß, mit ausländischen Mächten Bündnisse einzugehen, bestätigte. Landeshoheit und Bündnisrecht sind konstitutive Elemente moderner Staatlichkeit geworden und haben die großen Territorialstaaten in die Lage versetzt, quasi souverän in das europäische Kräftespiel und in die Völkerrechtspraxis einzugreifen. Der deutsche Föderalismus war zwar nicht geboren, aber doch erstmals schriftlich fixiert und damit ebenso anerkanntes Reichsrecht, wie die sich seit dem 13. Jahrhundert ausbildende Landeshoheit gegenüber den Untertanen.

Mit dieser reichsständischen Libertät verknüpft war die Unmöglichkeit der Bildung einer allumfassenden Monarchie auf Reichsebene. Die Errichtung einer "starken" Monarchie im Reich schied aus, war der Kaiser doch hinsicht-

6. Eisenhardt, Deutsche Rechtsgeschichte, S. 137.

lich der essentiellen Fragen - Krieg und Frieden, Reichsgesetzgebung - auf den Konsens mit den Reichsständen angewiesen. Der Kaiser auf der einen, das Reich - in Form der in drei Kurien versammelten Reichsstände - auf der anderen Seite standen sich als selbständige Partner gegenüber.

Dem Reich war damit zugleich alle staatliche Entwicklungsmöglichkeit genommen. Die Entwicklung der modernen Staatswerdung vollzog sich daher auch - zwangsläufig - auf regionaler Ebene, nicht im Reichsrahmen. Dementsprechend war das Heilige Römische Reich zukünftig primär gekennzeichnet durch seine territoriale und politische Zersplitterung. Das Reich stellte einen Bund selbständiger Partikulargewalten dar.

Dennoch blieb das Kaisertum die zentrale Institution des Reiches und äußerer Ausdruck seiner fortdauernden Einheit, wenngleich sowohl in der Verfassungswirklichkeit wie auch in der täglichen Politik die Macht des Kaisers immer stärker auf seiner Stellung als Herrscher über die - habsburgischen - Erblande beruhte. Damit einher ging - natürlich - ein Verlust an politischem Gewicht der Reichskrone. Die partikularen Interessen der Einzelstaaten überwogen die des Reiches. Dennoch erwies sich weder die Reichsverfassung selbst, noch das Oberhaupt des Heiligen Römischen Reiches deutscher Nation als "überflüssig".

An dessen Spitze blieb auch nach dem Westfälischen Frieden der Kaiser. Zentrale Majestätsrechte (unter anderem Gesetzgebung, Gesetzesinterpretation, Erklärung von Krieg und Frieden, Bündnisrecht, Festungsbau) waren jedoch unwiederbringlich an die Zustimmung des Reichstages gebunden (sog. Komitialrechte), so daß die kaiserlichen Reservatrechte (Sanktion und Publikation der Reichsgesetze, Oberste Gerichtsbarkeit, völkerrechtliche Vertretung, Standeserhöhung) auch optisch zusammengeschmolzen waren. Zudem sprach eine Vermutung in Zweifelsfällen für das Erfordernis der Mitwirkung des Reichstages. Bezüglich der militärischen Organisation blieb das Reich auf die Kontingente der Territorien angewiesen; es kam zu keiner Einrichtung eines stehenden Reichsheeres. Ein kaiserlicher "Absolutismus" war aufgrund dieser Indikatoren nicht denkbar.

Der Kaiser aber behielt seien universalen Herrschaftsanspruch, wenngleich die historische Wirklichkeit sich von diesem Idealbild weiter entfernt hatte, als je zuvor. Das Reich hielt an mittelalterlichen (Reichs-) Ideen fest; fürstliche Herrschaftsinteressen mußten - und konnten - nun auf anderer Basis befriedigt werden.

Das Reich blieb eine Lehensordnung. Seinem traditionsreichen Titel "Erwählter römischer Kaiser und König von Deutschland" entsprach die traditionelle Würde eines höchsten Lehensherren, der noch im 18. Jahrhundert alle Fürstentümer verlieh und dabei den Lehenseid persönlich entgegen nahm. Die deutschen Fürsten unterlagen weiterhin Vasallenpflichten. Die "Aufgabe" des

Kaisers bis ins 19. Jahrhundert blieb, für Eintracht im Innern und Friede nach Außen (concordia domi, foris pax) zu sorgen.

Hieraus - und nicht aus den kaiserlichen Reservatrechten - erwuchsen aber auch mannigfaltige Einflußmöglichkeiten des Kaisers auf die politischen Vorgänge. Von der formalen Rechtsposition des Kaisers zu trennen ist dessen nicht zu verachtende Einflußmöglichkeit insbesondere auf die kleineren und mittleren Territorien. Dieser Einfluß des Kaisers und dessen Autorität entfaltete sich am eindrucksvollsten in seiner Funktion der Friedenswahrung und Konfliktbeherrschung. Unter diese Oberbegriffe läßt sich sein Wirken im Rahmen der ihm zugeordneten Gerichtsbarkeit, des immerwährenden Reichstages und in seiner Funktion als Lehnsherr einordnen.

Nicht zu Unrecht sprachen die zeitgenössischen Juristen auch vom Fortbestand des Deutschen Reiches als einem Rechtssubjekt, vom einigenden Band zwischen den einzelnen Territorien des Reiches. Auch verwendeten sie teilweise bereits den Begriff "Deutschland" als Rechtsbegriff.

Gerade auch in Zeiten äußerer Krisen wurde die Macht und der Einfluß des Kaisers gestärkt. So traten beispielsweise nach dem gewonnenen Türkenkrieg viele Adelige in den kaiserlichen Dienst ein und verstärkten somit die Bindung gerade des Adels mit dem Staatsoberhaupt.

Auch durch die Erhebung kaisertreuer Neufürsten in den Reichsfürstenrat, die Schaffung einer neunten Kurwürde[7], die Entsendung kaiserlicher Wahlkommissare zu den Bischofswahlen, oder durch die Entsendung ständiger Gesandtschaften in die Reichskreise erhöhten die Kaiser ihre Präsenz in den Territorien und somit auch ihre faktischen Einflußmöglichkeiten. Diese Einflußmöglichkeit ergab sich ganz besonders auch durch die unter kaiserlicher Autorität ausgeübten Gerichtsbarkeit in Gestalt des Reichskammergerichts und des Reichshofrates.

Nach Leibniz[8] sollte der Kaiser gar ein "politisches Schiedsrichteramt innerhalb des gesamten europäischen Staatensystems" übernehmen. Wenngleich der Westfälische Friede den Kaiser fortan "nur" als den vornehmsten Reichsfürsten sah, enthielten die Verträge doch keine abschließende Aufzählung seiner Rechte, was - juristisch betrachtet - auch eine Reaktivierung bestimmter Rechte zugunsten des Kaisers ermöglichte.

Das Kaiseramt blieb jedenfalls so attraktiv, daß es bei jeder Kaiserwahl zu "politischen Machtkämpfen"[9] und 1658 sogar zur "Bewerbung" des französischen Königs um dieses Amt kam[10].

---

7. Für das Haus Brandenburg-Lüneburg-Hannover.
8. So Kimminich, Deutsche Verfassungsgeschichte, S. 223.
9. Willoweit, Deutsche Verfassungsgeschichte, S. 176.
10. Willoweit, Deutsche Verfassungsgeschichte, S. 176.

Dennoch bleibt festzuhalten, daß in der Verfassungswirklichkeit der angesprochene Föderalismus immer stärker die - formalen - kaiserlichen Herrschaftsrechte verdrängte. Die quasi souveränen Fürsten praktizierten in ihren Territorialstaaten - im Gegensatz zum Verständnis der Rolle des Kaisers im Reich - einen modernen Staatsbegriff, aus dem die letzten genossenschaftlichen Rechtsvorstellungen gewichen waren. Daher trat auch der Kaiser immer mehr hinter den Herrscher von Österreich zurück. Diese veränderte Interessenlage begünstigte eine Politik, die sich immer mehr von den Maximen der Reichspolitik entfernte. Dies gilt um so mehr, als ab der Mitte des 18. Jahrhunderts der Dualismus zwischen Österreich und Preußen die deutsche Innenpolitik prägte. Charakteristisch ist in diesem Zusammenhang ein Gedanke Kaiser Franz II., den er notierte: "Der Zeitpunkt der Abtretung der Kaiserwürde ist jener, wo die Vorteile, die aus selber für meine Monarchie entspringen, durch die Nachteile, die durch eine fernere Beibehaltung derselben entspringen können, überwogen werden"[11].

Auch in weiten Kreisen der Bevölkerung war man sich - speziell gegen Ende des 18. Jahrhunderts der tiefgreifenden Krise der Reichsverfassung bewußt. Die Idee des einen Reiches mit einem starken handlungsfähigen und -willigen Kaiser an der Spitze lag in der "Agonie"[12].

Die Niederlegung der Kaiserkrone durch Franz II. am 6.8.1806 war letztlich lediglich ein formaler Schritt, mit dem er - in verfassungsrechtlich unzulässiger Weise - nicht lediglich abdankte, sondern darüberhinaus das Kaisertum für erloschen erklärte. Er begründete damit de facto einen Zustand, der über den Wiener Kongreß hinaus bis 1871 Bestand haben sollte.

Die paradoxe Situation zwischen der Reduzierung formaler kaiserlicher Herrschaftsrechte durch den Westfälischen Frieden und der stetigen Verlagerung der verfassungsrechtlichen und -politischen Entwicklung auf die Länder einerseits und der lange erhalten gebliebenen "informelle" Einflußmöglichkeit des Kaisers gilt es bei der Analyse der Entwicklung des Reiches zwischen dem Westfälischen Frieden und dem Ende des Reiches 1806 zu berücksichtigen.

Mit der Niederlegung der Kaiserkrone einher ging auch der letzte Schritt der sich seit Jahrhunderten vollziehenden Entwicklung in den Territorialstaaten: Die formelle Erlangung der (vollen) Souveränität.

Die Entwicklung in den Territorialstaaten wurde hier bereits angeschnitten. Sie verlief - kurz gefaßt - der Entwicklung im Reich entgegengesetzt. Die Schwächung des Reiches, die Schwächung des Kaisers brachte eine Stärkung der Territorien und ihrer Herrscher. In den einzelnen Territorien

11. Zitiert nach Rösler, Napoleons Griff nach der Karlskrone, S. 54.
12. Willoweit, Deutsche Verfassungsgeschichte, S. 204, spricht von der "Agonie der Reichsverfassung".

entwickelte sich die Stellung der Fürsten auf die Erlangung der vollen Souveränität; im Reich war dies spätestens seit dem Westfälischen Frieden nicht mehr möglich. Während im Reich der Reichstag einen bedeutenden Einfluß gewonnen hat, "emanzipierten"[13] sich die Reichsfürsten nicht nur gegenüber dem Kaiser, sondern auch gegenüber den eigenen Landständen, die zwar formal erhalten blieben, in vielen Ländern jedoch (Bayern, Brandenburg-Preußen, Österreich) aufgrund der materiellen Auswirkungen des Dreißigjährigen Krieges keinen Einfluß mehr besaßen. Der Repräsentativgedanke sollte in den Ländern erst mit der Wende vom 18. zum 19. Jahrhundert wiederbelebt werden; bis zu diesem Zeitpunkt befanden sich die Landstände in der Defensive; es fiel den Zeitgenossen schwer, die Position der Stände in dem sich wandelnden Staatswesen neu zu bestimmen und zu legitimieren. Im modernen Staatsaufbau war es offenbar nicht einfach, den Ständen zwischen Fürst und Untertanen einen sinnvollen Platz zuzuweisen.

Bei der Beschreibung der kontinuierlichen Kräfteverschiebung im Verhältnis des Kaisers zu den Landesfürsten darf jedoch - neben der Beachtung des dem Kaiser verfassungspolitisch verbliebenen Einflusses - die durch die Mehrheit der zeitgenössischen Autoren verfassungsrechtlich beibehaltene "Hierarchie" zwischen den Landesherren und dem Kaiser nicht ignoriert werden. Die Landesherren sind unter Berücksichtigung des überkommenen Rechts gerade nicht souverän; nicht ihnen, sondern dem Kaiser steht die "maiestas" zu. Die - grob verallgemeinernd - Autoren insbesondere des 17. Jahrhunderts billigten den Landesherren daher formal lediglich eine abgestufte Form der maiestas, nämlich eine "maiestas analoga" zu[14].

Diese Analyse der formalen Rechtsverhältnisse und das beharrliche Festhalten an ihm änder natürlich nichts an der de facto gestärkten Stellung der Reichsfürsten seit dem Westfälischen Frieden - gestärkt gegenüber dem Kaiser wie auch gegenüber den Landständen. Ohne diese gestärkte Stellung der Landesherren hätte sich die - grob verallgemeinernd - nach dem Dreißigjährigen Krieg in den Territorien einsetzende Phase des (Hoch-) Absolutismus nicht durchsetzen können.

Als weitere essentielle Merkmale dieser Entwicklung in den Territorien kamen die Ausbildung des Beamtentums und des stehenden Heeres hinzu; beide Instrumente - entscheidende Machtfaktoren des absoluten Monarchen - waren nicht billig. So entwickelte sich die Finanz- und Wirtschaftspolitik der Fürsten zu ebenso wichtigen Politikfeldern, wie die Kriegs- und Außenpolitik. Einerseits war durch den stets steigenden Bedarf des Fürsten an finanziellen Mitteln über die Steuerpolitik den Landständen in Zukunft wieder ein wichti-

---

13. Zippelius, Kleine deutsche Verfassungsgeschichte, S. 64.
14. Vgl. Willoweit, Rechtsgrundlagen der Territorialgewalt, S. 138 ff., insbesondere S. 151 ff.

ges Feld politischer Einflußnahme eröffnet, andererseits bestätigte die Politik des Merkantilismus die Tendenz der Hinwendung allen staatlichen Lebens auf den Fürsten. Aber nicht nur der Staatsapparat war auf die Fürsten ausgerichtet, auch die Kultur der Länder gipfelte in den Fürsten; das Leben - nicht zuletzt das kulturelle - fand am Hofe statt. Die Kultur war höfisch, nicht mehr bürgerlich.

Im 17. und 18. Jahrhundert haben sich die größeren Territorien in Deutschland - wie bereits angedeutet - zu absolutistisch regierten Staaten entwickelt. In dieser letzten Phase des frühmodernen, vorkonstitutionellen Staates fand eine auffällige Akkumulation von Macht in den Händen des Fürsten, eine starke Steigerung der fürstlichen Selbstherrschaft statt. Die gesamte Staatsgewalt lag ungeteilt und von keiner Mitwirkung der Stände beschränkt in der Hand des Landesherren. Der absolutistische Staat wurde mit dem Landesherren gleichgesetzt - "L'Etat c'est moi". Es herrschte der Gedanke vor, daß der Herrscher keinen Höheren über sich anerkennen müsse und seine Macht losgelöst von Gesetz und Recht sei, princeps legibus solutus est.

In diesem Zusammenhang muß natürlich erwähnt werden, dass die Theorie des Absolutismus nicht gleichzusetzen ist mit deren Realisierung[15]. Die Herrschaft eines Landesfürsten, der 'schalten und walten' konnte, wie es ihm beliebte, gab es in den Reichsterritorien im rechtlichen Sinne nicht, da die Reichsstände weder im Verhältnis zum Kaiser noch zu den Landständen völlig "souverän" waren. Aber auch im praktischen Sinne gab es solch eine Herrschaft nicht, da zumeist die Herrschaftsgewalt an überlieferten und/oder lokalen Rechten, wie auch an dem Mangel ihrer Durchsetzbarkeit ihre Grenzen fand. Dies schließt natürlich nicht aus, daß absolutistische Verfassungspolitik in despotische Willkür umschlagen konnte, waren doch die Grenzen zwischen legitimer Herrschaft und Despotie, zwischen Recht und Unrecht fließend[16].

Gebunden war die Herrschaft während der Phase des Hochabsolutismus allein durch die Verantwortung des Herrschers vor Gott, die eine Verantwortung für das Volk - wenn auch keine Rechenschaft vor demselben - einschloß. 1609 hatte Jakob I. von England in einer Parlamentsrede den unumschränkten Herrschaftsanspruch des absoluten Monarchen in einer Weise umschrieben, wie er von den deutschen Herrschern zwar nicht artikuliert, wie er aber während des Hochabsolutismus gelegentlich praktiziert wurde: "Könige sind in Wahrheit Götter, dieweil sie auf Erden eine Art göttliche Macht üben. Sie schaffen und vernichten ihre Untertanen, erhöhen und erniedrigen, gebieten

---

15. Der Begriff des Absolutismus, in Deutschland selbst erst seit ungefähr 1830 verwendet, wurde von seinen Gegnern auch als Kampfbegriff verwendet.
16. Vgl. Willoweit, Deutsche Verfassungsgeschichte, S. 160 f.

über Leben und Tod, richten in allen Sachen, selbst niemandem verantwortlich denn allein Gott"[17].

Thomas Hobbes - der klassische Vertreter der absoluten Staatstheorie, der aufgrund seiner Radikalität inhaltlich in Deutschland kaum Anklang fand und der daher auch allenfalls distanzierend zitiert werden durfte - entwickelte in seinem Buch "Leviathan" 1651 eine Form des Absolutismus, in der er den Herrscher nur noch seinem Gewissen und der "salus publica" unterwarf und dessen Maßnahmen er selbst dann für wirksam erachtete, wenn sie Gott gegenüber als Unrecht zu bezeichnen wären. Bereits zuvor hatte Jean Bodin - in der deutschen Reichsstaatsrechtslehre bedeutend häufiger rezipiert als Hobbes - in seinem Hauptwerk "Six livres de la Republique" 1576 den Staat als den Inhaber der Staatsgewalt bezeichnet. Die Souveränität, so Bodin, sei die höchste und von allen Gesetzen losgelöste Gewalt über Bürger und Untertanen. Er ging dabei von einer "summa potestas" des Fürsten aus, einer neuen Souveränität, die die im Mittelalter noch getrennten Einzelrechte des Monarchen zusammenfassen sollte. Diese Souveränität sei die höchste, von jeder anderen Macht unabhängige, eigenständige, von den Gesetzen entbundene Gewalt über die Untertanen. Der Fürst sollte zum "rettenden Ordnungsfaktor in den Wirren der Zeit" werden"[18]. Die Souveränität des Fürsten sollte unabhängig sein von der Zustimmung der Untertanen.

Die politische Entwicklung des Absolutismus war augenscheinlich verknüpft mit der fortschreitenden Säkularisierung des politischen Denkens in der Neuzeit: An die Stelle des Glaubens und des Seelenheils des Einzelnen trat die Wohlfahrt des Gemeinwesens als Staatsinteresse. Im Verlauf des 18. Jahrhunderts perfektionierte die Staatsrechtslehre zudem die im Jahrhundert zuvor entwickelte Vertragslehre, die wesentlich dazu beitrug, daß im "aufgeklärten" Absolutismus ein säkularisiertes Herrscherverständnis die Verantwortung (allein) vor Gott in ein rational erklärbares System sozialer und staatsrechtlicher Formen verwandelte.

In der Phase des aufgeklärten Absolutismus verband sich ab der zweiten Hälfte des 18. Jahrhunderts - mit dem Regierungsantritt Friedrichs II. in Preußen und Maria Theresias in Österreich - der Gedanke der absoluten Herrschaft des Monarchen mit dem der Aufklärung. Die religiös-patriarchalische Staatsauffassung, die die Regierungsgewalt des Herrschers auf einen göttlichen Ursprung, die lex divina, im Sinne des christlichen Naturrechts zurückführte, wurde durch die dem rationalistischen Naturrecht zuzuordnende Vorstellung ergänzt oder gar verdrängt, demzufolge der Staat auf einem vertraglichen Zusammenschluß freier Individuen beruhe. Somit war der Staat als eigenständiges 'Individuum' geboren, demzufolge sich der Herrscher aber nicht mehr mit

17. Zitiert nach Freiherr von Aretin, Der aufgeklärte Absolutismus, S. 14.
18. Coing, Grundzüge der Rechtsphilosophie, S. 30.

dem Staat gleichsetzen konnte. Dem Zeitalter des "L'Etat c'est moi" war mithin die Grundlage entzogen. Der Herrscher war nun nicht mehr der Staat selbst, sondern allenfalls - wie sich Friedrich II. von Preußen sah - "der erste Diener des Staates", der bei aller fortgesetzter Machtvollkommenheit doch nur noch aufgrund der Bindung an den (Herrschafts-) Vertrag mit den Untertanen regieren konnte. In der Ausübung seiner Regierungsgewalt unterlag er nunmehr auch den Pflichten, die sich aus dem zu beachtenden Staatszweck, dem Gemeinwohl, ergaben.

Nichts desto trotz erkannte der Fürst in der Verfassungspraxis nunmehr Pflichten und Aufgaben an, die er sich de facto selbst stellte und über deren Erfüllung er niemandem Rechenschaft abzulegen hatte. Auf der einen Seite empfand er sich als "ersten Diener des Staates", auf der anderen Seite verkörperte er diesen nach wie vor, so daß letztlich in der Phase des aufgeklärten Absolutismus der Monarch - nicht zuletzt aufgrund der ihm trotz aller staatsrechtstheoretischer Wandlungen verbliebenen Machtvollkommenheit - "sein eigener treuer Diener" war.

Das naturrechtliche Modell des Gesellschaftsvertrages forcierte die Vorstellung von der Rechtspersönlichkeit des Staates. Er, nicht die Person des Herrschers, war nach dieser Theorie das primäre politische Phänomen[19]. Der Fürst entwickelte sich vom Staatsträger zum Staatsorgan. Demnach galt auch nicht mehr der Wille des Herrschers als der Grund eines Gesetzes, sondern das Gemeinwohl, das der Herrscher zu achten hat. Demnach tritt auch der Wille des Herrschers hinter den vernunftbestimmten Zweck einer Norm zurück[20]. Mit dieser Entwicklung war natürlich auch ein grundlegender Wandel des Verhältnisses des Herrschers zu seinen Untertanen eingeleitet. Es entwickelt sich unter anderem das "Polizeyrecht", das unter der Prämisse der Handlungspflicht des Staates gegenüber dem Volk den "Wohlfahrtstaat" anstrebte. Die Idee der Menschenrechte, die auch gegenüber dem Monarchen mit absoluter Geltung ausgestattet sind, fand sich in Deutschland allerdings erst am Ende des 18. Jahrhunderts.

Die Niederlegung der Kaiserkrone 1806 brachte schließlich - wie bereits erwähnt - die volle Souveränität der Territorialstaaten mit sich. Diese Souveränität behielten die Staaten auch über den Wiener Kongreß hinaus und trotz der in der Bevölkerung nach den Befreiungskriegen gestiegenen Hoffnungen auf nationale Einheit. Auf dem Wiener Kongreß wurde der Deutsche Bund als "völkerrechtlicher Verein der deutschen souveränen Fürsten und freien Städte" (Art. 1 der Schlußakte[21]), also als völkerrechtliche Staatenverbindung, ge-

---

19. Vgl. Willoweit, Deutsche Verfassungsgeschichte, S. 183.
20. Bis hinter diese Stufe sollte später Kaiser Wilhelm II. zurücktreten, als er - wieder - den Willen des Königs als das höchste Gesetz bezeichnete.
21. Text bei Huber, Dokumente, Bd. 1, S. 91 ff.

gründet. Die deutschen Teilstaaten behielten ihre volle Völkerrechtssouveränität[22].

Bezüglich der inneren Verfassungsstruktur der deutschen Teilstaaten sah Art. 13 der Deutschen Bundesakte von 1814 vor, daß "in allen Bundesstaaten ... eine landständische Verfassung stattfinden" werde[23].

Mit dem Wiener Kongreß unter der Dominanz Metternichs und seinem "System des restaurativen Föderalismus"[24] sollte eine konservativ-restaurative Staatsphilosophie in der praktischen Politik ihren Niederschlag finden. Mit Art. 13 der Deutschen Bundesakte war - zum einen - das Erfordernis einer geschriebenen Verfassung normiert. Auf dieser Basis war der Grundstein einer Entwicklung gelegt, durch die der Staat in eine konstitutionelle Form gestellt werden sollte, verbunden mit der - langfristig gesehen - innenpolitischen Auseinandersetzung um die monarchische oder bürgerlich-demokratische Bestimmungsgewalt im Staat. Zugleich sollten die Verfassungen der Territorien "landständisch" sein, wobei sich Metternich inhaltlich wohl die Restaurierung der alten Landstände vorstellte; eine Idee, der die absolutistisch gesinnten süddeutschen Staaten mit ihren Verfassungen zuvorkamen beziehungsweise entgegentraten.

Wenngleich auf der Ebene der Verfassung nach der Französischen Revolution und nach den Befreiungskriegen eine Rückkehr zum (Hoch-)Absolutismus alter Prägung nicht mehr möglich schien, blieb das "deutsche Verfassungsdenken im 19. Jahrhundert ... auf den Monarchen bezogen"[25]. Die politische Grundstimmung der Machthaber in Deutschland - eigentlich in ganz Europa - nach der napoleonischen Zeit war konservativ. Der Wegbereiter der neuzeitlichen konservativen Theorie war Edmund Burk, dessen Ideen auch das staats- und politische Denken in Deutschland maßgeblich beeinflußte. Mit dem Namen Burk verbunden ist auch der vor allem zu Beginn des 19. Jahrhunderts aufkommende Historismus. Dieser war vor allem in Deutschland eng mit dem politischen Konservatismus verknüpft. Die daraus entwickelte konservative Staatsidee war die Lehre vom "monarchischen Prinzip", wonach die gesamte Staatsgewalt in dem Oberhaupt des Staates vereint sei. Der Monarch könne "nur in der Ausübung bestimmter Rechte an die Mitwirkung der Stände gebunden werden", wie Art. 57 der Wiener Schlußakte für die zu schaffenden Verfassungen der Einzelstaaten festlegte. Damit war das monarchische Prinzip festgeschrieben. Es sicherte den Staatsoberhäuptern die Substanz der Staatsgewalt; nur an der Ausübung der Staatsgewalt waren auch andere Organe beteiligt.

---

22. Vgl. auch Art. 55 der Wiener Schlußakte.
23. Text bei Huber, Dokumente, Bd. 1, S. 84 ff.
24. Stolleis, Geschichte des öffentlichen Rechts in Deutschland, Bd. 2, S. 77.
25. Stolleis, Geschichte des öffentlichen Rechts in Deutschland, Bd. 2, S. 100.

Für die Herrscherhäuser galt es nach dem Wiener Kongreß, bei der Einlösung der Verfassungsversprechen aus Art. 13 der Deutschen Bundesakte allzu progressive Entwicklungen aufzuhalten und zugleich die monarchische Vorrangstellung gegenüber den demokratischen und konstitutionellen Forderungen der Zeit zu bewahren. Das 'monarchische Prinzip' - zum Schlagwort werdend - sollte aufrecht erhalten bleiben, so die Prämissen auch der Ministerialkonferenzen in Karlsbad und Wien und der Bundesversammlung in Frankfurt. Die Fürsten wollten eine zu weitgehende Einschränkung des monarchischen Prinzips verhindern.

Mit diesen sehr vagen Beschreibungen war zum einen klar, dass das "monarchische Prinzip" nur eine abstrakte Aussage ohne konkreten Inhalt sein konnte. Die inhaltliche Ausgestaltung dieses "Prinzips" hing ja gerade von den in den einzelnen Verfassungen normierten Mitwirkungsrechten der Landstände ab. Zugleich wurde der virulente Widerspruch zwischen Fürstensouveränität und Volkssouveränität durchbrochen. Es gab - jedenfalls bis zum Verfassungskonflikt in Preußen - aus der Perspektive der Zeitgenossen kein "Entweder-oder" der Fürsten- oder Volkssouveränität, sondern vielmehr die Möglichkeit, den Vorrang der monarchischen Stellung und der monarchischen Rechte gerade durch die Einverleibung konstitutionell-demokratischer Grundsätze zu bewahren oder gar zu stärken. Umgekehrt konnte durch die Integration dieser Elemente in den monarchisch ausgerichteten und verstandenen Staat die Ausbreitung des demokratischen Prinzips in seinen Ausmaßen begrenzt werden. Das monarchische Prinzip sollte "durch seinen Gegensatz, das demokratische oder konstitutionelle Prinzip, bei der Aufrechterhaltung der Ausgangs- und Vorrangstellung des Monarchen" ergänzt werden[26]. Damit war natürlich die Möglichkeit eines Erosionsprozesses eröffnet, in dessen Verlauf - ex post betrachtet - sich Grenzen und Gewichte innerhalb des Kräfteverhältnisses Monarch - Volk verschieben konnten. Letztlich war ein weitgehender Verfassungswandel auch unter formaler Beibehaltung des monarchischen Prinzips denkbar. Entscheidend war die Auslegung dieses letztlich schwammigen Begriffs durch die jeweils Handelnden und deren Grenzziehung zwischen dem monarchischen und demokratischen Prinzip. Wieviele dieser Elemente das monarchische Prinzip vertrüge wurde zu einer der meist diskutierten Fragen.

Die im Rahmen des Konstitutionalismus nach dem Wiener Kongreß entstandenen deutschen Verfassungen konstituierten bis einschließlich 1918 daher auch nie neue politische Ordnungen, sondern waren letztlich lediglich Instrumente freiwilliger Selbstbeschränkung der Monarchen. Die konstitutionellen Monarchien in Deutschland gingen nicht durch Revolutionen, sondern durch

26. Boldt, Deutsche Staatslehre im Vormärz, S. 19.

monarchische Reformen hervor, wodurch die dauerhafte historische Kontinuität monarchischer Herrschaft gewahrt blieb.

Die Verfassungen - waren sie einmal in Kraft - konnten zwar nicht wieder einseitig zurückgenommen werden, jedoch blieb der Monarch in der Phase des deutschen Konstitutionalismus Träger der Souveränität und alleiniger Inhaber der Staatsgewalt. Die Kodifizierung der Verfassung diente nicht der Begründung monarchischer Ansprüche, sondern allenfalls deren Begrenzung. Die monarchische Gewalt wurde dem Herrscher weder vom Volk noch von der Volksvertretung delegiert; sie bestand vielmehr vor der Verfassung und stammte unmittelbar von Gott.

Die Verfassungsentwicklung in den deutschen Territorialstaaten nach dem Wiener Kongreß verlief unterschiedlich. Die zu erlassenden Verfassungen wurden teilweise als "oktroyierte Verfassungen" aus der Machtvollkommenheit des Monarchen erlassen. Dieses Verständnis der deutschen konstitutionellen Monarchie brachte etwa die Verfassungsurkunde für das Königreich Bayern von 1818 zum Ausdruck: "Der König ist das Oberhaupt des Staates, vereinigt in sich alle Rechte der Staatsgewalt und übt sie unter den von Ihm gegebenen in der gegenwärtigen Verfassungs-Urkunde festgesetzten Bedingung aus"[27]. Andere Verfassungen kamen in Annäherung an die Wahlkapitulationen des Kaisers, aber auch an das naturrechtliche Modell des Herrschaftsvertrages, als "paktierte Verfassungen" durch einen Vertrag zwischen dem Fürsten und den Repräsentanten der Stände zustande[28]. Auch der zeitliche Ablauf der "Verfassungsfindung" war sehr unterschiedlich. Während die süddeutschen Staaten bereits im unmittelbaren Anschluß an die napoleonische Zeit zu ihren Verfassungen kamen, war dies bei den mitteldeutschen Staaten erst im Zusammenhang mit der Julirevolution 1830 in Paris der Fall. Die beiden deutschen Großmächte Österreich und Preußen schufen ihre Verfassungen gar erst im Anschluß an die französische Februarrevolution 1848.

Entscheidend aber war, daß in allen deutschen Ländern - Verfassungsgebung ja oder nein - das monarchische Prinzip, erhalten blieb, so daß es bei der innerstaatlichen Wahrung der prinzipiellen monarchischen Souveränität blieb. Den Monarchen blieben machtpolitisch entscheidende Kompetenzen dadurch gesichert, dass sie selbst nicht zur Rechenschaft gezogen werden konnten und die handelnden Minister keiner parlamentarischen Verantwortung unterzogen waren. Auch der Machtfaktor Militär blieb allein dem Monarchen zugeordnet. Angesichts der Erfahrungen der Französischen Revolution schien

27. Tit. II § 1 Abs. 1 der Verfassungsurkunde für das Königreich Bayern, bei Huber, Dokumente, Bd. 1, S. 155 ff.
28. So etwa die Verfassung für das Königreich Württemberg vom 25.9.1819, bei Huber, Dokumente, Bd. 1, S. 187.

auch der voraufklärerische Gedanke des Gottesgnadentums nicht mehr verzichtbar, da der Herrscher nur dann unangreifbar sei, wenn er sein Amt auf Gott, nicht aber auf das Volk oder die Verfassung zurückführen kann.

Der Monarch sollte in seinen ihm übertragenen Herrschaftsrechten nur insoweit eingeschränkt sein, als sich dies aus der Verfassung ergab. Das Abweichen von der "praesumption pro rege", das Aufkommen der Idee, dass auch die monarchischen Rechte durch die Verfassung begründet und sich in ihr wiederfinden müßten, entwickelte sich erst im Verlauf der konstitutionellen Phase.

Herausragender Vertreter des Konservatismus war speziell in der Zeit des Vormärz Friedrich Julius Stahl. Er, der anerkannte geistige und politische Führer des preußischen Konservatismus vor der Revolution der Jahre 1848/49, war insbesondere bestrebt, die Staats- und Regierungsform der Monarchie gegenüber der sich im Vordringen befindlichen Lehre von der Volkssouveränität neu zu begründen. Für Stahl war erforderlich, daß die "fürstliche Gewalt dem Rechte nach undurchdringlich über der Volksvertretung stehe, und daß der Fürst thatsächlich der Schwerpunkt der Verfassung, die positiv gestaltende Macht im Staate, der Führer der Entwicklung bleibe"[29]. Die These des 'L'état c'est moi', also die Identifizierung des Staates mit dem Herrscher hielt Stahl für "an sich völlig wahr"[30].

Die konservativ-restaurative Politik der einzelnen deutschen Staaten wie auch des Deutschen Bundes, konnte jedoch die sich abzeichnende Entwicklung nicht aufhalten, sondern allenfalls verzögern. Die Entwicklung des "Vormärz" steuerte auf 1848 zu. Der Gedanke der nationalen Einheit sowie liberale Ideen überlebten den Wiener Kongreß und die sich anschließende Phase der Reaktion in Deutschland. Die Zusammenkunft auf der Wartburg 1817, das Hambacher Fest 1832, oder der Frankfurter Wachensturm ein Jahr später sind äußere - radikale - Anzeichen einer Entwicklung, die jedoch in ihrem Bestreben nach Reformen in den deutschen Einzelstaaten wie in dem Bestreben, eine Form nationaler Einigung zu finden, entscheidend von gemäßigten liberalen Kräften geprägt wurde.

Die Februarrevolution in Frankreich, durch die am 24.2.1848 Louis Philippe gestürzt und die Republik errichtet wurde, löste im März 1848 revolutionäre Bewegungen in den deutschen Bundesstaaten aus. Von den bürgerlichen Führungsschichten weder geplant noch erwartet, brachen zunächst in Süd- und Westdeutschland sozialrevolutionäre Unruhen aus, die aber bald mit politischen Zielsetzungen ("Märzforderungen") verknüpft wurden. Die Führer der liberalen Opposition wurde durch Versammlungen, Demonstrationen und politische Adressen bis an die Spitze der Regierungen zahlreicher Länder ge-

29. Stahl, Die Philosophie des Rechts, Bd. 2, S. 383 f.
30. Stahl, Die Philosophie des Rechts, Bd. 2, S. 240.

spült. Für die Mehrheit der bürgerlichen deutschen Politiker war jedoch nicht die Ausrufung der Republik nach französischen Vorbild das Ziel, sondern eine Vereinbarung zwischen Krone und Volk über die deutsche Einheit mit einem konstitutionellen Monarchen an der Spitze.

# B. DIE PAULSKIRCHENVERFASSUNG

Die Märzrevolution 1848 brach "wie eine Springflut über die deutschen Fürsten und deren Regierungen" herein[31]. Ausgelöst durch den Sturz des französischen Königs Louis-Philipp im Februar 1848 brachen in Deutschland zunächst sozialrevolutionäre Unruhen aus. Allerdings gelang es den Wortführern des Bildungs- und Besitzbürgertums bald, die politischen Ziele der nationalen und liberalen Bewegung in den Vordergrund zu rücken[32]. Die Revolution von 1848 brachte in ganz Deutschland den überraschend schnellen Sieg der Oppositionellen. Überall flossen in den Märzbewegungen konstitutionelle, soziale und nationale Impulse zusammen. Die '48er glaubten, daß jetzt der Zeitpunkt gekommen sei, wo sich konstitutionelle und nationale Elemente zusammenfügen ließen[33].

## I. DER VERFASSUNGSENTWURF DER SIEBZEHN VERTRAUENS MÄNNER

### 1. Die Einberufung der Siebzehn Vertrauensmänner

Noch bevor sich das liberale Bürgertum über das Vorparlament und Wahlen zu einer verfassunggebenden Nationalversammlung - eine ihrer zentralen Forderungen, die Bildung eines gesamtstaatlichen Parlaments - erfüllen konnte, sah sich auch die Bundesversammlung angesichts des Drucks der Ereignisse veranlaßt, dem Einheits- und Reformstreben nachzugeben, wenn nicht gar, ihm vorzugreifen. Am 29. Februar 1848 setzte sie einen politischen Ausschuß ein, der Vorkehrungen für die sich ankündigenden Ereignisse treffen sollte. Zudem verfaßte sie einen Aufruf an die deutschen Regierungen und das deutsche Volk, in dem sie sich als das "gesetzliche Organ der nationalen und politischen Einheit Deutschlands" empfahl.

Vor allem aber entschloß sie sich zu einer Reform der Bundesverfassung "auf wahrhaft zeitgemäßer und nationaler Grundlage". Zu diesem Zweck beschloß die Bundesversammlung auf Antrag des politischen Ausschusses am 10. März "sämtliche Bundesregierungen einzuladen, Männer des allgemeinen Vertrauens, und zwar für jede der siebzehn Stimmen des engeren Rates einen, alsbald ... mit dem Auftrage hierher abzuordnen, die Bundesversammlung und deren Ausschüssen zum Behufe der Vorbereitung der Revision der

31. Kröger, Einführung in die jüngere deutsche Verfassungsgeschichte (1896-1933), S. 66.
32. Sog. "Märzforderungen" u.a. nach liberalen und volkstümlichen Regierungen, Pressefreiheit und vor allem nach der Einberufung eines deutschen Nationalparlaments.
33. Doering-Manteuffel, Die deutsche Frage und das europäische Staatensystem 1815-1871, S. 24.

Bundesverfassung mit gutachterlichem Beirath an die Hand zu gehen". Dies alles geschah, als die meisten deutschen Staaten noch gar keine 'Märzministerien' hatten. Die Bundesversammlung wich also, wie die einzelnen Regierungen, kampflos vor der Volksbewegung zurück, wodurch sich moralische Legitimität und politisches Gewicht liberaler Ideen zu diesem Zeitpunkt zeigten. In dieser Phase der Revolution schien es unmöglich, sich gegen die Tendenzen der Zeit zu stellen.

Dieser Entwicklung stand jedoch noch der Versuch Preußens und Österreichs entgegen, entsprechend ihrem Selbstverständnis, die ihnen durch die Entwicklung auf den Straßen aufgezwungene Reform der Bundesverfassung durch einen Ministerkongreß durchzuführen. So kam es auf Initiative des preußischen Königs zu einer am 10. März 1848 von Metternich und Radowitz unterzeichneten Punktation, sowie zu einem Manifest der österreichischen und der preußischen Regierung vom 15. März 1848, in dem die deutschen Regierungen offiziell zum 25. März nach Dresden eingeladen wurden. Durch diese Vorgehensweise sollten die nationalen Einheitsbestrebungen der Bevölkerung auf "geordnetem Wege"[34] gebündelt werden, das heißt unter Umgehung der Einberufung eines Nationalparlamentes. Vor allem Preußen wähnte sich in seiner Machtstellung noch derart unerschüttert, daß es zu diesem Zeitpunkt glaubte, dem 'Parlamentsgedanken' den 'Konferenzgedanken' entgegensetzen zu können.

Auch die Bundesversammlung reagierte auf diesen Versuch, eine Bundesreform "von oben" durchsetzen zu wollen, indem sie am 13. März 1848 ihren Beschluß vom 10. März wieder aufhob[35]. In diesem Beschluß spiegelt sich auch das Dilemma der Bundesversammlung wider, auf der einen Seite den einzelnen Regierungen weisungsgebunden zu sein[36], auf der anderen Seite jedoch eine eigenständige Politik betreiben zu wollen und sich dabei insbesondere nicht mehr als Hort der Reaktion gerieren zu wollen.

Preußen hielt entgegen den Ratschlägen seines Gesandten bei der Bundesversammlung, Graf Dönhoff[37], zunächst an seinem Dresdner Kongreß fest. Erst als einige deutsche Regierungen, unter anderem diejenigen Bayerns, Württembergs und Hessen-Darmstadts es ablehnten, den Kongreß zu be-

34. Vgl. Manifest der österreichischen und preußischen Regierung vom 15. März 1848, in: Huber, Dokumente, Bd. 1, S. 331 f.
35. Roth/Merck, Quellensammlung zum deutschen öffentlichen Recht seit 1848, Bd. 1, S. 123.
36. Vgl. Zippelius, Kleine deutsche Verfassungsgeschichte, S. 100.
37. Graf Dönhoff war überzeugt, daß eine Revolution nur durch eine rasche Evolution der Bundesverfassung unter der Mitwirkung gewählter Abgeordneter verhindert werden könne; vgl. das Schreiben Dönhoffs an Canitz vom 9. März 1848, aus Valentin, Geschichte der deutschen Revolution 1848-49, Bd. 1, S. 379 f.

schicken, war der Konferenzplan gescheitert[38]. Die diplomatische Initiative der Großmächte Preußen und Österreich war am Ende. Neben der rein revolutionären Bewegung, die auf Vorparlament und Nationalversammlung zielte, gewann auch die Bundesversammlung wieder an Einfluß, die unter Dönhoffs Führung ihren gemäßigten Reformkurs fortsetzen wollte. So setzte sie am 25. März 1848 ihren Beschluß vom 10. März wieder in Kraft und wiederholte die Einladung an die deutschen Regierungen zur Entsendung der 17 Vertrauensmänner[39].

## 2. Die Entwicklung des Verfassungsentwurfs

Eine erste (vorläufige) gemeinschaftliche Sitzung des am 29. März von der Bundesversammlung eingesetzten[40] Revisionsausschusses und der bis zu diesem Zeitpunkt bereits in Frankfurt eingetroffenen Vertrauensmänner[41] fand am 30. März statt[42]. Noch am selben Tag erhielt das Siebzehnerkollegium durch einen Beschluß der Bundesversammlung auf Antrag des Revisionsausschusses den Auftrag, "den Entwurf einer neuen Bundesverfassung aufzustellen."[43] Zugleich entledigte sich der Revisionsausschuß weitgehend seiner eigenen Aufgabe, indem er "die Initiative mit vollem Vertrauen in die Hände dieser Männer" legte[44]. Damit war der Siebzehnerausschuß verselbständigt und stand faktisch neben der Bundesversammlung, wenngleich beide Institutionen ihren gemeinsamen Ursprung im alten föderativen Bundesrecht hatten.

Die konstituierende Sitzung der 17 Vertrauensmänner fand am 3. April statt. Bereits in seiner zweiten Sitzung, am 5. April, beschloß der Ausschuß, eine Kommission einzusetzen, die einen Verfassungsentwurf als Verhandlungsgrundlage des Siebzehnerkollegiums erarbeiten sollte[45]. Mitglieder dieser

---

38. König Ludwig machte den treffenden Vermerk: "Ministerkongresse haben ihr Ansehen verloren ..." aus: Valentin, Geschichte der deutschen Revolution von 1848-49, Bd. 1, S. 381.
39. Roth/Merck, Quellensammlung zum deutschen öffentlichen Recht seit 1848, Bd. 1, S. 166.
40. Roth/Merck, Quellensammlung zum deutschen öffentlichen Recht seit 1848, Bd. 1, S. 179 f.
41. Albrecht, Bassermann, von Gagern, von der Gabelentz, Jordan, Langen, Stever, Uhland, von Wangenheim.
42. Roth/Merck, Quellensammlung zum deutschen öffentlichen Recht seit 1848, Bd. 1, S. 181 f.
43. Roth/Merck, Quellensammlung zum deutschen öffentlichen Recht seit 1848, Bd. 1, S. 186.
44. Roth/Merck, Quellensammlung zum deutschen öffentlichen Recht seit 1848, Bd. 1, S. 186.
45. Roth/Merck, Quellensammlung zum deutschen öffentlichen Recht seit 1848, Bd. 1, S. 214 f.

Kommission waren Dahlmann, Jordan, Bassermann und Albrecht, wobei der Entwurf letztlich von Dahlmann und Albrecht alleine erarbeitet wurde[46].

Bereits am 15. April, in der neunten Sitzung, konnten sie ihren Entwurf vorlegen[47]. Bis zum Ende der Beratungen der 17 Vertrauensmänner über diesen Vorentwurf lagen noch elf Sitzungen des Ausschusses[48], in dessen Verlauf auch die zukünftige Rolle des deutschen Staatsoberhauptes heftig diskutiert wurde.

### a. Grundzüge des Dahlmann/Albrecht'schen Vorentwurfes

Dahlmann und Albrecht fertigten ihren Entwurf zwischen dem 5. und 15. April an. Er war äußerst knapp gehalten und enthielt insgesamt lediglich 28 Paragraphen, die zu fünf Artikeln zusammengefaßt waren[49].

Hinsichtlich der Spitze des Reiches, dem Reichsoberhaupt, finden sich die grundlegenden Entscheidungen vor allem in Art. 3. Danach sollte das Reich eine Erbmonarchie erhalten (§ 5 Abs. 1), der Monarch den Titel "Deutscher Kaiser" tragen (§ 5 Abs. 2). Wer allerdings dieses Amt innehaben, welches Fürstenhaus auf den Thron Deutschlands gehoben werden sollte, darüber schwieg der Vorentwurf. Jedoch legte er in einem Nebensatz fest, daß dieses höchste Amt durch eine Wahl zu vergeben sei (§ 5 Abs. 2). Gemäß § 4 sollte der Monarch jedoch nicht mehr alleiniger Träger der Staatsgewalt sein. In bewußter Abkehr des noch in Art. 57 der Wiener Schlußakte festgehaltenen monarchischen Prinzips, wonach das Staatsoberhaupt die gesamte Staatsgewalt in sich vereinigte, wies § 4 "die Fülle der Reichsgewalt" dem Reichsoberhaupt und dem Reichstag gemeinsam zu.

Was diese Reichsgewalt umfassen sollte, war in § 3 des Vorentwurfes festgelegt, der in elf Positionen dem Reich eine breite ausschließliche Zuständigkeit einräumte[50]. Diese gemäß § 4 grundsätzlich im Reichstag und Reichs-

---

46. Zu dem "Streit", ob Dahlmann oder Albrecht die Vorreiterrolle bei der Erarbeitung dieses Vorentwurfes inne hatte: Kühne, Die Reichsverfassung der Paulskirche, S. 44, insbesondere Fußnote 110.
47. Roth/Merck, Quellensammlung zum deutschen öffentlichen Recht seit 1848, Bd. 1, S. 284.
48. Zählung der Sitzungen nach Hübner, Der Verfassungsentwurf der siebzehn Vertrauensmänner, S. 116.
49. Vorentwurf abgedruckt u.a. bei Hübner, Aktenstücke und Aufzeichnungen zur Geschichte der Frankfurter Nationalversammlung aus dem Nachlaß von Johann Gustav Droysen, S. 94 ff.
50. So wurde unter anderem die völkerrechtliche Vertretung Deutschlands und seiner Gliedstaaten, die Entscheidung über Krieg und Frieden, das Heer, die Marine, das Zoll- und Postwesen und das Patentwesen unter die Zuständigkeit dieser Reichsgewalt gestellt. Die Reichsgesetzgebung sollte sich auf alle Gebiete des öffentlichen und privaten Rechts erstrecken, sofern eine einheitliche Gesetzgebung im nationalen Interesse liegen sollte. Die

oberhaupt vereinigte Reichsgewalt teilte sich jedoch durch die unterschiedliche Aufteilung der Machtbefugnisse zwischen beiden Elementen der Reichsgewalt auf. Der Vorentwurf räumte dabei dem Staatsoberhaupt durch die Zuteilung weitreichender verfassungsrechtlicher Kompetenzen eine mächtige Position ein. So wurde ihm die "vollziehende Gewalt in allen Angelegenheiten des Reiches" übertragen, die Ernennung der Reichsbeamten und der höheren Offiziere, sowie die Verteilung des stehenden Heeres (§ 8). Nach § 9 sollte allein dem Kaiser das Recht zustehen, den Reichstag einzuberufen und aufzulösen, wobei die Einberufung mindestens einmal jährlich hätte erfolgen müssen; erst die Verkündung durch das Staatsoberhaupt hätte den Beschlüssen des Reichstages Gesetzeskraft verliehen; er sollte zudem die zu deren Umsetzung erforderlichen Verordnungen erlassen. Gemäß § 9 Abs. 4 sollte sich der Kaiser mit dem Reichstag auch "das Recht des Vorschlages und der Zustimmung zu den Gesetzen" teilen. Das unitarische Element fand zudem Stärkung durch die völkerrechtliche Vertretung Deutschlands "und seiner einzelnen Glieder" durch den Kaiser, einschließlich des aktiven und passiven Gesandtenrechts (§ 10). Auch sollte ihm allein die Entscheidung über Krieg und Frieden zustehen (§ 10 Abs. 3).

Das Reichsoberhaupt sollte gemäß § 6 seinen Sitz in Frankfurt a.M. haben und eine Zivilliste in noch nicht festgelegter Höhe beziehen. Gemäß der traditionellen monarchischen Stellung erklärte § 11 des Vorentwurfes den Kaiser für "unverletzlich und unverantwortlich", allerdings sollten seine Verfügungen einer Gegenzeichnungspflicht durch mindestens einen Reichsminister unterliegen. Diese Unterzeichnung machte die Verfügung erst rechtsgültig und sollte "Zeichen der Verantwortlichkeit desselben für die Zweck- und Gesetzmäßigkeit der Verfügung" sein (§ 11). Unter Art. V - Gewähr des Reichsgrundgesetzes - wurde das Reichsoberhaupt in § 25 verpflichtet, vor dem versammelten Reichstag einen Eid auf die Verfassung abzulegen. Zudem sollte es zu Verfassungsänderungen stets der Zustimmung des Kaisers bedürfen (§ 28).

### b. Die Verhandlungen der Siebzehn

In der neunten Sitzung, am 15. April 1848, stellten Dahlmann und Albrecht ihren Vorentwurf dem Gremium zur Diskussion vor. Bis zum 26. April, als man die endgültig verabschiedete Fassung des Verfassungsentwurfes dem Revisionsausschuß der Bundesversammlung übergab, traten die Siebzehn in insgesamt 14 Sitzungen, in denen sie insbesondere über das

---

Reichsgewalt sollte sich schließlich erstrecken auf die Gerichtsbarkeit, soweit sie dem Reichsgericht zugewiesen war, und auf die Verfügung über sämtliche Zolleinnahmen, inklusive dem Recht, den Einzelstaaten bei Bedarf Reichssteuern aufzuerlegen.

Reichsoberhaupt debattierten[51], zusammen. Vor allem in der elften Sitzung, am 17. April, prallten die Meinungen aufeinander, als über das von Dahlmann und Albrecht vorgeschlagene Erbkaisertum zu entscheiden war.

Besonders Ludwig Uhland, der Vertreter Württembergs, opponierte gegen den Erbkaiser und forderte stattdessen den Wahlkaiser. Als Ausdruck seiner demokratisch-partikularistischen Gesinnung stellte er den Antrag, § 5 des Vorentwurfes dahingehend zu ändern, daß "das Oberhaupt ... aus dem Kreise der regierenden Häuser Deutschlands von den bisherigen Bundesgliedern im Einverständnis mit der Versammlung der Volksabgeordneten auf je fünf Jahre gewählt" werde[52]. Uhland begründete seinen Antrag mit der Wahrung der Volkstümlichkeit einer Monarchie, die nur durch einen Wahlkaiser gewährleistet sei. Desweiteren stelle es nach fünf Jahren der Reichsverweserschaft einen nicht volkstümlichen Rückschritt dar, zur Erbmonarchie zurückzukehren. Die Stellung des Reichsoberhauptes sei auf Preußen oder Österreich reduziert, was zur Rivalität mit den anderen Fürstenhäusern und zur Verletzung des Volksgefühls in den anderen Staaten führen müsse. Darüberhinaus führe das Erbkaisertum zu einer Spaltung der Bevölkerung, da sich die Gegner der Monarchie mit einem erblichen Kaiser nur sehr schwer abfinden könnten[53]. Uhland fand in G. A. Zachariae, dem Vertrauensmann Hannovers, einen Gesinnungsgenossen, der ebenfalls für den Wahlkaiser plädierte. Er hielt "die Furcht vor Wahlkapitulation ... für minder gewichtig, da jetzt keine Kurfürsten mehr wählen, sondern ein volkstümliches Parlament den Schwerpunkt bildet"[54].

Dahlmann, und mit ihm seine gemäßigt liberal gesinnten Mitstreiter, hielten jedoch an der Konzeption des Erbkaisertums fest. Insbesondere Dahlmann verteidigte den Entwurf damit, "daß bei fünfjähriger Dauer das Oberhaupt, wenn die Wahl auf Preußen oder Österreich fällt, wegen der ihm wichtigeren Hausmacht die Reichsangelegenheiten vernachlässigen würde, was das deutsche Volk nie zulassen, eher aller Monarchie ein Ende machen würde"[55]. Zuspruch fand Dahlmann unter anderem in Gervinius, der darauf hinwies, "daß der Drang nach Macht, der neben dem Freiheitsdrang den nächsten Anlaß zur deutschen Bewegung gegeben habe, nur in einer erblichen Monarchie

51. Hübner, Aktenstücke und Aufzeichnungen zur Geschichte der Frankfurter Nationalversammlung aus dem Nachlaß von Johann Gustav Droysen, S. 47 ff.
52. Hübner, Aktenstücke und Aufzeichnungen zur Geschichte der Frankfurter Nationalversammlung aus dem Nachlaß von Johann Gustav Droysen, S. 52.
53. Hübner, Aktenstücke und Aufzeichnungen zur Geschichte der Frankfurter Nationalversammlung aus dem Nachlaß von Johann Gustav Droysen, S. 52.
54. Hübner, Aktenstücke und Aufzeichnungen zur Geschichte der Frankfurter Nationalversammlung aus dem Nachlaß von Johann Gustav Droysen, S. 52 f.
55. Hübner, Aktenstücke und Aufzeichnungen zur Geschichte der Frankfurter Nationalversammlung aus dem Nachlaß von Johann Gustav Droysen, S. 53.

seine Befriedigung finden könne"[56]. Gervinius sah durch ein Wahlsystem, wie es Uhland vorschwebte, eine Zersplitterung der Kräfte und Deutschland der Republik entgegengehen. Bereits hier fand sich die - von Stahl begründete - die späteren verfassungsrechtlichen und -politischen Auseinandersetzungen prägende direkte Gegenüberstellung einer starken Monarchie und der Republik als die beiden einzigen Möglichkeiten der rechtlichen Ausgestaltung der Verfassung. Die Intention des gemäßigten Liberalismus sollte unter dieser ausschließlichen Alternative letztlich zerrieben werden.

Das Kollegium blieb gespalten. Die noch während dieser elften Sitzung am 17. April durchgeführte Abstimmung ergab eine knappe Mehrheit für die bereits im Vorentwurf festgelegte Erbmonarchie[57]. Da bei dieser ersten Abstimmung drei Abgesandte fehlten, wiederholte man am 22. April die Beratungen und die Abstimmung über den streitigen § 5 des Vorentwurfes, wobei Inhalt und Ergebnis der Auseinandersetzung der des 17. April glich.

Dahlmann und Droysen hoben die Gefahr hervor, daß Deutschland in einzelne Republiken zerfalle, sollte die Entscheidung gegen das Erbkaisertum ausfallen. Die momentane Einheitsbewegung müsse zu einem "kühnen und großen Schritt vorwärts" genutzt werden, "etwas ganz Neues" müsse entstehen[58]. Auch die Gegenseite beharrte auf ihrer Position und sprach sich für ein auf fünf Jahre zu wählendes oder in einem festen Turnus aus den Herrschaftshäusern zu berufendes Oberhaupt aus. Bei einer Wahl stünde auch den augenblicklich Zurückgesetzten die Zukunft noch offen; Uhland führte aus, "der Geist der Nation wolle neue Freiheit und keinen neuen Herrn zu den 34 anderen"[59]. Nach einer lebhaften und kontroversen Debatte fiel die Entscheidung erneut zugunsten der im Vorentwurf enthaltenen erbkaiserlichen Regelung aus[60].

---

56. Hübner, Aktenstücke und Aufzeichnungen zur Geschichte der Frankfurter Nationalversammlung aus dem Nachlaß von Johann Gustav Droysen, S. 53.
57. Für die Erblichkeit stimmten: v. Gagern, Gervinius, Droysen, Stever, Gabelentz, Schmerling, Albrecht, Dahlmann, Petri; gegen die Erblichkeit stimmten: Zachariae, Todt, Langen, Willmar, Uhland, Jaup. Jaup und Petri bildeten zusammen die 16. Stimme, so daß sie sich durch ihr gegensätzliches Abstimmungsverhalten gegenseitig neutralisierten; Bassermann, Bergk und Kirchgeßner, der ursprünglich von Bayern ernannte Vertrauensmann, fehlten bei der Abstimmung, so daß sich letztlich eine Stimmenverhältnis von acht zu fünf für die Erblichkeit ergab - nach Hübner, Aktenstücke und Aufzeichnungen zur Geschichte der Frankfurter Nationalversammlung aus dem Nachlaß von Johann Gustav Droysen, S. 53.
58. Hübner, Aktenstücke und Aufzeichnungen zur Geschichte der Frankfurter Nationalversammlung aus dem Nachlaß von Johann Gustav Droysen, S. 88.
59. Hübner, Aktenstücke und Aufzeichnungen zur Geschichte der Frankfurter Nationalversammlung aus dem Nachlaß von Johann Gustav Droysen, S. 87 f.
60. Der bei der ersten Abstimmung fehlende Bassermann stimmte für die Erblichkeit, Bergk dagegen, der bayerische Vertreter fehlte erneut, die übrigen Vertrauensmänner wiederholten ihr Abstimmungsverhalten, so daß auch bei dieser Abstimmung das Ergebnis

Zwischen diesen beiden Verhandlungen, in denen über die Grundidee des Erbkaisertums debattiert wurde, standen die die Befugnisse und die Rechtsstellung des Staatsoberhauptes regelnden §§ 8 bis 11 des Vorentwurfes zur Beratung. Nachdem sich bei der ersten Abstimmung eine Majorität für den im Vorentwurf vorgesehenen Grundsatz der Erbmonarchie fand, wurden auch die den Kaiser mit weitreichenden Befugnissen ausstattenden, den gemäßigt liberalen Vorstellungen entsprechenden Vorschriften beinahe durchgehend angenommen. Festgehalten wurde an dem kaiserlichen Vetorecht, wobei Droysen ausdrücklich vermerkt: ... "hoffen wir, daß wir es üben mit derselben Diskretion wie Englands Könige"[61]. Der Antrag Todts, dem Kaiser das "Recht der Verträge" zu nehmen, wurde ebensowenig angenommen, wie der Zachariaes und Uhlands, den Kaiser nicht über Krieg und Frieden entscheiden zu lassen[62]. Die einzig relevante Verschiebung erfolgte im Machtverhältnis zwischen Monarch und Reichstag, als dem Kaiser nur noch die außerordentliche Berufung des Reichstages übertragen und somit das Selbstversammlungsrecht des Parlaments anerkannt wurde[63].

Letztlich hatte sich Dahlmanns Vorentwurf durchgesetzt. Die Mehrheit des Siebzehnerkollegiums - beherrscht von gemäßigt liberalen Grundüberzeugungen - setzte die in dem Vorentwurf enthaltene Konzeption durch. Diesen Verfassungsentwurf[64] leitete der Ausschuß am 26. April dem Revisionsausschuß der Bundesversammlung zu[65], bevor die Siebzehn am 27. April persönlich in der Sitzung der Bundesversammlung erschienen und den Entwurf übergaben[66].

### 3. Strukturelle Grundzüge hinsichtlich der Stellung des Staatsoberhauptes

Den Verfassern des in Rede stehenden Verfassungsentwurfs oblag eine - letztlich - unlösbare Aufgabe; zu konträr waren die Interessen und Ansichten der derzeitigen politischen Machthaber einerseits und der '48er Revolutionäre andererseits. Die Reaktionen auf den Entwurf sollten dies eindeutig zeigen.

---

mit neun gegen sechs Stimmen knapp ausfiel - nach Hübner, Der Verfassungsentwurf der siebzehn Vertrauensmänner, S. 139.

61. Hübner, Aktenstücke und Aufzeichnungen zur Geschichte der Frankfurter Nationalversammlung aus dem Nachlaß von Johann Gustav Droysen, S. 56.

62. Hübner, Aktenstücke und Aufzeichnungen zur Geschichte der Frankfurter Nationalversammlung aus dem Nachlaß von Johann Gustav Droysen, S. 56 f.

63. Hübner, Aktenstücke und Aufzeichnungen zur Geschichte der Frankfurter Nationalversammlung aus dem Nachlaß von Johann Gustav Droysen, S. S. 56.

64. Abgedruckt bei Huber, Dokumente, Bd. 1, S. 352 ff.

65. Nach Hübner, Der Verfassungsentwurf der siebzehn Vertrauensmänner, S. 141.

66. Roth/Merck, Quellensammlung zum deutschen öffentlichen Recht seit 1848, Bd. 1, S. 309.

Dennoch gilt er aus heutiger Sicht als "eine hervorragende staatsrechtlich-politische Leistung"[67]. Dies vor allem deshalb, da er den Versuch unternahm, möglichst vielen zeitgenössischen, gemäßigten verfassungsrechtlichen Vorstellungen gerecht zu werden. So stellt sich in diesem Kontext insbesondere die Frage, wie der Verfassungsentwurf sich im Hinblick auf die drängenden zu lösenden Fragen entschied, wie zum Beispiel dem Streben nach einer nationalen Einheit, dem Problem des Dualismus zwischen Preußen und Österreich, dem vor allen in den süddeutschen konstitutionellen Staaten aufgetauchten Problem des verfassungsrechtlichen Dualismus zwischen Fürst und Parlament, oder dem Auseinanderdriften der konservativ-restaurativen und der oppositionellen Kräfte.

### a. Die Entscheidung zugunsten der erblichen monarchischen Staatsform

#### (1) Die Zusammensetzung des Ausschusses, insbesondere Dahlmanns prägenden Vorstellungen

Der gesamte Verfassungsentwurf des Kollegiums ist - natürlich - geprägt durch die Grundanschauung derer, die ihn erstellt haben. Hierbei fällt zunächst ins Gewicht, daß unter den 17 Vertrauensmännern nicht alle staatspolitischen Richtungen vertreten waren, die sich während des Vormärz entwickelt hatten und nun in der allgemeinen Diskussion standen. So war die radikale Richtung, die eine einheitliche deutsche Republik erstrebte, in dem Siebzehnerkollegium nicht präsent[68]. Der Ausschuß wurde eindeutig von den Liberalen bestimmt. Von den zwölf Mitgliedern des Gremiums, die später einen Sitz in der Nationalversammlung erhielten, schlossen sich acht dem Casino an, einer ging zum Landsberg, einer zum Württemberger Hof, einer zum Deutschen Hof, einer blieb fraktionslos[69]. Die später in der Paulskirche stattfindende Auseinandersetzung, dem zu schaffenden Nationalstaat eine monarchische oder republikanische Gestalt zu geben, gab es unter den 17 Vertrauensmännern nicht. Nicht das "ob", sondern das "wie" der Ausprägung der monarchischen Staatsform war umstritten.

Selbst Ludwig Uhland, als Vertreter der großdeutsch-demokratischen Minderheit im Ausschuß einer der härtesten Opponenten gegen den Vorent-

---

67. Huber, Verfassungsgeschichte, Bd. 2, S. 769; vgl. auch Stadelmann, Soziale und politische Geschichte der Revolution von 1848, S. 121: "... Dahlmann, der schon für den Siebzehnerausschuß eine Skizze entworfen hatte, die man als den eindrucksvollsten Verfassungsplan der deutschen Revolution bezeichnen muß, ...".
68. Hübner, Der Verfassungsentwurf der siebzehn Vertrauensmänner, S. 121.
69. Fenske, Die Verfassung des Deutschen Reiches vom 28. März 1849. Entstehung, Inhalt, Wirkung, S. 266.

wurf Dahlmanns und Albrechts, wehrte sich "nur" gegen die "Erblichkeit der Würde des Oberhauptes"[70]. Desweiteren war er nicht einverstanden "mit der unbeschränkten Überlassung des Rechts, über Krieg und Frieden zu entscheiden" an den Monarchen[71]. Uhland stritt für einen mit weniger Rechten ausgestatteten Wahlkaiser - aber auch er strebte somit eine monarchische Staatsform an[72].

Diese, die beinahe unüberbrückbaren Meinungsverschiedenheiten im Detail überlagernde Übereinstimmung der Siebzehn in der grundsätzlichen Festlegung der Staatsform als eine monarchische, war jedoch insoweit nicht überraschend, handelte es sich doch um Abgesandte der einzelnen deutschen Staaten, die von ihren Regierungen ausgewählt und berufen, aber nicht von der Bevölkerung gewählt waren. Das Siebzehnerkollegium war ein Ausschuß der Bundesversammlung und als solcher diesem obersten legalen Bundesorgan beibeziehungsweise untergeordnet. Damit erhielten die Siebzehn ihre Legitimation aus dem bisherigen traditionellen Bundesrecht, das in seiner partikularistischen Grundhaltung ganz dem monarchischen Prinzip verschrieben war. Die alte Bundesverfassung galt es aus der Sicht der Bundesversammlung und der die Vertrauensmänner berufenden Regierungen aufgrund des Drucks der Öffentlichkeit zwar grundlegend zu reformieren, aber nicht durch einen revolutionären Akt zu beseitigen. Diese Reform konnten die einzelnen Landesregierungen durch die personelle Auswahl der sie im Siebzehnerkollegium vertretenden Vertrauensmänner mitgestalten. Schließlich mußten die ausgewählten Männer nicht nur das Vertrauen der Öffentlichkeit gewinnen, sondern auch das der sie entsendenden Regierungen bewahren[73]. Dem entgegengesetzt empfanden sich die Vertrauensmänner jedoch nicht nur unabhängig von den Regierungen, sondern vielmehr sogar dem Volk verpflichtet[74]. Wenngleich die Siebzehn daher ohne Instruktionen ihrer Regierungen verhandelten und auch den Vorentwurf Dahlmanns und Albrechts nicht veröffentlichten, um "die Sache als eine geheime zu behandeln"[75], war die grobe verfassungsrechtliche Linie, zumindest jedoch der Rahmen, durch die nach Frankfurt entsandten Personen bereits festgelegt.

---

70. Uhland in seinem Bericht über die Tätigkeit als Vertrauensmann an das württembergische Ministerium vom 11. Mai 1848, in: Reinöhl, Uhland als Politiker, S. 182 ff.
71. Uhland, in Reinöhl, Uhland als Politiker, S. 183.
72. Vgl. zu Uhland auch: Treitschke, Historische und politische Aufsätze, Bd. 1, S. 268 ff., insbesondere S. 300; Huber, Verfassungsgeschichte, Bd. 2, S. 398 f., der Uhland der altständisch-liberalen "Partei" zuordnet, die (als linke Liberale) das monarchische Staatsoberhaupt als "pouvoir neutre" sahen.
73. Vgl. Stolleis, Geschichte des öffentlichen Rechts in Deutschland, Bd. 2, S. 272.
74. Vgl. Jardon, Dahlmann und die deutsche Revolution 1848-49, S. 7.
75. Hübner, Aktenstücke und Aufzeichnungen zur Geschichte der Frankfurter Nationalversammlung aus dem Nachlaß von Johann Gustav Droysen, S. 49.

In diesem Zusammenhang ist insbesondere auf die Vorstellungen Dahlmanns einzugehen, wird doch der Verfassungsentwurf der Siebzehn letztlich als "sein" Werk betrachtet[76]. Bereits vor seiner Berufung zum Vertrauensmann hat Dahlmann seine Ideen über das zukünftige Gerüst eines konstitutionellen Staates entworfen[77].

Wenngleich Friedrich Christoph Dahlmann ein entschiedener Gegner jeder absoluten monarchischen Gewalt war[78], so hielt er dennoch unumstößlich an dem monarchischen Gedanken als Grundsäule eines deutschen Staates fest. Nach Dahlmann bedarf "die Mehrzahl des Volkes ... zu allen Zeiten dieser verständlichsten und gemütvollsten aller Regierungsweisen"[79]. Er begründete dies vor allem historisch; in entschiedener Ablehnung des Naturrechts und seiner mechanischen Staatsauffassung, wollte Dahlmann seinen Staat aus den "gegebenen Zuständen" erwachsen lassen[80]. So wollte er auch mit der verfassungsrechtlichen Tradition nicht brechen, sondern gerade auf ihr den neuen deutschen Gesamtstaat errichten. In dem von Dahlmann entworfenen Vorwort zum Verfassungsentwurf wies er auf die Notwendigkeit hin, an die bestehenden Dynastien anzuknüpfen und sie in die zu schaffende Einheit einzubinden. Das neue Reichsoberhaupt sollte keinesfalls aus einem revolutionären, verfassungsschöpferischen Akt hervorgehen, sondern aus einem konstitutionellen und nationalen Fortschritt der rechtlichen Kontinuität.

Als Vorbild diente ihm die englische Verfassung, an der er sich immer wieder orientierte. In ihr sah er eine konstitutionelle Monarchie, die aus monarchischen, demokratischen und aristokratischen Elementen zusammengesetzt sei und insgesamt einen "guten Staat" ausmache[81]. Allerdings sah er diese noch ganz durch die Augen Montesquieus, de Lolmes und Burkes, wie man allgemein Dahlmann als einen der "Hauptapostel Montesquieu'scher Lehre"[82] bezeichnen kann. So teilte Dahlmann mit Montesquieu insbesondere die historische Methode und Betrachtungsweise der organischen Entwicklung des

76. U.a. Valentin, Geschichte der deutschen Revolution von 1848-49, Bd. 1, S. 518; Hübner, Der Verfassungsentwurf der siebzehn Vertrauensmänner, S. 142 f.
77. Vgl. Dahlmann, Politik.
78. Dahlmann, Politik, 2. Aufl., S. 115: "Zwar auch die Fürsten selber haben den Glauben an die Monarchie vielfach erschüttert, indem sie Regierungen als unumschränkte Regierung verstanden, sich einer unermeßlichen Verantwortlichkeit bloß stellend, und andern Theils übersahen, daß die Erbmonarchie gerade in dem Verhältnisse dieses Fürstenhauses zu diesem Volk ihre natürliche Wurzel hat, keineswegs sich aber willkührlich sofort auf eingetauschte Seelen und geraubte Kronen überträgt."
79. Dahlmann, Politik, 2. Aufl., S. 114 f.
80. Dahlmann, Politik, 2. Aufl., S. 122: "Nicht durch das, was alt, auch nicht durch das, was neu, sondern durch das was stetig und lebendig oder wiederzubeleben ist, werden Staatsordnungen geschützt."
81. Dahlmann, Politik, 2. Aufl., §§ 23, 24, 71, 84, 99.
82. Linnenkohl, Dahlmann und der Konstitutionalismus, S. 90.

Staates, die Vorliebe für den englischen Verfassungsstaat und das Eintreten für die konstitutionelle Monarchie.

Neben seiner Festlegung auf die monarchische Staatsform war Dahlmann das Prinzip der Erblichkeit derselben von überragender Bedeutung. Die Erblichkeit stand für ihn a priori fest[83]. Insbesondere sah er in der Erblichkeit die tiefe Verwurzelung des Königshauses mit der Bevölkerung gewährleistet. Als abschreckende Beispiele führte Dahlmann die Untergänge Polens und des Heiligen Römischen Reichs an, die ihre "Wurzel in der Wahlverfassung" hätten[84]. In einem Wahlkaisertum sah Dahlmann einen ersten Schritt in Richtung Republik[85], die er auf das entschiedenste ablehnte[86]. Gegen das Wahlkaisertum spreche zudem die damit verbundene Unsicherheit beim Übergang von einem Monarchen zum nächsten, da "bestrittene Wahlen häufig sind"[87] und die einzelnen Königshäuser untereinander - speziell in "Wahlkampfzeiten" - in Rivalität und Eiversüchteleien geraten ließe[88], während die Erbmonarchie den Vorzug der Unbestrittenheit und der inneren Konstanz habe. Der erbliche Monarch könne unegoistisch regieren, da er sich seine Macht und seinen Reichtum nicht erkämpfen müsse. Er sei nicht nur un sondern vielmehr überparteilich, da er stets auf das Ganze blicke, von dessen Erhaltung seine eigene monarchische Existenz abhängig sei, während der Wahlkaiser von der Bevorzugung durch bestimmte Parteien abhinge[89].

Neben dem in diesem Zusammenhang relevanten Eintreten Dahlmanns zugunsten der erblichen Monarchie sind seine Grundpositionen auch hinsichtlich der weiteren elementaren Entscheidungen im Hinblick auf die Stellung dieses erblichen Monarchen innerhalb des Verfassungsentwurfes der 'Siebzehn' (und während der Beratungen zu der Paulskirchenverfassung) von Bedeutung.

In seinem Streben nach persönlicher Freiheit verband Dahlmann diese Freiheit mit einer durch die Monarchie zu schaffenden Ordnung zu einem

83. Dahlmann im Januar 1849 im Verfassungsausschuß der Paulskirche: "das Prinzip der Erblichkeit verteidigen, das hiesse das Einmaleins verteidigen."
84. Dahlmann, Politik, 2. Aufl., S. 87, mit weiteren Argumenten, die für die Erblichkeit der Monarchie sprechen.
85. Dahlmann in seinem Schreiben an König Friedrich Wilhelm IV vom 30. April 1848 bei Springer, Friedrich Christoph Dahlmann, Bd. 2, S. 239: "Ich kann mich ferner nicht davon überzeugen, daß ein Reichsoberhaupt, durch Wahl erneuert, der wahren Wohlfahrt Deutschlands entsprechen könne. Eine Wahl auf fünf oder zehn Jahre stellt ein republikanisches Element an die Spitze des großen Ganzen; dieses Element wird wuchern und den Fortbestand aller deutschen Dynastien bedrohen."
86. So erklärte Dahlmann im Frankfurter Reichstag, daß es für ihn "eine feststehende Wahrheit sei, daß die monarchische Regierungsform weit höher stehe als die republikanische", nach Linnenkohl, Dahlmann und der Konstitutionalismus, S. 60.
87. Dahlmann, Politik, 2. Aufl., S. 86.
88. Dahlmamm, Politik, 2. Aufl., S. 87.
89. Dahlmann, Politik, 2. Aufl., S. 83 f., auch S. 107 f.

Junktim[90]. Hier wird Dahlmanns Abgrenzung zu der älteren liberalen Lehre erkennbar. Während für diese die persönliche Freiheit des einzelnen stets auf Kosten der Macht des Staates zu erringen sei und daher staatliche Macht und Volksfreiheit Gegensätze waren, wandte sich Dahlmann gegen den "Wahn, als gehe der Freiheit Forderung auf die möglichste Verringerung der königlichen Macht"[91]. Jenem abstrakten Staatsideal des Liberalismus, das den Machtzweck des Staates zugunsten des Individuums negierte, stellte Dahlmann die Forderung nach staatlicher Macht gegenüber. "Durch Macht zur Freiheit, das ist die Bahn, die für Deutschlands Zukunft vorgezeichnet ist"[92]. Den Gedanken der Staatsmacht stellte er bei Konflikten der beiden Güter sogar über den der Freiheit[93]. Diese Staatsmacht war bei Dahlmann in der Person des Monarchen verkörpert; daraus resultierte auch die starke Stellung die dieser in seiner verfassungstheoretischen Vorstellungswelt einnahm, insbesondere die Entscheidung, dem Monarchen auf jeden Fall das absolute Veto zu belassen, um ihn bei einem Widerstreit parlamentarischer und monarchischer Auffassungen nicht der parlamentarischen Majorität auszusetzen. Damit gelang es ihm, einen Teil der liberalen Auffassungen mit dem historisch gewachsenen Staat in Verbindung zu bringen und für die Mitarbeit an der Weiterentwicklung des bestehenden Staatswesens zu gewinnen[94], sowie andererseits konservative Kräfte an gemäßigt-liberale, konstitutionellen Überlegungen heranzuführen.

Dahlmanns Vorstellungen von der zu schaffenden Monarchie gingen wie angedeutet von einem grundsätzlich starken Oberhaupt aus, um ein - zumindest - adäquates Gleichgewicht zu der gesetzgebenden Gewalt zu schaffen. So müsse der Monarch unter anderem die Exekutive unter sich haben[95], sowie nach wie vor auch entscheidend an den legislativen Vorgängen beteiligt sein[96]. Daher billigte Dahlmann dem Monarchen vor allem auch persönliche Unver-

---

90. "Wer in diesem unter der Last so manches unabwendbaren Wechsels fast erliegendem Welttheile noch die Monarchie entwurzeln möchte, der vergißt, daß zwar oftmals aus der Ordnung die Freiheit, niemals aber aus der Freiheit die Ordnung hervorgegangen ist"; Dahlmann Politik, 2. Aufl., S. 115.
91. Dahlmann, nach Linnenkohl, Dahlmann und der Konstitutionalismus, S. 61.
92. Dahlmann bei Springer, Friedrich Christoph Dahlmann, Bd. 2, S. 222.
93. Dahlmann, bei Linnenkohl, Dahlmann und der Konstitutionalismus, S. 61: "wenn Staatsmacht und Volksfreiheit einmal gleichzeitig nicht zu haben sind, gebührt der Staatsmacht in alle Wege der Vorrang."
94. Vgl. Linnenkohl, Dahlmann und der Konstitutionalismus, S. 61 f., vgl. auch andere Autoren des Vormärz, so u.a. Treitschke, v. Rochau.
95. Dahlmann, Politik, 2. Aufl., S. 95: "Der König besitzt vermöge der Regierung die gesamte vollziehende Gewalt ...".
96. Dahlmann, Politik, 2. Aufl., S. 85: "... verbunden mit einem Antheile an der gesetzgebenden Gewalt (der nicht kleiner sein darf als der Antheil, welcher nicht in königlichen Händen liegt)"; ebenda, § 113: "... so kommt kein Gesetz ohne des Königs Zustimmung zu Stande."

letzlichkeit und Unverantwortlichkeit[97] zu. Das Prinzip der Volkssouveränität, ein von radikalen Liberalen und Demokraten in Ablehnung der monarchischen Souveränität vertretener Grundsatz, fand bei Dahlmann keine Zustimmung. Als liberalen Standpunkt vertrat Dahlmann mithin nicht die Souveränität des Volkes, sondern die der Verfassung.

Stets war er der Überzeugung, daß die erbliche konstitutionelle Monarchie in der von ihm gedachten Weise die Staatsform sei, in der am besten Regierungsmacht und Volksfreiheit in Einklang gebracht wären. An der Doktrin von der konstitutionellen Monarchie mit parlamentarischem Gegengewicht, an der Monarchie, die nicht auf der Volkssouveränität, sondern auf eigenem historischen Rechte beruht, hielt Dahlmann unverbrüchlich fest[98].

(2) Die politischen Hintergründe und Zielsetzungen der Entscheidung zugunsten der Erbmonarchie

Der Verfassungsentwurf legte sich in seinem § 5 "um der Sicherstellung der wahren Wohlfahrt und Freiheit des deutschen Volkes willen" auf eine erbliche Monarchie fest. Aus der Vorbemerkung zu dem Verfassungsentwurf ergibt sich, daß das erste Staatsoberhaupt durch das Parlament auf Vorschlag des Bundestages gewählt werden sollte[99]. Das heißt, "eine durch Parlamentswahl geschaffene Erbmonarchie war das Ziel"[100].

Die Festlegung des Entwurfes auf die monarchische Staatsform war weder überraschend noch strittig. Lediglich der politische Radikalismus in Deutschland, der über den Weg der Volkssouveränität eine Republik errichten wollte, lehnte die Monarchie als Staatsform des neu zu bildenden Gesamtstaates ab[101].

Geht man von dem "organischen", das heißt insbesondere dem historisch gewachsenen Verfassungsverständnis der führenden liberalen Politiker dieser Epoche aus, sollte durch das Anknüpfen an die monarchische Tradition Deutschlands ein konstitutioneller Ausgleich angestrebt werden zwischen der

97. Dahlmann, Politik, 2. Aufl., S. 103.
98. Vgl. Linnenkohl, Dahlmann und der Konstitutionalismus, S. 61; zu Dahlmanns Vorstellungen von der Stellung des dt. Staatsoberhaupts siehe auch seine Briefe an den preußischen König bei Springer, Friedrich Christoph Dahlmann, Bd. 2, S. 238 ff.
99. Vgl. den letzten Absatz der Vorbemerkung: "Wenn Deutschlands einträchtiger Fürstenrat der großen Maiversammlung zu Frankfurt am Main einen deutschen Fürsten seiner Wahl als erbliches Reichsoberhaupt zur Annahme zuführt, ...", bei Huber, Dokumente, Bd. 1, S. 352 ff.
100. Huber, Verfassungsgeschichte, Bd. 2, S. 770.
101. Vgl. zum deutschen Radikalismus u.a. Wende, Radikalismus im Vormärz.

überkommenen Monarchie und der neuerwachten Volksfreiheit[102]. Auf der Suche nach diesem Ausgleich war der Monarch als feste, berechenbare Institution stets ein unverzichtbarer Hauptpfeiler, der die Gesellschaft davor bewahren sollte, aus den Fugen zu geraten und in Anarchie zu versinken. Besonders Frankreich wirkte hier als abschreckendes Beispiel.

Diese Auffassung wurde auch von der großen Mehrheit der Bevölkerung getragen, die den Versuch der im Vorparlament unterlegenen radikalen bürgerlichen Demokraten um Friedrich Hecker und Gustav Struve scheitern ließ, durch eine zweite, eben republikanische Revolutionswelle, den Reformkurs zu revolutionieren. Indem die Bevölkerung entsprechenden revolutionären Aufrufen nicht folgte, billigte sie die Entscheidung insbesondere der liberalen Mehrheit und der liberalen Märzministerien, auf den vorgegebenen verfassungsrechtlichen Bahnen zu bleiben[103]. Mit diesen war unzweifelhaft der Monarch verbunden.

Geht man mit dem damaligen Zeitgenossen David Hansemann davon aus, daß es sich 1848 nicht um eine Revolution, sondern um eine "Transaktion zwischen Krone und Volk" gehandelt habe[104], wird ebenfalls verständlich, daß die Monarchie nur für einen kleinen Teil der (Verfassungs-) Politiker zur Disposition stand, eben für diejenigen, die keine bloße "Transaktion", sondern eine echte "Revolution" anstrebten. Die Vertrauensmänner jedenfalls zählten nicht zu dieser kleinen Gruppe und dementsprechend hielt ihr Verfassungsentwurf an der monarchischen Staatsform fest.

Innerhalb des Gremiums sehr umstritten und in der Öffentlichkeit auf heftige Kritik gestoßen war dagegen das Prinzip der Erblichkeit. Letztlich sollte der gesamte Entwurf an diesem Punkt 'scheitern'.

Mit dem Prinzip der Erblichkeit brach der Verfassungsentwurf offiziell mit der Geschichte des Heiligen Römischen Reiches deutscher Nation, dessen Kaiser bis zum Schluß aus Wahlen hervorging, wenngleich diese Wahlen zu einer "leeren Form"[105] verkommen waren.

Als Beweggründe der Siebzehn kommen hier einige Aspekte in Betracht; so der Versuch, durch ein erbliches Reichsoberhaupt bei gleichzeitiger Bewahrung einer grundsätzlich föderalen Struktur, im Machtverhältnis zwischen den in den Einzelstaaten herrschenden, ebenfalls erblichen Monarchen und dem

102. Zu diesem Bestreben u.a. Böckenförde, Die deutsche Verfassungsgeschichtliche Forschung im 19. Jahrhundert, S. 93; Wende, Radikalismus im Vormärz, S. 54 ff.
103. Langewiesche, Gesellschafts- und verfassungspolitische Handlungsbedingungen und Zielvorstellungen europäischer Liberaler in den Revolutionen von 1848, S. 345, spricht von einem "stillen Plebiszit".
104. David Hansemann nach Langewiesche, Gesellschafts- und verfassungspolitische Handlungsbedingungen und Zielvorstellungen europäischer Liberaler in den Revolutionen von 1848, S. 349.
105. Bunsen, Die Deutsche Bundesverfassung und ihr eigentümliches Verhältnis zu den Verfassungen Englands und der Vereinigten Staaten, S. 33.

Reichsoberhaupt, diesem eine starke Position einzuräumen[106]. Für die siebzehn Vertrauensmänner - zumindest für deren Mehrheit - gab es keine Alternative zu einer erblichen Monarchie, außer den Weg über den Bürgerkrieg in die Republik[107]. Um dies zu vermeiden, knüpfte man an die Erblichkeit der Monarchen der Einzelstaaten an, um einen Bruch zwischen dem Reichsoberhaupt und den Oberhäuptern der Einzelstaaten zu vermeiden.

Auch im Rahmen dieser Begründungslinie fällt auf, daß jedes Abweichen von der eigenen gemäßigt-liberalen Linie sofort mit der Gefahr des Abgleitens in die Republik und damit in die Anarchie gleichgesetzt wurde. Was hier vereinzelt - aber stetig und kontinuierlich - als politisches Argument anklang, sollte später zu einem verfassungsrechtlichen Argument werden und zu einem Charakteristikum des besonderen "deutschen Konstitutionalismus" in Abgrenzung zum Parlamentarismus in Form der parlamentarischen Monarchie.

Ausschlaggebend bei der Festlegung auf einen erblichen Kaiser war die damit verbundene Entscheidung hinsichtlich des Staatsaufbaus. Mit dem Erbkaisertum sollte neben einer systemkonformen Verbindung des Reiches mit den Einzelstaaten zugleich eine glaubwürdige Stärkung der Zentralgewalt erfolgen, mithin eine Betonung der unitarischen Elemente im Gesamtstaat. Mit einem erblichen Staatsoberhaupt verbunden war die Vorstellung, den souveränen Fürsten der Einzelstaaten einen Herrscher gegenüberzustellen, der in der Auseinandersetzung um die realen Machtverhältnisse im Reich gegen diese bestehen könne. Mit der Erblichkeit einher ging nach der Auffassung der Vertreter des Erbkaisertums eine Steigerung der Würde des Amtes, seiner Autorität und seiner Volksverbundenheit. Nur ein gestärktes Reichsoberhaupt sei in der Lage, das zugleich mit dem Verlangen nach einer neuen konstitutionellen

---

106. Vgl. das Vorwort des Entwurfes: "Knüpft sich nun unser vielverzweigtes Volksleben wesentlich an den Fortbestand der Dynastien Deutschlands, so darf das Reichsoberhaupt, welches über die Grenzen hinweg zu walten berufen ist, ebenfalls nur ein gleichartig erbberechtigtes sein. Verlassen von dieser Eigenschaft, welche die Wurzel jeder menschlichen Macht bildet, würde es ungleich berechtigt denjenigen gegenüberstehen, welche um der Wohlfahrt des Ganzen willen die Verpflichtung anerkannt haben, ihre Erbmacht seiner Hoheit unterzuordnen. Es würde eben darum, wenn von Haus aus mächtig, das Reichsregiment als eine als eine vergängliche Nebenaufgabe ... betrachten und behandeln ...", bei Huber, Dokumente, Bd. 1, S. 352 ff.

107. Vgl. erneut das Vorwort des Entwurfes: "Nicht unwahrscheinlich würde die eine und unteilbare Republik, mit einem Präsidenten an der Spitze, den Sieg davon tragen, aber sicherlich nur auf einem mit deutschem Bürgerblut beschmierten Pfade ...", bei Huber, Dokumente, Bd. 1, S. 352 ff.; vgl. auch Dahlmann in seinem Schreiben an König Friedrich Wilhelm IV. vom 30. April 1848, bei Springer, Friedrich Christoph Dahlmann, Bd. 2, S. 240: "... so bleibt den Wählern freie Bahn und ein Reichsoberhaupt auf kurze Frist (vielleicht sogar verantwortlich eingesetzt) wird uns, was Gott verhüte, über den Trümmern der Dynastien, den verderblichen Weg zur Republik und durch die Republik zur Anarchie bahnen."

Reichsverfassung verbundene Streben nach der staatlichen Einigung befriedigen zu können.

Diese Motivation findet sich bereits im Vorwort. "Um der Freiheit des deutschen Volkes willen" sollte die Erblichkeit festgeschrieben sein. Den Siebzehnern erschien die erstrebte nationale Einigung und die damit für das deutsche Volk verbundene Freiheit durch einen Erbkaiser nicht nur gewährleistet, sondern vielmehr nur durch diesen denkbar. Auch hier zeigte sich somit der Dahlmann'sche Ansatz, durch die gestärkte staatliche Autorität in Gestalt eines Erbkaisers, die Freiheit des einzelnen sichern und die staatliche Einheit erreichen zu können.

§ 5 des Entwurfes legte sich zwar eindeutig auf ein bestimmtes Prinzip fest, er unterließ es jedoch, sich auf ein Herrscherhaus festzulegen, das die Führung Deutschlands übernehmen sollte. Das Gremium überließ die Entscheidung über die Person des Staatsoberhauptes der künftigen Nationalversammlung. Diese Frage wurde im Kollegium nicht einmal offen diskutiert. Daher war es auch möglich, daß die Vertrauensmänner bei der Abstimmung über ihren § 5 des Entwurfes an unterschiedliche Monarchen dachten. So strebte unter anderem der Vorsitzenden des Ausschusses, Max von Gagern - ebenso wie Dahlmann - an, das preußische Oberhaupt auf den Thron zu heben, während beispielsweise der österreichische Vertreter im Siebzehnerausschuß, Schmerling, der Meinung war, "da der König von Preußen so sehr diskreditiert sei, könne wohl nur an den Kaiser von Österreich gedacht werden - sofern der projektierte Entwurf zur Ausführung käme"[108].

Die Bedeutung dieser Frage und die mit dem deutschen nationalen Dualismus verbundene Problematik war den Zeitgenossen zwar bewußt[109], gleichwohl schob man eine Entscheidung hinsichtlich der Person des zukünftigen Reichsoberhauptes hinaus, um den Entwurf als solchen augenblicklich nicht zu gefährden[110]. Natürlich wurde dieser "Personalfrage" durch das Aufschieben

---

108. Schmerling, nach Jürgens, Zur Geschichte des Deutschen Verfassungswerkes 1848-49, Bd. 1, S. 86; vgl. ebenda aus der 'Gerüchteküche': "... Mitglieder aus Österreich, die im Siebzehnerkollegium waren, und für die Erblichkeit gestimmt haben in der festen Überzeugung, daß gerade Preußen an die Spitze kommen müsse ...".

109. "Wir brauchen einen Bundesstaat, wofür das klassische Vorbild in Amerika vorliegt, und er kann, da die Einzelstaaten monarchisch sind, gleichfalls nur ein monarchisches Oberhaupt haben. Wie aber in diesem Bund zwei Großmächte Raum haben, und wer die Kaiserkrone tragen soll, wird nicht gesagt. So geschah, was der Gegenwart schon wie ein Märchen klingt: unter den Siebzehnern stimmten Dahlmann und Schmerling einträglich für den Erbkaiser, der eine meinte im Stilen den preußischen, der andere den österreichischen"; Treitschke, Friedrich Christoph Dahlmann, in: Schiller (Hg.): Treitschke, Aufsätze, Reden, Briefe, Bd. 1, S. 561 f.

110. "Sehr häufig hieß es unter den besten Köpfen: Zuerst laßt uns die Verfassung schaffen; ob Österreich oder Preußen an die Spitze treten soll, diese Personalfrage kann nachher erledigt werden"; Treitschke, Friedrich Christoph Dahlmann, in: Schiller (Hg.) Treitschke, Aufsätze, Reden, Briefe, Bd. 1, S. 563.

der Entscheidung ihre Sprengkraft nicht genommen; vielmehr sollte eine Entscheidung dieser Frage durch das allmähliche Wiedererstarken der Einzelstaaten immer unmöglicher werden. Das Prinzip der erblichen Monarchie erzwang eine eindeutige Entscheidung zwischen den beiden Großmächten Österreich und Preußen[111], über die zukünftige Herrschaft im Reich, beziehungsweise welche Großmacht sich der anderen unterzuordnen habe. Damit entwickelte sich die Alternative zwischen Österreich und Preußen von einer reinen Verfassungs- zu einer absoluten Machtfrage.

Diese Machtfrage konnte das erst noch zu gründende Reich in seiner derzeitigen Lage nicht lösen. Dies vor allem nicht im Hinblick auf den Vielvölkerstaat Österreich und dessen Unmöglichkeit, sich dem deutschen Verständnis von nationalem Denken anzuschließen, das im Gegensatz zu Frankreich und Westeuropa nicht an den Staat als die politisch geeinte Gemeinschaft anknüpfte, sondern sich aus der gemeinsamen Kultur und der gemeinsamen Sprache bildete. Das Bestreben des Siebzehnerentwurfes durch die Aufnahme aller bisherigen zum Deutschen Bund gehörigen Länder (Art. 1 § 1 des Entwurfes), eine "großdeutsche Lösung" anzustreben und diese in Verbindung mit einem Erbkaisertum zu bringen, konnte daher nur scheitern. Ein erblicher Kaiser ließ sich nur realisieren, wenn Österreich sich als einheitlicher Staat selbst aufgegeben, oder ein Deutsches Reich gänzlich auf Österreich verzichtet hätte. Die logische Konsequenz eines Festhaltens an diesem Prinzip war vielmehr unter real-politischen Erwägungen die "kleindeutsche Lösung".

Auch den Vertrauensmännern war bewußt, daß sie mit ihrem Votum zugunsten des erblichen Monarchen bei gleichzeitigem Offenlassen der Entscheidung über die Person des Trägers der Staatsoberhauptswürde eine entscheidende Lücke in ihrem Entwurf gelassen haben. Ebenso war ihnen offenkundig, daß ihr erblicher deutscher Kaiser unter den gegebenen nationalen Verhältnissen Österreichs in der geplanten Fassung zur Zeit nicht durchsetzbar sein würde[112]. Dennoch hielten sie an ihrer Entscheidung fest, was ihnen den Vorwurf einbrachte, "ein Kennzeichen unpraktischer Gesetzgeber- und Staatsmännerschaft"[113] geliefert zu haben, da eine Verfassung keine Elemente enthalten dürfe, deren Verwirklichung de facto ausgeschlossen sei. Man habe letztlich ein Modell gewählt, auf dessen Realisierung man allenfalls habe hoffen können[114].

---

111. Daß die Wahl auf einen anderen Monarchen fallen könnte, schien ausgeschlossen, wenngleich dies nach dem Verfassungsentwurf möglich war.
112. Vgl. den noch im Vorentwurf enthaltenen - entlarvenden - Zusatz zu § 5: "Sofern für jetzt über die Wahl eines künftigen Reichsoberhauptes (Deutscher Kaiser) keine Einigung zu erreichen steht, wird ein stellvertretendes Oberhaupt (Reichsverweser) ... auf fünf Jahre gewählt."
113. Jürgens, Zur Geschichte des deutschen Verfassungswerkes 1848-49, Bd. 1, S. 87.
114. Jürgens, Zur Geschichte des deutschen Verfassungswerkes 1848-49, Bd. 1, S. 87.

Als Kompensation und als "Verfassungskompromiß"[115] zwischen Erb- und Wahlkaiser entschied man sich dafür, in dem Entwurf festzulegen, daß das künftige (erbliche) Herrscherhaus durch eine Wahl zu bestimmen sei, wenngleich diese Wahl den Vertretern des dynastischen Legitimismus, die grundsätzliche Erblichkeit dagegen den Verfechtern des demokratischen Prinzips anstößig sein mußte[116].

b. Stärkung der Reichsgewalt

Neben der grundsätzlichen Festlegung auf eine erbliche Monarchie fällt das starke unitarische Gepräge des Verfassungsentwurfes ins Bild, wodurch sich im Vergleich zum Deutschen Bund eine deutliche Verlagerung der verfassungspolitischen Gewichte ergeben hätte. Mit dem Verfassungsentwurf der Siebzehn, wie später auch durch die Paulskirchenverfassung, wurde seitens der Opposition gedanklich Abschied genommen von der Konstruktion Deutschlands als völkerrechtlicher Verein der deutschen Einzelstaaten. Hier sollte ein Staat, kein Bund entstehen; das politische Ziel der nationalen Einheit sollte auch verfassungsrechtlich sowohl durch die Bildung eines Bundesstaates, wie auch in der gestärkten Rolle des Staatsoberhauptes dieses (Bundes-) Staates deutlich zum Ausdruck kommen.

Hatte der Deutsche Bund bisher noch gar keine eigene Staatsqualität[117], sollte durch den Siebzehnerentwurf ein Bundesstaat geschaffen werden, innerhalb dessen die Verteilung der Staatsangelegenheiten zwischen den Einzelstaaten und der zu schaffenden Reichsgewalt eindeutig zugunsten der Letzteren ausfallen sollte. Wenngleich die Existenz und die Selbständigkeit der Mitgliedsstaaten dieses Bundesstaates nicht angegriffen wurde, so liegt doch in der tatsächlichen Ausgestaltung der sehr starken Reichsgewalt das eigentliche Neue des Siebzehnerentwurfs.

Bereits im Vorwort bekannte das Kollegium, trotz vielfacher Meinungsunterschiede im Detail sich doch stets darin einig gewesen zu sein, daß Deutschland "seine Volks- und Staatseinheit jetzt erreichen" müsse. In § 2 des Entwurfes wurde deklaratorisch festgelegt, daß die Selbständigkeit der einzelnen deutschen Staaten beschränkt werde, soweit es die Einheit Deutschlands erfordere. Diese Beschränkung erfolge sowohl durch "gewisse Grundrechte und Einrichtungen", die vom Reich zu gewährleisten seien, als auch durch fortan einer Reichsgewalt anheimfallende Befugnisse (§ 2 Abs. 2). Der in § 3

115. Huber, Verfassungsgeschichte, Bd. 2, S. 770; ebendort auch Beispiele für eine vergleichbare Verfassungskonstruktion.
116. Vgl. Huber Verfassungsgeschichte, Bd. 2, S. 770.
117. U.a. Grimm, Deutsche Verfassungsgeschichte 1776-1866, S. 171.

des Entwurfes festgelegte ausschließliche Zuständigkeitskatalog[118] steckte ein sehr weites Tätigkeitsfeld der Reichsgewalt ab und zielte letztlich auf ein starkes Reich. Der Gesamtstaat sollte eine den Einzelstaaten deutlich übergeordnete Rolle spielen. Gedacht war an einen Bundesstaat "mit einer höchsten und verschiedenen untergeordneten Staatsgewalten"[119]; Ziel war ein über den "Einzelstaaten sich erhebender, diese beherrschender Gesamtstaat"[120].

So sollte auch Reichsrecht diesem entgegenstehendes Landesrecht brechen (§ 30 des Entwurfes), wodurch eine Umkehrung der Rangordnung der Rechtsquellen im Vergleich zum bisherigen Staatenbund eingetreten wäre. Bassermann, Mitverfasser des Siebzehnerentwurfs, schien die Auswirkung dieses Paragraphen derart bedeutend, daß er ihn als "Staatsstreich" bezeichnete[121]. Desweiteren fand die Tendenz zu einem starken Zentralstaat seinen Ausdruck in den Eidesformeln der Einzelstaaten. Nach § 28 des Entwurfes sollte jedem Eid auf die Landesverfassung ein Eid auf das Reichsgrundgesetz hinzugefügt werden. Darüberhinaus sollte das Reichsheer auf das Reichsgrundgesetz vereidigt werden (§ 27 des Entwurfes). Zusammen mit dem Recht des Monarchen auf die Ernennung aller Offiziere des stehenden Heeres und der Marine (aus § 7 des Entwurfes) hätte die Vereidigung der Soldaten auf das Reichsgrundgesetz zukünftig zu einer (einzigen) kaiserlich deutschen Armee geführt, verbunden mit der militärischen Entmachtung der Einzelstaaten. Der Kaiser sollte über Krieg und Frieden entscheiden (§ 9 des Entwurfes), ohne ein eventuelles Mitspracherecht der Einzelstaaten, der Reichsgewalt allein sollte das Militärwesen zustehen (§ 3c - e des Entwurfes), so daß letztlich der machtpolitische Faktor des Militärwesens gänzlich auf den Zentralstaat und dort auf das Reichsoberhaupt, den Kaiser, übergegangen wäre.

Die insgesamt deutlich erkennbare Tendenz, eine effektive gesamtstaatliche Einheit schaffen zu wollen, war zu diesem Zeitpunkt in der Bevölkerung keinesfalls unpopulär oder gar losgelöst von den auch andernorts gehegten verfassungspolitischen Bestrebungen. Die Zurückdrängung der Einzelstaaten zugunsten des Gesamtstaates war vielmehr gerade das Ziel der auf die Einheit Deutschlands gerichteten Bewegung dieser Zeit. Somit enthielt der Verfassungsentwurf der Siebzehn in dieser Hinsicht keineswegs Neues, vielmehr griff er auf Gedankengut und Bestrebungen zurück, die sich seit Beginn des

118. U.a der diplomatische Verkehr; das Recht der völkerrechtlichen Verträge; das Recht, über Krieg und Frieden zu entscheiden; das Militär-, Zoll- und Postwesen; die Reichsgerichtsbarkeit; die Verfügung über sämtliche Zolleinkünfte; die Gesetzgebungskompetenz auf den Gebieten des öffentlichen und des Privatrechts, sowie ein bedingtes Besteuerungsrecht gegenüber den Einzelstaaten.
119. Zachariae, Deutsches Staats- und Bundesrecht, Bd. 1, 1. Aufl., S. 58.
120. Hübner, Der Verfassungsentwurf der siebzehn Vertrauensmänner, S. 148.
121. Nach Hübner, Der Verfassungsentwurf der siebzehn Vertrauensmänner, S. 150.

19. Jahrhunderts immer mehr gesteigert und nun ihren vorläufigen Höhepunkt gefunden hatten.[122]

Ganz den gemäßigten liberalen Prinzipien des Vormärz verpflichtet, lehnte der Entwurf jedoch entschieden die Nationalstaatsidee des deutschen Radikalismus ab, der sich immer mehr dem französischen Ideal der 'republique une et indivisible' angenähert hatte. Die Vertrauensmänner sahen im deutschen Föderalismus auch Chancen, die es zu bewahren gelte[123]. Die gestärkte Zentralgewalt sollte nach wie vor durch einen föderativen Unterbau ergänzt werden; der erbliche Reichsmonarch neben beziehungsweise über den (ebenfalls erblichen) Souveränen der Einzelstaaten stehen[124].

Auch diese Beibehaltung des föderalen Systems entsprach einem Grundbedürfnis der damaligen Zeit, da niemand verkennen konnte, daß die Einführung eines Einheitsstaates nicht ohne (gewaltsame) Auflösung der einzelnen Herrscherhäuser möglich gewesen wäre[125].

### c. Die verfassungsrechtliche Stellung des Monarchen innerhalb der gestärkten Reichsgewalt

Da sich der Vorentwurf für die Einführung der erblichen Monarchie unter Zugrundelegung einer Stärkung des unitarischen Elements ausgesprochen hatte, hängt die konkrete verfassungsrechtliche Stellung des Monarchen von der Ausgestaltung seiner Kompetenzen innerhalb der Reichsgewalt ab. Diese sollte sich gemäß § 4 des Entwurfes aus dem Reichsoberhaupt und dem Reichstage zusammensetzen, womit insbesondere die Frage nach der Rollenverteilung zwischen Staatsoberhaupt und Reichstag gestellt ist.

Durch das Aufteilen der Staatsgewalt auf zwei Organe scheint der Vorentwurf davon auszugehen, daß mehrere Organe gleichberechtigte Träger der Staatsgewalt sein können. Damit erfolgte eine bewußte Abkehr der noch im

---

122. Jardon, Dahlmann und die deutsche Revolution 1848-49, S. 5, wonach "... der Verfassungsentwurf das erste umfassende Dokument der so lange ersehnten deutschen Freiheit und Einheit" sei.
123. Vgl. das Vorwort des Entwurfes: "Niemand ... verbarg sich, daß in jener Zerstückelung, welche für unser Vaterland so traurige Früchte getragen hat, dennoch zugleich vielfältige Keime verborgen liegen, welche unzertreten bleiben müssen, wenn unsere Zukunft fröhlich gedeihen soll", bei Huber, Dokumente, Bd. 1, S. 352 ff.
124. In der Verfassungspraxis sollte der föderative Charakter insbesondere durch das Oberhaus zum Ausdruck kommen, das als echte erste Kammer ausgestaltet war, mit der die verlorengegangenen Rechte der Fürsten kompensiert werden sollten.
125. Vgl. Huber, Verfassungsgeschichte, Bd. 2, S. 792; vgl. auch die Einschätzung Friedrich Wilhelms IV. von der mangelnden Begeisterung der Deutschen für einen Nationalstaat, bei Springer, Friedrich Christoph Dahlmann, Bd. 2, S. 249.

monarchischen Prinzip enthaltenen fürstlichen Souveränität, nach der das Staatsoberhaupt allein Träger der Staatsgewalt war[126].

Dies ist bereits im Hinblick auf die Einführung der Verfassung von Bedeutung. Die siebzehn Vertrauensmänner legten einen Verfassungsentwurf vor, dessen erklärtes Ziel es war, "an die Stelle des bisherigen Deutschen Bundes eine auf Nationaleinheit gebaute Verfassung treten" zu lassen[127]. Es war dabei nicht daran gedacht, das Heilige Römische Reich deutscher Nation wieder aufleben zu lassen, sondern vielmehr, einen neuen Staat[128] mit einer neuen Verfassung zu gründen. Dennoch stellt sich für den Siebzehnerentwurf nicht die Frage nach einer - neuen - verfassunggebenden Gewalt. Das Siebzehnerkollegium war ein von der Bundesversammlung einberufener Ausschuß, "zum Behufe der Vorbereitung der Revision der Bundesverfassung"[129]. Die neu auszuarbeitende Verfassung bezog somit ihre Legitimation nicht aus einem revolutionären Akt, sondern aus der bisherigen Bundesverfassung; in dieser ist die verfassungsgebende Gewalt zu suchen. Man war an einer evolutionären Ablösung der alten und Einführung einer neuen Verfassung interessiert.

Wenngleich somit der deutsche Kaiser seine Rechte nicht auf die verfassunggebende Gewalt des Volkes oder eines Parlaments stützen, sondern sie von den Fürsten der Einzelstaaten herleiten sollte, die freiwillig auf Teile ihrer Rechte verzichteten, so war ihm dennoch für die Zukunft eine ausschließliche, allein ihm zustehende verfassunggebende und -ändernde Gewalt vorenthalten. Gemäß § 29 des Entwurfes war eine Übereinstimmung zwischen den Organen der Reichsgewalt erforderlich, so daß auch der Reichstag sein placet zu einer von dem Monarchen vorgesehenen Verfassungsänderung geben mußte. Klassisch 'konstitutionelle' Ansätze setzten sich hier im Rahmen der Gesetzgebung - insbesondere der Verfassungsgesetzgebung - durch.

Unabhängig von der Frage, ob die Verfassung - unter der Prämisse der Revision des alten Bundesrechts - von den Fürsten einseitig gewährt oder mit einem Parlament ausgehandelt worden wäre, war der entscheidende Punkt vielmehr der, daß der Monarch durch die Verfassung einer verbindlichen Beschränkung seiner Gewalt unterworfen wurde. Dies insbesondere auch hinsichtlich einer zukünftigen Verfassungsänderung. Selbst im Falle einer kraft monarchischer Staatsgewalt oktroyierten Verfassung, band sich das Staatsoberhaupt selbst in die Verfassung ein und stand somit nicht mehr neben, son-

126. Vgl. den beispielhaften Tit. II § 1 der bayerischen Verfassung von 1818: "Der König ist das Oberhaupt des Staates, vereinigt in sich alle Rechte der Staatsgewalt und übt sie unter den von ihm gegebenen, in der gegenwärtigen Verfassungsurkunde festgesetzten Bestimmungen aus."
127. Vorbemerkung vor Art. 1 des Entwurfes, bei Huber, Dokumente, Bd. 1, S. 352 ff.
128. "Ein Reich, ein Bundesstaat" - § 1 des Entwurfes.
129. Vgl. Bundesbeschluß über die Berufung von Männern des allgemeinen Vertrauens vom 10. März 1848, bei: Huber, Dokumente, Bd. 1, S. 330.

dern in ihr[130]. Die Änderung der einmal gegebenen Verfassung (selbst der oktroyierten) konnte nur noch in der verfassungsgemäßen Form erfolgen, das heißt unter maßgeblicher Beteiligung des Reichstages (§ 29 des Entwurfes). Somit hat der Monarch seine allein verfassunggebende Gewalt verloren, er ist nur noch ein Teil des verfassungsändernden Gesetzgebers. Die (Selbst-)Bindung des Monarchen war daher durch die Existenz einer Verfassung eine endgültige, so daß auch eine einseitige Rücknahme der einmal in Kraft getretenen Verfassung nicht möglich wäre[131]; er ist mit Sieyès nicht pouvoir constituant, sondern pouvoir constitué.

Diese geteilte Staatsgewalt zeigte sich nicht nur am Beispiel der Verfassungsänderung, sondern zieht sich durch die gesamte gesetzgebende Gewalt, soweit sie dem Reich zugewiesen war. In dieser sahen die gemäßigten Liberalen das eigentliche Feld ihrer politischen Partizipation. Der Bereich der Gesetzgebung war die Nahtstelle zwischen monarchischem Staat und bürgerlicher Gesellschaft. Die gesetzgebende Gewalt sollte - als typisches Kennzeichen der deutschen konstitutionellen Monarchie - gemeinschaftlich von Monarch und Reichstag ausgeübt werden.

Gemäß § 8 Satz 4 des Entwurfes stand beiden Organen der Reichsgewalt das Gesetzesinitiativrecht zu, wobei gemäß § 16 Satz 2 des Entwurfes beide Häuser des Reichstages gesetzgeberisch aktiv werden konnten. Allein durch das Gesetzesinitiativrecht des Reichstages trat eine Verbesserung der parlamentarischen Rechte im Verhältnis zu den meisten Verfassungen von vor 1848 ein, in denen dem Parlament als Gesetzgebungskörperschaft überwiegend nur ein Gesetzespetitionsrecht eingeräumt wurde, so daß dort der Monarch bereits präventiv jede Gesetzesvorlage verhindern konnte, während ihm nach dem Entwurf der Siebzehn "nur das Recht der reaktiven Zustimmungsverweigerung" blieb[132].

Dieses Recht der Sanktionsverweigerung ergab sich ebenfalls aus § 8 Satz 4, nach dem jedes Gesetz nicht nur des Beschlusses durch die beiden Kammern des Reichstages (§ 16 Satz 1) bedurfte, sondern ebenso der freien Zustimmung des Monarchen. Die Legislative war mithin aufgrund des Zweikammernsystems des Reichstages dreigliedrig, wobei der Monarch dem Reichstag als Ganzem zumindest gleichberechtigt gegenüberstehen sollte.

---

130. Dies belegt auch die in § 26 normierte Pflicht des Monarchen, in Anwesenheit des Reichstages, einen Eid auf das Reichsgrundgesetz zu leisten.
131. Dazu u.a. Böckenförde, Der Verfassungstyp der deutschen konstitutionellen Monarchie im 19. Jahrhundert, S. 149; Böckenförde, ebenda, S. 150, weist demnach zu Recht die einseitige Aufhebung der hannoverschen Verfassung 1837 durch König Ernst August auch nach konstitutionellem Staatsrecht als Rechtsbruch aus.
132. Kühne, Volksvertretungen im monarchischen Konstitutionalismus (1814-1918), S. 57 f.

Entscheidend ist in diesem Zusammenhang das absolute Vetorecht des Monarchen, da ohne dessen Zustimmung kein Gesetz zustandekommen konnte. Ihm oblag die Erteilung des Gesetzesbefehls, wozu er nicht gezwungen werden konnte. Demnach konnte hinsichtlich der Gesetzgebung 'nicht ohne und nichts gegen den Willen' des Monarchen erfolgen[133]. In der Frage des Vetos äußerte sich letztlich der Grad der Mitbestimmung des Reichstages an dem monarchischen Staat, und wegen der Verbindlichkeit der Gesetze für die Verwaltung zugleich das Maß der rechtlichen Einwirkungsmöglichkeit auf die monarchische Exekutive[134].

Dennoch darf trotz des absoluten Vetorechts des Monarchen die Rolle des Reichstages in seiner verfassungsrechtlichen Entwicklung nicht unterbewertet werden. Dem Monarchen war das bisher allein ihm zustehende Gesetzgebungsrecht genommen. Der Reichstag besaß fortan ein Gesetzesinitiativrecht; der Monarch war seinerseits an die Mitwirkung des Reichstages gebunden, denn auch der Reichstag konnte nicht gegen seinen Willen zur Zustimmung zu einem von dem Monarchen vorgeschlagenen Gesetzesvorhaben gezwungen werden; auch er war unabhängig vom Willen des Staatsoberhaupts und faßte seine Beschlüsse aufgrund eigener Entscheidung. Darüberhinaus wurde dem Reichstag ein Selbstversammlungsrecht eingeräumt, da der Monarch gemäß § 18 Satz 2 des Entwurfes nur noch außerordentliche Sitzungen einberufen durfte.

Neben dem Anteil an der gesetzgebenden Gewalt verblieb die gesamte Exekutive gemäß § 7 Satz 1 des Entwurfes beim Monarchen. Zwar herrschte der Monarch nicht willkürlich, sondern über gegenzeichnungspflichtige Minister, diese Minister aber entstammten allein dem monarchischen Vertrauensbereich. Sie waren institutionell völlig vom Reichstag getrennt und von diesem unabhängig. Die Regierung "gehörte auf die Seite und in die Sphäre des Monarchen"[135].

Im Gegensatz zur Geltendmachung der juristischen Verantwortlichkeit der Minister im Wege der Ministeranklage (§ 24 lit. h des Entwurfes[136]) ist die Abhängigkeit der Ministerernennung oder eines -rücktritts von einer Par-

---

133. Frederich, Die staatsrechtliche Stellung des heutigen deutschen Kaisertums, verglichen mit den beiden Verfassungsentwürfen von 1848, 1849 und mit der Unions-Verfassung von 1850, S. 46 folgert aus diesem absoluten Vetorecht des Monarchen eine konstitutionelle, anstelle einer parlamentarischen Monarchie, da "zuweilen das Parlament Anteil nimmt, im Konfliktsfalle aber der Wille des Monarchen prälaviert."
134. Böckenförde, Der Verfassungstyp der deutschen konstitutionellen Monarchie im 19. Jahrhundert, S. 150.
135. Böckenförde, Der Verfassungstyp der deutschen konstitutionellen Monarchie im 19. Jahrhundert, S. 152.
136. Vgl. zur Ministeranklage allgemein u.a.: Kühne, Volksvertretungen im monarchischen Konstitutionalismus (1814-1918), S. 63 f.,: "Fazit war auf diese Weise der völlige Mißerfolg."

lamentsmehrheit grundsätzlich kein Regelungsgegenstand des Entwurfes; allein das Vertrauen des Staatsoberhauptes war entscheidend. Dieses monarchische Recht erschien der Mehrheit der Vertreter des monarchischen Konstitutionalismus vormärzlicher Prägung noch derart selbstverständlich, daß dies in dem Entwurf nicht ausdrücklich festgelegt wurde. Hierbei sollte es auch bis weit in das bismarcksche Kaiserreich hinein bleiben.

Daß eine auch parlamentarische Ministerverantwortlichkeit den Verfassern des Entwurfes nicht vorschwebte, beweist Dahlmanns Ausspruch, wonach die politische Verantwortlichkeit der Minister sich in ihrer Abhängigkeit von der Volksmeinung oder der freien Presse zeige, beziehungsweise die Volksvertretungen Rechenschaft der Minister verlangen könnten[137]. Diese parlamentarische und außerparlamentarische Kontrolle der Minister müsse genügen, um nicht in Gegensatz zu treten mit der alleinigen Verantwortlichkeit gegenüber dem Monarchen. Die Kontrollmöglichkeit des Parlaments sollte demnach nicht zu einer Verantwortlichkeit gegenüber dem Parlament führen.

In einem engen Zusammenhang mit der Gegenzeichnungspflicht der Minister stand die in § 10 Satz 1 des Entwurfes festgelegte Unverantwortlichkeit des Monarchen. In dieser Unverantwortlichkeitsklausel spiegelte sich erneut die politische Vorstellung Dahlmanns wider[138]. Die in dem englischen Grundsatz "the king can do no wrong" enthaltene Idee der Unverantwortlichkeit des Monarchen erschien ihm als großer Wendepunkt des Staatslebens[139]. Demnach sollte sich - woran nie ernsthaft gerüttelt wurde - die Tradition des unter dem theokratischen Einfluß des Orients entstandenen 'romanischen Prinzips', durchsetzen, nach dem es möglich sein sollte, daß das Staatsoberhaupt hinsichtlich seines politischen Handelns unverantwortlich blieb[140].

Auch Montesquieu vertrat die Unverantwortlichkeit des Monarchen, da dieser stets nur das Beste wolle. Jedes von ihm ausgehende Unrecht könne deshalb nur als die Folge schlechter Beratung durch seine Minister angesehen werden. Die Unverantwortlichkeit des Monarchen ließ sich insbesondere politische begründen. Erst durch die Unverantwortlichkeit werde der Monarch über die alltäglichen Kämpfe im Staate hinweggehoben und damit in die Lage

137. Friedrich Christoph Dahlmann, Politik, 2. Aufl., S. 106.
138. Friedrich Christoph Dahlmann, Politik, 2. Aufl., S. 104: "Regieren und verantwortlich sein, gleichzeitig gedacht, sind Widerspruche".
139. Vgl. Friedrich Christoph Dahlmann, Politik 2. Aufl., S. 106 ff., S. 122 ff.
140. Das 'romanische Prinzip' stand im Gegensatz zu dem sogenannten 'germanischen Prinzip', das bei den nordischen Völkern galt, und welches besagte, daß jeder - also auch das Staatsoberhaupt - einem Richter verantwortlich sei; vgl. dazu Greve, Die Ministerverantwortlichkeit im konstitutionellen Staat, S. 42 f.

versetzt, in einer dem Staat nützlichen Weise regulierend zu agieren und so den Zusammenhalt zu fördern[141].

Allerdings zog der Entwurf noch nicht die später gezogene Konsequenz, die Unverantwortlichkeit des Monarchen mit der politischen Verantwortlichkeit vor dem Parlament zu paaren. Die in dem Entwurf vorgesehene Möglichkeit der Ministeranklage erschien Dahlmann als "das äußerste Mittel ihres Widerstandes", als "das Schwert der Stände"[142]. Dem Parlament wurde - als politisches Recht - gemäß § 21 Satz 3 des Entwurfes allein das Recht eingeräumt, die Minister vor ihr Plenum zu zitieren. In der parlamentarischen Ministerverantwortlichkeit wurde nicht das für einen konstitutionellen Staat erforderliche Korrelat zur Unverantwortlichkeit des Staatsoberhauptes gesehen, wodurch eine Willkürherrschaft des Staatsoberhauptes verhindert und letztlich der Unterschied zu einem absolutistisch regierten Staat ausgedrückt werde. Nach Dahlmanns Überzeugung werde "ein Minister, über dem das Schwert der Ministeranklage schwebt, ... es nicht wagen, der Krone seinen Arm zu verfassungswidrigen Handlungen zu leihen"[143].

Mit einer parlamentarischen Verantwortlichkeit der Minister sah Dahlmann den Übergang zum parlamentarischen System insgesamt eingeleitet und damit die endgültige Entmachtung des Monarchen. Das Ministerium würde zu einem regierenden Ausschuß der Parlamentsmajorität; die Rolle des Monarchen sinke auf eine - für Dahlmann inakzeptable - "dienende Stellung" herab[144].

Demnach findet die Aussage Botzenharts, daß in § 10 des Entwurfes, nach dem die Minister durch die Gegenzeichnung der kaiserlichen Verfügungen die Verantwortlichkeit für deren Zweck- und Gesetzmäßigkeit zu übernehmen hatten, "fraglos eine Kategorie parlamentarisch-politischer Verantwortlichkeit angesprochen" sei[145], in Dahlmanns Auffassungen keine Stütze.

Regierung und Verwaltung waren zwar das eigentliche Reservat des Monarchen, aber er hatte dennoch nach wie vor bedeutenden Anteil an der Gesetzgebung. Er war nicht nur Teilhaber der gesetzgebenden Gewalt, sondern zugleich dessen Vollzugsorgan. Hier unterschied sich der Entwurf deutlich von den Vorstellungen einer konstitutionellen Monarchie, wie sie in der französischen Verfassung von 1791 zum Ausdruck gekommen ist. Dort wurde

---

141. Dazu u.a. von Gerber, Grundzüge des deutschen Staatsrechts, S. 80; Hammer, Ministerverantwortlichkeit im Deutschen Reiche, S. 43 f.; von Frisch, Die Verantwortlichkeit des Monarchen und höchsten Magistrate, S. 104 ff.
142. Friedrich Christoph Dahlmann, Politik, 2. Aufl., S. 113.
143. Nach Linnenkohl, Dahlmann und der Konstitutionalismus, S. 72.
144. "... ein Ministerium, welches dem König gesetzt wird, ... ist Mitkönig. ... daß alle Vorteile der Monarchie vernichtet sind, wenn der König mit Ministern umgeben wird, die nicht in jedem Augenblick von ihm entfernt werden können", nach Linnenkohl, Dahlmann und der Konstitutionalismus, S. 68; vgl. auch Dahlmann, Politik 2. Aufl., S. 105.
145. So Botzenhart, Deutscher Parlamentarismus in der Revolutionszeit 1848-1850, S. 655.

dem Monarchen zwar ebenfalls die volle Gewalt über die Exekutive eingeräumt, er war darin aber völlig an das Gesetz gebunden und besaß bei der Gesetzgebung nur ein aufschiebendes Veto ohne Gesetzesinitiativrecht. Konstitutionelle Monarchie war, so verstanden, eine den Monarchen auf die Exekutivfunktion beschränkende Monarchie[146]; die Gewalten waren getrennt.

Der Entwurf der siebzehn Vertrauensmänner sah hier eine die Gewalten ineinander verknüpfende Lösung vor, genauer: eine Lösung, in der der die Exekutive beherrschende Monarch weit in die Legislative hineingreift.

In diesem Zusammenhang stellt sich auch die Frage des Mitwirkungsrechts des Parlaments beim Staatshaushalts. Dieses Budgetrecht sollte dem Parlament im Laufe der Entwicklung des Konstitutionalismus immer mehr die Möglichkeit einräumen, indirekt selbst an der Regierungstätigkeit teilzuhaben. Wenngleich sich die frühliberale Staatsrechtslehre, anders als die Vertreter ihrer konservativen Gegner, wohl nicht bewußt war, daß die Mitwirkungsrechte der Stände bei der Festsetzung der Staatsausgaben neben dem unmittelbaren Bereich der staatlichen Finanzwirtschaft vor allem enorme politische Bedeutung besaß[147], berührte der wachsende Einfluß des Parlaments auf den Haushalt des Monarchen die Kernfrage, um die es während des gesamten 19. Jahrhunderts gehen sollte, wenn um das Budgetrecht gestritten wurde: In welchem Maße ist der mit der Mitbestimmung über die Staatsausgaben notwendig verbundene Einfluß der Stände auf die gesamte Staatstätigkeit mit dem monarchischen Prinzip und dem aus ihm abgeleiteten Alleinentscheidungsprinzip der Krone zu vereinbaren?[148] Stand dem Monarch das Parlament als Vertretung der Staatsbürger gegenüber, das speziell durch sein Steuer- und Ausgabenbewilligungsrecht Freiheit und Rechte der Staatsbürger sichern konnte? Ein derart interpretiertes Budgetrecht verstand zwar das Parlament primär als den Monarchen lediglich beschränkende Institution und nicht als politisch aktive, gar gleichberechtigte, alle Bürger und Staat betreffende Fragen (mit-) regelndes Organ. Dennoch lag hierin ein aus konservativer Sicht gefährlicher Grundstein für eine monarchische Machterosion und letztlich zur Entwicklung eines Vertrauens- beziehungsweise Mißtrauensvotums des Parlaments gegenüber der monarchischen Regierung[149].

---

146. Vgl. Boldt, Deutsche Staatslehre im Vormärz, S. 26.
147. Vgl. dazu Friauf, Der Staatshaushaltsplan im Spannungsfeld zwischen Parlament und Regierung, S. 179 ff.
148. Vgl. auch Böckenförde, Der Verfassungstyp der deutschen konstitutionellen Monarchie im 19. Jahrhundert, S. 155, der das Budgetrecht "mehr noch als die Mitwirkung der Volksvertretung an der Gesetzgebung" als den eigentlichen "Gegenpol zum monarchischen Prinzip in der konstitutionellen Verfassung" sieht.
149. Zur Geschichte des Budgetrechts vgl. allgemein: Mußgnug, Der Haushaltsplan als Gesetz; Friauf, Der Staatshaushaltsplan im Spannungsfeld zwischen Parlament und Regierung.

So weit ging jedoch der Entwurf der Siebzehn Vertrauensmänner keineswegs. § 16 Satz 3 des Entwurfes enthielt die einzige Aussage in diesem Zusammenhang. Danach sollte die Regierung ihren Haushaltsentwurf dem Unterhaus des Reichstages zur 'Beschlußnahme' vorlegen, bevor auch das Oberhaus den Entwurf im Ganzen annehmen oder verwerfen sollte. Demnach zeigte sich auch in der Frage des Haushalts - sei nun die in § 16 Satz 3 des Entwurfes festgelegte 'Beschlußnahme' an die Form eines Gesetzes gebunden oder als einfacher Beschluß möglich - ebenso wie bei der Gesetzgebung die für den Entwurf typische Verknüpfung der beiden Reichsgewalten.

Sowohl in dem aufgenötigten Miteinander in der Verfassungsgesetzgebung, wie in der dem Reich zugewiesenen einfachen Gesetzgebung, der Budgetbewilligung, aber auch in dem Fehlen der parlamentarischen Abhängigkeit der Regierung von dem Reichstag spiegelt sich der Dualismus zwischen Monarch und Reichstag, also zwischen den beiden die Reichsgewalt bildenden Organen, wider.

Monarch und Volksvertretung waren in der Sache gleichberechtigt und gleichgeordnet. Kam es zu einem wirklichen Konflikt, insbesondere auf dem Gebiet der Gesetzgebung[150], so standen auf dem Boden der Verfassung das demokratische und das monarchische Prinzip unvermittelt gegenüber, ohne auf einer höheren Ebene aufgehoben zu werden. Dieses Konfliktfeld wurde in dem Entwurf ausgespart und somit keiner Lösung zugeführt. Dies entsprach dem Bestreben, einem großen Harmonieverlangen nachzukommen. Setzt man das Volk mit dem Reichstag gleich, hätte eine (wie auch immer geartete) Konfliktlösung eine Über- Unterordnung in dem Verhältnis von Monarch und Volk erforderlich gemacht, was nach einer noch vormärzlichen Auffassung die "Scheidung der Ehe zwischen Monarch und Volk" nach sich gezogen hätte[151]. Nach Auffassung des organischen Liberalismus galt es aber, gerade diese Auseinandersetzung zu vermeiden und vielmehr einen konstitutionellen Ausgleich zwischen Monarchie und der neu erwachten Volksfreiheit zu erzielen.

Der Monarch erfüllte demnach nicht die Rolle des pouvoir neutre, er ist ebenso wie der Reichstag 'Partei und nicht überparteilich'. Dennoch bleibt es bei der in § 4 des Entwurfes festgelegten grundsätzlichen Verlagerung der Souveränität weg von der sie bisher allein innehabenden monarchischen

---

150. Als Beispiel eines solchen Konflikts sei nur der später - unter den selben verfassungsrechtlichen Prämissen - aufgetretene preußische Verfassungskonflikt erwähnt.

151. Vgl. Boldt, Deutsche Staatslehre im Vormärz, S. 185, der hier einen Berührungspunkt zum romantischen Konservatismus eines Adam Müller sieht, vgl. insbesondere, Boldt, ebenda, S. 185, Fußnote 195; insgesamt ebenso: Böckenförde, Der Verfassungstyp der deutschen konstitutionellen Monarchie im 19. Jahrhundert, S. 155; Schmitt, Verfassungslehre, S. 54, bringt dieses Problem am Beispiel der verfassunggebenden Gewalt mit der liberalen Vorstellung einer "Souveränität der Verfassung" in Verbindung, durch die der dualistische Zustand theoretisch verschleiert und die politische Kernfrage nach der verfassunggebenden Gewalt umgangen werde.

Spitze. Dies entsprach sowohl einer allgemein zur Zeit des Vormärz vertretenen liberalen These, wie auch insbesondere Dahlmanns Vorstellungen.

Allerdings ging diese Auffassung nun nicht dahin, das Volk zum Souverän des Staatsganzen zu erheben. Königtum und Volk waren gedacht als je eigene Gewalten, das Königtum nicht auf die Exekutive beschränkt, sondern Träger echter Regierung. Aber über beiden sollte die Verfassung als höhere Ordnung, als Ausdruck der einheitlichen Staatspersönlichkeit stehen, die Fürst und Volk umgreift. Der Fürst sei "Vorstand einer Staatsordnung, welche ohne Zweifel über ihm steht."[152] Nach Albrecht ist der Staat eine juristische Person, in der der Monarch nicht als Souverän übergeordnet, sondern als Organ des Staates in diesen integriert sei[153]. Das Problem der Souveränität, die eigentlich letzte Entscheidung, wurde hier umgangen, indem sie in eine abstrakte Staatspersönlichkeit hineininterpretiert wurde. Weder der Monarch, noch das Volk sind souverän, sondern allein der Staat. So wurde im Denken des deutschen Liberalismus ein modus vivendi für das politische Bestreben gefunden, das zwar den Fürsten von seiner souveränen Stellung entthronen, ihn aber zugleich doch beibehalten und nur seinen Absolutismus beseitigen wollte, ohne sich für die Volkssouveränität zu entscheiden[154]. Auch der Titel "Deutscher Kaiser", den das Staatsoberhaupt gemäß § 5 des Entwurfes tragen sollte, ist ein Zeichen gegen Volkssouveränität[155]. Sollte demnach weder Fürst noch Volk souverän sein, ergab es sich zwingend, daß nach dem Verfassungsentwurf keines dieser beiden (Staats-) Organe gegen den Willen des jeweils anderen gravierende Entscheidungen zu treffen in der Lage sein sollte.

Insbesondere sollte die Regierung, die Exekutive - und damit der dahinterstehende Monarch - nicht durch einen sie kontrollierenden und ihr Weisungen erteilenden Reichstag eine Art Mit- oder Nebenregierung erhalten[156]. Demnach konnte der Monarch zwar ohne Beeinflussung des Reichstages regie-

---

152. Friedrich Christoph Dahlmann, Politik, 2. Aufl., S. 117.
153. Albrecht, nach Huber, Verfassungsgeschichte, Bd. 2, S. 376.
154. Vgl. Böckenförde, Die deutsche verfassungsgeschichtliche Forschung im 19. Jahrhundert, S. 94 f.
155. Laars, Untersuchungen über einige Grundgedanken zur Frage der Staatsgewalt in der Frankfurter Reichsverfassung von 1849 und ihr Schicksal in der späteren deutschen Verfassungsentwicklung, S. 20.
156. Dahlmann, Politik, 2. Aufl., S. 82: "Fragt es sich nun um die Ausstattung jener höchsten Staatsgewalt, deren Inhaberin die Regierung sein muß, so kann einmal Regierung gar nicht anders gedacht werden als im unmittelbaren und ungeteilten Besitz der ausübenden oder Thatgewalt. Denn jede andere Staatsgewalt neben ihr wäre sonst die beziehungsweise regierende oder mitregierende, also auch-regierende. Da aber die Regierung auch nicht regierte, wenn sie einen fremden Willen bloß auszuführen hätte, vielmehr dann regiert würde, von einem mächtigeren Willen, der vielleicht mit dem ihrigen streitet, so muß sie, um in ununterbrochener Kraft zu bleiben, auch Inhaberin der gesetzgebenden Gewalt in soweit sein, daß sie ihren Willen zu allen Gesetzen gibt."

ren, dieser aber ohne den Willen des Staatsoberhaupts keine Gesetze verabschieden.

Der Dualismus der Reichsgewalten wird als solcher zwar konsequent zu Ende gebracht, legt aber dennoch den Schwerpunkt auf das organische Fortschreiten der Verfassung unter bewußter Vermeidung einer Demontage der Monarchie als Grundelement des Staatsaufbaus. Die Frage, konstitutionelle oder parlamentarische Monarchie des Verfassungsentwurfes läßt sich eindeutig zugunsten der ersten Alternative beantworten; diejenige, ob es sich vorliegend um eine konstitutionelle Monarchie oder um einen monarchischen Konstitutionalismus handelt, ebenfalls. Die Rechte des Monarchen insbesondere im Verhältnis zu dem mit ihm 'konkurrierenden' Parlament zwingen dazu, den Konstitutionalismus lediglich adjektivisch in das Verhältnis zur Monarchie zu setzen.

## 4. Reaktionen auf den Verfassungsentwurf der Siebzehn

Der Verfassungsentwurf der siebzehn Vertrauensmänner fand ein überwiegend ablehnendes Echo bei den Regierungen der Einzelstaaten und in der Öffentlichkeit. Durch diese Reaktionen wurde auch deutlich, welche Vorstellungen gerade in den einzelnen Fürstenhäusern hinsichtlich der zukünftigen Gestaltung Deutschlands und seiner Verfassung herrschten und wie weit sie bereit waren, dem revolutionären Druck nachzugeben.

Eine erste allgemeine Stellungnahme im Zusammenhang mit den bevorstehenden Wahlen zu der Nationalversammlung gab Österreich bereits am 21. April 1848 ab, also noch vor dem Abschluß der Verhandlungen der Vertrauensmänner. In dieser Erklärung[157] war bereits deutlich zu erkennen, daß Österreich nicht gewillt war, eine engere bundesstaatliche Konstruktion als die bestehende zu akzeptieren. "Die Wesenheit eines Bundesstaates" sei mit den "Sonderinteressen" Österreichs nicht vereinbar. Dementsprechend äußerte sich der Vertreter Österreichs am Bundestage, Graf Franz von Colloredo, nach Bekanntgabe des Verfassungsentwurf abwertend über diesen, indem er ihn als "Chimäre" abtat[158].

Ablehnung erfuhr der Entwurf auch von der anderen deutschen Großmacht, Preußen. König Friedrich Wilhelm IV. korrespondierte schriftlich mit Dahlmann und teilte ihm deutlich seine Vorstellungen über eine zukünftige deutsche Verfassung mit. Dabei zeigte sich, daß der preußische König zwar

157. Erklärung des österreichischen Staatsministeriums, die Stellung Österreichs zur deutschen Verfassungsfrage betreffend, bei Huber, Dokumente, Bd. 1. S. 339.
158. Die Bewertung des Siebzehnerentwurfs von Colloredo bei Meinecke, Radowitz und die deutsche Revolution, S. 85.

für einen erblichen deutschen Monarchen plädierte, er jedoch an eine Wiederbelebung der (mittelalterlichen) römischen Kaiserwürde im Hause Habsburg dachte, bei gleichzeitiger Schaffung eines auf Lebenszeit gewählten deutschen Königs als höchste Reichsobrigkeit[159]. Sollte sich Österreich mit einem solchen Ehrenamt nicht begnügen, könne es auch die gesamte Regierungsgewalt im Reich erhalten. Erkennbar ging es ihm dabei um die Integration Österreichs in ein zu schaffendes deutsches Reich[160], wodurch sich Friedrich Wilhelm als glühender Anhänger einer großdeutschen Lösung der deutschen Frage zu erkennen gab. Nur unter ganz bestimmten Bedingungen sei er selbst bereit, sich als Staatsoberhaupt zur Verfügung zu stellen. "Erst dann, wenn Österreich durch feierliche Zurückweisung der teutschen Krone klar bekennt, daß Metternichs Geist in ihm noch herrscht, erst dann wacht für mich die Pflicht auf, diese Schmerzenskrone anzunehmen, ja ich möchte fast sagen, nach ihr zu greifen. Dann kann nur Preußen helfen ... Dann will ich nicht Kaiser, aber 'König der Teutschen' sein ..."[161]. Da er jedoch auch seine eigenen Aussich-

159. Die Haltung Königs Friedrich Wilhelm IV. zeigen sich in den Schreiben an Dahlmann vom 3., 4. und 15. Mai 1848, sowie in seinem Rundschreiben an die deutschen Landesherren vom 18. April. Diese, sowie die Antwortschreiben Dahlmanns an den König in Auszügen bei Springer, Friedrich Christoph Dahlmann, Bd. 2, S. 226 ff.: "Erkenne man als Ehrenhaupt teutscher Nation den römischen Kaiser wieder an. Erneuere man die römische Kaiserwürde und wie sie bis zum Jahre 1806 unauflöslich mit dem Königreich der Teutschen verbunden war, verbinde man sie unauflöslich mit dem Erbkaiserthum Österreich - wenn man will pro honoris causa"; "ich fordere: 1) das erbliche Römisch-Teutsche Kaiserthum für das jedesmalige Haupt des Erzhauses Österreich"; zur Schaffung eines deutschen Königs: "Ich bin ganz für das Küren des besonderen teutschen Oberhauptes. Nenne man dasselbe, wenn es, wie ich zu Gott hoffe, auf Lebenszeit gekürt und dann ächtteutsch als die von Gott eingesetzte höchste Reichsobrigkeit anerkannt wird ... - nenne man dasselbe: König der Teutschen, wie vor Alters."; zur Haltung Friedrich Wilhelms IV vgl. auch v. Sybel, Die Begründung des Deutschen Reiches durch Wilhelm I., Bd. 1, S. 119 f.. Dahlmanns Antwort zu dieser Idee der Trennung vom äußerer Ehre (eines römischen Kaisers im Hause Habsburg) und der Reichsgewalt (in Händen des preußischen Königs) in seinem Schreiben an den preußischen König, bei Springer, Friedrich Christoph Dahlmann, S. 238 ff.: "Ich kann mich nicht überzeugen, daß Österreich sich mit dem Titel und der äußeren Ehre eines römischen Kaisers zufrieden stellen wird, wenn die Reichsgewalt in andere Hände übergeht. Der Inhaber der Reichsgewalt würde aber ... auch nicht das geringste von der äußeren Ehre missen dürfen".

160. Friedrich Wilhelm IV., ebenda: "Durch diese Einrichtung der römischen Kaiserwürde auf das Haupt des österreichischen Erbkaisers wird Österreich dem deutschen Reich erst gewiß, Österreich wird für immer Deutschland gewonnen ...", vgl. auch das Zitat bei Springer, Friedrich Christoph Dahlmann, S. 243 f., das auch bei Huber, Verfassungsgeschichte, Bd. 2, S. 773 abgedruckt ist: "So lange die Hoffnung noch vorhanden ist, das ganze Teutschland zusammenzuhalten, ihm Österreichs 37 Millionen zu erhalten, dadurch daß das Haupt des Erzhauses wieder das unbestrittene Erste Haupt der Christenheit und als solches Teutschlands Haupt werde, nehme ich die Reichskrone nicht an."

161. König Friedrich Wilhelm IV. in Springer, Friedrich Christoph Dahlmann, S. 250, ebenso die Passage in seinem Brief an Dahlmann vom 4. Mai, Springer, a.a.O, S. 242 ff.: "Erst wenn ich weiß, daß Metternichs heillose Politik, 'das Entfernthalten Österreichs von den teutschen Dingen' noch vorherrscht in Österreich und gar keine Hoffnung ist, dasselbe mit der alten Reichskrone wieder für Deutschland zu gewinnen, werd' ich annehmen, aber

ten, von seinen Fürstenkollegen zum deutschen Staatsoberhaupt berufen zu werden, sehr gering einschätzte[162], blieb aus seiner Sicht jeder zu schaffenden Verfassung nur dann eine Chance realisiert zu werden, wenn sie mit der großdeutschen Lösung Österreich in das deutsche Reich einband und ihm die Kaiserwürde übertrug. Diese Reaktion des preußischen Königs mußte Dahlmann besonders treffen, war sein Entwurf doch - zumindest indirekt - auf die Krone Preußens ausgerichtet. Letztlich war allein durch die Ablehnung des Entwurfes durch die beiden Großmächte dessen politisches Schicksal besiegelt. Ohne deren Unterstützung bestanden keine Aussichten auf eine Realisierung.

Neben den beiden Großmächten machten aber auch die Mittelstaaten, so zum Beispiel Bayern, Hannover und Sachsen gegen den Entwurf mobil[163].

So entwarf Wilhelm von Doenninges für König Max von Bayern einen Alternativentwurf[164], der ebenfalls stärker die Interessen der Einzelstaaten zu berücksichtigen suchte und deren Selbständigkeit betonte. Unter anderem wurde der die Zentralgewalt stärkende § 3 des Entwurfes als eine "vollkommene Despotie eines noch nicht existierenden erblichen Kaisers, eine Vernichtung aller bestehenden konstitutionellen Rechte und Freiheiten der einzelnen Volksstämme, eine Nichtigkeitserklärung gegen alle konstitutionellen Fürsten Deutschlands" bezeichnet. Das Wiederaufgreifen der Idee eines erblichen Kaisertums[165] wird zugunsten der noch älteren Idee eines dreiköpfigen Direktoriums verworfen, das aus Österreich, Preußen und Bayern gebildet werden sollte. Bereits die zeitgenössischen Reaktionen auf diesen bayerischen Gegenentwurf[166] war ihrerseits ablehnend, so, als Heinrich von Sybel, der seinerseits dem Dahlmann'schen Entwurf kritisch gegenüberstand, sagte, es sei nichts Gutes an diesem Gegenentwurf als seine Unausführbarkeit[167].

---

mit gebrochenem Herzen, denn mein Reich wird ein Rumpf Teutschlands sein, ... der ganzen Macht Österreichs (das doch einmal wieder erstarken wird) bar und ledig und nicht mehr geeignet, Teutschlands, von Gott ihm gestellte Aufgabe zu genügen, nämlich: die Centralmacht Europas zu sein ...".

162. Schreiben Friedrich Wilhelms an Dahlmann vom 3. Mai 1848, bei Springer, Friedrich Christoph Dahlmann, S. 240 f.: "... wenn ich Ihnen rund heraus erkläre, daß ich höchste Krone nicht annehmen werde, wenn sie mir überhaupt angeboten würde, wozu aber keine Gefahr von fürstlicher Seite besteht. Das Anbieten von Volkes Seite (das auch nicht stattfinden wird) wäre aber mehr als Gefahr. Es wäre der Beweis der vollendeten Auflösung Teutschlands, wenn es gegen der Fürsten Meinung und Willen geschieht und wäre wahrscheinlich mit Kanonen zu beantworten."

163. Vgl. Roth/Merck, Quellensammlung zum deutschen öffentlichen Recht seit 1848, Bd. 1, S. 437 ff.

164. Text bei Roth/Merck, Quellensammlung zum deutschen öffentlichen Recht seit 1848, Bd. 1, S. 385 ff.

165. Hier wird eine Parallele zu Napoleon gezogen: "blickt auf die Geschichte der neuesten Zeit und fragt Euch, was für eine Geisel der Völker aus dem konstitutionellen, erblichen Empereur de la république wurde".

166. Den König Max von Bayern an Dahlmann als "sein ehemaliger Schüler und Verehrer" übersandte, vgl. Springer, Friedrich Christoph Dahlmann, Bd. 2, S. 224.

167. Von Sybel, Die Begründung des Deutschen Reiches durch Wilhelm I., Bd. 1, S. 166.

In dieselbe Richtung wie Bayern argumentierte jedoch auch Hannover, das in seiner Erklärung vom 17. Mai 1848 seine "Grundsätze für die Verfassung des Bundesstaates" niederlegte[168]. Die Souveränität der Einzelstaaten und ihrer Monarchen war den Mittelstaaten nach wie vor wesentlich bedeutender als ein Einigungsstreben, das eine gestärkte Zentralgewalt zum Ziel hatte. Auch Sachsen erklärte in seiner Note[169], der Entwurf der Vertrauensmänner könne unmöglich die Zustimmung der Regierungen der Einzelstaaten erhalten, "weil er eine vollständige Anullierung der einzelnen Staaten" und ihrer Regierungen mit sich brächte.

Dahlmann erfuhr auch in an ihn gerichteten Briefen von der Aufnahme des Entwurfes. So legte unter anderem auch Prinz Albert, Königsgemahl von England, bereits am 3. April einen (Alternativ-) Entwurf vor[170], nach dem an der Spitze des Deutschen Reiches ein Kaiser stehen sollte, der vom Fürstentag aus seiner Mitte entweder lebenslang oder auf die Dauer von zehn Jahren gewählt werden sollte. Ein Erbkaisertum lehnte somit auch Prinz Albert ab. Der Kaiser als Staatsoberhaupt sollte nach diesem Entwurf lediglich "als Repräsentant der Einheit und als oberster Handhaber der exekutiven Gewalt"[171] dienen. Der Machtverlust des Kaisers sollte vor allem zugunsten eines Fürstenrates erfolgen, der "eine Stellung zur Seite des Kaisers dem Reichstage gegenüber"[172] erhalten sollte.

Auch in diesem Entwurf kommt somit eindeutig das Bestreben zum Ausdruck, konkrete Interessenpolitik auf der Ebene der Verfassungsgebung zu betreiben. Während die Mittelstaaten insbesondere die Aufrechterhaltung des föderativen Moments gegenüber einer gestärkten Reichsgewalt anstrebten, ging es dem Aristokrat Albert um die Rücksichtnahme auf die Aristokratie, "ohne die kein Staat bestehen kann"[173].

Die konkrete Reaktion des Prinzen Albert auf den Verfassungsentwurf erhielt Dahlmann Anfang Mai. Darin griff Albert erneut insbesondere die erbliche Monarchie scharf an. In einer erblichen Reichsmonarchie sah er latente Konfliktmöglichkeiten und ständige Rivalität mit den Souveränen der Einzelstaaten um Machtsphären und Einflußbereiche[174]. Diese glaubte Prinz Albert

168. Text der dem Bundestag übergebenen Erklärung bei Roth/Merck, Quellensammlung zum deutschen öffentlichen Recht seit 1848, Bd. 1, S. 455 ff.
169. Roth/Merck, Quellensammlung zum deutschen öffentlichen Recht seit 1848, Bd. 1, S. 444.
170. Schreiben Prinz Alberts an Dahlmann vom 3. April 1848, vgl. Springer, Friedrich Christoph Dahlmann, Bd. 2, S. 224 f.
171. Springer, Friedrich Christoph Dahlmann, Bd. 2, S. 225.
172. Springer, Friedrich Christoph Dahlmann, Bd. 2, S. 225.
173. Prinz Albert in seiner späteren Stellungnahme, bei Springer, Friedrich Christoph Dahlmann, Bd. 2, S. 231.
174. Prinz Albert, in Springer, Friedrich Christoph Dahlmann, Bd. 2, S. 231 f.: "Ich halte sie aus inneren und äußeren Gründen für etwas durchaus Ungehöriges und dem künftigen Deutschen Reiche Verderbliches. Die Würde eines Kaisers wird, meiner Meinung nach, mit

durch einen Wahlkaiser vermeiden zu können, da nun beide Seiten im Hinblick auf eine mögliche eigene Kaiserwahl, beziehungsweise die Wiedereingliederung des eigenen Fürstenhauses in die Reihe der Souveräne der Einzelstaaten, zu mehr Rücksichtnahme aufeinander angewiesen seien[175]. Neben diesen grundsätzlichen Argumenten zugunsten der Wahlmonarchie führte Albert die gegenwärtige Undurchführbarkeit der Dahlmann'schen Idee des Erbkaisers aufgrund der fehlenden Akzeptanz dieser Konstruktion sowohl bei den Fürsten wie auch bei der Bevölkerung an[176].

Als weiteres Beispiel der breiten Front all derer, die sich gegen den Entwurf der Vertrauensmänner aussprachen, sei der Historiker Heinrich von Sybel genannt. Auch er kritisierte - bereits im zweiten Absatz seines 16-seitigen Werkes über den Entwurf der Vertrauensmänner - speziell den Erbkaiser an der Spitze des deutschen Reiches. Ihm schienen die partikularistischen Kräfte zu stark zu sein, um ein solches Vorhaben realisieren zu können[177]; allenfalls ein Wahlkaisertum sei unter den gegebenen Umständen denkbar. Nur im Falle des Ausscheidens Österreichs aus dem Reich sei ein starkes preußisches (Erb-) Kaisertum denkbar, denn "dann gäbe es in Deutschland niemand

---

der der einzelnen Souveräne nur dann verträglich, wenn sie den letzteren durch eine jedesmalige Wahl Gelegenheit gibt, sich thätig zu erweisen und sich dadurch das Bewußtsein erhalten, daß die Obermacht, der man sich unterordnet, von den sich Unterordnenden selbst fortwährend ausgeht ... Ein erblicher deutscher Kaiser würde, wenn er beim Vergleiche Seiner Stellung mit der der übrigen Monarchen Europas dieselbe durch die Staatssouveränitäten unter ihm eingeschränkt findet, leicht zu dem Versuch hingezogen sein, diese Souveränitäten mehr und mehr herabzudrücken und sie als die Erbfeinde seiner ungeteilten Macht allmälig zu vernichten. Und ebenso würden ihrerseits die einzelnen Souveräne in dem erblichen Kaiser das fortwährende Haupthindernis zu ihrer Gleichstellung mit ihren außerdeutschen Standesgenossen erblicken und im fortwährenden Mißtrauen gegen ihn den vereinten Widerstand gegen etwaige weitere Übergriffe der kaiserlichen Macht zu einer Hauptaufgabe ihrer Thätigkeit machen."

175. Prinz Albert, bei Springer, Friedrich Christoph Dahlmann, Bd. 2, S. 231 f.: " Wird dagegen der Kaiser durch Wahl berufen, so muß er schon aus Rücksicht auf das Haus, dem er entnommen worden und in das vielleicht sein Sohn ohne Kaiserkrone wieder zurücktritt, die Souveräne unter ihm in ihren Rechten ebenso zu erhalten sucht, als er wünscht, daß ein künftiger Kaiser auch sein Haus in seinen Rechten unangetastet lasse. Den einzelnen Souveränen aber wird ein jedesmal gewählter Kaiser als der Stolz ihrer Aller erscheinen und sie werden gern jedes mögliche Opfer zur Kräftigung ihrer Würde bringen, deren ein jeder von ihnen selbst theilhaftig werden kann. Neben den festen Wurzeln, die das Kaiserthum von der Erblichkeit der einzelnen Souveränitäten, aus denen es erwachsen ist, empfängt, bedarf es für dasselbe keiner besonderen Erblichkeit"; oder: "... so kann ich nicht umhin zu befürchten, daß das unauflösliche Binden der Kaiserwürde an ein einziges Haus und Land der Entwicklung unseres nationalen Lebens eine gewisse unnatürliche Einseitigkeit aufzwingen muß ... Auch übersehe man nicht die Thatsache, daß die höchste Glanzperiode des deutschen Reiches mit der Wahlmonarchie, sowie sein Zerfall mit der factischen Einführung des Erbkaisertums gleichzeitig gewesen ist."

176. Vgl. Springer, Friedrich Christoph Dahlmann, Bd. 2, S. 233, der aus dem Schreiben Prinz Alberts an Dahlmann zitiert.

177. V. Sybel, Über das Reichsgrundgesetz der XVII Vertrauensmänner, S. 5: Der Erbkaiser "wäre revolutionär, wenn man alle Mittel gebrauchen wollte, jetzt ist es jedenfalls doctrinär und nichts als doctrinär."

mehr, der ein Recht oder die Kraft hätte, gegen die preußischen Ansprüche in die Schranken zu treten"[178].

Allein einige deutsche Kleinstaaten reagierten positiv auf das Ergebnis der Arbeit des Komitees. So erklärten sich die Gesandten der Großherzoglich- und herzoglich-sächsischen Häuser für Sachsen-Weimar und Sachsen-Altenburg, der Gesandte Braunschweigs und Nassaus für Braunschweig und Schwarzburg-Sondershausen gegenüber dem Bund mit den wesentlichen Grundzügen des Verfassungsentwurfs einverstanden[179]. Namentlich Braunschweig war sogar bereit, die vorgesehenen Beschränkungen der eigenen Souveränität zugunsten einer gestärkten Reichsgewalt zu akzeptieren[180]. Damit zeigte sich gerade in dem Verhalten der Kleinstaaten eine deutliche Parallele zu der Phase des Endes des Heiligen Römischen Reiches deutscher Nation. Damals erwiesen sich die Kleinstaaten als die Stützen des untergehenden Reiches, die es um ihrer eigenen Eigenständigkeit willen zu bewahren suchten. Auch jetzt war es das Bestreben der Kleinstaaten mit einer starken Zentralgewalt über den Einzelstaaten zu verhindern, daß sie im machtpolitischen Kampf der Mittel- und Großmächte zerrieben würden. Ebenso wie die Großmächte einen starken Monarchen über sich ablehnten, um insbesondere keine Souveränitätsrechte zu verlieren, wahrten auch die Kleinstaaten mit ihrer Zustimmung zu genau diesem Vorhaben vor allem ihre eigenen Interessen.

Neben der vielen Kritik, die der Verfassungsentwurf der Vertrauensmänner erfahren hat, gab es - zusätzlich zu der Zustimmung durch die Kleinstaaten - noch einige anerkennende Stimmen, die sich für die Realisierung der in dem Entwurf enthaltenen Konzeption aussprachen.

So gibt Bunsen in einem Schreiben an Dahlmann zwar zu, zunächst mit dem Gedanken an einen Wahlkaiser kokettiert zu haben[181], sich aber letztlich trotz einiger Bedenken hinsichtlich der nach Bunsens Auffassung allzusehr beschnittenen Rechte der Fürsten, dem Entwurf im Ganzen anzuschließen[182]. Allerdings änderte auch er seine Meinung wieder, indem er in einem der deutschen Nationalversammlung gewidmeten Aufsatz erneut auf die Wahlmonar-

---

178. V. Sybel, Über das Reichsgrundgesetz der XVII Vertrauensmänner, S. 16.
179. Vgl. Hübner, Der Verfassungsentwurf der siebzehn Vertrauensmänner, S. 161.
180. Roth/Merck, Quellensammlung zum deutschen öffentlichen Recht seit 1848, Bd. 1, S. 458.
181. Christian Carl Josias Bunsen: "Ich gestehe Ihnen, daß ich selbst diese Idee (einer Wahlmonarchie) lange festgehalten, mit der Formel: Alle Fürsten Wähler, alle Prinzen wählbar, das Parlament mit dem Recht des Ja oder Nein über die Wahl"; bei Springer, Friedrich Christoph Dahlmann, Bd. 2, S. 238.
182. Vgl. seine enthusiastischen Äußerungen gegenüber Dahlmann, bei Springer Friedrich Christoph Dahlmann, Bd. 2, S. 229: "Vorgestern war ein großer Tag in meinem Leben, ich erhielt den Verfassungsentwurf der Siebzehner! Das große Kind ist geboren! Gott lasse es groß werden!"

chie zurückkam[183]. Er begründete diesen Gesinnungswandel mit der aktuellen politischen Lage, da er im Falle der Erbmonarchie eine Loslösung Österreichs vom Reich befürchtete, die es zu vermeiden gelte[184]. Damit lag die Argumentation Bunsens auf einer Linie mit der Friedrich Wilhelms IV.. Als Alternative schlug Bunsen zwei Modelle vor. Entweder möge der Monarch unter allen regierenden Fürsten (oder Prinzen) auf Lebenszeit gewählt werden, oder er gehe aus einem festgelegten Turnus hervor, nach dem sich die Monarchen Preußens, Österreichs und eines dritten deutschen Staates abwechseln, wobei der Monarch der dritten Periode stets aus einer Wahl der übrigen deutschen Fürsten hervorgehen solle[185].

Von den Ansichten Bunsens ist wohl auch die Beurteilung des Entwurfes durch den Prinzen von Preußen beeinflußt[186]. Zwar erklärte auch er sich mit dem Entwurf im Ganzen einverstanden[187], jedoch schien ihm der den Monarchen der Einzelstaaten abverlangte Machtverlust nicht hinnehmbar[188]. Und auch in der entscheidenden Frage des Staatsoberhauptes wollte er Dahlmanns Konzept der Erbmonarchie nicht folgen und stattdessen eine Wahlmonarchie installieren[189]. Trotz der aufmunternden Worte zu Beginn seines Schreibens erfuhr Dahlmann letztlich auch hier eine Absage.

Dem Konzept der Erbmonarchie uneingeschränkt folgte jedoch Abel[190]. Er verwarf den Wahlkaiser ebenso wie sämtliche republikanisch orientierten

---

183. Bunsen, Die Deutsche Bundesverfassung und ihr eigentümliches Verhältnis zu den Verfassungen Englands und den Vereinigten Staaten.
184. Bunsen, Die Deutsche Bundesverfassung und ihr eigentümliches Verhältnis zu den Verfassungen Englands und der Vereinigten Staaten, S. 35: "Österreich, als erbliches Oberhaupt des Reiches, ist in diesem Augenblicke ganz unmöglich ... Aber eben so unmöglich ist es für Österreich, die Kaiserwürde, welche so viele Jahrhunderte an seinem Hause und Lande geheftet, mit seiner Zustimmung erblich in ein anderes Haus und in ein anderes Land übergehen zu lassen ... Also die nothwendige Folge der Annahme des Entwurfes in diesem Punkte wäre die Lossagung Österreichs ... Und was wäre Deutschland ohne Österreich, ohne die steirischen Alpen, ohne Tyrol, ohne Triest? Wahrlich, es wäre nicht mehr das große deutsche Vaterland, dem wir Alle unsere Treue bis in den Tod gelobt! Es hätte nicht mehr seine friedliche, vermittelnde Weltstellung im Herzen Europas!"
185. Bunsen, Die Deutsche Bundesverfassung und ihr eigentümliches Verhältnis zu den Verfassungen Englands und der Vereinigten Staaten, S. 37 ff.
186 Hübner, Der Verfassungsentwurf der siebzehn Vertrauensmänner, S. 162.
187. Sein Schreiben an Dahlmann vom 4. Mai 1848, bei Springer, Friedrich Christoph Dahlmann, Bd. 2, S. 235 ff.: " ... ich das Ganze des Verfassungswerkes, als eine großartige Erscheinung unserer Zeit begrüße, und dasselbe wegen seiner Klarheit, Gediegenheit und Kürze, als meisterhaft anerkenne."
188. Insbesondere schien ihm als preußischem Offizier die Verlagerung militärischer Kompetenzen auf das Reichsoberhaupt nicht tragbar.
189. "... bemerke ich zuvörderst also, daß ich nicht erwartete, daß ein erbliches Oberhaus Deutschland vorgeschlagen werden würde, sondern immer nur an eine Oberhauptswahl gedacht hatte, weil es meist so war und dies vielfache Interessen beschwichtigt haben würde; indessen erkenne ich vollkommen die Motive an, welche für die Erblichkeit entwickelt worden sind"; bei Springer, Friedrich Christoph Dahlmann, Bd. 2, S. 235.
190. Abel, Das neue deutsche Reich und sein Kaiser, S. 19 ff.

Staatsoberhäupter als mit der deutschen Geschichte unvereinbar[191] beziehungsweise nicht dem deutschen Staatswesen entsprechend[192]. Allerdings erkennt auch Abel das Hauptproblem dieser Konzeption, nämlich die fehlende Beantwortung der Frage, wer denn nun das Herrscherhaus in Deutschland werden solle[193].

Obwohl die Ministerien in den einzelstaatlichen Hauptstädten inzwischen durchweg von Männern des gemäßigten Liberalismus geleitet wurden, war die Neigung, den Siebzehn zu folgen, keineswegs gegeben. Namentlich von Preußen, Österreich, Bayern, Hannover kamen Bedenken.

Der Entwurf wurde auch im Bundestag eher kühl und ablehnend aufgenommen. Welcker sah den Entwurf gerade im Hinblick auf die nicht gelöste Frage, wer Träger der Kaiserwürde sein sollte, zum Scheitern verurteilt[194]. Die in dem Entwurf verfolgte großdeutsche Lösung ohne Festlegung auf ein Oberhaupt schien unmöglich durchführbar.

Daher überwies der Bundestag den Entwurf letztlich auch nicht an die Nationalversammlung, obwohl die Siebzehn dies gewünscht hatten.

---

191. Abel, Das neue deutsche Reich und sein Kaiser, S. 21 hinsichtlich des Wahlkaisertums: "Hätten wir nicht so unheilvolle Erfahrungen mit dem Wahlreiche gemacht, so wäre es nicht zu verwundern, wenn sich in unseren eigenthümlichen Verhältnissen der Mehrzahl als das natürliche Auskunftsmittel ein Wahlkönig darstellte. Nachdem aber an Deutschland und Polen das grundverderbliche dieses Systems so handgreiflich sich erwiesen hat, sollte man billig von jedem verständigen und vaterlandsliebenden Manne erwarten dürfen, daß er jeden Gedanken daran fallen ließe."

192. Abel, Das neue deutsche Reich und sein Kaiser, S. 21 f. hinsichtlich eines (republikanischen) Präsidenten: "Man hat auf den nordamerikanischen Präsidenten hingewiesen, als ob eine für einen durchaus demokratischen Bundesstaat vortreffliche Behörde ohne weiteres auch auf unser monarchisches Deutschland anwendbar wäre ... Ein von dem Volke und aus dem Volke gewählter Präsident bleibt entweder machtlos neben den mächtigen deutschen Fürsten, oder er muß diese völlig zu unterdrücken, alle Einzelstaaten ganz aufzuheben trachten, und das wird ihm ohne Revolution und alle die üblen ... Folgen nicht gelingen."

193. Abel, Das neue deutsche Reich und sein Kaiser, wirft die Frage nach dem Träger der Reichskrone auf (so S. 25: "... sodann fürchtet man sich vor der gewichtigen Entscheidung, welchem Fürsten man die Leitung der deutschen Geschicke für immer in die Hand legen sollte"; ebenda, S. 29: "Aber wer soll Kaiser werden? das ist die große Frage, vor deren gewichtiger Entscheidung man sich in der That zu fürchten scheint.") - um sie dann aber auch zu beantworten: "... daß nur aus der innigen Verschmelzung Preußens mit dem übrigen Deutschland dem gemeinsamen Vaterlande Segen und eine große Zukunft erblühen könne und deswegen Preußen die Hegemonie zukomme ...", ebenda, S. 31.

194. Welcker: "Mit Freuden begrüße ich den preußischen Kaiser von Deutschland, wenn Österreich erklärt, sich unterordnen zu wollen und zu können, und mit Freuden begrüße ich im umgekehrten Falle den österreichischen deutschen Kaiser; wenn dem aber nicht so ist, so kann ich für diesem Entwurf nicht stimmen, solange die Verfasser nicht mit Wirksamkeit ihrem schönen Werk den § 1 voranstellen können: Von nun an wird die Natur der Dinge geändert und alle Eifersucht der Menschen und Volksstämme aufgehoben, nach Jürgens, Zur Geschichte des Deutschen Verfassungswerkes 1848-49, Bd. I, S. 86.

# II. DIE PAULSKIRCHENVERFASSUNG

## 1. Die historischen Ereignisse bis zum Zusammentritt des Parlaments

Zu den "Märzforderungen" zählte insbesondere auch die eigentliche nationale Forderung nach Einberufung eines gesamt-deutschen Parlamentes, in dem die Beratung und Beschlußfassung über eine neue deutsche Verfassung erfolgen sollte. Diese Forderung wurde bereits 1847 auf der radikaldemokratischen Offenburger Versammlung vom 12. September und auf der liberalen Heppenheimer Versammlung vom 10. Oktober formuliert[195]. In einem deutschen Parlament machte sie 1848 erstmals Friedrich Daniel Bassermann am 12. Februar in der badischen Zweiten Kammer geltend. An diesem Tag begründete er dort seinen "Antrag auf Volksvertretung am Bunde"[196] unter Berufung auf einen ähnlichen Antrag seines liberalen Mitstreiters Theodor Welcker am 16. Oktober 1831[197]. Am 28. Februar schlossen sich im hessischen Landtag einige liberale Abgeordnete, unter ihnen Heinrich von Gagern, an diesen "epochemachenden" Antrag mit einem eigenen an[198]. Dieser ging unter dem Eindruck drohender französischer Expansionspolitik als Folge der Februarrevolution in Paris sogar dahin, neben einer Nationalrepräsentation ein interimistisches Oberhaupt Deutschlands mit verantwortlichen Ministern zu schaffen. Tags zuvor hatte in Mannheim eine Versammlung von etwa 2500 Menschen stattgefunden, auf der der entschiedene Demokrat Gustav Struve die "Petition vieler Bürger und Einwohner der Stadt Mannheim, betreffend die endliche Erfüllung der gerechten Forderungen des Volkes"[199] verlas. Der vierte Punkt dieser rasch als 'Mannheimer Forderungen' in ganz Deutschland bekannt gewordenen Punkte lautete lapidar "sofortige Herstellung eines deutschen Parlaments". Diese Forderung machten sich die den Beginn der Märzrevolution kennzeichnenden zahlreichen Versammlungen in ihren Petitionen allenthalben zu eigen.

Ins Zentrum seiner Beratungen trat die Schaffung eines deutschen Nationalparlaments dann bei der (revolutionären) Heidelberger Zusammenkunft von 51 Politikern und Journalisten, meist Abgeordnete der süddeutschen Landtage,

---

195. Vertiefend u.a.: Fenske, Vormärz und Revolution 1840-1849, S. 239 ff.; Text des Heppenheimer Programms bei Grab, Die Revolution von 1848/49, S. 30 ff.
196. Der Antrag lautete: "Die Kammer möge in einer Adresse an Seine Kgl. Hoheit den Großherzog die Bitte richten, auf geeignete Weise dahin wirken zu wollen, daß durch Vertretung der deutschen (Nation) Ständekammern am Bundestage ein sicheres Mittel zur Erzielung gemeinsamer Gesetzgebung und einheitlicher Nationalseinrichtungen geschaffen werde". Text bei Fenske, Vormärz und Revolution 1848-1849, S. 257.
197. Der Antrag bei Fenske, Vormärz und Revolution 1848-1849, S. 253 ff.
198. Bei Fenske, Vormärz und Revolution 1848-1849, S. 265 f.
199. Bei Fenske, Vormärz und Revolution 1848-1849, S. 264 f.

am 5. März 1848. Es wurde ein Siebener-Ausschuß[200] gebildet, dem die Vorbereitung des später so genannten 'Vorparlaments' anvertraut wurde. Neben der auftragsgemäßen Einladung der Mitglieder des Vorparlaments, entwarf der Siebenerausschuß zugleich eine Verfassungsskizze, die er dem Vorparlament vorlegen sollte[201].

Hinsichtlich des Staatsoberhauptes enthielt diese Skizze jedoch keine weitere Aussage als die, daß es ein "Bundesoberhaupt mit verantwortlichen Ministern" geben sollte (§ 1 des Programms). Ob dieses Oberhaupt monarchisch sein oder kollegial geführt werden sollte, blieb offen[202].

So kamen am 31. März 1848 insgesamt 574 Liberale unterschiedlicher politischer Richtungen in Frankfurt zusammen, um als "beratende Versammlung deutscher Abgeordneter und Volksmänner über ein deutsches Parlament", bis zum 3. April 1848 in der Frankfurter Paulskirche zu tagen[203]. Dieses Gremium, das erste das Deutschlands Einheit repräsentierte, war nicht durch reguläre Wahlen legitimiert oder durch die Regierungen der Einzelstaaten beauftragt, sondern entsprang allein dem revolutionären Aufbegehren weiter Kreise des Bürgertums[204].

Das Vorparlament mußte in Konkurrenz treten zu dem von der Bundesversammlung einberufenen Siebzehnerausschuß, der sich ebenfalls in Frankfurt am Main, am 30. März 1848, konstituiert hatte. Damit entwickelte sich eine "eigentümliche Schwebelage"[205], ein "seltsames Nebeneinander"[206] dreier politischer Gremien - Bundestag, Siebzehnerausschuß, Vorparlament - die allesamt die Vorreiterrolle in der Verfassungsfrage übernehmen wollten.

Bereits hier bei den Verhandlungen des Vorparlaments zeigte sich die später in der Paulskirche auftretende Spaltung der bürgerlichen Bewegung in mehrere Lager. Insbesondere stritt man sich über die Grundsätze der Neugestaltung des deutschen Staates. Die Liberalen unter Heinrich von Gagern, dem Sprecher der Liberalen im Darmstädter Landtag, plädierten für Freiheit,

---

200. Bestehend aus Georg Christoph Binding, Heinrich von Gagern, Friedrich Römer, Carl Stedemann, Adam von Itzstein, Theodor Welcker und Friedrich Justus Willich.
201. Verfassungsskizze des Siebenerausschusses bei Fenske, Vormärz und Revolution 1848-1849, S. 273.
202. Zieht man mit Kühne, Die Reichsverfassung der Paulskirche, S. 35 f. den Bericht Welckers heran, den dieser als federführender Berichterstatter des Ausschusses, den die badische Zweite Kammer zur Beratung des Bassermann'schen Antrages eingesetzt hatte, ablieferte, so sollte das Reichsoberhaupt als Kompromiß zwischen monarchischer und republikanisch-präsidialer Spitze "von dem Haus der Landesregierungen auf je drei Jahre gewählt werden"; vgl. Welckers Kommissionsbericht bei Roth/Merck, Quellensammlung zum deutschen öffentlichen Recht seit 1848, Bd. 1, S. 64, 69.
203. Das Vorparlament bestand u.a. aus 141 Vertretern aus Preußen, 44 aus Bayern, 52 aus Württemberg, aber nur 2 aus Österreich.
204. Vgl. Huber, Verfassungsgeschichte, Bd. 2, S. 599.
205. Kröger, Einführung in die jüngere deutsche Verfassungsgeschichte (1806-1933), S. 68.
206. Huber, Verfassungsgeschichte, Bd. 2, S. 598.

Volkssouveränität und Monarchie[207], die badischen Demokraten Struve und Hecker traten für die "Aufhebung der erblichen Monarchie und Ersetzung derselben durch frei gewählte Parlamente" mit einem "frei gewählten Präsidenten" an der Spitze des Staates ein[208].

Da das Vorparlament in seiner Majorität keineswegs radikal besetzt war[209], setzte sich die gemäßigte, von den Liberalen bestimmte Richtung in allen zentralen Fragen durch. Insbesondere wurde verhindert, daß das Programm der Radikalen zur Errichtung einer Republik angenommen wurde.

Rasch einigen konnte man sich auf das Wahlprocedere hinsichtlich der konstituierenden Nationalversammlung. Das Vorparlament beschloß, auf der Grundlage des allgemeinen Wahlrechts (Mehrheitswahl und gleiches, allgemeines, direktes Wahlrecht) von allen wahlberechtigten Deutschen eine "Konstituierende Versammlung" wählen zu lassen.

Desweiteren wurde ein Antrag Heckers auf Permanenz der Versammlung abgelehnt, und statt dessen auf Vorschlag Gagerns ein Fünfzigerausschuß gewählt, der bis zum Zusammentritt der Nationalversammlung den Auftrag erhielt, "die Bundesversammlung bei Wahrung der Interessen der Nation ... selbständig zu beraten und die nötigen Anträge an die Bundesversammlung zu stellen", ferner "bei eintretender Gefahr des Vaterlandes" das Vorparlament sofort wieder einzuberufen[210]. Der Verzicht auf die Permanenz dieses revolutionären Gremiums ist Ausdruck des Bestrebens der gemäßigten Kräfte des deutschen Bürgertums, die Revolution so rasch wie möglich in evolutionäre Bahnen münden zu lassen. Die von den Radikalen erstrebte Permanenz wäre ebenso einer fortdauernden Revolution gleichgekommen, wie ihr Bestreben, einem Vollzugsausschuß die Exekutive zu übertragen und dadurch den Bundestag zu entmachten. Einzig der auf Antrag des badischen Liberalen Alexander von Soiron gefaßte Beschluß, "daß die Beschlußnahme über die künftige Verfassung Deutschlands einzig und allein dieser vom Volk zu erwählenden constitutierenden Versammlung zu überlassen sei", wies durch die Betonung der Volkssouveränität bei gleichzeitiger Ablehnung des Vereinbarungsprinzips oder sogar der Oktroyierung der Verfassung durch ein Oberhaupt in eine am Ergebnis gemessen revolutionäre Richtung.

---

207. Gagern: "... daß wir an der Monarchie festhalten, daß wir zwar eine Versammlung bilden, welche die Freiheit will und um des Volkes und um der Volkssouveränität willen besteht, aber an dem Prinzip der Monarchie im Staats treu bleibe und zugleich der Notwendigkeit der Notwendigkeit einer Einheit huldigen", bei Fenske, Vormärz und Revolution 1848-1849, S. 285 f.
208. Rede Struves, bei Fenske, Vormärz und Revolution 1848-1849, S. 276 f.
209. U.a. Kröger, Einführung in die jüngere deutsche Rechtsgeschichte (1806-1933), S. 68 - entgegen der Andeutung bei Eyk, Deutschlands große Hoffnung, S. 56, das Mitglied des Siebenerausschusses Itzstein habe das Vorparlament überwiegend mit Radikalen besetzt.
210. Nach Huber, Verfassungsgeschichte, Bd. 2, S. 604.

Dem versuchte auch die Bundesversammlung unter anderem am 2. April 1848 mit der Aufhebung der seit den Karlsbader Beschlüssen gefaßten Ausnahmegesetze gerecht zu werden. Somit gingen letztlich beide Seiten einer direkten Konfrontation aus dem Weg. Das auch inhaltliche Aufeinanderzugehen von bürgerlicher Revolution und bestehenden Bundesorganen ließ das gleichzeitige Nebeneinander von Bundestag, Siebzehnerausschuß einerseits und Vorparlament als eigentlich revolutionärem Organ andererseits zu.

Verfassungspolitisch entscheidende Arbeit leistete der Fünfzigerausschuß nicht[211]; er faßte vielmehr den Beschluß, "daß die Beschlußfassung über die künftige Verfassung Deutschlands einzig und allein der vom Volk zu wählenden Nationalversammlung zu überlassen"[212] sei. Damit war zugleich der Grundsatz der Volkssouveränität, der die Paulskirche dann über ein Jahr lang beschäftigte, klar ausgesprochen.

Neben dem Vorparlament befaßte sich auch die Bundesversammlung durch zwei Beschlüsse mit der Vorbereitung der Nationalversammlung. Die Beschlüsse vom 30. März und vom 7. April 1848 bildeten das Bundeswahlgesetz für die Berufung der verfassunggebenden Versammlung[213]. Insbesondere der Beschluß vom 30. März, in dem die Bundesversammlung die Gliedstaaten aufgefordert hatte, Wahlen von "Nationalvertretern" zu veranstalten, damit eine daraus hervorgehende Volksvertretung zusammen mit den Regierungen eine neue deutsche Verfassung ausarbeiten könne, ging auf den Vorschlag der Siebzehn Vertrauensmänner zurück. Die Einsetzung der liberalen Märzregierungen in den einzelnen Ländern hatte auch zu einer Neubesetzung der Bundesversammlung geführt, so daß es sogar zu personellen Überschneidungen zwischen Bundestag, Vorparlament und Siebzehnerausschuß kam[214]. Jedenfalls beschloß die Bundesversammlung eine den Vorstellungen des Vorparlaments entsprechende Wahlordnung. Die näheren Bestimmungen für die Wahl wurden jedoch von den einzelnen Ländern erlassen, die die Wahlen, die Ende April 1848 stattfanden, auch durchführten. Durch die Übernahme des Beschlusses hinsichtlich der Wahlen zu einer verfassunggebenden Nationalversammlung durch die Bundesversammlung und auch durch die Länderregierungen wurde letztlich dieser revolutionäre Akt legalisiert.

---

211. Vgl. zur Arbeit des Ausschusses Kühne, Die Reichsverfassung der Paulskirche, S. 38 ff.
212. Eyk, Deutschlands große Hoffnung, S. 71.
213. Text bei Huber, Dokumente, Bd. 1, Bd. 1, S. 337 f.
214. Vgl. das Beispiel bei Huber, Verfassungsgeschichte, Bd. 2, S. 598, Fn. 55; Badischer Abgeordneter der Bundesversammlung war Welcker, badischer Vertreter im Siebzehnerausschuß war Bassermann; beide saßen im Vorparlament.

## 2. Die Beratungen in der Paulskirche

### a. Paulskirche als verfassunggebende Gewalt

Die "Deutsche Verfassunggebende Nationalversammlung", wie die Paulskirchenversammlung offiziell hieß, traf am 18. Mai 1848 zu ihrer ersten Sitzung in der Frankfurter Paulskirche zusammen. Bereits einen Tag später wählten die zu diesem Zeitpunkt anwesenden Mitglieder der Paulskirche den Juristen und hessen-darmstädtischen Märzminister Heinrich von Gagern, "einen Mann des goldenen Mittelweges"[215] zu ihrem Präsidenten. Bereits in seiner Eröffnungsrede kam von Gagern auf das Legitimitätsproblem der Paulskirche, beziehungsweise der einzuführen geplanten Verfassung zu sprechen. Während die Bundesversammlung der Nationalversammlung das Recht, eine Verfassung zu erlassen, nur im Zusammenwirken mit den Gliedstaaten zubilligen wollte, war nach der Meinung des Vorparlaments die Nationalversammlung allein zur Verfassungsgebung berufen. Bereits hier wurde der unterschiedliche Ansatz deutlich, den beide Gremien vertraten: Auf der einen Seite das Festhalten an der alten Ordnung mit dem monarchischen Souveränitätsanspruch, zumindest auch Träger der Staatsgewalt zu sein, auf das anderen Seite das Bestreben, das monarchische Prinzip durch das der Volkssouveränität abzulösen. Bezogen auf das bestehende Recht - insbesondere das der Wiener Schlußakte[216] - stellte sich die Frage, ob dieses alte Recht reformiert, oder ob durch die Paulskirche eine neue Verfassung auf revolutionärer Grundlage geschaffen werden sollte[217].

Gagern entschied sich eindeutig für die letztere Variante, als er die verfassunggebende Gewalt allein für das Parlament in Anspruch nahm. Nicht kraft Bundesauftrages, so wie die Beschlüsse der Bundesversammlung vom 30. März und 7. April dies intendierten, sondern kraft einer vom souveränen Volk erteilten Vollmacht sollte das Nationalparlament den pouvoir constituant ungeteilt, also gerade nicht im Wege der Vereinbarung mit den Fürsten, ausüben[218].

---

215. Laufs, Rechtsentwicklungen in Deutschland, S. 253.
216. Speziell Art. 13, der hinsichtlich der "Annahme neuer Grundgesetze oder Abänderung der bestehenden" die einhellige Annahme durch die Einzelstaaten vorsah.
217. Vgl. zu diesen unterschiedlichen Ansatzpunkten - Alleinentscheidungsrecht oder Vereinbarungsprinzip - Huber, Verfassungsgeschichte, Bd. 2, S. 619 ff.
218. Heinrich von Gagern: "Wir wollen schaffen eine Verfassung für Deutschland, für das gesamte Reich ... Der Beruf und die Vollmacht zu dieser Schaffung liegen in der Souveränität der Nation"; nach Huber, Verfassungsgeschichte, Bd. 2, S. 621; die Paulskirche dürfe sich als die "berufene und bevollmächtigte Vertretung des souveränen Deutschen Volkes" fühlen; nach Menger, Deutsche Verfassungsgeschichte der Neuzeit, S. 136.

Geht man davon aus, daß Gagern trotz seiner Aussage von der "Souveränität der Nation" gleichwohl die Souveränität des Volkes meinte[219], läge in dem Selbstverständnis der Paulskirche ein radikaler Bruch selbst mit den vormärzlichen konstitutionellen Vorstellungen, die sich weithin damit begnügt hatten, den durch das 'monarchische Prinzip' gesetzten Rahmen, mit dem eine entscheidende, ausschließliche Einflußnahme der Volksvertretung auf die Verfassungsgebung nicht vereinbar schien, durch liberale Gedanken zu erweitern. Hier ging es demnach nicht mehr nur um die Vermittlung und das Zusammenwirken zwischen Monarch und Volksvertretung. Das Eintreten für die Volkssouveränität löste vielmehr zumindest in der Frage der Verfassungsgebung diesen Dualismus - trotz der Bedenken vieler Konservativer und auch einiger Liberaler, die ihre nationalen und freiheitlichen Ziele auf einem traditionalistisch-legalistischen Weg zu erreichen suchten - zugunsten des Parlamentsgedankens einseitig auf.

### b. Die Wahl des Reichsverwesers

Neben diesem mit der eigenen Zuschreibung der verfassunggebenden Gewalt verbundenen Bekenntnis zur Volkssouveränität war bereits zu Beginn der Arbeiten der Nationalversammlung eine Frage zu beantworten, die als Vorentscheidung für die endgültige Reichsverfassung interpretiert werden kann. Diese betraf die Einsetzung eines Bundesexekutivorgans als provisorische Staatsspitze für das neue Reich, das man errichten wollte. Sowohl durch die Einsetzung eines Reichsexekutivorgans an sich, wie auch durch deren Beschaffenheit und personelle Besetzung setzte die Paulskirche Zeichen. Diese provisorische Zentralgewalt sollte insbesondere die Bundesversammlung ablösen und ein Signal sein, daß es der Nationalversammlung mit der Konstituierung eines neuen Gesamtstaates ernst sei.

Die grundsätzliche Übereinstimmung in der Einsetzung einer Reichsexekutivgewalt endete, als es um deren Zusammensetzung ging. Schon in dem am 4. Juni gewählten 'Ausschuß für die Zentralgewalt'[220] kam es diesbezüglich zu erheblichen Meinungsunterschieden. Die linken Mitglieder Blum und Trützscher wünschten einen vom Parlament zu ernennenden und diesem verantwortlichen Vollziehungsausschuß. Die Majorität des Ausschusses mit Dahlmann an der Spitze dagegen favorisierte ein Direktorium von drei Perso-

219. Zu dieser Diskrepanz zwischen Wortlaut und Intention der Aussage Gagerns Huber, Verfassungsgeschichte, Bd. 2, S. 621.
220. Paulskirchenprotokolle, Bd. 1, S. 201; Ausschußbericht in: Paulskirchenprotokolle, Bd. 1, S. 356 ff.

nen, das Preußen, Österreich und das 'dritte Deutschland' repräsentieren sollte.

Allen Beteiligten war durchaus bewußt, daß in der Entscheidung über das Reichsexekutivorgan etwas Präjudizielles hinsichtlich der späteren Verfassung lag. Eine monokratische Spitze aus einem der regierenden Fürstenhäuser bedeutete eine Vorentscheidung zugunsten eines Erb- oder Wahlkaisers, eine monokratische Spitze aus der Mitte der Nationalversammlung ließ sich als Ausdruck einer zukünftigen Republik deuten, ein Direktorium wiederum schien den Weg für eine auch spätere Direktorialverfassung zu ebnen.

Die deutsche Nationalversammlung diskutierte in ihren Debatten über die provisorische Reichsgewalt bereits eine Vielzahl von Regierungssystemen mit ihren Übergangsformen von der revolutionären Versammlungsregierung bis zur konstitutionellen Monarchie, ebenso die unterschiedlichen Arten der Einsetzung und damit der Legitimierung. Als allein aussichtsreiche Möglichkeiten verblieben letztlich die Wahl eines strafrechtlich verantwortlichen Präsidenten, für dessen Ministerium die Bindung an den Willen der Majorität des Parlaments ausdrücklich ausgesprochen wurde, oder aber die Wahl eines monarchisch unverletzlichen Reichsverwesers, dessen Ministerium umfassend politisch-parlamentarisch verantwortlich sein sollte, also eine Art parlamentarische Monarchie. Allein die Frage nach der Erblichkeit blieb für das Provisorium ungestellt. Mehr als zwei Drittel der Abgeordneten sprach sich für die monarchische Lösung aus, während die unbedingte Bindung der Regierung an den Willen der jeweiligen Parlamentsmehrheit nur mit ganz knapper Mehrheit verworfen wurde. Es war dies letztlich eine Kompromißformel, die jedoch wegen des darin liegenden Eingriffs in die Souveränitätsrechte der Regierungen auf Bedenken der Konservativen und Rechtsliberalen, bei den Linken dagegen wegen der Vorentscheidung zugunsten einer im Prinzip monarchischen Staatsform auf schärfsten Protest stieß[221].

Die Debatte über die Errichtung der provisorischen Zentralgewalt dauerte vom 19. bis zum 27. Juni[222] und erreichte ihren Höhepunkt, als am 24. Juni Heinrich von Gagern mit seinem "kühnen Griff"[223] die Versammlung aufforderte, die Zentralgewalt aus eigener Machtvollkommenheit zu schaffen, nur eine Persönlichkeit als Reichsverweser zu wählen, und zwar einen Fürsten, nicht weil, sondern obwohl er ein Fürst sei[224]. Als zu wählende Person schlug von Gagern einen Habsburger, den volkstümlichen Erzherzog Johann von Österreich vor.

221. Vgl. auch Botzenhart, Deutscher Parlamentarismus in der Revolutionszeit 1848-1850, S. 163 ff.
222. Paulskirchenprotokolle, Bd. 1, S. 356-602.
223. Paulskirchenprotokolle, Bd. 1, S. 521.
224. Paulskirchenprotokolle, Bd. 1, S. 520-522.

Noch vor der Wahl des Reichsverwesers am 29. Juni 1848 erließ das Parlament das "Reichsgesetz über die Einführung einer provisorischen Zentralgewalt für Deutschland"[225], in der die Kompetenzen des zu wählenden provisorischen 'Staatsoberhauptes' festgelegt wurden. Das Gesetz übertrug die provisorische Zentralgewalt einem staatsrechtlich unverantwortlichen (§ 7), insoweit also einem konstitutionellen Monarchen vergleichbaren Reichsverweser, dessen Wahl der Nationalversammlung oblag (§ 5). Ein weiteres Indiz einer im traditionell-vormärzlichen Sinn konstitutionellen Stellung des Reichsverwesers waren die zu berufenden Reichsministerien, durch die der Reichsverweser seine Gewalt ausüben sollte (§ 6). Diese waren als konstitutionelles Kabinett dem Parlament für die eigenen Regierungsmaßnahmen wie für die regierungsamtlich gegengezeichneten Akte des Reichsverwesers verantwortlich (§ 6). Das Gesetz führte zwar die Ministerverantwortlichkeit ein, jedoch noch nicht das parlamentarische Regierungssystem, da insoweit ein Mißtrauensvotum des Parlaments gegenüber einem Minister folgenlos bleiben konnte, so daß es sich letztlich - ähnlich dem Entwurf der Siebzehn - eher um eine Ministerkontrolle durch das Parlament als um eine Ministerverantwortlichkeit gegenüber dem Parlament handelte. Die Auswahl der Reichsminister oblag dem freien Ermessen des Reichsverwesers, wodurch eine formale staatsrechtliche Unabhängigkeit der Reichskabinette gewährleistet blieb[226]. Die damit intendierte gestärkte Stellung des Reichsverwesers und seiner Kabinette konnte sich in der Verfassungswirklichkeit jedoch nicht durchsetzen. Da den Kabinetten jeder außerparlamentarische Rückhalt fehlte, wirkten sich Änderungen der Mehrheitsverhältnisse in der Paulskirche unmittelbar auch auf die Kabinette aus, so daß sich letztlich doch das zunächst nicht vorgesehene parlamentarische Regierungssystem durchsetzte. In den wiederholten Kabinettswechseln spiegelten sich die jeweiligen Parlamentsmehrheiten wider[227].

Die Wahl am 29. Juni fiel mit großer Mehrheit erwartungsgemäß auf den von Heinrich von Gagern vorgeschlagenen Erzherzog Johann von Österreich[228]. In diesem Wahlvorschlag lag ein "großdeutsch-momonchisch-unitarischer"[229] Kompromiß, der es beinahe allen politischen Kräften der Paulskirche erlaubte, zuzustimmen, da jede politische Gruppierung mit einem Element vertreten war. So versuchte Heinrich von Gagern die - vereinfacht - beiden Lager der Nationalversammlung durch seinen Vorschlag zusammenzuführen

225. Huber, Dokumente, Bd. 1, S. 340 f.
226. Huber, Verfassungsgeschichte, Bd. 2, S. 628 f.
227. Vgl. Laufs, Rechtsentwicklungen in Deutschland, S. 254; Huber, Rechtsgeschichte, Bd. 2, S. 629.
228. Von den anwesenden 548 Parlamentariern gaben 436 ihre Stimme Erzherzog Johann. Allein ein großer Teil der Linken, die einen republikanischen Präsidenten vorgezogen hätten, stimmten gegen ihn; vgl. Paulskirchenprotokolle, Bd. 1, S. 628-638.
229. Laufs, Rechtsentwicklungen in Deutschland, S. 254.

und die provisorische Zentralgewalt auf eine breite Basis zu stellen. Er suchte die Linke durch die allgemeine Wahl durch das Plenum - anstatt der Ernennung durch die Regierungen - zu gewinnen, zugleich die gemäßigten Liberalen durch den Vorgriff auf die konstitutionelle Monarchie.

Der als Votum für eine monarchische Reichsverfassung verstandene Beschluß über die Wahl eines unverantwortlichen Reichsverwesers aber hatte auch Auswirkungen auf die Bildung der einzelnen 'Parteien' in Deutschland, und insbesondere in der Paulskirche, da sich jetzt immer eindeutiger die Alternative: Republik oder Monarchie herauskristallisierte[230].

Noch während der Debatte stellten drei unbekannte Abgeordnete der Casino-Partei den Antrag, die Ausübung der obersten Reichsgewalt der Krone Preußens zu übertragen. Wenngleich er zu diesem Zeitpunkt noch "stürmische Heiterkeit" erntete[231], nahm dieser Antrag doch schon das endgültige Ergebnis der Verfassungsberatung vorweg. Möglicherweise war dieser Versuch von Teilen der erbkaiserlichen Partei vorgeschoben worden, um die Reaktion des Plenums auf dieses Kernprojekt der kleindeutschen Konstitutionellen zu testen. Der verfrühte Versuch zeigt die Kontinuität der Zielsetzung der Konstitutionellen und macht zugleich deutlich, daß sie noch viel Zeit verstreichen lassen mußten, um im Parlament für das preußische Erbkaisertum als endgültiger verfassungsmäßiger Regelung eine Mehrheit zu finden.

Noch wollte man durch den Verzicht auf ein Triumvirat der "drei Onkels" und durch die Wahl eines Österreichers an dem Einheitsgedanken festhalten und insbesondere Österreich signalisieren, daß es bei einem Zusammenschluß der deutscher Staaten nicht außen vor bleiben solle. Neben dieser Einheitssehnsucht wurde durch die Wahl eines Fürsten ein konservatives Element betont, das das monarchische Element zu integrieren suchte, anstatt die Revolution auf die Spitze zu treiben. Durch die Installierung des Reichsverwesers allein aufgrund eines demokratischen Beschlusses der Nationalversammlung wiederum wurde dem Prinzip der Volkssouveränität entsprochen, um somit den Kompromiß aus der Vereinigung dieser drei Zielrichtungen zu vervollständigen.

Trotz der Erwartungen der Linken, dereinst aus dem einheitlichen Staatsoberhaupt, dem fürstlichen Reichsverweser, einen Reichspräsidenten zu machen, war die Wahl Johanns ein erster Etappensieg des monarchisch-konstitutionellen Prinzips über das republikanische. Zu sehr stand bereits aufgrund der zuvor geführten Debatten im Plenum fest, daß die erfolgte Wahl eines Fürsten auf einen künftigen Kaiser schließen ließe und - alternativ - nur

---

230. Botzenhart, Die Parlamentarismusmodelle der deutschen Parteien 1848/49, S. 129.
231. Paulskirchenprotokolle, Bd. 1, S. 397.

die Festlegung auf einen Privatmann auf einen zukünftigen Präsidenten und damit womöglich auf die Republik hingedeutet hätte.

Das Gesetz über die Einführung einer provisorischen Zentralgewalt beendete zugleich in seinem § 13 unter Zugrundelegung einer revolutionär begründeten souveränen Verfassungsgewalt die Tätigkeit der Bundesversammlung. Diese umging eine ausdrückliche Anerkennung dieses - trotz allen Kompromißcharakters der Wahl - revolutionären Schrittes, indem sie am 12. Juli 1848 ihre sämtlichen Befugnisse im Namen der deutschen Regierungen auf den Reichsverweser übertrug und danach ihre Tätigkeit einstellte[232].

### c. Grundzüge der Verhandlungen der Reichsverfassung

Hauptaufgabe der Nationalversammlung als einer konstituierenden Versammlung war die Erarbeitung, Beratung und Verabschiedung einer Verfassung für ganz Deutschland. Zu diesem Zweck wählte sie bereits am 24. Mai 1848 einen Verfassungsausschuß[233]. Der 'Ausschuß für den Verfassungsentwurf', bestehend aus 30 Mitgliedern[234], war überwiegend mit Rechts- und Verwaltungsexperten besetzt. Er "ist das Herz des Frankfurter Parlaments geworden; von ihm wurde immer wieder Blut in den Gesamtorganismus gepumpt"[235]. Die Mehrheit des Ausschusses schloß sich später dem Casino an, das 'parteipolitisch' somit in der Kommission überrepräsentiert war[236]. Bassermann machte zu Beginn der Verhandlungen den Vorschlag, den Entwurf der Siebzehn zur Grundlage der Beratungen zu machen. Dieses Verfahren bot sich unter anderem deshalb an, da vier der siebzehn Vertrauensmänner, nämlich Bassermann, Dahlmann, Droysen und Max von

232. Text des Beschlusses über die Übertragung der Zuständigkeiten des Bundestages auf den Reichsverweser bei Huber, Dokumente, Bd. 1, S. 341 f.
233. Bekanntgabe des Wahlergebnisses Paulskirchenprotokolle, Bd. 1, S. 88.
234. Die Erstbesetzung bestand aus: Gustav Schreiner, Eugen von Mühlenfeldt, Victor von Andrian, Franz Peter Deiters, Heinrich Simon, Hermann von Beckerath, Felix von Lichnowsky, Georg Beseler, F. Scheller, Tellkampf, Ernst Lasaulx, Friedrich Bassermannn, Robert Blum, Franz Wigard, I. H. Detmold, Heinrich Ahrens, Paul Pfizer, Robert von Mohl, Friedrich Römer, Carl Mittermaier, Carl Welcker, Alexander von Soiron, Carl Wippermann, Christoph Friedrich Dahlmann, Johan Gustav Droysen, Georg Waitz, Carl Jürgens, Max von Gagern, August Bergenhahn, Schüler. Später schieden die Mitglieder Andrian Werburg, Bassermann, Beckerath, Blum, Lichnowsky, Mohl und Pfizer aus und wurden durch Moritz Briegleb, Joseph Compes, Gabriel Riesser, Hermann von Rotenhan, Friedrich Zell (am 7. September 1848, Paulskirchenprotokolle, Bd. 3, S. 1943), Franz Somaruga, Jacob Jülich (am 18. November 1848, Paulskirchenprotokolle, Bd. 5, S. 3424) und Reh (am 2. Dezember 1848, Paulskirchenprotokolle, Bd. 5, S. 3596) ersetzt; vgl. auch Kühne, Die Reichsverfassung der Paulskirche, S. 534 ff., mit Kurzbiographien der Mitglieder.
235. Valentin, Geschichte der deutschen Revolution von 1848-49, Bd. 2, S. 16.
236. Vgl. Fenske, Die Verfassung des Deutschen Reiches vom 28. März 1849, S. 272.

Gagern, dem Verfassungsausschuß angehörten. Der Antrag wurde aufgrund des Widerstandes der Linken abgelehnt. So mußte ein völlig neuer Entwurf erarbeitet werden, wenngleich natürlich die vier erwähnten Ausschußmitglieder - insbesondere der einflußreiche Dahlmann - auch hier ihre im Siebzehnerentwurf zum Ausdruck gekommenen Auffassungen vorbrachten, so daß letztlich der Siebzehnerentwurf indirekt doch als Vorlage des Ausschusses diente.

Im hier zu behandelnden Zusammenhang ist der staatsorganisatorische Teil der entscheidende; der Ausschuß war jedoch der Auffassung, die Verhandlungen über die Verfassung aufzuteilen und die Arbeiten mit einem "Entwurf über die Volksrechte" zu beginnen. Die Verhandlungen über die 'Grundrechte' glaubte man vor den staatsorganisatorischen Teil ziehen zu können. Aus der Sicht der Liberalen war dieser Schritt konsequent, glaubte man doch aus der Erfahrung der obrigkeitlichen Bevormundung und der polizeistaatlichen Repression die bürgerlichen und politischen Freiheitsrechte besonders betonen zu müssen[237]. Der Ausschuß war überzeugt, damit "die nächsten Wünsche und Bedürfnisse Aller zu befriedigen"[238]. Hinter der Entscheidung über diese Vorgehensweise stand aber auch die Scheu, sich den kontroversen Themen, also dem Reichsgebiet und dem Reichsoberhaupt, zuzuwenden. Droysen notierte in diesem Zusammenhang: "Es war, als ob es gemieden würde, diese wichtigsten, aber auch schwierigsten Frage zur Sprache zu bringen"[239].

Daher begannen die Debatten des Ausschusses über das zukünftige Staatsoberhaupt erst am 12. Dezember 1848[240]. Die Debatten im Ausschuß wurden auf der Grundlage des Entwurfes einer Vorkommission geführt[241], der sämtlichen Debatten im Verfassungsausschuß und in der Nationalversammlung vorausgreifen sollte, indem er in seinem § 1 einen erblichen deutschen Kaiser, den "Kaiser von Deutschland" vorsah. Der Entwurf glich sehr dem konstitutionellen Verfassungsverständnis des Siebzehnerentwurfes, was nicht weiter verwundert, war doch Dahlmann an den Arbeiten der Vorkommission ebenso entscheidend beteiligt, wie am Siebzehnerentwurf. Auch dieser Vorentwurf sah einen unverantwortlichen Kaiser vor (§ 4 Satz 1), der die ihm anvertraute

---

237. U.a. Fehrenbach, Verfassungsstaat und Nationsbildung 1815-1871, S. 52.
238. Droysen, Die Verhandlungen des Verfassungsausschusses der deutschen Nationalversammlung, Bd. 1, S. 2.
239. Droysen, Die Verhandlungen des Verfassungsausschusses der deutschen Nationalversammlung, Bd. 1, S. 56.
240. 111. Sitzung des Ausschusses, bei Hübner, Aktenstücke und Aufzeichnungen zur Geschichte de Frankfurter Nationalversammlung aus dem Nachlaß von Johann Gustav Droysen, S. 275 ff.
241. Text dieses Entwurfes bei Hübner, Aktenstücke und Aufzeichnungen zur Geschichte de Frankfurter Nationalversammlung aus dem Nachlaß von Johann Gustav Droysen, S. 724 ff.

Exekutive durch von ihm frei ausgewählte, verantwortliche Minister ausüben sollte.

Der Ausschuß beriet die Frage der Gestaltung des Reichsoberhauptes derart kontrovers, daß mehrere Abstimmungsvorgänge erforderlich waren, um im Ausschuß eine konsensfähige Formel für die grundsätzliche Gestaltung der Stellung des Staatsoberhauptes zu finden[242]. Diese Formel fand sich am 28. Dezember durch den Antrag von Ahrens, der beantragte, "die Würde des Reichsoberhauptes ... einem der regierenden deutschen Fürsten (zu) übertragen"[243]. Zufrieden, wenigstens diesen Kompromiß gefunden zu haben, wollte man die nähere Ausgestaltung dieses Prinzips der Nationalversammlung überlassen. Den Kompromißcharakter dieser Formel verdeutlichte der Redebeitrag Rehs: "Es liege alles daran, uns zu vereinen, denn von uns aus muß die Vereinigung der Versammlung ausgehen, wie er es denn auch für seine patriotische Pflicht ansehe, seine Ansicht über die republikanische Spitze aufzugeben, um zu einem Resultat zu gelangen"[244].

Die Nationalversammlung begann die Beratungen über den grundsätzlichen Abschnitt über 'das Reichsoberhaupt' erst am 15. Januar 1849[245]. Die letztlich am 27. März 1849 verabschiedete Fassung der Verfassung bestand

242. Bei einer ersten, im Ausschuß am 15. Dezember durchgeführten Abstimmung, konnte man sich zwar darauf einigen, eine einheitliche monarchische Spitze installieren zu wollen, sowie diese als ein Wahlkaisertum auszugestalten, aber bereits bei der Frage, ob dieser Kaiser auf Lebenszeit oder auf eine bestimmte Dauer zu wählen sei, fand sich keine positive Mehrheit (zu den einzelnen Abstimmungen siehe Hübner, Aktenstücke und Aufzeichnungen zur Geschichte de Frankfurter Nationalversammlung aus dem Nachlaß von Johann Gustav Droysen, S. 307 ff. mit dem Abstimmungsverhalten der an der Abstimmung beteiligten Ausschußmitglieder). Es entstand sogar ein heftiger Streit über die Abstimmungsmodalitäten, so daß am nächsten Tag, während der 115. Sitzung, darüber abgestimmt wurde, die einzelnen Abstimmungen wieder aufzuheben. Am 18. Dezember unternahm man einen erneuten Versuch, zu einem eindeutigen Abstimmungsergebnis zu gelangen. Die Fronten waren jedoch noch genauso verhärtet wie bei der ersten Abstimmung. Nach Abschluß der Debatten über das Reichsoberhaupt, den verschiedenen Wahlen und den sich anschließenden Debatten über diese Wahlvorgänge, stellte das Ausschußmitglied Rießer resignierend fest: "Wir haben keine Majorität erhalten" (bei Hübner, Aktenstücke und Aufzeichnungen zur Geschichte de Frankfurter Nationalversammlung aus dem Nachlaß von Johann Gustav Droysen, S. 314). Es hatte den Anschein, als sollte sich der Ausspruch Ahrens' bewahrheiten, den dieser bereits während der Debatten eingefügt hatte: Er fürchte, "daß an dem Oberhaupte unser ganzes Werk scheitern werde" (bei Hübner, Aktenstücke und Aufzeichnungen zur Geschichte de Frankfurter Nationalversammlung aus dem Nachlaß von Johann Gustav Droysen, S. 303). Der Optimismus Rehs, "was die Nationalversammlung sich zutraut ... das wird durchgehen" (Hübner, Aktenstücke und Aufzeichnungen zur Geschichte de Frankfurter Nationalversammlung aus dem Nachlaß von Johann Gustav Droysen, S. 289) war jedenfalls verflogen.

243. Ahrens, bei Hübner, Aktenstücke und Aufzeichnungen zur Geschichte de Frankfurter Nationalversammlung aus dem Nachlaß von Johann Gustav Droysen, S. 349.

244. Reh bei Hübner, Aktenstücke und Aufzeichnungen zur Geschichte de Frankfurter Nationalversammlung aus dem Nachlaß von Johann Gustav Droysen, S. 349 f.

245. 152. Sitzung, Paulskirchenprotokolle, Bd. 6, S. 4675 ff.

aus insgesamt VII Abschnitten, wobei der III. Abschnitt ausschließlich der Stellung des Staatsoberhauptes gewidmet war. Dennoch war die Stellung, die das Oberhaupt nach den Vorstellungen der verfassunggebenden Nationalversammlung einnehmen sollte, nicht allein geprägt durch diesem III. Abschnitt der Verfassung. Vielmehr ergibt sich die Rolle aus dem Wechselspiel dieser Vorschriften mit dem Verfassungsganzen. In diesem Zusammenhang sind insbesondere auch die Beratungen hinsichtlich der Reichsgewalt, des Reichstages und der Staatsgrenzen, der Gewähr der Verfassung und des Reichsgerichts von Bedeutung.

Geht man von der gestärkten Zentralgewalt aus, so stellt sich - wie beim Siebzehnerentwurf - die Frage nach dem Verhältnis der Gewalten innerhalb dieser Zentralgewalt. Damit ist insbesondere die Frage nach der Gewaltenteilung zwischen dem Reichstag, als der Legislativen, und dem Oberhaupt, als der Spitze der Exekutiven, zu stellen. Untersucht man die Entstehung der Frankfurter Reichsverfassung primär aus ihren Debatten und den dahinterstehenden ideologischen Vorstellungen heraus, empfiehlt sich eine Einteilung der Mitglieder der Paulskirche in verschiedene politische Richtungen[246].

### (1) Die Vorstellungen der Rechten in der Nationalversammlung

Wenngleich die Konservativen[247] von 1848 keine parteiähnlichen Zusammenschlüsse kannten, waren sie in der Paulskirche doch relativ leicht und eindeutig zu identifizieren, da sie dem aus dem "Steinernen Haus" entstandenen Klub des "Café Milani" zuzuordnen sind. Die Zahl der Mitglieder des Milani schwankte, nahm jedoch kontinuierlich ab[248].

Der Ausgangspunkt des Denkens der konservativen Rechten in der Nationalversammlung ist deren Festhalten an einer historisch-organischen Denkweise. So bezeichnete die Programmschrift vom 4. Juni 1848 den zu schaffenden Staatskörper der deutschen Nation als einen großen Organismus[249]. Die

---

246. Ohne hier auf den wissenschaftlichen Streit eingehen zu wollen, in wieviele politische Gruppen oder Fraktionen sich die Nationalversammlung aufteilen ließe, empfiehlt es sich meines Erachtens im Hinblick auf den hier allein relevanten staatsorganisatorischen Teil, zur besseren Differenzierung der unterschiedlichen Vorstellung eine Vierteilung vorzunehmen, wobei zwischen der Rechten, dem rechten Zentrum, dem linken Zentrum und der Linken unterschieden werden soll.

247. Rein begrifflich gleichzusetzen sind 'die Rechten' im Rahmen der Darstellung der politischen Ziele innerhalb des Parlaments mit 'den Konservativen', so daß diese Begriffe fortan synonym verwendet werden.

248. Kramer, Fraktionsbildungen in den deutschen Volksvertretungen, S. 284 nennt für Ende Mai 1848 eine Zahl von 40 bis 50 Mitgliedern, für Mitte März 1849 nur noch 20 Mitglieder; dagegen bei Siemann, Die Frankfurter Nationalversammlung 1848/49 zwischen demokratischem Liberalismus und konservativer Reform, S. 309: 41 Mitglieder.

249. Zitiert nach Boldt, Anfänge des deutschen Parteiwesens, S. 163.

historische Dimension im Bereich der Rechtsentstehung spielte beim Café Milani eine große Rolle. So verwies man auf die Bedeutung der "geschichtlichen Erfahrung"[250] als Beurteilungskriterium für staatsrechtliche Probleme. Die Geschichte wurde dabei als kontinuierlicher Entwicklungsprozeß angesehen. In diesem Sinne meinte von Lasaulx, daß "alles Gedeihen in menschlichen Dingen in der Kontinuität" liege und daß, wenn man die Gegenwart von der Vergangenheit losreiße, man auch die Zukunft gefährde[251].

Wenngleich dies auf ein Festhalten an dem alten Gedanken der Bundesversammlung als integrierendes Element eines Staatenbundes hindeuten könnte, so vertraten die Mitglieder des Milani trotz der Orientierung an einer historisch-organischen Staatsentwicklung nicht die Ansicht, daß man an dem Rechtssystem des staatenbündischen Deutschen Bundes festhalten sollte. Zwar sprach beispielsweise Buß davon, daß man einen "gesunden Partikularismus" wolle, hob aber implizit hervor, daß er einen Bundesstaat statt des Staatenbundes anstrebe[252]. Das Bekenntnis zu einem Bundesstaat kam insbesondere bei der Debatte um die provisorische Reichsregierung zum Ausdruck, als Grävell von einer "staatliche(n) Einheit"[253], Rotenhan ausdrücklich von einem "deutschen Bundesstaat"[254] sprach.

Das Milani machte in seinem Programm allerdings deutlich, daß dieser "Gesamtbund" nur mit einem Minimum an Rechten ausgestattet werden sollte. Die Konstituierung des Bundes sollte zwar die "Einheit" begründen, aber andererseits die "berechtigten und tief verwurzelten Existenzen" seiner Mitglieder nicht verletzen. Alles was die einzelnen Staaten "als solche nicht zu leisten vermögen für die Kräftigung, für die Wohlfahrt und das Ansehen der deutschen Nation", sollte die Aufgabe der zu konstituierenden Zentralgewalt sein. Was hingegen "in dieser obersten Bedingung nicht begriffen" sei, bleibe "der Beruf und die Aufgabe der Regierungen und Volksvertretungen der einzelnen Staatskörper in dem großen Organismus"[255]. Damit sprach sich der Klub für ein staatsrechtliches Subsidiaritätsprinzip aus, was auf die Forderung nach einer dezentralen Gestaltung des Bundesstaates mit einer schwachen Reichsspitze schließen ließ. Dies vertraten insbesondere die Großdeutschen innerhalb des Milani. Sie argumentierten vom Standpunkt der historischen Rechtsschule aus, was auch konsequenterweise dazu führte, daß man eine Abtrennung

250. Vincke, Paulskirchenprotokolle, Bd. 5, 4087.
251. Hübner, Aktenstücke und Aufzeichnungen zur Geschichte der Frankfurter Nationalversammlung aus dem Nachlaß von Johann Gustav Droysen, S. 519.
252. Buß, Paulskirchenprotokolle, Bd. 7, S. 4894 f. Buß bezeichnete schon im Vormärz den Staatenbund als "ethische Wüste", als "föderative Totenhalle", Buß, Vergleichendes Bundesstaatsrecht, Vorrede, S. 20.
253. Grävell, Paulskirchenprotokolle, Bd. 1, S. 395.
254. Hübner, Aktenstücke und Aufzeichnungen zur Geschichte der Frankfurter Nationalversammlung aus dem Nachlaß von Johann Gustav Droysen, S. 286.
255. Milani-Programm vom 4.6.1848, bei Boldt, Anfänge des Parteiwesens, S. 163 f.

Österreichs als eines Teils des bislang bestehenden Staatenbundes nicht akzeptieren wollte, da "das Bindende doch nur der alte Bund"[256] sein könne, den es zu bewahren gelte.

Die Mehrheit des Milani wollte dementsprechend die bestehenden Länderregierungen in die zu bildende Zentralgewalt einbinden. So betrachtete beispielsweise Lasaulx die Forderung nach Wiederherstellung von Kaiser und Reich als eine "historische Sentimentalität". Der Kaiser wie auch der "Ruf nach Einheit" sei eine "retrograde Bewegung", weil sich aus der Einheit des alten Bundes die "Mannigfaltigkeit der Staaten herausindividualisiert" habe. Daher sei die Forderung ein "antihistorisches Bestreben, unmöglich, so wenig, wie jemand wieder jung werden" könne[257].

Das Bestreben der Mehrheit der Konservativen, die Länderregierungen in die Reichsspitze zu integrieren, schlug sich insbesondere bei der Debatte um das Reichsoberhaupt nieder. Im Verfassungsausschuß verwarfen die Milani-Mitglieder einmütig den Antrag, eine "einheitliche monarchische Spitze" zu schaffen und lehnten auch die Forderung nach einer Erbmonarchie unter preußischer Führung ab[258]. Entsprechend dem aus der organischen Denkweise abgeleiteten Begriff der Legitimität trat dieser Teil des Milani für ein fürstliches "Reichsdirektorium" ein[259]. Unterschiedliche Auffassungen gab es lediglich über die Anzahl der Mitglieder dieses Gremiums. Lausaulx, Detmols und anfangs auch Rotenhan setzten sich im Verfassungsausschuß für eine Trias, also ein dreiköpfiges Direktorium, bestehend aus den Monarchen der drei größten deutschen Staaten Österreich, Preußen und Bayern, ein[260]. Andere Mitglieder der Rechten forderten ein größeres Direktorium, bestehend aus den Regenten Österreichs, Preußens, Bayerns, Sachsens, Hannovers und Württembergs[261]. Während Rotenhan den Wechsel an der Spitze alle vier Jahre vorschlug, sprachen sich andere Abgeordnete für eine sechsjährige Amtszeit eines "Reichsstatthalters" aus. In beiden Fällen sollte das Reichsdi-

256. Von Mühlfeld im Verfassungsausschuß, Hübner, Aktenstücke und Aufzeichnungen zur Geschichte der Frankfurter Nationalversammlung aus dem Nachlaß von Johann Gustav Droysen, S. 448.
257. Lasaulx im Verfassungsausschuß, zitiert nach Hübner, Aktenstücke und Aufzeichnungen zur Geschichte der Frankfurter Nationalversammlung aus dem Nachlaß von Johann Gustav Droysen, S. 279.
258. Vgl. das Abstimmungsergebnis bei Hübner, Aktenstücke und Aufzeichnungen zur Geschichte der Frankfurter Nationalversammlung aus dem Nachlaß von Johann Gustav Droysen, S. 307 ff., 312 ff.
259. Abstimmung im Verfassungsausschuß, bei Hübner, Aktenstücke und Aufzeichnungen zur Geschichte der Frankfurter Nationalversammlung aus dem Nachlaß von Johann Gustav Droysen, S. 522.
260. Lasaulx, bei Hübner, Aktenstücke und Aufzeichnungen zur Geschichte der Frankfurter Nationalversammlung aus dem Nachlaß von Johann Gustav Droysen, S. 279; Detmold, ebenda, S. 289; Rotenhan, ebenda, S. 285, 746.
261. Nagel, Reindl, Rothenhan.

rektorium mehrheitlich entscheiden. Der Statthalter sollte in der Ausübung der ihm zugewiesenen Regierungsrechte an die Zustimmung des Direktoriums gebunden sein[262].

Die Ausgestaltung der Reichsspitze in der Form eines mit Fürsten besetzten Direktorium wäre einer 'vertikalen Gewaltenteilung' gleichgekommen, da hier in unmittelbarer Form die monarchischen Oberhäupter einiger Einzelstaaten - beauftragt durch die Summe aller Oberhäupter - zugleich das Reichsinteresse repräsentiert und vertreten hätten.

Grundlage dafür war das klassisch konservative Prinzip der Legitimität, also die Orientierung an dem historisch Gewachsenen. Mit diesem Votum befand sich das Milani in Übereinstimmung mit den regierenden Fürsten, die ebenfalls eine Kollektivspitze in der Form eines Direktoriums forderten. Die staatsrechtliche Stellung einer solchen kollektiven Spitze beschrieb der Antrag des Abgeordneten von Rotenhan. Danach sollte die Regierungsgewalt in Deutschland den "Regierungen der Staaten, welche den deutschen Bundesstaat bilden", zustehen. Sie sollte auf "Antrag derselben im Namen des deutschen Bundesstaates" von einem Reichsdirektorium ausgeübt werden[263].

Dieser Antrag machte offenkundig, daß dessen Anhänger dem Bundesstaat und damit insbesondere dessen Spitze keine eigene, ursprüngliche Souveränität zugestehen wollten, sondern diese aus den einzelnen Mitgliedsstaaten abgeleitet sahen.

Eine andere Richtung innerhalb des Milani vertrat Vincke mit einer kleindeutchen Gruppe, die einen starken, zentral organisierten Bundesstaat unter der Führung Preußens anstrebte. Vinckes Plädoyer für eine starke Erbmonarchie als Mittel der Eindämmung des Partikularismus resultierte aus einer klaren außenpolitischen Zielsetzung, der Machtsteigerung Deutschlands in Europa. Deutschland solle in Europa nicht "klein und winzig" sein, sondern "groß und mächtig"[264]. Allerdings war Vinckes Denken nicht von deutsch-nationalem Elan getragen, sondern er betrachtete dies als Mittel zur Machtsteigerung Preußens[265]. Damit entwertete Vincke natürlich den Legalitätsgedanken und den darüber stehenden organischen Historismus, da durch die Schaffung einer deutschen Erbmonarchie unter preußischer Hegemonie ein völlig neues

262. Paulskirchenprotokolle, Bd. 7, S. 4785, 4793 f.
263. Rothenhan, nach Hübner, Aktenstücke und Aufzeichnungen zur Geschichte der Frankfurter Nationalversammlung aus dem Nachlaß von Johann Gustav Droysen, S. 515.
264. Vincke, Paulskirchenprotokolle, Bd. 4, S. 2857; "Trachtet am ersten nach der Macht Deutschlands, so wird euch das andere alles zufallen", Paulskirchenprotokolle, Bd. 6, S. 4645.
265. Als Beleg gelten Äußerungen von Radowitz, wonach die einen den Erbkaiser zwecks "Umwandlung Deutschlands in einen einheitlichen Staat" wollten, die anderen zur Erreichung der "Suprematie Preußens". Für die erstgenannten sei "das Kaisertum das Ziel und Preußen das Mittel", für die zweite Gruppe sei dies umgekehrt; zitiert nach Naude, Die äußerste Rechte in der Paulskirche, S. 105.

Staatsgebilde in Deutschland entstanden wäre, das überhaupt nicht mit dem hergebrachten Partikularismus, der theokratischen Besetzung der Reichsspitze und dem Bestreben eines Festhaltens an einer gemeinsamen staatlichen Zukunft mit Österreich vereinbar gewesen wäre.

Anders als Vincke begründete Ernst Moritz Arndt sein Eintreten für einen deutschen Bundesstaat unter einem mächtigen erblichen Monarchen. Er sah den Nationalstaatsgedanken nicht als Mittel zum Zweck preußischer Machtsteigerung, sondern als ein von Gott vorgegebenes und von den Zeitumständen erzwungenes eigenständiges Ziel, womit er als Legitimation seines Erbkaisertums das Gottesgnadentum anführte.

Der von der Mehrheit des Milani vertretene elementare Grundsatz der Legitimität brachte dem Klub auch einige Schwierigkeiten im Hinblick auf die bloße Anwesenheit seiner Mitglieder in der Nationalversammlung und bei der Frage ein, ob die Nationalversammlung überhaupt eine allein verfassunggebende Gewalt sein könne. Aus dem historischen Selbstverständnis mußten die Konservativen die Volkssouveränität ablehnen und zumindest an dem Vereinbarungsprinzip festhalten. Zum Verfassungserlaß sei die "Vereinbarung", die Verhandlung mit den Fürsten notwendig[266]. Die Regierungen sollten daher wenigstens zu einer "freien Zustimmung zu der neuen Gesamtverfassung" veranlaßt werden[267]. Wenngleich das Programm unter Anerkennung der revolutionären Umstände den Zusatz machte, daß im Falle der Ablehnung der Verfassung durch die Fürsten, die Nationalversammlung "berechtigt und verpflichtet" sein sollte, die Bundesverfassung als "bindend für alle zu verkünden"[268], wollte man entsprechend dem konservativen Legitimitätsdenken mit der Ablehnung der Volkssouveränität doch prinzipiell an dem Vereinbarungsprinzip festhalten[269].

Konsequent erscheint es auch, daß das Milani aus dieser Grundhaltung heraus eine äußerst negative Einstellung zu der Revolution insgesamt hegte und diese als einen Verstoß gegen die historisch-organisch gewachsene Ordnung ablehnte. Vincke bezeichnete die Revolution als "Faktum", nicht als "Prinzip" und stellte ihr den "Rechtsboden"[270] entgegen. Somit wurde auch

266. Boldt, Die Anfänge des deutschen Parteiwesens, S. 61.
267. Programm des Milani, zitiert nach Boldt, Die Anfänge des deutschen Parteiwesens, S. 164.
268. Bei Boldt, Die Anfänge des deutschen Parteiwesens, S. 164.
269. Vgl. auch den Antrag Vinckes anlässlich der Debatte über die provisorische Zentralgewalt, nach dem die Beschlüsse der Nationalversammlung zu dieser Problematik nur "vorbehaltlich des Einverständnisses mit den deutschen Regierungen getroffen werden sollten", Paulskirchenprotokolle, Bd. 1, S. 539.
270. Vincke, Paulskirchenprotokolle, Bd. 5, S. 3277 ff.; ebenda, S. 3441 ff.

das Produkt der Revolution, die Nationalversammlung, abgelehnt[271]. Die eigene Anwesenheit ließ sich nur dadurch rechtfertigen, daß die Nationalversammlung eine Möglichkeit darstellte, die Anarchie zu verhindern.

Stand man so der Volkssouveränität sehr reserviert und diese relativierend gegenüber, hielt das Milani das monarchische Prinzip für eine "politische Notwendigkeit". Nur die Monarchie könne das deutsche Volk aus seiner Zerrissenheit herausführen. An anderer Stelle sprach Vincke von der "Heiligkeit" des Monarchen[272], was ebenso wie bei Arndt auf eine gottgewollte Höherwertigkeit der (Erb-) Monarchie gegenüber der Republik schließen läßt.

Unter Zugrundelegung auch dieses tendenziellen Gottesgnadentums in Abgrenzung zur Volkssouveränität ergab sich für das Milani sowohl die Frontstellung zur Republik als dem Gegenpohl zur Monarchie, sowie im einzelnen zu den Rechten des Staatsoberhauptes.

Das entscheidende Kennzeichen der Machtfülle des Oberhaupts als Folgerung aus dem monarchischen Prinzip bestand für Vincke darin, daß "nichts ohne und nichts gegen den Willen des Königs" geschehen dürfe[273] - und daß umgekehrt dem Willen des Monarchen nichts entgegenstehen dürfe.

Das Milani beharrte daher ausdrücklich auf dem Unverantwortlichkeitsdogma. Vincke sprach sich ausdrücklich für die "Heiligkeit, Unverantwortlichkeit und Unverletzlichkeit des Regenten" aus[274]. Bei der Abstimmung über die vom Verfassungsausschuß geforderte Gegenzeichnungspflicht des Monarchen stellte man keine Gegenanträge und stimmte wohl geschlossen zu[275]. Die Rechte forderte, daß der Monarch nicht nur formell souverän und unverantwortlich, sondern auch in der Verfassungswirklichkeit das Zentrum des politischen Handelns sein müsse.

Ein Ausfluß der daraus gefolgerten Machtfülle des Oberhaupts war die strikte Ablehnung des suspensiven Vetos durch die Milani-Abgeordneten. In einem solchen Fall sei der Monarch nur noch ein "unverantwortlicher Diener". Vincke bezeichnete es desweiteren als "größte(n) Widerspruch", wenn man jemanden unverantwortlich nenne, ihn aber verpflichte, "einem Andern unterthänig zu sein"[276]. Nur wenn der Monarch das absolute Veto besitze, könnte man seiner Ansicht nach von der Fortgeltung des monarchischen Prinzips sprechen.

---

271. Vgl. Radowitz, der behauptete, daß ihm der "Ekel, selbst der physische" zuweilen überwältige, wenn er an die Nationalversammlung denke; Radowitz, Nachgelassene Briefe, S. 53.
272. Vincke, Paulskirchenprotokolle, Bd. 6, S. 4085 ff.
273. Vincke, Paulskirchenprotokolle, Bd. 6, S. 4086.
274. Vincke, Paulskirchenprotokolle, Bd. 6, S. 4086.
275. Paulskirchenprotokolle, Bd. 7, S. 4877, wobei das Abstimmungsverhalten nur unterstellt werden kann, da in dieser Frage keine namentliche Abstimmung erfolgte.
276. Vincke, Paulskirchenprotokolle, Bd. 6, S. 4086.

Debatten und Abstimmungen zeigten, daß die Rechten darüberhinaus viele klassische konstitutionellen Rechte dem Monarchen zuwiesen. So unter anderem das Verfügungsrecht über die Streitkräfte, das Beamtenernennungsrecht, das Recht der Oberaufsicht über die Beamten, das Begnadigungs- und Amnestierrecht, das Recht zur "Wahrung des Rechtsfriedens". Die Macht des Monarchen sollte letztlich so wenig wie möglich begrenzt werden. Daher votierte die Rechte für eine Art Auffangzuständigkeit des Monarchen. Er sollte die Regierungsgewalt "in allen Angelegenheiten des Reiches nach Maßgabe der Reichsverfassung" erhalten. Ihm sollten "als Träger dieser Gewalt diejenigen Rechte und Befugnisse" zustehen, welche in der Reichsverfassung "der Reichsgewalt beigelegt und dem Reichstag nicht zugewiesen" seien[277].

Ziel des Milani-Klubs war das Bestehen einer tatsächlichen monarchischen Macht als Bedingung der Verwirklichung des monarchischen Prinzips[278], nicht nur die formelle Souveränität und Unverantwortlichkeit des Monarchen. Die eigentliche Gefahr für die Stellung des Oberhauptes lag nach der Überzeugung des Milani in einer Betonung der Gewaltenteilung mit einer Stärkung des Parlamentes durch die Einführung eines suspensiven Vetos. In diesem Fall sinke die Autorität des Monarchen, die Institution der Monarchie verkomme zur "Sklavin, zur Dienerin jener anderen Autorität"[279].

Der staatlichen Autorität - vertreten durch die Institution der Krone - sollte der absolute Vorrang vor den durch das Parlament repräsentierten gesellschaftlichen Interessen zugestanden werden. Staatliche Autorität und demokratisches Prinzip hatten im konservativen Weltbild nichts miteinander zu tun, vielmehr wurden sie als Widersprüche aufgefaßt[280].

Die Autorität des Monarchen wurde dementsprechend als stabilisierendes Element verstanden, "als ein hemmender Damm, wenn nicht die Leidenschaften und die Wogen der Revolution alles überfluten" sollen[281]; das Parlament hingegen galt als Hort der Instabilität. Phillips: Das "wahre constitutionelle Prinzip" bestehe darin, daß das Reichsoberhaupt "caput, principium et finis" sei, was nur durch das absolute Veto erreicht werden könne. Hätte die Regierung keine endgültige Eingriffsmöglichkeit in den Funktionsbereich der Legislative, sei man "auf dem geraden Weg zur Republik"[282].

Der Grundsatz der Autorität, der ein starkes Oberhaupt erfordere, reduzierte die Kontrollrechte, der die Regierung unterworfen sein sollte, auf die

277. Paulskirchenprotokolle, Bd. 7, S. 4886.
278. Vincke: Zum Begriff der Monarchie gehöre, daß der Fürst eine "selbständige Macht im Staate" sei. Sei dies nicht der Fall, so handele es sich de facto um eine Republik; Vincke, Paulskirchenprotokolle, Bd. 7, S. 4990.
279. Vincke, Paulskirchenprotokolle, Bd. 6, S. 4086.
280. Vgl. Schoeps, Konservatismus, Liberalismus, Sozialismus, S. 12 ff.
281. Vincke, Paulskirchenprotokolle, Bd. 6, S. 4087.
282. Phillips, Paulskirchenprotokolle, Bd. 6, S. 4078 f.

"freie Presse", das "Associationsrecht" und die "vollständige Geltung der öffentlichen Meinung"[283]. Die Kontrolle der Exekutive war damit aus dem staatlichen, verfassungsrechtlich abgesicherten Bereich in den gesellschaftlichen Bereich verschoben[284].

Eine Kontrolle in Form eines parlamentarischen Regierungssystems wurde demnach ebenso abgelehnt wie überhaupt ein starkes Parlament. Die Rechte lehnte "jeden Eingriff, jedes Sicheinmischen in die Befugnisse der Exekutive schroff" ab[285]. Demnach erklärt sich die Stärke des Monarchen aus dem Verhältnis zu dem schwachen Parlament. Dem Monarch müsse als ein Kennzeichen des konstitutionellen Systems das Recht erhalten bleiben, die Minister zu ernennen, "ohne die Kammern zu fragen"; sollten diese "Schwierigkeiten" bereiten, so müsse dem Oberhaupt das Recht bleiben, die Kammern aufzulösen[286]. Auch in der Frage der Ministerverantwortlichkeit setzte sich diese Tendenz der Gewaltenverschiebung fort. So sah Rotenhan in seinem Entwurf erst gar keine Minister vor, die dem Parlament gegenüber verantwortlich sein könnten. Nach seiner Auffassung stand dem Direktorium die Regierungsgewalt wohl direkt zu.

Die Aussagen konservativer Politiker zu dem Thema der Ministerverantwortlichkeit sind sehr vage. Rotenhan umging sie ganz, andere, wie Vincke, Nagel oder Reincke verwendeten zwar den Begriff der Ministerverantwortlichkeit, definierten ihn jedoch nicht[287]. Sofern er verwendet und definiert wurde[288], lief er auf eine allenfalls juristische, keinesfalls aber politische Verantwortlichkeit hinaus. Die Bewertung Zieburas, der das Bekenntnis der Rechten zur Ministerverantwortlichkeit als "gänzlich unglaubwürdig" bezeichnet[289], erscheint daher richtig.

Darüberhinaus sollte auch das Recht der Gesetzgebung prinzipiell dem Monarchen zustehen. Der Reichstag sollte diesbezüglich nur eine Mitwirkungsfunktion ausüben, keinesfalls jedoch dem Oberhaupt gleichwertig sein. Dies äußerte sich nicht nur in dem absoluten Vetorecht, das ihm die Konservativen zubilligten, sondern insbesondere dadurch, daß man mit großer Mehrheit ein Gesetzesinitiativrecht des Parlaments ablehnte[290].

Letztlich akzeptierten die stark von der historischen Rechtsschule beeinflußten Mitglieder des Café Milani zwar das konstitutionelle Prinzip und setz-

283. Paulskirchenprotokolle, Bd. 6, S. 4088.
284. Ludewig, Gewaltenteilungskonzeption der Frankfurter Nationalversammlung, S. 70, sieht allein in dieser Anerkennung der indirekten Kontrollrechte eine "Anpassung an den Zeitgeist", mit der das absolute Veto aus der "Schußlinie" gehalten werden sollte.
285. Bergsträsser, Parteien von 1848, S. 193 f.
286. Paulskirchenprotokolle, Bd. 6, S. 4087.
287. Vgl. den Antrag Paulskirchenprotokolle, Bd. 7, S. 4785.
288. So bei Grävell Paulskirchenprotokolle, Bd. 1, S. 395.
289. Ziebura, Anfänge des deutschen Parlamentarismus, S. 233.
290. Paulskirchenprotokolle, Bd. 7, S. 5192 ff.

ten sich somit vom Absolutismus ab. Sie blieben aber durch das Festhalten an den Prinzipien der Legitimität und der Autorität bei einem Konstitutionalismusbegriff, der im Kern das monarchische Prinzip, wie es in der Wiener Schlußakte festgeschrieben war, umfaßte. Der Monarch sollte durch das alleinige Initiativrecht und das absolute Veto bei der Gesetzgebung der praktisch alleinige Gesetzgeber werden. Er war als Schwerpunkt der Verfassung gedacht, als die faktisch allein gestaltende Macht im Staat.

(2) Die Vorstellungen des rechten Zentrums in der Nationalversammlung

Angesichts der Vielzahl der politischen Klubs in der Frankfurter Nationalversammlung stellt sich zunächst die Frage, welche dieser Klubs dem 'rechten Zentrum' zugeordnet werden können. Hauptuntersuchungsgegenstand wird im Folgenden das der rechten Mitte zugerechnete "Casino" sein. Es war die mit Abstand stärkste Gruppierung und sicherlich auch die wichtigste Fraktion in der Paulskirche. Insbesondere die quantitative[291] und qualitative Dominanz des Casino im Verfassungsausschuß stellt die Bedeutung dieses Klubs unter Beweis. Allenfalls am Rande wird die Verfassungskonzeption des zur gemäßigten Mitte tendierenden Landsberg[292], speziell die Politik Silvester Jordans, stehen.

Das Casino setzte sich seinerseits aus vielen unterschiedlichen Persönlichkeiten mit unterschiedlichen Wertvorstellungen zusammen, so waren unter anderem Dahlmann, Droysen, Welcker und Pfizer Mitglieder des Casino. Insgesamt wird die Stärke des Casino in der Nationalversammlung mit Zahlen zwischen 96 und 166 angegeben, je nach Art und Zeitpunkt der Zählung[293].

Im Gegensatz zu den Konservativen, die offenbar unter dem Druck der Revolution dem Volk die verfassungsgebende Gewalt zwar unter Umständen zubilligten, sie ihm aber aufgrund der Bindung an das historisch Gegebene faktisch wieder absprachen, bekannte sich das Casino - zumindest anfangs - zur Revolution. Die Revolution "mit allen ihren bisherigen Resultaten" werde "unumwunden anerkannt"[294]. Zwar ging es für die Anhänger des Casino weniger um die Anerkennung der Revolution als solcher, aber jedenfalls waren

291. Dreizehn der sechsundzwanzig Mitglieder des Verfassungsausschusses gehörten dem Casino an.
292. So Sheehan, Der deutsche Liberalismus, S. 73; Huber, Verfassungsgeschichte, Bd. 2, S. 615 ff., setzte ihn dagegen zwischen das rechte und linke Zentrum.
293. Siemann, Die Frankfurter Nationalversammlung zwischen demokratischem Liberalismus und konservativer Reform, S. 309 ff., gibt 165 Abgeordnete an, Kramer, Fraktionsbindungen in den deutschen Volksvertretungen 1819-1849, S. 284, zählt im Juni 1848 166, Mitte März 1849 dagegen noch 96 Mitglieder.
294. Programm des Casino, bei Kramer, Fraktionsbindungen in den deutschen Volksvertretungen 1819-1849, S. 284.

sie mit dem einstweiligen Produkt der Revolution, der Nationalversammlung, einverstanden, auch wenn diese nicht von den Regierungen oder dem Deutschen Bund eingesetzt wurde[295]. Durch diese Anerkennung der Nationalversammlung bei gleichzeitiger Distanz zu jedweder Revolution[296] bewegten sie sich genau zwischen Revolution und Gegenrevolution.

Dieses Pendeln zwischen Reform und Revolution[297] sollte sich letztlich durch die gesamte Verfassungspolitik des Casino ziehen. Dieses Pendeln wird unter anderem deutlich bei der Behandlung der Frage, ob der Paulskirche die verfassungsgebende Gewalt zustehe. War man zunächst noch angetan von Gagerns Antrittsrede als Präsident der Nationalversammlung, in der er davon sprach, daß "der Beruf und die Vollmacht" zum Verfassungserlaß "in der Souveränität der Nation" liege und hinzufügte, daß diese Aufgabe damit in die Hände der Nationalversammlung gelegt sei[298], wandelte sich doch im Verlauf der Zeit diese Einstellung und die Kritiker der Souveränitätstheorie wurden zahlreicher. So setzte sich unter anderem Welcker für den "Weg der rechtlichen Vereinbarung" zwischen Regierungen und Nationalversammlung ein[299]. Zum Schluß stimmte man jedoch - aus taktischen Erwägungen heraus - für den einseitigen Verfassungserlaß, um die Verfassung und das Ziel der staatlichen Einheit nicht zu gefährden.

In der Föderalismusdebatte - das Casino bekannte sich hinsichtlich des Staatsaufbaus zum Bundesstaat - zeigte sich bei etlichen Casinoabgeordneten auch deren Beeinflussung von historisch-organischem Denken, das die Rücksichtnahme auf das Gegebene erfordere. Der Bundesstaat berücksichtige die "Vielseitigkeit" der deutschen Gegebenheiten und deren "Elemente particularer Eigenthümlichkeit"[300]. Waitz argumentierte, daß die Entwicklung Deutschlands nur "in der Verbindung der Einheit und Mannigfaltigkeit" zu suchen sei[301]. Dagegen wurde der "Geist der Centralisation", also der Einheitsstaat, abgelehnt[302]. Diese Argumente verdeutlichen, daß die Abneigung gegen einen allzu betonten Zentralismus weniger durch die Furcht vor einer zu starken

---

295. Gangl, Der deutsche Weg zum Verfassungsstaat im 19. Jahrhundert, S. 41, beschreibt sie daher als "Revolutionäre wider Willen".
296. Vgl. nur Welcker, Paulskirchenprotokolle, Bd. 1, S. 410, der vor dem "Abgrund der Revolution", welche "Frieden und Ruhe, ... Wohlstand und Freiheit" bedrohe, warnte.
297. Neumüller, Liberalismus und Revolution, bezeichnet die liberale Reform als "Reform-Revolution". Die Ambivalenz des Liberalismus zeige sich dadurch, daß er sich nicht zwischen Reform und Revolution zu entscheiden vermochte.
298. Paulskirchenprotokolle, Bd. 1, S. 17; vgl. u.a. von Saucken-Tarputschen, ebenda, S. 485.
299. Welcker, Paulskirchenprotokolle, Bd. 1, S. 410.
300. Mittermaier, Paulskirchenprotokolle, Bd. 4, S. 2723.
301. Hübner, Aktenstücke und Aufzeichnungen zur Geschichte der Frankfurter Nationalversammlung aus dem Nachlaß von Johann Gustav Droysen, S. 280 f.
302. Mittermaier, Paulskirchenprotokolle, Bd. 4, S. 2723.

Machtkonzentration bei der Zentralgewalt begründet wurde, als vielmehr durch die Betonung des organisch und historisch Gewachsenen[303].

Einig war man sich unter den Casinoabgeordneten allerdings bei dem Ziel der Schaffung einer starken Zentralgewalt[304]. Die Frage der Schaffung einer solchen starken Zentralgewalt war im Bewußtsein aller auch mit der österreichischen Frage und der Frage nach dem Staatsoberhaupt selbst verbunden.

Wenngleich durch die Verabschiedung der §§ 2 und 3 der Reichsverfassung durch die Nationalversammlung am 27. Oktober 1848, durch die der Eintritt Österreichs in des deutsche Reich von einer Auflösung der staatsrechtlichen Einheit der Habsburgermonarchie abhängig gemacht wurde und durch die darauffolgende Erklärung von Kremsir am 2. November 1848 eine großdeutsche Lösung auch in den Augen der Abgeordneten immer unwahrscheinlicher wurde, suchten dennoch viele Casinoabgeordnete bei der Gestaltung der Zentralgewalt - und da insbesondere bei der Gestaltung des Staatsoberhauptes - nach Möglichkeiten, um Österreich eine Tür offenzuhalten.

Allen Modellen des Casino war gemein, daß die Staatsspitze durch einen oder mehrere Reichsfürsten zu besetzen sei. Am progressivsten war dabei der Vorschlag Max von Gagerns, der an einen "Reichsverweser" dachte, der aus dem Kreis der deutschen Regenten auf vier Jahre gewählt werden sollte. Die Wahl selbst sollte dabei von einem föderativen Gremium vorgenommen werden[305].

Andere Modelle, die kein Erbkaisertum vorsahen, lassen sich in zwei Grundmodelle aufteilen, den Turnus und das Direktorium. So ist unter anderem Welckers erster Vorschlag in der Diskussion über das Reichsoberhaupt dem Turnus zuzurechnen. Das Amt des Oberhauptes sollte nach vier Jahren wechseln zwischen den regierenden Fürsten Preußens, Österreichs und Bayerns. Bei Welcker standen eindeutig nationale, das heißt großdeutsche Motive im Vordergrund, als er betonte, daß die "Einheit des ganzen Vaterlandes" nicht im Falle eines österreichischen oder preußischen Kaisertums erreicht werden könne. In einem solchen Falle müsse die eine Macht zum Untertan der anderen werden[306]. Im Hinblick auf ein preußisches Kaisertum verwies er auf die Gefahr, daß sich die Hausmacht der Reichsgewalt bedienen

303. Dazu auch Hock, Liberales Denken im Zeitalter der Paulskirche, S. 136 f.
304. Z.B. Lette, Paulskirchenprotokolle, Bd. 1, S. 404; Waitz, Paulskirchenprotokolle, Bd. 1, S. 494.
305. Entwurf Gagerns bei Hübner, Aktenstücke und Aufzeichnungen zur Geschichte der Frankfurter Nationalversammlung aus dem Nachlaß von Johann Gustav Droysen, S. 754.
306. Hübner, Aktenstücke und Aufzeichnungen zur Geschichte der Frankfurter Nationalversammlung aus dem Nachlaß von Johann Gustav Droysen, S. 276 f., 747.

könne[307]. Auch Waitz sprach sich anfangs für den Turnus aus, um "die Staaten zu schonen und doch die Einheit zu erhalten"[308].

Das zweite Grundmodell, das Direktorium, wurde ebenfalls von einigen Mitgliedern des Casino vertreten, ebenfalls in unterschiedlicher Form. Osterrath und Arndts schlugen ein Siebenerkollegium[309] vor, Sommaruga eine Trias aus drei Mitgliedern regierender deutscher Familien[310]. Bei Welcker, Osterrath und Arndts sollte der Vorstand dieses Direktoriums regelmäßig wechseln, wobei Welcker nur die beiden deutschen Großmächte Österreich und Preußen abwechselnd als "Reichsstatthalter" fungieren lassen wollte. Für Welcker lag zu diesem Zeitpunkt darin die beste Möglichkeit, die "Einheit nach innen und außen" zu erlangen[311].

All die hier vorgetragenen Modelle der Casinoabgeordneten zugunsten einer periodisch wechselnden oder gemeinschaftlichen Ausübung der Staatsspitze waren vor allem auf den deutschen Dualismus zwischen Preußen und Österreich zurückzuführen. Die Vertreter dieser Modelle waren Anhänger einer großdeutschen Lösung und wollten durch die Ablehnung eines erbkaiserlichen Staatsoberhauptes Österreich "eine Tür offenhalten". Damit verfolgten sie jedoch mehr politisch-pragmatische Lösungen denn programmatisch-theoretische Ansätze.

Das Verhalten Österreichs, sowie das stete Zurückweichen der Nationalversammlung und der provisorischen Zentralgewalt vor den erstarkenden fürstlichen Landesregierungen ließen eine solche großdeutsche Lösung jedoch immer unwahrscheinlicher werden. Damit entbehrte bei vielen Abgeordneten des Casino die Argumentation zugunsten des Turnus oder des Direktoriums einer aus ihrer Sicht realen Grundlage und sie kehrten aufgrund ihrer ursprünglichen staatstheoretischen Überlegungen zum Erbkaisertum als der für das deutsche Reich anzustrebenden Lösung zurück.

So begründete Waitz sein Umdenken mit den Erfahrungen der provisorischen Zentralgewalt. "Unsere Zentralgewalt hatte keine Macht, darum wurden wir ohnmächtig". Deshalb solle eine schon bestehende Macht an die Spitze des Reiches kommen[312]. Diese Entwicklung innerhalb des Casino zeigte sich auch

307. Daß Welcker damit das preußische Herrscherhaus meinte, verdeutlicht seine Aussage, daß man das preußische Kaisertum in Frankfurt "Rips-raps-Kaisertum" nenne; Hübner, Aktenstücke und Aufzeichnungen zur Geschichte der Frankfurter Nationalversammlung aus dem Nachlaß von Johann Gustav Droysen, S. 301.

308. Hübner, Aktenstücke und Aufzeichnungen zur Geschichte der Frankfurter Nationalversammlung aus dem Nachlaß von Johann Gustav Droysen, S. 515.

309. Paulskirchenprotokolle, Bd. 7, S. 4779.

310. Hübner, Aktenstücke und Aufzeichnungen zur Geschichte der Frankfurter Nationalversammlung aus dem Nachlaß von Johann Gustav Droysen, S. 744.

311. Hübner, Aktenstücke und Aufzeichnungen zur Geschichte der Frankfurter Nationalversammlung aus dem Nachlaß von Johann Gustav Droysen, S. 518.

312. Hübner, Aktenstücke und Aufzeichnungen zur Geschichte der Frankfurter Nationalversammlung aus dem Nachlaß von Johann Gustav Droysen, S. 516.

bei dem Abstimmungsverhalten seiner Mitglieder. Bei der am 23. Januar anläßlich der ersten Lesung des Abschnittes über das Reichsoberhaupt durchgeführten Abstimmung unterlag zwar die erbkaiserliche Partei mit 211 gegen 263 Stimmen, aber innerhalb des Casino hatte sie eine deutliche Mehrheit[313].

Blendet man die österreichische Frage, die zu vielen taktischen Anträgen, Äußerungen und Abstimmungsverhalten geführt hat, bei der Suche nach der Einstellung des Casino zu der Stellung des Staatsoberhauptes aus, kommt man auf eine prinzipielle Ausrichtung des Casino auf die Erbmonarchie.

So hatte Welcker - zu Beginn der Paulskirchenverhandlungen noch Verfechter des Turnus oder des Direktoriums - bereits im Vormärz die Erbmonarchie nicht nur als notwendiges Übel, sondern als die ideale Regierungsform bezeichnet[314]. Das Programm des Casino jedenfalls sprach sich nicht gegen ein erbliches Oberhaupt aus. Es forderte in der Frage der Gestaltung der Zentralgewalt nur die Beibehaltung der "konstitutionelle(n) Monarchie"[315]. Bereits im Dezember sprachen sich jedoch acht (gegen drei) Angehörige des Casino sowohl für die Einführung einer "einheitliche(n) monarchische(n) Spitze" aus, wie auch für dessen Erblichkeit[316].

Auch in den Plenardebatten trat der Klub stark für einen erblichen Kaiser ein. Dasselbe gilt auch für den Klub Landsberg, der sich mit 26 gegen 4 Stimmen für die Erblichkeit aussprach[317].

Bei den Debattenbeiträgen des Casino wurde vielfach auf den Vorteil der Erbmonarchie für die nationale Einheit hingewiesen, wobei auch - historisch begründet - das Wahlkaisertum des Heiligen Römischen Reiches kritisiert wurde. Dieses Wahlkaisertum sei "der Grundquell" allen "nationalen Unheils" gewesen, es habe das "Volk auseinandergerissen"[318]. Aus einer historischen Denkweise heraus[319] wurde auch die Republik angegriffen und der Monarchie gegenübergestellt. Die "Geschichte der Vergangenheit" habe deutlich gezeigt, daß die republikanische Staatsform europäischen Staaten "nimmer zum Heile gereicht, bei ihnen niemals Dauer" gehabt habe. Sie sei ein Zeichen für "Krisis

313. Paulskirchenprotokolle, Bd. 7, S. 4851 ff.
314. Vgl. Welcker, Die rechtliche Begründung unserer Reform und ihre Folgen, S. 98 f.
315. Programm des Casino bei Boldt, Die Anfänge des deutschen Parteiwesens, S. 167.
316. Hübner, Aktenstücke und Aufzeichnungen zur Geschichte der Frankfurter Nationalversammlung aus dem Nachlaß von Johann Gustav Droysen, S. 307.
317. Paulskirchenprotokolle, Bd. 7, S. 4851 ff.; vgl. auch dessen Mitglied Sylvester Jordan, der sowohl im Vormärz, wie auch im Revolutionsjahr die konstitutionelle Monarchie als die "relativ beste Staatsform" bezeichnet hatte; Jordan, Versuche über allgemeines Staatsrecht, S. 177.
318. Hübner, Aktenstücke und Aufzeichnungen zur Geschichte der Frankfurter Nationalversammlung aus dem Nachlaß von Johann Gustav Droysen, S. 731.
319. Vgl. zur historisch-organischen Denkweise der Casinoabgeordneten auch Siemann, Die Frankfurter Nationalversammlung 1848/49 zwischen demokratischem Liberalismus und konservativer Reform, S. 219 ff.

und Krankheit". Dagegen glaubte man an die "Stärke und Heiligkeit der monarchischen Form"[320].

Überdies versuchte man die gerade von den Linken propagierte Volkssouveränität in seine eigene Argumentationslinie einzubinden. Die Beachtung der Volkssouveränität erfordere es geradezu, auf die Erbmonarchie hinzuwirken. Der Begriff der Volkssouveränität wurde dabei nicht im naturrechtlichen Sinne verstanden, sondern vom Boden der historischen Rechtsschule aus[321]. Damit konnten Casino-Mitglieder die Angriffe auf das 'historisch Gewachsene' gerade mit der Betonung der Volkssouveränität ablehnen. So argumentierten sie, daß man in der "Anhänglichkeit" an die bestehenden Monarchien eins sei mit dem Volk[322]. Es sei ein "ächt germanischer Zug", argumentierte von Würth, "der von den ältesten Zeiten der deutschen Geschichte das Volk an seine Fürsten" binde. Deshalb seien in der Revolution auch die Throne nicht gefallen. Auf diesen - nach seiner Meinung eindeutigen - Volkswillen anspielend, stellte er die rhetorische Frage: "Glauben Sie, wenn das Volk die Monarchie nicht gewollt hätte, daß noch eine Krone geblieben wäre?" Diesen Volkswillen zu achten, sei "unsere heilige Pflicht", das sei die "wahre Volkssouveränität"[323].

Auch für Welcker war die Volkssouveränität mit dem Prinzip der Monarchie vereinbar, da das Oberhaupt "in einem lebendigen organischen Zusammenhang mit dem ganzen Volksleben" sei, weil es auf dem freien Volkswillen beruhe. Um jedoch eine "fortdauernde Verbindung mit dem Volkswillen" zu ermöglichen, sei es nötig, "alle möglichen Organe, Freiheit der Presse, Vereine, freie Parlamente im Kleinen und im Großen" zu installieren[324].

In dieser Argumentationslinie Welckers wird zugleich eine weitere Linie deutlich, die sich gerade auch die Casinopartei zu eigen machte. Der Dualismus zwischen Fürst und Volk wurde gerade nicht negiert, sondern zu etwas Positivem erhoben. Beide stünden sich nicht in Konkurrenz gegenüber, sondern ergänzten sich vielmehr. Beide seien unentbehrliche Glieder des organischen Ganzen. Als Welcker in der Nationalversammlung argumentierte, die Regierung sei die "würdige Vollzieherin des Gesamtwillens des freien Volkes", weshalb es "keine Trennung von Regierung und Volk" geben dürfe[325], knüpfte er an seine bereits im Vormärz vertretene Position an, daß es keine zwischen Fürst und Volk geteilte Souveränität gebe, sondern vielmehr eine übergreifende "Staatssouveränität". Der Staat seien "Fürst und Volk, souverän

---

320. So Waitz, Paulskirchenprotokolle, Bd. 1, S. 493 f.
321. Vgl. Siemann, Die Frankfurter Nationalversammlung 1848/49 zwischen demokratischem Liberalismus und konservativer Reform, S. 237.
322. Von Saucken-Tarpuschen, Paulskirchenprotokolle, Bd. 1, S. 485.
323. Würth, Paulskirchenprotokolle, Bd. 1, S. 400.
324. Paulskirchenprotokolle, Bd. 4, S. 4082.
325. Welcker, Paulskirchenprotokolle, Bd. 1, S. 409.

gegen Außen und gemeinschaftlich und unzertrennlich verbunden in Bezug auf die innere Regierung"[326].

Auch Dahlmann interpretierte den Begriff der Volkssouveränität dahingehend, daß er ihn in sein monarchisches Weltbild einbauen konnte. Für ihn bedeutete Volkssouveränität nicht die Mitbestimmung des Volkes, sondern vielmehr die Herrschaft zum Wohle des Volkes[327]. Der Staat umfasse sowohl das "Heil des Volkes" wie auch das Heil der Regierung. Daher möge die "Begeisterung ... für die Volkssouveränität" übergehen auf den Staat[328]. Auch Dahlmann leugnete somit nicht die Existenz der beiden Elemente Fürst und Volk, sondern verband sie miteinander.

Das Casino ergänzte diese Auffassungen durch seine Interpretation des Freiheitsbegriffes. Dem Begriff der "Massenfreiheit" setzte man den der "organisierten Freiheit" entgegen. In diesem Denken stand das Volksganze im Vordergrund, es war der individuellen Freiheit übergeordnet. Die "Volksherrschaft, die Volkssouveränität, der freie Volkswille" sollten "mehr gelten als der Einzelwille"[329]. Das Wohl des Volkes zu verwirklichen sei die ureigene Aufgabe des Monarchen. Er sei der legitime Handlungsträger des Staates, der als Ordnungsrahmen der zu verwirklichenden Freiheit diene. In dieser 'doppelten' Verbindung von Fürst und Staat versuchte man den Widerspruch der Autorität des Staates und der Freiheit des Volkes (und damit auch der des Einzelnen) aufzulösen und stattdessen diese beiden Begriffe zusammenzuführen.

Aus diesem Grund betrachteten die Liberalen des rechten Zentrums auch eine starke Regierung nicht als Bedrohung der Freiheit. Die "principielle Feindschaft" zwischen Fürst und Volk, die "unser letztes deutsches Menschenalter" sehr verdüstert habe, sei nun aufgehoben, da die Ereignisse von 1848 den "Sieg der constitutionellen Verfassung" mit sich gebracht hätten[330].

Ähnliche Denkansätze finden sich auch bei Silvester Jordan (Landsberg). So behauptete er im Revolutionsjahr 1848, daß die Regierung nach dem "Vernunftprincip" nur "des Volkes wegen" existiere und dazu bestimmt sei, den "Gesamtwillen des Volkes zu verwirklichen". Dieser Gesamtwille sei die höchste Norm. Der Monarch regiere zwar trotz der Teilnahme des Volkes an der Gesetzgebung allein, aber nicht nach seinem individuelle Willen, sondern nach dem, den er als Regent allein haben dürfe[331]. Damit begründete Jordan einerseits die Herrschaft des Monarchen, band diesen jedoch zugleich an den Volkswillen. Jordan hatte bereits im Vormärz den Monarchen als das

326. Welcker, in: Staatslexikon, Bd. 12, Stichwort: Staatsverfassung, S. 375 f.
327. Dahlmann, Paulskirchenprotokolle, Bd. 1, S. 523.
328. Dahlmann, Paulskirchenprotokolle, Bd. 1, S. 523.
329. Welcker, Paulskirchenprotokolle, Bd. 6, S. 4082.
330. Dahlmann, Paulskirchenprotokolle, Bd. 6, S. 4048.
331. Jordan, Gespräche über Staat und Kirche, S. 268 f.

"verfassungsmäßige Organ der Gesamtvernunft des Volkes und als Ordner und Lenker des vernünftigen Gesamtwohls des Staates" bezeichnet[332].

Aufgrund des allen gemeinsamen theoretischen Ausgangspunktes, Fürst und Volk nicht als ein Gegensatzpaar zu verstehen, versuchte man die Exekutivgewalt - letztlich das Oberhaupt - zu stärken[333]. Ähnlich den Mitgliedern des rechten Café Milani war dabei ein ganz entscheidendes Anliegen die Verankerung des absoluten Vetos beim Monarchen. Im Plenum nahm das Casino jeweils in der ersten Lesung das absolute Veto im Falle der einfachen Gesetzgebung und im Falle der Verfassungsänderung an[334]. Dieses Abstimmungsverhalten, nicht der Kompromiß des Gagern-Simon-Paktes, bei dem viele Casinoabgeordnete aus taktischen Gründen für das suspensive Veto votierten, beschreibt die Haltung des Casino[335]. Das Casino hielt das absolute Veto für ein wesentliches "Attribut der Würde und Macht der Krone"[336].

Welcker forderte dieses monarchische Recht aus innen- und außenpolitischen Gründen. Man brauche "nach Innen hin ein kräftiges Organ, um nach Außen hin geachtet und würdig auftreten zu können". In sämtlichen deutschen und nichtdeutschen Staaten - mit Ausnahme Norwegens - sei die monarchische Gewalt "mit vollem Entscheidungsrecht ohne Verstümmelung durch bloß suspensives Veto" ausgestattet. Nur auf diese Weise könne die Würde, der Glanz und die Kraft, die in dem Begriff des Staatsoberhauptes enthalten seien, zur Geltung kommen[337]. Innenpolitisch sollte das absolute Veto nach Welckers Überzeugung der Freiheitssicherung dienen. Da für Welcker kein prinzipieller Widerspruch bestand zwischen dem Monarch und dem Volk, war es seiner Ansicht nach durchaus möglich, daß der wahre Volkswille, der sich nicht allein in mehrheitlich manifestierten Parlamentsentscheidungen äußert, durch den Monarchen gegen das Parlament feststellen zu lassen. Mittels des Veto müsse in solch einer Situation die am weitesten reichende "moralische Gewalt"

332. Jordan, Lehrbuch des allgemeinen und deutschen Staatsrechts, S. 68.
333. U.a. Braun, Paulskirchenprotokolle, Bd. 1, S. 397, mit der Forderung, daß eine "kräftige Hand die Zügel der Regierung ergreifen" solle; Droysen im Siebenerausschuß mit der Aussage, daß er sich "ohne mächtigen Kaiser ... heut noch für die Republik" ausspreche, nach Hübner, Aktenstücke und Aufzeichnungen zur Geschichte der Frankfurter Nationalversammlung aus dem Nachlaß von Johann Gustav Droysen, S. 58.
334. Vgl. die Abstimmungsergebnisse, Paulskirchenprotokolle, Bd. 6, S. 4100 ff.; Bd. 7, S. 4994 ff.
335. Für die Überzeugung des Casino spricht, daß nur eine Minderheit bei der Abstimmung zur ersten Lesung aus Überzeugung für das suspensive Veto stimmten (vgl. das Abstimmungsergebnis, Paulskirchenprotokolle, Bd. 6, S. 407 f.), sowie die Aussage Dunckers, Zur Geschichte der deutschen Reichsversammlung in Frankfurt, S. 93: "Wir hielten an dem absoluten Veto ... ".
336. Duncker, Zur Geschichte der deutschen Reichsversammlung in Frankfurt, S. 93.
337. Paulskirchenprotokolle, Bd. 6, S. 4083.

zur "Rettung der Freiheit, zur Rettung des Volkes, zur Rettung des Staates" gebraucht werden[338].

Hier zeigte sich, daß dem Parlament durch das Milani kein volles Vertrauen entgegengebracht wurde. Vielmehr wurde es als progressive, aber möglicherweise Instabilität erzeugende Institution gesehen, der man zumindest eine starke Institution entgegen stellen muß - den Monarchen. Auch Dahlmann sprach dem Staatsoberhaupt im Zusammenhang mit der Diskussion um das absolute Veto das "Recht der rettenden That" zu. Eine solche "rettende Gewalt" könne "kein Fürst des bloßen aufschiebenden Veto(s)" ausüben[339]. Nach Duncker[340] habe das Casino in seiner Gesamtheit am absoluten Veto eben auch deshalb festgehalten, weil dies günstiger "für die Volksfreiheit" sei als das suspensive Veto.

Dahlmann ging es mit seinem Eintreten für das absolute Veto auch schlicht um die Vergrößerung (gesamt-) staatlicher Macht, was er als eines der Grundanliegen bezeichnete, weswegen man in Frankfurt zusammengekommen sei[341]. Das Erfordernis einer starken Exekutive begründete er mit deren Schutzfunktion gegenüber der Freiheit der Bürger im Inneren, sowie der Freiheit des Staates nach außen. Gerade im Verhältnis staatlicher Macht zur (bürgerlichen) Freiheit behauptete Dahlmann, daß die "Bahn der Macht" die einzige sei, die den "gärenden Freiheitstrieb befriedigen und sättigen"[342] werde. 'Durch Macht zur Freiheit' war also Dahlmanns Motiv, wenn er die Exekutive stärken wollte; das monarchische absolute Veto als ein Element der Gewaltenverschränkung diente demnach ebenfalls der Freiheitssicherung.

Darüberhinaus sollte das Staatsoberhaupt nach der Auffassung des Casino eine typisch konstitutionelle Rolle spielen. Die Unverantwortlichkeit des Staatsoberhauptes wurde durch das Erfordernis der ministeriellen Gegenzeichnungspflicht festgeschrieben, der Monarch sollte eine über den Parteien stehende, balancierende Rolle spielen. Daneben sollten ihm die 'klassischen' konstitutionellen Rechte zugewiesen werden, so unter anderem die völkerrechtliche Vertretung, das Recht, Bündnisse und Verträge mit auswärtigen Staaten abzuschließen, das Recht, Krieg zu erklären und Frieden zu schließen, Beamte und Offiziere zu ernennen, das Begnadigungsrecht, das Verfügungsrecht über die bewaffneten Truppen, sowie das Recht, den Reichstag zu berufen und zu schließen.

Als ein weiteres Mosaik stellt sich die Annahme des monarchischen Rechtes durch die Mitglieder des Casino dar, "das Volkshaus aufzulösen"[343].

338. Welcker, in: Staatslexikon, Bd. 12, Stichwort: Staatsverfassung, S. 385.
339. Paulskirchenprotokolle, Bd. 6, S. 4097.
340. Duncker, Zur Geschichte der deutschen Reichsversammlung in Frankfurt, S. 93.
341. Vgl. Dahlmann, Paulskirchenprotokolle, Bd. 6, S. 4097.
342. Paulskirchenprotokolle, Bd. 7, S. 4821.
343. Paulskirchenprotokolle, Bd. 7, S. 4885.

Nach Welckers Meinung ließ sich dadurch "am glänzendsten das Recht der Volkssouveränität aufzeigen, weil es die Chance biete, "an das absolute Volk zu appellieren"; der Widerspruch zwischen Monarch und Reichstag werde so organisch gelöst"[344]. Ebenso suchte Dahlmann bereits in seiner "Politik" einen schwelenden Konflikt dieser beiden Verfassungsorgane durch den Appell an das Volk zu lösen. Durch die Auflösung des Reichstages durch die Regierung bei gleichzeitiger Ausschreibung von Neuwahlen werde "die Meinung des Landes über den Gegenstand, welcher die Ursache der Auflösung war" befragt[345]. Somit wurde zumindest durch zwei exponierte Vertreter des Casino auch diese Kompetenzzuweisung an den Monarchen mit einem zumindest theoretisch zu begründenden Streben nach einem machtpolitischen Gegengewicht gegenüber dem Parlament begründet.

Das Erfordernis eines derartigen verfassungsrechtlichen Gleichgewichts verschiedener Organe - hier der beiden Organe der Reichsgewalt - begründete Welcker bereits im Vormärz. Um "Regierung und Regierte, um Ordnung und Freiheit in regelmäßiger friedlicher Gesetzlichkeit zu halten", sei es notwendig, eine "regelmäßige organische Milderung und Beschränkung der Gewalt und ein richtiges gegenseitiges Verhältnis der Regierung wie der Freiheitskräfte" zu gewährleisten[346].

Ob das Casino dieses theoretische Balanceprinzip in die Verfassungswirklichkeit umzusetzen suchte, ist hingegen fraglich. Dagegen spricht unter anderem das in den Entwürfen des Verfassungsausschusses, wie auch der Gutachterkommission des Casino zum Ausdruck kommende Bestreben, dem Oberhaupt als Träger der Regierungsgewalt eine generelle Zuständigkeit für die Ausübung der Reichsgewalt zuzuordnen. Danach sollten dem Oberhaupt all diejenigen "Rechte und Befugnisse" zustehen, die in der Verfassung "der Reichsgewalt beigelegt und dem Reichstage nicht zugewiesen" sind[347].

Neben der Frage, inwieweit dem Oberhaupt Rechte im Funktionsbereich der Legislative zustehen sollten, bestimmt sich die Frage der Stellung des Staatsoberhauptes auch entscheidend nach der Frage der Abhängigkeit 'seiner' Regierung, als dem Ausführungsorgan der Zentralgewalt, von dem Parlament, dem zweiten Organ der Reichsgewalt.

Das Programm des Casino machte hinsichtlich der Art der Regierungsbildung keine genauen Angaben, deutete aber mit seiner Forderung, daß "Streitigkeiten über die Regierungsnachfolge" zur "Competenz des Reichsgerichts" gehören sollten, an, daß das Ernennungsrecht nicht bedingungslos dem

---

344. Paulskirchenprotokolle, Bd. 7, S. 4038.
345. Dahlmann, Politik, 2. Aufl., S. 82.
346. Welcker, in: Staatslexikon, Bd. 7, Stichwort: Gleichgewicht der Gewalten, S. 61.
347. Hübner, Aktenstücke und Aufzeichnungen zur Geschichte der Frankfurter Nationalversammlung aus dem Nachlaß von Johann Gustav Droysen, S. 737.

Monarchen vorbehalten bleiben sollte[348]. Deutlicher sind die Aussagen, die Welcker und Dahlmann in dieser Frage im Plenum gemacht haben. Man habe gesehen, so Welcker, daß überall dort, wo es "Volkskammern" gebe, das Ministerium abhängig von der Mehrheit des Volkshauses sei[349]. Dahlmann gestand ein, daß mit dem Sieg der Revolution 1848 "die Regierungen, das will sagen die Ministerien" fortan "aus den Majoritäten der Kammern hervorgehen"[350].

Die Anerkennung dieser in der Verfassungswirklichkeit geübten Praxis führte nun aber nicht dazu, daß das Casino ein Wahlrecht der Volkskammer in der Verfassung verankern wollte. Das geforderte Ernennungsrecht der Krone sollte nicht einen lediglich formalen Charakter haben, sondern dem Monarch sollte weiterhin die letzte Entscheidungsgewalt bei der Regierungsbildung haben. Sowohl der Gutachterentwurf des Klubs wie auch der Entwurf des Verfassungsausschusses zur zweiten Lesung forderten einheitlich, daß das Oberhaupt die "ihm übertragene Gewalt durch verantwortliche, von ihm ernannte Minister" ausüben sollte[351]. Das Casino wollte dem aus der Verfassungswirklichkeit entstandenen Recht des Parlaments, wie auch dem traditionellen fundierten Ernennungsrecht des Monarchen gerecht werden.

Die diesbezügliche Entscheidung zugunsten des monarchischen Oberhauptes erfolgte erneut aufgrund des im Casino gehegten latenten Ressentiments gegen eine Parlamentsherrschaft und des Strebens nach Sicherung der Freiheit durch eine starke Exekutive mit einem mächtigen Monarchen. So betonte von Beckerath, daß eine "absolut regierende Versammlung" der Freiheit ebenso gefährlich werden könne, wie ein "einziger Despot"[352], um dann im Folgenden seiner Ausführungen allein die Gefahren einer Parlamentsherrschaft aufzuzeigen. Als Beispiel nannte er die Französische Revolution, in der "unter den Streichen einer absolut regierenden Versammlung" die Monarchie zusammengebrochen sei. "Todesmüde gehetzt durch wilde Demagogen" habe sich die französische Nation als Folge der Parlamentsherrschaft "endlich einem Militär-Dictator" in die Arme geworfen. Die Freiheit hätten "fremde Bajonette" gegen Napoleon wiederherstellen müssen[353].

Diese "fremden Bajonette" wurden von Monarchen geführt, was ebenfalls ein Indiz dafür ist, daß das Casino eine starke monarchische Herrschaft mit der Sicherung der Freiheitsrechte gleichsetzte. Neben dem absoluten Veto

348. Programm, bei Boldt, Die Anfänge des deutschen Parteiwesens, S. 168.
349. Paulskirchenprotokolle, Bd. 6, S. 4068.
350. Paulskirchenprotokolle, Bd. 6, S. 4048.
351. Artikel II, § 1 Satz 2 des Entwurfes, bei Hübner, Aktenstücke und Aufzeichnungen zur Geschichte der Frankfurter Nationalversammlung aus dem Nachlaß von Johann Gustav Droysen, S. 736.
352. Beckerath, Paulskirchenprotokolle, Bd. 1, S. 416.
353. Beckerath, Paulskirchenprotokolle, Bd. 1, S. 416.

und dem Auflösungsrecht des Parlaments durch den Monarchen spielte demnach auch das zumindest verfassungsrechtlich ungebundene Ernennungsrecht eine entscheidende Rolle. Auch hier wurde also der Machtstaat, gegen eine demokratische Regierungsbildung ausgespielt.

Neben dem Akt der Regierungsernennung spielt bei der Frage, ob das Casino eventuell eine parlamentarische Monarchie einführen wollte, die Verantwortlichkeit der Minister gegenüber dem Parlament eine entscheidende Rolle. Diese wäre verbindlich, wenn jeder Minister, beziehungsweise jede Regierung zurücktreten müßte, wenn sie ihre parlamentarische Mehrheit verloren hat. Eine solche Rücktrittsverpflichtung hätte enorme unmittelbare Auswirkungen auf die Stellung des Staatsoberhauptes, da doch die Rechtsgültigkeit seiner Handlungen stets von der Gegenzeichnung durch einen Minister abhängen sollte. Könnte nun das Parlament über einer Regierung den Stab brechen, so würde zum Beispiel durch ein Mißtrauensvotum des Parlaments ein bestimmtes monarchisches Handeln beeinflußt, oder gar verhindert.

Im Casino gab es in dieser Frage durchaus unterschiedliche Auffassungen. Das Programm sprach nur in sehr allgemeiner Form von einem verantwortlichen Ministerium[354]. Auch anläßlich der Debatten über die provisorische Zentralgewalt blieb man mit seinen Äußerungen noch sehr vage. So forderte ein auch von einigen Casinoabgeordneten eingebrachter Antrag, daß das Ministerium "das volle Vertrauen der Nationalversammlung" besitzen müsse. Es sei für seine Handlungen der Paulskirche verantwortlich[355]. Waitz sprach von einem "staatsrechtlich" verantwortlichen Ministerium[356]. Der gemeinsame Nenner des Casino bestand darin, daß man die Verantwortlichkeit in erster Linie juristisch und nicht politisch interpretierte[357].

Am weitesten im Sinn einer parlamentarischen Verantwortlichkeit ging Welcker. Er forderte das Recht der Mitglieder des Volks- und Staatenhauses, "durch Mißtrauensvoten ... die Minister vom Platze zu jagen". Ausdrücklich sprach er von einem "Recht" des Parlaments. Fraglich ist, ob er dieses als ein verfassungsrechtlich fixiertes Recht auf Abwahl mißliebiger oder nicht mehr mehrheitsfähiger Minister verstanden haben wollte. Für diese Interpretation spricht seine Formulierung, wer das "Recht" habe, der könne auch "seinen verfassungsmäßigen Willen gegen den Eigensinn des Oberhauptes durchsetzen". Dagegen spricht jedoch der Zusatz, daß das Oberhaupt in diesem Falle

354. Programm bei Boldt, Die Anfänge des deutschen Parteiwesens, S. 168.
355. Paulskirchenprotokolle, Bd. 1, S. 360.
356. Waitz, Paulskirchenprotokolle, Bd. 1, S. 494.
357. U.a. Arndts, Paulskirchenprotokolle, Bd. 5, S. 3598, der darin sogar einen bloß strafrechtlichen Aspekt sah; vgl. auch Plathner, Paulskirchenprotokolle, Bd. 5, S. 3612 f.; auch von Soiron ging prinzipiell nicht von einer parlamentarischen Verantwortlichkeit aus, sondern stellte die Beurteilung schwerwiegender politischer Fragen dem höchsten Rechtsprechungsorgan anheim.

"nachgeben" werde. Die letzte Entscheidungsbefugnis über die Abberufung sollte also doch beim Monarchen bleiben. Welckers Argumentation erscheint sehr zweideutig. Sie legt den Schluß nahe, daß Welcker sich nicht für ein verfassungsrechtlich bindendes Mißtrauensvotum ausgesprochen hat, sondern eher für ein 'moralisches' Recht des Reichstages, dem das Staatsoberhaupt, dem das Recht der Ministerentlassung zumindest formell zustehen sollte, nach Möglichkeit folgen sollte. Damit suchte Welcker zwischen Verfassungswirklichkeit, die eine moralische Pflicht zum Rücktritt statuierte, und der Verfassungstheorie, nach der der Monarch auch das materielle Entscheidungsrecht hinsichtlich der Demission einer Regierung innehaben sollte, zu unterscheiden.

Bei Dahlmann finden sich - trotz des oben erwähnten Zitates - noch weniger Anzeichen dafür, daß er eine echte parlamentarische Ministerverantwortlichkeit anstrebte, so daß insgesamt das Casino bei der Forderung nach einer verfassungsrechtlich verankerten juristischen Verantwortlichkeit verharrte. Ein parlamentarisches Regierungssystem zur Schwächung der Stellung des Oberhauptes wurde demnach abgelehnt. Geschwächt werden sollte der Monarch aber durch den Vorschlag des Verfassungsausschusses, der auch den Vorstellungen des Casino entsprach, wonach die gesamte Gesetzgebung durch den Kaiser "in Übereinstimmung mit dem Reichstage"[358] ausgeübt werden sollte. De facto erhielt damit der Reichstag seinerseits ein absolutes Veto gegenüber Gesetzesinitiativen des Oberhauptes. Dieses jedoch relativiert sich etwas, bedenkt man das nach dem Willen des Casino einzuführenden Auflösungsrechtes des Volkshauses durch den Monarchen. Auch das vom Casino dem Reichstag zugebilligte Gesetzesinitiativrecht wirkte sich nicht nachteilig auf die Machtfülle des Oberhauptes aus, da dieser sämtliche Initiativen des Parlamentes durch sein absolutes Veto zunichte machen konnte, bedeutete aber dennoch für das Selbstverständnis der Volksvertretung, die nun selbst hätte aktiv werden können, einen bedeutenden Fortschritt, gerade auch gegen die konservative Position, die ein solches Gesetzesinitiativrecht ablehnte.

Die Konzeption des Casino hinsichtlich de Gewaltenteilung zwischen dem Reichstag und dem Oberhaupt fiel somit eindeutig zugunsten des letzteren aus. Der monarchischen Regierung wurde durch die ihr zugesprochenen Befugnisse[359], eine entschieden bedeutendere Machtstellung als dem Parlament mit dessen Zustimmungspflicht bei der Gesetzgebung, sowie dem höchstens moralisch bindenden Mißtrauensvotum, eingeräumt. Dem Casino erschien der Monarch in der Rolle des Reichsoberhauptes im Verhältnis zum Reichstag als

358. Paulskirchenprotokolle, Bd. 6, S. 4885.
359. U.a. das absolute Veto; Ablehnung eines echten, mit rechtlicher Bindung im Fall eines erfolgreichen Mißtrauensvotums ausgestatteten, parlamentarischen Regierungssystems; Auflösungsrecht.

der bei weitem größere Garant für Macht und Stabilität nach außen und für die Bewahrung staatsbürgerlicher Freiheiten im Inneren.

Das verfassungstheoretisch - zumindest von Welcker - angestrebte Gleichgewicht der ineinander verschränkten Kräfte konnte das Casino auch nicht durch die Stellung des Reichsgerichts erreichen, wenngleich man hier ein Bekenntnis zu einem formell und materiell verstandenen Rechtsstaat ablegte und durch diese Gewalt ein balancierendes Element einführen wollte. Insbesondere bei der Frage der Auswahl und der Ernennung der Richter des Reichsgerichts zeigte sich, daß das Casino hier die Grenzen der monarchischen Befugnisse erreicht sah und daher das Reichsgericht in wirklicher Unabhängigkeit zu installieren dachte. So lehnte die überwältigende Mehrheit der Casinoabgeordneten im Verfassungsausschuß den Antrag ab, daß "allein das Reichsoberhaupt" die Richterernennung vornehmen solle. Beselers Begründung, daß man in einem solchen Fall Gefahr laufe, ein "Depot für Reichsminister"[360] zu schaffen, zeigt, daß das Casino hier an einer echten Gewaltentrennung auch zur Begrenzung der monarchischen Spielräume interessiert war. Die hier zum Ausdruck kommende Betonung des Rechtsstaatsprinzips richtete sich demnach auch gegen die prinzipiell freiheitsfördernd verstandene monarchische Regierungsgewalt. Damit akzeptierte man die Notwendigkeit einer "dritten unparteiische(n)"[361] Instanz, die im Fall eines (wider erwarten) doch freiheitsbedrohenden Konfliktes zwischen den beiden dualistischen Polen Fürst und Volk zu entscheiden habe.

Ein ähnliches Ergebnis findet sich auch bei dem von Jordan repräsentierten Klub Landsberg. Das Balancestreben zum Zweck der Freiheitssicherung hob er implizit durch sein Bekenntnis zu einer konstitutionellen Monarchie hervor. Im Gegensatz zur Republik enthalte diese Staatsform nicht nur ein demokratisches, sondern auch ein monarchisches und aristokratisches Element. Jordan hob zudem das Erfordernis einer Machtbalance zum Zweck der Freiheitssicherung hervor, um diese dann zugunsten des Monarchen wieder zu verlassen[362].

Auf der einen Seite stehe das Volk für das "Princip der Beweglichkeit", der Adel für die Stabilität und der Herrscher bilde den "Einigungs- und Zusammenhaltspunkt beider"[363]. Jordan folgerte daraus nun aber keine verfassungsrechtliche Gleichstellung dieser drei Elemente, sondern forderte, daß dem konstitutionell gebundenen Erbmonarchen ein "wesentlicher Antheil" bei der Ausübung der gesetzgebenden und der richterlichen Gewalt eingeräumt

360. Hübner, Aktenstücke und Aufzeichnungen zur Geschichte der Frankfurter Nationalversammlung aus dem Nachlaß von Johann Gustav Droysen, S. 114.
361. Soiron, Paulskirchenprotokolle, Bd. 5, S. 3632.
362. Jordan, Gespräche über Staat und Kirche, S. 248 f.
363. So Jordan bereits im Vormärz, Versuche über allgemeines Staatsrecht, S. 227.

werde, weil sonst die drei Funktionen in der Ausübung "nicht bloß von einander gesondert, sondern völlig getrennt" würden. Daher seien Legislative und Judikative "nur als Acte des regierenden Willens, sohin als Zweige der Regierung" zu betrachten. Daher könne auch nur die regierende Gewalt als die "Staatsgewalt im eminenten Sinne, als der höchste Befehl (summa imperium), welcher das Scepter und Schwert, als Symbole der obersten Leitung und unwiderstehlichen Macht gebührenden Souveränität und ihr Inhaber, der Regent, (summus imperans, rex) Souverän genannt werden"[364].

Daher forderte Jordan - wie die meisten Mitglieder des Casino - das Primat des Monarchen und suchte es verfassungsrechtlich abzusichern. Der Fürst als Inhaber einer umfassenden exekutiven Gewalt sollte die beiden anderen Gewalten dominieren, weshalb auch Jordan hinsichtlich der Gesetzgebungskörperschaft insbesondere das absolute Veto und das Berufungs- und Auflösungsrecht des Parlaments forderte. Bezüglich der Rechtsprechung forderte er sogar, daß dem Monarchen das Recht zustehen müsse, die Gerichte verfassungs- und gesetzmäßig zu organisieren, der Regierung sollte das "Recht der obersten Leitung der Gerichte" zustehen[365]. Der Monarch war für Jordan das verfassungsmäßige "Organ der Gesamtvernunft des Volkes und ... Ordner und Lenker des vernünftigen Gesammtlebens des Staates"[366]. Jordan setzte den "Gesammtwille(n) des Volks" mit dem "Wille(n) des Monarchen" gleich[367].

### (3) Die Vorstellungen des linken Zentrums in der Nationalversammlung

Ausgehend von der politischen Mitte in der Paulskirchenversammlung wird noch vor der Linken das linke Zentrum angesiedelt. Unumstritten zählte zu dieser parteipolitischen Richtung der Württemberger Hof, während die Westendhall nur teilweise zum linken Zentrum gerechnet wird[368], teilweise aber schon zur Linken[369]; von Dritten wiederum wird sie genau dazwischen plaziert[370].

Der Württemberger Hof trat eindeutig für die Errichtung eines "einigen und kräftigen" Bundesstaates ein[371]. So argumentierte Mittermaier, einer der

364. Jordan, Versuche über allgemeines Staatsrecht, S. 235.
365. Jordan, Lehrbuch des allgemeinen und deutschen Staatsrechts, S. 71.
366. Jordan, Lehrbuch des allgemeinen und deutschen Staatsrechts, S. 68.
367. Jordan, Gespräche über Staat und Kirche, S. 269.
368. So Sheehan, Der deutsche Liberalismus, S. 73.
369. So Huber, Verfassungsgeschichte, Bd. 2, S. 619.
370. Kramer, Fraktionbindungen in den deutschen Volksvertretungen 1819-1849, S. 143.
371. Programm des Württemberger Hofes vom Herbst 1848, bei Boldt, Die Anfänge des deutschen Parteiwesens, S. 181.

Wortführer des Württemberger Hofes, allein der Bundesstaat sei in der Lage, die Einheit Deutschlands zu erreichen und zu erhalten. Das Volk wolle, daß das Vaterland einig und mächtig werde, weshalb es auch einen Bundesstaat wolle[372].

Das Freiheitsverständnis des linken Zentrums ergab sich unter anderem aus dessen Verständnis der Grundrechte. Diese wurden primär als Abwehrrechte des Volkes gegen die Exekutive verstanden. Die "natürliche Freiheit" dürfe nicht durch "administrative Übergriffe" bedroht werden[373]. Damit nahm man auch implizit einen Widerspruch zwischen Staat und Individuum an. Allerdings verharrte das linke Zentrum bei dieser aus seinem Freiheitsverständnis abgeleiteten Eingrenzung auf die negative Freiheit. Eine Ausdehnung der Freiheit im Sinn einer verfassungsrechtlich zu verankernden Volkssouveränität lehnte man dagegen ab. So sprach man sich im Programm zunächst gegen die Souveränität der Nationalversammlung aus und lehnte auch ein allgemeines Wahlrecht ab[374]. Damit sicherte das linke Zentrum indirekt auch liberale Absicherungen gegenüber Bestrebungen, eine demokratische Staatsform durch entsprechende parlamentarische Mehrheiten einzuführen[375]. Im Herbst desselben Jahres forderte dann zwar das Programm des Württemberger Hofes eindeutig die "Souveränität des deutschen Volkes als Grundlage der Bundesverfassung" und propagierte dementsprechend die Souveränität der Nationalversammlung[376]. Dieses Verständnis der Volkssouveränität ging jedoch erkennbar nicht so weit wie das der Linken, da im Gegensatz zu diesen das allgemeine Wahlrecht nach wie vor von einer großen Mehrheit des linken Zentrums abgelehnt wurde[377].

Ähnlich den anderen Parteien wollte auch der Württemberger Hof - hier das linke Zentrum repräsentierend - dem Staatsoberhaupt einen Regierungschef an die Seite stellen. Das Oberhaupt sollte nach dem Programm des linken Zentrums "die Stellung und die Befugnisse eines constitutionellen Monarchen"[378] besitzen, was in erster Linie seine Unverantwortlichkeit bedingte, die durch die ministerielle Gegenzeichnungspflicht bedingt war.

Zwar bekannte sich das Programm des linken Zentrums zu dem Ziel der Errichtung eines Bundesstaates "mit constitutionell-monarchischer Verfas-

---

372. Paulskirchenprotokolle, Bd. 6, S. 4786.
373. Cnyrim, Württemberger Hof, Paulskirchenprotokolle, Bd. 5, S. 3630.
374. Entwurf zu einem Programm des linken Centrums vom 6. Juni 1848, bei Boldt, Die Anfänge des deutschen Parteiwesens, S. 175 ff.
375. Vgl. Boldt, Die Anfänge des deutschen Parteiwesens, S. 63.
376. Programm des Württemberger Hofes, bei Boldt, Die Anfänge des deutschen Parteiwesens, S. 181.
377. Paulskirchenprotokolle, Bd. 8, S. 5637.
378. Programm des linken Zentrums vom 6.6.1848, bei Boldt, Die Anfänge, des deutschen Parteiwesens, S. 175 ff.

sung"[379], jedoch verdeutlichte das Programm die Unentschiedenheit dieser Gruppe hinsichtlich der konkreten Ausgestaltung der Staatsspitze: Über Persönlichkeit, Titel und Wahl des Oberhauptes könne man "eine positive Bestimmung zur Zeit" nicht vornehmen. Einig sei man sich allein darin, daß man "weder für einen erblichen noch für einen Wahlkaiser" stimmen werde[380].

Das Verhalten der Mitglieder des Württemberger Hofes während der verschiedenen Abstimmungen über das Staatsoberhaupt verdeutlichte, daß viele Abgeordnete die Bestimmungen über das Staatsoberhaupt in Zusammenhang mit anderen Gegebenheiten sahen, zum Beispiel dem Verhalten Preußens. So machten die Debatten im Verfassungsausschuß deutlich, daß auch die Gegner der Erbmonarchie sich mit dieser Staatsform abfinden könnten. So stimmte Mittermaier entsprechend der negativen Absichtserklärung des Programms zwar gegen die Erbmonarchie, machte jedoch seine mögliche Zustimmung von einem "Aufgehen Preußens in Deutschland" abhängig[381]. Auch der Westendabgeordnete Reh relativierte seine Bedenken gegen eine erbliche Monarchie im Falle eines bloß suspensiven Vetos[382]. Bei den Abstimmungen im Plenum am 23. Januar 1849 traten immerhin mehr als ein Drittel der Abgeordneten des Württemberger Hofes für die Erbmonarchie ein[383]. Nach deren Ablehnung votierte die große Mehrheit des linken Zentrums auch gegen einen auf Lebenszeit gewählten Monarchen[384], sowie gegen eine zwölfjährige Wahlperiode[385]. Eine satte positive Mehrheit fand sich dann für die Wahl des Reichsoberhauptes auf sechs Jahre[386]. Den monarchischen Titel "Kaiser der Deutschen" lehnte das linke Zentrum zugunsten des Titels "Reichsstatthalter" ab[387].

Da das Reichsoberhaupt durch das Legislativorgan Reichstag gewählt werden sollte, bestand aufgrund der relativen Häufigkeit der Wahlen eine enge institutionelle Verbindung zwischen beiden Organen. Ebenso wie das im parlamentarischen Parteienspektrum der Paulskirche 'weiter rechts' postierte Casino strebte das linke Zentrum eine starke Exekutive an. Begründet wurde dies insbesondere mit außenpolitischen Notwendigkeiten.

---

379. Programm des linken Centrums vom 6. Juni 1848, bei Boldt, Die Anfänge des deutschen Parteiwesens, S. 175 ff.
380. Programm des linken Centrums vom 6. Juni 1848, bei Boldt, Die Anfänge des deutschen Parteiwesens, S. 177.
381. Hübner, Aktenstücke und Aufzeichnungen zur Geschichte der Frankfurter Nationalversammlung aus dem Nachlaß von Johann Gustav Droysen, S. 521.
382. Hübner, Aktenstücke und Aufzeichnungen zur Geschichte der Frankfurter Nationalversammlung aus dem Nachlaß von Johann Gustav Droysen, S. 289.
383. Vgl. die Abstimmungsergebnisse, Paulskirchenprotokolle, Bd. 7, S. 4851 ff.
384. Vgl. die Abstimmungsergebnisse, Paulskirchenprotokolle, Bd. 7, S. 4854 ff.
385. Vgl. die Abstimmungsergebnisse, Paulskirchenprotokolle, Bd. 7, S. 4857 ff.
386. Vgl. die Abstimmungsergebnisse, Paulskirchenprotokolle, Bd. 7, S. 4859 ff.
387. Pro "Reichsstatthalter" Paulskirchenprotokolle, Bd. 6, S. 4675 f.; contra "Kaiser der Deutschen" Paulskirchenprotokolle, Bd. 7, S. 4870 ff.

Dennoch votierte der Württemberger Hof mit überwältigender Mehrheit für ein dem Oberhaupt zustehendes, lediglich suspensives Veto in allen der Reichsgewalt zustehenden Befugnissen[388], also auch bei Verfassungsänderungen[389]. Dieses lediglich suspensive Veto sollte nichts desto trotz ein Element der Beschränkung des Parlaments und damit der Stärkung des Oberhauptes sein. Das Oberhaupt sollte als Gegengewicht zum Reichstag in einer starken Stellung belassen werden. Die dem (suspensiven) Veto beigelegte Bedeutung ergab sich insbesondere daraus, daß man für die Zurückweisung des Vetos eine Zweidrittelmehrheit des Reichstages forderte[390]. Damit sollte das Veto des Oberhauptes vor sich allzu rasch bildenden einfachen Mehrheiten des Parlamentes geschützt werden. Dennoch sollte die Bedeutung des Oberhauptes und seiner Regierung bei der Gesetzgebung de iure hinter dem Reichstag zurückbleiben. Selbst in Verfassungsfragen sollte dem Oberhaupt kein absolutes Veto zustehen[391]. Das "Ansehen der Monarchie" sah Mittermaier durch das bloß suspensive Veto keineswegs gefährdet. Vielmehr gewähre es die gleichen Vorteile wie das absolute, ohne dessen Nachteile zu besitzen, so daß es "im Interesse des Ansehens und der Kraft der Regenten" liege[392].

Von Bedeutung hinsichtlich der Stellung des Oberhauptes im inneren Machtgefüge der Organe der Zentralgewalt ist selbstverständlich die Frage, inwieweit die Regierung des Oberhauptes auf eine parlamentarische Mehrheit, oder ob sie allein auf das Vertrauen des Oberhauptes angewiesen sein sollte.

Zwar sprach der Württemberger Hof sich für die "Verantwortlichkeit der Minister"[393] aus, bekannte sich jedoch nicht zu einer verfassungsrechtlich festgelegten Verpflichtung des Oberhauptes, die Regierung bei Verlust der Parlamentsmehrheit entlassen zu müssen.

Vielmehr wurde der Begriff der Verantwortlichkeit ebenso wie beim Casino wohl nicht politisch-parlamentarisch ausgelegt, sondern juristisch. Dafür spricht insbesondere die Aussage des Programms, die Ministerien müßten "beiden Kammern verantwortlich" sein und von "jeder angeklagt" werden können[394]. Andererseits wies Mittermaier darauf hin, daß ein Reichsgericht "die ganze Ministerverantwortlichkeit schwäche"[395]. Die Linksliberalen gin-

---

388. Paulskirchenprotokolle, Bd. 6, S. 4100 ff; vgl. ebenda, Bd. 5, S. 3801, Bd. 6, S. 4073, 4089.
389. Paulskirchenprotokolle, Bd. 7, S. 4994 ff.
390. Mittermaier, Zell, Paulskirchenprotokolle, Bd. 5, S. 3801.
391. Paulskirchenprotokolle, Bd. 7, S. 4994 ff.
392. Mittermaier, Paulskirchenprotokolle, Bd. 6, S. 4089.
393. Z.B. Tellkampf, Paulskirchenprotokolle, Bd. 5, S. 3610.
394. Programm des linken Centrums vom 6. Juni 1848, bei Boldt, Die Anfänge des deutschen Parteiwesens, S. 177.
395. Hübner, Aktenstücke und Aufzeichnungen zur Geschichte der Frankfurter Nationalversammlung aus dem Nachlaß von Johann Gustav Droysen, S. 328.

gen wohl - wie das Casino - von einer zumindest 'moralisch', also rechtlich den Monarchen nicht bindenden Ministerverantwortlichkeit aus. Auch Mohl forderte zwar die prinzipielle parlamentarische Verantwortlichkeit der Minister, wollte aber andererseits den Monarchen nicht zwingen, ein Ministerium bei Verlust der Mehrheit zu entlassen[396].

Das linke Zentrum erkannte dem Monarchen das Gesetzesinitiativrecht zu[397]. Ebenso gab es keinen Widerspruch des linken Zentrums, als der Antrag des Verfassungsausschusses zur Debatte stand, dem Oberhaupt das Berufungs- und Auflösungsrecht des Reichstages zu gewähren[398].

(4) Die Vorstellungen der Linken in der Nationalversammlung

Die politische Linke bestand vornehmlich aus vier Klubs, dem Deutschen Hof, dem Donnersberg, dem Nürnberger Hof und Teilen der Westendhall. Diese Gruppen schlossen sich ab Januar 1849 zu dem Zentralmärzverein, der Vereinigten Linken zusammen[399]. Der bedeutende Unterschied zwischen den beiden größten Gruppen, dem Deutschen Hof und dem Donnersberg lag darin, daß der gemäßigtere Deutsche Hof eine kompromißbereite und legalistische Politik betrieb, während sich der Donnersberg, als äußerste Linke, kompromißloser und mit einer gewaltbereiten Grundhaltung präsentierte[400].

Die politische Parole der Linken lautete wie die der Liberalen: "Gründung der Freiheit und Einheit der deutschen Nation"[401]. Ruge, Mitglied des Donnersberg[402], bezeichnete "das Gefühl des Volkes, das Nationalgefühl und das Freiheitsgefühl des Volkes" als die "Idee des Jahrhunderts[403]". Diese Fundamente sollten die verfassungspolitische Argumentation der Linken durchziehen.

Das angesprochene Nationalgefühl ließ die Linke eindeutig gegen das von der Rechten vorgeschlagene Direktorium Stellung beziehen, da man dadurch die "Zerrissenheit" und den "Partikularismus" fortgesetzt sah. Das Direktorium sei die "Anarchie von oben"[404]. Allerdings vertraten die Anhänger

---

396. Paulskirchenprotokolle, Bd. 3, S. 1923.
397. Programm des linken Centrums vom 6. Juni 1848, bei Boldt, Die Anfänge des deutschen Parteiwesens, S. 176.
398. Paulskirchenprotokolle, Bd. 6, S. 4676.
399. Kramer, Fraktionsbindungen in den deutschen Volksvertretungen 1819-1849, S. 283.
400. Vgl. Bergsträsser, Parteien von 1848, S. 190; Edding, Ursprung des Demokratismus, S. 18.
401. So u.a. formuliert von Rödinger, Paulskirchenprotokolle, Bd. 6, S. 4076.
402. Parteipolitische Festlegung einzelnen Mitglieder erfolgen unter Berufung auf Siemann, Die Frankfurter Nationalversammlung zwischen demokratischem Liberalismus und konservativer Reform, S. 308 ff.
403. Ruge, Paulskirchenprotokolle, Bd. 1, S. 483.
404. Schüler, Deutscher Hof, Paulskirchenprotokolle, Bd. 6, S. 4579.

der linken Parteien nun nicht etwa den Einheitsstaat[405], sondern ebenfalls, wie linkes und rechtes Zentrum, den Bundesstaat[406]. Deutlich zeigte sich jedoch die Tendenz, die Zentralgewalt in diesem Bundesstaat so weit wie irgend möglich zu stärken. Bereits in der Debatte um die provisorische Zentralgewalt forderte man eine "starke und einige Centralgewalt"[407].

Der theoretische Ausgangspunkt der Linken in den staatsorganisatorischen Debatten war deren Freiheitsbegriff. Die staatsbürgerliche Freiheit schien ihr der Maßstab der Verfassungspolitik; so auch in der Föderalismusdebatte. Man wünsche sich die Einheit nicht "als Zweck, sondern als bloßes Mittel zum Zweck, zur Sicherung der Freiheit", welche "vor allem und vor der Einheit" zu erstreben sei[408].

Der Freiheitsbegriff war dabei viel stärker am einzelnen Individuum ausgerichtet, als dies zum Beispiel beim Casino der Fall war. Jeder solle das Recht besitzen, entsprechend dem Grundsatz der persönlichen Freiheit, "sich selbst zu bestimmen, die eigenen Angelegenheiten selbst zu regeln"[409]. So sollte die Selbstbestimmung des Einzelnen nicht mehr beschränkt sein, "als das Zusammenleben der Staatsgenossen unumgänglich notwendig" mache[410]. Der Donnersberg wollte sogar das "unumschränkte Selbstregiment" erhalten[411].

Aus diesem Verständnis der Freiheit des Einzelnen mußte sich bei der Linken auch die Forderung nach einer unbeschränkten Volkssouveränität ergeben, die wiederum in einer Abhängigkeit zu einem demokratischen Staatsverständnis stand. "Die vollständige Verwirklichung der demokratischen Staatsform" galt gerade dem "Zweck" der "Befreiung jedes einzelnen"[412]. Aus der Sicht der Linken war die Demokratie die notwendige Folge ihres Freiheitsverständnisses.

Daß man davon ausgehend, die Revolution und die Souveränität der Nationalversammlung bejahte und die Vereinbarungstheorie in der Frage der Ver-

---

405. Mit Ausnahme von Rödinger, Deutscher Hof, der die Vielheit der Staaten als einen "Zustand der Kindheit" betrachtete, Rödinger, Paulskirchenprotokolle, Bd. 6, S. 4075 ff.
406. Vgl. z.B. das Parteiprogramm des Deutschen Hofes vom 27. Oktober 1848,, in dem man mit einer aufklärerisch-rationalistischen Begründung den "konsequent durchgeführten Bundesstaat" forderte, bei Boldt, Die Anfänge des deutschen Parteiwesens, S. 184 f.
407. So Zitz, Paulskirchenprotokolle, Bd. 1, S. 47; grundsätzlich forderte man die Selbständigkeit der einzelnen Staaten "nur so weit, als sie sich mit der Errichtung des Bundesstaates" vertrage, Programm des Deutschen Hofes, nach Boldt, Die Anfänge des deutschen Parteiwesens, S. 184 f.
408. Paulskirchenprotokolle, Bd. 3, S. 1979 f.
409. Programm des Donnersberg vom Herbst 1848, bei Boldt, Die Anfänge des deutschen Parteiwesens, S. 191 f.
410. Programm Deutscher Hof vom 27.10.1848, bei Boldt, Die Anfänge des deutschen Parteiwesens, S. 185.
411. Programm Donnersberg vom 31.3.1848, bei Boldt, Die Anfänge des deutschen Parteiwesens, S. 188 f.
412. Motive zum Programm des Donnersberg, bei Boldt, Die Anfänge des deutschen Parteiwesens, S. 189 ff.

fassungsgebung ablehnte, war nur konsequent[413]. Ludwig Simon vom Donnersberg stellte den Zusammenhang eindeutig fest: "Wir sind die Demokratie, und haben mit Niemand Etwas zu vereinbaren"[414]. Ebenso einig war sich die Linke in der Forderung nach einem allgemeinen Wahlrecht[415].

Die Freiheitsproblematik spielte eine große Rolle bei der Wahl der Staatsform. Die politische Schicksalsfrage der Paulskirche, die sich aufgrund der Mehrheitsverhältnisse stellte - konstitutionelle Monarchie oder Republik - entschied die Linke eindeutig zugunsten der Republik: "Hier sitzt die deutsche Republik"[416]. Der Begriff der Republik wurde dabei als der Gegensatz zu jedweder Monarchie aufgefaßt, "Republik ist Form"[417]. Aus diesem Grunde bezeichnete man die gewünschte Staatsform präzisierend auch als "demokratische Republik"[418]. Die Demokratie sei der entscheidende Inhalt der republikanischen Form, weshalb auch eine demokratische Monarchie der aristokratischen Republik vorzuziehen sei[419].

Die Argumentationslinien der Linken waren unterschiedliche. So wurde vorgetragen, das Volk sei "dem Geiste nach republikanisch"[420], zudem sei eine Monarchie mit ihren "unendlichen Ausgaben" zu teuer, was zu einem "Zwiespalt der materiellen Interessen" führe[421]. Primär wurden Argumente angeführt, die gegen die der Republik entgegenstehende Monarchie sprechen sollten. So behauptete Schütz, ein Kaisertum müsse schwach sein, da es von den "fürstlichen Wühlern", die allein ihre Eigeninteressen verfolgten, untergraben werde. Oder es werde zu stark, dann müsse es "despotisch" werden, also freiheitsfeindlich.[422]. Die Monarchie wurde generell als ein natürlicher Feind der Freiheit angesehen[423]. Auch die zumindest von dem rechten Zentrum und der Rechten angestrebte konstitutionelle Monarchie sei allenfalls eine "Fiktion", da die angestrebte Unverantwortlichkeit des Monarchen eine "logische und politische Unmöglichkeit" sei[424]. Ein konstitutioneller Monarch - "halb von Gottes, halb von Volkes Gnaden"[425] - sei letztlich nichts weniger

413. Vgl. die Programme des Deutschen Hofes vom 27.10.1848, bei Boldt, Die Anfänge des deutschen Parteiwesens, S. 185, und des Donnersberg, ebenda, S. 188 ff.
414. Paulskirchenprotokolle, Bd. 1, S. 407.
415. Paulskirchenprotokolle, Bd. 8, S. 5637.
416. U.a. Ruge, Paulskirchenprotokolle, Bd. 1, S. 482.
417. Simon, Paulskirchenprotokolle, Bd. 1, S. 406.
418. Schüler, Paulskirchenprotokolle, Bd. 6, S. 4698.
419. Simon, Paulskirchenprotokolle, Bd. 1, S. 406.
420. Schütz, Paulskirchenprotokolle, Bd. 6, S. 4703.
421. Schütz, Paulskirchenprotokolle, Bd. 6, S. 4706.
422. Schütz, Paulskirchenprotokolle, Bd. 6, S. 4706.
423. Vgl. die Aussagen Schülers, Paulskirchenprotokolle, Bd. 6, S. 4696 oder Vogts, ebenda, S. 4081.
424. Ruge, Paulskirchenprotokolle, Bd. 1, S. 483.
425. Simon, Paulskirchenprotokolle, Bd. 1, S. 406.

als "der abgenutzte absolute" Monarch[426]. Mit dieser tiefen Abneigung gegen die Monarchie verband man bei der Linken auch eine allgemeine Grundhaltung, die sich gegen all das wendete, was mit dem weiten Verständnis der Linken von Volkssouveränität unvereinbar schien.

Ein Teil des Donnersberg ging demnach auch soweit, die Einführung der unmittelbaren Demokratie zu fordern. Schüler lehnte den Parlamentarismus ab, da der Volkswille nur dahin gerichtet sei, "wo die Vernunft, wo die Wahrheit, wo das Recht" sich befanden. Sein "Wille im Ganzen und Großen" treffe das "Richtige und Wahre mit sicherem Tacte ... Die Stimme des Volkes ist Gottes Stimme"[427]. Nach Ludwig Simons Meinung war die Volkssouveränität "vollständig bloß dann gewahrt, wenn sich jeder selbst" vertrete[428]. In einer direkten Demokratie wäre dann natürlich für ein Staatsoberhaupt mit eigenständigen Machtbefugnissen, selbst solchen, die sich allein vom Volk selbst ableiteten, kein Platz mehr gewesen. Dieses Oberhaupt an der Spitze der Exekutive wäre reines Vollziehungsorgan der Beschlüsse des Volkes gewesen. Allerdings standen diese Forderungen im teilweisen Widerspruch zu den Programmen, denen als offiziell gültige Willensbekundungen der beiden Klubs hier ein höherer Quellenwert eingeräumt werden soll, als den Meinungsäußerungen einzelner Klubmitglieder.

So schreibt das Programm des Donnersberg vom 31. Mai 1848 der Nationalversammlung die Aufgabe zu, "das souveräne Volk zu konstituieren, also es mit solchen Organen seines Willens zu versehen, welche die Souveränität für alle Zeiten beim Volk erhalten. Diese Organe sind die Volksvertretung in der Nationalversammlung, ... der Vollziehungsausschuß oder der Präsident und sein Ministerium"[429].

Das von der Linken in den Mittelpunkt der politischen Meinungsbildung gerückte Parlament sollte durch möglichst kurze Wahlperioden gekennzeichnet sein, um - dem Prinzip der Volkssouveränität entsprechend - den Volkswillen "möglichst wenig zu binden, sondern ihn durch häufige Wahlen sich aussprechen zu lassen"[430].

Die Bestrebung der Linken, ein starkes Parlament zu begründen, zeigte sich auch im Zusammenhang mit der Anfang Dezember 1848 oktroyierten preußischen Verfassung. So äußerte sich der Donnersberg-Abgeordnete Vogt,

---

426. Programm Donnersberg vom 31.5.1848, bei Boldt, Die Anfänge des deutschen Parteiwesens, S. 191.
427. Paulskirchenprotokolle, Bd. 7, S. 4967.
428. Simon, Paulskirchenprotokolle, Bd. 1, S. 406.
429. Motive zum Programm des Donnersberg vom 31. Mai 1848, bei Boldt, Die Anfänge des deutschen Parteiwesens, S. 189 f.
430. Wigard, in: Hübner, Aktenstücke und Aufzeichnungen zur Geschichte der Frankfurter Nationalversammlung aus dem Nachlaß von Johann Gustav Droysen, S. 169.

daß man angesichts eines Volkes, das sich seine "errungene Freiheit nehmen und eine oktroyierte Verfassung" geben lasse, dem Staatsoberhaupt nicht "eine solche Waffe" wie das absolute Veto in die Hand geben dürfe[431]. Grundsätzlich hielt man an dem im Programm manifestierten Willen fest, dem "souveränen Parlament"[432] auch eine entsprechend vom Staatsoberhaupt unabhängige Stellung zu verschaffen.

Da sich die Linke bei der Gestaltung des Reichstages für das Einkammernsystem aussprach[433], sollte unter Zugrundelegung der Volkssouveränität das Volkshaus den Kern der staatlichen Gewalten bilden, die Legislative die wichtigste Staatsfunktion sein. Ruge, ein Mitglied des Donnersberg, sprach in diesem Zusammenhang davon, daß man der Gesetzgebung "Suprematie" beilegen wolle.

Wurde somit der Legislative im Denksystem der Linken die dominierende Position beigelegt, ergab sich daraus im Umkehrschluß auch die Rolle des Oberhaupts. Da nach den Vorstellungen der Linken die Gesetzgebung de facto allein dem Volkshaus zustehen sollte, lehnten sie das absolute Veto entschieden ab. Dieses sei das "furchtbare Recht", das "Recht der Willkür gegenüber dem organisch ausgesprochenen vernünftigen Wunsche im Volke". Das absolute Veto bedeute die "unbedingte Macht der Krone", "die Möglichkeit der Verachtung ... aller neu erwachenden Keime im Volke"[434]. Das absolute Vetorecht in der Hand eines Monarchen stelle einen "unvereinbaren Widerspruch"[435] zum Prinzip der Volkssouveränität dar. Es befand sich somit nach der Überzeugung der Linken im Gegensatz zum Selbstbestimmungsrecht des Volkes, das dieses im Wege der repräsentativen Demokratie ausüben sollte.

Das suspensive Vetorecht des Oberhauptes (in Abgrenzung zum absoluten Vetorecht) war bereits vor dem Simon-Gagern-Pakt als diesbezügliche Minimalforderung angesehen worden. Nach dem Programm des Deutschen Hofes vom 27. Oktober 1848 sollte "für alle Zukunft die Gesetzgebung ausschließlich und allein der Volksvertretung mit Ausschluß der vollziehenden Reichsgewalt überlassen werden, unbeschadet einer nochmaligen Beratung aufgrund erhobener Bedenken der Vollzugsgewalt"[436]. Aber auch diesem suspensiven Veto zollte man auf Seiten der Linken keine große Bedeutung bei. Dafür spricht vor allem der Umstand, daß die Mehrheit der linken Fraktionen sich dafür ein-

---

431. Paulskirchenprotokolle, Bd. 6, S. 4080.
432. Motive zum Programm des Donnersberg vom 31. Mai 1848, bei Boldt, Die Anfänge des deutschen Parteiwesens, S. 189 f.
433. Vgl. die Abstimmungsergebnisse, Paulskirchenprotokolle, Bd. 5, S. 3812 ff.
434. Rüdinger, Paulskirchenprotokolle, Bd. 6, S. 4077; Vogt, Paulskirchenprotokolle, Bd. 6, S. 4080.
435. Mölling, Paulskirchenprotokolle, Bd. 7, S. 4986.
436. Programm des Deutschen Hofes vom 4. Juni 1848, bei Boldt, Die Anfänge des deutschen Parteiwesens, S. 184.

setzte, ein eingelegtes Veto mit einfacher Mehrheit des Parlaments wieder aus dem Weg schaffen zu können. Nur die Notwendigkeit einer Zweidrittelmehrheit hätte dem Veto des Oberhauptes Einfluß auf die Legislative verschafft. Dem Oberhaupt sollten aber gerade keine wirksamen Instrumente an die Hand gegeben werden, mit deren Hilfe er in die Legislative hätte eingreifen können.

Dem Monarchen sollte sogar eine Einflußnahmemöglichkeit im Bereich des Haushaltsrechts genommen werden. Das Bewilligungsrecht bezüglich aller Steuern und des Reichsbudgets sollte "ausschließlich beim Volkshaus" liegen[437]. Für diesen entscheidenden Bereich des Budgetrechts sollte das Oberhaupt noch nicht einmal das ohnehin schon schwache Recht des suspensiven Vetos erhalten.

Neben dieser Einschränkung sollte in weitere Bereich, die bisher als monarchische Domänen galten, eingegriffen werden. So sollte das Oberhaupt nicht mehr eigenständig auswärtige Politik betreiben dürfen, das heißt Krieg erklären und Frieden schließen, sowie Bündnisse vereinbaren. Hierbei sollte der Reichstag zu den Handlungen des Oberhauptes sein placet geben. Auch eine Amnestie oder das Verbot der Einleitung oder Fortsetzung einzelnen Untersuchungen sollte das Reichsoberhaupt "nur noch mit der Zustimmung des Reichstages" erlassen dürfen[438]. In all den genannten Bereichen sollte demnach in Umkehrung der bisherigen Verhältnisse der Reichstag ein absolutes Veto gegenüber den Maßnahmen der Exekutive, mithin gegen das Staatsoberhaupt erhalten.

Ein weiterer tiefer Eingriff in den exekutiven Bereich stellte die Forderung nach echter parlamentarischer Verantwortlichkeit der Minister mit der verfassungsmäßig festgeschriebenen Rechtspflicht zum Rücktritt im Fall des Mißtrauensvotums dar. Die Programme verdeutlichen diese Forderung. Der Deutsche Hof verlangte eine "vollziehende Central-Gewalt, von der Nationalversammlung auf Zeit gewählt und ihr verantwortlich". Der Donnersberg forderte einen "Vollziehungsausschuß, welcher durch einen verantwortlichen Präsidenten und sein verantwortliches Ministerium gebildet und durch die jedesmalige Mehrheit der Versammlung aus ihrer Mitte" gewählt werden sollte[439].

Nach den Vorstellungen der linken Fraktionen sollte die Exekutive offenbar zweigeteilt sein. Das Staatsoberhaupt sollte dabei ein vom Reichstag gewählter "Reichsstatthalter" sein. Durch die Pflicht zur ministeriellen Gegenzeichnung sollte der Statthalter - wie ein konstitutioneller Monarch - unver-

---

437. Rödinger, Paulskirchenprotokolle, Bd. 6, S. 4077.
438. Paulskirchenprotokolle, Bd. 6, S. 4677.
439. Die Programme des Donnersberg vom 31. Mai 1848, bei Boldt, Die Anfänge des deutschen Parteiwesens, S. 188; das Programm des Deutschen Hofes vom 4. Juni 1848, ebenda, S. 184, ebenso das Programm des Deutschen Hofs vom 27. Oktober 1848, in dem "eine verantwortliche nur auf Zeit gewählte vollziehende Reichsgewalt" verlangt wird.

antwortlich sein[440]. Daß man nach Auffassung der Linken diesen Statthalter von dem Regierungschef, nach dem Programm des Donnersberg "Präsident" genannt[441], trennen muß, beweist neben der Unverantwortlichkeit die Tatsache, daß der Reichsstatthalter auf sechs Jahre gewählt werden sollte[442], während die Legislaturperiode aber höchstens vier Jahre betragen sollte[443].

Gegen eine Gewaltenverschränkung bei der Regierungsbildung in Form eines parlamentarischen Regierungssystems sprach sich unter anderem Julius Fröbel aus. Nach Ansicht einer um Fröbel gebildeten Gruppe sollte die Exekutive einem verantwortlichen "vom Volke auf die Dauer von vier Jahren gewählten Präsidenten" übertragen werden[444]. Ähnlich wie nach der Weimarer Verfassung wäre nach diesem Modell eine dualistische Konstruktion errichtet worden, weil nicht nur das Parlament, sondern auch der Inhaber der Exekutivgewalt eine originäre demokratische Legitimation durch das Volk erhalten hätte. Im Unterschied zu Weimar sollte hier jedoch nicht das Staatsoberhaupt (der "Reichsstatthalter"), sondern der Regierungschef direkt gewählt werden. Ziel dieses Vorschlages war die Bildung einer "kräftigen Regierung"[445], um aus Deutschland einen "mächtigen, einigen und kräftigen Staat" zu machen. Hierzu müsse man "mit gewaltiger Faust tabula rasa machen".

Das Oberhaupt sollte lediglich ein Verkünder der vom Reichstag beschlossenen Gesetze und Maßnahmen werden. Daher sollte dem Staatsoberhaupt auch jedwedes Gesetzesinitiativrecht ebenso genommen werden wie das vom Verfassungsausschuß geforderte dem Staatsoberhaupt zustehende Einberufungs- und Auflösungsrecht des Parlaments. Wie sollte auch ein Oberhaupt noch über dem Parlament stehen, wenn in dieses nach Ansicht der Linken bereits der "Schwerpunkt und die höchste Gewalt"[446] gelegt werden, diesem der "höchste Wille"[447] zukommen sollte. Nach Wigard sei die Verfassung nur dann vollständig, wenn sie als "Fundament ... die Grundsätze der Volksvertretung" enthielte[448]. Für die Linke galt nicht das Staatsoberhaupt, sondern das Parlament als stabilisierendes Element.

Abgesehen von der Gruppe um Fröbel, die die Regierung durch die Direktwahl des Präsidenten durch das Volk stärken wollte, versuchte die Linke die Exekutive mit dem Staatsoberhaupt an dessen Spitze, durch demokratische Einbindungen und weitgehende Beschränkung ihrer Befugnisse auf ein reines

440. Paulskirchenprotokolle, Bd. 6, S. 4676.
441. Programm bei Boldt, Die Anfänge des deutschen Parteiwesens, S. 188 f.
442. Paulskirchenprotokolle, Bd. 6, S. 4675, 4694.
443. So nach dem Programm des Donnersberg, bei Boldt, Die Anfänge des deutschen Parteiwesens, S. 188.
444. Vgl. Antrag Dieskau, Paulskirchenprotokolle, Bd. 6, S. 4694.
445. Hagen, Paulskirchenprotokolle, Bd. 6, S. 4712, 4716.
446. Schüler, Paulskirchenprotokolle, Bd. 6, S. 4698.
447. Zimmermann, Paulskirchenprotokolle, Bd. 6, S. 4783.
448. Wigard, Paulskirchenprotokolle, Bd. 6, S. 4060.

Gesetzesvollzugsorgan zu reduzieren. Die Vorbehalte der Linken gegenüber einer fürstlichen Reichsspitze als grundsätzliche Gefahr für die Freiheit des Volkes und die daraus resultierende Selbstbestimmung spiegeln sich bereits in dem Motto des Donnersberg nieder, das dem Programm vorangestellt ist: "Wer die majestas populi an den Cäsar abtritt, verrät ganz einfach das Volk an den Cesär"[449]. Statt eines "finsteren, steinernen Dom(s) in Form einer Erbmonarchie bevorzugte man ein "leichtes, bewegliches Laubdach" in Gestalt einer demokratischen Republik[450].

### 3. Gründzüge der Paulskirchenverfassung hinsichtlich der Stellung des Staatsoberhauptes

#### a. Der verabschiedete Verfassungstext

Nachdem man sich während der ersten Lesung der Reichsverfassung noch über die meisten Paragraphen heftige Rededuelle geliefert hatte, war dies in der zweiten und entscheidenden Lesung aufgrund der sich wandelnden politischen Lage in Deutschland und Österreich, insbesondere aufgrund der Schwarzenbergschen Note vom 9. März 1849 anders. Nach der Ablehnung des Welckerschen Antrages[451], "die gesamte deutsche Reichsverfassung ... durch einen einzigen Gesamtbeschluß der Nationalversammlung anzunehmen, stimmte die Versammlung jedoch einem Antrag des Abgeordneten Eisenstuck zu[452], in der anstehenden zweiten Lesung die einzelnen Paragraphen der Verfassung mit den bisher eingebrachten Minoritätsgutachten ohne weitere Diskussion zur sofortigen Abstimmung zu bringen.

Somit begann ein Abstimmungsmarathon über den vom Verfassungsausschuß zur zweiten Lesung am 19. März 1849 im Verlauf der 187. Sitzung in die Nationalversammlung eingebrachten Verfassungsentwurf[453].

Als letzten Abschnitt behandelte die Nationalversammlung den Abschnitt über das Reichsoberhaupt, mithin den Teil der Verfassung, der "das Dach auf den ganzen Bau aufsetzen soll"[454], am 27. März 1849[455] und vollendete damit

---

449. Bei Boldt, Die Anfänge des deutschen Parteiwesens, S. 188.
450. Gottlieb Schüler, Paulskirchenprotokolle, Bd. 6, S. S. 4698.
451. Antrag Paulskirchenprotokolle, Bd. 8, S. 5666; Abstimmung ebenda, S. 5911 ff.
452. Paulskirchenprotokolle, Bd. 8, S. 5931 ff.
453. Paulskirchenprotokolle, Bd. 8, S. S. 5741 ff., einschließlich der Motive, die der Ausschuß seinem Entwurf im Falle der Änderung einiger Artikel zum Wortlaut der nach erster Lesung verabschiedeten Verfassung beifügte. Nach der diesem Entwurf zugrundeliegenden Zählung wurde dann auch im Plenum abgestimmt.
454. So Schüler über diesen Abschnitt vor Beginn der ersten Lesung, Paulskirchenprotokolle, Bd. 6, S. 4694.

das Verfassungswerk. Die entscheidende Frage, wie sich das Plenum zu der näheren Ausgestaltung der bereits angenommenen[456] monarchischen Staatsform entscheiden werde, war bereits im Vorfeld durch den 'Simon-Gagern-Pakt' festgelegt. Dabei hatten sich die Gruppe um Heinrich Simon verpflichtet, für den (preußischen) Erbkaiser zu stimmen, wenn im Gegenzug ein rein demokratisches Wahlrecht und das suspensive Veto in die Verfassung aufgenommen würde. 114 Mitglieder verpflichteten sich diesbezüglich durch ihre Namensunterschrift.

Trotz dieser Vorverhandlungen konnte nur mit der knappen Mehrheit von 267 gegen 263 Stimmen die Errichtung eines erblichen deutschen Kaisertums beschlossen werden. Die Reichsverfassung wurde vom Präsidenten der Nationalversammlng am 28. März 1849 ausgefertigt und im Reichsgesetzblatt verkündet[457]. Hinsichtlich der Stellung des Staatsoberhauptes enthielt diese Verfassung kurz zusammengefaßt folgende Bestimmungen:

Das Reichsoberhaupt sollte ein regierender Fürst sein (§ 68), der den Titel "Kaiser der Deutschen" tragen sollte (§ 70). Dieser Titel sollte ein Zeichen der Legitimation durch das Volk sein, Vorbilder waren die Titel "Empéreur des Francais" des französischen Bürgerkönigs und "Roi des Belges" des dortigen Königtums von 1830. Die Personlunion zwischen dem Kaiser des Reiches und dem König eines Einzelstaates knüpfte an die Stellung der Habsburger an, die bis zu Niederlegung der Kaiserkrone durch Franz II. am 6. August 1806 Kaiser des Reiches und zugleich Herrscher über die habsburgischen Erblande gewesen waren. Durch die am 28. März erfolgte Wahl des preußischen Königs Friedrich Wilhelm IV. zum Kaiser zeichnete die Paulskirche in personeller Hinsicht zugleich die Bismarcksche Reichsgründung vor. Die Kaiserwürde sollte gemäß § 69 erblich sein im Hauses des Fürsten, dem sie übertragen werden sollte, also war (ab dem 28. März) ein preußisches Erbkaisertum installiert. Die Residenz des Kaisers sollte am Sitz der Reichsregierung sein und zumindest während der Dauer der Reichstages sollte er auch dort anwesend sein (§ 71).

Der Artikel II des Abschnittes über das Reichsoberhaupt regelt in den §§ 73, 74 die vollkommene Unverletzlichkeit des Oberhauptes bei gleichzeitiger

455. Während der 195. Sitzung der Nationalversammlung, Paulskirchenprotokolle, Bd. 8, S. 6055 ff.

456. In erster Lesung wurde der § 1 des vom Verfassungsausschuß vorgelegten Entwurfes ("die Würde des Reichsoberhauptes wird einem der regierenden deutschen Fürsten zu übertragen") am 20. Januar 1849 verhandelt, Paulskirchenprotokolle, Bd. 7, S. 4791 ff; der Ausschußantrag wurde mit 258 gegen 211 Stimmen angenommen, Paulskirchenprotokolle, Bd. 7, S. 4802 ff. In zweiter Lesung wurde die in § 70 enthaltene monarchische Staatsform mit 179 gegen 255 Stimmen angenommen, Abstimmungsergebnis Paulskirchenprotokolle, Bd. 8, S. 6056 ff.

457. Reichsgesetzblatt 1849, S. 101; der Text der "Verfassung des Deutschen Reichs" vom 28. März 1849 auch bei Huber, Dokumente, Bd. 1, S. 375 ff.

Verlagerung der Handlungspriorität auf eine vom Kaiser zu ernennende, verantwortliche ministerielle Regierung. Die Regierungshandlungen des Kaisers sollten erst durch die Gegenzeichnung eines Reichsministers ihre Gültigkeit erlangen.

Neben diesem in § 73 Abs. 2 geregelten Recht der Ministerernennung wies die Reichsverfassung dem Staatsoberhaupt im wesentlichen folgende Befugnisse zu: Gemäß § 75 sollte er das Reich völkerrechtlich vertreten, den einzelnen Staaten des deutschen Reiches sollte dieses Recht nicht mehr zustehen. Ihm waren auch sämtliche Verträge, die die einzelnen Staaten - entweder untereinander oder mit auswärtigen Staaten - abschlossen, zur Kenntnisnahme oder gar zur Bestätigung vorzulegen, sobald sie Reichsinteressen tangierten, § 78. Überdies stand ihm das Recht zu, Bündnisse und andere auswärtige Verträge zu schließen (§ 77, 1. Halbsatz). Während er für derartige Verträge, die das Reich belasteten, der Zustimmung des Reichstages bedurfte (§§ 77, 2. Halbsatz, 102 Ziffer 5), stand ihm gemäß § 76 das Recht über Krieg und Frieden ausschließlich zu. Zur Stärkung dieses Rechts stand ihm auch die Verfügung über die bewaffnete Macht zu (§ 83).

Bezüglich des Reichstages stand ihm die Befugnis zu, diesen einzuberufen und zu schließen und das Volkshaus aufzulösen, § 79. Zur Vertagung einer der beiden Häuser des Reichstages über eine Dauer von mehr als vierzehn Tagen bedurfte der Kaiser gemäß § 109 jedoch die Zustimmung des betreffenden Hauses. Er hatte das Recht der Gesetzesinitiative (§ 80 Satz 1) und übte die gesetzgebende Gewalt in Gemeinschaft mit dem Reichstage unter den verfassungsmäßigen Beschränkungen aus (§ 80 Satz 2). In diesem Zusammenhang hatte er gemäß § 101 das Recht, alle Reichstagsbeschlüsse - hier besonders von Belang die Reichstagsbeschlüsse gemäß § 102 Ziffer 1 hinsichtlich der Gesetzgebung, gemäß § 196 hinsichtlich der Verfassungsänderung - durch das Veto seiner Regierung für drei ordentliche Sitzungsperioden zu suspendieren. Die zustandegekommenen Gesetze hatte er zu verkünden und die zur Vollziehung derselben notwendigen Verordnungen zu erlassen (§ 80 Satz 3).

Ihm stand in den Grenzen des § 81 das Recht der Begnadigung und der Verhinderung der Einleitung oder Fortsetzung von Untersuchungen zu. Darüberhinaus wies ihm § 82 die Wahrung des Rechtsfriedens zu, § 67 die Anstellung der Reichsbeamten, sowie § 84 eine Zuständigkeitsvermutung, nach der ihm alle Rechte und Befugnisse zustanden, die die Verfassung der Reichsgewalt zugeordnet, aber nicht im einzelnen dem Reichstag zugewiesen hatte.

§ 190 Abs. 2 legte die Eidesformel des Oberhauptes fest. Erst nach deren Ableistung sollte der Kaiser gemäß Abs. 3 dieser Norm berechtigt sein, Regierungshandlungen vorzunehmen. Der Eid sollte demnach rechtsbegründend, konstitutiv wirken und nicht bloß deklaratorisch.

### b. Sieg der Reaktion als historische Rahmenbedingung für das Scheitern der Paulskirchenverfassung

Das Schicksal der Paulskirchenverfassung stand zum Zeitpunkt seiner endgültigen Verabschiedung am 28. März 1849 eigentlich schon fest. Zu der Schwere der verfassungsrechtlichen Aufgabe kam die Ungunst der machtpolitischen Umstände. Als die Paulskirche ihr Werk in Angriff nahm, hatte die Bewegung ihren Höhepunkt bereits überschritten. Zudem beging man - möglicherweise - den taktischen Fehler, zuerst mit der Debatte über die Grundrechte zu beginnen, anstatt die staatsorganisatorischen Grundlagen an den Anfang der Beratungen zu stellen, in denen sich die Grundrechte dann hätten entfalten können. So vergab man die möglicherweise noch im Mai bestehende Chance, die Revolution erfolgreich in eine gesamtstaatliche Verfassung umzusetzen.

So jedoch begann das Plenum die Aussprache über die Organisation des Reiches, inklusive dem Staatsoberhaupt, erst am 18. Oktober 1848, zu einem Zeitpunkt, als sich das Blatt schon gegen die Revolution gewendet und die Reaktion wieder festeren Tritt gefaßt hatte. Insbesondere in den beiden großen Staaten, gegen die sich die Revolution in erster Linie gerichtet hatte, waren die reaktionären Kräfte Sieger geblieben.

#### (1) Die Entwicklung in Österreich

Die aufständischen Österreicher konnten lediglich Anfangserfolge feiern. In Wien wurde zwar am 18. März die Regierung Metternich gestürzt, die Demokraten konnten sich gegen den Verfassungsoktroy der 'Pillersdorfschen Verfassung' durchsetzen[458], und am 22. Juli war ein verfassungsgebender Reichstag zusammengetreten[459]. Aber spätestens mit der Niederwerfung der

---

458. Kaiser Ferdinand erließ in Erfüllung seines am 15. März 1848 gegebenen Versprechens, eine "Konstitution des Vaterlandes" erarbeiten zu lassen, am 25. April 1848 die nach seinem Schöpfer benannte 'Pillersdorfsche Verfassung' (Text bei Edmund Bernatzik, Die österreichischen Verfassungsgesetze, S. 73 ff.). Darin wurde der Gesamtstaat der habsburgischen Erblande in eine untrennbare konstitutionelle Erbmonarchie zusammengefaßt (§ 1 der Verfassung). Sie entsprach im wesentlichen dem Typ einer frühkonstitutionellen Verfassung. Dem Oberhaupt stand die gesamte Exekutive zu, wobei für die Regierungshandlungen die Gegenzeichnung eines verantwortlichen Ministers erforderlich war (§§ 8, 10), sowie bei der Gesetzgebung ein absolutes Vetorecht (§§ 10, 15, 34). Insbesondere das Fehlen demokratischer Elemente ließ eine neue Revolutionswelle entstehen, die in der faktischen Rücknahme der Verfassung am 16. Mai 1848 durch den Kaiser gipfelte.

459. Dieser wich aufgrund der September/Oktober-Unruhen nach Kremsier aus. Der ausgearbeitete Kremsierer Verfassungsentwurf (Text bei Bernatzik, Die österreichischen Verfassungsgesetze, S. 85 ff.) hielt zwar ebenfalls an der erblich-monarchischen Staatsform fest (§ 1 des Entwurfes), plante jedoch eine konstitutionell-parlamentarisch orientierte Monarchie zu installieren, in dem sie dem Monarchen lediglich im Hinblick auf

sozialrevolutionären Unruhen, die seit September 1848 in Wien herrschten, konsolidierten sich die reaktionären Kräfte Österreichs. Truppen des Generals Alfred Fürst von Windischgrätz nahmen Ende Oktober Wien gegen aufständische Rebellen ein, beendeten die Revolution und erschossen 25 Aufrührer, unter ihnen den Abgeordneten der Paulskirche Robert Blum[460]. In Österreich, wo starke nationale und auch soziale Bewegungen Unruhen verbreitet hatten, sorgte das Militär wieder für Ordnung und mithin auch für die Rückkehr zu den alten Machtverhältnissen. Das abstrakte Ergebnis dieser Niederwerfung war die beginnende Wiederherstellung Österreichs als deutscher und europäischer Großmacht[461]. Die unmittelbare politische Folge dieses militärischen Erfolges war die Einsetzung des ultrakonservativen Fürsten Felix Schwarzenberg zum neuen Ministerpräsidenten im November, sowie der am 2. Dezember 1848 vollzogene Thronwechsel von Kaiser Ferdinand auf Franz Joseph, der die Nachfolge des habsburgischen Erbes antrat.

Mit dem Erstarken der Reaktion kam Kaiser Franz Joseph, durch Schwarzenberg beeinflußt, immer mehr von kurzzeitig revolutionsbedingt verfolgten konstitutionellen Grundsätzen ab. Durch ein kaiserliches Manifest vom 4. März 1849[462] wurde der Kremsierer Reichstag, noch bevor er über seinen eigenen Verfassungsentwurf[463] wie vorgesehen am 15. März 1849 abschließend beraten konnte, aufgelöst. Gleichzeitig erließ der Monarch aus eigener Machtvollkommenheit eine Verfassung[464].

Wenngleich sich diese Verfassung, die "Stadionsche Verfassung", an den Kremsierer Entwurf anlehnte, so waren doch die vorgenommenen Änderungen derart gravierend, daß letztlich die oktroyierte Verfassung wieder - im Gegensatz zum Kremsierer Verfassungsentwurf - auf dem monarchischen

---

Verfassungsänderungen, die seine eigene Rechtsstellung schmälerten, ein absolutes (§ 160), sonst ein suspensives Vetorecht einräumte (§ 88) und eine echte parlamentarische Ministerverantwortlichkeit plante.

460. U.a. Lutz, Zwischen Habsburg und Preußen: Deutschland 1815-1866, S. 297.

461. Vgl. Huber, Verfassungsgeschichte, Bd. 2, S. 720 ff.

462. Bernatzik, Die österreichischen Verfassungsgesetze, S. 147 ff.

463. Der Kremsierer Entwurf bei Bernatzik, Die österreichischen Verfassungsgesetze, S. 85 ff. Er hielt an der monarchischen Staatsform fest. Wie nach der Pillersdorfschen Verfassung bildeten auch nach ihm die habsburgischen Länder, deren Gesamtheit er als das Kaisertum Österreich bezeichnete, eine unteilbare konstitutionelle Erbmonarchie (§ 1). Für die Konstitutionalismus dieses Entwurfes war die Bestimmung des § 33 kennzeichnend, nach dem alle Regierungs-, das heißt alle hoheitlichen Gewalten nur auf die in der Verfassung festgesetzte Weise ausgeübt werden dürfen. Der Kremsierer Entwurf ging entgegen dem in der Wiener Schlußakte für den Deutschen Bund festgelegten monarchischen Prinzip von der Volkssouveränität aus. Er hätte auf diese Weise eine konstitutionell-parlamentarische Monarchie eingeführt; was durch das nur einfache Veto des Oberhaupts bei der einfachen Gesetzgebung (§ 87) sowie sogar in einigen Fällen der Verfassungsgesetzgebung (§ 160) zum Ausdruck kam. Eine parlamentarische Ministerverantwortlichkeit war jedoch auch im Kremsierer Entwurf noch nicht enthalten, man wollte die nähere Ausgestaltung der Ministerverantwortlichkeit einem künftigen Gesetz überlassen.

464. Bernatzik, Die österreichischen Verfassungsgesetze, S. 150 ff.

Prinzip fußte. Gerade die Festlegung der konstitutionellen Einrichtungen in dieser Verfassung bedeuteten einen reaktionären Zug der Märzverfassung, eine Minderung jener politischen Rechte, die die Völker Österreichs bereits in vollem Umfang als gesichert angesehen hatten[465]. So hatte der Kaiser ein absolutes Vetorecht sowohl hinsichtlich der Reichs wie auch hinsichtlich der Landesgesetzgebung (§§ 66, 80 Abs. 2 der Verfassung). Überdies wurde ihm ein Notverordnungsrecht eingeräumt (§§ 87, 120), sowie das Recht, das Parlament aufzulösen. Die Verwaltung des Reiches wie der einzelnen Länder wurde zusammengefaßt und dem Oberhaupt übertragen, der diese durch - juristisch - verantwortliche Minister ausübte. Er selbst war unverantwortlich (§ 14), jedoch auf die Gegenzeichnung durch seine Minister angewiesen (§ 18 Abs. 2). Die von dem Monarchen eingesetzten Minister hatten das Recht, die von den Landtagen beschlossenen Verwaltungsmaßnahmen, die den Gesetzen oder - in jede Richtung auslegungsfähig - dem "Gesamtwohle" entgegenstünden, einzustellen oder zu untersagen.

Hinsichtlich der Paulskirchenverfassung entzog insbesondere die in der oktroyierten Verfassung festgelegte staatsrechtliche Einheit der deutschen und der nichtdeutschen Teile der österreichischen Gesamtmonarchie der Frankfurter großdeutschen Lösung den Boden und forcierte somit die Entscheidung zugunsten der kleindeutscherbkaiserlichen Lösung bei der konnexen Frage des Reichsgebietes und des Oberhauptes.

Ein auf dieser Verfassung gegründetes konstitutionelles Leben fand in Österreich jedoch nie statt, da die Regierung nie die Wahlen zu dem vorgesehenen Reichstag ausschrieb. Schon auf nur etwas längere Sicht sollte in Österreich selbst diese Reichsverfassung vom März 1849 nur ein Übergangsstadium sein auf einem weiteren Weg 'rückwärts'. Am 17. August 1851 verabschiedete der Ministerrat ein Promemoria, das die "von allem Einsichtsvollen und Gutgesinnten anerkannte Unanwendbarkeit des sogenannten englisch-französischen konstitutionellen Prinzips auf den österreichischen Kaiserstaat und sonach die Unausführbarkeit der Verfassung vom 4. März 1849" aussprach. Der erste Schritt zu den der "Einheit der Monarchie und den wahren Bedürfnissen ihrer Völker angemessenen Reformen" sei "die Herstellung der äußeren Autorität des Kaisers" durch eine Veränderung der "Stellung der Minister gegenüber seiner Majestät". Dabei "wird insbesondere das Unbestimmte und Haltlose hervorgehoben, das in den gegenwärtigen Begriffen von der Verantwortlichkeit der Minister liege". Jedwede Verantwortlichkeit der Minister über derjenigen, die sie gegenüber dem Kaiser hätten, widerspreche der Meinung der

465. So u.a. Walter, Österreichische Verfassungs- und Verwaltungsgeschichte von 1500-1955, S. 166.

"großen gutgesinnten Mehrheit der Völker Österreichs, für die "das eigentliche Grundprinzip der Verfassung die höchste Autorität des Kaisers sei"[466].

Damit war der weitere verfassungsrechtlich Weg Österreichs vorprogrammiert. Er sollte zu einem "Neoabsolutismus"[467] führen, der durch die Aufhebung der Verfassung und die Wiedererrichtung der absoluten Krongewalt eingeleitet wurde. Der geistige Motor dieser Entwicklung war Karl Freiherr von Kübeck. In einer Denkschrift kündigte er den Weg an, den Österreich zu gehen habe. Kübeck begründete die "monarchische Gestaltung und staatliche Einheit des Reiches", die der Kaiser als Ziel ausgegeben habe, "auf die dynastische Macht des Staatsoberhauptes, die Erblichkeit und die ungeteilte Ausübung der gesetzgebenden, vollziehenden und richterlichen Gewalt mit Ausschluß aller Autonomie der einzelnen Länder und auf die Untrennbarkeit sämtlicher unter der österreichischen Krone vereinigten Staaten"[468].

Der Kaiser machte sich diese Gedanken zueigen und erließ am 31. Dezember 1851 die "Silvesterpatente"[469], nach denen die Verfassungsurkunde vom 4. März 1849 "weder in ihren Grundlagen den Verhältnissen des österreichischen Kaiserstaates angemessen, noch in dem Zusammenhange ihrer Bestimmungen ausführbar" sei, weshalb sie der Kaiser hiermit außer Kraft setzte. Österreich hatte damit endgültig die Revolution von 1848 'überwunden' und fiel damit wieder in "das Regime des Absolutismus"[470] zurück. Es begann in Österreich eine Phase der Verfassungsgeschichte, die als Neoabsolutismus bezeichnet wird und insbesondere durch die im dritten Erlaß des Kaisers vom 31. 12.1851[471] angesprochene völlige Unterordnung unter den Kaiser gekennzeichnet werden sollte. Jegliches demokratisches Element war ausgeschaltet.

### (2) Die Entwicklung in Preußen[472]

Die anfänglichen 'revolutionären' Erfolge in Preußen lagen unter anderem in der zusammengetretenen verfassunggebenden Nationalversammlung. Diese ließ auch einen Verfassungsentwurf der Regierung Camphausen/Hansemann vom 20. Mai 1848[473], der an die belgische Konstitution von 1831 anknüpfte, durch einen Ausschuß überarbeiten, an dessen Spitze der De-

466. Die Erklärung bei Redlich, Das österreichische Staats- und Reichsproblem, S. 389 f.
467. Begriff u.a. bei Huber, Verfassungsgeschichte, Bd. 3, S. 33.
468. Redlich, Das österreichische Staats- und Reichsproblem, S. 392.
469. Bernatzik, Die österreichischen Verfassungsgesetze, S. 208 ff.
470. Huber, Verfassungsgeschichte, Bd. 3, S. 35.
471. Die "Grundsätze für organische Einrichtungen in den Kronländern des österreichischen Kaiserstaates".
472. Ausführlicher unten.
473. Text bei Anschütz, Die Verfassungsurkunde für den preußischen Staat, S. 608 ff.

mokrat Waldeck stand. Bis zum 26. Juli 1848 arbeitete dieser Ausschuß den Verfassungsentwurf um, der dann als "Charte Waldeck" bekannt wurde[474].

Darin enthalten waren staatsorganisatorische Passagen, die stark an die - zeitlich nachfolgende - Paulskirchenverfassung erinnern. Das Staatsoberhaupt sollte monarchisch sein und die unumschränkte Exekutivgewalt behalten. Demokratisch-parlamentarische Grundsätze verfolgte der Kommissionsentwurf durch die Einführung eines lediglich suspensiven Vetos im Rahmen der Gesetzgebung, das dem preußischen Oberhaupt die Entscheidungsgewalt in der Legislative nehmen wollte. Überdies fehlte ein Bekenntnis zum monarchischen Prinzip. Dennoch hielt auch dieser Entwurf an der Konzeption der konstitutionellen Monarchie fest. Trotz des suspensiven Vetos glaubte der Ausschuß, die Gleichberechtigung der Krone bei der Gesetzgebung im Verhältnis zum Parlament als einem "Fundamentalsatz der konstitutionellen Monarchie" gewahrt zu haben[475]. Demgegenüber sahen die preußischen Konservativen genau darin ein Indiz, daß die demokratische Linke die Monarchie nicht lediglich schwächen, sondern auf Dauer abschaffen möchte[476].

Im Verlauf der Debatte über diese Verfassung verhärteten sich die Fronten zwischen Monarch und Parlament insbesondere durch den Beschluß des Parlaments, in der Präambel die Worte "von Gottes Gnaden" zu streichen. Damit traf das Parlament das Selbstverständnis des Königs und forderte dessen Gegenwehr heraus. Am 5. Dezember 1848 verfügte daher der König die Auflösung der preußischen Nationalversammlung und erließ gleichzeitig eine Verfassung für den preußischen Staat[477].

Die Verfassung enthielt in Art. 112 die Festlegung, wonach diese oktroyierte Verfassung unmittelbar nach dem Zusammentritt der zu wählenden Kammern zu überarbeiten und diese Revision "auf dem Wege der Gesetzgebung" zu verabschieden sei. Für die Verfassungsrevision hatte sich der Monarch somit auf das Vereinbarungsprinzip festgelegt.

---

474. Text bei Anschütz, Die Verfassungsurkunde für den preußischen Staat, S. 614 ff; zu diesem Entwurf Frahm, Entstehungs- und Entwicklungsgeschichte der preußischen Verfassung, S. 253 ff.

475. Vgl. die Motive zu § 55 des Verfassungsentwurfes, Verhandlungen der zur Vereinbarung der Verfassung berufenen Nationalversammlung, Bd. 1, S. 732 - zitiert nach Hartung, Die Entwicklung der konstitutionellen Monarchie in Europa, S. 210.

476. Vgl. Huber, Verfassungsgeschichte, Bd. 2, S. 732 ff.

477. Zu den unterschiedlichen Bewertungen dieses Verfassungsoktroys vgl. Grünthal, Parlamentarismus in Preußen 1848/49 - 1857/58, S. 27 f, der zur Demonstration der Bandbreite der unterschiedlichen Meinungen unter anderem Meinecke, Weltbürgertum und Nationalstaat, S. 383, zitiert, nach dem dieser Oktroi das "Ergebnis einer höheren staatsmännischen Einsicht" sei, eine Tat, an der "schon etwas von Bismarcks Geiste" spürbar werde; andererseits die Meinung von Schoeps, Das andere Preußen, S. 98, wonach die Verfassung "eine bloße Verlegenheitsauskunft desorientierter Hofpolitiker in einer verworrenen Lage", ein "Notbehelf" sei.

### (3) Die Auswirkungen auf die Verhandlungen der Paulskirche

Auf Heer und Beamtentum gestützt siegte der historische Staat gegen das Volk. Insbesondere Preußen und Österreich erstarkten wieder und erließen ihrerseits Verfassungen, die dem Selbstverständnis des Großteils der Paulskirchenmitglieder widersprechen mußten. Angesichts dieser Entwicklung sank auch das Ansehen der künstlich geschaffenen neuen Zentralmacht immer mehr, denn es entbehrte ihr der äußeren Machtmittel. Dies wurde insbesondere bereits anläßlich des Aufstandes in Frankfurt im September 1848 deutlich, als die Nationalversammlung am 16. September 1848 den Waffenstillstand von Malmö akzeptierte, mit dem die deutsche Preisgabe Schleswigs und Holsteins und deren dänische Eingliederung verbunden war.

Die faktische Ohnmacht des Reichsverwesers und dessen Nichtakzeptanz durch die Regierungen im In- und Ausland blieb den Parlamentariern natürlich nicht verborgen.

Die Zeit arbeitete also gegen die Paulskirche; die fortdauernde Konsolidierung der alten Mächte ließ die Bemühungen der Parlamentarier der Paulskirche immer aussichtsloser werden. Dennoch verhandelten die Parlamentarier unverdrossen und unerschütterlich weiter. Sie glaubten nicht an ein Scheitern der Verfassung als solches, allenfalls an eine Beeinflussung ihres Werkes in einzelnen Abschnitten durch äußere Ereignisse, so insbesondere im Abschnitt über das Reichsgebiet.

Vor allem die Eindeutigkeit, mit der der Österreicher Schwarzenberg und seine Regierung der Paulskirche deutlich machte, daß er nicht gewillt sei, die wiedererstarkte habsburgische Monarchie einer auf nationalen Grundlage geschaffenen deutschen Einheit zu unterwerfen[478], ließ viele Parlamentarier ihre politischen Ziele überdenken. Insbesondere die Anhänger einer großdeutschen Lösung, die ihre Forderung nach der Integration der deutschen Teile Österreichs in das neu zu gründende Reich zumeist mit der Forderung nach einem Direktorium an der Reichsspitze verbunden hatten, wechselten verstärkt in das Lager der 'Erbkaiserlichen' und waren nach der im März 1849 oktroyierten österreichischen Verfassung auch bereit, eine kleindeutsche Lösung mit einem erblichen Kaiser zu akzeptieren. Als besonderes Beispiel gilt in diesem Zusammenhang das Verhalten Welckers, der als bisheriger Verfechter der großdeutschen Lösung und Anhänger des Turnus zwischen Preußen und Österreich[479], nunmehr den Antrag stellte, die Reichsverfassung en bloc in der vom

---

478. Vgl. den Erlaß der österreichischen Regierung vom 9. März 1849 bei Huber, Dokumente, Bd. 1, S. 371 ff.
479. Welcker, Paulskirchenprotokolle, Bd. 6, S. S. 4771, und, ebenda, S. 4764: "Ich sehe den Hauptweg in der ganzen Oberhauptsfrage nur darin, daß wir keinen der beiden Großmächte Deutschlands ausschließen."

Verfassungsausschuß vorgelegten Form, also mit den die kleindeutsche Lösung beinhaltenden §§ 2 und 3, sowie der erbkaiserlichen Lösung, zu verabschieden, und die Krone dem preußischen König zu übertragen[480].

Nach der endgültigen Verabschiedung der Paulskirchenverfassung und der Wahl Friedrich Wilhelms IV. am 28. März 1849 zum Kaiser[481] begann daher auch der "Kampf um die ... Reichsverfassung"[482], den die Nationalversammlung zunächst in Frankfurt, später in Stuttgart spätestens ab dem Moment verloren hatte, als der preußische König die ihm offerierte Kaiserkrone endgültig ablehnte[483]. Speziell die gegenüber dem Großherzog Karl Friedrich von Sachsen-Weimar gefallene Aussage des Königs, "Untertanen können keine Krone vergeben"[484], zeigt - neben anderen Motiven des Königs - seine ungebrochene Überzeugung von der Unvereinbarkeit des Gottesgnadentums - an dem er festhielt - mit einer von einem Parlament hervorgebrachten Kaiserwürde. Sie war für ihn das "eiserne Halsband"[485], durch das er der Revolution leibeigen gemacht werden sollte. Mit dieser Entscheidung war die Politik der erbkaiserlichen Mehrheit der Frankfurter Nationalversammlung und des Ministeriums Gagern gescheitert. Daran änderte auch eine Kollektivnote vom 14. April 1849 nichts, mit der 28 deutsche Regierungen die Reichsverfassung anerkannten, da insbesondere die entscheidenden Länder Österreich und Preußen, aber auch die bedeutenden Mittelmächte Bayern, Württemberg, Hannover und Sachsen fehlten[486]. Die Versuche, trotzdem eine Einigung in der Frage der Anerkennung der Reichsverfassung auch zwischen Preußen und der Frankfurter Nationalversammlung herbeizuführen, schlugen Anfang Mai 1849 endgültig fehl. Auch die im Mai begonnene Reichsverfassungskampagne konnte den sich abzeichnenden Untergang der Nationalversammlung nicht mehr abwenden.

Die Ereignisse gingen vielmehr über die Paulskirche beziehungsweise das Stuttgarter Rumpfparlament hinweg.

---

480. Antrag Welckers u.a. bei Huber, Dokumente, Bd. 1, S. 373 f.
481. Vgl. das Abstimmungsergebnis, Paulskirchenprotokolle, Bd. 8, S. 6084 ff.
482. Huber, Verfassungsgeschichte, Bd. 2, S. 851.
483. Vgl. die Ablehnung gegenüber der von der Nationalversammlung nach Berlin geschickten Kaiserdeputation am 3. April 1849, bei Huber, Dokumente, Bd. 1, S. 405 f. und die Note des preußischen Ministerpräsidenten Graf Brandenburg vom 28. April 1849, bei Huber, Dokumente, Bd. 1, S. 412 ff.
484. Bei Jesse, Die deutsche Revolution in Augenzeugenberichten, S. 301.
485. Jesse, Die deutsche Revolution in Augenzeugenberichten, S. 303.
486. Text der Kollektivnote bei Huber, Dokumente, Bd. 1, S. 410 f. König Wilhelm von Württemberg wurde am 24. April nachträglich unter dem Druck der Öffentlichkeit in seinem Land gezwungen, die Verfassung ebenfalls anzunehmen; vgl. Huber, Verfassungsgeschichte, Bd. 2, S. 853; als Ausdruck des Wiedererstarkens der reaktionären Kräfte können auch die Noten der einzelstaatlichen Regierungen herangezogen werden, die diese zum jeweiligen Stand der Entwicklung der Verfassung in der Paulskirche abgaben, vgl. Roth/Merck, Quellensammlung zum deutschen öffentlichen Recht seit 1848, Bd. 2, S. 179 ff.

## 4. Aufnahme der Verfassung in der Staatsrechtswissenschaft

Die Stellungnahmen, die sich in der zeitgenössischen staatsrechtlichen Literatur zu der Paulskirchenverfassung finden, sind sehr rar. Mit dem Scheitern der Paulskirche als verfassungsgebender Nationalversammlung und dem Wiederaufleben des Deutschen Bundes einher ging auch der Verlust des politischen Gestaltungswillens vieler Staatsrechtslehrer. Dies resultierte wohl aus einem Gefühl der Enttäuschung gerade der liberalen Staatsrechtler, die selbst noch aktiv an der Gestaltung der Paulskirchenverfassung teilnahmen, wie auch der aus dem Scheitern dieses Projektes entsprungenen verfassungsrechtlichen und -politischen Resignation. Stolleis spricht von einem "Abschied ... vom Idealismus als philosophischem Modell", sowie dem Eintritt in die "Wissenschaftlichkeit" um so "das unselige politische Scheitern zu vergessen" und "den Wissenschaftscharakter der eigenen Disziplin durch die Distanzierung von Tagesereignissen nachzuweisen"[487].

Durch die damit implizierte Beschränkung der Staatsrechtswissenschaft auf die entpolitisierte Kommentierung und dogmatische Aufarbeitung des bestehenden Rechts wurde die Paulskirchenverfassung speziell in der zwischen 1849 und 1866 erschienenen staatsrechtlichen Literatur - als in der Verfassungswirklichkeit nicht existent - aus der verfassungsrechtlichen Behandlung ausgeblendet und allenfalls in den verfassungshistorischen Abschnitten behandelt.

Ohne auf die in der Paulskirchenverfassung enthaltenen politischen Ideale und staatsrechtlichen Ideen einzugehen, beschränkte man sich auf die Darstellung der historischen Gegebenheiten, sowie einen juristischen Abriß der in der Verfassung enthaltenen politischen Ordnung, um dann wieder auf die Kommentierung der aktuellen Rechtslage des wiederhergestellten Deutschen Bundes zurückzukommen. Joseph Held drückte dies in seinem 1856/57 in 2. Auflage erschienen Lehrbuch prägnant aus, als er im Hinblick auf die Geschehnisse von 1848/49 formulierte, "eine nähere Ausführung dieser Ereignisse kann, da im Wesentlichen der Zustand Gesamtdeutschlands genau wieder so hergestellt ist, wie er bis zum Jahre 1848 gewesen war, nicht in der Aufgabe unseres Werkes liegen"[488].

Die hypothetische verfassungsrechtliche Entwicklung, die durch diese Verfassung im Vergleich zu den bestehenden Landes- oder gar der

---

487. Stolleis, Geschichte des öffentlichen Rechts in Deutschland, Bd. 2, S. 275 ff.
488. Held, System des Verfassungsrechts der monarchischen Staaten Deutschlands mit besonderer Rücksicht auf den Constitutionalismus, S. 499; allerdings findet sich an dieser Stelle dennoch eine bewertende Aussage, wenn er konstatiert, daß "den unzweifelhaften Rechte der Fürsten nicht die gebührende Rechnung" getragen worden sei. Held beharrt insbesondere auf der rechtlichen Grundlage des Vereinbarungsprinzips bei der "Reform der politischen Organisation Deutschlands", Held, ebenda, S. 500.

'Bundesverfassung' erfolgt wäre, wird nicht beleuchtet. Dies gilt sowohl für die beiden wohl bedeutendsten Kommentatoren des Deutschen Bundes ab 1850, Heinrich Albert Zachariä[489] und Heinrich Zöpfl[490], wie auch für andere staatsrechtliche Autoren. So befaßte sich unter anderem Carl von Kaltenborn in seinem Werk "Einleitung in das constitutionelle Verfassungsrecht" nicht mit der Paulskirchenverfassung. Etwas anders verhält sich seine "Geschichte der deutschen Bundesverhältnisse und Einheitsbestrebungen von 1806-1877". Hierbei suchte er - vom Standpunkt des Historikers, der das Scheitern der Verfassung kennt - die Gründe des für ihn selbstverständlichen Scheiterns zu ermitteln und erklärte das Entstehen der Verfassung mit dem damaligen Zeitgeist, mit der "... revolutionär aufgestachelten Leidenschaft, die mit ihren phantastischen Wünschen ... ein ideales Luftbild für ein Gebäude der praktischen Politik" zu erreichen suchte[491]. Kaltenborn sah durch die Verfassung eine "völlig undeutsche Schwächung der dynastischen und monarchischen Stellung" bewirkt[492]. "Die große Mehrheit der Parlamentarier betrachtete die Monarchie nur als eine zu ertragende Notwendigkeit, oder doch nur als etwas, was sich aus den verschiedensten Gründen der Zweckmäßigkeit empfehle, und man hatte so wenig Einsicht in den wahren und idealen Inhalt des monarchischen Staatswesens, daß man die Monarchie ganz in republikanischer Weise zu construieren, eine demokratische Republik mit einem erblichen Oberhaupte aufzurichten unternahm. ... Man schien die nahe, lebendige und konkrete Natur der Rechts- und Staatsverhältnisse vergessen zu haben"[493].

Selbst Karl Jürgens, Mitglied der Paulskirche, Angehöriger der Casino-Partei, beschränkt sich in seinem Werk[494] ganz auf die historische Darstellung der äußeren Geschehensabläufe. Eine Auseinandersetzung mit der verabschiedeten Verfassung findet bei ihm ebenfalls nicht statt.

Karl Vollgraff[495] schrieb weder etwas über die Paulskirchenverfassung, noch über die preußische Verfassung. Einem gewissen Trend entsprechend macht er lediglich allgemeine - streng konservative - staatsrechtliche und staatsphilosophische Ausführungen.

---

489. Zachariä, Deutsches Staats- und Bundesrecht, 1. Teil; er beschreibt die Geschehnisse, die zur Verabschiedung der Paulskirchenverfassung führten in einem "allgemeinen Teil", der die "geschichtliche Entwicklung des öffentlichen Rechtszustandes in Deutschland ..." behandelt; eine Kommentierung der in der Verfassung enthaltenen Artikel fehlt dagegen ganz.
490. Zöpfl, Grundsätze des gemeinen deutschen Staatsrechts.
491. Von Kaltenborn, Geschichte der deutschen Bundesverhältnisse und Einheitsbestrebungen von 1806-1877, S. 152.
492. Von Kaltenborn, Geschichte der deutschen Bundesverhältnisse und Einheitsbestrebungen von 1806-1877, S. 151.
493. Von Kaltenborn, Geschichte der deutschen Bundesverhältnisse und Einheitsbestrebungen von 1806-1877, S. 152 f.
494. Jürgens, Zur Geschichte des Frankfurter Verfassungswerkes 1848/49.
495. Vollgraff, Geschichte und Reform der constitutionellen Staatsverfassung.

Aussagekräftigere Stellungnahmen aus zeitgenössischer Perspektive bilden neben den offiziellen Noten der Regierungen noch die im unmittelbaren zeitlichen Anschluß der Paulskirche verfaßten Flugschriften. Insbesondere zu nennen sind hier die Schriften Hansemanns und Stahls. Mohl äußerte sich in seiner "Geschichte und Literatur der Staatswissenschaften"[496] jedoch tendenziell negativ über die juristische Aussagefähigkeit dieser zumeist emotional verfaßten Flugschriften: "Jede mögliche Auffassung der Begebenheiten und der handelnden Personen hat alsbald ihren Ausdruck, jede aber auch ihre Beleuchtung gefunden." Insbesondere sei "darunter viel Unreifes, Leidenschaftliches, viel Gerede von Unbefähigten und Buchmachern ..." Mohl nannte als "memoirenartige" Schriften, die sich in den Schilderungen von "Persönlichkeiten, einzelnen spannenden Ereignissen, kurz Zufälligkeiten und Äusserlichen"[497] ergehen, falls sie "nicht gerade auf die bloße Unterhaltung des Augenblicks berechnet" seien, unter anderem die Werke von Laube, Biedermann, Haym und Braun[498].

Trotzdem seien hier die - bereits angedeuteten - Flugschriften Hansemann und Stahls erwähnt.

David Hansemann, konservativ-liberaler preußischer Politiker, gab in seiner Flugschrift[499] zu den einzelnen Paragraphen der Verfassung jeweils kurze Stellungnahmen, die wohl - im Sinne des eben zitierten Mohl - mehr als politische Meinungsäußerungen, denn als juristische Kommentierungen zu verstehen sein dürften. Seine Perspektive ist dabei eine ganz preußische. Dies sowohl bei der Betrachtung der Auswirkungen der einzelnen Paragraphen auf den preußischen Staat, wie auch hinsichtlich der Machtstellung des (preußisch) deutschen Monarchen innerhalb des Machtgefüges der Verfassungsorgane. Hinsichtlich der Stellung des geplanten Staatsoberhauptes läßt sich Hansemanns Meinung zusammengefaßt an seiner Stellungnahme zu § 70 ablesen, der dem Oberhaupt den Titel "Kaiser der Deutschen" geben sollte. Nach Hansemann sei dies "ein glanzvoller Titel für die traurigste Stellung, die dem Fürsten eines großen europäischen Staates angeboten werden kann. Ein etwas weniger glänzender Titel, dagegen aber eine Verbesserung der Stellung, würde ersprießlicher für den Monarchen und für das Vaterland sein".

Diese Position zieht sich durch seine gesamte Flugschrift. Er hält die festgelegte monarchische Staatsform für die bloße Hülse einer in Wahrheit eingeführten Republik mit demokratischem Regierungsystem. So wird das in § 101 festgelegte suspensive Veto allein als Zugeständnis des rechten Zentrums

---

496. Mohl, Die Geschichte und Literatur der Staatswissenschaften.
497. Mohl, Die Geschichte und Literatur der Staatswissenschaft, Bd. 2, S. 260.
498. Vgl. die Nachweise bei Mohl, Die Geschichte und Literatur der Staatswissenschaft, Bd. 2, S. 260, Fn. 1.
499. Hansemann, Die deutsche Verfassung vom 28. März 1849.

an die Demokraten gewertet, um das erbkaiserliche Prinzip nicht zu gefährden. Dieses sei jedoch insgesamt aufgegeben, was sich unter anderem an § 109 zeige. "Das Recht der Vertagung nur für 14 Tage dem Reichsoberhaupt zuzugestehen, ist eine antimonarchische Bestimmung ... Die im § 109 enthaltene dem Oberhaupt auferlegte Beschränkung ist eigentlich weiter nichts als eine der vielen Bestimmungen, durch welche im Sinne der Ultrademokratie die nach ihrer Meinung beste Regierung geschaffen werden soll; eine solche nämlich, in welcher eigentlich nur eine Exekutiv-Kommission einer allmächtigen ultrademokratischen Kammer besteht, und nur noch zum Schein, (zur einstweiligen Beruhigung der schwachen Gemüther, die nicht die Ultrademokratie für die beste Staatsform halten,) ein erbliches Oberhaupt an die Spitze gestellt bleibt."

Vor allem aber durch das lediglich suspensive Veto bei Verfassungsänderungen sah Hansemann der Republik Tür und Tor geöffnet. "Man hätte doch lieber ehrlich die Republik mit einem Präsidenten auf Widerruf aussprechen sollen, als die eigentlich beschlossene republikanische Verfassung durch den sogenannten Kaiser zu verhüllen ... Wahrlich die demokratische-republikanische Partei hat in der mit den Mitgliedern der konservativen erbkaiserlichen Partei abgeschlossenen Übereinkunft ihren Vorteil besser als die letztere wahrzunehmen verstanden."[500].

Wenngleich auch Hansemann für die Zukunft eine faktische Beteiligung des Parlamentes an der Regierung nicht mehr ausschließen konnte[501], so hielt er doch eine de lege lata verfassungsmäßige Unabhängigkeit der Regierung von dem Parlament für unvermeidlich; ein parlamentarisches Regierungssystem lehnte er gerade im Hinblick auf das seiner Meinung nach "übermächtige Volkshaus" ab, nach dessen Majorität sich das Ministerium "darstellen muß"[502].

Der "Geist der deutschen Verfassung" gehe insgesamt dahin, durch ein "ultrademokratisch" besetztes Volkshaus "die Schwächung der Macht und des Einflusses Preußens" zu erreichen. "In die entwürdigendste, ohnmächtigste Lage geräth Preußen, geräth Preußens König, wenn die deutsche Verfassung angenommen ... wird"[503].

---

500. Hansemann, Die deutsche Verfassung vom 28. März 1849, S. 64 zu § 196.
501. Hansemann, Die deutsche Verfassung vom 28. März 1849, S. 68: "Glaubt man denn, der König von Preußen könne als Kaiser von Deutschland anders als nach parlamentarischen Grundsätzen regieren? Auch wenn ihm das absolute Veto eingeräumt würde, ist dauernd eine andere Regierung nicht möglich." Nach Hansemann, S. 28 zu § 80, übt der Kaiser seine Regierung "im konstitutionell-parlamentarischen Sinne" aus.
502. Hansemann, Die deutsche Verfassung vom 28. März 1849, S. 68; die Betonung liegt inhaltlich auf dem Imperativ 'muß', wenngleich sich eine solche rechtliche Verpflichtung in der Verfassung nicht findet.
503. Hansemann, Die deutsche Verfassung vom 28. März 1849, S. 68.

Wenngleich Friedrich Julius Stahl sich in seinem Lehrbuch[504] nicht zu der in der Paulskirche verabschiedeten Verfassung äußerte, nahm er doch bereits zuvor in einer ausführlichen Schrift im Juni 1849, also im unmittelbaren Anschluß an die Verabschiedung der Paulskirchenverfassung und der Ablehnung der Kaiserkrone Stellung zu der Reichsverfassung[505].

Stahl knüpfte bei seiner Bewertung der Verfassung an seine konservative Haltung an, die ihn bereits im Vormärz und auch während der Revolution bestimmt hatte. Gerade durch das Scheitern der Paulskirche konnte er sich in seinem grundsätzlichen Festhalten an einer organisch-historischen Denkweise bestätigt fühlen. Dies belegte insbesondere ein Vergleich seiner Schrift aus dem Jahre 1848[506] mit dieser Stellungnahme.

Wenngleich nach Stahls Auffassung von 1848 "das Volk als Ganzes an der Herrschaft im obersten Kreise selbst Teil haben" müsse, so müsse aber doch der entscheidende Anteil im Machtgefüge des Staates der Krone zustehen. Nichts im Staat dürfe ohne die freie Genehmigung des Königs erfolgen; statt des Willens der Majorität müsse sich Recht, Gerechtigkeit, Sitte und Weisheit durchsetzen. In letzter Instanz sei er aber "nicht an Abstimmungen des Parlaments, sondern an sein Gewissen verwiesen"[507].

Dementsprechend kritisierte er die Paulskirchenverfassung gerade im Hinblick auf die Stellung des Monarchen. Seinem legalistischen Denken entsprechend bestritt Stahl bereits in seinem Vorwort der Nationalversammlung das Recht der Verfassungsgebung[508]. Dies in Verbindung mit einem gegen den aus der Sicht Stahls verwerflichen Rationalismus der Paulskirche warf er ihr vor, die frühere Bundesverfassung "statt verbessert, oder doch zu Grunde gelegt, spurlos vernichtet" zu haben[509]. Die beinahe logische Konsequenz dieses unhistorisch rationalistischen Denkens sei das Scheitern der Paulskirche. Eine derartige Verfassung könne nun einmal "nicht gemacht werden in der Weise wie es hier unternommen wird. Der menschliche Verstand ist wohl im Stande, einzelne Theile der Verfassung eines Staates ... in ersprießlicher Weise neu zu gestalten. Allein für ein Volk einen völlig neuen öffentlichen

504. Die Staatsrechtslehre und die Principien des Staatsrechts, erschienen in der 3. Auflage 1856.
505. Stahl, Die deutsche Reichsverfassung nach den Beschlüssen der deutschen Nationalversammlung und nach dem Entwurf der drei königlichen Regierungen.
506. Stahl, Die Revolution und die constitutionelle Monarchie.
507. Stahl, Die Revolution und die constitutionelle Monarchie, S. 64.
508. Stahl, Die deutsche Reichsverfassung nach den Beschlüssen der deutschen Nationalversammlung und nach dem Entwurf der drei königlichen Regierungen, S. 3: Die Nationalversammlung habe "von Anbeginn bis zu Ende den Regierungen gegenüber eine unrechtmäßige Stellung (eingenommen), von dem Momente des 'kühnen Griffes' bis zu dem Momente, da die Versammlung einseitig und in unumschränkter Machtvollkommenheit die Reichsverfassung verkündete ...".
509. Stahl, Die deutsche Reichsverfassung nach den Beschlüssen der deutschen Nationalversammlung und nach dem Entwurf der drei königlichen Regierungen, S. 4.

Rechtszustand im Ganzen zu machen, wie es hier geschieht, ist ein Werk, das weit über das Maaß menschlicher Kraft und Einsicht geht. Sind nicht alle Verfassungen solcher Art ... jämmerlich zu Grunde gegangen?"[510]

Ebenso deutlich wie das Zustandekommen der Verfassung verwarf der deren Gewaltenteilungskonzeption. Darin zeige sich der angestrebte Übergang zu einem republikanischen Staat. Durch das eingeführte suspensive Veto sah er die Monarchie herabgesunken auf einen "Schein der Monarchie", der die Republik allenfalls verberge[511]. Die erfolgte Machtverlagerung auf das Parlament[512] tilge nicht allein die Würde des Kaisers, sondern auch dessen Macht. Der Monarch sei nicht länger der dominierende Teil eines organisch gewachsenen Staates, sobald die "Kammermajoritäten-Souveränität, ... die unwahrste und entartetste Staatsform" in Kraft getreten sei. Diese entleere den Staat aller sittlichen Fundamente und mache ihn "zum bloßen Mechanismus, an dem das Königthum nur eine ergänzende Schraube ist, und sie vertilgt selbst den Gedanken der Autorität, indem derjenige, der die Autorität ist, nicht herrscht und regiert, und die da herrschen und regieren, keine Autorität sind."[513]

In diesem Zusammenhang von Interesse ist Stahls Interpretation der Verantwortlichkeit der Regierung gegenüber dem Parlament. Er akzeptierte in seiner Schrift die zumindest moralische Verantwortlichkeit der Regierung gegenüber dem Parlament, wenn er davon ausgeht, daß eine neu zu besetzende Regierung im Stande sein müsse "um glücklich die Mehrheit zu gewinnen"[514]. Jedoch sah er den Monarchen nach der Konzeption der Paulskirchenverfassung gänzlich von der Auswahl der Minister und der Suche nach parlamentarischen Mehrheiten ausgeschlossen, da der König "als constitutioneller König keine eigene Meinung haben (dürfe), weil das eine dem Volk unverantwortliche Meinung wäre, und (bei Meinungsverschiedenheiten zwischen Regierung und Parlament) auf diese Regierung nichts einwirken darf, das dem Volk nicht verantwortlich ist"[515]; "Wenn aber der Kaiser nicht als das Haupt eines fürst-

510. Stahl, Die deutsche Reichsverfassung nach den Beschlüssen der deutschen Nationalversammlung und nach dem Entwurf der drei königlichen Regierungen, S. 6.

511. Stahl, Die deutsche Reichsverfassung nach den Beschlüssen der deutschen Nationalversammlung und nach dem Entwurf der drei königlichen Regierungen, S. 8; ebenda, S. 35: Durch das suspensive Veto sei "schon grundsätzlich die Kaiserwürde getilgt, zum bloßen Namen ... gemacht. ... der neue Kaiser mit seinem suspensiven Veto wäre nichts Anderes als ein erblicher Präsident."

512. Stahl, Die deutsche Reichsverfassung nach den Beschlüssen der deutschen Nationalversammlung und nach dem Entwurf der drei königlichen Regierungen, S. 4, das Parlament als "der ausschließliche Sitz der Macht ... der Nachfolger der bisherigen vielen Regierungen, die Fürsten ihm unterworfen, der deutsche König sein Werkzeug."

513. Stahl, Die deutsche Reichsverfassung nach den Beschlüssen der deutschen Nationalversammlung und nach dem Entwurf der drei königlichen Regierungen, S. 9.

514. Stahl, Die deutsche Reichsverfassung nach den Beschlüssen der deutschen Nationalversammlung und nach dem Entwurf der drei königlichen Regierungen, S. 8.

515. Stahl, Die deutsche Reichsverfassung nach den Beschlüssen der deutschen Nationalversammlung und nach dem Entwurf der drei königlichen Regierungen, S. 8 f.

lichen Reichstages, sondern allein und als das einzig monarchische Element in Deutschland hingestellt ist, wenn ihm gegenüber eine Volksvertretung von extremstem demokratischem Charakter besteht, und er gegen ihre Beschlüsse nichts hat, als die Macht zweimaliger Hinausschiebung, dann ist die Kaiserwürde keine Wahrheit, ... sondern die Provocation dynastischen und volksparteilichen Bürgerkriegs, nicht die Bürgschaft der Monarchie, sondern deren directe Zerstörung, nicht eine Anknüpfung an die deutsche Vorzeit, sondern der äußerste Gegensatz gegen sie"[516].

Faßt man die aus der konservativen, beziehungsweise konservativ-liberalen 'Ecke' stammende - gewiß nicht repräsentative - Kritik der Paulskirchenverfassung zusammen, so bleibt die beiden Autoren innewohnende Befürchtung, daß diese Verfassung nur ein Zwischenschritt auf dem Weg zur demokratischen Republik gewesen sein könnte. Eine monarchische Stellung des Kaisers in dem von ihnen verstandenen Sinne gab es nach der Paulskirchenverfassung nicht mehr. Vielmehr war es das 'radikaldemokratische' Parlament, das auf Kosten des Monarchen die Zentralgewalt beherrschen sollte. Nach der Überzeugung beider war hier eine Gewaltenteilung - genauer eine Gewaltenverschränkung - installiert, die allein aufgrund des nur suspensiven Vetos des Monarchen diesem eine untergeordnete Rolle im Verhältnis zum Parlament zugewiesen haben würde. Dies widerstrebte sowohl einem auf legalistischer Basis monarchisch gesinnten Stahl wie auch dem etwas liberaler eingestellten Hansemann. Dieser strebte eine Balance an, die beide Teile der zu gründenden Zentralgewalt in ein zumindest gleichwertiges Stufenverhältnis gestellt hätte. Dies erforderte jedenfalls eine monarchische Machtbasis, die ein absolutes Veto bei der Gesetzgebung enthielt. Die beiden Autoren aufgrund ihrer Ablehnung eines parlamentarischen Systems - das sie in ersten Ansätzen durch die Paulskirchenverfassung verwirklicht sahen - zu schwach gestaltete Stellung des Monarchen ließ sie die Paulskirchenverfassung verwerfen.

Erst später, mit einem größeren zeitlichen Abstand zu den Geschehnissen dieser Zeit 'wagte' man sich wieder an eine Deutung der Paulskirchenverfassung, wobei auch in der durch Bismarck geprägten Zeit die Quantität der Äußerungen zur Paulskirchenverfassung zu wünschen übrig läßt.

So enthielt sich unter anderem Albert Hänel in seinen 1873 und 1880 erschienen Werken jeder Aussage über die Reichsverfassung vom 28. März 1849[517]. Allein in einer akademischen Rede[518] äußerte sich Hänel auch kurz zu der Stellung des Staatsoberhauptes nach der Paulskirchenverfassung. Eine

516. Stahl, Die deutsche Reichsverfassung nach den Beschlüssen der deutschen Nationalversammlung und nach dem Entwurf der drei königlichen Regierungen, S. 33 f.
517. Hänel, Die vertragsmäßigen Elemente der Deutschen Reichsverfassung; derselbe, Die organisierte Entwicklung der Deutschen Reichsverfassung.
518. Hänel, Das Kaiserthum.

Bewertung derselben erfolgte jedoch nur sehr indirekt, indem er die Bestätigung der monarchischen Staatsform als einem "Sieg" bezeichnete, der jedoch durch das suspensive Veto habe erkauft werden müssen. "So hat die Reichsverfassung vom 28. März 1849 das deutsche Reich wieder aufgerichtet zwar unter dem Kaiserthum in monarchisch-konstitutioneller Form, aber nur im Kompromisse mit einer demokratischen Forderung, die sich mit dem monarchischen Prinzip in Widerspruch setzte"[519]. Hänel bezeichnete die gefundene verfassungsrechtliche Lösung als einen "Kompromiss zwischen dem monarchischen Kaisertum und der legislativen Souveränität der Volksvertretung"[520]. Deutlich wird Hänels Ablehnung der Verfassung jedoch insbesondere in seinem Vergleich mit dem von ihm hochgelobten Verfassungsentwurf der Siebzehn Vertrauensmänner. Im Verhältnis zu diesem sei "die monarchische Gestaltung des Reichsoberhauptes, der Grundgedanke des Kaiserthumes, abgeschwächt worden". Gerade diese Abschwächung sei jedoch "ein Sieg für die Feinde einer wahren deutschen Staatsbildung"[521].

Ebenfalls keine Äußerungen machte Zöpfl in seiner 1871/72 erschienenen Rechtsgeschichte[522]; auch Joseph von Held blieb seinem Schweigen über die Paulskichenverfassung treu[523]. Hermann Schulze Gaevernitz[524] machte nur in seiner geschichtlichen "Entwicklung des staatlichen Rechtszustandes in Deutschland" eine bewertende Aussage in dem hier interessierenden Zusammenhang, als er von einer wesentlichen Verschlechterung der Verfassung "durch die widernatürliche Koalition extremer Parteien" sprach, die das Suspensivveto ("sogar bei Verfassungsänderungen") und den Wegfall des Reichsrates in die Verfassung gebracht habe[525].

Die Paulskirchenverfassung blieb - als bloßer Verfassungsentwurf, der nicht verwirklicht wurde - lange Zeit für die meisten Staatsrechtler tabu. Dies insbesondere in einer Zeit, die - vor allem nach dem preußischen Verfassungskonflikt - durch eine sich ständig in eine promonarchisch-konservative entwickelnde Staatsrechtslehre geprägt war. Hierin hätte die Behandlung der Paulskirchenverfassung mit ihrem parlamentarisch-demokratischen Ansatz sicherlich einen Kontrapunkt gesetzt, der nicht in das Verfassungsbild eines "deutsch-konstitutionellen" Verfassungstyps gepaßt hätte.

---

519. Hänel, Das Kaiserthum, S. 11 f.
520. Hänel, Das Kaiserthum, S. 13.
521. Hänel, Das Kaiserthum, S. 14.
522. Zoepfl, Deutsche Rechtsgeschichte, Bd. 2, S. 444 ff.
523. Held, Grundzüge des Allgemeinen Staatsrechts oder Institutionen des öffentlichen Rechts.
524. Schulze-Gaevernitz, Einleitung in das Deutsche Staatsrecht.
525. Schulze-Gaevernitz, Einleitung in das Deutsche Staatsrecht, S. 322.

# C. DIE PREUSSISCHE VERFASSUNG VON 1850

## I. DER WEG ZUR VERFASSUNG VON 1850

Die verfassungsgeschichtliche Entwicklung Preußens während und insbesondere nach der Paulskirchenversammlung war insbesondere gekennzeichnet durch den preußischen 'Staatsstreich' mit der Oktroyierung der Verfassung am 5. Dezember 1848. Diese stellt somit auch den Ausgangspunkt der verfassungsrechtlichen Betrachtungen der preußischen Verfassung vom 31. Dezember 1850 dar.

### 1. Die oktroyierte Verfassung vom 5. Dezember 1848 - insbesondere der Notverordnungsartikel 105

König Friedrich Wilhelm IV. löste am 5. Dezember 1848 die Nationalversammlung auf - obwohl ihm hierzu ein entsprechendes Recht nicht zustand - und erließ zeitgleich aus eigener Machtvollkommenheit die "Verfassungsurkunde für den preußischen Staat"[526].

Die oktroyierte Verfassung[527] ging inhaltlich von der "Charte Waldeck" aus, nicht jedoch von dem eigens angefertigten Regierungsentwurf. Sie entfernte aber die in der "Charte Waldeck" enthaltenen antimonarchischen Elemente. So wurde die in der "Charte Waldeck" noch vorgesehene Beschränkung des Oberhauptes bei der Gesetzgebung auf ein suspensives Veto wieder abgeschafft. Überdies sollte der Monarch - er war wieder ein Monarch von Gottes Gnaden - in dringenden Fällen das Recht haben, unter der Verantwortung der Ministerien, "Verordnungen mit Gesetzeskraft" erlassen zu dürfen, falls das Parlament nicht versammelt sein sollte. Diese Notverordnungen mußten jedoch nachträglich den Kammern zur Genehmigung vorgelegt werden[528].

Das Gottesgnadentum als Ursprung und Herrschaftsgrundlage der Monarchie bezeichnete die Verfassung in ihrer Präambel selbst. Zwar blieb die oktroyierte Verfassung vom 5. Dezember 1848 inhaltlich - insbesondere im Hinblick auf das Wahlrecht - relativ liberal, aber die Verfassung hatte allein durch die Entstehungsgeschichte ein entschieden monarchisches Vorzeichen. Es war das Königtum von Gottes Gnaden, das seine Gewalt freiwillig beschränkte, und kein künstlich - vernunftrechtlich - geschaffenes Königtum, das

526. Text der "Verfassungsurkunde für den preußischen Staat" vom 5. Dezember 1848 bei Huber, Dokumente, Bd. 1, S. 484 ff.
527. Zu den äußeren Begebenheiten ihrer Entstehung siehe oben.
528. Art. 105 der Verfassung - dazu siehe unten.

auf der Souveränität des Volkes beruhte und nur die Befugnisse besaß, die das Volk ihr ausdrücklich eingeräumt hatte. Zudem stellte der Notverordnungsartikel (Art. 105 der oktroyierten Verfassung) zumindest theoretisch die gesamte Verfassung zur Disposition des Monarchen.

Wenngleich die Verfassung ausdrücklich davon sprach, die oktroyierte Verfassung möglichst rasch durch eine mit den Kammern vereinbarte zu ersetzen, so verschärfte die weitere Entwicklung doch das monarchische Übergewicht innerhalb der Verfassung durch die Einführung des Dreiklassenwahlrechts in Preußen, sowie die tatsächlich durchgeführte Verfassungsreform. Das 'Endprodukt' war dann die Verfassung von 1850.

Vorläufig jedoch nahm die Verfassung von 1848 der Regierung den Druck von (halb-) links und (halb-) rechts aufgrund seiner demokratisch-liberalen, sowie seiner monarchisch-konservativen Elemente. Durch die liberalen Zugeständnisse in der Verfassung einerseits, wie durch die Bekundung staatlicher Autorität durch den Oktroi andererseits, erhielt die Verfassung eine recht große Integrationskraft in weiten Teilen der am politischen Leben beteiligten Preußen[529]. Selbst wenn in dieser oktroyierten Verfassung nicht die Rechte festgelegt waren, wie sie die 'Charte Waldeck' oder die von der preußischen Nationalversammlung erarbeitete Verfassung enthielt, so war doch selbst dieser einseitige Erlaß der Verfassung ein verfassungsrechtlicher Fortschritt, da damit auch Preußen den Status eines konstitutionellen Staates einnahm. Damit verbunden war insbesondere der "Sieg" gegenüber den hochkonservativen Beratern des Königs, die selbst eine oktroyierte Verfassung für überflüssig erachteten. Es ist jedoch Valentin zuzustimmen, der über die Verfassung konstatierte, sie sei nicht ganz das, was sie scheine[530]. Sie gab vor, zwar allein von monarchischer Seite aufgrund eigener Machtvollkommenheit oktroyiert worden, aber dennoch nur ein Provisorium zu sein, da ihre Revision im Verbund mit den zu wählenden Kammern ausdrücklich vorbehalten blieb. Sie war aber ein Definitivum überall dort, wo es um die Sicherung monarchischer Vorrechte ging. So waren die demokratischen und liberalen Versprechungen in der Regel mit dem Erfordernis eines Ausführungsgesetzes versehen, das bedingt durch das in der Verfassung integrierte absolute Vetorecht des Königs dessen Zustimmung bedurft hätte, um in Kraft treten zu können.

---

529. Vgl. den Bericht der Reg. Königsberg vom 11.3.1849, zitiert nach Grünthal, Parlamentarismus in Preußen 1848/49 - 1857/58, S. 33, Fn. 28, nach dem die öffentliche Stimmung nach dem Erscheinen der Verfassung vom 5.12.1848 "wesentlich verbessert (sei); auch hat sich die bis dahin bestandene Aufregung bedeutend gelegt. Ziemlich allgemein ist nun der Wunsch verbreitet, daß die Revision jener Urkunde durch die beiden Kammern möglichst schnell ihrem Ziele zugeführt werden möge ...".
530. Valentin, Geschichte der deutschen Revolution von 1848-49, Bd. 2, S. 292.

Besonderes Gewicht kommt bei der Beurteilung dieser Verfassung dem Notverordnungsrecht des Monarchen gemäß Art. 105 zu, das Frahm als das "eigentliche Kernstück" der Verfassung bezeichnete[531]. Der Art. 105 bestimmte in seinem entscheidenden zweiten Absatz, daß bei nicht versammelten Kammern "in dringenden Fällen, unter Verantwortlichkeit des gesamten Staatsministeriums, Verordnungen mit Gesetzeskraft erlassen werden" könnten, die "aber den Kammern bei ihrem nächsten Zusammentritt zur Genehmigung sofort vorzulegen" seien.

In Art. 105 enthalten ist die Aufhebung des Konfliktes zwischen Fürst und Parlament zugunsten des Monarchen. Möglicherweise läßt dieser Artikel sogar das Urteil zu, daß durch diese Verfassung Preußen gerade nicht auf den konstitutionellen Weg gebracht worden sei. Beschreibt man - bei aller Schwierigkeit der Umschreibung dieses Begriffes - den Konstitutionalismus vor allem als eine Bindung des Monarchen an die Verfassung, dann hebt der Notverordnungsartikel diese Bindung weitgehend wieder auf. Mit diesem Artikel war gerade kein in der Verfassung integriertes Notverordnungsrecht konstituiert, sondern ein darüber hinausgehendes, ein "pseudo-legal abgeschirmter Staatsstreichvorbehalt"[532].

Zwar sah auch der die liberal-konstitutionellen Elemente in dieser Verfassung verteidigende Reichensperger, daß dieser Artikel 105 "zu weit" gehe, widerspreche er doch allen Grundsätzen konstitutionellen Verfassungsrechts, aber er war der Überzeugung, daß "die Loyalität des (die Verfassung ausführenden) Ministeriums" den "Verdacht böslicher Absichten" beseitigen werde[533]. Damit interpretierte Reichensperger konstitutionelle Grundsätze in die Verfassung hinein, die de lege lata darin nicht enthalten waren. Realistischer ordnete Hansemann den Art. 105 unter gleichzeitiger Offenlegung seiner politischen Herkunft ein, indem er ihn ein unkonstitutionelles, aber notwendiges Gegenstück zu den in der Verfassung verankerten demokratischen Grundsätzen nannte, die auf dem vorgesehenen verfassungsmäßigen Weg im Sinne der Monarchie wohl nicht mehr zu revidieren seien[534].

Dieser Artikel war allein deshalb ein ausgesprochen monarchischer, weil die einzelnen Tatbestandsvoraussetzungen durch den Monarchen selbst herbeigeführt werden konnten: Das Vorliegen eines 'dringenden Falles' war als politische Ermessensentscheidung in das Belieben der Regierung gestellt; die Ver-

531. Frahm, Entstehungsgeschichte und Entwicklungsgeschichte der preußischen Verfassung, S. 290.
532. Grünthal, Parlamentarismus in Preußen 1848/49 - 1857/58, S. 54.
533. Reichensperger, Die preußische National-Versammlung und die Verfassung vom 5. Dezember 1849, als Anhang wieder abgedruckt in Reichensperger, Erlebnisse eines alten Parlamentariers im Revolutionsjahr 1848, S. 256 ff.
534. Hansemann, Das Preußische und Deutsche Verfassungswerk. Berlin 1850, S. 163.

antwortlichkeit der Regierung war eine allenfalls justitielle, wobei es ein das Postulat der Verfassung ausführende Ministerverantwortlichkeitsgesetz noch gar nicht gab - und auch niemals geben sollte. Die dritte Voraussetzung, das Nichtversammeltsein der Kammern ließ sich durch Art. 49 der oktroyierten Verfassung, nach dem der König ein Auflösungsrecht besaß, jederzeit herbeiführen. Problematisch aus der Sicht der Krone könnte allenfalls die in Art. 105 postulierte Rückkoppelung an die Kammern sein, falls nicht dem König gerade über den Notverordnungsartikel auch das Recht zustehen sollte, die Bestimmungen über den Zusammentritt und die Zusammensetzung der Kammern, also die Wahlgesetze, nach seinen politischen Intentionen zu ändern - so wie dies durch die Einführung des Dreiklassenwahlrechts geschehen ist[535].

Der Notverordnungsartikel umschrieb letztlich die Art und Weise, mit der die preußische Regierung Brandenburg/Manteuffel die Verfassung selbst oktroyiert hat. Nachdem es nicht möglich gewesen sei - so die Argumentation der Exekutive - mit der Nationalversammlung eine Verfassung zu vereinbaren, war von der Krone aus eigener Machtvollkommenheit eine Verfassung erlassen worden. Damit wurde zwar das Vereinbarungsprinzip verletzt, aber durch den in der Verfassung verankerten nachträglichen Revisionsvorbehalt sanktioniert, entsprechend dem Erfordernis des Art. 105, die erlassenen Verordnungen durch die Kammern billigen zu lassen.

Letztlich schloß sich in Art. 105 ein eigens angelegter Kreis. Dieser Artikel erlaubte der Krone, das Vereinbarungsprinzip einseitig zu ihren Gunsten zu durchbrechen. Andererseits war sie verpflichtet, sich für jede auf Art. 105 gestützte Regierungshandlung bei den konstitutionellen Repräsentativorganen, den Kammern zu entlasten, wobei es auf Art. 105 gestützt wiederum möglich war, im Wege der Notverordnung die Zusammensetzung dieser Organe wesentlich und nachhaltig zu beeinflussen. Hatte dieser Art. 105 über das Erfordernis der Sanktion durchaus auch einen gewissen verfassungsgarantierenden Charakter, blieb doch eindeutig der das monarchische Element stützende Anteil dieses "Diktaturparagraphen"[536] im Vordergrund.

Das Beispiel Reichenspergers hat gezeigt, daß das zeitgenössische liberal-konstitutionelle Lager sich durchaus der Gefahr bewußt war, die in dem Art. 105 enthalten war. Allerdings überwog der vor allem politische Optimismus die juristischen Bedenken, da man nicht davon ausgehen zu müssen glaubte, daß der Monarch eine ansonsten relativ konstitutionell-liberale Ver-

---

535. Dazu s.u.
536. Frahm, Entstehungsgeschichte und Entwicklungsgeschichte der preußischen Verfassung, S. 282.

fassung oktroyiert hätte, um sich ihrer Kernpunkte alsbald wieder zu entledigen[537].

Zu dem gleichen Ergebnis kommt Wegge in seiner Untersuchung über die Reaktion der Öffentlichkeit auf den Art. 105 der oktroyierten Verfassung[538]. Demnach habe die Bevölkerung die Verfassung überwiegend positiv aufgenommen, Kritik allenfalls an der Oktroyierung, nicht jedoch an dem Inhalt der Verfassung geübt.

Die insbesondere von den liberal-konstitutionellen Zeitgenossen, wie zum Beispiel Reichensperger, vertretene quasi 'moralische' Verpflichtung der Krone und ihrer Regierung, keine "bösliche Absicht"[539], also antikonstitutionelle Bestrebungen mit dieser Norm zu hegen, wird von Huber sogar verfassungsrechtlich untermauert[540].

In diesem Zusammenhang kommt die am 30. Mai 1849 durch die Krone einseitig durchgesetzte Änderung des liberalen Wahlrechts ins Spiel. Mit dieser Novelle ist ganz unmittelbar die politische, vor allem aber die verfassungsrechtliche Frage verbunden, ob dem Monarchen durch den Art. 105 auch das Recht eingeräumt war, die Verfassung selbst zu ändern.

Huber geht davon aus, daß sich die unter Berufung auf Art. 105 erlassenen Notverordnungen "im Rahmen der Verfassung halten" müßten[541]. Huber argumentiert dabei auf mehreren Ebenen. Zum einen führt er die Äußerungen des Justizministers Rintelen an, die dieser in der preußischen Kammer zu diesem Art. 105 gemacht hat. Nach Rintelen erstrecke sich die Ermächtigung des Art. 105 nur auf Verordnungen, die sich "innerhalb der Grenzen der Verfassung" bewegten[542]. Demnach läge die Verpflichtung, ausschließlich verfassungskonforme Notverordnungen zu erlassen, "in der Natur der Sache"[543].

Hubers Hauptargument stellt jedoch der Wortlaut der oktroyierten Verfassung, speziell deren Art. 106 und 110 dar. Gemäß Art. 106 konnte die Verfassung auf dem ordentlichen Weg der Gesetzgebung geändert werden, Art. 110 normierte eine vorübergehende Verfassungsdurchbrechung enumerativ aufgezählter Verfassungsartikel für den Fall eines Krieges oder Aufruhrs. Huber interpretiert diese drei Artikel in der Summe nun dahingehend, daß nach Art. 106 Verfassungsänderungen "nur"[544], also ausschließlich, auf dem

---

537. Reichensperger, Erlebnisse eines alten Parlamentariers im Revolutionsjahr 1848, S. 257.
538. Wegge, Die Verlegung und Auflösung der Nationalversammlung und die Oktroyierung der Verfassung von 1848 im Urteil der Zeitgenossen.
539. Reichensperger, Erlebnisse eines alten Parlamentariers im Revolutionsjahr 1848, S. 257.
540. Huber, Verfassungsgeschichte, Bd. 3, S. 46 ff.
541. Huber, Verfassungsgeschichte, Bd. 3, S. 50.
542. Rintelen, Stenographische Berichte 1. Kammer 1849, S. 192 u. S. 196.
543. Huber, Verfassungsgeschichte, Bd. 3, S. 50.
544. Huber, Verfassungsgeschichte, Bd. 3, S. 50.

konstitutionellen Wege, die Verfassungsdurchbrechung allein in den Fällen und in der Reichweite des Art. 110 möglich seien. Demnach bleibt - nach Huber - für die Notverordnungen des Art 105 Abs. 2 allein Raum für verfassungsimmanente Verordnungen oder Gesetze. Da das allgemeine und insbesondere auch gleiche Wahlrecht durch einen Zusatz zu Art. 67 der Verfassung zumindest bis zu der Revision in die Verfassung implementiert war, kommt Huber auch zu dem für ihn folgerichtigen Ergebnis, daß die Einführung des Dreiklassenwahlrechts im Wege des Notverordnungsrechts[545] ein "Verfassungsverstoß", ein "eklatanter monarchischer Staatsstreich" gewesen sei[546].

Fraglich ist nun jedoch, ob Hubers hartes Urteil juristisch richtig ist, oder ob nicht vielmehr die Verfassung bewußt so angelegt war, daß dem Monarchen durch den Notverordnungsartikel ein großer - auch - verfassungsrechtlicher Spielraum gelassen werden sollte, insbesondere auch zur alleinigen Revision der Verfassung in der Frage des Wahlrechts.

Das Argument der Auslegung des Art. 105 über die beschriebene Aussage des Justizministers Rintelen, die erlassenen Verordnungen müßten sich "innerhalb der Grenzen der Verfassung" bewegen, relativiert Huber an anderer Stelle selbst, wenn er anmerkt, daß Rintelen sich gerade mit dieser Aussage "in Widerspruch zur Meinung des Kabinetts und des Königs" gesetzt habe und "sich bald nach diesen Auseinandersetzungen zum Rücktritt veranlaßt" sah[547]. Überdies hatte Rintelen in derselben Sitzung geäußert, daß Art. 105 "keine Ausnahme in sich" berge und daher er "für (seine) Person allerdings der Meinung sei, daß der Artikel künftig restringiert werden" müsse[548]. Eine Art 'Selbstbindung' der monarchischen Regierung vertrat demnach außer Rintelen offenbar kein Regierungsmitglied oder gar der König.

Vielmehr spricht gerade auch die Entstehungsgeschichte des Artikels und die Motivation, diesen in die Verfassung aufzunehmen, dafür, daß sich die Regierung hier möglichst freie Hand gerade auch im Hinblick auf eine mögliche Änderung des Wahlrechts schaffen wollte.

Hinsichtlich der Entstehungsgeschichte wird auf den bereits vor dem preußischen Notverordnungsrecht existenten § 88 der sächsischen Verfassung vom 4. September 1831[549] verwiesen, der die Grundlage des preußischen Notverordnungsparagraphen bilde. Wenn Otto von Manteuffel den preußischen

545. "Verordnung betreffend die Ausführung der Wahl der Abgeordneten der Zweiten Kammer", Preußische Gesetzessammlung, 1849, S. 205 ff; Huber, Dokumente, Bd. 2, S. 497 ff.
546. Huber, Verfassungsgeschichte, Bd. 3, S. 50; Willoweit, Deutsche Verfassungsgeschichte, S. 248, spricht in diesem Zusammenhang immerhin von einer "gewagten Auslegung" der Verfassung.
547. Huber, Verfassungsgeschichte, Bd. 3, S. 43.
548. Rintelen, Stenographische Berichte 1. Kammer, 1849, S. 192.
549. Huber, Dokumente, Bd. 1, S. 263.

Notverordnungsparagraphen "bei oder nach einem Gespräch" mit dem sächsischen Staatsminister von Carlowitz entworfen hat[550], dann ist insbesondere der Unterschied beider Paragraphen augenfällig. Während der sächsische Art. 88 das Verordnungsrecht der Krone ausdrücklich begrenzt, indem er die gebotenen Verordnungen nur "mit Ausnahme aller und jeder Abänderung in der Verfassung und dem Wahlgesetz" für zulässig erklärt, fehlt diese Restriktion in der preußischen Variante völlig. Dies erscheint als ein deutliches Indiz dafür, daß man sich mit diesem Notverordnungsrecht nicht zuletzt gegen das in der Verfassung enthaltene liberale Wahlrecht eine Möglichkeit der einseitigen Revision offenhalten wollte.

Diese These kann auch durch die weitere Entwicklung des Notverordnungsrechts belegt werden. Vergleicht man den oktroyierten Art. 105 mit dem später revidierten Art. 63, der in der Verfassung von 1850 ebenfalls ein Notverordnungsrecht der Exekutive festschrieb, so enthält dieser - ähnlich der sächsischen Verfassung von 1831 - eine Restriktion dahingehend, daß die mit Gesetzeskraft erlassenen Verordnungen "der Verfassung nicht zuwiderlaufen" dürfen. Dieser Selbstbeschränkung konnte der Monarch nun - nach der Änderung der Wahlrechts und der mit den entsprechend dem geänderten Wahlrecht versammelten Kammern vereinbarten Verfassungsrevision - zustimmen; der absolut freien Hand bedurfte der Monarch nun nicht mehr.

Die Frage der Intention, die mit der Einführung des Notverordnungsrechts Ende 1848 verbunden war, beantwortet natürlich noch nicht endgültig die Frage der verfassungsrechtlichen Legitimation der Änderung der Verfassung auf dem Wege der Notverordnung und damit implizit die Frage der Verfassungsmäßigkeit der Einführung des Dreiklassenwahlrechts.

Huber verweist zur Stützung seiner These wie gesehen auf das Zusammenspiel der Art. 105, 106 und 110 der oktroyierten Verfassung, aus denen sich das Erfordernis der Verfassungskonformität der auf der Grundlage des Art. 105 erlassenen Verordnungen ergeben soll.

Dem ist namentlich folgendes entgegenzuhalten: Art. 105 enthielt seinem Wortlaut nach keine Verpflichtung, sich im Rahmen der Verfassung zu halten, so wie dies bei Art. 63 der revidierten Verfassung ab 1850 der Fall sein sollte. Auch Art. 106 der oktroyierten Verfassung hat nach seinem Wortlaut gerade nicht die von Huber beigelegte Einschränkung, nach der Verfassungsänderungen allein (!) auf dem konstitutionellen Weg vollzogen werden dürften. Art. 105 stand demnach neben - nach der numerischen Anordnung sogar vor - Art. 106. Nach dem Wortlaut schließen sich beide Normen nicht gegenseitig aus, sondern bilden allenfalls ein Regel-Ausnahme-Verhältnis, wobei Art. 106 die Regel, Art. 105 die Ausnahme bilden sollte, wenngleich es der Exekutive ein

550. So Frahm, Entstehungsgeschichte und Entwicklungsgeschichte der preußischen Verfassung, S. 285.

leichtes war, die in Art. 105 normierte Ausnahmesituation herbeizuführen[551]. Der von Huber in diesem Zusammenhang erwähnte Art. 110 wiederum betrifft ausschließlich die staatsgefährdenden Notstandssituationen äußerer oder innerer Unruhen und spielt daher im Kontext einer allgemeinen Verfassungsrevision dann keine Rolle mehr, wenn man die Art. 105, 106 in dem beschriebenen Regel-Ausnahmeverhältnis und nicht in einem Exklusivitätsverhältnis sieht.

In diesem Zusammenhang sei hier noch einmal auf die Entstehungsgeschichte des Notverordnungsrechts verwiesen. Der in der ursprünglichen Regierungsvorlage vom 23. November enthaltene Notverordnungsartikel sah folgendes vor: "Für den Fall eines Krieges oder Aufruhrs können die Artikel der Verfassungsurkunde zeitweise und distriktweise außer Kraft gesetzt werden. Die näheren Bestimmungen darüber bleiben einem besonderen Gesetze vorbehalten..."[552]. Dieser Artikel war der einzige des Regierungsentwurfes, der eine Aussage hinsichtlich eines Notverordnungsrechtes machte. Dafür enthielt er inhaltlich keine Beschränkung auf bestimmte Rechte, die im Fall des Krieges suspendiert werden konnten. Eine Differenzierung des Notstandsrechts zwischen den Zeiten des Krieges und einem sonstigen Notstandsrecht fand sich in diesem Entwurf noch nicht. Gerade aber der Umstand, daß eine solche Differenzierung in den später eingeführten Art. 105 und 110 stattfand und allein der den Notstand im Kriegsfall regelnde Art. 110 nur einige bestimmte Verfassungsartikel zur Disposition der Regierung stellte, der Art. 105 jedoch gerade keine Begrenzung hinsichtlich dieser Eingriffe festschrieb, läßt den Schluß zu, daß Art. 105 als sein 'Zielgebiet' die gesamte Verfassung (mit-) erfaßte.

Auch dieser Vergleich der ursprünglich geplanten Verfassungsnorm und der letztlich erlassenen Variante zeigt, daß es der Regierung nicht darum ging, die gesamte Verfassung beiseite zu schieben, aber doch an ganz entscheidenden, neuralgischen Punkten wie zum Beispiel dem Wahlrecht, die Möglichkeit zu haben, die Verfassung notfalls auch gegen das Veto der Kammern revidieren, beziehungsweise ein neues Wahlgesetz oktroyieren zu können.

Verfassungsrechtlich ist demnach davon auszugehen, daß Art. 105 keine andere Begrenzung in sich schloß außer die in diesem Artikel selbst begründeten, also vor allem dem Erfordernis, die erlassenen Verordnungen von den Kammern nachträglich bestätigen zu lassen, nicht jedoch, allein verfassungs-

---

551. Vgl. dazu Huber, Verfassungsgeschichte, Bd, 3, S. 48.
552. Nach Frahm, Entstehungsgeschichte und Entwicklungsgeschichte der preußischen Verfassung, S. 281; dort, S. 282, auch die zustimmende Bemerkung des Königs zu diesem Entwurfsartikel: "In Zeiten hoher Gefahr übernimmt der König die Diktatur".

wahrende Verordnungen zu erlassen. Demnach standen auch die Verfassungsbestimmungen zur Disposition des (Not-) Verordnungsgebers[553].

So betrachtet wird Hubers Bewertung der Einführung des Dreiklassenwahlrechts als "eklatanter monarchischer Staatsstreich"[554] fraglich. Dies um so mehr, als die beiden Kammern die Rechtsgültigkeit der oktroyierten Verfassung, in der Art. 105 enthalten war, anerkannten[555]. Durch diese Zustimmung hatte die Verfassung vom 5. Dezember 1848 ihre volle Rechtsgültigkeit erhalten. Mit dieser Rechtsgültigkeit besaß auch die Einführung des Dreiklassenwahlrechts einen verfassungsrechtlichen Boden, sowohl in Gestalt einer gültigen Verfassung wie auch - entgegen der Ansicht Hubers - einer Rechtsgrundlage innerhalb derselben.

Wenngleich die oktroyierte Verfassung Preußen in den (großen) Kreis all der Länder einführte, die konstitutionell, das heißt auf der Grundlage einer schriftlich fixierten Verfassung, regiert wurden, und wenngleich sich diese Verfassung im Hinblick auf den 'Sieg der Reaktion' relativ liberal ausnahm, war sie doch - gerade unter dem Blickwinkel seiner Einführung und des Art. 105 - eine Verfassung zur Stützung der monarchischen Herrschaftstradition.

## 2. Die Verhandlungen der preußischen Kammern über die zu revidierende Verfassung vom 5. Dezember 1848

Noch bevor sich das auf der Grundlage der oktroyierten Verfassung gewählte Parlament an die in der Verfassung selbst angelegte Verfassungsrevision machen konnte, mußten die Kammern diese Verfassung zunächst einmal anerkennen. Mit der Anerkennung der Verfassung einher ging selbstverständlich auch die Anerkennung des Zustandekommens dieser Verfassung, also des königlichen Vorgehens vom Dezember 1848. Wenngleich die Annahme durch die aufgrund der Verfassung gewählten Kammern des preußischen Landtages äußerst umstritten war, so bildete sie doch den Ausgangspunkt der weiteren verfassungsrechtlichen Entwicklung in Preußen, da sie der Verfassung ihre Basis gab.

Nachdem die Frage der Anerkennung der preußischen Verfassung durch beide Kammern positiv geklärt war[556], kam es in der Frage der Anerkennung der Frankfurter Paulskirchenverfassung zum Eklat. Die zweite Kammer setzte

---

553. Vgl. auch Streckfuß, Das freie Preußen, S. 850: "Weshalb ... dem Ministerium nicht auch das Recht bleiben (sollte), nach § 105 die ganze Verfassung, mit Ausnahme des § 105 , aufzuheben?"
554. Huber, Verfassungsgeschichte, Bd. 3, S. 50.
555. Vgl. die Beschlüsse der ersten und der zweiten Kammer bei Huber, Verfassungsgeschichte, Bd. 3, S. 39 f.
556. Dazu Huber, Verfassungsgeschichte, Bd. 3, S. 38 ff.

sich am 21. April 1849 aufgrund eines Antrages des Abgeordneten Rodbertus mit 175 gegen 159 Stimmen für die vorbehaltlose Annahme der Reichsverfassung ein, was eine Akzeptanz des Prinzips der Volkssoveränität durch den anerkennenden preußischen König bedeutet hätte.

Die Volksvertretung wurde daraufhin abermals - auf verfassungsrechtlich legalem Wege unter Berufung auf Art. 49 der oktroyierten Verfassung - am 27. April 1849 aufgelöst[557]. Zugleich führte man unter Berufung auf den Art. 105 durch die Notverordnung vom 30. Mai 1849 für die Wahl zur zweiten Kammer das dem rheinischen Kommunalrecht entlehnte Dreiklassenwahlrecht ein[558], das trotz vieler politischer und rechtlicher Bedenken und Proteste bis 1918 bestehen bleiben sollte.

Die aufgrund des geänderten Wahlrechts am 17. Juli 1849 stattgefundenen Wahlen brachten dem Monarchen das gewünschte Ergebnis in Gestalt regierungskonform besetzter Kammern, wenngleich eine quantitativ starke demokratische Legitimation dieses Parlamentes fehlte, da sich nicht einmal ein Drittel der Wahlberechtigten an der Wahl beteiligten[559]. In beiden Kammern dominierten nun die konservativen Fraktionen und das rechte liberale Zentrum[560]. Politisch bildete die liberale Mitte des vorangegangenen Parlaments mit ungefähr einem Fünftel der Abgeordneten nun die Linke, die restlichen vier Fünftel der Abgeordneten teilten sich die Rechtsliberalen und Konservativen. Unmittelbar nach der Konstituierung der beiden Kammern am 7. August 1849 nahmen diese die Arbeit an der vorgesehenen Revision der Verfassung auf.

In beiden Kammern leisteten Kommissionen[561] die Vorarbeit für die dann im Plenum stattfindenden Diskussionen um die Verfassungsrevision.

Die zweite Kammer schloß sich hinsichtlich des Prozederes ihrer Verfassungsberatungen der Auffassung ihres Präsidenten an, nicht - wie die erste Kammer - Artikel für Artikel zu beraten, sondern das Verfassungsgesetz als ein punktuell zwar zu revidierendes, aber allgemein schon "zu Recht" bestehendes Gesetz anzusehen[562]. So stimmte man auch dem Vorschlag des Central-Ausschusses zu, keine Detaildiskussion zu beginnen, sondern vielmehr die Debatte "auf einzelne möglichst wenige und notwendige Punkte"[563] zu be-

557. Vgl. die entsprechende Verordnung bei Huber, Dokumente, Bd. 1, S. 497 ff.
558. Vgl. die entsprechende Verordnung bei Huber, Dokumente, Bd. 1, S. 495 ff; zur verfassungsmäßigen Rechtmäßigkeit dieses Vorgehens s.o.; zur Entstehungsgeschichte insbesondere Grünthal, Parlamentarismus in Preußen 1848/49-1857/58, S. 66 ff.
559. Grimm, Deutsche Verfassungsgeschichte 1776-1866, S. 215.
560. Huber, Verfassungsgeschichte, Bd. 3, S. 51.
561. Mitglieder des Zentralausschusses für die Verfassungskommission in der ersten Kammer waren u.a. Ammon als Vorsitzender, Baumstark, L. Camphausen, Dahlmann, Kisker, Vincke (nach Botzenhart, Deutscher Parlamentarismus in der Revolutionszeit, S. 750, Fn. 33; vgl. auch Huber, Verfassungsgeschichte, Bd. 3, S. 52, Fn. 78); Mitglieder der Verfassungs-Revisionskommission der Zweiten Kammer waren u.a. Kühlwetter (Vors.), Graf Arnim-Boytzenburg, Beckerath, O. Camphausen, M. Duncker, Harkort, Simson, Tellkampf (nach Botzenhart, Huber, a.a.O.).
562. Stenographischer Bericht 2. Kammer, 1849, S. 329.
563. Stenographischer Bericht 2. Kammer, 1849, S. 51.

schränken. Demgegenüber hielt die erste Kammer, die in ihrer personellen Zusammensetzung des Frühjahrs wieder zusammentrat, sich jedoch durch die Mandatsniederlegung vieler linker Abgeordneter und der Nachwahl konservativer Kandidaten ebenfalls nach rechts entwickelte, es im Interesse der Sache für unverzichtbar, "über die bei der Revision im Allgemeinen in Betracht zu ziehenden Grundsätze" zu debattieren[564].

So konzentrierten sich die Debatten der zweiten Kammer insbesondere auf die gerade auch im Zusammenhang mit dem Staatsoberhaupt relevanten Punkte des Steuerbewilligungsrechts des Parlamentes (Art. 108 der oktroyierten Verfassung) und das Notverordnungsrecht des Monarchen (Art. 105 der oktroyierten Verfassung). Nicht von Bedeutung war hingegen die Frage des Wahlrechts. Das Dreiklassenwahlrecht fand die überwiegende Mehrheit beider Häuser; es wurde nicht in Frage gestellt[565], vielmehr in die revidiere Verfassung übernommen[566].

Die folgende Darstellung der Debatten der Kammern soll sich daher auch auf diese Punkte beschränken, da die Revisionsverhandlungen insbesondere nicht zu einer Infragestellung elementarer Grundentscheidungen der Verfassung führten. Die (erbliche) Monarchie war ebensowenig in Frage gestellt wie das absolute Veto des Staatsoberhauptes bei der Gesetzgebung. Zu sehr fußten die Verhandlungen auf der Verfassung selbst, als daß man derart gravierende Reformansätze, die eher revolutionären Charakter angenommen hätten, auch nur andiskutiert hätte. Das liberal-konservative Gedankengut der in die Kammern gewählten Abgeordneten war allenfalls für punktuelle Verschiebungen der Machtachse zwischen Parlament und Monarch zu gewinnen, wie sie sich in den Debatten um das Steuerbewilligungsrecht und den Notverordnungsartikel niederschlug. Ansätze, die in Richtung der Verwirklichung der Paulskirchenverfassung gingen, waren mithin tabu.

### a. Die Debatte über das Steuerbewilligungsrecht des Parlaments

Ausgangspunkt der Debatte über das Steuerbewilligungsrecht der Kammern war Art. 108 der oktroyierten Verfassung, nach dem die bestehenden Steuern und Abgaben forterhoben werden sollten, bis sie durch ein neues Gesetz abgeändert werden, zu dem dann wiederum im Wege der ordentlichen Gesetzgebung die Zustimmung des Monarchen erforderlich war.

---

564. Stenographischer Bericht 1. Kammer, 1849, S. 211 ff.
565. Vgl. hierzu den Kommissionsbericht, Stenographischer Bericht 2. Kammer, 1849, S. 797 ff., S. 880 ff., 897 ff.; Stenographischer Bericht 1. Kammer, 1849, S. 1597 ff.
566. Art. 69-75.

Diesen Passus aus der Verfassung zu streichen war das erklärte Ziel der Liberalen[567]. Zur Stärkung der Machtposition der Kammern sollte an die Stelle des Art. 108 die periodische Neubewilligung aller Steuern treten. Das Recht, gemäß Art. 98 die Ausgaben des Staates jährlich zu bewilligen, war den Liberalen nicht mehr ausreichend. Allein die leeren Staatskassen wurden als ausreichendes "Zwangsmittel"[568] der Kammern gegenüber der königlichen Regierung anerkannt. Für die liberalen Parlamentarier wurde die Revision des Art. 108 immer mehr zum Symbol für die Fortentwicklung der Verfassung in Richtung eines akzeptablen liberal-konstitutionellen Staates überhaupt. Nach Alfred von Auerswald ging es im Fall der Beibehaltung des Art. 108 um die "Vernichtung des wahrhaft konstitutionellen Staatslebens"[569]. Die eingesetzte Revisionskommission der Zweiten Kammer empfahl daher mit seiner liberalen Mehrheit die Streichung dieser Norm mit 14 gegen 7 Stimmen.

Diesem Bestreben widersetzen sich die Konservativen vehement, da auch sie dieser Materie entscheidende Bedeutung bei der Verteilung der Einflußbereiche zwischen Monarch und Parlament, und damit bei der Ausgestaltung der rechtlichen Stellung des Staatsoberhauptes insgesamt, beimaßen. Eigentlich erschien ihnen bereits Art. 98 als ein zu weitgehendes Zugeständnis an das Parlament, das dem Monarchen entscheidenden Einfluß rauben werde. Bereits Art. 98 reiche aus, um das - so der Vorwurf der Konservativen - von den Liberalen angestrebte parlamentarische System zu realisieren[570]. Lasse man darüberhinaus noch das Steuerbewilligungsrecht der Kammern "in der ausgedehnten Weise" zu, so verliere es den "Charakter des Schutzmittels und (enthalte) nichts Anderes, als die Idee einer Vernichtung des Staates"[571].

Die Debatte geriet immer mehr zu einer Auseinandersetzung über das Wesen des 'wahren Konstitutionalismus'. Dabei ging es den Liberalen gerade auch darum, mit dem Begriff des Konstitutionalismus eine stärkere parlamentarische Bindung der monarchischen Regierung zu erreichen. Allein das Steuerverweigerungsrecht gebe dem Volk die Möglichkeit, seinen Willen gegen die Regierung durchzusetzen und bilde in diesem Sinn die Grundlage des konstitutionellen Systems[572]. Allerdings scheint es übertrieben, hier die aus-

567. Vgl. Hansemann, Das Preußische und Deutsche Verfassungswerk, S. 163, ebenso Botzenhart, Deutscher Parlamentarismus in der Revolutionszeit 1848-1850, S. 750.
568. O. Camphausen, Stenographischer Bericht 2. Kammer, 1849/50, S. 420.
569. Auerswald, Stenographischer Bericht 2. Kammer, 1849/50, S. 387; vgl. auch die Aussage des ersten Debattenredners - Kleist-Retzow -: "Beim Eintritt in diese Diskussion" sehe er voraus, "daß das Haus widerhallen wird von Berufungen auf den wahren, von Angriffen auf den falschen Constitutionalismus, von Volksfreiheit und Volksrechten, die man zu begraben beabsichtige", Stenographischer Bericht 2. Kammer, 1849, S. 383.
570. Vgl. den Minoritätsbericht des Verfassungsausschusses, Stenographischer Bericht 2. Kammer, 1849/50, S. 380.
571. V. Keltsch, Stenographischer Bericht 1. Kammer, 1849, S. 1127.
572. Schwerin, Stenographischer Bericht 2. Kammer, 1849, S. 396.

drückliche Forderung nach einem rein parlamentarischen Regierungssystem zu erblicken. Vielmehr sahen die meisten Liberalen in dem Steuerbewilligungsrecht ein probates und erforderliches Gegengewicht zum absoluten Vetorecht des Monarchen in der Gesetzgebung. Nicht die Vorherrschaft des Parlamentes sollte hier begründet, sondern die alleinige Dominanz des Monarchen gebrochen werden[573], das Steuerbewilligungsrecht wurde von den Liberalen somit 'defensiv' verstanden.

Stahl wiederum, als Vertreter der konservativen Rechten in der Ersten Kammer, trieb die Debatte rhetorisch auf die Spitze, als er davon sprach, Art. 108 sei "die Scheidelinie zwischen Scheinkönigtum und eingeschränktem Königtum, die Scheidelinie zwischen constitutioneller Monarchie und verhüllter Republik". Die Streichung des Art. 108 hieße "die Demokratie beschließen"[574]. In seiner Rechtsphilosophie wertete Stahl die Debatte um das Steuerverweigerungsrecht der Kammern und ordnete sie in sein Verständnis der Abgrenzung eines konstitutionellen und eines parlamentarischen Regierungssystems ein. Durch die letztendliche Beibehaltung des Art. 108 sei "dem liberalen Konstitutionalismus ... der Stachel genommen" worden[575]. "Wo Kammern jährlich einberufen werden müssen, wo sie die Zustimmung zu allen Gesetzen, zu allen Abänderungen des Staatshaushaltes, die Anklage der Minister haben, da ist weder absolute, noch ständische, sondern constitutionelle Monarchie." Fordere man nun zusätzlich das Steuerverweigerungsrecht hinzu, verwechsele man zwei Dinge, "das constitutionelle System einerseits und die sogenannte parlamentarische Regierung andererseits ... Zu jener Souveränität der Kammer-Majoritäten bedarf man allerdings der Steuerverweigerung, sie ist (ohne das Steuerverweigerungsrecht) nicht durchzusetzen; für das constitutionelle System bedarf man ihrer nicht. Jene ist die geordnete Verfassung und die Gemeinsamkeit zwischen König und Volk, diese dagegen ist die Unterwerfung der Krone." Bemerkenswert ist somit in Stahls Äußerungen insbesondere die terminologische Trennung von konstitutioneller Monarchie, die er im Sinn der Beibehaltung des monarchischen Prinzips versteht, und dem Streben nach einer Dominanz des Parlaments über die Krone, die Stahl mit der Republik in Verbindung setzt. Einen Mittelweg zwischen der Monarchie - wie Stahl sie versteht - und der Republik gibt es für ihn also nicht.

Das liberale Konstitutionalismusverständnis, wie es in der Steuerverweigerungsdebatte zum Ausdruck kam, dürfte aber weit weniger 'gefährlich' für die Monarchie gewesen sein, als dies Stahl unterstellte. Wie bereits angedeu-

573. Vgl. u.a. in der Ersten Kammer Camphausen, Stenographischer Bericht 1. Kammer, 1849, S. 1116.
574. Stahl, Stenographischer Bericht 1. Kammer, 1849, S. 1123.
575. Stahl, Philosophie des Rechts, S. 425.

tet, lassen sich relevante Aussagen finden, die die Vermutung belegen, daß das Parlament gerade durch das in Rede stehende Steuerverweigerungsrecht aufgewertet werden und so neben die Krone gestellt werden sollte. Speziell in der Abgrenzung zum Absolutismus waren die Liberalen bestrebt, Garantien in die Verfassung einzubauen, um diese gegen monarchische Übergriffe zu schützen. Der Unterschied einer Verfassung ohne beziehungsweise mit dem Steuerverweigerungsrecht sei der, daß "in dem einen Fall die Regierung dem Geist der Verfassung gemäß regieren kann, wenn sie will, und daß sie in dem anderen Fall diesem Geist gemäß regieren muß, auch wenn sie dies nicht will"[576]. Die von Stahl befürchtete Unterwerfung der Krone unter das Regime der Kammern strebte der Liberale Camphausen und mit ihm die meisten seiner Gesinnungsgenossen offenbar nicht an. Das Steuerverweigerungsrecht sei in der Praxis kaum geeignet, die Regierung "durch die Drohung mit der Nichtbewilligung ... zur Willfährigkeit zu zwingen." Schon "die Aussicht auf Auflösung" durch den König werde "als eine Mahnung zur Mäßigung" wirken[577].

Demnach kam es zumindest einem Großteil der Liberalen in ihrem Verständnis der im konstitutionell-monarchischen Sinn zu revidierenden preußischen Verfassung darauf an, ein Gleichgewicht der beiden Elemente der Staatsgewalt zu erreichen, Monarch und Parlament auf eine Stufe zu stellen und sie im Konfliktfall zu einem verfassungsimmanenten Ausgleich zu zwingen. Wäre das Ziel der in den Kammern vertretenen Liberalen eine Dominanz des Parlamentes gewesen, hätten sie sich naheliegenderweise an Art. 60 der oktroyierten Verfassung - der das absolute Veto des Königs bei der Gesetzgebung festschrieb - stoßen müssen. Von der Einführung eines suspensiven Vetos wie in der Paulskirchenverfassung war jedoch nicht die Rede[578]. Vielmehr legte man gerade Wert auf das Erfordernis der Übereinstimmung zwischen Regierung und Regierten in den Fragen der Gesetzgebung, was für ein konstitutionelles Staatsleben unverzichtbar sei und daher auch das absolute Veto des Monarchen bedinge. Statt das suspensive Veto anzustreben, forderte man nur das 'indirekte'[579] Machtmittel, das Steuerbewilligungsrecht.

Eine im Hinblick auf den späteren Verfassungskonflikt realistische Prognose hinsichtlich der verfassungspolitischen Folgen im Fall einer Ablehnung des Steuerbewilligungsrechtes der Kammern äußerten einige Linke. Selbst eine tatsächlich erfolgende Ausgabenverweigerung gemäß Art. 98 der oktroyierten Verfassung sei letztlich eine stumpfe Waffe, da sie allein nicht ausreiche, die

576. L. Camphausen, Stenographischer Bericht 1. Kammer, 1849, S. 1117.
577. L. Camphausen, Stenographischer Bericht 1. Kammer, 1849, S. 1117.
578. Vgl. die Berichte der Revisionskommission und des Central-Ausschusses. Beide Kammern nahmen den Art. 60 der oktroyierten Verfassung ohne Diskussion (als Art. 62 der revidierten Verfassung) an; Stenographischer Bericht 1. Kammer, 1849, S. 1491; Stenographischer Bericht 2. Kammer, 1849, S. 793 f.
579. L. Camphausen, Stenographischer Bericht 1. Kammer, 1849, S. 1117.

Regierung an der Ausübung ihrer exekutiven Gewalt zu hindern. So äußerte sich etwa Baumstark, daß "der ... der schlechteste Finanz-Minister wäre, es ... die schlechteste Regierung wäre, die es in solch einem Fall ... nicht für ihre heiligste Pflicht hielte, die Mittel, welche sie in Händen hat, anzuwenden, um den Staat vor einer furchtbaren Krisis, vor dem Untergang zu bewahren"[580].

Das Ergebnis der parlamentarischen Auseinandersetzungen in den beiden Kammern ist bekannt: Aufgrund der unterschiedlichen Mehrheitsverhältnisse in den beiden Kammern - in der Ersten fand die Beibehaltung des Art. 108 der oktroyierten Verfassung eine Mehrheit[581], in der Zweiten Kammern dessen Streichung[582] - konnten sich die beiden Kammern nicht über eine Revision dieses Artikels 108 verständigen. Da sie auch nach erneuter Beratung an ihren entgegengesetzten Auffassungen festhielten, war die Revision in diesem Punkte letztlich an dem Widerstand der Ersten Kammer gescheitert, so daß es beim Text der oktroyierten Verfassung bleiben sollte. Somit waren, finanztechnisch gesehen, zumindest gleichbleibende Einnahmen des Staates gesichert, ohne daß die Kammern sich gegen den Monarchen in diesem Punkt zur Wehr setzten konnten. In Verbindung dieser Vorschrift mit dem Budgetrecht jedoch ergab sich die Diskrepanz, daß bei einem Scheitern des Haushaltsentwurfes die Ausgaben des Staates theoretisch nicht hätten fortgesetzt werden können. Gerade im Hinblick auf den Konflikt der 60er Jahre mußte diese Verfassungsentscheidung bei einem Scheitern des Haushaltsentwurfes eine schwere Staatskrise herausfordern[583].

Durch das Scheitern der Liberalen in diesem Punkt war ihr Verständnis einer konstitutionellen Verfassung insgesamt nicht zum Tragen gekommen. Aus der Sicht der Liberalen besaßen die Kammern nun kein ausreichend starkes Machtmittel, um bei einem Konflikt der Krone die Stirn bieten zu können. Die Forderung, sowohl eine starke Regierung zu besitzen, hinter der der entscheidende Einfluß des Monarchen stand, wie auch deren gleichzeitige effektive Gebundenheit an die Repräsentativorgane[584], hatte sich nicht erfüllt. Als Ergebnis der Verfassungsrevision hatte Camphausen zu Beginn der Revisionsverhandlungen gefordert, "mit der monarchischen Regierungsform Garantien für die Übereinstimmung zwischen Regierung und Regierten und für die Aufrechterhaltung der Grenze, über welche hinaus die Freiheit der Staatsbürger nicht beschränkt werden soll, zu vereinbaren, und ... neben dem Monarchen und den Regierungsorganen eine aus dem Volk stammende und im Namen des

580. Baumstark, Stenographischer Bericht 1. Kammer, 1849, S. 1134.
581. Abstimmung der Ersten Kammer über Art. 108 der oktroyierten Verfassung am 19. Oktober 1849, Stenographischer Bericht 1. Kammer, 1849/50, S. 1165.
582. Abstimmung der Zweiten Kammer über Art. 108 der oktroyierten Verfassung am 25. September 1849, Stenographischer Bericht 2. Kammer, 1848/49, S. 249.
583. Vgl. das Fazit bei Huber, Verfassungsgeschichte, Bd. 3, S. 100.
584. Camphausen, Stenographischer Bericht 1. Kammer, 1849, S. 1116.

Volkes handelnde Körperschaft einzusetzen, deren Recht von der Regierung nicht entscheidend geschwächt und aufgehoben werden, die andererseits dies Recht und die Macht der Regierung nicht schwächen oder aufheben könne". Nach ihrem eigenen Verständnis waren die Liberalen gerade aufgrund des nicht zustandegekommenen Steuerverweigerungsrechts des Parlaments gescheitert.

Unterstellte man, daß die Regierung bei einer Budgetverweigerung durch die Kammern die eingenommenen Steuern dennoch ausgebe, besaßen die Kammern keine paritätische Beteiligung an der Macht. Es war ihnen nicht möglich, die Regierung an der Durchsetzung einer Verfassungsinterpretation zu hindern, wie sie Bismarck schon in dieser Debatte vortrug: Er wollte im Falle der Ausgabenverweigerung durch die Kammern eine dem Art. 108 der oktroyierten Verfassung entsprechende analoge Anwendung auch auf Art. 98 der oktroyierten Verfassung ausdehnen: "Nach Art. 98 beruhen die Ausgaben ebenfalls auf Gesetzen, und wir haben gesetzliche Bestimmungen der Etats über die Ausgaben, und diese Ausgaben können ebensogut, wie andere, nur durch neue Gesetze abgeändert werden"[585].

## b. Die Debatte über das Notverordnungsrecht des Monarchen

Eine erste grundlegende Debatte über das in Art. 105 der oktroyierten Verfassung niedergelegte Notverordnungsrecht der Regierung fand bereits im Frühjahr 1849 statt, als der König den 'ursprünglichen' Kammern die Notverordnungen über die preußische Gerichtsorganisation vorlegte, die er am 2. und 3. Januar im Wege des Art. 105 erlassen hatte. Diese Debatte fand noch vor der Auflösung der zweiten Kammer am 27. April 1849 und deren Neuwahl am 17. Juli 1849 im Wege des Dreiklassenwahlrechts statt. Bei dieser Debatte ging es weniger um den Inhalt der oktroyierten Gesetze, als vielmehr um die Art und Weise ihrer Einführung. Damit verbunden war automatisch die grundsätzliche Frage, wie weit dieses Notverordnungsrecht der Krone de lege lata reiche.

Für derart wichtige Gesetze, wie das zur Regelung der Gerichtsverfassung und des Rechtsverfahrens, die in der Lage seien, "neue Formen für das Staatsleben zu erschaffen"[586], stelle Art. 105 keine ausreichende Rechtsgrundlage dar. Sollte eine Auslegung des Art. 105 dazu führen, daß der Monarch ohne Konsultierung der Kammern Gesetze erlassen könne, die "den Staatsorganismus in wesentlichen Teilen umgestalten"[587], so belebe man damit "auf

585. Bismarck, Stenographischer Bericht 2. Kammer, 1849, S. 395.
586. Stenographischer Bericht 1. Kammer, 1849, S. 53.
587. Leue, Stenographischer Bericht 1. Kammer, 1849, S. 54.

indirekter Weise den alten Absolutismus"[588]. Dabei wurde auch auf die im Hinblick auf die späteren Ereignisse sehr gerechtfertigte Befürchtung hingewiesen, daß mit Hilfe einer noch extensiveren Auslegung dieser Verfassungsnorm ein neues Wahlgesetz und mithin eine dem Monarchen gefügigere Kammer geschaffen werden könnte[589].

Auf der Grundlage dieses Konstitutionalismusverständnisses, das jedenfalls die Einschränkung des monarchischen Gesetzgebungs- und auch des monarchischen Notverordnungsrechtes beinhaltete, waren sich beide Kammern und in den Kammern die Vertreter der Rechten und Linken einig. Selbst Stahl kritisierte hier das monarchische Vorgehen und brachte in diesem Zusammenhang erstmals die juristische Unterscheidung zwischen den von dem monarchischen Notverordnungsrecht gedeckten 'Maßnahmen' und den nicht mehr gedeckten 'Gesetzen'[590] vor.

Wenngleich letztlich beide Kammern es hier nicht auf einen großen Konflikt mit dem Monarchen ankommen lassen wollten und daher zwar die Berufung auf den Art. 105 als unzulässig bewerteten, dennoch aber diese Notverordnungen nicht sistierten[591], so war man sich de lege ferenda einig, bei der zukünftigen Revision der (oktroyierten) Verfassung, diesen Notverordnungsartikel zum Nachteil der monarchischen Legislativgewalt einschränken zu wollen.

Diese Debatte um die Revision des Verfassungsartikels 105 begann im Anschluß an die Beratungen über das Steuerverweigerungsrecht der Kammern. Die Beschlußfassung darüber spielte ebenso eine Rolle bei den Beratungen wie der Umstand, daß die neugebildete Zweite Kammer aus einer Wahl hervorging, die auf einem unter Berufung auf diesen Art. 105 erlassenen Wahlrecht beruhte. Wenngleich das Dreiklassenwahlrecht selbst bei der Diskussion um die Verfassungsrevision nicht zur Diskussion gestellt wurde, war man sich doch bewußt, daß die gesamte Verfassung letztlich wertlos sei, wenn man der Regierung gestatte, über eine weit gefaßte Notverordnungsklausel, Verordnungen mit Gesetzeskraft zu erlassen und sich hinterher für deren Genehmigung eine willfährige Kammer zu "komponieren"[592].

Trotz der allen Parlamentariern vor Augen stehenden Auslegungspraxis des Notverordnungsartikels durch die Regierung, lehnte es selbst die Zweite Kammer ab, den Art. 105 der oktroyierten Verfassung ersatzlos zu streichen. Stattdessen strebte man lediglich eine Restriktion an, die den Monarchen dar-

---

588. Leue, Stenographischer Bericht 1. Kammer, 1849, S. 187.
589. Buchner, Stenographischer Bericht 2. Kammer, 1849, S. 373.
590. Stahl, Stenographischer Bericht 1. Kammer, 1849, S. 183; vgl. zu dieser wichtigen Rede Stahls auch Huber, Verfassungsgeschichte, Bd. 3, S. 42.
591. Vgl. den Beschluß der Ersten Kammer, Stenographischer Bericht 1. Kammer, 1849, S. 196; und den der Zweiten Kammer, Stenographischer Bericht 2. Kammer, 1849, S. 369.
592. Wentzel, Stenographischer Bericht 2. Kammer, 1849/50, S. 593.

auf beschränken sollte, Notverordnungen zur "Aufrechterhaltung der öffentlichen Sicherheit" oder zur "Beseitigung eines ungewöhnlichen Notstandes" zu erlassen[593].

Waren es in der Zweiten Kammer noch 63 Abgeordnete, die sich für eine Streichung des Notverordnungsartikels aus der Verfassung aussprachen, so waren es in der Ersten Kammer gar nur vereinzelte Stimmen[594]. Hier waren es sogar gerade die Liberalen, die dem Monarchen ein weites Feld auf dem Gebiet des Notstandsverordnungsrechts einzuräumen bereit waren. Allein die Verfassung sollte die Grenze bilden, die der Monarch nicht überschreiten dürfe[595]. Dagegen wollte Stahl vielmehr dem Parlament eine gegenüber dem Monarchen gestärkte Rolle einräumen. Er wollte das Recht des Monarchen auf vorübergehende Maßregeln beschränkt sehen, Gesetze jedoch nicht unter die Kompetenz des Art. 105 subsumieren[596]. Stahls Unterscheidung zwischen Gesetz und Maßregel drang jedoch weder in der Debatte, noch in der zeitgenössischen Rechtswissenschaft allgemein durch[597]. So verblieb dem Monarchen in dem Art. 63 der revidierten preußischen Verfassung unbestritten das Recht zum Erlaß "echter gesetzesvertretender Notverordnungen", die ihre Grenze erst an der Verfassung selbst finden sollten[598].

## II. GRUNDZÜGE DER VERFASSUNG IM HINBLICK AUF DAS STAATSOBERHAUPT

Am 17. Dezember 1849 erklärte die Erste, am 18. Dezember die Zweite Kammer ihre Zustimmung zu der nun überarbeiteten Verfassung. Nachdem noch einige weitere Änderungswünsche Friedrich Wilhelm IV. durch die Kammern bearbeitet wurden, nahm auch der König die Verfassung am 31. Januar 1850 endgültig an; am 2. Februar 1850 wurde sie in der Gesetzessammlung verkündet[599]. Die preußische Verfassung von 1850 sollte bis zur Novemberrevolution von 1918 das Grundgesetz des preußischen Staates und als solches ein typisches Beispiel des einzelstaatlichen Konstitutionalismus auch in der Zeit des deutschen Kaiserreiches bleiben.

---

593. Abstimmung siehe Stenographischer Bericht 2. Kammer, 1849, S. 601 ff.
594. Zur Abstimmung in der Ersten Kammer vom 3.11.1849 siehe Stenographischer Bericht 1. Kammer, 1849, S. 1326.
595. Vgl. Hansemann, Stenographischer Bericht 1. Kammer, 1849/50, S. 1321 f.
596. Stahl, Stenographischer Bericht 1. Kammer, 1849/50, S. 1323 ff.
597. Stahls Unterscheidung zwischen Gesetz und Maßregel trat erst später bei der Auslegung des Art. 48 der Weimarer Reichsverfassung wieder ins Bewußtsein; vgl. Huber, Maßnahmegesetz und Rechtsgesetz, S. 113 f.
598. Huber, Rechtsgeschichte, Bd. 3, S. 60.
599. Text der Verfassung bei Huber, Dokumente, Bd. 1, S. 501 ff.

## 1. Exegese des Verfassungstextes

Die Verfassung verkörperte das Wesen des konstitutionellen Königtums besonders klar. Als "gemischte" Verfassung stand sie zwischen dem vergangenen absolutistischen und dem künftigen parlamentarischen Herrschaftssystem. So konnte sie den Radikaldemokraten als kryptomonarchisch zuwider sein, und zugleich von den altkonservativen Anhängern des Kaiserreiches als Einfallstor der Revolution verdächtigt werden.

Die Stellung des Staatsoberhauptes in der preußischen Verfassung von 1850 ist insbesondere in seinem dritten Titel, der "vom Könige" handelt, geregelt. Als Grundsatzentscheidung war das Königtum auf einer erblichen Basis errichtet worden (Art. 53). Dies erschien den Verfassungsvätern derart selbstverständlich, daß diese Regelung nicht einmal an die Spitze des Abschnitts über die monarchischen Rechte gestellt wurde, sondern zusammen mit anderen, eher formalen Festlegungen, an deren Ende. Der Monarch selbst sollte gemäß Art. 43 unverletzlich und damit jeglicher politischer oder juristischer Verantwortlichkeit entzogen sein, selbst wenn er entgegen dem von ihm zu leistenden Eid auf die Verfassung (Art. 54 Abs. 2) diese brach.

Gewohnten konstitutionellen Prinzipien entsprechend, übernahmen an des Königs statt die von ihm in freiem Ermessen zu benennenden Minister (Art. 45 Satz 2) im Wege der Gegenzeichnung die Verantwortung für die monarchischen Regierungsakte (Art. 44). Nicht der König, sondern die Minister waren - juristisch - verantwortlich.

Das konstitutionelle System Preußens beruhte auf dem monarchischen Prinzip. Der König war Träger aller Staatsgewalt, den Repräsentativeinrichtungen kamen nur bestimmte Mitwirkungsrechte zu. In Wahrheit herrschte und regierte allein der Monarch, wenn auch selbstbeschränkt durch die Konstitution. Der Aufgabenbereich des Monarchen entsprach ebenfalls weitgehend den bereits im Vormärz von der Staatsrechtslehre genannten Befugnissen. Art. 45 Satz 1 wies dem König die vollziehende Gewalt ausschließlich zu, er führte den Oberbefehl über das Heer (Art. 46) und besaß allein das Recht über Krieg und Frieden (Art. 48 Satz 1, 1. Halbsatz) zu entscheiden; seine zivile Oberhoheit wurde durch die militärische Gewalt flankiert. Hierbei berief sich der preußische Monarch auf einen ungeschriebenen Verfassungsgrundsatz, wonach die Ausübung der Kommandogewalt einer ministeriellen Gegenzeichnung nicht bedürfe. Diese königliche Prärogative wurde ergänzt durch den Vorrang des Monarchen auf dem Gebiet der Außenpolitik. Hier lag die maßgebliche Kompetenz beim König kraft seiner auswärtigen Gewalt.

Im Bereich der Gesetzgebung sollte der Monarch die gleichen Rechte innehaben wie die beiden Kammern. Dementsprechend hatten alle drei Elemente, erste Kammer, zweite Kammer und der König selbst das Gesetzesinitiativrecht (Art. 64 Abs. 1) ebenso wie auch ein absolutes Vetorecht (Art. 62 Abs. 2). Neben dieser Beibehaltung monarchischer Stärke durch das absolute Veto, enthielt der Verfassungstext auch keine Andeutung einer parlamentarischen Verantwortlichkeit der Minister. Diese konnten zwar gemäß Art. 61 durch den Beschluß einer Kammer angeklagt werden - ein entsprechendes Gesetz vorausgesetzt -, aber ein Mißtrauensvotum, das den Monarchen hätte zwingen können, auf einen eventuellen Verlust der Majorität seiner Regierung im Parlament mit deren Entlassung zu reagieren, enthielt es nicht; die Minister waren nicht vom Vertrauen des Parlaments, sondern allein von dem des Königs abhängig. Ein persönliches Regiment des Königs widersprach dem konstitutionellen System. Die Minister befanden nach eigenem Ermessen über die Gegenzeichnung, doch blieb die Unabhängigkeit des Königs letztlich gewahrt. Denn er allein entschied über die Ernennung und Entlassung der Minister; das Parlament hatte keinen verfassungsrechtlichen Einfluß auf die Zusammensetzung des Parlaments. So saß der konstitutionelle König stets am längeren Hebel der Herrschaftsgewalt.

Neben diesem Einfluß des Königs im Bereich der ordentlichen Gesetzgebung war ihm zusätzlich das untergesetzliche Verordnungsrecht (Art. 45 Satz 3, 2. Halbsatz), sowie das außergesetzliche Notverordnungsrecht eingeräumt worden (Art. 63). Völkerrechtliche Abkommen bedurften einer Zustimmung der Kammern lediglich dann, wenn es Handelsverträge waren oder "wenn dadurch dem Staate Lasten oder einzelnen Staatsbürgern Verpflichtungen auferlegt" wurden. Von dieser parlamentarischen Zustimmungsbedürftigkeit waren indessen Bündnisverträge, die ja stets mit möglichen Belastungen verbunden sind, stillschweigend ausgenommen. Im Hinblick auf die Finanzverfassung sah die preußische Verfassung gemäß Art. 99 vor, daß die Staatsausgaben jährlich durch ein Gesetz festgesetzt werden müssen, während die Staatseinnahmen gemäß Art. 109 solange forterhoben werden, bis sie durch ein Gesetz geändert werden.

## 2. Einordnung der Verfassung in den verfassungsgeschichtlichen Kontext

Nach der Verabschiedung der Verfassung durch die beiden Kammern erfolgte die Annahme und Beschwörung durch den König. Die Liberalen waren nicht etwa deprimiert über den "krypto-absolutistischen Charakter"[600] der Verfassung, vielmehr sogar erleichtert, daß die Verfassung nun als Staatsgrundlage in Kraft getreten war. Bis zuletzt hatte eine konservative Gruppe den König gedrängt, die Verfassung überhaupt zu verwerfen und statt dessen

600. Botzenhart, Deutsche Verfassungsgeschichte 1806-1949, S. 64.

nur einen königlichen "Freibrief" zu erlassen. "Der Vogel sitzt im Käfig und das ist die Hauptsache"[601] schrieb damals der ehemalige Märzminister Camphausen. Das nach dem Scheitern der Paulskirchenverfassung enttäusche liberale Bürgertum akzeptierte diese Verfassung, wenngleich damit die Unterdrückung aller politischen Kräfte "links der Mitte"[602] verbunden war.

Aus der Sicht der Liberalen gewann die Verfassung gerade durch ihre in die Zukunft weisenden Versprechungen an Bedeutung. So handelte es sich trotz des Oktrois von 1848 als Ausgangspunkt um eine - ausweislich der Präambel - ausgehandelte Verfassung zwischen Monarch und Volk, die vor allem durch ihre Vorbehalte für Ausführungsgesetze für - im liberalen Sinn - gestaltbar erachtet wurde[603] und wodurch die Verfassung gleichsam über sich selbst hinaus verwies. Der später erhobene Vorwurf, daß es sich in Wahrheit nur um ein scheinkonstitutionelles System gehandelt habe, wird unter anderem mit der Nichterfüllung dieser Verfassungsverheißungen, insbesondere dem fehlenden Ministerverantwortlichkeitsgesetz, begründet. Die liberale Forderung, die Gesetzesgebote in liberal-konstitutionellem Sinn einzulösen, war weitgehend identisch mit der, die Verfassung "zur Wahrheit" zu bringen[604].

Mit der Verfassung stellte sich aber auch ein großer Teil der preußischen Konservativen - unter anderem Bismarck - auf den Boden des Konstitutionalismus. Dies war nicht zuletzt ein Verdienst Friedrich Julius Stahls, der schon 1845 in seiner Schrift "Das monarchische Prinzip" zu zeigen versucht hatte, daß die Aufrechterhaltung einer starken monarchischen Staatsgewalt auch im modernen Verfassungsstaat möglich sei, wenn man nur den 'verhängnisvollen Übergang' zur parlamentarischen Regierungsweise vermeide. Stahl erreichte jetzt mit seiner Staatslehre und Rechtsphilosophie den Höhepunkt seines politischen Einflusses.

Die preußische Verfassung von 1850 brach nicht ausdrücklich mit dem monarchischen Element in dem Typus der konstitutionell-monarchischen Verfassung, stellte aber in seinem Wortlaut auch nicht (mehr) auf das 'monarchische Prinzip' als Leitprinzip der Verfassung ab. Wenngleich die liberale belgische Verfassung von 1831 als Vorbild diente[605], so ist doch der Unterschied zu der preußischen Verfassung in den entscheidenden Punkten unübersehbar. So fehlte das in der belgischen Verfassung enthaltene Bekenntnis zur Volkssouveränität, was mit dem monarchisch geprägten Staatsverständnis

---

601. Zitiert nach Botzenhart, Deutsche Verfassungsgeschichte 1806-1949, S. 64.
602. Stolleis, Geschichte des öffentlichen Rechts in Deutschland, Bd. 2, S. 298.
603. Kölnische Zeitung, Nr. 32 vom 6.2.1850 (nach Grünthal, Grundlagen konstitutionellen Regiments in Preußen 1848-1867, S. 42).
604. Vgl. Grünthal, Grundlagen konstitutionellen Regiments in Preußen 1848-1867, S. 41 f.
605. Die Anlehnung an die belgische Verfassung erfolgte auch mit dem Hintergedanken, dadurch die Liberalen für das Verfassungswerk eher gewinnen zu können.

sowohl des Königs, wie auch der meisten Liberalen nicht vereinbar gewesen wäre - trotz oder gerade aufgrund der Erfahrungen mit der Entstehung und Umsetzung der Paulskirchenverfassung. Darüberhinaus enthielt die belgische Verfassung die strikte Beschränkung der Rechte des Monarchen auf die in der Verfassung genannten. Diese Ausschließlichkeitsformel monarchischer Rechte war der preußischen Verfassung ebenfalls fremd.

Zudem fehlte in der preußischen Verfassung die Klarstellung, nach der der König 'das Oberhaupt des Staates' sei, weil durch eine solche Feststellung nach konservativer Überzeugung die Stellung des Königs auf die Verfassung hätte zurückgeführt werden können. Auch der französische Präsident der Republik nenne sich so. Der König sollte nicht erst durch die Verfassung zum Staatsoberhaupt werden, so wie dies in Belgien formuliert wurde. Ein entsprechender Antrag der Revisionskommission der 2. Kammer, dem Passus des Art. 41 der Verfassung, der die Unverletzlichkeit des Königs statuierte, den Satz "der König ist das Oberhaupt des Staates" voranzustellen, setzte sich letztlich nicht durch. Die Gegner einer solchen Passage trugen vor, daß nicht klar sei, was "Oberhaupt des Staates" beinhalte, zudem sei dadurch im Wege der Verfassungsänderung sogar die theoretische Möglichkeit geschaffen, ein anderes Oberhaupt als einen König zu inthronisieren[606].

In der späteren kommentierenden Literatur ist die genannte Passage häufig als Beleg dafür angeführt worden, daß man sich auch im Rahmen der Revisionsverhandlungen stets völlig im klaren darüber gewesen sei, im Grundsatz das monarchische Prinzip aufrecht zu erhalten[607]. Denkbar erscheint eine Deutung der Debatten aber auch dahingehend, daß man sich zwar einig darüber war, daß der König als Staatsoberhaupt fungieren solle, nicht jedoch, was dies im Kontext der Rechte eines Staatsoberhauptes beinhalte; ob nur die formelle Zusammenfassung der in der Verfassung gewährten Rechte (so wie dies in der belgischen Verfassung in dessen Art. 78 ausdrücklich normiert war), oder aber mehr, bis hin zu der Formulierung vergangener Verfassungen, daß der Monarch als Staatsoberhaupt alle Rechte der Staatsgewalt in sich vereinige. Die Verfassungsurkunde selbst enthielt jedenfalls keine Beantwortung dieser Frage.

Auch die freie militärische Kommandogewalt ließ sich unter Heranziehung einer auf monarchischer Grundlage stehenden Auslegung rechtlich absichern. Die Verfassung erkannte dem König zwar den Oberbefehl über das Heer zu (Art. 46) und bezog das Militär damit in das Verfassungsrecht ein, sie band auch den innerstaatlichen notstandsmäßgen Einsatz des Heeres an das

---

606. Vgl. die Diskussion Stenographischer Bericht 2. Kammer, 1849/50, S. S. 329 ff.; wenngleich diese Möglichkeit eher eine theoretische ist, da der Monarch aufgrund des absoluten Vetorechtes seiner eigenen 'Abschaffung' hätte zustimmen müssen.
607. Zur Interpretation der Verfassung siehe unten.

Vorliegen gesetzlich bestimmter Gefahrenlagen (Art. 36). Unstreitig zwischen allen Parteien aber galten kraft verfassungsmäßigen Gewohnheitsrechts alle Akte, die aus dem Oberbefehl folgten, als nicht gegenzeichnungspflichtig[608]. Außerdem hatte der König durchgesetzt, daß das Heer nur auf den Kriegsherren, den Monarchen, nicht aber auf die Verfassung vereidigte wurde, Art. 108 Abs. 2.

Diese Auslegung der monarchischen Rechte aus der Verfassung ist unter Zugrundelegung des Wortlauts der Verfassung jedoch nicht selbstverständlich, umschrieb die Verfassung doch die monarchischen Rechte des Oberbefehls und der Stellenbesetzung im Heer in Art. 46, 47 ganz parallel zu den entsprechenden Zuständigkeiten des Königs und stellte diesen Bestimmungen den Grundsatz der Ministerverantwortlichkeit und der Gegenzeichnungspflicht für alle königlichen Regierungsakte voran. Dagegen legte Friedrich Wilhelm I. bereits am 1. Juli 1849 in einem - damals unveröffentlichtem - Handschreiben an das Staatsministerium fest, daß "in allen Punkten ... welche den Oberbefehl über das Heer betreffen ... jede Einwirkung der Kammern ausgeschlossen, und der Kriegsminister ... Mir und seinem Gewissen verantwortlich" sei[609]. Damit verbunden war keine reine Formfrage, sondern die Festlegung der unmittelbaren und ausschließlichen Befugniserweiterung des Monarchen auf die Kommandogewalt. Diese Befugnisse wurden auch weder im Rahmen der Revisionsverhandlungen oder danach jemals durch die liberale Opposition oder die staatsrechtliche Literatur ernsthaft in Frage gestellt.

Damit war das Heer in seiner Zurückführung auf die monarchische Entscheidungs- und Kontrollgewalt vorkonstitutionell, das heißt gerade nicht gebunden an Gegenzeichnungspflicht und Verantwortlichkeit der Minister. Durch das Militärkabinett, dem großen Generalstab, sowie später dem Marinekabinett hatte "der 'preußische Soldatenstaat' neben dem 'bürgerlichen Verfassungsstaat' in der Tat seine Realität"[610]. Dem kann letztlich auch nicht der Einwand Hubers[611] entgegengehalten werden, die Armee sei zwar nicht auf die Verfassung, dafür jedoch auf den König vereidigt, der seinerseits ein Verfassungsgelöbnis zu leisten hatte (Art. 54 Abs. 2), so daß jedenfalls eine mittelbare Verfassungsgebundenheit auch des Militärs über die Person des Monarchen gegeben sei. Damit ist dem Militär zwar ein eigenständiges Prüfungsrecht der

608. Vgl. Huber, Verfassungsgeschichte, Bd. 3, S. 71, 76 f.; a.A. Hartung, Deutsche Verfassungsgeschichte, S. 286, wonach die Kommandogewalt erst 1861 durch königliche Kabinettsordre entgegen den ursprünglichen Bestimmungen der Verfassung der Gegenzeichnung entzogen worden sei.
609. Huber, Dokumente Bd. 2, S. 8 ff.
610. Böckenförde, Der Verfassungstyp der deutschen konstitutionellen Monarchie im 19. Jahrhundert, S. 153.
611. Huber, Verfassungsgeschichte, Bd. 3, S. 78.

Verfassungsgemäßheit der königlichen Befehle entzogen[612], jedoch führte die lediglich mittelbare Bindung des Militärs an die Verfassung dazu, daß das Militärwesen nicht lediglich Teil des dem König durch die Verfassung zugeordneten Kompetenzbereichs war, sondern ein vorkonstitutionelles Reservat, das gerade aufgrund der Unverletzlichkeit des Oberhaupts (Art. 43), an den das Militär allein gebunden war, keinerlei Einfluß- und Kontrollmöglichkeiten des Parlaments - als der dem Monarchen gegenübergestellte dualistische Gegenpart - zuließ. Konfliktpotential bestand somit zwischen Monarch und Parlament allein in den Budgetfragen, wobei die Budgetkompetenz des Parlaments auch die aus der Militärorganisation hervorgehenden Finanzbedürfnisse betraf[613].

Während in der Frage der Teilhabe des Parlaments an den Befugnissen der Staatsgewalt im Hinblick auf das Militärwesen das Parlament ohne große Gegenwehr der Liberalen außen vor blieb, war das Steuerbewilligungsrecht des Parlaments von zentraler Bedeutung für die Einordnung der Verfassung im Hinblick auf eine wirkliche Teilhabe des Parlaments am Staatsleben und somit spiegelbildlich im Hinblick auf die Stellung des Königs. Jedenfalls gewann die Debatte um das Steuerbewilligungsrecht durch den Angriff der Liberalen auf Art. 108 der oktroyierten Verfassung eine überragende Bedeutung[614].

Stahl - als exponierter Gegner liberaler Vorstellungen - ging dabei von einem Konstitutionalismusverständnis aus, das ein aufeinander abgestimmtes Gleichgewicht zwischen Krone und Parlament beinhaltete. Dieses Gleichgewicht werde durch das Recht der Kammern, die Steuern des Staates zu verweigern, zugunsten des Parlaments verschoben. Eine Verfassung ohne ein parlamentarisches Steuerverweigerungsrecht sei "die geordnete Verfassung und die Gemeinsamkeit zwischen König und Volk", wohingegen das Steuerverweigerungsrecht des Parlaments "die Unterwerfung der Krone" bedeute[615]. Nur am Rande bemerkt sei hier, daß die Grundlage dieser Argumentation Stahls, das konstitutionelle Gleichgewicht zwischen Krone und Parlament, nie in dem Sinne erreicht wurde, wie Stahl dies selbst voraussetzte, da insbesondere das Gesetz über die Ministerverantwortlichkeit nie verabschiedet wurde. Stahl verglich das absolute Vetorecht des Königs bei der Gesetzgebung mit ei-

---

612. Huber, a.a.O., sieht dadurch die Gefahr gebannt, daß das preußische Militär vom 'Hüter der Verfassung' zum eigentlichen 'Herrn der Verfassung' werde, da es aus eigener Stärke heraus im Konfliktsfall seine eigene Verfassungsauslegung gegenüber anderen staatlichen Gewalten durchsetzen könne.

613. Vgl. hierzu das Schreiben von König Friedrich Wilhelm IV. an den Ministerpräsidenten v. Manteuffel, in dem er - Friedrich Wilhelm - dieses Konfliktpotential erkannte und somit dem Parlament jedenfalls ein Mitbestimmungsrecht im Hinblick auf die Militärausgaben zubilligte, vgl. Huber, Verfassungsgeschichte, Bd. 3, S. 77.

614. Zur Debatte im einzelnen siehe oben.

615. Stahl, ebenda.

ner ungeladenen Pistole, das Steuerverweigerungsrecht der Kammern mit einer geladenen Pistole[616].

Die Liberalen hingegen suchten durch das Steuerverweigerungsrecht des Parlaments einen weiteren Mosaikstein in die Verfassung zu integrieren, um ein konstitutionelles System zu erreichen, das auch nach ihrer Interpretation des Konstitutionalismus in ein Gleichgewicht monarchischer und parlamentarischer Kräfte münden sollte. Das Faktum leerer Staatskassen schien den Liberalen das einzig wirksame "Zwangsmittel"[617], um ein unkonstitutionell handelndes Ministerium auf den Boden der Verfassung zurückzuholen. Den Liberalen ging es mithin nicht um die von Stahl unterstellte Machtverschiebung zugunsten der Kammern, sondern um die Herstellung des Gleichgewichts zwischen den beiden Staatsgewalten. Die Liberalen suchten somit den konstitutionellen Staat gegen eine ausufernde monarchische Regierung zu schützen. Das Steuerverweigerungsrecht hatte somit mehr defensiven Charakter und sollte nicht dazu mißbraucht werden, die Regierung "durch die Drohung mit der Nichtbewilligung in jedem einzelnen, kleinen und großen Fall zu Willfährigkeit" zu zwingen. Das sinnvolle Einsetzen des Steuerverweigerungsrechtes werde stabilisierend auf das Verfassungsleben wirken, da die Kammern die Exekutive - letztlich das Staatsoberhaupt - an ihre Pflichten erinnern könne und ihn somit im Interesse des Staatsganzen davor bewahren könne, noch einmal in die Gefahr der Revolution 'von unten' zu geraten[618]. Camphausen hatte bewußt die Einführung des Steuerverweigerungsrechts als ein 'indirektes' Mittel der Kammern bezeichnet, dem Monarchen entgegentreten zu können. Von dem direkten Machtmittel, der Beschneidung des absoluten Vetorechtes durch die Einführung des suspensiven Vetos, wie dies in der Paulskirchenverfassung (Art. 101) geschehen war, war in den preußischen Kammern nie die Rede. Die unveränderte Annahme des Art. 60 der oktroyierten Verfassung (Art. 62 der revidierten Verfassung), der das absolute Vetorecht des Königs festlegte, erfolgte in beiden Kammern ohne Diskussion[619].

Das Ziel liberaler und konservativer Verfassungspolitik war - die Lesart der Parlamentsdebatten unterstellt - mithin das selbe; beide suchten ein verfassungsmäßiges Gleichgewicht zwischen monarchischer Regierung und dem Parlament zu erreichen; für die Liberalen war dies jedoch nur durch eine Än-

616. Stahl, Stenographischer Bericht 1. Kammer, 1849, S. 1124 ff.
617. O. Camphausen, Stenographischer Bericht 2. Kammer, 1849, S. 420.
618. In diesem Sinne wohl Beckerath, Stenographischer Bericht 2. Kammer, 1849, S. 404; Fubel, Stenographischer Bericht 2. Kammer, 1849, S. 404; Dahlmann, Stenographischer Bericht 1. Kammer, 1849, S. 1112; L. Camphausen, Stenographischer Bericht 1. Kammer, 1849, S. 1118; Baumstark, Stenographischer Bericht 1. Kammer, 1849, S. 1133.
619. Stenographischer Bericht 2. Kammer, 1849, S. 793 f. u. 803; Stenographischer Bericht 1. Kammer, 1849, S. 1491.

derung des Art. 108 zu erreichen, für die Konservativen wäre das jetzt bestehende Gleichgewicht durch eine solche Revidierung jedoch gerade zugunsten des Parlaments verschoben worden.

Die Streichung, oder Revidierung des Art. 108 der oktroyierten Verfassung scheiterte an der Ablehnung durch die Erste Kammer. Aus der Sicht der Liberalen war dies eine Niederlage, da es gerade nicht gelungen war, das für ihr liberal-konstitutionelles Staatsverständnis erforderliche Gleichgewicht zwischen Krone und Kammern unter Einschluß des Steuerverweigerungsrechts zu verwirklichen. Nach liberaler Auffassung hatte sich somit innerhalb der Machtbalance das monarchische Element - jedenfalls im Bereich der Finanzverfassung - durchgesetzt.

Konkret geblieben war den Liberalen in finanzpolitischer Hinsicht nunmehr allein das Budgetrecht gemäß Art. 98, das die jährliche Zustimmung der Kammern zu einem Staatshaushaltsplan vorsah. In diesem Bereich der Gesetzgebung - dem grundsätzlichen "Boden der Begegnung zwischen Königtum und Volksfreiheit"[620] - war der Kompromiß der beteiligten Gesetzgebungsfaktoren mithin zwingend vorgeschrieben, denn die Verfassung selbst sah den Zwang zur alljährlichen Verabschiedung dieses Gesetzes vor. Auf der Grundlage der Verfassungsurkunde gab es kein verfassungstheoretisches Entrinnen vor diesem notwendigen Kompromiß.

Das Erfordernis eines 'Kompromisses' setzt natürlich voraus, daß die Kammern in der Frage der Zustimmung zu dem regierungsseitig vorgelegten Budgetentwurf frei sind. Da das Budgetbewilligungsrecht des Parlaments als dessen eigenes Recht formuliert war und historisch an ständische Vorbilder anknüpfte, war damit in der Tat die "Theorie der freien Budgetbewilligung" verbunden[621].

Dieses Budgetrecht sollte jedoch das eigentliche Einfallstor in das monarchische Prinzip der konstitutionellen Monarchie werden. Erwachsen aus dem ursprünglich ständischen Recht der Steuerverwilligung, das ein Bewilligungs- und teilweises Ausgabenkontrollrecht normierte, mutierte es im konstitutionellen Staat zu einem Recht des Parlaments, insbesondere alle Staatsausgaben zu kontrollieren. Hier drohte dem Monarchen nicht nur in der Verfassungstheorie, sondern auch in der Verfassungswirklichkeit Ungemach, wie sich exemplarisch und zum erstenmal im preußischen Verfassungskonflikt zeigen sollte.

Dennoch betrachteten die Liberalen die Niederlage in der Frage der Steuererhebung als ein Scheitern der Umsetzung ihres liberalen Konstitutiona-

---

620. Böckenförde: Der Verfassungstyp der deutschen konstitutionellen Monarchie im 19. Jahrhundert, S. 150 f.
621. Böckenförde, Der Verfassungstyp der deutschen konstitutionellen Monarchie im 19. Jahrhundert, S. 156.

lismusverständnisses. Das monarchische Element in der Verfassung habe sich durchgesetzt. Nach der Abstimmung über Art. 108 in der Ersten Kammer interpretierte der erzkonservative Ernst Ludwig von Gerlach die Finanzbestimmungen der Verfassungsurkunde in Übertragung des Gedankens des Art. 108 auch auf das Budgetrecht dahingehend, "daß wenn kein Budget zustande kommt, das alte Recht gilt"[622] - dies ist zugleich die erste Andeutung dessen, was im Verfassungskonflikt unter dem Begriff der 'Lückentheorie' bekannt werden sollte.

Während in der Frankfurter Paulskirchenverfassung das dualistische Nebeneinander von Monarch und Parlament durch das lediglich suspensive Vetorecht des Monarchen aufgehoben wurde, standen in Preußen beide Machtfaktoren nebeneinander. Dies entsprach auch der liberalen, wie der gemäßigtkonservativen Zielvorstellung. Entworfen wurde dabei ein theoretisches Verfassungsbild, das in der Forderung nach einer Verfassung mündete, die eine möglichst unabhängige Regierung garantieren, zugleich aber deren Abhängigkeit von den Repräsentativorganen sichern und zudem beide derart miteinander verbinden sollte, daß jede Möglichkeit zum Rechtsmißbrauch ausgeschlossen sein sollte[623].

Die Verfassungstheorie sah als Ideal einen Staat vor, in dem sich monarchisches Element (König) und demokratisches Element (Parlament) auf einer Ebene gegenüberstanden, ohne auf einer höheren Ebene aufgehoben zu werden. Daß dies zu realpolitischen Problemen in Konfliktfällen führen mußte, war den Beteiligten durchaus bewußt[624]. Für eine 'legale Regierung' im konstitutionellen Sinne sei das stete Streben nach einer Übereinstimmung zwischen Regierung und Regierten unabdingbar.

Bei dieser Zieldefinition eines konstitutionellen Staates, der ein gleichrangiges Nebeneinander zweier Gesetzgebungsfaktoren vorsah, ging man bewußt von einer historischen Wurzel des Konstitutionalismus ab, die gerade im 'monarchischen Prinzip' lag, wie er noch in Art. 57 der Wiener Schlußakte

---

622. Diwald, Von der Revolution zum Norddeutschen Bund, Bd. 1, S. 225 f. - natürlich war auch Gerlachs Aussage 'nur' eine Interpretation der Verfassung, so wie es im Verfassungskonflikt auch andere, entgegengesetzte Interpretationen der 'Lückenhaftigkeit' der Verfassung geben sollte.

623. Vgl. zu dieser Suche nach der "Quadratur des Kreises" Camphausen, Stenographischer Bericht 1. Kammer, 1849, S. 1116, der - da "jede Macht nach Erweiterung" zu streben pflege - es als Aufgabe der Konstitutionalisierung Preußens beschrieb, "mit der monarchischen Regierungsform Garantien für die Übereinstimmung zwischen Regierung und Regierten für die Aufrechterhaltung der Grenze, über welche hinaus die Freiheit der Staatsbürger nicht beschränkt werden soll, zu vereinigen, und zu dem Ende neben dem Monarchen und den Regierungsorganen eine aus dem Volk stammende und im Namen des Volkes handelnde Körperschaft einzusetzen, deren Recht von der Regierung nicht einseitig geschwächt und aufgehoben werden, die andererseits dies Recht und die Macht der Regierung nicht schwächen oder aufheben könne."

624. Lasker, Was geschieht, wenn das Etatgesetz nicht zur Vereinbarung gelangt?, S. 32 ff.

definiert war. Das verfassungstheoretische Streben nach einem Dualismus ging gerade weg von einem Staatsverständnis, das als souveränen Träger aller Staatsgewalt allein den König als das Staatsoberhaupt vorsah, der seine Begrenzung, nicht jedoch seine Grundlage in der Verfassung gefunden hatte, so daß der Monarch für ein politisches Recht, das er beanspruchte, auch keines verfassungsrechtlich fixierten Titels bedurfte, sofern nicht dieses Recht de lege lata einem andern Organ, insbesondere der Volksvertretung zugewiesen war.

Diese Formel vom monarchischen Prinzip, die das Verfassungsleben in Deutschland bislang geprägt hatte, wurde in die Verfassungsurkunde nicht übernommen. Der Art. 43 der Verfassungsurkunde wies nur noch auf die Unverletzlichkeit des Monarchen hin. Darüberhinaus zählte die Verfassung die Rechte des Monarchen im einzelnen auf, ohne dabei - stillschweigend oder expressis verbis - eine grundsätzliche (All-) Zuständigkeit des Monarchen vorauszusetzen. Dieses Fehlen der Entscheidungsbefugnis zugunsten der Monarchie im Fall eines Konfliktes der beiden 'Partner' im Gesetzgebungsverfahren, Monarch und Parlament, war ein starkes Indiz dafür, daß die Verfassungsurkunde von der Zugrundelegung des monarchischen Prinzips absah, denn dieses setzte gerade den letztendlichen Entscheidungsvorbehalt der Krone begriffsnotwendig voraus. Mit dieser Feststellung sei nun nicht das Gegenteil behauptet, also die Durchsetzung des parlamentarischen Regierungssystems, erkennbar beispielsweise am Budgetrecht. Vielmehr legte sich die Verfassung - im Gegensatz zu der Paulskirchenverfassung - gerade auf keinen Entscheidungsträger fest, der im Fall eines Aufeinandertreffens den Ausschlag geben sollte. Dieses Offenhalten der Entscheidungsfindung und deren Verlagerung in den politischen Bereich war die eigentliche Entscheidung der Verfassung. Daß dies später sowohl von konservativen Politikern, wie auch von der Staatsrechtslehre in ständig wachsendem Ausmaß anders gedeutet wurde, ändert nichts an der zur Zeit der Verfassungsrevision bestehenden Zielvorstellung weiter Teile der an der Revision Beteiligten.

Das Abweichen des Textes von der Verfassungstradition bisheriger konstitutioneller Verfassungen hat unter anderem auch Stahl deutlich gemacht, als er in seiner "Philosophie des Rechts" anmerkte, daß die "Ausdrucksweisen von 1848, die in der V.U. stehen geblieben, keineswegs etwas gleichgültiges" seien. Auch habe man in ihr "manch bedenkliche Einrichtungen" der Revolutionszeit konserviert[625]. Auch Zöpfl betonte die Bedenklichkeit des Wegfalls der Formel vom monarchischen Prinzip in den zwischen 1848 und 1850 entstandenen Verfassungen, insbesondere der preußischen[626]. Beide Autoren führten die dennoch erfolgte Stabilisierung der monarchischen Stellung in Preußen nicht auf die Verfassungsurkunde zurück, sondern allein auf die

625. Stahl, Die Philosophie des Rechts, S. 426 f.
626. Zöpfl, Grundsätze des gemeinen deutschen Staatsrechts, Bd. 2, S. 246 f.

(Verfassungs-) Politik der sogenannten Reaktionszeit der fünfziger Jahre. Mit dieser Interpretation standen sie in einer gewissen Folgerichtigkeit zu den liberalen Reaktionen auf die der Reaktionszeit vorausgegangene Politik der Neuen Ära[627], die den Beginn dieser Neuen Ära - in anderer Zielsetzung als die Konservativen die spätere Reaktionszeit - als Sieg der Verfassung und des Rechts feierten[628].

Nach zeitgenössischer Auffassung stellte die "gleiche Konkurrenz der Krone bei der Gesetzgebung einen Fundamentalsatz der konstitutionellen Monarchie" dar[629]. Königliche Gewalt und Volksvertretung sollten in der Gesetzgebung aneinander gebunden sein[630]. Die "organische Einheit der Staatsgewalt" sollte darin ihren Ausdruck finden[631]. Mit dieser Feststellung ist natürlich noch nichts über den Konfliktfall, also den Dissens in der Gesetzgebung gesagt. Das Miteinander und gleichberechtigte Nebeneinander war als idealtypisches Ziel der Verfassungspolitik entworfen worden. Die Möglichkeit systemimmanenter Konflikte war auch den Verfassungsvätern der preußischen Verfassung und den Verfassungsrechtlern durchaus bewußt[632]; allerdings unterließ man die Fixierung einer Konfliktlösung - eine solche hätte ja auch bereits im Vorfeld des Verfassungslebens ein Eingeständnis des Scheiterns des

627. Die Politik der Neuen Ära setzte mit dem Übernahme der Regentschaft durch den Prinzregenten Wilhelm am 7./9. Oktober 1859; hierzu allgemein, Haupts, Die liberale Regierung in Preußen in der Zeit der "Neuen Ära", HZ 227, S. 45 ff.

628. Zu der Politik der Neuen Ära hieß es von liberaler Seite in den Preußischen Jahrbüchern, dem seit 1858 erschienenen Organ der bisher in der Opposition stehenden Liberalen: "Vollständig, unverkümmert ist der Sieg der Verfassung. Für die ganze Zukunft des preußischen Volkes ist dieser Regierungsantritt von unermeßlicher Bedeutung"; er besage "die Befestigung der bürgerlichen Freiheit in Preußen, den Aufschwung der erlösten Geistesfreiheit - und Eines vor Allem, wenn auch nicht über Alles - die Herrschaft des Gesetzes", Preußische Jahrbücher, Bd. 2, S. 454.

629. Aus den Motiven des Kommissionsentwurfes der Nationalversammlung zur Formulierung des entsprechenden Artikels, in: Rönne, Die Verfassungsurkunde der Preußischen Staates vom 31. Januar 1850, S. 120, Anm. 2.

630. Die Gesetzgebung in Abgrenzung zu den Instrumenten der 'hohen Politik', also der inneren Verwaltung, der Außenpolitik und der Kommandogewalt, die dem Monarchen uneingeschränkt zustanden.

631. U.a. Stahl, Philosophie des Rechts, S. 54.

632. Vgl. u.a. den Debattenbeitrag von Graf Arnim-Boytzenburg vom Februar 1851: "Ich sage weder, daß sich diese [gemeint sind die Artikel 99 und 109 der revidierten Verfassung] widersprechen, noch daß sie beide zusammen das ganze Gebiet des Staatslebens in dieser Beziehung ausfüllen; ich sage ganz einfach ..., daß zwischen beiden Artikeln eine Lücke, eine Leere in der Verfassung ist, daß sie nichts darüber enthält, wie es denn gehalten werden soll, wenn das Gesetz, das der Art. 99 als die alljährlich wiederkehrende Regel hinstellt, nicht zu Stande kommt", Stenographischer Bericht 2. Kammer, 1851, S. 355; vgl. auch den Beitrag Bismarcks in der Zweiten Kammer vom 24.2.1851: "Die Verfassung sagt zwar, der Staatshaushalt soll jährlich festgestellt werden, ... aber wenn dies nicht zustande käme, wie dies immer möglich ist, ... so ist meines Erachtens durch die Fassung des Art. 99 ... durchaus nicht ausgeschlossen, daß das im vorigen Jahr gemachte Gesetz so lange fortbestehen soll, bis das Gesetz für das nächste Jahr ... zustande gebracht ist", Bismarck, Die gesammelten Werke, Bd. 10, S. 117.

Ziels eines gleichberechtigten Nebeneinanders zum Ausdruck gebracht. Der von dem Kommissionsentwurf der Nationalversammlung zu Art. 62 angedachte Zusatz: "Wird jedoch ein Gesetz-Vorschlag unverändert von beiden Kammern zum dritten Male angenommen, so erhält er durch die dritte Annahme Gesetzeskraft" wurde nicht angenommen. Der Vorschlag, "dem König überhaupt nur ein Veto" einzuräumen wurde ebenfalls abgelehnt[633]. So blieb es bei einer Verfassung, die auf einen gesetzgeberischen Dualismus abzielte, ohne ein Element der inneren Stabilisierbarkeit zu enthalten[634].

Aufgrund der Bedeutung der Gesetzgebung im Zusammenhang mit der Frage der Beteiligung der Volksvertretung am verfassungspolitischen Leben gewann zwangsläufig die auch in der Staatsrechtswissenschaft aufkommende Abgrenzung des Vorbehalts des Gesetzes vom selbständigen Vorbehaltsrechts der Krone an Bedeutung[635]. In der insoweit im Laufe der Entwicklung steten Ausdehnung des sachlichen Bereichs der Gesetzgebung liegt eine deutliche Erosion monarchischer Macht und zugleich ein Grundstein im Hinblick auf eine Entwicklung hin zu einer größeren Einflußnahme des Parlaments im Rahmen des monarchischen Staatsaufbaus.

In dem System der Gleichberechtigung von Monarch und Parlament in der Gesetzgebung beruhte die Funktionsfähigkeit dieses Systems in der Annahme, daß sich alle beteiligten Staatsgewalten an diesen 'wahren Konstitutionalismus' halten würden und sich den erforderlichen Kompromissen nicht verschlössen. Die Verfassung regelte somit allein den Normalfall, das heißt den Fall der stets zustande kommenden Kompromisse. Den Gedanken an den Ausnahmefall stellte man wohlweislich hintan[636].

Deutlich wird die Betonung der Stärke der monarchischen Position jedoch auch durch die bewußte Abkehr von anderen westlichen Verfassungen. Diese starke monarchische Stellung innerhalb des 'deutschen konstitutionellen Systems' war im (west-) europäischen Kontext geradezu ein Fremdkörper, dem von Anfang an in der Französischen Revolution, in den Vereinigten Staaten von Amerika, aber auch in England Alternativen republikanischer, demokratischer parlamentarischer und monarchischer Art gegenüber standen. Wäh-

---

633. Rönne, Die Verfassungsurkunde der Preußischen Staates vom 31. Januar 1850, S. 120 Anm. 2.

634. Der Dualismus zwischen Regierung und Volksvertretung führt nach Ansicht Robert von Mohls notwendigerweise entweder zur Korruption des Konstitutionalismus oder zum Parlamentarismus; Mohl, Staatsrecht, Völkerrecht und Politik, 1860, S. 395.

635. Vgl. hierzu Böckenförde, Der Verfassungstyp der deutschen konstitutionellen Monarchie im 19. Jahrhundert, S. 150 f.

636. Vgl. hierzu die Stellungnahme von Graf Arnim-Boytzenburg vom 25.2.1851: "Deshalb glaube ich, lassen wir doch die Zustände, welche die Verfassung eben nicht regelt, wie sie sich in sich als vollkommen haltbar ergeben; lassen wir sie um Himmels willen bestehen, rütteln wir nicht daran!" Stenographischer Bericht 2. Kammer, 1851, S. 356.

rend für die westeuropäischen Konstitutionalismen der Satz gilt "le roi règne, mais il ne gouverne pas", während dort der Monarch somit als politisches Neutrum ausgestaltet war, so besaß der König des 'deutschen Konstitutionalismus' sowohl in der Theorie wie in der Praxis die verfassungsrechtliche Macht, selbst zu regieren und zu herrschen.

Die preußische Verfassung gilt als 'offen'. Diese Offenheit bezieht sich insbesondere darauf, daß die Lösung eines Konfliktfalles im Bereich der Budgetgesetzgebung nicht in der Verfassungsurkunde geregelt war und - wie sich zeigen sollte - auch die Frage der Verfassungsinterpretation nicht geklärt war; weder wer verbindlich über die Auslegung zu entscheiden hatte, noch unter Berufung auf welches Verfassungsverständnis diese Auslegung zu erfolgen habe.

Diese Offenheit der Verfassung - negativ ausgedrückt: diese Unentschiedenheit oder Unentschlossenheit - zeigte sich bereits in ihrer Entstehungsgeschichte: Ausgangspunkt war der Verfassungsoktroi 1848, dies jedoch unter dem Vorbehalt einer späteren parlamentarischen Revision. Weder war somit der Standpunkt monarchischer Vollkommenheit, noch der der Vereinbarung zwischen Fürst und Volk oder gar der reinen Volkssouveränität voll gewahrt[637]. Die Frage, ob die Verfassung nun vereinbart oder oktroyiert war, tritt jedoch in den Hintergrund vor der Feststellung, daß die Grenze monarchischer Herrschaft jedenfalls im Bereich der verfassungsändernden Gesetzgebung gefunden war, da die einmal existente Verfassung legal nur noch unter verfassungskonformen Bedingungen geändert werden konnte. Diese Bedingungen sahen zwingend eine Übereinkunft von Monarch und Parlament vor, so daß die Frage nach dem Träger der verfassunggebenden Gewalt ebenfalls in der Schwebe blieb und nur in der Auseinandersetzung zwischen Monarch und Parlament entschieden werden konnte[638]. Auch dies entsprach zumindest dem Verständnis der an der Verfassungsgebung und der -revision Beteiligten.

Das Erfordernis der politischen Auseinandersetzung, sowie die dem zugrundeliegende verfassungspolitische 'Neutralität' der Verfassungsurkunde trug ebenfalls mit dazu bei, die konstitutionelle Verfassung speziell deutscher Prägung - als deren Musterbeispiel die preußische Verfassung von 1850 gilt[639] - hervorzuheben. Wenngleich sich die konkrete Ausgestaltung dieses 'deutschen' Konstitutionalismus erst durch den Verfassungskonflikt ergeben

---

637. Vgl. Carl Schmitt, S. 53 f., der in der Frage der Verfassungsgebung ein striktes 'Entweder-oder' formuliert:" Entweder erläßt der Fürst auf der Grundlage des monarchischen Prinzips aus der Fülle seiner Staatsgewalt eine Verfassung - oder die Verfassung beruht auf einem Akt der verfassunggebenden Gewalt des Volkes, d.h. auf dem demokratischen Prinzip. Als fundamental entgegengesetzt lassen sich diese beiden Prinzipien nicht miteinander vermengen."
638. Vgl. Rauh, Föderalismus und Parlamentarismus im Wilhelminischen Reich, S. 38.
639. Huber, Verfassungsgeschichte, Bd. 3, S. 3.

sollte, gab es diese Begrifflichkeit doch schon vor der Entstehung der preußischen Verfassung. Der Staatswissenschaftler Bülau sprach 1843 in einem Aufsatz vom "teutschen constitutionellen System"[640]. Dieses System wurde von ihm und zwei Jahre später von Stahl dem westeuropäischen, insbesondere dem der englischen Parlamentsherrschaft gegenübergestellt. Das politisch verfolgte Ziel dieser Gegenüberstellung war - insbesondere bei Stahl - die Abgrenzung dieser unter dem Dach des Konstitutionalismus zusammentreffenden Systeme und die bewußte Ablehnung dieser für Westeuropa und Nordamerika charakteristischen Entwicklung.

Die Verfassungsurkunde stellte in ihrem Ergebnis keineswegs ein verfassungstheoretisches oder -politisches Prinzip auf, dem eine der drei führenden politischen Richtungen, die Demokratiebewegung, der Liberalismus und der Konservatismus, bedingungslose Akzeptanz hätten entgegenbringen können. Sie war vielmehr auch in ihrer grundsätzlichen Interpretation 'offen'. Sie konnte als Garantie eines unaufhaltsamen Fortschritts zu mehr bürgerlichen Freiheit ebenso aufgefaßt werden, wie als (letztes) Zugeständnis monarchischer Traditionen, die wieder in den steten Fluß eines konservativ-organischen Staatslebens einmünden werde. So konnten alle politischen Grundströmungen die Verfassung jedoch nicht nur kritisieren, sondern zugleich auch - positiv - ein Stück Identifikation in ihre Kritik einbinden, indem sie Teile der Verfassung als ihren weitergehenden verfassungspolitischen Zielen dienlich erachteten. Allen Beteiligten war somit bewußt, daß sich die Menschen und Institutionen von verschiedenen politischen Richtungen her in die Verfassung würden einleben müssen.

Wenn die Verfassung in ihrer Auslegung offen war, mithin von demokratischer, liberaler und konservativer Seite jeweils im eigenen Sinne ausgelegt werden konnte, zeigt dies, daß man sie als Verfassung begriff, an die man von verschiedener Seite Wünsche und Hoffnungen herantragen konnte, und daß nunmehr der Übergang von der Revolution zur Verfassungsdiskussion geschafft war. Oder aber zeigt sich in dem späteren Verfassungskonflikt vielmehr, daß die Offenheit der Verfassung in ihrer grundsätzlichen Auslegungsfähigkeit nicht eher - negativ - daherrührt, daß man sie aus unpassenden Versatzstücken des monarchischen und des demokratischen Prinzips zusammengesetzt hat, ohne dem erkennbar möglichen Aufeinanderstoßen von Parlament und Monarch in der Budgetfrage vorzubeugen? Das liberale Streben des Vormärz war auf die Existenz einer Verfassung gerichtet; da dieses Ziel jetzt erreicht war, vollzog sich die Auseinandersetzung nunmehr auf dem Boden der Verfassung. Nicht mehr die Existenz der Verfassung, sondern deren Auslegung und Entwicklung stand fortan zur Debatte.

---

640. Bülau, Der constitutionelle Staat in England, Frankreich und Deutschland, S. 24.

Erst der Verfassungskonflikt der Jahre 1862 bis 1866 zeigte nicht nur die politische Sprengkraft dieses dualistisch angelegten Verfassungswerks, sondern auch, wie sich die Verfassungsinterpretation und die Verfassungspolitik über die Verfassungsurkunde selbst wölbt und die Verfassung prägt.

## III. DER PREUSSISCHE VERFASSUNGSKONFLIKT

Der zwischen Krone und Parlament ausgetragene preußische Verfassungskonflikt stellt ein exemplarisches Beispiel für ein in der Verfassungswirklichkeit auftretendes verfassungsrechtliches Problem dar. Er wurde als "das Zentralereignis der innerdeutschen Geschichte des letzten Jahrhunderts"[641] bezeichnet, dessen Lösung "die wichtigste Entscheidung über den weiteren Weg der deutschen Verfassungsgeschichte" darstelle[642].

Die Strukturprobleme der preußischen Verfassung und des deutschen Konstitutionalismus überhaupt traten im preußischen Heeres- und Verfassungskonflikt der Jahre 1862-66 mit aller Deutlichkeit zutage, da dieser Konflikt die Nahtstelle der Kompetenzbereiche von König und Parlament betraf - dort, wo der 'Dualismus', das gleichberechtigte Nebeneinander mehrerer Organe, nicht zugunsten einer Seite aufgehoben wurde. In dieser dualistischen Anlage der deutschen konstitutionellen Verfassung war ein solcher Verfassungskonflikt gleichsam vorprogrammiert.

### 1. Das Problem und seine realpolitische Lösung

Der Anfang Oktober 1858 zunächst als Regent für seinen geisteskranken Bruder auf den Thron gekommene spätere König und Kaiser Wilhelm I.[643] hatte bei seinem Regierungsantritt den Beginn einer "Neuen Ära" angekündigt, die durch innere Reformen, "moralische Eroberungen" Preußens in Deutschland und eine Politik nationaler Einigung gekennzeichnet sein sollte[644]. So hatte er das durch Ministerpräsident Manteuffel geprägte Kabinett der Reaktionszeit am 5.11.1858 durch ein liberaleres Kabinett mit Ministerpräsident Fürst von Hohenzollern-Sigmaringen an der Spitze ersetzt. Zunächst betätigte Wilhelm I. seinen Reformwillen jedoch ausschließlich im militärischen Bereich.

---

641. Carl Schmitt, Staatsgefüge und Zusammenbruch des zweiten Reiches, S. 10.
642. Willoweit, Deutsche Verfassungsgeschichte, S. 250.
643. Zu der verfassungsrechtlichen Problematik im Zusammenhang mit der Regentschaft siehe Huber, Verfassungsgeschichte, Bd. 3, S. 269 ff.
644. Vgl. zu den Zielen der Neuen Ära: Huber, Verfassungsgeschichte, Bd. 3, S. 273 f.

Das preußische Heerwesen beruhte damals auf den Wehrgesetzen, die während und unmittelbar nach den Befreiungskriegen von 1813/1815 erlassen worden waren. Die Friedenspräsenz war so gering, daß nur eine Minderheit der Wehrpflichtigen in die preußische Armee eingezogen werden konnte. Die aus dem aktiven Dienst ausgeschiedenen Reservisten und die nicht Eingezogenen dienten in der milizähnlichen Landwehr, die mit ihren eigenen Offizieren und Einrichtungen für den preußischen Liberalismus das Ideal des Bürgers in Uniform darstellte. Der "Krimkrieg" Englands und Frankreichs, später auch Österreichs, gegen Rußland (1854-1856) und der Krieg um die italienische Einigung zwischen dem mit dem Königreich Piemont verbündeten Frankreich und Österreich (1859) hatten dazu geführt, daß man in Preußen allgemein eine Verstärkung des Heeres über den Stand von 1815 für nötig hielt.

Das Abgeordnetenhaus bewilligte daher 1860 die Mittel für die Heeresvermehrung als Provisorium[645], ging dabei jedoch von der Voraussetzung aus, daß die Heeresreform anschließend durch ein neues Wehrgesetz geregelt würde, das nach der Vorstellung der Liberalen den Übergang von der dreijährigen zur zweijährigen Dienstzeit bringen sollte. Die liberale Kammermehrheit glaubte, auch nach Ablauf des Provisoriums weiterhin, durch die Mitgestaltung des Wehrgesetzes als einem materiell-rechtlichen Gesetz im Sinn der Verfassung freie Gestaltungsmöglichkeiten zu besitzen. Die Regierung betrachtete die provisorische Erhöhung des Heeresetats jedoch als definitiv[646] und zeigte keine Neigung, auf die liberalen Reformvorstellungen einzugehen und stellte außerdem den Status der Landwehr in Frage. Somit erwies sich die Doppeldeutigkeit des Provisoriums von 1860.

Die Regierung verzichtete auch 1861 entgegen der Vorstellung der Liberalen auf die Vorlage eines Gesetzentwurfes über die Dienstpflicht und die Änderung des Wehrgesetzes und stellte stattdessen lediglich den Finanzbedarf zur Umsetzung der Reformen in den allgemeinen Haushalt ein. Der Landtag sah sich genötigt, auch in diesem Haushaltsjahr die Ausgaben für die neuen Militärstrukturen lediglich als Provisorium in einem außerordentlichen Etat vorläufig bereitzustellen, während die Regierung erneut ihren Standpunkt vertrat, nach dem es sich hierbei um "vollendete Tatsachen" handele[647].

Die Neuwahlen im Dezember 1861 brachten einen Erfolg der der Regierung gegenüber oppositionell eingestellten Mehrheit des Abgeordnetenhauses. Entscheidenden verfassungspolitischen Einfluß konnte nun auch die politische Linke zurückgewinnen, die wieder im Landtag vertreten war, nachdem sie

645. Bei Huber, Dokumente, Bd. 2, S. 38.
646. Vgl. die Thronrede des frisch gekrönten Königs Wilhelm (nach dem Thronwechsel vom 2.1.1861) bei der Eröffnung des Landtags, Stenographischer Bericht Abgeordnetenhaus, 1861, S. 1.
647. Vgl. hierzu Huber, Verfassungsgeschichte, Bd. 3, S. 291.

zehn Jahre lang nicht am politischen Leben teilgenommen hatte. Die politisch neuorientierte Mehrheit des Abgeordnetenhauses lehnte eine erneute Bewilligung des Provisorium ab und verlangte außerdem die Vorlage eines genau spezifizierten Militäretats, wodurch es der Regierung nicht mehr möglich gewesen wäre, die Kosten für die alte Heeresstärke und die Kosten der Reorganisation zu verschleiern[648].

Aufgrund des nun offen zutage getretenen Bruchs zwischen dem Parlament und der Krone löste der König das Abgeordnetenhaus am 11.3.1862 erneut auf; das liberalkonservative Kabinett wurde durch ein konservatives Kabinett unter Ministerpräsident Fürst Hohenlohe-Ingelfingen ersetzt. Durch diese Schritte war die Abkehr von der Politik der Neuen Ära vollzogen.

Der nunmehr neu gewählte "Konfliktslandtag"[649] erlebte den triumphalen Einzug der erst ein Jahr zuvor gegründeten linksliberalen "Deutschen Fortschrittspartei". Die Opposition umfaßte jetzt insgesamt rund 80% der Mitglieder des Abgeordnetenhauses.

Selbst für das konservative Ministerium gab es nur einen verfassungskonformen Ausweg aus der Krise: Die Verständigung mit dem Abgeordnetenhaus. In einem Immediatbericht vertrat das Ministerium die verfassungsrechtliche Auffassung, daß der König im Konfliktfall nicht ohne Verfassungsbruch budgetfrei regieren könne[650]. Es riet dem König zum Einlenken, zumal selbst Kriegsminister Roon in der Sache eine Verkürzung der Dienstzeit für möglich hielt. Der König beharrte jedoch auf seinem Standpunkt[651], drohte sogar mit Abdankung und fand in Bismarck den Mann, der sich bereit erklärte, als treuer Vasall seines Herren den Kampf gegen das Abgeordnetenhaus durchzufechten. Am 24.9.1862 wurde Bismarck preußischer Ministerpräsident[652].

Bismarcks Versuch, führende liberale Politiker in sein Kabinett einzubinden und somit den Konflikt einvernehmlich zu lösen[653], scheiterte. Der König beendete am 13.10.1862 die Session der beiden Häuser des Landtages. Bismarck proklamierte dabei das budgetlose Regiment[654]. Er bediente sich dabei der Theorie, daß sich in der preußischen Verfassung eine "Lücke" insofern befinde, als nicht gesagt sei, was zu geschehen habe, wenn sich die Regierung, das Herrenhaus und das Abgeordnetenhaus nicht über den Etat ver-

648. Vgl. den Antrag des Abgeordneten Hagen (Mitglied der Fortschrittspartei) bei Huber, Dokumente, Bd. 2, S. 40.
649. Huber, Verfassungsgeschichte, Bd. 3, S. 295.
650. Huber , Dokumente, Bd. 2, S. 42 ff.
651. Sowohl was die Frage der Heeresreform und insbesondere der beizubehaltenden dreijährigen Dienstzeit betraf, wie auch die Frage des Regierens ohne parlamentarisch gebilligtes Budget.
652. Vgl. Huber, Verfassungsgeschichte, Bd. 3, S. 299 ff.
653. Zur Bedeutung dieses Angebots Bismarcks in Bezug auf eine mögliche Entwicklung in Richtung Parlamentarismus siehe Huber, Verfassungsgeschichte, Bd. 3, S. 305 f.
654. Huber, Dokumente, Bd. 2, S. 49 f.

ständigten. Da das Staatsleben aber nicht einfach stillstehen könne, habe die Regierung das Recht und die Pflicht zu handeln. Zugleich sei sich die Regierung aber auch ihrer verfassungsrechtlichen Pflichten bewußt und hege die Zuversicht, daß der budgetlose Zustand die nachträgliche Genehmigung des Landtages finden werde.

Im Gegensatz zu einigen hochkonservativen Kreisen beabsichtigte Bismarck nicht, den Verfassungskonflikt dazu zu benutzen, dauerhaft die Verfassung auszuschalten. Vielmehr wurde der budgetlose Zustand als Notstandsfall erachtet, den es alsbald zu beenden gelte. Das oppositionelle Lager sah in dem budgetlosen Regiment Bismarcks eine Verfassungsverletzung, wenn nicht gar einen Staatsstreich[655].

Bismarck führte den Kampf nicht nur verfassungsrechtlich, sondern auch politisch offensiv, indem er die Alternativen 'königliches Regiment' oder 'Parlamentsherrschaft', 'königliches Heer' oder 'Parlamentsheer' aufbaute. Wenn er den Liberalen damit die Absicht unterstellte, über das Budgetrecht den Übergang zum Parlamentarismus erzwingen zu wollen, so traf er damit nicht deren Zielvorstellung. Ob Bismarck dies bewußt war oder nicht, mag dahingestellt bleiben, jedenfalls baute er damit eine deutliche Front auf und diffamierte zugleich den politischen Gegner. Darüberhinaus legte er mit der These des liberalen Strebens nach Einführung des Parlamentarismus den Grundstein für spätere verfassungsrechtliche und -historische Betrachtungen über den Verfassungskonflikt. Den Liberalen ging es zunächst nur um die Wahrung der konstitutionellen Rechte der Kammern, um die Bewahrung des verfassungsrechtlichen Gleichgewichts zwischen Monarch und Parlament, das es gerade verbiete, daß sich ein Faktor der an der Feststellung des Etatgesetzes Beteiligten über einen anderen hinwegsetze. Weil Bismarck jedoch dem Streit die prinzipielle Zuspitzung zu einem vermeintlichen Kampf zwischen konstitutionellem und parlamentarischem System gegeben hatte, wäre ein Sieg des Abgeordnetenhauses kaum ohne tiefgreifende Folgen für das preußische Regierungssystem geblieben.

Nachdem der Konflikt bis zum Sommer 1866 angedauert hatte, wurde nach dem militärischen Sieg Preußens über Österreich von Bismarck selbst der Weg zu seiner Beilegung gebahnt. Mit den militärischen Erfolgen im Rücken ersuchte er mit der Indemnitätsvorlage vom 14.8.1866 das Abgeordnetenhaus um Entlastung für die Tatsache, daß das Ministerium vier Jahre lang ohne ordnungsgemäß verabschiedetes Budget regiert hatte[656]. Beide Seiten konnten so ihren Rechtsstandpunkt wahren. Im liberalen Lager waren schon zuvor

---

655. Vgl. die Adreßentwürfe im Januar 1863 von Vincke, Stenographischer Bericht Abgeordnetenhaus, 1863, S. 20 f.; und von Virchow, Stenographischer Bericht Abgeordnetenhaus, 1863, S. 21 f.
656. Entwurf des Indemnitätsgesetzes bei Huber, Dokumente, Bd. 2, S. 98 f.

viele Abgeordnete des Streits mit einer Regierung müde geworden, deren nationale Politik sie vorbehaltlos unterstützten. So kam es zu einer Spaltung innerhalb der Fortschrittspartei. Ein Teil ihrer Abgeordneten stimmte der Indemnitätsvorlage zu. Die Regierung erzielte bei der Abstimmung am 3.9.1866 einen großen Erfolg, als das Abgeordnetenhaus die Indemnitätsvorlage gemäß einem Kommissionsentwurf annahm. Am 8.9.1866 nahm das Herrenhaus die Vorlage an, so daß sie nach Zustimmung auch des Königs am 14.9.1866 in Kraft treten konnte[657]. Die Regierung wurde so von ihrer Verantwortung für die Staatsverwaltung ohne bewilligte Ausgaben entlastet. Der Streit zwischen dem Monarchen und seiner Regierung Bismarck einerseits und dem Abgeordnetenhaus andererseits war dadurch formell beigelegt.

## 2. Der verfassungsrechtliche und staatsrechtstheoretische Hintergrund

Aus dem eben dargestellten Budgetkonflikt, als das Parlament der monarchischen Regierung die finanziellen Mittel zur Reorganisation des Heeres verweigerte, resultierte die Verfassungsfrage, was zu geschehen habe, wenn aufgrund eines Dissenses zwischen den gesetzgebenden Faktoren ein Budgetgesetz nicht zustandekommt. Die Verfassungsurkunde schwieg hierzu. Im Unterschied zu anderen Gesetzesvorhaben mußte in diesem Fall eine Lösung gefunden werden, da die Verfassung die positive Verabschiedung eines solchen Budgetgesetzes verlangte. Mit der bloßen Negation eines Gesetzesvorhabens durch den Monarchen oder das Parlament war es somit nicht mehr getan. Hier war das von der Verfassung gesetzte Erfordernis des Kompromisses nicht mehr zu umgehen.

In der Frage des Budgetgesetzes und des erforderlichen Konsenses wird sowohl das in der Verfassung veranlagte Potential zur Steigerung des Einflusses des Parlaments gegenüber dem Monarchen deutlich, wie auch die Auslegungsbedürftigkeit der Verfassung auf der Suche nach einem allgemein anerkannten Modus der Konfliktlösung. Daß es im preußischen Verfassungskonflikt zu einer solchen, von allen Seiten anerkannten Möglichkeit der Konfliktlösung nicht kam, erwies sich als eines der Wesensmerkmale der Verfassung selbst.

Der Versuch, den aufgrund des Schweigens der Verfassungsurkunde aufgetretenen Konflikt zwischen Monarch und Parlament in einer bestimmten verfassungsrechtlichen Frage zu klären, war Ausgangspunkt etlicher parlamentarischer und verfassungstheoretischer Kontroversen und verdeutlichte zugleich auch die in der Verfassung selbst angelegte innere Dynamik, die sich

---

657. Text des Indemnitätsgesetzes bei Huber, Dokumente, Bd. 2, S. 102 f.

in diesen verfassungstheoretischen Diskussionen zeigte, wurde doch das Verfassungsleben ganz elementar durch die Verfassungsinterpretation mitbestimmt. Aus diesem Grund ist es auch nicht angezeigt, das Verfassungsverständnis auf den urkundlichen Text und eine einzige Auslegungsweise zu reduzieren; vielmehr müssen sämtliche - relevanten - Auslegungsmethoden der Verfassung, wie auch die Lösung in der Praxis mitberücksichtigt werden.

Der preußische Verfassungsstreit beruhte auf dem Nichtzustandekommen eines Budgetgesetzes. Da der Wortlaut der Verfassung hierbei zwingend eine Einigung vorsah und forderte, war der Umstand, daß ein solcher Kompromiß nicht zustande gekommen ist, der eigentliche verfassungswidrige Zustand. Da man jedoch nicht auf diesem Zustand verharren konnte, war eine Auslegung der Verfassung erforderlich, wie in einem solchen Fall des Nichtzustandekommens eines Budgetgesetzes zu verfahren sei. Soweit herrschte unter den am Konflikt beteiligten Einigkeit. Strittig war dagegen, wie die Verfassungsauslegung zu erfolgen habe.

Vertreten wurde auf Seiten der Regierung und der Konservativen die "Lückentheorie", nach der die Verfassung eine Lücke aufweise, da sie den Fall des Nichtzustandekommens des Budgetgesetzes nicht regele. Aus dieser Lücke folge die Befugnis der Regierung, auch ohne Etatgesetz Ausgaben zu tätigen, wobei diese Befugnis wie auch die Extension des budgetlosen Regiments verschieden begründet wurde. So wurde als Legitimation der Lückentheorie der Verfassungsoktroi von 1848 angeführt, das Fortbestehen des monarchischen Prinzips als Leitgedanke der Verfassungsauslegung (unter Berufung auf Art. 57 der Wiener Schlußakte), das vorkonstitutionelle Recht unter Heranziehung des Allgemeinen Preußischen Landrechts, die analoge Anwendung des Art. 109 im Rahmen des letzten verabschiedeten Budgetgesetzes oder eine faktische Notwendigkeit zum Handeln[658].

Dem hielten die Vertreter der liberalen Opposition die "Appelltheorie" entgegen, die versuchte, die Frage aus der Verfassung selbst unter Heranziehung weiterer Verfassungsvorschriften zu lösen. Bei einem Dissens zwischen der Regierung und dem Parlament habe der Monarch das verfassungsmäßige Recht, entweder das Ministerium zu entlassen, oder das Abgeordnetenhaus aufzulösen. In letzterem Fall appelliere er an die Wähler, der Ansicht der Regierung zu folgen und Parteien zu wählen, die die Regierungspolitik (und mithin die des Monarchen) mittragen. Dabei wurde es als durchaus legitim angesehen, wenn der Monarch das Parlament mehrmals auflöse, um ein Ergebnis in seinem Sinne zu erzielen. Die Folge eines dauerhaft oppositionellen Parla-

---

658. Vgl. statt vieler: Huber, Verfassungsgeschichte, Bd. 3, S. 333 ff.; Kraus, Ursprung und Genese der "Lückentheorie" im preußischen Verfassungskonflikt, in: Der Staat, 1990, S. 209 ff.; Becker, Die angebliche Lücke der Gesetzgebung im preußischen Verfassungskonflikt, Historisches Jahrbuch 1980, S. 257 ff.

ments war jedoch innerhalb der Vertreter der Appelltheorie umstritten. So befürworteten einige progressive Vertreter, daß der Monarch letztlich dem durch Neuwahlen bekundeten Willen der Wählerschaft Folge zu leisten habe, während andere diese Verpflichtung des Monarchen ablehnten, da sie sich nicht aus der Verfassung ergebe. Die Appelltheorie wurde insbesondere von den Führern der Fortschrittspartei in der Junidebatte 1862 im preußischen Abgeordnetenhaus vertreten[659].

Ernst Rudolf Huber interpretiert den Verfassungskonflikt als eine Auseinandersetzung zwischen liberal-konstitutionellem und monarchisch-konstitutionellem Staatsverständnis insofern, als daß "allen am preußischen Verfassungskonflikt Beteiligten" bewußt gewesen sei, "daß es um die Alternative ging, ob in Preußen statt des monarchischen Prinzips künftig das parlamentarische Prinzip herrschen werde"[660].

Diese These Hubers gilt es zunächst zu hinterfragen. Er unterstellt dabei der liberalen Opposition, daß ihr Vorschlag, den Budgetkonflikt durch einen Appell an die Wählerschaft lösen zu wollen, auf nichts anderes als den Übergang von der monarchischen zur parlamentarischen Herrschaft abziele. Ein solcher Übergang hätte jedoch nicht mehr im Einklang mit dem die preußische Verfassung prägenden monarchischem Prinzip gestanden, mithin habe es sich bei den Vorstellungen der liberalen Opposition um ein verfassungswidriges Vorgehen gehandelt, um eine kalte Revolution auf exegetischem Wege[661].

Ging es den Liberalen aber wirklich um die Überführung des Verfassungssystems in ein parlamentarisches Regierungssystem und somit um das Zurückdrängen monarchischer Teilhabe an der Macht im Staat?

Das preußische Abgeordnetenhaus beanspruchte weder während der Revisionsdiskussion 1849, noch in den Jahren des Verfassungskonfliktes eine vollständige Budgetverweigerung wie nach dem Vorbild der altständischen Steuerverweigerung konkret auszuüben[662]. So qualifizierte von Beckerath eine "gänzliche Steuerverweigerung" als "Hochverrat"[663]. Das Abgeordnetenhaus hat sich stets auf das Recht beschränkt, einen Teil der Ausgaben und nur diesen ablehnen zu dürfen. Auch während des Konfliktes wollten sie, wie Eduard Lasker es ausdrückte, den Etat vereinbart wissen[664].

---

659. Stenographischer Bericht Abgeordnetenhaus, 1862, S. 111 ff.; vgl. allgemein zur Appelltheorie Boldt, Verfassungskonflikt und Verfassungshistorie, Beiheft zu "Der Staat", Bd. 1, S. 79.
660. Huber, Verfassungsgeschichte, Bd. 3, S. 333.
661. Huber, Bismarck und der Verfassungsstaat, S. 199; Huber, Verfassungsgeschichte, Bd. 3, S. 335 f.
662 Vgl. zur Herkunft des konstitutionellen Steuer- und Budgetverweigerungsrechts aus der ständischen Tradition Böckenförde, Der Verfassungstyp der deutschen konstitutionellen Monarchie im 19. Jahrhundert, S. 155 ff.
663. v. Beckerath, Stenographischer Bericht 2. Kammer 1849, S. 389 f.
664. Lasker, Zur Verfassungsgeschichte Preußens, S. 358.

Den Liberalen ging es - um hiermit Hubers These entgegenzutreten - nicht um die schleichende Einführung eines parlamentarischen Systems mit einer über das Budgetrecht an das Parlament gebundenen Regierung, sondern vielmehr um die Wiederherstellung und Erhaltung des in der Verfassung angelegten Dualismus, mithin des Gleichgewichts von Monarch und Volksvertretung. Ausgehend von ihrem Verständnis einer konstitutionellen Verfassung[665] ging es ihnen gerade nicht um eine Machtverschiebung zugunsten des Parlaments, sondern um den für den gemäßigten Liberalismus typischen Ausgleich der Interessen, um eine Wiederherstellung der Gemeinschaftlichkeit zwischen König und Parlament, die nach ihrer Ansicht durch das budgetlose Regieren Bismarcks ausgesetzt sei. Auch wenn von liberaler Seite von "Parlamentarisierung" oder von "parlamentarischer Regierungsweise" die Rede war, so verstand man darunter lediglich die Bewahrung der in der Verfassung niedergelegten parlamentarischen Rechte[666]; es ging hingegen - rein defensiv - nicht um deren Ausweitung in der von Huber unterstellten Weise.

Das Parlament strebte nicht nach einem im Verhältnis zum Monarchen größeren Machtanteil, sondern nach gleicher Teilhabe an der Macht, so wie die Verfassung sie vorsah. Die Mehrheit der liberalen Opposition verstand das Parlament als - eine - tragende Säule des Staatsganzen. Die Appelltheorie darf demnach auch nicht als einseitige Option der Liberalen im Sinne Stahls oder Hubers in Richtung auf die Einführung einer parlamentarischen Regierung aufgefaßt werden. Zu eindeutig bejahten die Vertreter des politischen Liberalismus die Rolle des Monarchen in einer konstitutionellen Monarchie als die eines aktiven Oberhaupts, das die durch die Volksvertretung verkörperte Freiheit davor bewahren sollte, in Anarchie umzuschlagen; eine Einstellung, die auch bei progressiven Liberalen zum Ruf nach einem starken Monarchen als Gegenspieler des Parlaments führte[667]. Wenn Rudolf Gneist in liberaler Selbstkritik den kleinkarierten Parteigeist und die Gasthofrhetorik deutscher Volksvertreter angriff und gegenüber der großzügigen Budgetbewilligungsbereitschaft des englischen Parlaments abwertete[668], so legte er unbewußt Zeugnis für das Streben des Liberalismus ab, das Parlament als Partner des Monarchen in den Dienst des Staatsganzen zu stellen.

---

665. Vgl. dazu die Darstellung im Rahmen der Revisionsverhandlung über die Steuererhebung.
666. Lasker, Zur Verfassungsgeschichte Preußens, S. 376.
667. Vgl. hierzu die grundsätzlichen Ausführungen bei Rotteck, Lehrbuch des Vernunftrechts und der Staatswissenschaften, Bd. 2, S. 202, 223, 231 ff., 240 f.; auch Gneists Verständnis des englischen Parlamentarismus ist noch zur Konfliktszeit von dem Gedanken eines sinnvollen, harmonischen Dualismus geprägt, vgl. allgemein Lamer, Der englische Parlamentarismus in der deutschen politischen Theorie im Zeitalter Bismarcks (1857 - 1890).
668. Vgl. Gneist, Gesetz und Budget, S. 164 ff.

Die Stahl'sche Konstruktion vom parlamentarischen Konstitutionalismus, der dem monarchischen Konstitutionalismus - mit dem monarchischen Prinzip als elementarer Grundlage - kontradiktorisch entgegengesetzt sei, wurde von den Liberalen als ein nicht erstrebenswertes Ziel verworfen[669].

Huber sieht seine These zudem bestätigt durch die Adresse des Abgeordnetenhauses vom Mai 1863 an den Monarchen, in dem das Abgeordnetenhaus "seine Mitwirkung zu der gegenwärtigen Politik der Regierung" ablehnt[670]. Huber sieht in dieser "Aufkündigung jeder Zusammenarbeit, verbunden mit der Forderung eines Ministerwechsels ... nichts anderes als ein Mißtrauensvotum in der schärfsten Form. Zum erstenmal fordere das preußische Abgeordnetenhaus offen den Übergang zum parlamentarischen Regierungssystem"[671]. Zieht Huber jedoch diese Adresse als einen parlamentarischen Mißtrauensantrag zu Zwecken seiner Argumentation heran, so verkennt er deren wirklichen Sinn. In dieser Note lag vielmehr eine Beschwerde über eine nach dem Verständnis der Mehrheit des Parlaments verfassungswidrig handelnde Regierung mit der Bitte um die Wiederherstellung verfassungsgemäßer Zustände - zur Not unter Zuhilfenahme des Austausches der Regierung. So interpretierten jedenfalls die zeitgenössischen Verfassungsjuristen diesen Adressentext[672].

Die konservativen Vertreter der Lückentheorie unterstellten hingegen der liberalen Opposition dieses - ihrer Ansicht nach verfassungswidrige - Streben nach einer parlamentarischen Vorherrschaft. Die ultra-konservativen Kreise um die Gebrüder Gerlach, die den König umgaben, die militärische Kamarilla, die nach wie vor zum Staatsstreich drängte, um die Verfassung gänzlich außer Kraft zu setzen, wollten die monarchische Stellung in Sinne Stahls zumindest gewahrt wissen. Sie polarisierten das Verhalten der Liberalen als das Streben nach einer parlamentarischen Herrschaft, so daß es aus der Sicht der königlichen Kreise tatsächlich um die Alternative monarchisches oder parlamentarisches Regiment ging. Auch Bismarck trug zu dieser Polarisierung bei, indem er die unmittelbar bevorstehende "souveräne Alleinherrschaft" des Parlaments beschwor[673]. Die Verzerrung der liberalen Ziele im Verfassungskonflikt durch die Konservativen trug ganz erheblich dazu bei, das alte Mißtrauen gegenüber den 'instabilen' und 'käuflichen' Parlamentsmehrheiten zu vergrößern. Besser ließe man anstelle des entmachteten Königs eine

---

669. Etwas anderes mag allenfalls für den äußersten linken Rand der Fortschrittspartei gelten, der jedoch für den oppositionellen Liberalismus nicht repräsentativ war.
670. Text der Adresse bei Huber, Dokumente, Bd. 2, S. 69 ff.
671. Huber, Verfassungsgeschichte, Bd. 3, S. 317.
672. Vgl. Rönne, Das Staatsrecht der preußischen Monarchie, 2. Aufl., Bd. 1, S. 317 ff.; Zöpfl, Grundsätze des gemeinen deutschen Staatsrechts, Bd. 2, S. 246.
673. Bismarck am 27.1.1863, bei Kohl, Die politischen Reden des Fürsten Bismarck , Bd. 2, S. 80.

Mätresse regieren, meinte Adolph von Kleist, denn die sei, anders als eine "konstitutionelle Volksvertretung" wenigstens vergänglich[674].

Eine Art 'Schlachtplan' für das zukünftige Vorgehen des Königs und seiner Regierung entwarf Ernst Ludwig von Gerlach unmittelbar nach dem Ausgang der Wahl im Mai 1862, die das Lager der Konservativen stark geschwächt hatte[675] in einem Artikel in der "Kreuzzeitung". Unter dem Titel "Ein feindliches Unterhaus" hieß es: "- was nun? - kein Budget, keine neuen Steuern, keine neuen Anleihen? - Was dann? - ... Aber dennoch regieren, dennoch König sein, - das ist des Königs Pflicht und des Königs Recht ... Der König schließt wie jedes Jahr, sobald er will, ruhig den Landtag und regiert ohne Budget. ... Der König von Preußen ist nicht schwach, sondern stark. Regieren lernen ohne neue Steuern und ohne Anleihen ... welch neue herrliche Aufgabe für wahre Staatsmänner! Damit bricht eine wirklich neue Aera an, - eine Aera, in welcher des Königs Macht sich bewährt im siegreichen Gegensatze gegen die feindliche Demokratie"[676]. In den folgenden Monaten propagierte Gerlach in weiteren Zeitungsartikeln[677] diese Vorgehensweise der preußischen Regierung. Er selbst faßte seine Empfehlungen dahingehend zusammen, daß die Regierung nicht "contra legem", sondern "sine lege" handeln solle[678].

Die friedliche Koexistenz der legislativen Gewalten, wie die Verfassung sie vorsah, wurde so zugespitzt zum Dualismus feindlicher Gegensätze[679], zum Antagonismus. Die Vertreter der Krongewalt glaubten - in genauer Umkehrung zur These Hubers - den in der Frage der Heeresreform entstandenen Budgetkonflikt ihrerseits dazu nutzen zu können, einen Machttransfer zugunsten der Krone einleiten zu können, der die sich in der Verfassung niedergeschlagene Entwicklung zugunsten des Parlaments rückgängig machen könne. Gerade Gerlach warnte auch davor, durch die ständige und wiederholte Auflösung des Landtages und dessen Neuwahl im Sinne der Appellationstheorie ein Präjudiz zu schaffen, wonach der König durch die Befragung der Wählerschaft das Wahlvolk als die letzte - und höchste - Instanz im Staats anerkenne[680].

---

674. Diwald, Von der Revolution zum Norddeutschen Bund, Bd. 1, S. 438.
675. Den Konservativen mit elf Mandaten und der katholischen Fraktion mit 28 Mandaten standen die Linksliberalen mit 96 und die Fortschrittspartei mit 133 Sitzen gegenüber; die Altliberalen verfügten nur noch über 65 Mandate.
676. von Gerlach, Ein feindliches Unterhaus.
677. Vgl. u.a. Die Selbständigkeit des preußischen Königtums; Die Kluft; Die Krisis Preußens im September 1862.
678. Diwald, Von der Revolution zum Norddeutschen Bund, Bd. 1, S. 432 (Tagebuch vom 19.6.1862).
679. Wie 1848 stehe man im "Schlachtfeld für den Entscheidungskampf", Jakob Gerlach, Ludwig von Gerlach, Bd. 2, S. 524.
680. Die Regierung dürfe auf keinen Fall anerkennen, "daß der Bruch mit dem Abgeordnetenhause ihr eine Pflicht aufzulösen auferlegt", denn dies bedeute "nichts andres als die Unterordnung des Königs unter die Urwähler und diese höchste Instanz

Die konservativen Kreise um den König suchten im Verfassungskonflikt durch die Zuspitzung des Konflikts auf die Frage der Alleinherrschaft eines Verfassungsorgans - Monarch oder Parlament - die Notwendigkeit herauszustellen, daß im Falle eines Konflikts eine einzelne (neutrale) Instanz als - über den Verfassungstext hinausgehend - letztlich souveränes Organ eine Entscheidung zu treffen habe. Diese Einzelsouveränität könne unter Hervorhebung des monarchischen Prinzips nur bei der Krone liegen. Die Krone sei die Sachwalterin des allgemeinen Staatsinteresses, die auch bei einem Nichtzustandekommen des Haushalts für die reibungslose Fortführung der Staatsverwaltung sorgen müsse[681].

In die gleiche Richtung ging die Aussage des Oberfinanzrates Wollny 1864 im Landtag, "das absolute Gesetz der Notwendigkeit" habe "als Richtschnur der Verwaltung zu dienen"[682]. War 1861 die (hochpolitische) Wehrfrage auf das budgetrechtliche Feld geraten, wurde so nun das Budgetrecht im Konfliktfall zu einer Angelegenheit der Verwaltung erklärt, die die Regierung von Amts und Notstands wegen allein zu lösen berufen sei. Somit verlagerte man das wehrrechtliche Problem weiter. Die Legalität der Haushaltsführung im verwaltungstechnischen Sinne war unter Zugrundelegung dieses Gedankens auch ohne die Zustimmung der Volksvertretung denkbar. Sie durfte somit dem Budget zustimmen, mußte es aber nicht[683].

Der Liberalismus verzichtete im Verfassungskonflikt auf die Zuhilfenahme von faktischer 'Macht'; er rief beispielsweise nicht zur allgemeinen Steuerverweigerung oder zu öffentlichen Protesten auf, sondern beschränkte sich allein auf die Mittel des Rechts, die verfassungsmäßig eingeräumten Be-

---

anerkennen"; Gutachten für das Ministerium Bismarck vom 20.5.1863, vgl. Jakob Gerlach, Ludwig von Gerlach, S. 525.; Gerlach stand auch der ebenfalls erörterten Variante der Ausschaltung des Parlaments durch die Ermüdung der Wählerschaft ablehnend gegenüber, vgl. zu diesem Gedanken Schede an Ludwig von Gerlach, 14./31.10.1862, Diwald, Von der Revolution zum Norddeutschen Bund, Bd. 2, S. 1121 f.: Der Parlamentarismus ist in "fröhlichem Kampf", "durch seine eigenen Waffen", nämlich "permanente" Neuwahlen zu vernichten: "So wird gerade dieses letzte Bollwerk der Revolution im Gewande der Verfassung erobert".

681. Vgl. u.a. den Erlaß Wilhelms I. auf die Adresse des Abgeordnetenhauses, 3.2.1863: Als Faktum wird festgestellt, da eine Übereinstimmung nicht erreichbar gewesen sei, "war es die Pflicht der Regierung, bis zur Herbeiführung derselben die Verwaltung ohne Störung fortzuführen"; Berner, Kaiser Wilhelms d. Großen Briefe, Reden und Schriften, Bd. 2, S. 49.

682. Stenographischer Bericht Abgeordnetenhaus, 1863, S. 774; ähnlich auch von der Heydt als Abgeordneter: Ob Ministerwechsel oder Auflösung des Abgeordnetenhauses, "unter allen Umständen kann doch unmöglich die Verwaltung stocken", ebenda, S. 617.

683. Hier wurde somit von Regierungsseite der Verwaltungsnotstand ausgerufen, der de facto gar nicht bestand. Da nicht das gesamte Budgetgesetz gescheitert war, konnte die Regierung gar nicht in die Lage kommen, die notwendigen Zahlungen aussetzen zu müssen. Schon die Aussicht auf die Verringerung des Budgets genügte der Regierung, sich von der Notwendigkeit der Kompromißfindung zu lösen, um sodann die Fortexistenz der Staatsmaschine gegen das Budgetrecht der Parlaments 'auszuspielen'.

fugnisse und suchte entsprechend dem dualistischen Verfassungsgedanken nach einem Ausgleich mit der monarchischen Regierung. De facto blieb somit die Freiheit "in der Theorie stecken"[684]. Der gemäßigte Liberalismus konnte nicht zu einem Gegner Bismarcks werden, der als schlagkräftiger Verhandlungspartner eine echte Chance gehabt hätte, in der Budgetfrage einen (kurzfristigen[685]) Sieg zu erringen.

Der Verfassungskonflikt war - bis zur Ernennung Bismarcks - eigentlich kein Konflikt zwischen dem Abgeordnetenhaus und der Regierung, sondern allein ein Konflikt zwischen dem König und dem Abgeordnetenhaus, da allein der König im Rahmen der Heeresreform auf der Ausweitung der Dienstzeit von zwei auf drei Jahren bestand. In einem Immediatsbericht vom September 1962[686] legte das Staatsministerium seine Haltung gegenüber dem König dar und riet ihm dringend zum Nachgeben. Von der Lückentheorie rückten die Minister dabei deutlich ab. "Wird der vorgelegte Entwurf vom Landtag verworfen, und der Regierung dadurch die verfassungsmäßige Grundlage der Verwaltung entzogen, so kann sie unmöglich diesen brennenden Konflikt fortdauern lassen; sie würde sonst gänzlich den Boden der Verfassung aufgeben, weil sie sich damit die Befugnis beilegen würde, gegen den ausdrücklichen Beschluß der bestehenden Landesvertretung und ohne gesetzlichen Etat die Staatsausgaben zu bestreiten". In der Sitzung des Kronrates am 17.9.1862[687] drängten der Finanzminister von der Heydt, der Außenminister von Bernstorff und schließlich sogar der Kriegsminister von Roon den König zum Nachgeben in der Frage der Dienstzeit als einer militärtechnisch untergeordneten Frage, um so der Krone den "unerträglichen Druck" und die drohenden Gefahren eines Konfliktes zu nehmen. Hier zeigten konservative Regierungsmitglieder, daß die Lückentheorie keineswegs die unumstrittene Verfassungsauslegung war, zu der sie regierungsseitig - und bei der Staatsrechtslehre - später wurde. Das budgetlose Regiment galt auch in weiten Regierungskreisen als Verfassungsbruch[688]. Wilhelm I. blieb aber in der Frage der Dienstzeit unnachgiebig und zeigte sich auch im Budgetkonflikt zu keinerlei Kompromiß bereit; er er-

---

684. Ellwein, Das Erbe der Monarchie in der deutschen Staatskrise, S. 66.
685. Von der Frage, ob der Liberalismus die Regierung in den Jahren 1862 - 1866 "zwingen" konnte, auf seine verfassungsinterpretatorische Linie einzuschwenken, ist die Frage zu unterscheiden, ob der Parlamentarismus durch die Indemnitätsvorlage Bismarcks nicht doch einen 'langfristigen' Sieg allein dadurch errungen hat, daß Bismarck aufgrund der Hartnäckigkeit der Opposition sich veranlaßt sah, im Parlament um Indemnität nachzufragen.
686. Huber, Dokumente, Bd. 2, S. 47 f.
687. Vgl. die aus den Akten herausgearbeitete Darstellung bei Zechlin, Bismarck und die Grundlegung der deutschen Großmacht, S. 294 f.
688. Außenminister Graf Bernstorff sprach von einem "Sprung ins Dunkle", vgl. Ringhoffer, In Kampf um Preußens Ehre, S. 537.

klärte schließlich, "daß diejenigen Minister, die ihm nicht folgen könnten, ausscheiden möchten"[689].

Ritter hat die Kompromißbereitschaft des Abgeordnetenhauses in der Frage der Heeresreform nachgewiesen[690], so daß man das Scheitern des verfassungsmäßig vorgeschriebenen Budgetgesetzes auf die unnachgiebige Haltung des Königs in der Dienstzeitfrage zurückführen kann[691]. Durch die grundsätzliche - der Verfassungsintention entsprechenden - Kompromißbereitschaft des Abgeordnetenhauses kann auch keine Rede davon sein, daß der Monarch durch ein uneinsichtiges Verhalten der Abgeordneten zu einem budgetlosen Handeln provoziert worden sei. Allein für diesen Fall war - auch nach liberalem Verfassungsverständnis - eine Art Notwehrrecht der Regierung gegeben[692], da die Kammern nicht das Recht besäßen, den König durch eine willkürliche Verweigerungshaltung in der Budgetfrage zu erpressen. Auch die Anerkennung dieses Notrechtes belegt die Einstellung der Liberalen, nicht eine absolute Position gegen den Monarchen zu vertreten, die dem Parlament ein Recht eingeräumt hätte, diesen in der Auswahl seiner Minister und damit letztlich seiner Politik zu bestimmen. Indem sich der König einem Kompromiß in der Frage der Dienstzeit verweigerte[693], verließ er den Boden der Verfassung, jedenfalls war sein Verhalten nicht mehr verfassungskonform.

Bismarck hatte bereits im September 1849 in einem pauschalen Angriff auf den "Konstitutionalismus" diesen als ein unnützes Fremdwort für unklare politische Zustände bezeichnet[694]. Nunmehr konnte Bismarck als Ministerpräsident wieder 'Klarheit' zugunsten der Stellung des Monarchen schaffen. Unmittelbar nach seinem Regierungsantritt und noch einmal am 27.1.1863 im Landtag hat Bismarck seinen Lösungsansatz für die konkret bestehende Krise ausgeführt: Können sich die drei Faktoren der Gesetzgebung nicht einigen, so

---

689. Zechlin, Bismarck und die Grundlegung der deutschen Großmacht, S. 295.
690. Ritter, Staatskunst und Kriegshandwerk, S. 159 ff.
691. Ebenso Mann, Deutsche Geschichte des 19. und 20. Jahrhunderts, S. 300 ff.. Auch aus Hubers Darstellung (Verfassungsgeschichte, Bd. 3, S. 297 f.) geht eindeutig hervor, daß er im König den Verantwortlichen für das Scheitern des Kompromisses in der Frage der Dienstzeit sah.
692. Vgl. Lasker, Zur Verfassungsgeschichte Preußens, S. 313, 362.
693. Zu den mehr politischen als militärischen Motiven Wilhelms I in dieser Angelegenheit, Huber, Verfassungsgeschichte, Bd. 3, S. 283 f.; ebenso Boldt, Verfassungskonflikt und Verfassungshistorie, S. 92 f.
694. Bismarck, Gesammelte Werke, Bd. 10, S. 42 f.; vgl. Tagebuch Ludwig von Gerlachs, 11.11.1862 bei Diwald, Von der Revolution zum Norddeutschen Bund, Bd. 2, S. 1115; vgl. zur grundsätzlichen Einstellung Bismarck zu der Frage eines budgetlosen Regiments auch seinen Rat an Maximilian von Bayern aus dem Jahre 1855: "Ich rieth ihm ... einstweilen das neue Budgetgesetz zu verschleppen, damit es bei Ablauf des gegenwärtigen nicht fertig sei, und dann, nach dem Prinzip des horror vacui in der Gesetzgebung, das alte factisch fortbestehen zu lassen und damit einen Präcedenzfall zu gewinnen und den Kammern zu zeigen, daß man ohne sie leben kann", Bismarck an Ludwig von Gerlach am 21.12.1855, in: Bismarck, Gesammelte Werke, Bd. 14, S. 423.

sei "tabula rasa; die Verfassung biete keinen Ausweg, denn da stehe Interpretation gegen Interpretation"[695]. Und: "Wird der Kompromiß dadurch vereitelt, daß eine der drei beteiligten Gewalten ihre Ansichten mit doktrinärem Absolutismus durchführen will, so wird die Reihe der Kompromisse unterbrochen und an ihre Stelle treten Konflikte, und Konflikte, da das Staatsleben nicht stillzustehen vermag, werden zu Machtfragen; wer die Macht in Händen hat, geht dann in seinem Sinne vor, weil das Staatsleben nicht einen Augenblick stillstehen kann"[696].

Nach seinem Amtsantritt wollte sich Bismarck im weiteren Verlauf des Konfliktes das Heft des Handelns nicht mehr aus der Hand nehmen lassen. Als etwa der Abgeordnete Schulze-Delitzsch am 9.3.1863, auf dem Höhepunkt des Verfassungskonfliktes, einen Antrag über die Verabschiedung eines Ausführungsgesetzes zur Ministeranklage im Abgeordnetenhaus einbrachte[697], lehnte Bismarck dieses Gesetzesvorhaben mit der Begründung ab, daß bei dessen Annahme "von einem einzelnen Urtheilsspruche eines Gerichts, wie es sich nach der subjectiven Ansicht der Mehrheit der Stimmenden herausstellen würde, die politische Zukunft des Landes, die Machtverteilung zwischen Krone und dem Landtage, sowie zwischen den Häusern des Landtages abhängig gemacht" würde. Eine richterliche Entscheidung des Streits schied somit aufgrund des monarchischen Vetos aus[698]. Noch eindeutiger in diese Richtung zeigte der Gesetzentwurf der Bismarckregierung vom 17.12.1863, der bei einer Nichtübereinstimmung der drei Gesetzgebungsfaktoren die Fortführung der Verwaltung auf der Grundlage des zuletzt gesetzlich festgestellten Etats vorsah. Diese Übertragung des in Art. 109 enthaltenen Gedankens auch auf das Budgetrecht war letztlich ein frontaler Angriff auf das nachabsolutistische konstitutionelle Haushaltsrecht der preußischen Verfassungsurkunde und hätte "keine Lücke der Verfassung gefüllt, sondern die Verfassung durchlöchert"[699]. Auch der liberale Staatsrechtler von Rönne sah darin das Abweichen von der bisherigen Verfassungskonzeption überhaupt, da die Verfassung hier einen Konsens erzwingen wolle und gerade nicht zwischen einer gesetz-

695. Rede Bismarcks vom 30.9.1862, bei Huber, Dokumente, Bd. 2, S. 50.
696. Bismarck, Gesammelte Werke, Bd. 10, S. 154.
697. Stenographischer Bericht Abgeordnetenhaus 1853, Anlagen III, S. 245 ff.; vgl. den Kommissionsentwurf in Stenographischer Bericht Abgeordnetenhaus, Anlagen IV, 2. Teil, S. 431 f.
698. Bismarck unterstellte seinen liberalen Gegner auch hier, durch ihre Forderung, das verfassungsmäßig versprochene Ministerverantwortlichkeitsgesetz einführen zu wollen, auf die Einführung des parlamentarischen Systems abzuzielen. Bismarck stellte mithin auf die Unterscheidung von konstitutioneller und parlamentarischer Monarchie als eines unvereinbaren Gegensatzes ab.
699. Vgl. Becker, Die angebliche Lücke im preußischen Verfassungskonflikt, Historisches Jahrbuch 1980, S. 273.

lich bereits festgelegten und deshalb unproblematisch weiterzuleistenden, und einem außerordentlichen Ausgabenfond unterscheiden wolle[700].

Bismarck stellte in der praktischen Legitimation seines Vorgehens der von oppositioneller Seite vorgebrachten Appelltheorie die Lückentheorie entgegen, um somit einen Dissens in der Auslegung der Verfassung konstatieren zu können. Damit stand aus seiner Perspektive "Auslegung gegen Auslegung" und Bismarck konnte die liberale Appelltheorie als eine einseitige Verfassungsinterpretation zurückweisen, da eine verbindliche Interpretation nur dann zu erreichen sei, wenn sie von allen drei an der Gesetzgebung beteiligten Faktoren mitgetragen werde[701]. Dies war aber hinsichtlich der Appelltheorie nicht der Fall. Da der Konflikt aufgrund der 'Lücke' in der Verfassungsurkunde und der mangelnden Übereinstimmung in der erforderlichen Auslegung der Verfassung rein juristisch nicht zu lösen sei, verließ Bismarck die juristische Diskussion und verlagerte das Problem auf die politische Ebene: "Wer die Macht in Händen hat, geht dann in seinem Sinne vor, weil das Staatsleben nicht einen Augenblick stillstehen kann"[702]. Damit folgte Bismarck einer Linie, die ihn von juristischer Begriffslogik befreite und ihm die Freiheit gab, taktisch zu handeln. Gerade die Vorgehensweise, sich nicht auf eine verfassungsrechtliche, sondern eine politisch-taktische Lösung einzulassen, unterschied ihn von seinen liberalen Gegnern, die allein einen verfassungsinterpretatorischen Ansatz verfolgten, während Bismarck seine Befugnis zum Handeln nicht in der Verfassung oder aus überpositiven Auslegungs- und Rechtsgrundsätzen suchte. Damit setzte sich Bismarck von der Vorgehensweise der liberalen Opposition ab. Obwohl eine verbindliche Verfassungsinterpretation nicht zustande komme, sei ein politisches Handeln faktisch unausweichlich. Das Handeln ohne gesetzlich festgelegtes Budget sei in der Verfassung zwar nicht vorgesehen, im Konfliktfall stehe sie diesem aber auch nicht entgegen, gerade weil die Verfassung für diesem Fall keine Lösung anbiete[703].

Wilhelm I. und in dessen Gefolge Bismarck waren an dem verfassungsmäßig vorgeschriebenen Kompromiß nicht interessiert, sondern setzten vielmehr ihre eigene Position absolut. Damit prägten sie nicht nur den Ausgang des konkret vorliegenden Konflikts, sondern setzten auch Zeichen für die zukünftige Auslegung deutscher konstitutioneller Verfassungen letztlich bis 1918.

Bismarck ließ den Konflikt schwelen, bis die außenpolitische Lage eine Lösung in Form eines Kompromisses ermöglichte, der zwar die Frage der

---

700. Rönne, Das Staatsrecht der Preußischen Monarchie, 4. Aufl., Bd. 1, S. 623 ff.
701. Vgl. Bismarcks Argumentation in seinen Reden vor dem Abgeordnetenhaus und der Budgetkommission, insbesondere am 30.9., 7.10., 13.10.1862 und am 27.1.1863, in: Bismarck, Gesammelte Werke, Bd. 10, S. 138 ff.
702. Bismarck, Gesammelte Werke, Bd. 10, S. 154.
703. Vgl. zu diesem Interpretationsansatz auch Boldt, Verfassungskonflikt und Verfassungshistorie, S. 83.

Notwendigkeit des Etatgesetzes regelte, darüberhinaus jedoch alle Fragen, die im Laufe des Konflikts eine Rolle gespielt hatten, offenließ. Bismarcks Hintergedanke war dabei vor allem sein Streben nach einer Einigung mit der liberalen Opposition in der Form des Indemnitätsgesetzes, um den Brückenschlag zu den potentiellen Trägern seiner nationalen Einheitspolitik vollziehen zu können[704] - die Front der liberalen Opposition zerbrach nicht zuletzt deshalb an der Frage der Indemnität, da sie mit einem außenpolitischen Ereignis zusammenfiel, das das liberal-nationale Einheitsstreben voranbrachte.

Nachdem sich Bismarck gegen seine hochkonservativen Widersacher um Ernst Ludwig von Gerlach und Edwin von Manteuffel dahingehend durchgesetzt hatte, daß die Regierung im Parlament um Indemnität nachsuchen sollte und der Plan eines Staatsstreiches aufgegeben worden war[705], verfaßte Bismarck zusammen mit dem Finanzminister von der Heydt die Thronrede des Königs, mit der dieser am 5. 8.1866 das neugewählte Parlament eröffnete. In dieser Rede erkannte der Monarch unumwunden das Erfordernis einer Einigung in Gesetzesform für den Staatshaushaltsplan an, die jedoch in den vergangenen Jahren nicht zu erzielen gewesen sei. Der Haushalt sei "ohne diese gesetzliche Grundlage" allein deshalb geführt worden, da "Existenzfragen des Staates" betroffen gewesen seien, und "daher jenes Verfahren eine der unabweisbaren Notwendigkeiten wurde, denen sich eine Regierung im Interesse des Landes nicht entziehen darf und kann." Nunmehr werde jedoch die königliche Regierung um Indemnität nachsuchen, um so den bestehenden Konflikt "für alle Zeit" zu beenden[706].

Die Regierung brachte dementsprechend noch im August 1866 eine Indemnitätsvorlage ins Abgeordnetenhaus ein[707], die nach einer Überarbeitung durch die Budgetkommission des Abgeordnetenhauses[708] am 3.9.1866 nach einer dreitägigen Debatte mit 230 gegen 75 Stimmen angenommen wurde[709].

In dieser Debatte traten die gegensätzlichen Auffassungen der Bewertung des Vorgehens Bismarcks deutlich zu Tage. Diejenigen, die die Vorlage ablehnten, betonten, daß damit ein "System der Ministerregierung durch Selbstinterpretation der Gesetze und der ganzen Verfassung" geschaffen werde, das die verfassungsmäßig eingeräumten Rechte des Parlaments aus-

---

704. zum Bismarck'schen Motiv des Brückenschlages, Bismarck, Gesammelte Werke, Bd. 15, S. 293 f.
705. Zu den Plänen eines solchen Staatsstreiches siehe Huber, Verfassungsgeschichte, Bd. 3, S. 348 ff.
706. Text der Thronrede bei Huber, Dokumente Bd. 2, S. 97 f.
707. Huber, Dokumente, Bd. 2, S. 98 f.
708. Vgl. den Bericht der Kommission vom 27.8. 1866 bei Huber, Dokumente, Bd. 2, S. 99 f.
709. Stenographischer Bericht Abgeordnetenhaus 1866/67, S. 204; die Annahme im Herrenhaus erfolgte am 8.9.1866 einstimmig.

höhle[710]. Die liberale Opposition forderte die Verhinderung der Wiederholung eines solchen budgetlosen Regiments, sowie das Ende der eigenmächtigen Interpretation durch die Regierung, indem das verfassungsmäßig versprochene Ministerverantwortlickeitsgesetz zustandekomme. Das Verlagern von Verfassungsstreitigkeiten auf eine neutrale Instanz, nämlich die Gerichtsbarkeit, schien ihnen die logische Konsequenz aus dem Verfassungskonflikt der vergangenen Jahre. Erst wenn das Ministerverantwortlichkeitsgesetz verabschiedet sei, könne man der Regierung für die Vergangenheit Indemnität erteilen[711].

Diejenigen liberalen und konservativen Kräfte, die der Indemnitätsvorlage zustimmten, betonten dagegen, daß es sich bei der Indemnitätsvorlage um ein Zugeständnis der Regierung an das Parlament handele, das dem Parlament nicht nur Genugtuung verschaffe, sondern darüberhinaus auch die - zumindest - formelle Rechtswidrigkeit des Regierungshandlens dokumentiere. Zudem sei dadurch das parlamentarische Budgetrecht für die Zukunft uneingeschränkt anerkannt. Eduard Lasker betonte sogar, daß durch die Indemnitätsvorlage die Lückentheorie aufgegeben worden sei, da es bei Aufrechterhaltung dieser Theorie als der Grundlage budgetlosen Regierens gerade keiner Indemnität bedurft hätte[712].

Nicht zu vernachlässigen ist in diesem Zusammenhang auch der militärisch-außenpolitische Erfolg der Bismarckregierung, der die Regierung in der öffentlichen Meinung in einem strahlenden Licht erscheinen ließ. Die Geschichte des letzten Jahres, so der Fortschrittsparteiler Twesten habe der Regierung bereits "die Indemnität erteilt", nunmehr müsse dies auch der Landtag tun[713].

Das Indemnitätsgesetz vom 14.9.1866 machte in seinem Artikel 1 die in einer Anlage beigefügten Übersichten über die Einnahmen und Ausgaben der Jahre 1862 bis 1865 zur Grundlage der Rechnungslegung und erteilte in seinem Artikel 2 der Regierung für diese Zeit Indemnität. In Art. 3 des Gesetzes wurde der Regierung - in offenem Widerspruch zu Art. 99 der Verfassung, der die Bewilligung der Einnahmen und Ausgaben für jedes Jahr im Voraus verlangte - für das laufende Jahr 1866 eine Kreditermächtigung in Höhe der veranschlagten Ausgaben gewährt.

Durch die nachträgliche Billigung des budgetlosen Regierens durch Bismarck und die zugleich erfolgte Entlastung der Regierung war der Ausgleich formell gefunden - die auf Kompromiß angelegte Verfassung funktionierte

710. Nach Huber, Verfassungsgeschichte, Bd. 3, S. 355.
711. Vgl. die Zitate bei Huber, Verfassungsgeschichte, Bd. 3, S. 356.
712. Lasker, Stenographischer Bericht Abgeordnetenhaus 1866/67 S. 167 ff; darüberhinaus die weiteren Fundstellen aus der Debatte bei Huber, Verfassungsgeschichte, Bd. 3, S. 356 ff.
713. Twesten, nach Huber, Verfassungsgeschichte, Bd. 3, S. 358.

wieder. Jedenfalls konnte sie nunmehr als Grundlage der deutschen Einigung und ihrer verfassungsrechtlichen Form, der Verfassung des Norddeutschen Bundes und später des Deutschen Reiches dienen. Die Beendigung des Konflikts mit der Bitte um Indemnität entsprach durchaus der inneren Logik des konstitutionellen Systems, mündete er doch in einem (scheinbaren) Nachgeben beider Seiten.

Die Opposition verfolgte nicht mehr ihre bis dahin geäußerten Ziele, nämlich das Eingeständnis der Regierung, nicht nur formell verfassungswidrig ohne Budgetgesetz gehandelt zu haben, sondern auch materiell dazu nicht befugt gewesen zu sein, sowie das Versprechen der Regierung, zukünftig auf ein derartiges Vorgehen zu verzichten, das heißt nicht mehr budgetlos zu regieren. Die Durchsetzung beider Ziele hatte Karl Twesten, Befürworter der Indemnitätsvorlage, noch im Juni 1866 gefordert[714]. Das Indemnitätsgesetz kam beiden Zielvorstellungen nicht nach, sondern beschränkte sich allein auf die Feststellung der formellen Verfassungswidrigkeit des budgetlosen Regierens.

Das Nachgeben der Regierung lag darin, aus der Position der durch außenpolitische Erfolge resultierenden Stärke heraus überhaupt um Indemnität nachgesucht zu haben, anstatt das budgetlose Regieren als Faktum zu betrachten und somit die Ohnmacht des Parlaments und letztlich der gesamten Verfassung zu zementieren. Der 'Erfolg' der Liberalen lag somit nicht zuletzt darin, daß Bismarck den Gedanken der "Militärpartei" um Gerlach und Manteuffel, durch einen Staatsstreich die absolute Monarchie wieder einzuführen, verwarf.

Eine rechtliche Dauerlösung im Sinn der Aufrechterhaltung des budgetlosen Regierens unter Berufung auf die Lückentheorie wäre nicht denkbar gewesen, ohne die Grundlage der preußischen Verfassung selbst zu gefährden, die auf ein 'Miteinander' der gesetzgebenden Gewalten angelegt war. Die Bitte um Indemnität führte so das Regierungshandeln wieder auf den Boden des preußischen konstitutionellen Systems, ohne jedoch die eigentliche Konfliktslage zu entscheiden.

Wie bereits angedeutet, hatte das Indemnitätsgesetz als einen zentralen Inhalt die Festschreibung des Erfordernisses eines jährlichen Haushaltsgesetzes. Handelt die Regierung formell verfassungswidrig, wenn sie dieses Erfordernis negiert, so ist positiv gewendet, die Notwendigkeit der Vereinbarung des Bundesgesetzes festgestellt. Dieses 'Eingeständnis' der Regierung stellt jedoch materiell kein Nachgeben dar, ist doch bereits dieses Konsenserfordernis in Art. 99 der Verfassung ausdrücklich niedergelegt. Insofern wiegt der Umstand, daß keine Konsequenten für den Fall der Nichtbeachtung dieses Erfor-

714. Huber, Verfassungsgeschichte, Bd. 3, S. 367.

dernisses normiert wurde, schwerer als der positive Inhalt des Indemnitätsgesetzes.

Bismarcks Erfolg lag mithin genau darin, daß die Liberalen praktisch alle Einwände gegen das budgetlose Regieren im Falle der Nichteinigung fallen ließen. Bei der Begründung der Indemnitätsvorlage hat er die Lückentheorie nicht verworfen, sondern sich vielmehr die Möglichkeit offengehalten, nötigenfalls jederzeit wieder auf sie zurückzugreifen. Er hat somit erfolgreich den frühkonstitutionellen Grundsatz verteidigt, daß im Zweifelsfall Monarch und Regierung das entscheidende Wort haben. Diese Auslegung sollte letztlich bis 1918 die - ungeschriebene - Verfassungsgrundlage des deutschen Verfassungssystems bleiben.

Waren auf der Seite des Parlaments die maßgeblichen liberalen Kräfte in den Kompromiß eingebunden, so blieben die monarchischen Vorrechte weiterhin "parakonstitutionell"[715]. Die wehrrechtliche Seite des Konflikts, sowie die Frage nach den monarchischen Vorbehaltsrechten blieb durch das Indemnitätsgesetz ungeklärt. An eine Sanktion der Regierung bei verfassungswidrigem Handeln war weiterhin - bis in die Weltkriegszeit hinein - weder verfassungsrechtlich, einfach-gesetzlich, noch politisch zu denken.

Unter diesen Vorzeichen stellt sich auch die Frage, ob es sich bei der Indemnitätsvorlage wirklich um einen Kompromiß zwischen den am Konflikt beteiligten Parteien gehandelt hat, oder ob es sich nicht vielmehr um die taktische Beilegung einer Kontroverse zwischen Regierung und Parlament vor dem Hintergrund außenpolitischer, das heißt militärischer, Erfolge handelte.

Betont man den Kompromißcharakter der Indemnitätsvorlage und stellt diesen Kompromißcharakter auf eine Ebene mit dem auf Kompromiß angelegten Charakter der Verfassung selbst, steht die Verfassung als solche als der große Gewinner des Ausgangs des Konflikts dar. In der Suche um Indemnität liegt so die "größte Anerkennung der Verfassung" seitens des Regierung; in der Gewährung der Indemnität durch das Parlament das wirksamste Mittel, um die Verfassung "an ihrem erheblichsten Punkte" für die Zukunft zu sichern[716].

Huber hat das Indemnitätsgestz vom 14.9.1866 in diesem Sinne als festes Bündnis von Krone und Bürgertum mit der Chance politischer Dauer als stilgerechte Lösung der deutschen Verfassungsfrage interpretiert[717]. Diese Interpretation ist vielfach auf Widerspruch gestoßen und führt zu der Frage nach dem "Sieger" der Indemnitätspolitik.

Im Jahre 1866 war die Beendigung des Verfassungskonfliktes in der Indemnitätsvorlage ein Erfolg Bismarcks, konnte er doch so alle am Konflikt

---

715. Schefold, Verfassung als Kompromiß?, ZNR 1981, S. 157.
716. Vgl. Vincke in der Debatte um die Indemnitätsvorlage, Stenographischer Bericht Abgeordnetenhaus 1866/67, S. 189.
717. Vgl. Huber, Verfassungsgeschichte, Bd. 3, S. 367.

Beteiligten wieder auf den Boden der Verfassung zurückholen, ohne daß ein Beteiligter dabei eine offensichtliche Niederlage erlitt. Das "Funktionieren" einer Verfassung, in der die monarchischen Elemente eine starke Betonung gefunden haben, war sehr im Interesse Bismarcks, konnte er doch von diesem 'monarchischen' Preußen aus mit der Zustimmung der national gesinnten Liberalen die Einigung Deutschlands - gerade nach Königgrätz - weiter vorantreiben.

Langfristig jedoch sollte sich als bedeutender Mosaikstein des Verfassungskonfliktes mit dessen Beendigung durch die Erteilung der Indemnität die Stärkung des parlamentarischen Elementes in der Verfassungswirklichkeit erweisen. Diese Stärkung liegt begründet in der Anerkennung des parlamentarischen Budgetrechts durch das Ministerium, selbst wenn dies aufgrund des Art. 99 der Verfassung bereits zuvor in der Verfassungsurkunde niedergelegt war. Dieses Recht wurde nun erneut und ausdrücklich anerkannt und sollte in der Zukunft - bis 1918 - eine immer stärkere Rolle im Machtverhältnis zwischen monarchischer Regierung und parlamentarischen Mitwirkungsrechten spielen, da sich das Parlament auch immer stärker dieses Rechtes bewußt werden und es politisch einzusetzen wissen sollte[718]. Ein Regieren ohne Budget sollte sich auch tatsächlich nicht wiederholen. Augenblicklich - und in den Augen der Zeitgenossen - stand jedoch die Stabilisierung der monarchischen Position im Rahmen der grundsätzlichen Aufrechterhaltung des konstitutionellen Konsensprinzips in Vordergrund.

Im Rahmen des steten Strebens nach diesen Kompromissen kommt dem Umstand, daß eine der um diese Kompromisse ringenden Seiten, das Parlament, einen offenen Konflikt, wie er im Budgetkonflikt aufgetreten ist, gar nicht gewinnen konnte, eine erhebliche Bedeutung zu. Die 'Offenheit' der Verfassung wurde faktisch stark dadurch eingegrenzt, daß nach dem Verständnis der Indemnitätsvorlage dem Monarch als "pouvoir royal"[719] ein letztes Entscheidungsrecht erhalten blieb. Die in den Krisenzeiten des Kaiserreiches sich häufenden Anspielungen der Regierung auf den preußischen Verfassungskonflikt hatten durchaus auch eine disziplinierende Funktion, wurde doch so an die seit dem Ausgang des Konflikts fortbestehenden Machtverhältnisse zugunsten des Monarchen erinnert.

---

718. Vgl. Böckenförde, Der Verfassungstyp der deutschen konstitutionellen Monarchie im 19. Jahrhundert, S. 158 unter ausdrücklicher Zustimmung der These Carl Schmitts, in Staatsgefüge und Zusammenbruch, S. 10 ff., 20 ff. Eine juristisch-historische Deutung, die das Nachsuchen um Indemnität als einen langfristigen Erfolg der liberalen Opposition ansieht, ist jedoch stets eine solche, die vom Ergebnis, speziell dem erfolgten Übergang zum Parlamentarismus 1918, ausgeht und so rückwärtsgewandt mit einer gewissen Zwangsläufigkeit die Geschehnisse hin zu diesem 'Ziel' zu deuten versuchen.
719. Kimminich, Deutsche Verfassungsgeschichte, S. 374.

Durch das Eingehen des Verfassungskonfliktes verwarfen Wilhelm I. und Bismarck Konzession und Transaktion als hergebrachte Mittel der (konstitutionellen) Staatsführung. Durch den Konflikt und dessen Beendigung brachten sie den in der Verfassung eröffneten Prozeß der Machtverlagerung vom Staatsoberhaupt hin zum Parlament jedenfalls vorläufig zum Stoppen; der Liberalismus wurde so zunächst abgeblockt. Das monarchische Denken wurde wieder eindeutig in den Mittelpunkt des verfassungsrechtlichen und politischen Denkens gestellt. Deutschland konnte von einem monarchisch verstandenen Preußen aus geeint werden; das durch Preußen geeinte Deutschland bestand daher auch nach seinem überwiegenden Selbstverständnis bis zum Ende des Ersten Weltkrieges aus einem konstitutionell verfaßten Staat monarchischer Prägung.

Blickt man auf die Entstehungsgeschichte der preußischen Verfassung 1848/49 zurück und sieht man in dem Vorhaben, eine preußische Verfassung zu entwickeln, grundsätzlich ein Vorhaben, das angelehnt an das belgische Vorbild Staat und Nation insgesamt verfassen und zusammenführen sollte, so war mit der Auflösung der Nationalversammlung, dem Oktroi der Verfassung und dem Dreiklassenwahlrecht zwar die Grundlage dieses Anspruchs in Frage gestellt, jedoch durch die schließlich erreichte Vereinbarung der Verfassung von 1850 zumindest formal wieder hergestellt. Man kann nun im budgetlosen Regiment einerseits und dem Kompromiß des Indemnitätsgesetzes andererseits eine entsprechende Aufrechterhaltung des Verfassungsgedankens sehen, jedoch bliebe dabei der Unterschied wesentlich, daß im Gegensatz zu 1850 im Jahre 1866 keine verfassungsrechtliche Klärung erfolgte. Der Text der Verfassungsurkunde blieb von dem Verfassungskonflikt unberührt, die Frage der Zulässigkeit des zukünftigen budgetlosen Regiments in der Schwebe[720]. Sieht man allein auf diesem kleinsten gemeinsamen Nenner einen Kompromiß als überhaupt denkbar an, so erfolgte er nicht auf der Ebene der Verfassung.

Geht man von dem während der Revisionsverhandlungen feststellbaren Streben der Beteiligten nach einem konstitutionellen Ausgleich zwischen Monarch und Parlament aus - ohne dabei die unterschiedlichen Ansatzpunkte von

---

720. Dies betrifft - sieht man in dem Verfassungskonflikt nicht zuletzt den Heereskonflikt - insbesondere auch die Frage nach dem monarchischen Oberbefehl. Somit wurde die durch den monarchischen Oberbefehl geschaffene Lage als gegeben und rechtmäßig akzeptiert. Die Reichsverfassung zog hinsichtlich der Kommandogewalt die Konsequenz dahingehend, daß sie die Wehrpflicht zwar im wesentlichen unmittelbar regelte, jedoch weitgehend entsprechend der preußischen Heeresreform (Art. 57, 59), im übrigen aber ordnete sie die Übernahme der preußischen Militärgesetzgebung an (Art. 61), so daß die Regelung des Oberbefehls an die faktische Ausübung in Preußen anknüpfte - ohne daß dies auch im Reich aus der Verfassung eindeutig hervorging (vgl. Laband, Das Staatsrecht des Deutschen Reiches, 5. Aufl., Bd. 4, S. 8, 38 ff.). Die Weichen für die wehrrechtliche Seite des deutschen Verfassungsrechtes wurden somit zu einem großen Teil weder in der preußischen, noch in der Reichsverfassung, sondern in dem bereits erwähnten Handschreiben Friedrich Wilhelms IV vom 1.7.1849 an das Staatsministerium gelegt.

Konservativen und Liberalen zu vernachlässigen - begannen Verfassung und Verfassungswirklichkeit somit in Folge des Verfassungskonfliktes zu differieren[721]. Die zukünftige Auslegung der Verfassung war offen auch für vorkonstitutioneller Einflüsse. Das politische Kräftefeld verschob sich außerhalb der Verfassungsnormen. Die liberale Auslegungsmethode, die Lösung des Budgetkonflikts durch die Annahme der Appelltheorie aus der Verfassung selbst zu ziehen, war gescheitert, so daß sich letztlich außerverfassungsrechtliche Schranken als für die Auslegung des Verfassungstextes unüberwindbar erwiesen. Damit erhält der Begriff des "Scheinkonstitutionalismus"[722], der dem deutschen Verfassungsstaat des 19. Jahrhunderts entgegengehalten wurde, einen bestimmten Inhalt. Er weist darauf hin, daß das positive Verfassungsrecht die monarchische Kommandogewalt[723], die mögliche Überspielung des parlamentarischen Budgetrechts und die Sanktion von Verfassungsverletzungen durch die Exekutive nicht hinreichend regelte.

Im Zusammenhang mit der konstitutionellen Verfassung Preußens von 1850 und dem Verfassungskonflikt der 1860er Jahre wurden in der Vergangenheit sehr kontrovers neben der Frage nach dem Sieger dieses Konfliktes - darüberhinausgehend - die Frage nach der verfassungsgeschichtlichen Eigenständigkeit des deutschen Konstitutionalismus als verfassungspolitischer Form diskutiert. Letzterer These, die insbesondere von Ernst Rudolf Huber vertreten wird, wird die Gegenthese entgegengehalten, der deutsche Konstitutionalismus sei 'lediglich' eine verfassungsrechtliche Übergangserscheinung, die den Übergang von einem monarchischen Herrschaftssystem zu einer parlamentarischen Regierungsweise ermöglicht habe[724].

Für Huber stellt der Typus der deutschen konstitutionellen Verfassung eine zum überwundenen Absolutismus wie auch zum zeitlich nachfolgenden Parlamentarismus deutlich abgrenzbare Verfassungsart dar, die aufgrund eines eigenen Formprinzips und einer eigenen Legitimation staatsrechtlich und politisch in sich geschlossen ist[725].

Im Zusammenhang mit seiner These von der Eigenständigkeit des deutschen konstitutionellen Verfassungstyps steht auch Hubers Beurteilung des

721. Vgl. grundsätzlich Hennis, Verfassung und Verfassungswirklichkeit.
722. Vgl. Nolte, Deutscher Scheinkonstitutionalismus? HZ 228, S. 529 ff.
723. Und damit auch das politische Gewicht des Militärs.
724. Auch diese Auseinandersetzung sei hier nicht ausführlich dargestellt, sondern nur kurz angerissen; es wird in diesem Zusammenhang unter anderem verwiesen auf einerseits: Huber, Verfassungsgeschichte, Bd. 3, S. 3 ff.; ders., Bismarck und der Verfassungsstaat, S. 188 ff. - andererseits: Boldt, Verfassungskonflikt und Verfassungshistorie, S. 75 ff.; Böckenförde, Der Verfassungstyp der deutschen konstitutionellen Monarchie im 19. Jahrhundert, S. 146 ff.
725. Vgl. Huber, Verfassungsgeschichte, Bd. 3, S. 4 ff.; ders., Die Bismarcksche Reichsverfassung im Zusammenhang der deutschen Verfassungsgeschichte, insbesondere S. 94 ff.

preußischen Verfassungskonfliktes. Huber bemüht sich im Ergebnis dabei um die Rechtfertigung der Politik Wilhelms I. und Bismarcks. Er löst den Konflikt juristisch, indem er die von der Regierung konstatierte "Lücke" in der Verfassung bejaht und vor allem deren Schließung durch das budgetlose Regiment Bismarcks durch die Auslegung der Verfassung unter Hinzuziehung monarchisch-konstitutioneller Grundsätze - nachträglich - legitimiert[726].

Huber versucht den Nachweis zu führen, daß es zum Inbegriff des deutschen Konstitutionalismus - und somit auch der preußischen Verfassung - gehört habe, der Regierung die Kompetenz zu einem budgetlosen Regiment zuzubilligen, wenngleich sich die dabei zu tätigenden Ausgaben auf die "wesentlichen Ausgaben" zu beschränken hätten. Diese Befugnis lasse sich aus vielen Gesichtspunkten herleiten. So sei die Lückentheorie und die daraus von der Regierungsseite entwickelten Befugnisse bereits im Vorfeld des Verfassungskonfliktes in der staatsrechtlichen Diskussion anerkannt[727], und könne sich auch auf Bundesrecht, nämlich Art. 21 der Geheimen Beschlüsse vom 12. Juni 1834 stützen[728]. Für Huber steht "außer Zweifel"[729], daß unter der preußischen Verfassung das höchste Entscheidungsrecht, die Souveränität, beim König lag. Die monarchische Souveränität sei - trotz aller Zugeständnisse an das Volk - durch die "existentiellen Vorbehalte" (die Kommandogewalt, das Recht zur Entscheidung über Krieg und Frieden, das Recht zur Verhängung des Belagerungszustandes, das Notverordnungsrecht, das Recht zur Parlamentsauflösung) bewahrt worden. Huber folgert aus dieser "monarchischen Souveränität als Rechtsprinzip" das Recht des Königs, im Fall des Scheiterns des Budgetgesetzes "kraft eines überpositiven Notrechts zur budgetlosen Verwaltung verfassungsrechtlich befugt" zu sein[730]. Desweiteren argumentiert Huber zugunsten der Vorgehensweise Bismarcks mit dem Argument, daß sich der Staat im Falle eines Notstandes selbst zu erhalten habe, daß ihm mithin ein "überpositives Staatsnotrecht" zustünde[731]. Der König als der Träger der verfassungsmäßig normierten Notstandsrechte besitze auch im Fall eines Budgetnotstandes das Recht (wie auch die Pflicht) das Notwendige zu tun, um den Staat zu erhalten. Dieses Notrecht bestünde natürlich nur dann, wenn die zugrundeliegende Notstandssituation nicht mutwillig durch die Regierung oder den Monarchen selbst herbeigeführt worden sei. Begrenzt sei es darüberhinaus

---

726. Vgl. Huber, Verfassungsgeschichte, Bd. 3, S. 333 ff, 358 ff.
727. Huber, Verfassungsgeschichte, Bd. 3, S. 310, 334.
728. Huber, Verfassungsgeschichte, Bd. 3, S. 310.
729. Huber, Verfassungsgeschichte, Bd. 3, S. 343.
730. Huber, Verfassungsgeschichte, Bd. 3, S. 343; der damit auf eine These Carl Schmitts zurückgreift "Souverän ist, wer über den Ausnahmezustand entscheidet" und daraus weiterentwickelt die These "im Konfliktsfall entscheidet das Staatsorgan, dem nach dem Gesamtzusammenhang des Verfassungsrechts die Souveränität zusteht".
731. Huber, Verfassungsgeschichte, Bd. 3, S. 344 f.

durch die jedem Notrecht innewohnende Verpflichtung der Notstandsberechtigten - in Abgrenzung zum Staatsstreich - sich nach wie vor verfassungsgebunden zu verhalten, sowie die quantitative Beschränkung auf das Notwendige und das Streben, über die Indemnität wieder auf den Boden der Verfassung zurückzukehren[732]. Für Huber ist desweiteren die Situation, daß in dem Konflikt zwei unvereinbare Verfassungsinterpretationen zu der Frage des Regierungshandlens im Fall eines budgetlosen Zustandes bestanden, zugunsten der monarchischen Regierung lösbar. Huber leitet das Recht einer einseitigen verbindlichen Verfassungsinterpretation der Regierung aus Art. 57 der Wiener Schlußakte ab, mithin aus dem monarchischen Prinzip[733].

Diesem Versuch Hubers, den Verfassungskonflikt rechtlich im Sinne Bismarcks und der Lückentheorie zu lösen, ist folgendes entgegenzuhalten:

Indem Huber versucht, den Konflikt auf juristischem Weg zugunsten Bismarcks zu lösen, geht er einen gänzlich anderen Weg als dieser selbst. Wie bereits angedeutet, löste sich Bismarck von der juristischen Argumentation, um so nicht verfassungsjuristisch angreifbar zu werden, sondern Spielräume für sein politisches Handeln zu gewinnen. Huber geht nun auf das Gleis des Verfassungsrechts zurück und reiht sich somit bei den Liberalen ein, die den Konflikt ebenfalls juristisch zu lösen suchten, wenn auch unter Berufung auf die Appelltheorie in entgegengesetzter Richtung.

Der Versuch, den Konflikt allein rechtlich zu lösen, muß jedoch scheitern, da die Verfassung ein derartiges Vorgehen nicht legitimierte. Die Verfassung selbst schwieg dazu, rezipierte jedoch durch das monarchische Recht, die Kammern aufzulösen (Art. 51) die Appelltheorie. So wohl auch von Rönne, wonach das Fehlen von Vorschriften darüber, wie im Konfliktfall die Konformität der Gesetzgebungsorgane zu erreichen sei, nur so gedeutet werden könne, daß die Verfassungsurkunde in einem solchen Fall an die gängigen konstitutionellen Auskunftsmittel dachte[734]. Diese Auskunftsmittel waren politisch: Auflösung des Parlaments oder Auswechselung des Ministeriums. In diesem Zusammenhang sei noch einmal auf den Immediatsbericht vom 9.9.1962 verwiesen, in dem die Minister dem König zum Nachgeben im Budgetkonflikt rieten, von der Lückentheorie abrückten und ein budgetloses Regieren als einen Verfassungsbruch bezeichneten. So unternahm Wilhelm I. auch zweimal den Versuch, durch die Auflösung des Landtages und die Durchführung von Neuwahlen, auf die Wahl eines seiner Regierung gewogenen Parlaments hinzuwirken und somit eine Übereinstimmung zwischen Regierung und Parlament durch ein im Rahmen der Verfassung bleibendes Verfahren zu erzielen. Da dieser Versuch jedoch aufgrund der Wahlergebnisse scheiterte,

---

732. Huber, Verfassungsgeschichte, Bd. 3, S. 346 ff.
733. Huber, Bismarck und der Verfassungsstaat, S. 196.
734. Rönne, Das Staatsrecht der Preußischen Monarchie, 4. Aufl., Bd. 1, S. 642.

blieb danach als zweite Möglichkeit nur noch der Wechsel des Ministeriums, das dann seinerseits sich dem Parlament anzunähern hatte.

Insofern die Appelltheorie nach dieser Lesart letztlich der Entscheidung des (Wahl-) Volkes gegenüber dem Monarchen den Vorzug gab, war dies ebenfalls nicht eindeutig mit dem dualistischen Charakter der Verfassung vereinbar. Aber es war ein aus damaliger Sicht verfassungskonformer Weg der Konfliktbewältigung.

Auch wenn man in der Ansetzung von Neuwahlen durch den König im Laufe der Konfliktszeit sicherlich nicht die Anerkennung der Appelltheorie durch den Monarchen selbst sehen kann, so ist doch Hubers gegenteiliger These von der Legalität eines budgetlosen Regiments als einer gesicherten Tradition des konstitutionellen Staatsrechts zu widersprechen. Zwar wurde bereits in der vormärzlichen Diskussion vielfach die Meinung vertreten, im Rahmen des Budgetrechts habe eine Kammer nicht das Recht, dem Staat die 'notwendigen Ausgaben' zu verweigern[735], jedoch war auch dies keineswegs staatstheoretisches Allgemeingut, widersprach dieser These doch unter anderem der gemäßigte Liberale Dahlmann, der darauf hinwies, daß die Stände auf das Budgetverweigerungsrecht als äußerstes Mittel nicht verzichten dürften, ebenso der bereits erwähnte Staatsrechtler von Rönne.

Die Lückentheorie war kein allgemein anerkanntes Instrument des deutschen Staatsrechts. Auch Kreise des konservativen Ministeriums empfanden 1862 ein budgetloses Regieren als einen Verfassungsbruch[736]. Auch Hubers Verweis auf das geltende Bundesrecht schlägt fehl, beschloß man doch im Rahmen der Geheimen Beschlüsse von 1834[737] für den Konfliktfall die Installierung eines Bundesschiedsgerichts, mithin die Einführung eines unabhängigen dritten Organs, anstelle der Bejahung einer einseitigen Entscheidungsprärogative der Regierung[738].

Aus der Sicht der Zeitgenossen gab es keinen allgemein anerkannten Lösungsweg, vielmehr zwei unterschiedliche, sich widersprechende Lösungsansätze.

Huber versucht, basierend auf dem monarchischen Prinzip und der monarchischen Souveränität, dem König ein überpositives Staatsnotrecht zuzubilligen, das ihm sowohl das Recht gewährt, die Verfassung in seinem Sinne auszulegen, wie auch - auf dieser Auslegung fußend - budgetlos zu regieren.

---

735. Vgl. Friauf, Der Staatshaushaltsplan im Spannungsfeld zwischen Parlament und Regierung, S. 111 ff.
736. Siehe oben.
737. Die Geheimen Wiener Beschlüsse von 1834 bei Huber, Dokumente, Bd. 1, S. 137 ff.
738. Vgl. Art. 13 der Geheimen Wiener Beschlüsse.

Selbst wenn man unterstellt, daß der preußische König als 'Souverän' in seinem Staate galt[739], ist damit aber nicht die Frage nach den Befugnissen beantwortet, die sich aus dieser souveränen Stellung ergeben[740]. Durch die Anerkennung der Verfassung durch den Monarchen war er endgültig an diese Verfassung gebunden; die Frage der Verfassungsänderungen war dahingehend geklärt, daß sie nur im Konsens mit den dazu von der Verfassung berufenen Organen durchzuführen war, will der Monarch keinen Staatsstreich durchführen. Der Monarch war somit zwar die höchste Gewalt im Staat, aber nicht mehr in jedem Fall zur Alleinentscheidung befugt. Die für das rein monarchische Prinzip charakteristische Unterscheidung zwischen Innehabung und Ausübung der Staatsgewalt war somit zumindest teilweise aufgehoben. In Fragen des Budgetrechts war die Verfassung auf einen jährlich zu wiederholenden Kompromiß angelegt; das Recht der monarchischen Regierung zum Erlaß eines Budgets somit durch die Zustimmungspflicht des Parlaments stark begrenzt. Diese Bindung des Souveräns an andere Faktoren, beziehungsweise Organe, und deren Streben nach einem inhaltlichen Ausgleich war eines der Wesensmerkmale des konstitutionellen Verfassungsrechts. Der absolutistische Souveränitätsbegriff war somit gerade in den Bereichen, in denen die Verfassung ein Mitspracherecht des Parlaments positiv normierte, verdrängt. Mit diesem Wandel einher ging aber auch die Vorstellung, daß sich der Monarch bei einem Dissens mit dem Parlament nicht mehr kraft seines Souveränitätsrechtes von den verfassungsmäßig festgelegten Bindungen befreien dürfe[741]. Selbst Stahl war sich dieser inhaltlichen Veränderung des Souveränitätsbegriffes bewußt. Er interpretierte die monarchische Souveränität lediglich als eine formale Vorrangstellung, wie sie auch dem englischen König trotz des Sieges des Parlamentarismus nach wie vor zufalle[742]. Gerade unter Berücksichtigung dieses zeitgenössischen Souveränitätsbegriffes erscheint es fraglich, mit Huber aus der monarchischen Souveränität heraus ein Konfliktentscheidungsrecht herauszulesen, wo die Verfassungsurkunde auf einem Kompromiß mit dem Parlament beharrt. Wenn Huber das monarchische Prinzip und Art. 57 WSA heranzieht, so bleibt auch hier aus zeitgenössischer Perspektive zu entgegnen, daß Art. 57 WSA zwar überwiegend dahingehend ausgelegt wurde, daß grundsätzlich bei der Frage nach dem Kompetenzträger in einer bestimmten Frage eine Vermutung für den Monarchen spreche, soweit nicht ein parlamentari-

---

739. Vgl. die belgische Verfassung von 1831, die ausdrücklich das Prinzip der Volkssouveränität aufnahm; diesem Vorbild ist die preußische Verfassung gerade nicht gefolgt; vgl. hierzu grundlegend Smend, Die preußische Verfassungsurkunde im Vergleich mit der Belgischen.
740. Zur Wandelbarkeit des Souveränitätsbegriffes Quaritsch, Staat und Souveränität.
741. Vgl. u.a. Dahlmann, Politik, 2. Aufl., S. 81 f.; aus heutiger Sicht: Quaritsch, Staat und Souveränität, S. 481 ff.
742. Stahl, Die Philosophie des Rechts, S. 383, 425.

sches Mitbestimmungsrecht verfassungsrechtlich normiert sei, jedoch war damit nicht gemeint, daß der Monarch das gerade verfassungsrechtlich festgelegte Mitbestimmungsrecht in Budgetfragen durch das Feststellen einer 'Überkompetenz' für den Fall ausschalten könne, daß ein Budgetgesetz nicht zustandekomme[743].

Huber beruft sich in einer weiteren Argumentationsebene auf ein überpositives Staatsnotrecht, das dem Monarchen und seiner Regierung zustünde. Dieses Staatsnotrecht resultiere letztlich aus dem Umstand, daß den staatlichen Organen, die die Möglichkeit des Handelns hätten, auch die Pflicht zufalle, den Staat vor dem faktischen Untergang zu bewahren. Da Huber auch dieses Argument, das der Bismarckschen Diktion scheinbar sehr nahe kommt, juristisch verstanden haben will[744], stellt sich die Frage nach dessen Grundlage. Diese kann erneut nur in den Grundsätzen des monarchischen Prinzips in der von Huber verstandenen Reichweite liegen. Insoweit unterliegt hier Huber auch einer Inkonsequenz, rechtfertigt er doch auf der einen Seite das budgetlose Regiment aus der monarchischen Souveränität heraus, verlangt aber gleichzeitig im Rahmen seiner Notstandsargumentation das Nachsuchen um Indemnität. Fraglich bleibt, wie ein Vorgehen, das aus der monarchischen Souveränität heraus bereits gerechtfertigt sei, jemals einer Indemnität bedürfen kann.

Ebenso ist Hubers Versuch angreifbar, die Notstandsbefugnisse im Bereich des Budgetrechts aus einer Analogie zu den verfassungsrechtlichen Notstandsbefugnissen herzuleiten. Die regulären Notstandsbefugnisse des Königs (die Entscheidung über Krieg und Frieden, die Verhängung des Belagerungszustandes) betrafen Situationen, in denen das Verfassungsleben durch äußere Einwirkungen bedroht war. Beim Budgetkonflikt ging es jedoch um das Nichtzustandekommen eines von der Verfassung geforderten Kompromisses[745]. Das 'Nichtfunktionieren' der Verfassung, beziehungsweise des Verfassungslebens stellt jedoch keinen äußeren Notstand im Sinn der erwähnten Notstandsartikel dar. Beim Notverordnungsrecht des Art. 63 ging es von der Intention her um das schnelle Eingreifen zugunsten der öffentlichen Sicherheit. Die Notverord-

743. Die Vermutungsregel soll vielmehr verhindern, daß der Monarch auf die allein in der Verfassung normierten Rechte beschränkt sei und stattdessen das Parlament ungeschriebene Zuständigkeiten besitze; vgl. hierzu Zachariä, Deutsches Staats- und Bundesrecht, Bd. 1, S. 77; Zöpfl, Grundsätze des gemeinen deutschen Staatsrechts, Bd. 2, S. 245; Arndt, Die Verfassungsurkunde für den preußischen Staat, S. 34 f., der auf die herrschende Lehrmeinung verweist, nach der weder die Befugnisse der Krone noch die des Parlaments abschließend geregelt seien; er selbst vertritt eine andere Auffassung, vgl. ebenda, S. 35.

744. Im Gegensatz zu Bismarck, der - wie erwähnt - die Notwendigkeit des Handelns als ein reines Faktum darstellte.

745. Vgl. Wahl, Der preußische Verfassungskonflikt und das konstitutionelle Staatsrecht des Kaiserreiches, S. 213: "Im Verfassungskonflikt war jedoch gerade das Funktionieren der rechtlich verfaßten Faktoren des konstitutionellen Staatslebens gestört; damit trat kein Notstand für das System, sondern der Notstand des Systems ein."

nung war aufzuheben, sofern die Kammer die Zustimmung versagte. Dieses Notrecht des Monarchen war somit nicht gegen die Kammern gerichtet, sondern durch deren freie Zustimmung begrenzt.

Huber überdehnt mit seiner Ausdehnung der monarchischen Befugnisse im Rahmen des Verfassungskonfliktes unter Berufung auf dessen Souveränität und das monarchische Prinzip die Reichweite dieser Grundsätze für die preußische Verfassung von 1850. Nicht jede Lücke kann unter Berufung auf das monarchische Prinzip im Sinn des Königs gelöst werden. Dies widerspräche der Offenheit des Systems und dem Konstitutionalismusverständnis gerade der damaligen juristischen und politischen Welt. So interpretierte beispielsweise der Liberale Lasker in die Verfassung das Gegensatzpaar von monarchischen Vorbehaltsrechten in den Fragen, die mit militärischen Kompetenzen zu tun hatten und den parlamentarischen Vorbehaltsrechten in Geldfragen[746]. Jedenfalls wurde ein von Huber konstruiertes überpositives Notstandsrecht zum budgetlosen Regieren damals nicht angenommen. So bejahte unter anderem Fricker bereits 1861 die Notwendigkeit der Schaffung einer "Einrichtung", die den Fall eines budgetären Dissenses rechtlich löse. Gleichzeitig stellte er fest, daß es eine solche Einrichtung jedoch nicht gebe[747]. Die Idee eines 'Staatsnotrechts' der Huberschen Art war unter den Zeitgenossen nicht anerkannt, andernfalls sich auch die Regierung Hohenlohe nicht zu der Einschätzung der Verfassungswidrigkeit eines budgetlosen Regierens hätte entschließen müssen.

Die Anerkennung eines solchen überpositiven Notstandsrechtes hätte auch dazu geführt, daß eine der zur Konfliktlösung aufgerufenen Seiten, nämlich der Monarch, dazu in der Lage gewesen wäre, selbst eine derartige Notstandslage zu schaffen, um so die Mitwirkungsrechte des Parlamentes auszuschalten. Huber begrenzt daher auch das budgetrechtliche Notstandsrecht des Königs auf Fälle, in denen das "Notrecht ... nicht absichtlich oder mutwillig" durch die Regierung als dem Notstandsbefugten herbeigeführt worden ist[748]. Gerade im preußischen Verfassungskonflikt stellt sich jedoch die Frage, ob der Monarch durch sein stures Beharren auf der dreijährigen Dienstzeit und dem Ausschlagen jeglicher Kompromißangebote durch das Parlament das Nichtzustandekommen des Kompromisses zu vertreten und somit den Notstand mut-

746. Lasker, Zur Verfassungsgeschichte Preußens, S. 313, 317.
747. Fricker, Die Natur der Steuerverwilligung und des Finanzgesetzes, ZgesStW, Bd. 17, S. 702; vgl. auch Boldt, Verfassungskonflikt und Verfassungshistorie, S. 90, der in diesem Zusammenhang darauf hinweist, daß allein der hessische Staatsrechtler Hermann Bischof 1860 ein provisorisches Gesetzgebungsrecht der Regierung verbunden mit der Auflösung der Kammer zur Wahrung des monarchischen Prinzips bejahe. Bischoff sei jedoch - so Boldt - ein ausgesprochener Außenseiter, der hier im Rahmen des Hessischen Budgetkonfliktes eine Kampfschrift mit zum Teil absonderlichen Forderungen verfasst habe, die jedenfalls nicht der allgemeinen Meinung entsprach.
748. Huber, Verfassungsgeschichte, Bd. 3, S. 346.

willig herbeigeführt hat[749]. Geht man von einer Kompromißunwilligkeit des Monarchen aus, wäre die Berufung auf sein Notrecht - so es denn bestünde - auch unter Zugrundelegung von Hubers Ansatz jedenfalls rechtsmißbräuchlich. Desweiteren stellt sich die Frage, ob die von Huber im Fall des rechtmäßigen Notrechts erlaubten "notwendigen Ausgaben" im konkreten Fall auch diejenigen Ausgaben umfassen, die für die Heeresreform erforderlich sind, mithin diejenigen Ausgaben, an denen der Budgetkompromiß scheiterte. Gerade im Zusammenhang mit Hubers monarchischem Notrecht fragt sich, wer über die Feststellung eines solchen Notstandes zu entscheiden, wer darüber zu befinden habe, ob der Monarch nicht möglicherweise selbst den Notstand mutwillig herbeigeführt hat und welche Ausgaben notwendig im Sinn des Notrechts sind.

Nach Huber folgt aus dem monarchischen Prinzip und dessen Fixierung in Art. 57 WSA das Recht zur vorrangigen Verfassungsinterpretation durch den Monarchen selbst. Berücksichtigt man, daß es in Preußen kein die Ministerverantwortlichkeit regelndes Gesetz gab, heißt die Bejahung des Notrechts bei gleichzeitiger vorrangiger monarchischer Verfassungsinterpretation die Einräumung einer beinahe absolutistischen Machtfülle, kann doch der Monarch unter Zugrundelegung der auf seiner einseitigen - ausschlaggebenden - Verfassungsinterpretation beruhenden Lückentheorie einen budgetrechtlichen Notstand provozieren, um sodann die ihm genehmen Ausgaben tätigen zu können, ohne im Wege der Ministeranklage durch das Parlament die Kontrolle einer unabhängigen Instanz fürchten zu müssen.

Aber auch Hubers These von dem Recht der einseitigen Verfassungsinterpretation ist nicht zuzustimmen. Zwar fehlte in der preußischen Verfassung von 1850 ein Hinweis darauf, daß eine verbindliche Verfassungsauslegung nur durch die gesetzgebenden Organe möglich ist, dies entsprach jedoch der herrschenden konstitutionellen Verfassungsauslegung. Wie das Recht zur einseitigen Verfassungsänderung war dem Monarchen auch das Recht zur einseitigen Verfassungsauslegung genommen[750]. Auch in diesem Zusammenhang sei auf Stahl verwiesen, für den das monarchische Interpretationsrecht ebenfalls nicht selbstverständlich war, hatte er sich doch im Vorfeld der preußischen Verfassungsgebung dahingehend geäußert, daß dem Monarchen ein verbindliches Interpretationsrecht für die Verfassungsauslegung jedenfalls in all den Fragen vorbehalten werden müsse, in denen es um die Abgrenzung monarchischer und ständischer Rechte gehe[751]. Indem Bismarck sich ebenfalls gerade nicht

749. Vgl. dazu die Ausführungen oben.

750. Vgl. u.a. Aretin, Staatsrecht der konstitutionellen Monarchie, S. 252; Rönne, Das Staatsrecht der preußischen Monarchie, 2. Aufl., Bd. 1, S. 80 f., 154.; Zachariä, Deutsches Staats- und Bundesrecht, Bd. 2, S. 139.

751. Stahl, Das monarchische Prinzip, S. 30 f.; da diese Empfehlung Stahls keine Aufnahme in die preußische Verfassung gefunden hatte, entfiel in seinen späteren Werken ein entsprechender Hinweis.

auf ein monarchisches Recht auf verbindliche Verfassungsauslegung berief, sondern vielmehr die monarchische und die parlamentarische Auslegung auf einer Ebene nebeneinander stellte, erkannte auch er das Recht aller gesetzgebenden Organe auf die gleichberechtigte Interpretation der Verfassung an.

Es bestand - wie gesehen - keine einheitliche Interpretation der Verfassung darüber, was im Fall der Nichtverabschiedung des Budgets zu geschehen habe. Dies bestätigt möglicherweise die These Carl Schmitts vom "Scheinkompromiß" der Verfassung und führt zum zweiten dazu, beiden juristischen Lösungsansätzen eine gewisse historische, nicht unbedingt juristische, Legitimation zuzusprechen. Zugleich muß dann der Konflikt und dessen Entscheidung - wie es ja tatsächlich durch Bismarck auch geschehen ist - auf die faktische Ebene, die 'Machtfrage' - entsprechend der Anschützschen Aussage: "Das Staatsrecht hört hier auf"[752] - reduziert werden.

Huber hält den Weg der Indemnität für einen echten Kompromiß. Er muß dies auch tun, da er andernfalls in die Gefahr käme, in Widerspruch zu seiner Theorie von der Eigenständigkeit der konstitutionellen Verfassung zu geraten. Berücksichtigt man jedoch, daß Huber über den in der Verfassung angelegten Dualismus aus monarchischen und parlamentarischen Rechten im Fall eines echten Konfliktes gestützt auf monarchische Souveränität und monarchisches Prinzip eine monarchische Entscheidungsprärogative stülpt, hebt er letztlich den Kompromißcharakter der Verfassung und somit das gesamte dualistische System wieder auf. Huber interpretiert so lange - entgegen der zeitgenössischen Auffassung - monarchische Rechte in die Verfassung hinein, bis diese seine juristische Lösung des Konfliktes zugunsten Bismarcks trägt. Huber zieht das sich seiner Meinung nach über die Verfassung erstreckende monarchische Prinzip zur lückenschließenden Interpretation aller Verfassungsfragen heran.

Dort aber, wo eines der nach der Verfassung zum Kompromiß gezwungenen Organe - der Monarch - nach seinem Belieben dem Erfordernis des Kompromisses ausweichen kann, kann es sich nicht mehr um einen echten Kompromiß handeln. Diese willkürliche Ausschließung des Parlaments von der Mitwirkung an dem Budget ist jedoch die Folge der Bismarckschen Politik und der zugrundeliegenden Lückentheorie, sowie der Huberschen juristischen Rechtfertigung im Wege des Notstandsrechtes, gestützt auf das den Konstitutionalismus nach wie vor prägende monarchische Prinzip. Worauf Bismarck in seiner Indemnitätsvorlage auch für die Zukunft nicht verzichtet hat und was durch Hubers Interpretation auch verfassungsrechtlich gestützt wird, ist somit, daß die Krone vom Parlament budgetrechtlich verlangen konnte, was sie

752. Meyer- Anschütz, Lehrbuch des deutschen Staatsrechts, 7. Aufl., S. 906.

wollte, und daß sie immer dann, wenn das Parlament sich diesen Wünschen widersetzte, im Wege des budgetlosen Regierens völlige Haushaltsfreiheit in Anspruch nehmen konnte. Diese Erpreßbarkeit bedeutete aber das Ende des Kompromißcharakters der Verfassung. Die theoretische Möglichkeit der parlamentarischen Einflußerweiterung durch das Budgetrecht der preußischen Verfassung wurde so - zumindest ebenso theoretisch - gestoppt durch die beliebige Möglichkeit der Wiederholung des budgetlosen Zustandes durch die monarchische Regierung[753].

Zieht man jedoch den Kompromißcharakter der Verfassung als Ganzes in Frage, erscheint auch Hubers These von der Eigenständigkeit des Verfassungstyps der konstitutionellen Monarchie sehr fraglich. Besteht die Verfassung nicht in erster Linie aus einem Kompromißerfordernis, sondern aus dem sich über diesen Dualismus wölbenden, die beiden vermeintlich gleichberechtigten Pole in ein Über- und Unterordnungsverhältnis setzendes, monarchisches Vorrecht, fehlt es der Verfassung gerade an dem die Eigenständigkeit begründenden Dualismus als eigenem Formprinzip. Somit stellt sich mehr die Frage nach der Betonung parlamentarischer Rechte im Rahmen einer monarchischen Verfassung, sowie die Entwicklung der Ausdehnung dieser Rechte bis zur Einführung einer parlamentarischen Regierungsverantwortlichkeit 1918, als die Suche nach Abgrenzungskriterien zu einer monarchischen Verfassung einerseits und einer parlamentarischen Verfassung andererseits.

Das tatsächliche Vorgehen der Regierung Bismarck kann nach alledem jedenfalls nicht als im Einklang mit der zeitgenössisch herrschenden Verfassungsinterpretation in Politik und Lehre angesehen werden, wie auch der Versuch einer nachträglichen Rechtfertigung auf juristischer Grundlage auf der Basis der preußischen Verfassung unter Zugrundelegung dieses zeitgenössischen Verfassungsverständnisses nicht gelingen kann.

753. Daß sich diese theoretische Möglichkeit nicht realisiert hat, sondern, daß vielmehr sich die Macht des Parlamentes stetig vergrößerte, bis hin zum Parlamentarismus 1918, war mithin eine (zukünftige) Entwicklung, die nach dem Ausgang des Verfassungskonfliktes keineswegs zwingend erfolgte. Daher erscheint auch Böckenfördes These, nach der sich das "liberale Budgetrecht ... in der Bitte um Indemnität, von der ja nie ganz klar geworden ist, wer sie eigentlich wem gewährte, den Sieg auf Dauer erkauft" habe, etwas gewagt; vgl. Böckenförde, Der Verfassungstyp der deutschen konstitutionellen Monarchie im 19. Jahrhundert, S. 158; diese Aussage kann allenfalls aus der Perspektive eines Betrachters erfolgen, der die folgenden historischen Abläufe kennt und als zwingend vorwegnimmt.

## IV. AUFNAHME DER VERFASSUNG IN DER STAATSRECHTLICHEN LITERATUR

Die Betrachtung der zeitgenössischen staatsrechtlichen Literatur über die preußische Verfassung von 1850 muß aufgrund der überragenden Bedeutung des Verfassungskonfliktes zwangsläufig in zwei Teile zerfallen, deren Grenze durch den Verfassungskonflikt gekennzeichnet ist.

### 1. Literatur vor dem Verfassungskonflikt

Eine erste Sammlung der einzelnen Entwicklungsstadien des Verfassungstextes legte Ludwig von Rönne vor. "Die Verfassungsurkunde für den preußischen Staat vom 31. Januar 1850" erschien bereits im Jahr des Erscheinens der Verfassung selbst. Sein Inhalt lag nicht in der Kommentierung der einzelnen Artikel, sondern in der Darstellung der Entwicklung des Gesetzestextes beginnend mit der Regierungsvorlage vom 20. Mai 1848[754]. Sich weder verfassungsrechtlich, noch -politisch äußernd, stellte von Rönne allein fest, daß Preußen durch diese Verfassung nun keine ständische Monarchie mehr sei, sondern "in die Reihe der konstitutionellen Staaten" eingetreten sei[755].

Seine wissenschaftliche und verfassungspolitische Bedeutung bei der Interpretation der preußischen Verfassung erlangte von Rönne dann durch sein in der 1. Auflage 1856 erschienenes "Staatsrecht der preußischen Monarchie"[756]; dies war der "erste wirklich umfassende ... Verfassungskommentar"[757] des preußischen konstitutionellen Staatsrechts. Von Rönne, sowohl Mitglied der Frankfurter Nationalversammlung[758], wie auch des preußischen Abgeordnetenhauses, sollte im später ausgetragenen Verfassungskonflikt der liberalen Argumentation ihre verfassungsrechtliche Stütze geben, indem er an dem Postulat des Erfordernisses der Übereinstimmung der Kammern mit dem König hinsichtlich des Etats festhielt und diese nicht durch einen - einseitigen - königlichen Erlaß ersetzen lassen wollte.

Ausgangspunkt der Verfassungsinterpretation von Rönnes war ein Konstitutionalismusverständnis, das zunächst von einer umfassenden Machtfülle des Monarchen ausging. Bereits in seinem Vorwort erläuterte er die

754. Desweiteren führte der die Texte des Kommissionsentwurfes der preußischen Nationalversammlung, der Verfassungsurkunde der oktroyierten Verfassung, sowie die Textes der Entwürfe wie sie sich aus den Revisionsdebatten der beiden Kammern ergab, an.
755. Rönne, Die Verfassungsurkunde für den preußischen Staat vom 31. Januar 1850, S. 1.
756. Rönne, Das Staatsrecht der preußischen Monarchie.
757. Stolleis, Geschichte des öffentlichen Rechts in Deutschland, Bd. 2, S. 300.
758. Als Mitglied der Casino-Partei.

Grundlagen, die nach seiner Überzeugung bei der Interpretation der Verfassung herangezogen werden müssen. Ganz dem auch historischen Denken der Casino-Abgeordneten der Paulskirche verhaftet, betonte er den geschichtlichen Ursprung der Verfassung und dessen Werden im Verlauf der staatsrechtlichen Entwicklung des monarchischen Preußens. Weder enthielte die Verfassungsurkunde "die Gesamtheit der in Preußen geltenden Verfassungsnormen ... noch darf vergessen werden, daß diese Verfassung eine Vergangenheit ... hat"[759]. Mit dieser 'Vergangenheit' implizierte von Rönne insbesondere das monarchische Prinzip. Zwar sei die Verfassung "vor allem eine constitutionelle Verfassung", aber sie "bewahre" doch zugleich auch "nach allen Richtungen hin das monarchische Prinzip"[760].

Bereits hier kam das den politisch liberal Gesinnten eigentümliche Bestreben zur Geltung, Fürst und Volk miteinander auf einer Ebene in Einklang zu bringen, in der Verfassung selbst Kompromisse zu schließen und sich im entscheidenden Augenblick einer klaren Aussage lieber zu enthalten. Rönne suchte in seinem Werk - in typisch gemäßigt-liberaler Tradition - sowohl dem Gedanken des Konstitutionalismus wie auch dem monarchischen Prinzip gerecht zu werden[761]. Zwar habe die Verfassung von 1850 den Grundsatz des monarchischen Prinzips niemals ausdrücklich erwähnt, ihn aber auch in keiner Weise verletzt[762].

Das monarchische Element in sein liberales Verfassungsverständnis zu integrieren gelang ihm relativ einfach durch seine weite Auslegung des monarchischen Prinzips. Er stellte dieses, wie die liberale verfassungsrechtliche Tradition auf Bundesebene, vertreten etwa durch Heinrich Albert Zachariae, allein in einen Gegensatz zum republikanischen Prinzip. Das monarchische Prinzip sei allein dadurch gekennzeichnet, daß "in der staatlichen Ordnung nichts ohne und nichts gegen den Willen des Monarchen geändert werden darf"[763]. Damit einher ging die Forderung von Rönnes nach dem absoluten Vetorecht des Monarchen. Aus dem monarchischen Prinzip weitergehende Folgerungen hinsichtlich der Rechte des Monarchen zu ziehen, lehnte er dagegen ausdrücklich ab. So konnte er auch das parlamentarische Mitbestimmungsrecht bei der Gesetzgebung nach Art. 62 als Teilnahme an der Ausübung der an sich dem König zustehenden Staatsgewalt interpretieren und im selben

759. Rönne, Das Staatsrecht der preußischen Monarchie, 2. Aufl., Bd. 1, Einleitung S. IX.
760. Rönne, Das Staatsrecht der preußischen Monarchie, 2. Aufl., Bd. 1, Einleitung S. IX.
761. Vgl. Rönne, Das Staatsrecht der preußischen Monarchie, 2. Aufl., Bd. 1, Vorwort, S. VI: " So gewiß Preußen ein starkes Königthum fordert, so gewiß ist es, daß diese Stärke ihre gesicherte Grundlage nur in der Übereinstimmung mit dem zum lebendigen Bewußtsein seines verfassungsmäßigen Rechtes erwachenden Volke finden kann".
762. Rönne, Das Staatsrecht der preußischen Monarchie, 2. Aufl., Bd. 1, S. 118 Fn. 3.
763. Rönne, Das Staatsrecht der preußischen Monarchie, 2. Aufl., Bd. 1, S. 118 Fn. 2.

Atemzug die Gleichrangigkeit der Gesetzgebungsfaktoren betonen[764]. In Anspielung auf Stahl trug er vor, "mit Unrecht ist daher auch dem 'monarchischen' das 'parlamentarische' Prinzip gegenübergestellt worden. ... Hiernach kann also nicht entfernt behauptet werden, daß die durch die preußische Verfassungsurkunde begründete konstitutionelle Staatsform dem Grundsatz des monarchischen Prinzips widerspreche"[765]. Demnach betonte Rönne letztlich die volle Gleichwertigkeit der am Gesetzgebungsverfahren beteiligten Organe, ohne dadurch das monarchische Prinzip verletzt zu sehen [766]. Mit diesen Aussagen bezog Rönne auch ausdrücklich Stellung gegen Stahl, dem er vorwarf, den Konstitutionalismusbegriff falsch zu interpretieren und dadurch zu verunglimpfen. Die Beteiligung des Parlaments an dem Gesetzgebungsverfahren habe nichts gemein mit dem Gewaltenteilungsprinzip in dem Sinn, daß "die Kammern die gesetzgebende Gewalt seien und der König die Exekutive. Stahl übersieht nämlich, daß vielmehr das positive konstitutionelle Staatsrecht der deutschen monarchischen Staaten die Gewaltenteilung verwirft und daß die Theilnahme der Landes- oder Volksvertretung an der Gesetzgebung nichts mit der Theilung der Staatsgewalt zu schaffen hat"[767]. Auch das preußische konstitutionelle monarchische Verfassungssystem ordne dem König das "ausschließliche Recht der obersten Leitung des Staates" zu. Er "vereinigt ... in sich alle Rechte der Staatsgewalt und sein Wille ist der höchste im Staat"[768], unabhängig von der Mitwirkung weiterer Organe am Staatsleben.

Auch hinsichtlich der Auslegung der Verfassung, sowie anderer Gesetze versuchte von Rönne dem von ihm unterstellten Charakter der Verfassung, als eine auf Ausgleich gerichtete Konstitution, gerecht zu werden. So sei zur Auslegung der Folgerungen aus dem monarchischen Prinzip zwar auf den Art. 57 der Wiener Schlußakte vom 15.5.1820 und gar auf das Allgemeine preußische Landrecht von 1794 zurückzugreifen, aber dennoch sei bei der Hinzuziehung des "philosophischen Staatsrechts ... für das positive preußische Staatsrecht nur das allgemeine Staatsrecht der konstitutionellen Monarchie als subsidiäre Rechtsquelle nutzbar". Als Autoren dieses allgemeinen konstitutionellen Staatsrechts nannte Rönne unter anderem Montesquieu, Constant, Aretin-Rotteck - nicht aber Stahl. Zudem stellte Rönne die Auslegung von Gesetzen dem Gesetzgebungsverfahren gleich und kam daher auch hier dazu, Fürst und Volk, das heißt das Parlament, zu einem Kompromiß zu zwingen: Da die Auslegung eines Gesetzes ebenso zu behandeln sei "wie ein neues Gesetz",

764. Rönne, Das Staatsrecht der preußischen Monarchie, 2. Aufl., Bd. 1, S. 118 Fn. 2.
765. Rönne, Das Staatsrecht der preußischen Monarchie, 2. Aufl., Bd. 1, S. 118 Fn. 2.
766. Rönne, Das Staatsrecht der preußischen Monarchie, S. 2. Aufl., Bd. 1, S. 118 Fn. 2.
767. Rönne, Das Staatsrecht der preußischen Monarchie, 2. Aufl., Bd. 1, S. 119 f. Fn 2.
768. Rönne, Das Staatsrecht der preußischen Monarchie, 2. Aufl., Bd. 1, S. 148.

verstehe es sich von selbst, "daß die authentische (legale) Auslegung eines Gesetzes ... der Übereinstimmung beider Kammern und des Königs bedarf"[769].

Rönne erwies sich letztlich als ein gemäßigter liberaler Autor seiner Zeit, der zwischen Parlament und Monarch zu vermitteln suchte, ohne sich letztlich in Zweifelsfragen der einen oder anderen Seite zuneigen zu wollen. Denn keineswegs sei es "die Aufgabe eines Systems des positiven Staatsrechts, sich einseitig auf einen Parteienstandpunkt zu stellen"[770]. Die Frage, inwieweit dem monarchischen Prinzip noch dadurch Rechnung getragen werde, daß das Staatsoberhaupt in der Ausübung der Staatshoheitsrechte durch die Verfassung an die Mitwirkung anderer Organe gebunden wird, war nach Rönne eine politische, weniger eine juristische Frage. Letztlich betrachtete Rönne die Verfassung als ein noch unfertiges Werk, das sich organisch in Richtung eines weiteren Ausbaus der Ministerverantwortlichkeit weiterentwickeln werde[771].

## 2. Literatur vor dem Hintergrund des Verfassungskonflikts

Die eigentliche literarische Aufarbeitung der preußischen Verfassung begann in der Staatsrechtswissenschaft vor dem Hintergrund des Verfassungskonflikts[772]. Viele Autoren zogen aus dem Verfassungskonflikt das Ergebnis, daß einem rein dualistischen, auf Kompromiß angelegten verfassungsrechtlichen System in der politischen Praxis Grenzen gezogen seien, so daß es nicht genüge, die Verfassungsorgane König und Parlament auf den wiederholten Versuch zu verweisen, sich zu einigen. Vielmehr drang immer mehr die Ansicht vor, sich zwischen den einzelnen Organen entscheiden zu müssen und somit einem dieser Organe den Vorrang einräumen zu müssen.

Vor dem Hintergrund des Verfassungskonfliktes trat die Interpretationsbedürftigkeit der Verfassung deutlich zu tage. Gerade weil das monarchische Prinzip nicht ausdrücklich als Grundbaustein der Verfassung eingefügt worden war, sondern vielmehr von den Verfassungsvätern ein Kompromißcharakter zwischen monarchischem und parlamentarischem System avisiert war, blieb die Verfassung in Konfliktsfällen - insbesondere im Fall eines Dissenses bei der (Budget-) Gesetzgebung - ohne Aussage.

---

769. Rönne, Das Staatsrecht der preußischen Monarchie, 2. Aufl., Bd. 1, S. 157.
770. Rönne, Das Staatsrecht der preußischen Monarchie, 2. Aufl., Bd. 1, Einleitung, S. IX.
771. Rönne, Das Staatsrecht der preußischen Monarchie, 2. Aufl., Bd. 1, Einleitung, S. VIII.
772. Vgl. Bornhak, Preußische Staats- und Rechtsgeschichte, S. 469: "Eigentlich ausgetragen aber wurde die Frage des preußischen Verfassungsrechts erst in der Konfliktszeit."

Die - insbesondere auch wissenschaftlich geführte - Diskussion lautete dabei weniger, ob nun die Fürstenherrschaft oder die Volkssouveränität in der Verfassung verwirklicht sei[773]. Der preußische Monarch galt als Oberhaupt des Staates, als Souverän in einem formellen, symbolischen Sinne. Die Frage lautete vielmehr, ob der Monarch seine Position bei Zweifelsfragen unter Berufung auf das monarchische Prinzip über die in der Verfassung aufgeführten Rechte hinaus ausbauen könne, oder ob er an die ausdrücklich genannten Recht gebunden sei.

Die Verfassung selbst schwieg sich dazu aus. Weder war der König dem belgischen Muster folgend, expressis verbis auf die in der Verfassung niedergelegten Rechte beschränkt, noch existierte eine Norm, die eine Vermutung zugunsten des Oberhauptes enthielt. Im Wege der Auslegung ließen sich beide Richtungen vertreten. So ließen sich "die Verfassungsartikel durch die Obersätze des allgemeinen konstitutionellen Staatsrechts" ergänzen, oder im Sinn des "historischen Rechts der preußischen Monarchie" auslegen[774]. Die juristische Auslegungsmethode entwickelte sich somit - zumindest in den Augen vieler konservativer Staatsrechtslehrer - zu einem Politikum: "So wurde der Verfassungskonflikt gleichzeitig zu einem Kampfe zwischen historischer Monarchie und Parlamentarismus"[775]. Interessant an diesen beiden Bewertungen des Verfassungskonfliktes - von ein und demselben Autor im Jahre 1903 - ist die unterschiedliche Prononcierung: zum einen wird einer 'konstitutionellen' Verfassungsauslegung die 'monarchischen' Auslegung entgegengesetzt, zum anderen steht der 'Monarchie' der 'Parlamentarismus' gegenüber, was intendiert, daß bei dem zweiten Gegensatzpaar der Begriff des Konstitutionalismus bereits dem der Monarchie angenähert und von dieser vereinnahmt wird.

Legte man im Wege der Auslegung der Verfassung das monarchische Prinzip als das die Verfassung leitende Prinzip zugrunde, konnte man daraus folgern, daß im Zweifel das Recht auf der Seite des Königs sei und die verfassungsmäßigen Mitwirkungsrechte des Parlaments restriktiv auszulegen seien. Demnach habe der Monarch als Träger der gesamten Staatsgewalt insbesondere die Gesetzgebungsgewalt inne; das Parlament übe dann nur teilhabend an einer ihm fremden Staatsgewalt insoweit Rechte aus, als sie in der Verfassung ausdrücklich niedergelegt sind. Im Gegensatz zu den Kammern hätten bei die-

773. Zur Frage der Staatssouveränität siehe unten; letztlich sah aber auch die "Staatssouveränitätslehre" den Monarchen als den 'Träger der Staatsgewalt' und somit als Mittelpunkt des Staates.
774. Bornhak, Preußische Staats- und Rechtsgeschichte, S. 469.
775. Bornhak, Preußische Staats- und Rechtsgeschichte, S. 470; in dieser konservativ-monarchischen Linie steht auch das Konfliktverständnis Hubers, zu Hubers Verständnis siehe oben.

ser Auslegung die in der Verfassung aufgezählten Befugnisse des Königs keinen enumerativen, sondern allenfalls exemplarischen Charakter.

Andererseits ist eine Auslegung im liberal-konstitutionellen Sinne denkbar, die in der Verfassung verankerte Idee der gemeinsamen Gesetzgebung zu betonen und somit nicht von vornherein die Stellung des Parlaments restriktiv auszulegen und bei einem Schweigen der Verfassung eine Prärogative des Monarchen zu unterstellen.

Somit ist letztlich der staatsrechtliche Grundansatz entscheidend, den die einzelnen staatsrechtlichen Interpreten ihren Werken zugrunde legten.

Gedanklicher Ausgangspunkt der die verfassungsrechtlich lösende Streitfrage sei hier das bereits erwähnte Werk des gemäßigt-liberalen von Rönne, der im Verfassungskonflikt auf der Seite der Gegner Bismarcks stand und dessen Vorgehen im Wege eines budgetlosen Regiments als verfassungswidrig mißbilligte.

Von Rönne erachtete das Vorgehen der Regierung Bismarck als "verfassungsmäßig unstatthaft", da die Bejahung der Lückentheorie Bismarcks und der daraus gefolgerten Konsequenzen "eine Aufhebung der Verfassung" nach sich ziehe, da die Ausgabenbewilligungsrechte des Parlaments hierdurch "völlig illusorisch" würden[776]. Für die erforderliche Auslegung der Verfassung sei entscheidend, daß "für das Preußische Staatsrecht niemals das allgemeine Staats-Recht der absoluten Monarchie, sondern nur dasjenige der konstitutionellen Monarchie als subsidiäre Rechtsquelle in Betracht kommen kann"[777]. Die Verfassung gehe im Fall des Nichtzustandekommens eines Etatgesetzes davon aus, "daß dann von der Anwendung solcher Aushülfsmittel werde Gebrauch gemacht werden, welche das konstitutionelle Staats-Recht als die verfassungsmäßigen erachtet", somit die Auflösung des Parlaments oder aber den "Wechsel der Repräsentation der Krone durch ihr Ministerium"[778].

Ebenfalls im Sinne eines um den verfassungsmäßigen Ausgleich bemühten gemäßigten Liberalen äußerte sich Georg Waitz, indem er betonte, "das Ziel ... ist, daß der König, der die Einheit des Staates darstellt, und das Volk, auf dem der Staat beruht, zusammenwirken in voller, freier Übereinstimmung. Das Leben wird einen Wechsel, manchmal auch einen Kampf zeigen, die es nie zur vollen Verwirklichung der Ideen kommen lassen, aber eine Mannigfaltigkeit von Bildungen erzeugen, die das Leben freier Organismen kennzeichnen"[779]. Waitz war überzeugt davon, daß es gelingen könne, die erforderlichen Kompromisse zustande zu bringen. Als "Ideal", das ihm "vorschwebt",

776. Rönne, Das Staatsrecht der Preußischen Monarchie, 2. Aufl., Bd .1, S. 332.
777. Rönne, Das Staatsrecht der Preußischen Monarchie, 2. Aufl., Bd .1, S. 332 Fußnote 1a.
778. Rönne, Das Staatsrecht der Preußischen Monarchie, 2. Aufl., Bd .1, S. 332 Fußnote 1b.
779. Waitz, Grundzüge der Politik, S. 42.

sah Waitz ein "harmonisches Zusammenwirken, eine volle freie Übereinstimmung" der am Staatsleben beteiligten Gewalten an, insbesondere ein Zusammenwirken von Monarch und Parlament[780].

Darüberhinaus ging in progressiver Weise die liberale Überzeugung beispielsweise eines Eduard Lasker[781]. Die Verfassung sei der "Uranfang" alle Rechte. Damit meinte Lasker nicht nur die Rechte des Volkes, sondern auch die Rechte des Monarchen. Die preußische Verfassung habe als "Staatsgrundgesetz" sowohl das zeitlich vorrangige Allgemeine Preußische Landrecht als schriftliche Rechtsquelle, wie auch die monarchische Historie als ungeschriebene Rechtsquelle zum Versiegen gebracht. Nicht das preußische Königtum selbst, wohl aber dessen Befugnisse seien eine "positive Schöpfung der Verfassung". Dies betonte Lasker in bewußter Unterscheidung zu der "neuen Lehre" der royalistischen Partei, die die Verfassung nur als eng auszulegende Einschränkung weiterbestehender, sich auf vorkonstitutionelle Rechtsquellen stützende Rechte des Monarchen betrachte und daher im Zweifel für den Monarchen entscheide. Die neue Ordnung beruhe auf der Harmonie zwischen Monarch und Volk, woraus sich ein Über- und Unterordnungsverhältnis dieser beiden Faktoren - das Volk vertreten durch das Parlament - nicht mehr herleiten lasse. Der Monarch vereinige nicht mehr alle Rechte in sich. Stattdessen sei allein der zwischen ihm und dem Parlament übereinstimmend zum Ausdruck kommende Gesetzeswille maßgebend. Im Falle eines Dissenses zwischen den Gesetzgebungsorganen wie im Fall des Budgetkonfliktes empfahl Lasker der Appelltheorie folgend, die Auflösung des Parlaments und Neuwahlen, um somit das Volk selbst entscheiden zu lassen. Gerade in Finanzfragen, einem "Eckstein der politischen Macht", stehe dem Monarchen gegen den festgestellten Willen des Volkes kein Widerstandsrecht mehr zu; schließlich dürften dem Volk keine Lasten aufgedrängt werden, um vermeintlich dringende Bedürfnisse zu befriedigen[782].

In dieselbe Richtung argumentierten in den Jahren des Konfliktes auch andere Liberale. Auch sie betonten insbesondere, daß die Rechte des Monarchen sich aus der Verfassungsurkunde selbst ergeben müßten, ebenso wie die des Parlaments. Eine vorkonstitutionell-absolutistische Verfassungsauslegung zugunsten des Monarchen komme im Rahmen der preußischen Verfassung nicht mehr in Betracht[783].

Als Folgerung aus der These dieser Liberalen, daß nicht mehr alle Staatsgewalt in dem Monarchen vereinigt sei, ergebe sich, daß an die Stelle

780. Waitz, Grundzüge der Politik, S. 151.
781. Vgl. Lasker, Verfassungsgeschichte; der Band enthält eine Aufsatzsammlung aus den Konfliktjahren.
782. Vgl. zu alledem Lasker, Verfassungsgeschichte, S. 317, 355 zu den Finanzfragen, sowie 361, 371 ff., 385 zu der verfassungsmäßigen Stellung des Monarchen.
783. Vgl. z.B. Bluntschli, Allgemeines Staatsrecht, S. 447.

des monarchischen Prinzips sogar bereits das parlamentarische Prinzip getreten sei[784]. Damit meinte Lasker jedoch nicht die - von Huber in Fortsetzung zu Stahl so interpretierte - gänzliche Entmachtung des Monarchen und dessen Beiordnung unter die Herrschaft des Parlaments, als vielmehr die dualistische Gleichordnung beider Organe und die damit verbundene gemeinschaftliche und gleichberechtigte Rechtsausübung, insbesondere in der Gesetzgebung.

Die Verfassungsauslegung der progressiven Liberalen näherte sich somit in wesentlichen Punkten derjenigen der gemäßigten Liberalen um von Rönne an. Beide liberalen Auslegungen betonten das Erfordernis der Einvernehmlichkeit von Monarch und Parlament. Im Fall eines Konfliktes forderten sie die Auflösung des Parlaments und die Durchführung von Neuwahlen, mithin die Appellation an die Wählerschaft. Hier traten nun aber auch die entscheidenden Unterschiede zwischen beiden Richtungen auf. Während die gemäßigtere liberale Richtung in Anlehnung an Dahlmann dies als eine Aufforderung des Königs an die Wählerschaft sieht, die bisherige Politik des Parlaments zu mißbilligen, betonten die Progressiven gerade den Appellationscharakter dieses Vorgehens. Nach ihrer Überzeugung sollte die Befragung der Wählerschaft auch zu einer Entscheidung des Konflikts führen, auch wenn diese Entscheidung gegen den Monarchen ausfallen sollte. Dieser wäre demnach gehalten, die Regierung auszuwechseln, oder sie jedenfalls auf die nunmehr durch die Wählerschaft gestärkte Politik des Parlaments zu verpflichten. Nach der Auffassung der Gemäßigteren sollte die Befragung des (Wahl-) Volkes nicht zwingend zu einer Entscheidung führen, da der Monarch verfassungsrechtlich nicht zu einem Einlenken gezwungen werden könne, da andernfalls der Monarch sich im Fall eines Konfliktes an eine über ihm stehende Institution wende und demnach nicht mehr souverän sein könne. Die Lösung des Konflikts blieb nach dieser Auffassung demnach auch nach der Auflösung des Parlaments und einer das Parlament bestätigenden Wahl weiterhin in der Schwebe; vielmehr verdeutliche sich dadurch erneut das Erfordernis des Kompromisses. Nach Rönne gab der Monarch im Fall der Auflösung des Parlaments aufgrund eines Dissenses zwischen der königlichen Regierung und den Kammern "dem Volk das Recht der freien Wahl" zurück, eine "im Interesse der Freiheit geschehene Handlung der Krone ... wenn sie im wahren Geist des konstitutionellen Systems angeordnet" werde[785].

Die angedeutete progressiv-liberale Verfassungsinterpretation hatte ihre größte Bedeutung während des Verfassungskonfliktes selbst, als sich die Lösung im Wege des Indemnitätsgesuchs noch nicht abzeichnete.

Grundsätzlich entgegen stand einer liberalen Verfassungsauslegung mit der Berufung auf die Appelltheorie die konservative Verfassungsinterpretation,

784. Lasker, Verfassungsgeschichte, S. 376.
785. Rönne, Das Staatsrecht der preußischen Monarchie, 1. Aufl., S. 511 f.

die sich auf eine - im monarchischen Sinne - ergänzende Verfassungsauslegung berief. Noch während des Verfassungskonfliktes hielt man daran fest, daß nur der Landtag seine Rechte der Verfassungsurkunde verdanke, die Rechte des Königs jedoch historisch gewachsen und durch die Verfassung allenfalls in bestimmter Hinsicht begrenzt worden seien. Demnach suchten die konservativen Verfassungsinterpreten und die diese Verfassungsinterpretation umsetzenden Politiker, die staatsrechtliche Stellung des Oberhaupts weniger aus der Verfassungsurkunde, als vielmehr aus vorkonstitutionellen Quellen herzuleiten, wodurch die Rechte des Monarchen beinahe beliebig ausbaufähig wurden - bis hin zu dem Recht des Königs zur Aufhebung der Verfassung und der Wiederherstellung des alten Absolutismus, dem Ziel der preußischen konservativen Ultras während der Konfliktszeit.

Auch Zöpfl untermauerte in der fünften Auflage seiner "Grundsätze des gemeinen deutschen Staatsrechts" aus dem Jahre 1863 die konservative Linie. Zöpfl betonte das Bedenkliche des Wegfalls der ausdrücklichen Formulierung des monarchischen Prinzips in der preußischen Verfassung. Dennoch leitete er pauschal die Befugnisse des preußischen Monarchen aus Art. 57 der Wiener Schlußakte ab. Danach erfordere das in die Verfassung hinein zu interpretierende monarchischen Prinzip "selbstverständlich, daß der Souverän eine Stellung im Staat einnehmen muß, welche ihm möglich macht, als wahrer Staatsherrscher zu handeln, d.h. den Staat zu regieren"[786]. Auch Zöpfl sah "aus dem geschichtlichen Grunde, daß die Einrichtung einer allgemeinen Landesvertretung eine neue und nur auf urkundlichen Grundlagen eingeführte Institution des deutschen Staatsrechts" sei, die "principiell feststehende Vermuthung dafür, daß der Souverain alle Hoheitsrecht unbeschränkt und ohne Mitwirkung der Landesvertretung soweit auszuüben befugt ist, als nicht ein Recht dieser letzteren zur Mitwirkung bei der Ausübung eines Hoheitsrechtes positiv begründet ist, und urkundlich nachgewiesen werden kann"[787].

Die Auflösung der Kammer durch den Monarchen sei, so Zöpfl, nichts anderes als der Versuch, einen Ministerwechsel zu vermeiden. "Ob die Krone im einzelnen Fall sich für einen Wechsel des Ministeriums oder für die Auflösung des Repräsentantenkörpers entscheiden soll, ist keine Rechtsfrage, sondern nur eine Frage der Politik"[788]. Zöpfl unterstellte hierbei, daß im Zweifel das Wahlvolk die Politik des Monarchen gegen das Parlament stützen werde und drückte somit sein Mißtrauen gegen das Parlament aus, das durch das Wahlvolk zurechtgewiesen werden müsse. Die Auflösung des Parlaments mit nachfolgenden Wahlen sei jedoch keine appellatio principis ad populum, da das

786. Zöpfl, Grundsätze des gemeinen deutschen Staatsrechts, Bd. 2, S. 244.
787. Zöpfl, Grundsätze des gemeinen deutschen Staatsrechts, Bd. 2, S. 245.
788. Zöpfl, Grundsätze des gemeinen deutschen Staatsrechts, Bd. 2, S. 317 f.

Volk nicht als der eigentliche Souverän über dem Monarchen stünde[789]. Indem Zöpfl dem Monarchen die freie Entscheidung darüber beließ, seine Regierung auszuwechseln, oder das Parlament aufzulösen, verschob er die verfassungsrechtlich brisante Frage auf eine nichtjuristische, auf eine politische Ebene.

Demnach standen sich zwei unterschiedliche Interpretationsmuster der preußischen Verfassung gegenüber. Auf der einen Seite die Vertreter einer liberaleren Verfassungsinterpretation, die bestrebt waren, auch sämtliche Konflikte auf dem Boden der geschriebenen Verfassung auszutragen, was beinhaltete, daß nicht nur das neuzeitliche Parlament seine Rechte aus der Verfassung herleiten müsse, sondern auch die historisch gewachsene Institution der Monarchie. Auf der anderen Seite standen jedoch unter anderem Stahl und seine ideologischen Weggefährten, die den Monarchen nicht auf die in der Verfassung niedergelegte Rolle beschränken, sondern ihm eine Kompetenzvermutung zubilligen wollten für all das, was nicht ausdrücklich (und ausschließlich) den Kammern zugeordnet war.

Mit der Beendigung der Verfassungskonfliktes trat die liberale Verfassungsinterpretation im soeben dargestellten Sinn weitgehend zurück. Im Hinblick auf die Aussage des konservativen Historikers Otto Hintze, wonach "schließlich alles auf die Praxis der Regierung" ankomme und die "preußische Verfassung selbst ... ja weder eine ausdrückliche Anweisung zur monarchischen noch zur parlamentarischen Regierungsweise" enthalte, sondern "jede Partei ... sie nach ihren Neigungen interpretieren" könne[790], wurde die progressiv-liberale Verfassungsinterpretation nicht zuletzt durch den faktischen Ausgang des Verfassungskonfliktes im Zusammenhang mit den kriegerischen Erfolgen 1866 in der Auseinandersetzung mit Österreich und den damit verwirklichten - ebenfalls liberalen - nationalen Zielen verdrängt[791]. Durch die Bestärkung des monarchischen Prinzips wurden Wege, die zu einer Hinwendung zum parlamentarischen Prinzip im Wege einer parlamentarischen Regierungsverantwortlichkeit hätten führen können, vorerst abgeschnitten. In weiten Teilen der liberalen Zeitgenossen schien sich im Ausgang des Verfassungskon-

789. Zöpfl, Grundsätze des gemeinen deutschen Staatsrechts, Bd. 2, S. 318 Fußnote 1.
790. Hintze, Das monarchische Prinzip und die konstitutionelle Verfassung, S. 376.
791. Hintze, Das monarchische Prinzip und die konstitutionelle Verfassung, S. 376 f.: "Der gewaltige Eindruck, den die Festigkeit der Regierung und die unerhörten Erfolge der Bismarck'schen Politik machten, erklärt die Befestigung des monarchisch-konstitutionellen Systems in Preußen und seine Übertragung auf das Deutsche Reich"; ebenda wird deutlich, daß auch Hintze die parlamentarischen Bestrebungen der oppositionellen liberalen Fortschrittspartei als ein Streben in Richtung eines parlamentarischen Regierungssystems deutet.

fliktes die "Überlegenheit der 'Realpolitik' vor der 'Idealpolitik' erwiesen zu haben"[792].

Neben dem 'Rückzug' liberaler Verfassungsinterpreten fühlten sich die konservativen Interpreten in ihrer Auffassung bestärkt und versuchten nunmehr, der liberalen Verfassungsinterpretation unter Berufung auf die Verfassungsurkunde den Boden zu entziehen. So hielt beispielsweise Bornhak die gemäßigte Auffassung von Rönnes für überholt. Die Bestärkung des monarchischen Elementes im Rahmen der konstitutionellen preußischen Verfassung habe es mit sich gebracht, daß "die wissenschaftliche Ansicht v. Rönnes nicht mehr auf dem Boden des positiven Rechtes" stehe[793]. Diese Aussage unterstellte mithin die Entwicklung des 'positiven Rechts' außerhalb der Verfassungsurkunde, wenn Rönnes Ansicht nach dem Verfassungskonflikt "nicht mehr" verfassungskonform sei, sie es mithin vor dem Verfassungskonflikt aber einmal war - der Verfassungskonflikt und dessen Ausgang die Verfassungsurkunde aber völlig unberührt ließen.

Die Ansicht von Rönnes wurde als eine "vereinzelte Stimme" bezeichnet, die verlange, "die Ansicht des Abgeordnetenhauses müsse als die entscheidende betrachtet werden"[794]. Dementsprechend warf Bornhak dem Parlament im Rahmen des Verfassungskonfliktes auch vor, es habe "sich von der völlig unhaltbaren Theorie eines souveränen Ausgabenbewilligungsrechtes nicht losreißen" können und hätte die Ansicht vertreten, "König und Herrenhaus hätten den Etat so anzunehmen, wie er aus den Beratungen des Abgeordnetenhauses hervorgegangen sei"[795]. Diese derart von ihm konstatierte liberale Auffassung sei untragbar, da sich in der preußischen Verfassung das monarchische Prinzip erhalten habe und aus diesem heraus die Verfassungsnormen zu interpretieren seien. Die allgemeine Rechtsstellung des Monarchen richte sich daher in Ermangelung besonderer Verfassungsnormen "nach dem vor ihrem Erlaß geltenden Rechte, wie es in dem A.L.R. II, 13 kodifiziert ist"[796].

---

792. Wahl, Der preußische Verfassungskonflikt und das konstitutionelle System des Kaiserreiches, S. 221.
793. Bornhak, Preußisches Staatsrecht, Bd. 1, S. 122; vgl. ebenda: "In wissenschaftlicher Beziehung sucht v. Rönne die sogenannte konstitutionelle Doktrin des Parlamentarismus zur Geltung zu bringen und mit den Bestimmungen des positiven Rechts zu vereinigen. Diese Bestreben mochte allenfalls berechtigt erscheinen in den ersten anderthalb Jahrzehnten nach Erlaß der Verfassungsurkunde, weil es damals noch zweifelhaft sein konnte, welchen Weg die weitere Entwicklung des preußischen Staatsrechts einschlagen würde, ob den des parlamentarischen oder den des konstitutionell-monarchischen Staates. Nachdem jedoch der Ausbau der Verfassung in letzterem Sinne allmählich erfolgt ist ..."; ebenda: "Der alte Rönne war wissenschaftlich wertlos aber zuverlässig, der neue [in der Bearbeitung des Konservativen Zorn] hat an wissenschaftlichem Wert gewonnen an Zuverlässigkeit verloren".
794. Bornhak, Preußisches Staatsrecht, Bd. 3, S. 613.
795. Bornhak, Preußisches Staatsrecht, Bd. 3, S. 615.
796. Bornhak, Preußisches Staatsrecht, Bd. 1, S. 132.

Wenngleich nunmehr zu einer Minderheitsmeinung geworden, existierte die gemäßigt liberale Rechtsauffassung im Sinne von Rönnes weiterhin fort. Hermann Schulze setzte in den siebziger und achtziger Jahren dessen Verfassungsinterpretation fort[797]. Schulze bezeichnete von Rönne als den "Vater des konstitutionellen preußischen Staatsrechts"[798]. Auch er ging von der Monarchie als der Basis des preußischen Staates aus[799]; der König sei das Oberhaupt des Staates und vereinige in sich alle Rechte der Staatsgewalt. "Das Wesen der Monarchie verlangt ... daß die gesamte Staatsgewalt ... in der Person des Staatsoberhauptes vereinigt bleibe, daß in staatlichen Dingen nichts ohne und nichts gegen seinen Willen geschehen könne"[800]. Dies ergebe sich aus dem allgemeinen deutschen Staatsrecht, wie auch aus der preußischen Staatsentwicklung. Schulze faßte aber sowohl diese spezielle preußische Tradition des monarchischen Prinzips im Sinne der älteren deutschen Verfassungen, des Art. 57 und sogar des Allgemeinen Preußischen Landrechts zusammen mit der allgemeinen deutschen konstitutionellen Entwicklung und bildete aus beiden Entwicklungssträngen die Grundlage seiner Verfassungsinterpretation. Die so determinierte 'konstitutionelle Monarchie' erfordere ein organisches Zusammenwirken von monarchischer Regierung und Parlament. "Nach uraltem deutschem Herkommen, nach den Grundverträgen des ehemaligen deutschen Bundes, sowie nach allen neueren Verfassungsurkunden ist die monarchische Gewalt eine rechtlich begrenzte, verfassungsmäßige, konstitutionelle. Dies streitet nicht gegen das Wesen der monarchischen Institution, sondern gibt ihr erst ihren wahren staatlichen Charakter"[801] Dieses grundsätzliche Erfordernis beeinflusse auch die Verfassungsauslegung. Schulze bezeichnete es daher auch als eine willkürliche Unterstellung konservativer Verfassungsinterpreten, in der Verfassung allein das monarchische Prinzip verwirklicht zu sehen und aus diesem eine monarchische Vorrangstellung und daraus eine Rechtsvermutung für den König abzuleiten. Diese Auslegung sei der preußischen Verfassung fremd, da sie in ihr keine Stütze fände. "Mehrere neuere Verfassungsurkunden stellen den Satz auf, daß die Kammer sich nur mit den ihnen im Grundgesetz ausdrücklich zugewiesenen Gegenständen beschäftigen dürfe. ... Dieser

---

797. Schulze, Das preußische Staatsrecht; ders. Lehrbuch des Deutschen Staatsrechts, Bd. 1.
798. Schulze, Das preußische Staatsrecht, Bd. 1, S. 15.
799. Schulze, Das preußische Staatsrecht, Bd. 1, S. 151 f.
800. Schulze, Lehrbuch des deutschen Staatsrechts, Bd. 1, S. 186.
801. Schulze, Lehrbuch des deutschen Staatsrechts, Bd. 1, S. 186; vgl. ebenda S. 189: "Das monarchische Recht umfaßt ... ausnahmslos alla Zweige der Staatsgewalt. Steht somit dem Rechte der Innehabung nach die gesamte Staatsgewalt dem Monarchen zu, so ist er doch bei der Ausübung derselben an die Beobachtung verfassungsmäßiger Grundsätze und die Mitwirkung bestimmter, unentbehrlicher, in ihrer Sphäre selbständiger Organe gebunden, durch deren Beitritt sein individueller Wille erst zum verfassungsmäßigen Staatswillen ergänzt wird".

Grundsatz ist aber weder in den älteren ständischen Verfassungen geschichtlich begründet, noch war er durch Art. 57 der W.-Sch.-A. geboten. Derselbe ist vielmehr nichts als eine willkürliche theoretische Folgerung aus dem missverstandenen monarchischen Prinzip. ... Der preußischen Verfassungsurkunde ist eine solche Beschränkung von Anfang an fern geblieben"[802]. Für den Fall eines Dissenses stehe dem Monarchen sowohl das Recht der Parlamentsauflösung wie auch des Ministerwechsels zu. Unter ausdrücklichem Hinweis auf Dahlmann leugnete aber auch Schulze, daß es sich bei der Ausschreibung von Neuwahlen um eine "appellatio principis ad populum" handele, da die Wählerschaft keine dem Monarchen übergeordnete Instanz sei. Mit der Parlamentswahl biete der Monarch lediglich die Möglichkeit, durch die Wahl eines seiner Regierung wohlgesonneneren Parlaments zu einer friedlichen Einigung zu kommen. Sollte das Parlament weiterhin nicht der monarchischen Linie folgen, könne der König staatsrechtlich nicht gezwungen werden, ein Ministerium zu entlassen[803].

Diese Art des Verfassungsverständnisses aus historischer und organischer Sicht, die es untersagte, unter Berufung auf vorkonstitutionelle monarchische Rechte, die preußische Verfassung als eine Gabe des Königs zu interpretieren und ihm somit all diejenigen Rechte zu belassen, in denen er durch die Verfassungsurkunde nicht ausdrücklich beschränkt war, fand sich durchaus auch in weiteren, nicht unbedeutenden Werken dieser Zeit, so im "Kommentar zur Verfassungsurkunde für den preußischen Staat" von Schwartz[804], oder bei Gierke in dessen Kritik an "Labands Staatsrecht und die deutsche Rechtswissenschaft"[805].

So lobte zum Beispiel Schwartz ausdrücklich Rönnes - liberales - Werk und bezeichnet zwar die These, die Volksvertretung besitze nur die Rechte, die ihr die Verfassung ausdrücklich verliehen habe, als "in weitem Umfang zur thatsächlichen Herrschaft gelangt", jedoch seien die Versuche, diese tatsächliche Feststellung theoretisch abzusichern, allenfalls "Interpretationskunststücke"[806]. Indirekt bestätigt somit auch Schwartz eine Machtverschiebung außerhalb der Verfassungsurkunde.

---

802. Schulze, Das preußische Staatsrecht, Bd. 1, S. 609 f.
803. Schulze, Das preußische Staatsrecht, Bd. 1, S. 634: "Daher kann die Auflösung auch vielfach erfolglos bleiben, ja zur Lahmlegung des ganzen konstitutionellen Prinzips gemissbraucht werden. Ein solcher möglicher Mißbrauch nimmt aber diesem Mittel seinen Werth nicht, welches, im unparteiischen, echt konstitutionellen Sinne gehandhabt, unter Umständen viel dazu beitragen kann, den gestörten inneren Frieden zwischen den verschiedenen staatlichen Organen wieder herzustellen."
804. Schwartz, Die Verfassungsurkunde für den Preußischen Staat vom 31. Januar 1850.
805. Gierke, Labands Staatsrecht und die deutsche Rechtswissenschaft.
806. Schwarz, Die Verfassungsurkunde für den Preußischen Staat vom 31. Januar 1850, S. 42.

Insgesamt fand jedoch eine eindeutige Verschiebung der staatsrechtlichen Interpretation der preußischen Verfassung von 1850 in die angedeutete konservative Richtung statt. Die bereits von Julius Stahl entwickelte Betonung des unvereinbaren Gegensatzes von konstitutioneller Monarchie und parlamentarischer Republik rückte verstärkt in den Vordergrund. Damit einher ging auch die - ebenfalls unter anderem durch Stahl eingeleitete - Gleichstellung des liberalen konstitutionellen Verfassungsverständnisses mit dem der parlamentarischen Demokratie. Die Ablehnung des Versuchs, auf konstitutionellem Wege einen Ausgleich zwischen den - gleichberechtigten - gesetzgebenden Organen zu finden, fand in der Staatsrechtslehre eine wachsende Betonung. Die Vermittlung zwischen dem monarchischen und dem parlamentarischen Prinzip wurde bereits begrifflich ausgeschlossen, so unter anderem bei Max von Seydel, der die konstitutionelle und parlamentarische Regierungsform nicht nur als verschiedene Regierungs-, sondern gar als verschiedene Staatsformen bezeichnete[807].

Die Betonung der parlamentarischen Rechte im Rahmen eines Strebens nach dem dualistischen Ausgleich wurde immer stärker als ein Streben nach der Republik angesehen. Somit erschien auch bereits die parlamentarische Monarchie als eine verkappte Republik[808].

Im Sinn dieser konservativen Trendwende der Staatsrechtslehre wurde auch die Betonung der monarchischen Rechte weiter verstärkt. Labands Erhöhung des monarchischen Gesetzesbefehls zum eigentlichen Gesetzgebungsakt führte desweiteren dazu, daß der vormärzliche Sprachgebrauch von bloßen "Vetorecht" des Monarchen, der es nahelegte, den Kernbereich der Gesetzgebung beim Parlament zu suchen, beendet wurde[809]. Bereits mit Gerber wurde auch durch die Staatsrechtswissenschaft die Auslegungsvermutung, wonach dem Monarchen sämtliche Rechte zustehen, die nicht ausdrücklich einem anderen Organ zugesprochen werden, bestätigt und gar dahingehend erweitert, daß dem Monarch auch die Entscheidung über die Abgrenzung zwischen monarchischen Vorbehalts- und parlamentarischen Mitbestimmungsrechten zustehe. Es habe "als ein Satz des deutschen Staatsrechts zu gelten, daß in wirklichen Zweifelsfällen die Vermuthung für das Recht des Monarchen ist[810].

Auch in der Frage, wie beim Nichtzustandekommen eines Haushaltsgesetzes zu verfahren sei, wandelte sich die Staatslehre erheblich. War zu Zeiten des Verfassungskonfliktes die Appelltheorie noch eine jedenfalls weitverbrei-

---

807. Seydel, Constitutionelle und parlamentarische Regierung, S. 123.
808. Seydel, Constitutionelle und parlamentarische Regierung, S. 123: "Die constitutionelle Monarchie ist eine Erscheinungsform der Monarchie, die parlamentarische, sogenannte Monarchie, ist eine Erscheinungsform der Republik".
809. Laband, Das Staatsrecht des Deutschen Reiches, 5. Aufl., Bd. 2, S. 6 ff.
810. Vgl. Gerber, Grundzüge des deutschen Staatsrechts, S. 133.

tete - wenn nicht gar die herrschende - Auffassung und wurde die Lückentheorie lediglich von Konservativen vertreten[811], so rückte nunmehr die Appelltheorie gänzlich an den Rand des Meinungsspektrums. Während liberale Autoren wie Georg Jellinek oder Gerhard Anschütz - unter positivistischer Färbung - die Frage nach der Möglichkeit des Regierens in budgetlosem Zustand wie es von Bismarck betrieben wurde, als aus juristischer Sicht nicht beantwortbar betrachteten[812], dabei aber doch ein Recht der Regierung zum Handeln anerkannten, deklarierte Laband das Budget als einen Verwaltungsakt (auf untergesetzlicher Ebene) und schuf somit ein verfassungmäßiges Recht der Regierung auf ein Vorgehen auch ohne Budgetgesetz[813] - und nahm somit gleichzeitig dem Parlament das Recht der Budgetverweigerung. Für Laband galt es zu verhindern, daß "die ganze Staatsorganisation und Verwaltung der Parteiwillkür der jedesmaligen Landtags-Majorität anheimgegeben"[814] wurde. Daher vertrat Laband in den Fällen des Nichtzustandekommens des Budgets die Theorie von der "bindenden Kraft der früheren Landtagsbeschlüsse"[815]. Danach sei das Parlament verpflichtet, Beiträge, die es in einem früheren Etat für Zwecke einer permanenten Staatseinrichtung bewilligt hatte, auch für die Zukunft in derselben Höhe solange weiter zu bewilligen, bis die Regierung einer vom Parlament gewünschten Änderung zustimme. Auch ohne daß dies in der Verfassungsurkunde festgelegt sei, gehöre diese Verpflichtung dem positiven Staatsrecht an, weil sie "aus den Grundprinzipien des konstitutionellen Staates und der Natur der Sache abgeleitet" sei[816]. Die Rolle des Parlaments im Rahmen des Budgetrechts wertete Laband - auf der Grundlage seiner Lehre des Budgetgesetzes als eines Verwaltungsaktes - desweiteren dadurch ab, daß er feststellte, daß der Etat die Befugnis der Regierung, Ausgaben zu leisten, die auf bereits bestehenden Gesetzen und auf traditionellen Einrichtungen des Staates beruhen, nicht konstituiere, sondern lediglich deklariere[817]. Da somit die materielle Rechtfertigung der staatlichen Ausgaben außerhalb des Etatgesetzes lag, konnte die Regierung sie auch im budgetlosen Zustand weiterhin leisten. Sie handele dabei lediglich auf eigene Verantwortung[818]. Das einseitige Vorgehen der Regierung Bismarck im preußischen Budget- und Verfassungskonflikt sei somit staatsrechtlich vollauf gerechtfertigt[819]. Auch Laband

811. Siehe oben.
812. Vgl. die berühmte Aussage Anschütz': "Das Staatsrecht hört hier auf", in: Meyer/Anschütz, Lehrbuch des deutschen Staatsrechts, 7. Aufl., S. 906.
813. Vgl. zu der Auffassung Labands und auch Jellineks: Friauf, Der Staatshaushaltsplan im Spannungsfeld zwischen Parlament und Regierung, S. 251 ff.
814. Laband, Budgetrecht, S. 662 f.
815. Laband, Budgetrecht, 663.
816. Laband, Budgetrecht, S. 672.
817. Laband, Budgetrecht, S. 678.
818. Vgl. Laband, Budgetrecht, S. 699.

transportierte hier in der Frage des Budgetrechts das monarchische Prinzip in die aktuellen Verfassungen, sowohl in die Preußische wie auch in die des Deutschen Reiches, und befestigte mit seiner Theorie das uneingeschränkte Primat der Krone.

Den Gegenpol zu dieser budgetrechtlichen Auffassung vertrat unter anderem Albert Hänel[820]. Er betonte die verfassungsrechtlich bewußt festgeschriebene Bedeutung des Parlaments bei der Etatfeststellung[821]. Haenel ging - im methodischen Ansatz anders als Laband - davon aus, daß das Etatgesetz ein Gesetz im materiellen Sinne, mithin ein Rechtssatz sei[822]. Allerdings nahm Haenel dem Parlament die völlige Freiheit eines Gesetzgebers, indem er feststellte, daß das Parlament - in gleicher Weise wie der Monarch - bei der Etatfeststellung an die bestehenden Gesetze und an die in diesen festgelegten etatrechtlichen Bestimmungen gebunden sei. Ein freies, gänzlich ungebundenes Etatrecht widerspreche der Verfassung, weil es einem einzelnen Organ der Gesetzgebung die Möglichkeit einräume, ein bestehendes Gesetz durch die Verweigerung finanzieller Mittel indirekt außer Kraft zu setzen[823]. Darüberhinaus bestehe jedoch ein freies Bewilligungsrecht des Parlamentes. Das Parlament sei gerade nicht verpflichtet, die Mittel, die in früheren Jahren festgestellt wurden, ohne weiteres erneut in Ansatz zu bringen. Die Jährlichkeit des Etatgesetzes bedinge, daß dem Parlament von der Verfassung das Recht eingeräumt sei, jedes Jahr aufs Neue, sämtliche Ausgaben zu überprüfen und gegebenenfalls zu unterbinden[824]. Haenel sah dabei durchaus, daß die Volksvertretung dadurch praktisch den "überwiegenden Einfluß in der Finanzverwaltung" erlangen müsse. Er sah darin jedoch keinen Widerspruch zu den Grundlagen der monarchischen Verfassung, sondern behauptete im Gegenteil, die "erhöhte Machtstellung" des Parlaments in Fragen des Budgetrechts entspreche der Intention des Verfassungsgebers[825].

Die bereits angedeutete dritte Linie verfassungsrechtlicher Interpretation des Budgetrechts war durch Anschütz und insbesondere Georg Jellinek gekennzeichnet, der zwar das Etatgesetz - ebenso wie Laband - "ihrem Wesen nach" nicht als ein "Akt materieller Gesetzgebung, sondern der Verwaltung" erachtete[826], diesem aber nicht nur eine deklaratorische Wirkung beimaß. Für

---

819. Laband rechtfertigte mithin Bismarcks Vorgehen, obwohl er die von diesem vertretene Lückentheorie ablehnte, vgl. Laband, Budgetrecht, S. 704 f.
820. Neben Albert Haenel wären noch zu erwähnen Zorn und von Martitz.
821. Vgl. u.a.: Hänel, Das Gesetz im formellen und materiellen Sinne; ders., Deutsches Staatsrecht, Bd. 1.
822. Hänel, Das Gesetz im formellen und materiellen Sinne, S. 291 ff.
823. Hänel, Das Gesetz im formellen und materiellen Sinne, S. 300 f.
824. Hänel, Das Gesetz im formellen und materiellen Sinne, S. 297.
825. Hänel, Das Gesetz im formellen und materiellen Sinne, S. 314, jedoch ohne Belege für die von ihm behauptete Intention der Verfassungsväter anzuführen.
826. Jellinek, Gesetz und Verordnung, S. 284 f.

den Konfliktsfall im Rahmen des Budgetrechts lasse sich aus der Verfassung nicht entnehmen, daß sie, wenn sie bestimmte Akte der Regierung an die Mitwirkung des Parlaments koppele, die Regierung zugleich ermächtige, im Falle des Fehlens der Mitwirkung des Parlaments einseitig zu handeln. Solange der Haushaltsplan nicht einvernehmlich verabschiedet sei, fehle der Regierung die Berechtigung, staatliche Gelder auszugeben. Andererseits verpflichte die Verfassung die Regierung ebensowenig, sich dem Standpunkt des Parlaments zu beugen und ihre eigene Position aufzugeben. Damit stand für Jellinek fest, daß das Problem des budgetlosen Zustands auf dem Boden der Verfassung juristisch nicht gelöst werden könne. Eine Lösung sei nur im "historisch-politischen" Rahmen möglich[827]. Mehr oder minder auf die Linie Bismarcks einschwenkend stellte Jellinek sodann jedoch fest, daß die Regierung staatspolitisch geradezu zu einem solchen Rechtsbruch verpflichtet sein könne, um den Staat zu erhalten[828]. Letztlich seien die politischen Machtverhältnisse dafür entscheidend, wer sich im Ergebnis durchsetze, Regierung oder Parlament[829]. Mit dieser Auffassung befand sich Jellinek - und mit ihm Anschütz - auf dem Boden eines dualistischen Verfassungsverständnisses, das bewußt zwei starke heterogene Elemente in sein System eingebaut hatte. Jellineks Antwort auf die Verfassungskrise Preußens war Ausdruck der Spannungen, denen die Verfassungswirklichkeit und die -politik durch die Verfassungsväter ausgesetzt waren. Gerade im Bereich der Etats war das Parlament mit weitreichenden Kompetenzen ausgestattet worden. Andererseits lag es im Grundsatz des konstitutionellen Systems, an der grundsätzlichen Selbständigkeit der monarchischen Regierung derart festzuhalten, daß ohne deren Zustimmung ebenfalls kein Etatgesetz zustandekommen können sollte. Die Verfassung wollte Kompromisse erzwingen, konnte deren Gelingen jedoch nicht garantieren[830]. Den Ausweg sah Jellinek - wie gesehen - in einem faktischen Kräftemessen der beteiligten Konfliktparteien.

Einen von diesem Gedankengang leicht abgewandelten Weg beschritt Heinrich Albert Zachariae, der in einer ausführlichen Rezension des 1871 erschienen Labandschen Budgetrechts seine theoretischen und methodischen Grundansätze darlegte. Zachariae hielt dabei ganz entschieden an dem monarchischen Charakter des konstitutionellen Staates in Preußen fest und teilte Labands Auffassung, das Parlament in seine ihm von der Verfassung zugewiesenen Grenzen zu verweisen.[831] Zwar teilte Zachariae zudem Labands These,

827. Jellinek, Gesetz und Verordnung, S. 306.
828. Jellinek, Gesetz und Verordnung, S. 304.
829. Jellinek, Gesetz und Verordnung, S. 306 f.
830. Vgl. zu der Kritik an Jellinek, der als Verfassungsrechtler zu früh vor einer Verfassungsfrage kapituliert habe, u.a. Forsthoff, Gerhard Anschütz, Der Staat, 1967, S. 149.
831. Zachariae, Rezension Laband, Budgetrecht, S. 366 ff., 379.

wonach das Budgetrecht materiell ein Verwaltungsakt sei[832], jedoch hielt Zachariae an einem entscheidenden Punkt an der von Laband bekämpften Auffassung fest, nach der die in Art 99 geforderte Etatfeststellung - ungeachtet aller materiellen Einschränkungen des parlamentarischen Bewilligungsrechtes - einen Rechtssatz darstelle, und zwar "einen, für eine konstitutionelle Verfassung höchst wichtigen, ... dessen faktische Verletzung zwar nach Umständen unvermeidlich und entschuldbar sein kann, immerhin aber, wo und inwieweit sie hervortritt, einen verfassungswidrigen Zustand involviert"[833]. Zachariae näherte sich in seinem Ergebnis somit Jellinek an. Er forderte Laband auf, die Verfassung nicht nur grammatisch und logisch zu interpretieren, sondern auch historisch und systematisch[834]. Was Zachariae darunter verstand zeigte sich deutlich in seinem abschließenden Urteil, in dem er vom "konstitutionellen Prinzip" her argumentierte, das "in der Tat so gut wie völlig beseitigt" werde, wenn man mit Laband das auch für die Regierung zwingende Motiv des Art. 99 - die Suche nach einem Kompromiß - aufhebe[835].

Allgemein setzte sich jedoch die die monarchische Stellung stärkende Auffassung Labands durch. Damit verbunden ist auch die nicht ganz unbedeutende Feststellung, daß sich die Lückentheorie trotz der praktischen Erfolge Bismarcks in der Staatsrechtslehre nicht gänzlich durchsetzen konnte und auch Laband, der Bismarcks Vorgehen de facto rechtfertigte - ebenso wie Huber - einen anderen Ansatz fand als dieser selbst.

Die Auflösung des Parlaments und die anschließende Befragung des Wählers - als ein im konstitutionellen Staatsverständnis der Liberalen vor und während des Verfassungskonfliktes allgemein anerkanntes Auskunftsmittel des Monarchen - war nunmehr ebenfalls nicht mehr gefragt. Seydel betonte beispielhaft die Stärke des Monarchen in der (neuverstandenen) konstitutionellen Monarchie im Unterschied zur von den Konservativen gefürchteten und gegen die Liberalen ins Feld geführten parlamentarischen Monarchie, da dieser sich auf seine Staatsgewalt "zurückziehen" könne, falls sein Parlament nicht mehr richtig "functionieren" sollte[836]. Hatte um die Jahrhundertmitte unter anderem noch Robert von Mohl als anerkannter liberaler Staatsrechtler den Gedanken der Überbrückung der Gegensätze von monarchischem und repräsentativ-monarchischem Prinzip im Sinne des dualistischen Verfassungsgedankens der liberalen Verfassungsväter vertreten[837], später insbesondere Rönne und ihm

832. Zachariae, Rezension Laband, Budgetrecht, S. 362 ff.
833. Zachariae, Rezension Laband, Budgetrecht, S. 382.
834. Zachariae, Rezension Laband, Budgetrecht, S. 367.
835. Zachariae, Rezension Laband, Budgetrecht, S. 377 f.
836. Seydel, Constitutionelle und parlamentarische Regierung, S. 140.
837. Vgl. v. Mohl, Über die verschiedenen Auffassungen des repräsentativen Systems in England, Frankreich und Deutschland; ders.: Das Repräsentativsystem, seine Mängel und

folgend Schulze, so trat nunmehr der konservative von Kaltenborn gar im Falle eines Konfliktes für ein Staatsnotrecht zur Verfassungsaufhebung ein, was zwar einen Verfassungsbruch darstelle, aber nicht vermeidbar sei[838]. Von Kaltenborn versuchte auch, den Begriff der konstitutionellen Monarchie mit dem der parlamentarischen in Verbindung zu setzten, um sodann das Streben nach diesem Parlamentarismus als etwas für den Staat sehr gefährliches darzustellen[839].

Festzuhalten bleibt ein Wandel des Sprachverständnisses, der es insbesondere mit sich brachte, daß als 'konstitutionell' nicht mehr der dualistische, auf Verständigung zwischen Monarch und Volk - in Gestalt von Regierung und Parlament - angelegte Ansatz der Vertreter des Konstitutionalismus von Rotteck bis zu den (preußischen) Führern der Deutschen Fortschrittspartei oder auch der gemäßigteren, organisch-historisch denkenden Liberalen von Dahlmann bis Schulze herrschend war, sondern als konstitutionell ein beinahe absolutistisch gefärbter Ansatz galt, der sich allein gegen alles parlamentarische abgrenzte. Alles, was dem konservativen Verständnis eines monarchisch-konstitutionell geprägten Staats- und Verfassungsverständnisses widersprach, wurde so unter Heranziehung der Stahl'schen Kontradiktion von monarchischem und parlamentarischem Prinzip als 'parlamentarisch' und somit als antikonstitutionell abgewertet.

Die Tendenz der Abgrenzung ging jedoch zusätzlich noch in eine andere Richtung. Hatten noch die vormärzlichen Liberalen ein konstitutionelles System postuliert, das sich weitgehend an den westeuropäischen Vorbildern orientierte[840], so stand nach der Beendigung des Verfassungskonfliktes der eigenständige deutsche Typ des Konstitutionalismus endgültig fest. Georg Jel-

---

Heilmittel; die Appelltheorie vertrat später noch der bereits erwähnte Schwartz, Die Verfassungsurkunde für den preußischen Staat vom 31. Januar 1850, S. 305 f.

838. Kaltenborn, Einleitung in das constitutionelle Verfassungsrecht, S. 347 f: "Die einseitige Aufhebung schließt immer einen formellen Rechtsbruch in sich und dieser wird aus den höheren Gründen des materiellen Rechts ... also zur Aufrechterhaltung der Staatsordnung selbst, nur dann sich rechtfertigen, wenn dem aufzuhebenden Rechte ... die sozialen, ethischen und natürlichen Vorbedingungen und Unterlagen in dem Leben und Geist der Nation fehlen; denn das formelle Recht hat vernünftiger Weise nur dann einen Anspruch auf Geltung im Leben, wenn es auf diesem gesamt-nationalen Geiste beruht. ... Es liegt dann ein Act der Nothwehr und Selbstverteidigung für den Staat vor und man darf hier von dem sogenannten Staatsnothrechts sprechen."

839. Kaltenborn, Einleitung in das constitutionelle Verfassungsrecht, S. 67 Fn 1: Der Ausdruck der parlamentarischen Monarchie sei zwar "an sich unverfänglich". Die mit dem Streben nach einer parlamentarischen Monarchie verbundenen Bestrebungen "namentlich auf Theilung der Staatsgewalt, Volkssouveränität und Aehnliches" seien jedoch eine Gefahr "nicht bloß für die Erbmonarchie, sondern überhaupt für die gesunde Existenz des Staatswesens".

840. Vgl. Mohl, Die Verantwortlichkeit der Minister in Einherrschaften mit Volksvertretung, S. 597 ff.; Klüber, Öffentliches Recht des Teutschen Bundes und der Bundesstaaten; vgl. auch Huber, Verfassungsgeschichte, Bd. 3, S. 7 ff.

linek oder etwa Otto Hintze taten den englischen wie jeden Typ der parlamentarisch regierten Monarchie als Sonderentwicklung ab, demgegenüber die konstitutionelle Monarchie in ihrer deutschen Prägung die begrifflich klar erfaßbare Staatsform sei[841]. Erst recht setzte sich diese These durch, als der Weltkrieg "zugleich ein Krieg um die Verfassungsform geworden" war, wie Erich Kaufmann es 1917 ausdrückte[842]. Die Übernahme des angelsächsischen Demokratieverständnisses, so Kaufmann, wäre für Deutschland Unheil und eine Verfälschung des nationalen Wesens[843].

Von dieser Seite her betrachtet hat Hubers These von der Eigenständigkeit des deutschen Konstitutionalismus durchaus eine solide geschichtliche Grundlage.

Die konservative Verfassungsinterpretation wurde in den achtziger Jahren in einer extremen Form vor allem durch Adolf Arndt[844] und Conrad Bornhak[845] vorgetragen.

Für Arndt kam in der Frage nach dem Verhältnis zwischen Monarch und Parlament nur die Bevorzugung des Monarchen in Betracht. Arndt grenzte seine Machtverteilung zu den beiden anderen denkbaren - und bisher vertretenen - Auslegungsmethoden[846] ab und sah für den Monarchen all diejenigen Rechte bestehen, die ihm "durch die Verfassung nicht entzogen" wurden[847]. Arndt begründete seine grundsätzliche Kompetenzvermutung zugunsten des Monarchen historisch-systematisch, indem er darstellte, daß die preußische Verfassung - im Gegensatz zur belgischen - jünger sei als das preußische Kö-

841. So im Rahmen seiner historischen Darstellung Jellinek, Allgemeine Staatslehre, S. 699 ff; Hintze, Das monarchische Prinzip und die konstitutionelle Verfassung, S. 359: "Das monarchisch-konstitutionelle Regierungssystem - im Gegensatz zum parlamentarischen - kann als das eigenartige preußisch-deutsche System bezeichnet werden. Es besteht gegenwärtig in einer ganz reinen und entschiedenen Form nur bei uns" interessant ebenda, S. 360, die heute in Bezug auf Hubers Thesen aktuelle Frage Hintzes: "Ist auch bei uns das monarchisch-konstitutionelle System nur als ein verhältnismäßig kurzer Übergangszustand anzusehen, auf den der Parlamentarismus mit einer Art von innerer historischer Notwendigkeit folgen muß?"; insgesamt auch Hardtwig, Von Preußens Aufgabe in Deutschland zu Deutschlands Aufgabe in der Welt, HZ 1980, S. 311 ff.

842. Kaufmann, Bismarcks Erbe in der Reichsverfassung, S. 4; ebendort spricht Kaufmann von einem "Verfassungskrieg". (Schefold, Verfassung als Kompromiß, ZNR 1981, S. 145 bezeichnet diese Schrift Kaufmanns als "ein Hymnus auf die Dauerhaftigkeit der Geltung des konstitutionellen Prinzips deutscher Prägung").

843. Kaufmann, Bismarcks Erbe in der Reichsverfassung, S. 102 ff.

844. Arndt, Die Verfassungs-Urkunde für den Preußischen Staat; in seinem Vorwort zu der 2. Auflage bekennt Arndt, seiner ersten Auflage sei "der Vorwurf gemacht worden, daß sie auf hochkonservativen Ansichten beruhe".

845. Bornhak, Preußisches Staatsrecht; ders., Preußische Staats- und Rechtsgeschichte.

846. So sei denkbar, der Krone nur die ihr ausdrücklich in der Verfassung zugewiesenen Rechte zuzubilligen, oder aber - unter Hinweis auf Schulze Gävernitz - die Verfassungsurkunde als abschließend in Bezug auf die Rechte sowohl de Krone wie auch des Parlaments zu betrachten; vgl. Arndt, Die Verfassungs-Urkunde für den Preußischen Staat, S. 34 f.

847. Arndt, Die Verfassungs-Urkunde für den Preußischen Staat, S. 35.

nigtum und zudem aufgrund eines königlichen Oktrois erst geschaffen wurde und somit nicht Rechtsgrundlage für die königlichen Rechte und Pflichten sein könne. "Mag die Verfassung politisch eine Notwendigkeit gewesen sein, rechtlich ist sie ein Akt der freien Gnade gewesen, denn es gab keine Rechtsnorm, welche den König zwang, ... überhaupt eine Verfassung zu geben, d.h. auf die Ausübung eines Theils seiner königlichen Befugnisse zu verzichten"[848]. Sie regele den verfassungsrechtlichen Zustand nicht umfassend, sondern beschränke die königlichen Machtbefugnisse nur an ganz bestimmten Stellen. Um nicht Gefahr zu laufen, in Bezug auf das historische Argument durch das organische Denken eines Schulte-Gävernitz oder von Rönnes 'eingefangen' zu werden[849], verzichtete Arndt, wie die meisten jüngeren promonarchischen Interpreten, auf die unmittelbare Hinzuziehung des Art. 57 WSA, sondern berief sich vielmehr direkt auf den preußischen Ursprung des monarchischen Prinzips, § 1 II 13 des Allgemeinen Preußischen Landrechts[850]. Diese Norm wurde sodann mit Art. 57 WSA gleichgesetzt, wodurch nachgewiesen sei, daß die Idee eines konstitutionellen Staates - unter Zugrundelegung einer konservativ-monarchischen Interpretation desselben - letztlich auf Preußen zurückgehe. § 1 II 13 ALR gelte auch unter der preußischen Verfassung von 1850 fort. Dies stand in Einklang mit Art. 109[851] der preußischen Verfassung, da § 1 II 13 ALR der preußischen Verfassung in dem Moment nicht widersprach, in dem man diesen Passus zu einer Frühform des nunmehr herrschenden konservativ-monarchistischen konstitutionellen Staatsdenkens erklärte.

Für Arndt stand mithin fest, daß unter Berücksichtigung einer Auslegung der preußischen Verfassung, die von der Geltung des monarchischen Prinzips ausging, § 1 II 13 ALR als der neuen Verfassung nicht widersprechend weiterhin Geltung besaß und somit selbst mehr als nur Indiz dafür war, daß das monarchische Prinzip weiterhin gelte. Die vorkonstitutionelle Bestimmung des § 1 II 13 ALR war somit der Ansatzpunkt für die Auslegung der Verfassung von 1850 im monarchischen Sinne; dies jedoch nur unter der Voraussetzung, daß man die Verfassung selbst im monarchistischen Sinne auslegte, da andernfalls § 1 II 13 ALR aufgrund des Art. 109 der preußischen Verfassung keine

848. Arndt, Die Verfassungs-Urkunde für den Preußischen Staat, S. 26.
849. Sowohl Schulze wie auch von Rönne argumentierten in historischer Hinsicht wie Arndt und akzeptierten die historische Vorrangigkeit des preußischen Königs, kamen dann jedoch unter Hinzuziehung des Arguments der organischen Entwicklung zu einem Ergebnis, das den Monarchen auf dem Boden der Verfassung in einer konstitutionellen Harmonie mit dem Parlament zu Kompromissen mit diesem zwingen sollte.
850. § 1 II 13 ALR lautete: "Alle Rechte und Pflichten des Staates gegen seine Bürger und Schutzverwandte vereinigen sich in dem Oberhaupte desselben"; vgl. Arndt, Die Verfassungs-Urkunde für den Preußischen Staat, S. 37.
851. Art. 109 der preußischen Verfassung sah vor, daß alle Gesetze, die der preußischen Verfassung nicht widersprechen, fortgelten sollten.

Gültigkeit mehr hätte besitzen können. Arndt unterlag in dieser Argumentation mithin einem Zirkelschluß[852].

Bornhak erkannte diese Schwäche der Argumentation und berief sich verstärkt darauf, daß die preußische Verfassung letztlich eine vom König oktroierte Verfassung sei: "Nur der Umstand, daß die Verfassung oktroyiert wurde, erhielt dem Königtume seine wesentlichen Befugnisse und bewahrte es davor, ein bloßes Ornament des parlamentarischen Systems zu werden"[853]. Zu hinterfragen wäre in diesem Zusammenhang natürlich, ob die Verfassung von 1850 tatsächlich eine oktroyierte Verfassung war. Nach Bornhaks Auffassung war sie dies: "Auch wenn die Verfassung mit Zustimmung einer gewählten Volksvertretung erlassen wird, ist sie kein Vertrag, sondern gleich jedem Gesetze eine einseitige Willenserklärung der Staatsgewalt. Die preußische Verfassungsurkunde ist nun aber nicht einmal mit Zustimmung einer Volksvertretung erlassen worden. Die ursprünglich oktroyierte Verfassung vom 5. Dezember 1848 ist ein vom König auf Grund seiner damals noch unbeschränkten gesetzgebenden Gewalt erlassenes Gesetz, dessen Revision auf dem ordentlichen Weg der nunmehr verfassungsmäßigen Gesetzgebung allerdings sogleich vorbehalten wurde ..."[854]. In diesem Zusammenhang soll die Frage nicht vertieft werden, ob Bornhaks Auffassung von der Oktroyierung der preußischen Verfassung zuzustimmen ist, wenngleich die oktroyierte Verfassung von 1848 laut ihrer Präambel nur "vorbehaltlich" einer späteren Revision "im ordentlichen Wege der Gesetzgebung" erlassen wurde. Als "in Übereinstimmung mit beiden Kammern endgültig festgestellt" galt die Verfassung aber erst durch die Revision[855], so daß es nahe liegt, den Schwerpunkt - entgegen Bornhak - nicht auf die oktroyierte Verfassung von 1848 zu legen, sondern auf die revidierte Verfassung von 1850[856]. Diese war die konstitutionelle Grundlage Preußens - und gerade nicht die oktroyierte Verfassung von 1848.

Mit der These von der Oktroyierung der Verfassung war für Bornhak noch nicht zwingend verbunden, daß sie auch im monarchischen Sinne ausgelegt werden müsse[857]. Damit war auch für Bornhak die Frage nach der Verfassungsauslegung gestellt. Stand das Recht zur authentischen Verfassungsinterpretation wie die Gesetzgebung dem Monarchen im Verbund mit dem Parlament, oder stand das Recht der Interpretation der von dem Monarchen gewährten Verfassung allein diesem zu? Bornhak sah in dem preußischen König

852. Hierauf bezog sich wohl auch die Bemerkung Schwarz' von den 'Interpretationskunststücken'.
853. Bornhak, Preußisches Staatsrecht, Bd. 1, S. 51.
854. Bornhak, Preußisches Staatsrecht, Bd. 1, S. 93.
855. Vgl. die Präambel der Verfassung von 1850.
856. So sahen dies auch ältere Autoren, wie zum Beispiel von Rönne.
857. So wie umgekehrt auch eine vereinbarte Verfassung wie die Württembergische von 1819 das monarchische Prinzip anerkennen konnte.

anders als die neue Staatslehre kein Organ des Staates, er war vielmehr der Staat selbst, er war das "Subjekt der Herrschaft". Im Gegensatz dazu sei "die Volksvertretung des monarchischen Staates ... nicht Subjekt oder Mitträger der Staatsgewalt. Sie ist aber ebensowenig ein Organ der Herrschaft, welches namens des Königs dessen Herrschaftsrechte ausübte ... Weder eigenes noch abgeleitetes Herrschaftsrecht steht ihr zu"[858]. Bornhak zog daraus den Schluß: "Die natürliche Folge des monarchischen Prinzips scheint einzig und allein der Grundsatz des absoluten römischen Kaiserthum zu sein: 'Princeps legibus solutus est.'"[859]. Im Hinblick auf die preußische Monarchie stand mithin jedenfalls fest, daß sich deren monarchische Rechte in Ermangelung besonderer Bestimmungen aus dem Allgemeinen Landrecht herleiten ließen und somit keinesfalls an den Grenzen der Verfassungsurkunde haltmachten.

Wenn der preußische Monarch somit in absolutistischer Manier keinen wirksamen Bindungen unterworfen sein konnte außer denjenigen, die positiv in der Verfassungsurkunde festgelegt waren, stellte sich letztlich die Frage, warum der Monarch, der sich freiwillig[860] diesen Beschränkungen unterworfen hatte, diese nicht wieder soll aufheben können. Wenngleich die herrschende Meinung trotz der promonarchischen Verfassungsauslegung an der Verfassungsgebundenheit des Monarchen festhielt[861], so stellte unter anderem Stockmar schon im Vorfeld dieser neueren Auslegungsrichtung genau diese Gebundenheit in Frage: "Das Königtum hat das konstitutionelle Whistspiel mit dem preußischen Volk begonnen und die Spielregeln unter dem Vorbehalt, sie selbst ändern zu können, festgesetzt"[862]. Damit gab es das verfassungsimmanente Streben nach Kompromissen nicht mehr; der dualistische Charakter der Verfassung, wie er von sämtlichen liberalen aber auch von den gemäßigt-konservativen Parlamentariern erstrebt und von liberalen Verfassungsinterpreten angenommen wurde, war aufgehoben; sämtliche konstitutionellen Zusagen in der Verfassung waren zur Disposition des Monarchen gestellt; Stockmar: "Hieraus folgt, daß der König jedes Gesetz, ja die Verfassung selbst, durch eine Verordnung, wozu er nur der Contrasignatur bedarf, rechtsgültig und verbindlich ändern kann. Die ganze Verfassung besteht also nur durch die Duldung des Königs ... "[863].

Bornhak versuchte das Dilemma das sich aus einer stark pro-monarchischen Verfassungsauslegung möglicherweise ergebende Problem der fehlenden Verfassungsgebundenheit des Monarchen dadurch zu lösen, daß er die Verfas-

858. Bornhak, Preußisches Staatsrecht, Bd. 1, S. 77.
859. Bornhak, Preußisches Staatsrecht, Bd. 1, S. 133.
860. Wie fragwürdig die Behauptung von der 'Freiwilligkeit' des Verfassungsoktrois 1848 und der revidierten Verfassung 1850 war, zeigen die real-politischen Umstände dieser Zeit.
861. Vgl. u.a. Stengel, Das Staatsrecht des Königreichs Preußen, S. 15.
862. Stockmar, Studien zum preußischen Staatsrecht, S. 192.
863. Stockmar, Studien zum preußischen Staatsrecht, S. 192.

sung als einen Ausdruck des Willens des Monarchen bezeichnete und mithin auch das in der Verfassung in Art. 107 festgelegte Prozedere der Verfassungsänderung seinem Willen entspreche. Nur auf diesem verfassungsmäßigen Weg wolle er die Verfassung zukünftig ändern oder gar aufheben. Von dieser Vorgehensweise abweichende monarchische Akte - gemeint war die einseitige Aufhebung der Verfassung durch den König - seien somit verfassungswidrige Akte, da sie vom niedergeschriebenen Willen des Königs abwichen, selbst wenn sie im konkreten Augenblick von ihm gewollte seien. "Indem der König durch die von ihm erlassene Verfassungsurkunde die Formen seiner Willenserklärungen als Staatspersönlichkeit feststellt, bestimmt er, daß nicht in dieser Form abgegebene Willenserklärungen gar nicht seinen Willen als Staatspersönlichkeit darstellen. Jede verfassungswidrige Handlung des Königs ist nicht die Handlung des Königs als staatsrechtliche Persönlichkeit, sondern als Privatmann. ... Das monarchische Königtum innerhalb verfassungsmäßiger Schranken erklärt sich also einzig und allein aus dem eigenen Willen des Königs. Es war vorhanden, ehe die jetzige geschriebene Verfassung bestand, es kann auch diese selbst überdauern"[864] Dies sei die Lösung "des Rätsels des monarchischen Königtums innerhalb verfassungsmäßiger Schranken"[865].

Eine Wandlung fand auch statt in der Bewertung der liberalen Argumentation im preußischen Verfassungskonflikt. Während diese aus der Sicht der dualistischen Grundstruktur heraus diskutierten und an dem harmonischen Miteinander von Monarch und Parlament als Ziel des Verfassungslebens festhalten wollten, um so den in der preußischen Verfassung niedergelegten 'wahren Konstitutionalismus' zur Geltung zu bringen, wurden diese liberalen Bestrebungen jetzt, nachdem dies durch die konservativen Ultras um die Gebrüder Gerlach und durch Bismarck während des Verfassungskonfliktes bereits geschah, auch von wissenschaftlicher Seite dahingehend umgedeutet, daß die Bestrebungen dieser Liberalen dahin gegangen seien, antimonarchisch-parlamentarische Tendenzen im Wege des Konfliktes durchzusetzen. So unterstellte Wahl beispielsweise dem führenden liberalen Verfassungsinterpreten der Konfliktszeit, Ludwig von Rönne, daß dieser "vielleicht ohne immer ganz klar darüber zu sein, in der Tat dem parlamentarischen Ideal zustrebte"[866]. Als weiteres Beispiel führte er Eduard Lasker an und legte die "taktische Generalidee" des Liberalismus dar, nach der die Liberalen zunächst "die ihnen so unbequeme Fragestellung" nach parlamentarischen Ansätzen innerhalb der preußischen Verfassung "ablehnen, dann parlamentarische Absichten leugnen, um schließlich unverkennbar zu verlangen, daß gemäß rein parlamentarischer Gepflogenheit, die Majorität in der Lage sein müsse, mißliebige Minister zu

864. Bornhak, Preußisches Staatsrecht, Bd. 1, S. 135.
865. Bornhak, Preußisches Staatsrecht, Bd. 1, S. 134.
866. Wahl, Beiträge zur Geschichte der Konfliktszeit, S. 35 f.

stürzen und ihr genehme an ihre Stelle zu setzen"[867]. Letztlich unterstellte er, daß der preußische Liberalismus "allgemein ... fast ausnahmslos sofort oder aber nach einer Zeit der Schulung der Abgeordneten das parlamentarische Regiment einzuführen strebte. Dieses Verlangen entsprach ... allzusehr seinem Wesen, seinem Denken und seiner Stimmung, als daß historische Erwägungen ... ihn von dem Versuch hätten abbringen können, Preußen nach fremdem Vorbild umzumodeln." In dem Kampf "der zwei Persönlichkeiten ... erstrebte er naturgemäß den Sieg, wie er mit der Durchführung des parlamentarischen Systems errungen worden wäre"[868]. Im selben Atemzug reklamierte Wahl sodann - in strenger Abgrenzung zu den allein parlamentarischen Bestrebungen der Liberalen - das wahrhaft konstitutionelle Streben für sich, indem er feststellte, "die Vorstellung von dem fortwährenden Kompromiß, der das hervorragendste Charakteristikum des, in unserem Sinne 'konstitutionellen' Systems ist, lag ihm noch völlig fern"[869].

Ohne Rückblick auf den konkreten Fall des preußischen Verfassungskonfliktes erklärte unter anderem Bornhak, daß es im Fall des Nichtzustandekommens eines Etatgesetzes "vereinzelte Stimmen"[870] gebe, die dennoch die Rolle des Parlaments betonten, während die beiden aktuell herrschenden Meinungen davon ausgingen, daß "das Nichtzustandekommen des Etats so gut wie bedeutungslos" sei[871], oder "daß es sich bei Nichtzustandekommen des Etats um eine politische Krisis handele, deren Entscheidung über die Rechtswissenschaft hinausgehe"[872].

In der Bestärkung der konservativen Staatsrechtslehre gerade auch nach der Reichsgründung 1871 kam wie auch nach dem Ende des Verfassungskonfliktes 1866 erneut die Wechselwirkung von politischen und militärischen Erfolgen einerseits und der wissenschaftlichen Staatsrechtslehre andererseits zum Ausdruck. Die konservative (Verfassungs-) Politik Bismarcks hatte sich gegen den Liberalismus durchgesetzt und die preußische konstitutionelle Monarchie war in der Lage, den Traum von dem geeinten Deutschland, den die Liberalen bereits 1848 verwirklichen wollten, zu realisieren. In diesem Zusammenhang stynd auch die Bemerkung Boldts[873], daß es gerade nach der Zeit der Reichs-

867. Wahl, Beiträge zur Geschichte der Konfliktszeit, S. 46.
868. Wahl, Beiträge zur Geschichte der Konfliktszeit, S. 55.
869. Wahl, Beiträge zur Geschichte der Konfliktszeit, S. 55 f.; Wahl unterstellte weiten Teilen der Liberalen gar revolutionäre Ambitionen, ebenda, S. 88: "Es ist nicht zu verkennen, daß in dem Gebaren der Liberalen mancherlei an revolutionäre Verschwörung erinnert. Zu den Zeugnissen über unmißverständliche revolutionäre Wünsche gesellen sich Beweise dafür, daß man zur vorbereitenden Tat schritt oder gern schreiten wollte".
870. Bornhak, Preußisches Staatsrecht, Bd. 3, S. 613, wobei Bornhak hier auf von Rönne anspielt.
871. Bornhak beruft sich hierbei auf Gneist, Laband, Schulze, Meyer, vgl. Preußisches Staatsrecht, Bd. 3, S. 614.
872. Bornhak, Preußisches Staatsrecht, Bd. 3, S. 614.
873. Boldt, Verfassungskonflikt und Verfassungshistorie, S. 99 f.

gründung nicht zu dem Bild Bismarcks als dem "Reichsgründer" gepaßt hätte, ihm ein verfassungsrechtlich fragwürdiges Verhalten und zugleich dem unterlegenen Liberalismus verfassungsrechtlich hehere Ziele zu unterstellen. Selbst wenn man sich noch teilweise der liberalen Stoßrichtung der Diskussion während des Verfassungskampfes bewußt war[874], so führte man - wie Anschütz - unter Berufung auf positivistische Interpretationsmuster den liberalen Lösungsansatz nicht zu ende, sondern ließ das Staatsrecht an dieser Stelle aufhören[875]. Ähnlich wie nach dem Scheitern der Paulskirchenverfassung zogen sich viele liberale Verfassungsinterpreten nach dem Ende des Verfassungskonfliktes und dem von den Zeitgenossen so empfundenen monarchischen Sieg von der politischen und staatsrechtstheoretischen Bühne zurück und überließen den konservativen 'Siegern' das Feld.

Die Entwicklung der Staatsrechtslehre in Richtung auf eine positivistische Betrachtungsweise auch der preußischen Verfassungsurkunde brachte es nach der Reichsgründung mit sich, daß die Interpreten verstärkt auch hier Anknüpfungspunkte für die Lösung ihrer Fragestellungen in der Verfassung selbst suchten. Weitgehende Rückgriffe auf historische und philosophische Theorien verboten sich hierbei. Im Rahmen der preußischen Verfassung jedoch stießen sie rasch an ihre Grenzen, wollten sie das bisherige Ergebnis weitreichender monarchischer Befugnisse aufrechterhalten. Aus dem Wortlaut ließ sich nicht ohne weiteres die überragende Stellung des Monarchen ableiten. So war in der preußischen Verfassung von der gesetzgebenden Gewalt nur im Abschnitt über die Kammern die Rede, so daß man sogar von deren Vorrangstellung hätte ausgehen können. Martitz ließ jeglichen methodischen Ansatz außen vor, als er in einer Rede zu Ehren Wilhelms II. im Jahre 1903 feststellte, die Stellung des preußischen Königs folge nicht aus den in der Verfassung niedergelegten Rechten; vielmehr stünden ihm alle seine Rechte aus seiner monarchischen Stellung selbst zu: "Er ist dies alles, weil er König ist"[876].

---

874. So etwa Jellinek, Regierung und Parlament in Deutschland, S. 24 f.: "Der große Verfassungskonflikt ... ist ... kein Streit um politische Macht, sondern ein Rechtsstreit gewesen, bei dem es sich nicht um die Erringung der Parlamentsherrschaft, sondern um die Auslegung der Verfassung handelte. ... Es liegt aber, so häufig auch das Gegenteil behauptet wird, kein Beweis vor, daß die deutsche Fortschrittspartei ... [die parlamentarische] Vorherrschaft erstrebt hätte. Ihr Sieg hätte daher vermutlich nicht auch einen Sieg des parlamentarischen Systems nach englischem oder demokratisch-kontinentalem Muster bedeutet. Für die Gestaltung der inneren deutschen Politik ist es aber von der größten Bedeutung geworden, daß in diesem Kampfe sich die Regierung als der stärkere Theil erwies. Denn der abermals von der Krone errungene Sieg hatte im Verein mit dem Ausgang der darauf folgenden Kriege um Deutschlands Neugestaltung eine in der Geschichte der neueren Staaten beispiellose Festigung des monarchischen Gedankens zur unmittelbaren Folge"; Anschütz, Die Verfassungs-Urkunde für den Preußischen Staat vom 31. Januar 1850.

875. Vgl. Meyer-Anschütz, Lehrbuch des deutschen Staatsrechts, 7. Aufl., S. 906.

876. Martitz, Die Monarchie als Staatsform, S. 28.

Ein weiterer bedeutender Verfassungsinterpret, Karl Freiherr von Stengel, sah in der preußischen Verfassung das monarchische Prinzip realisiert und versuchte die diesem Grundansatz zuwiderlaufenden Tendenzen der Verfassung aus der Entstehungsgeschichte der Verfassung in der Mitte des Jahrhunderts und den damit verbundenen verfassungspolitischen 'Irrtümern' heraus zu erklären. Daß sich die preußische Verfassung teilweise an der belgischen orientiere, sei dem "doktrinären Liberalismus ohne Verständnis für den unschätzbaren Werth einer historischen Entwicklung des Staatslebens" zuzuschreiben. Daher resultiere auch, "daß einzelne Bestimmungen der Verfassungs-Urkunde von 31./1. 1850 wie z.B. Art. 62 Abs. 1 über die gemeinschaftliche Ausübung der gesetzgebenden Gewalt ... auf dem monarchischem Staatsrechte Preußens durchaus fremden Vorstellungen beruht und gar nicht wörtlich genommen werden darf, wenn nicht in die Verfassung ein mit derselben in Widerspruch stehendes Element hineingetragen werden soll"[877]. Von Stengel führte ebenfalls die monarchischen Rechte auf die preußische Geschichte und nicht die preußische Verfassungsurkunde zurück. Entscheidend für die Reichweite der monarchischen Befugnisse sei nicht zuletzt das preußische Königtum selbst und die "zur Zeit des Erlasses der preußischen Verfassungsurkunde geltenden Verfassungsrechte. Preußen war aber bis zur Verkündung der oktroyierten Verfassung am 5.12.1848 eine absolute Monarchie und die Stellung des Königs von Preußen ergab sich einfach aus dem Begriff des absoluten Monarchen und den damit übereinstimmenden verfassungsrechtlichen Bestimmungen des Allgemeinen Landrechts"[878]. Von Stengel war somit ebenfalls bei Art 1 II 13 § 1 ALR angelangt[879].

Das Werk von Rönnes wurde nun in seiner fünften Auflage 1899 von dem konservativen Staatsrechtler Philipp Zorn neu bearbeitet und dabei im monarchischen Sinne umgeschrieben, da von Rönne - so Zorn - "zu der vollen Festigkeit des monarchischen Staatsgedankens als des Grund- und Ecksteins des Preußischen Staates" nicht gelangt sei[880]. Rönnes "Vorliebe gehörte immer den parlamentarischen Einrichtungen und in allen Zweifelsfragen auf dem Grenzgebiete zwischen den Rechten des Königs und des Parlaments neigt seine Meinung zu letzterem"[881]. Das monarchische Prinzip sei, so Zorn, die alleinige Rechtsquelle bei der Bestimmung der Rechte des Königs[882]. "Das preußi-

877. Stengel, Das Staatsrecht des Königreichs Preußen, S. 30; von Stengel setzt mit diesem Werk Schulzes 'Staatsrecht des Königreichs Preußen' fort, nicht ohne es in seinem Sinne umzuschreiben.
878. Stengel, Das Staatsrecht des Königreichs Preußen, S. 35 f.
879. Stengel, Das Staatsrecht des Königreichs Preußen, S. 36.
880. Rönne-Zorn, Das Staatsrecht der Preußischen Monarchie, 5. Aufl., Bd. 1, Leipzig 1899, Vorwort, S. X.
881. Rönne-Zorn, Das Staatsrecht der Preußischen Monarchie, 5. Aufl., Bd. 1, Leipzig 1899, Vorwort, S. X.
882. Rönne-Zorn, Das Staatsrecht der Preußischen Monarchie, 5. Aufl., Bd. 1, S. 357.

sche Staatsrecht hat auch heute noch seine feste Grundlage im monarchischen Prinzip, welchem seit 1848 der konstitutionelle Gedanke kraft der Verfassungsurkunde, ergänzend einerseits, einschränkend andererseits, hinzugetreten ist"[883]; in umgekehrter Reihenfolge betonte noch von Rönne in seinem Vorwort zur ersten Auflage: "Sie - die preußische Verfassung - ist vor allem eine konstitutionelle Verfassung und bewahrt zugleich nach allen Richtungen hin das monarchische Prinzip"[884]. Insofern ergab sich für Zorn zwingend, daß allein die Rechte des Parlaments sich enumerativ aus der Verfassungsurkunde ergäben, während die Verfassung hinsichtlich des Umfangs der monarchischen Rechte "keinerlei erschöpfende Kodifikation" enthalte, sondern die "gewaltige welthistorische Entwicklung der vorangegangenen Jahrhunderte und das durch diese errungene Monarchenrecht" voraussetze[885]. Bei kompetenzrechtlichen Zweifelsfragen bestehe daher stets eine Vermutung zugunsten des monarchischen Prinzips und gegen eine Ausdehnung parlamentarischer Rechte[886].

Fritz Stier-Somlo führte diese konservativ-monarchische Linie der Auslegung der preußischen Verfassung kurz nach der Jahrhundertwende fort, als er in seinem Lehrbuch ausführte, daß aufgrund der Reduzierung der Staatsgewalt auf den Monarchen "im Zweifel die Vermutung für das monarchische Recht" spreche. Der Monarch "ist zu allem berechtigt, soweit die Verfassung ihn nicht beschränkt"[887].

Das konservative Interpretationsmuster setzte sich auch bei jüngeren Staatsrechtlern fort, so bei Rudolf Smend, als er 1904 - unter vielfacher Berufung auf Arndt - die preußische Verfassung mit der belgischen verglich und dabei ganz selbstverständlich davon ausging, daß die deutschen Landesverfassungen - mithin vor allem die preußische - nicht den Anspruch hätten, die gesamte staatliche Ordnung von Grund auf neu zu definieren, sondern lediglich eine Selbstbeschränkung des Königtums beinhalteten, "das sich im übrigen

883. Rönne-Zorn, Das Staatsrecht der Preußischen Monarchie, 5. Aufl., Bd. 1, Vorwort S. VI.
884. Rönne-Zorn, Das Staatsrecht der Preußischen Monarchie, 5. Aufl., Bd. 1, Vorwort, S. VI.
885. Rönne-Zorn, Das Staatsrecht der Preußischen Monarchie, 5. Aufl., Bd. 1, Vorwort, S. VI.
886. Rönne-Zorn, Das Staatsrecht der Preußischen Monarchie, 5. Aufl., Bd. 1, Vorwort, S. XI; ebenda, S. 203: "Der Monarch ist der Träger der Staatsgewalt und leitet seine Rechte von keinem anderen Organ ab. ... Die Rechte der Volksvertretung beruhen somit auf der Verfassungsurkunde; diese aber ist vom König ... gegeben; demnach leiten auch die Rechte der Volksvertretung ihrem Entstehungsgrunde nach sich aus dem Rechte des Königs ab"; ebenda, S. 263: Das Parlament leitet seine Stellung und seine Rechte grundsätzlich aus "dem Willen des Monarchen als der letzten Quelle der Gewalten" ab ... "Die Wirksamkeit der Kammern kann letztlich nur mit königlicher Autorität begonnen und beendet werden. Die Volksvertretung ist demnach ein 'mittelbares' Organ der Staatsgewalt".
887. Stier-Somlo, Preußisches Staatsrecht, Bd. 2, Leipzig 1906, S. 78 f.

seine alte Machtvollkommenheit erhalten hat und seinen Rechtsgrund nach wie vor nicht aus der Verfassungsurkunde herleitet". Die monarchische Selbstbeschränkung sei "geradezu die 'Generalidee' der preußischen Verfassung"[888]. Ein Satz, der eine Vermutung für die unbeschränkte Zuständigkeit des Königs beinhalte, sei "im Staatsgrundgesetz nicht ausdrücklich festgelegt, er ergibt sich aber mit derselben Notwendigkeit aus der Entstehungsgeschichte der preußischen Verfassung"[889].

Adams leitete ebenfalls die monarchischen Befugnisse aus der historischen Entwicklung des preußischen Königtums her und gelangte so ebenfalls in die "Zeit des Absolutismus". Der preußische Monarch habe - ausgehend von einer absoluten Machtfülle - "eine doppelte Beschränkung erlitten: eine Beschränkung durch die Einführung der Konstitution und eine zweite durch die Reichsgründung". Nach wie vor gelte jedoch, entgegen den aus dem Prinzip der Volkssouveränität abzuleitenden Grundsätzen "in Preußen die praesumptio pro rege"[890].

Auch die um die Jahrhundertwende einsetzende Historiographie der preußischen Verfassungsurkunde von 1850 hielt an der Betonung des monarchischen Prinzips als dem wesentlichen Merkmal der Verfassung fest.

Conrad Bornhak stellte in seiner 1903 erschienenen Preußischen Staats- und Rechtsgeschichte dar, daß sich der König zwar durch die kraft seines unumschränkten Gesetzgebungsrechts erlassene (!) Verfassungsurkunde in bestimmte verfassungsmäßige Formen gebunden habe, grundsätzlich über diese Bindung hinausgehend, "die Vermutung ... für das freie monarchische Recht" spreche. "Die preußische Verfassungsurkunde mußte daher den Grundsatz der Volkssouveränität und die Beschränkung des Königs auf die ihm verfassungsmäßig übertragenen Befugnisse fortlassen, da beides ein Hohn auf den preußischen Staat gewesen wäre"[891]. Bornhak grenzte sich deutlich von dem Ursprung der Verfassungsinterpretation eines Ludwig von Rönne ab, an dessen Namen zwar die wissenschaftliche Bearbeitung des preußischen Staatsrechts anknüpfe, dessen "Werk über die Bedeutung der Materialsammlung" aber nicht hinausgehe, da er - von Rönne - "die allgemeine konstitutionelle Theorie auch für Preußen zur Geltung" bringen wolle[892]. Im Ausgang des preußischen Verfassungskonfliktes, den er in Anspielung auf Bismarck als einen politischen

888. Smend, Die preußische Verfassungsurkunde im Vergleich mit der Belgischen, S. 82; Smend behauptet in seinem Werk sogar, daß auch nach der belgischen Verfassung der König alle Rechte der Staatsgewalt in sich vereinige, Smend, a.a.O., S. 52.
889. Smend, Die preußische Verfassungsurkunde im Vergleich mit der Belgischen, S. 30; ebenda, S. 49.
890. Adams, Preußisches Staatsrecht, Bd. 1, S. 41 ff.
891. Bornhak, Preußische Staats- und Rechtsgeschichte, S. 466 f.
892. Bornhak, Preußische Staats- und Rechtsgeschichte, S. 470.

Machtkampf verstand[893], sah Bornhak das typisch-deutsche des Konstitutionalismus triumphieren gegen die "Forderungen des westlichen Parlamentarismus. ... Es stand fest, daß der preußische Staat trotz des fremden Flitters, den ihm das Jahr 1848 übergeworfen hatte, seine geschichtliche Eigenart bewahrt hatte"[894].

Die Tendenz der Abgrenzung der preußischen und letztlich damit der deutschen Verfassungstradition von der westeuropäischen wurde insbesondere in dem deutlichen Widerspruch zu einer rechtshistorischen These Erich Kaufmanns aus dem Jahre 1906 deutlich, als dieser das monarchische Prinzip der preußischen Verfassung auf die französische Charte des Jahres 1814 zurückzuführen suchte[895].

Dem widersprach die gesammelte rechtshistorische Wissenschaft - gerade auch vor dem Hintergrund der Aufrechterhaltung der These der besonderen Eigenständigkeit des deutschen Typs der konstitutionellen Monarchie. Eduard Hubrich versuchte daher in einem Aufsatz, der preußischen konstitutionellen Monarchie einen eigenen - preußischen - Ursprung zu geben und fand diesen wie auch andere Autoren vor und nach ihm in Art. 1 II 13 ALR, den er als die "rechtliche Urvoraussetzung" der preußischen Verfassungsartikel bezeichnete[896]. Nur so blieb die preußische Verfassung ein ureigenes preußisches Werk und das über die preußische Verfassung in das deutsche Reich von 1871 hineingetragene monarchische Prinzip eine unverfälscht deutsche Errungenschaft[897].

Auch Otto Hintze stellte im Jahre 1911 ganz deutlich heraus, daß für ihn in der preußischen Verfassung "das monarchische Prinzip ... auf das nachdrücklichste bewahrt" worden sei, wobei ihm die verschiedenen Auslegungsmöglichkeiten der Verfassung durchaus bewußt waren[898].

Die Staatsrechtslehre ist gegen Ende des Kaiserreiches mithin an einem Punkt der Betrachtung der preußischen Verfassung angelangt, die sich doch

---

893. Vgl. Bornhak, Preußische Staats- und Rechtsgeschichte, S. 470: "Wie der Staat Macht ist, so ist auch sein öffentliches Recht Machtausdruck, und die stärkere Macht trägt schließlich den Sieg davon".

894. In seiner Deutschen Verfassungsgeschichte wertete Bornhak die preußische Verfassung weiter ab und zieht als Fazit den Schluß: "Doch die äußeren Rechtsformen tun es nicht. Der Buchstabe tötet, der Geist macht lebendig. Mit dieser Verfassung, nicht durch sie, sondern trotz ihrer, war der preußische Staat fähig, den Riesenkampf der deutschen Einigungskriege durchzuführen", Bornhak, Deutsche Verfassungsgeschichte, S. 419.

895. Kaufmann, Studien zur Staatslehre des monarchischen Prinzips, S. 38 f.; Kaufmann kehrte auch wieder in den Schoß der nunmehr herrschenden Lehre zurück, vgl. seine Aussage oben.

896. Hubrich, Das monarchische Prinzip in Preußen, in: ZfP, Bd. 1, S. 194.

897. Auch Conrad Bornhak vertrat die weitere Geltung des Art. 1 II 13 APL in seinem Preußischen Staatsrecht, Bd. 1, S. 132: " Die allgemeine Rechtsstellung des Königs richtet sich daher in Ermangelung besonderer Bestimmungen der Verfassungsurkunde nach dem vor ihrem Erlaß geltenden Rechte, wie es in dem ALR Art. 1 II 13 kodifiziert ist."

898. Hintze, das monarchische Prinzip und die konstitutionelle Verfassung, S. 373, 376.

grundsätzlich unterschied von der herrschenden Interpretation vor und während des Verfassungskonfliktes und von den Zielen der liberalen Verfassungsväter. Wenngleich die Revision der oktroierten Verfassung von 1848 nicht in dem Sinne gelungen ist, wie sich dies die liberalen Abgeordneten gewünscht hatten, so war doch allen an der Revision Beteiligten das verfassungsimmanente Streben nach einem Ausgleich zweier (Macht-) Faktoren als Ziel der Revision klar vor Augen. Von diesem Ansatz entfernte sich die staatsrechtliche Verfassungsinterpretation in der Folge des Verfassungskonfliktes stetig bis zu einem Punkt, da der liberale Ansatz der Verfassung gänzlich zurückgedrängt - wenn nicht gar negiert - wurde zugunsten eines alle Zweifel und Konflikte lösenden monarchischen Entscheidungsrechts.

Damit einher ging das Bestreben, bereits den Begriff des Konstitutionalismus in einem monarchischen Sinne abzugrenzen von dem vermeintlichen Streben der liberalen Opposition nach einem Übergewicht des Parlaments im Verhältnis zum Monarchen, dem 'Parlamentarismus'. Zum Zeitpunkt der Verfassungsrevision wie auch des Verfassungskonfliktes verwendete allein eine radikal-liberale Minderheit den Begriff im Sinn einer parlamentarischen Regierungsverantwortung. Die gemäßigten Liberalen jedoch verstanden unter Parlamentarismus etwas ganz anderes, nämlich allein die gleichberechtigte Mitwirkung an der Gesetzgebung, mithin die Betonung des Ausgleichs zwischen Monarch und Volk durch das Parlament. Als Kampfbegriff der Konservativen wurde jedoch das Streben nach Parlamentarismus stets als das Streben nach einer parlamentarisch geführten Regierung interpretiert, der sich der monarchische Wille unterzuordnen habe. Dies war zwar keine 'Erfindung' der Staatsrechtslehre, wurde jedoch von vielen Staatsrechtslehrern aufgegriffen, theoretisch untermauert und somit umso mehr hoffähig gemacht. So wie die Begriffe Konstitutionalismus und Parlamentarismus einander gegenübergestellt wurden, so erfolgte auch eine Abgrenzung zu den Konstitutionen des europäischen Auslandes als etwas dem preußisch-deutschen Konstitutionalismus abträgliches.

Insgesamt erscheint in der staatsrechtlichen Literatur ebenso wie in der Verfassungspolitik mit 1866 ein Wandel eingetreten zu sein, weg von einem liberal-konstitutionellen, hin zu einem monarchisch-konstitutionellem bis monarchisch-absolutistischen Staats- und Verfassungsverständnis. Dieser Wandel ist unzweideutig verknüpft mit dem historischen Ausgang des Verfassungskonfliktes. Ebenso wie nach dem Scheitern der Paulskirchenverfassung 1849 wird der liberale Ansatz in der Staatsrechtswissenschaft durch ein politisches Ereignis zurückgeworfen. Die politische Enttäuschung und Ernüchterung nach den Niederlagen zehrte auch stark an der verfassungstheoretischen Untermauerung einer liberalen Politik durch die Staatsrechtswissenschaft. Rudolf Smend beschrieb die Folgen des Jahres 1866 auf die - nunmehr stark zurücktretende -

liberale Staatsrechtstradition dahingehend, daß "1866 das geschichtliche Urteil über eine lange Zeit berechtigte, höchst ehrenwerte, aber zum geschichtlichen Leben in unheilbare Spannung geratene Wissenschaft" bedeute[899]. Tatsächlich zählte die ältere Staatsrechtswissenschaft zu den 'Besiegten' von 1866.

In dieser Tradition der sich durchsetzenden konservativ-monarchischen Staatsrechtslehre steht nun auch Ernst Rudolf Huber, indem er das monarchische Prinzip seiner Verfassungsinterpretation und damit auch seiner Interpretation des Konstitutionalismus im allgemeinen zugrundelegt[900] und dabei aber gerade nicht eine Entwicklungslinie von einem zu Beginn des preußischen Verfassungslebens offenen System zu einem eindeutig pro-monarchischen Verfassungsverständnis nachzeichnet, sondern dieses Entwicklungsergebnis als einen von Anfang an feststehenden Fixpunkt darstellt. Seine durchgehende pauschale Unterstellung eines liberalen Bestrebens in Richtung eines Parlamentarismus, der eine Unterordnung des Monarchen unter die Herrschaft des Parlaments mit sich bringe, zeigt Hubers Überzeugung von der in der Staatsrechtswissenschaft entwickelten strikten Trennung und der Ausschließlichkeit von monarchisch-konstitutionellem System auf der einen und dem parlamentarischen System auf der anderen Seite. Jeder Versuch der liberalen Opposition gerade im Verlauf des Verfassungskonfliktes, die in der Verfassung eingeräumten parlamentarischen Rechte gegen Bismarcks Politik zu verteidigen, erscheinen so bei Huber zwangsläufig als das Streben nach dem soeben beschriebenen Parlamentarismus. Das konstitutionelle System eines Dualismus ohne Auflösung auf einer höheren, das heißt bei Huber der monarchischen Ebene, ist als ein typisch liberales Denken insbesondere der an der Verfassungsrevision, aber auch am Verfassungskonflikt beteiligten gemäßigten Liberalen nicht mehr bewußt, weder bei der späteren zeitgenössischen Staatsrechtslehre, noch bei Huber. Konstitutionalismus steht stets in Verbindung mit dem Attribut 'monarchisch'; davon abweichende - dualistische - Bestrebungen sind 'parlamentarisch'. Damit jedoch werden weder die so argumentierende Staatsrechtswissenschaft noch Huber den liberalen Bestrebungen gerecht. Deren Ziele waren andere als die, die als deren Ziele 'verkauft' wurden (oder bei Huber werden).

---

899. Smend, Der Einfluß der deutschen Staats- und Verwaltungsrechtslehre des 19. Jahrhunderts auf das Leben in Verfassung und Verwaltung, S. 27.
900. Vgl. Huber, Verfassungsgeschichte, Bd. 3, S. 3 ff. allgemein über "das Wesen der konstitutionellen Monarchie", sowie seine Stellungnahme zum Verfassungskonflikt, S. 275 ff.; zu Huber und der Kritik an ihm siehe auch oben.

# D. DIE BISMARCKSCHE REICHSVERFASSUNG

## I. DER NORDDEUTSCHE BUND

### 1. Die historische Entwicklung Deutschlands von der Paulskirchenversammlung bis zur Gründung des Norddeutschen Bundes

Das Scheitern der Frankfurter Paulskirche 1848/49 manifestierte sich insbesondere in der Nichtrealisierung einer nationalen Einigung, in welcher konkreten Form auch immer. Dennoch blieb die Einigungspolitik auf der politischen Tagesordnung. Hatte der preußische König Friedrich Wilhelm IV. die Krone aus den Händen des Volkes noch abgelehnt, knüpfte er dennoch an die darin enthaltene Idee einer preußischen Vormachtstellung innerhalb Deutschlands an. Schon am 3. April 1849 ließ er den übrigen Souveränen mitteilen, daß er entschlossen sei, "an die Spitze eines deutschen Bundesstaates zu treten, der aus denjenigen Staaten sich bildet, welche demselben aus freiem Willen sich anschließen möchten"[901]. Daß Österreich diesem Staatenbund nicht angehören sollte, ergab sich aus einer Denkschrift der preußischen Regierung vom 9. Mai 1849[902]. Beeinflußt durch seinen Berater General Josef von Radowitz beabsichtigte König Friedrich Wilhelm IV. vielmehr einen Plan Gagerns aufzugreifen, der einen engeren und einen weiteren Bund in der Weise vorsah, daß Preußen an der Spitze eines kleindeutschen Bundesstaates - dem engeren Bund - stehen und dieser engere Bund wiederum in einer losen Kooperation - dem weiteren Bund - mit Gesamtösterreich verbunden sein sollte. Damit rekrutierte der preußische Unionsplan - national - die Ziele der keindeutschen Mehrheit der Frankfurter Paulskirche, vertrat - staatsorganisatorisch - jedoch wesentlich monarchischere Tendenzen als sie in der Paulskirchenverfassung enthalten waren.

In Folge der preußischen Initiative schlossen am 28.5.1849 Preußen, Sachsen und Hannover das Dreikönigsbündnis[903], die "Union", zur Errichtung eines deutschen Staatenbundes unter ausdrücklichem Ausschluß Österreichs. Die Unionsverfassung vom 28. Mai 1849[904] lehnte sich formal an die Regelungen der Frankfurter Reichsversammlung an, betonte indessen stärker das monarchische als das parlamentarische Element und verstärkte die föderativen Einrichtungen. Nach der Unionsverfassung sollte an der Spitze des

901. Zirkulardepesche des preußischen Außenministers vom 3.4.1849, bei Huber, Dokumente, Bd. 1, S. 407 ff.
902. Huber, Dokumente, Bd. 1, S. 534 ff.
903. Huber, Dokumente, Bd. 1, S. 540 ff.
904. Huber, Dokumente, Bd. 1, S. 551 ff.

Reiches das Reichsoberhaupt stehen, ohne jedoch eine eigene Kaiserwürde zu erhalten[905]. Die Betonung der monarchischen Elemente innerhalb der Unionsverfassung erfolgte - im Gegensatz zur Paulskirchenverfassung - durch die Wiedereinführung des absoluten Vetos des Staatsoberhauptes im Bereich der Legislative[906]. Die beteiligten Einzelstaaten sollten durch die Installierung eines Fürstenkollegiums an der Reichsregierung beteiligte werden; das Wahlrecht sollte durch die Einführung des Dreiklassenwahlrechts wieder entdemokratisiert werden.

war wurde die Verfassung im Erfurter Parlament, das von der konstitutionell-liberal geprägten "Gothaer-Partei" bestimmt war, bereits im April 1850 angenommen[907], jedoch hatte sie zum Zeitpunkt der Annahme bereits keine Chance mehr auf Durchsetzung, da Österreich diese Ausgrenzung nicht tole-

905. Friedrich Julius Stahl, der im Erfurter Parlament zusammen mit Ludwig von Gerlach und dem jungen Bismarck den äußersten rechten Flügel der Konservativen vertrat, entwickelte aus seiner Kritik an dem Verfassungsentwurf ein Kaiserbild, das noch ganz von geistlicher Legitimation geprägt ist. Er strebte nach wie vor ein "Kaisertum des göttlichen Rechts und der göttlichen Sendung" in einer christlichen Gesellschaft Europas an. Er bekämpfte damit insbesondere das "Kaisertum der dämonischen Macht", womit er die französischen Verhältnisse ansprach: "Auf dem Boden der Volkssouveränität und der constituierenden Versammlungen und der Wahlagitation und des Stimmenhandels, dem Boden des Zerfahrens der Parteien und der Ohnmacht kann kein Kaisertum gründen". In Abkehr hierzu könne in Deutschland nur auf dem Fundament der christlichen Staatslehre, des Gottesgnadentums und des monarchischen Prinzips der alte Titel 'Kaiser und Reich' "eine tiefe Bedeutung" erlangen. "Erkennt das deutsche Volk wieder wie ehedem eine Obrigkeit, die von Gottes wegen über es regiert, um Recht und Gerechtigkeit und das Schwert des Gesetzes zu handhaben, um die Menschen aller Ordnungen jeden bei den Seinen zu schützen, um Zucht und Sitte und Glauben zu fördern und Aufruhr und Umwälzung gebührend zu strafen - dann möge es diese seine heilige Ordnung und ihren Träger wieder mit dem Namen bezeichnen, die sie ehedem führten", Friedrich Julius Stahl, Die deutsche Reichsverfassung nach den Beschlüssen der deutschen Nationalversammlung und nach dem Entwurf der drei Königlichen Regierungen, insbesondere S. 84.

906. Das Reichsoberhaupt sollte den Titel "Reichsvorstand" führen (§ 65), die Würde des Reichsvorstandes sollte mit der Krone Preußens verbunden sein. Der Reichsvorstand sollte während der Dauer des Reichstages am Sitz der Reichsregierung residieren (§ 68) und die ihm übertragene Gewalt durch verantwortliche, von ihm ernannte Minister ausüben (§ 69). Er sollte die völkerrechtliche Vertretung des deutschen Reiches und der einzelnen Staaten ausüben (§ 69), die Reichsgesandten und die Konsuln anstellen und den diplomatischen Verkehr führen (§ 71), Krieg erklären und Frieden schließen (§ 72), unter Mitwirkung des Reichstages Bündnisse und Verträge mit auswärtigen Mächten abschließen (§ 73), den Reichstag einberufen und gegebenenfalls das Volkshaus auflösen (§ 75). Alle Regierungshandlungen des Reichsvorstandes sollten nach konstitutionellem Muster zu ihrer Gültigkeit der Gegenzeichnung eines Reichsministers bedürfen, der dadurch die Verantwortung hierfür übernehmen sollte.

907. Zu den einzelnen Beschlüssen, Huber, Verfassungsgeschichte, Bd. 2, S. 896 ff. Die vor allem kleindeutsch gesinnten Liberalen der Gothaer-Partei konnten mit dem Entwurf dieser Verfassung insbesondere deshalb recht zufrieden sein, da sie das lediglich suspensive Veto der Paulskirchenverfassung beseitigte und das Dreiklassenwahlrecht wieder einführte und somit zwei Bestimmungen der Frankfurter Reichsverfassung korrigierte, die die Liberalen ohnehin nur widerwillig hingenommen hatten.

rieren wollte[908]. Auf Druck Österreichs traten Bayern und Württemberg der Union nicht bei; Sachsen, Hannover traten aufgrund der Allbeteiligungsklausel[909] aus derselben wieder aus (Bayern, Württemberg, Sachsen und Hannover hatten am 27. Februar 1850 ein "Vierkönigsbündnis" geschlossen[910]) - bis Preußen nicht zuletzt wegen der Ereignisse in Kurhessen in der "Olmützer Punktation" vom 28.11.1850 der Auflösung der Erfurter Union zustimmte[911]. Preußens Verzicht auf den Unionsplan erschien den diesem Plan zugeneigten Liberalen als Verrat Preußens an seiner ureigenen Aufgabe; "als sich Preußen vor Österreich beugte, ward eine zweihundertjährige Geschichte Lügen gestraft, ward das geistige Leben der Nation bis zur Reformation hinauf verleugnet, ward der rettende Gedanke Deutschlands, der, in dem Preußen seine Stärke und seinen Beruf hat, totgesprochen"[912].

Während die Union sich schwer tat, forcierte die österreichische Regierung unter Felix Fürst zu Schwarzenberg die Wiedereröffnung des Frankfurter Bundestages nach der Maßgabe der Bundesakte von 1815 mit dem Argument, daß dieser seine Arbeit mit der Übertragung seiner Befugnisse auf den Reichsverweser 1848 lediglich eingestellt, nicht aber zu existieren aufgehört habe[913]. Auf entsprechende österreichische Initiative hin fand bereits am 2.9.1850 - ohne Preußen und die zu dieser Zeit weiterhin unionstreuen Staaten - die Wiedereröffnung des Bundestages statt[914]. Mit dieser Einberufung standen sich in Deutschland nunmehr vorübergehend zwei rivalisierende Blöcke gegenüber, der deutsche "Dualismus" zeigte sich in immer deutlicher werdenden Konturen.

Der latente Konflikt zwischen Österreich und Preußen um die zukünftige Gestaltung Deutschlands wurde durch die Ereignisse sowohl in Schleswig und Holstein, wie auch in Kurhessen[915] verschärft und entlud sich beinahe in

908. Ministerpräsident Schwarzenberg: "Österreich ... will seine Stellung in Deutschland nicht aufgeben."
909. Beide Länder waren der Union nur unter dem Vorbehalt beigetreten, daß sich alle deutschen Länder - mit Ausnahme Österreichs - an der Union beteiligen, andernfalls ihnen das Recht zustehe, sich aus der Union wieder zurückzuziehen.
910. Huber, Dokumente, Bd. 1, S. 568 ff.
911. Huber, Dokumente, Bd. 1, S. 580 ff.
912. Hübner, Johann Gustav Droysen, Bd. 2, S. 35.
913. Vgl. u.a. die österreichische Note vom 28.11.1849, bei Huber, Verfassungsgeschichte, Bd. 2, S. 892; Unterstützung fand Österreich in dieser Auffassung unter anderem von Bayern, dessen Ministerpräsident v. d. Pfordten in einer Depesche vom 25.5.1849 ausführte, es sei "unbestreitbar, ... daß der deutsche Bund rechtlich noch besteht. ... Nur sein früheres gemeinsames Organ, die Bundesversammlung, ist aufgehoben und an deren Stelle ein anderes Organ, die provisorische Zentralgewalt, getreten; alle übrigen Verhältnisse und Gesetze des Bundes bestehen fort."
914. Vgl. Huber, Verfassungsgeschichte, Bd. 2, S. 903.
915. Der kurhessische Konflikt war in seinem Ursprung die Vorwegnahme des preußischen Verfassungskonfliktes, der ebenfalls auf einem budgetlosen Regiment des kurhessischen Kurfürsten Friedrich Wilhelm beruhte.

kriegerischen Auseinandersetzungen zwischen den beiden deutschen Großmächten. Im Hinblick auf Kurhessen, widersetzte sich zunächst Preußen der Intervention des Deutschen Bundes, lenkte aber letztlich ein und unterwarf sich - wie angedeutet - in der Olmützer Punktation den österreichischen Forderungen und verzichtete zugleich auf seine Pläne der Errichtung einer Union ohne Österreich.

Der sich anschließende Versuch einer gemeinsamen Bundesreform in den Dresdner Konferenzen von Dezember 1850 bis Mai 1851 scheiterte. Österreich konnte seinen Plan zur Errichtung eines deutschen Großreiches ("Siebzigmillionenreich") der deutschen Einzelstaaten mit Gesamtösterreich ebensowenig realisieren wie Preußen seine Bestrebungen zu Errichtung einer norddeutschen Teilung, beziehungsweise seine völlige Gleichstellung mit Österreich im Deutschen Bundestag. Da somit sämtliche Reformbestrebungen nicht zum Tragen kamen, verständigten sich die Großmächte auf die Beibehaltung des status quo, der Deutsche Bundestag wurde restituiert. Vom 12.5.1851 an nahmen auch Preußen[916] und die der Union bis zuletzt verbliebenen Staaten wieder an den Sitzungen des Deutschen Bundestages teil. Die Bundesakte von 1815 und die Wiener Schlußakte von 1820 bildeten erneut die Verfassung des deutschen Staatenbundes.

Es begann allgemein ein Phase der Reaktion, dem sich auch die Bundesversammlung nicht entzog, so unter anderem in dem "Bundesreaktionsbeschluß" vom 23.8.1851[917], in dem den deutschen Staaten aufgegeben wurde, die "seit dem Jahre 1848 getroffenen staatlichen Einrichtungen und erlassenen gesetzlichen Bestimmungen" auf ihre Vereinbarkeit mit dem geltenden Bundesrecht zu überprüfen und gegebenenfalls aufzuheben, sowie den Beschluß vom gleichen Tage, die vom Paulskirchenparlament verabschiedeten Grundrechte, aufzuheben[918].

Zu zukunftsweisenden Entscheidungen war der Bundestag in dieser Phase vor allem angesichts der preußisch-österreichischen Rivalität nicht in der Lage. Beide Führungsmächte waren zu einer auf Fortschritt gerichteten Kooperation im Hinblick auf eine nationale Einigung nicht bereit, da jede der jeweils anderen mißtraute. Österreich befürchtete, durch die preußische Politik - so wie sie sich in dem Streben nach der Erfurter Union manifestierte hatte - aus Deutschland herausgedrängt zu werden, während Preußen fürchtete, daß sich die österreichische Präsidialmacht zu einer Hegemonie ausweiten könnte.

Der angedeutete Dualismus wurde zudem kompliziert durch das Ende der fünfziger Jahre wiedererwachte liberale Denken weiter Bevölkerungskreise

---

916. Das von Juli 1851 bis 1859 von dem Bundestagsgesandten Otto von Bismarck vertreten wurde.
917. Huber, Dokumente, Bd. 2, S. 1 f.
918. Huber, Dokumente, Bd. 2, S. 2.

verbunden mit der bürgerlichen Nationalbewegung. Die Liberalen fanden nach ihrem Verschwinden in der politischen Versenkung während der Ära Manteuffel wieder in die Öffentlichkeit zurück und errangen ihre führende politische Stellung innerhalb der bürgerlichen Gesellschaft zurück.

Das Beispiel der nationalen Einigungspolitik Italiens hatte allgemein auch der deutschen Einheitsbewegung neuen Auftrieb gegeben und die ungelöste deutsche Frage erneut verstärkt in das Licht der Öffentlichkeit gerückt. Entsprechend den großdeutschen Bestrebungen Österreichs und den kleindeutschen Bestrebungen Preußens etablierten sich zwei "Parteien", die genau diese nationalstaatlichen Richtungen repräsentierten. Der im September 1959 gegründete "Deutsche Nationalverein" unter der Führung des Liberalen Rudolf von Bennigsen und des Demokraten Hermann Schulze-Delitsch trat für die Gründung eines kleindeutschen Nationalstaates unter preußischer Führung ein und erhob diese Forderung nach nationaler Einheit auch zu seinem Parteiprogramm[919]. Die durch den Nationalverein vertretene Forderung nach einer preußischen Hegemonie traf insbesondere im süddeutschen Raum auf Widerstand. Während sich im Nationalverein viele Liberale und gemäßigte Demokraten wiederfanden, gründeten vor allem konservative, aber auch großdeutsch gesinnte liberale und demokratische Kräfte im Oktober 1862 den "Deutschen Reformverein"[920], der sich die Reformierung des Deutschen Bundes dergestalt auf die Fahnen schrieb, daß Österreich, Preußen und die deutschen Mittelstaaten fortan gleiches Gewicht erhalten sollten[921]. Beide 'Parteien' strebten nach einer Stärkung des Bundestages und einer an den Gegebenheiten orientierten Realpolitik - wodurch sie sich erheblich von den theoretisierenden Ansätzen der Abgeordneten der Paulskirche unterschieden. Die Bedeutung des Reformvereins war jedoch bedeutend geringer als die des Nationalvereins, da sich der Reformverein nur in der Abwehrhaltung gegen eine preußische Hegemonie innerhalb Deutschlands einig war, nicht jedoch in der konkreten Ausgestaltung der angemahnten Reformen. Bereits zu diesem Zeitpunkt wurde deutlich, daß sich vor allem im kleindeutschen Liberalismus, wie er sich im Nationalverein widerspiegelte, die Gewichte zwischen den auf nationale Einigung und auf innere Reformen abzielenden Kräften, verschoben. Es begann

919. Das Programm in knappen Auszügen bei Huber, Dokumente, Bd. 2, S. 105 f.; vgl. ebenda, S. 106 f. die "Erklärung des Nationalvereins zur territorialen Integrität Deutschlands und zur savoyischen Frage", sowie ebenda, S. 108 f. den "Beschluß des Nationalvereins zur deutschen Verfassungsfrage".

920. Mitglieder des Reformvereins waren unter anderem der konservative Historiker Onno Klopp, der spätere Reichstagsabgeordnete Ludwig Windthorst, die Demokraten Moritz von Mohl und Julius Fröbel, oder auch der Staatswissenschaftler Konstantin Frantz.

921. Vgl. das Programm des Deutschen Reformvereins, insbesondere Punkt 2 des Programms, wonach die anstehende Bundesreform "allen deutschen Staaten das Verbleiben in der vollen Gemeinsamkeit möglich erhalten" solle, bei Huber, Dokument, Bd. 2, S. 109 f.

der Prozeß des Umdenkens dahingehend, daß der Machtstaat das Streben nach der nationalen Einheit zum Erfolg führen müsse, nicht das Bürgertum, das mit seinem Paulskirchenversuch gescheitert war.

Nicht zuletzt vor dem Hintergrund des Wirkens des Nationalvereins wurden die deutschen Staaten veranlaßt, die Bundesreform wieder voranzutreiben, jedoch sollten sämtliche Pläne an dem preußisch-österreichischen Dualismus scheitern. Preußen legte seinen Plänen stets das Verlangen zugrunde, entweder einen Bundesstaat ohne Beteiligung Österreichs zu gründen, oder innerhalb des Deutschen Bundes ein paritätisches Mitbestimmungsrecht zu erhalten. Österreich wiederum strebte im Bündnis mit den Süddeutschen Staaten nach einem seinen Gesamtstaat - einschließlich der nichtdeutschen Territorien - einschließenden Staatenbund.

Unter diesen Prämissen scheiterten sämtliche Reformbemühungen, so unter anderem die in der "Würzburger Koalition" von 1859 beschlossenen Reformvorstellungen der Mittelstaaten, die unter anderem die Schaffung einer "deutschen Trias" vorsahen[922], oder der "Große Reformplan" Österreichs aus dem Jahre 1863, nach dem Österreich ein fünfköpfiges Bundespräsidium als oberste Bundesexekutive installieren wollte[923]. Letztlich sollte der kleindeutsch-preußischen Variante eine kleindeutsch-österreichische gegenübergestellt werden, was für Preußen naturgemäß unannehmbar war und wodurch die aus dem Reformplan hervorgegangene "Frankfurter Reformakte" vom 1.9.1863[924] bereits aufgrund der realen Machtverhältnisse in Deutschland zum Scheitern verurteilt war.

Es sollte dies der letzte Versuch gewesen sein, den Deutschen Bund auf friedlichem Weg zu reformieren. In der Folge dieses Scheiterns sei - so Kimminich - "jedem Beobachter der politischen Szene Deutschlands klar" gewesen, "daß Preußen entschlossen war, den Deutschen Bund zu zerstören und Österreich aus Deutschland hinauszudrängen, um selbst die Führung in Deutschland zu übernehmen"[925].

Dieses Ziel der Beendigung des deutschen Dualismus zu seinen Gunsten bei gleichzeitiger Abschaffung des Deutschen Bundes sollte Preußen schließlich durch den preußisch-österreichischen Krieg des Jahres 1866 erreichen, der auf die Auseinandersetzungen um Schleswig und Holstein zurückging[926].

---

922. Vgl. zu der Würzburger Koalition u.a. Huber, Verfassungsgeschichte, Bd. 3, S. 401 f.
923. Vgl. hierzu Huber, Verfassungsgeschichte, Bd. 3, S. 420 f.
924. Bei Huber, Dokumente, Bd. 2, S. 142 ff.
925. Kimminich, Deutsche Verfassungsgeschichte, S. 387 f.
926. Zu den äußeren Geschehensabläufen sowohl dieser Krise wie auch des Krieges siehe Huber, Verfassungsgeschichte, Bd. 2, S. 449 ff., 488 ff., 510 ff., 555 ff.

Preußen erklärte dabei den Deutschen Bund für erloschen[927] und schließlich Österreich am 20.6.1866 den Krieg[928], der bereits nach nur drei Wochen in der Schlacht von Königgrätz am 3.7.1866 militärisch zugunsten Preußens entschieden war.

Damit war zugleich die weitere Zukunft Deutschlands vorgegeben: Im Prager Friedensschluß vom 23.8.1866[929] konnte Preußen all seine Ziele durchsetzen, indem der Deutsche Bund aufgelöst, Österreich aus Deutschland ausgeschlossen, Schleswig und Holstein in den preußischen Staat eingegliedert, Hannover, Kurhessen, Nassau und Frankfurt a.M. annektiert und ein von Preußen geführter Norddeutscher Bund anerkannt wurde. Österreich behielt jedoch - bis auf die Abtretung Venetiens - seine territoriale Integrität.

Der Weg zur Einigung Deutschlands unter preußischer Führung war somit nach dem militärisch herbeigeführten Ende des Dualismus zwischen Preußen und Österreich vorgezeichnet. Preußen war die Führungsrolle innerhalb Deutschlands zugefallen und es konnte keinen Zweifel darüber geben, daß damit auch die Aufgabe der staatlichen Neuordnung eine preußischen wurde. Die Frage dabei war nicht, ob überhaupt eine staatliche Einheit begründet werden sollte, sondern allein welchen geographischen Umfang das neu zu errichtende Staatsgebilde erhalten sollte. Die Gründung eines Norddeutschen Bundes betrieb Preußen bereits unmittelbar vor dem Abschluß des Prager Friedens. Schon am 18.8.1866 schloß Preußen mit 15 norddeutschen Staaten einen Bündnisvertrag[930], das "Augustbündnis", dem noch im selben Jahr acht weitere Einzelstaaten beitraten[931]. Die Vertragschließenden vereinbarten ein "Offensiv- und Defensivbündnis zur Erhaltung der Unabhängigkeit und Integrität ihrer Staaten". Der Zweck dieses Bündnisses sollte durch einen "unter Mitwirkung eines gemeinschaftlich zu berufenden Parlaments" (Art. 2 des Bündnisvertrages) zu errichtenden Bundesstaat, den Norddeutschen Bund, gewährleistet werden. Den süddeutschen Staaten blieb es überlassen, einen eige-

927. Vgl. hierzu die Erklärung des preußischen Bundestagsgesandten v. Savigny unmittelbar nach der Abstimmung über die gegen Preußen gerichtete Mobilmachung, Huber, Dokumente, Bd. 2, S. 240 f.

928. Huber, Verfassungsgeschichte, Bd. 3, S. 559.

929. Text bei Huber, Dokumente, Bd. 2, S. 249 ff.

930. Text bei Huber, Dokumente, Bd. 2, S. 268 ff.

931. Zu diesem Zeitpunkt stand bereits fest, daß sich das zu errichtende Staatsgebilde nicht auch auf die süddeutschen Staaten werde erstrecken können. Durch den Kriegsbeitritt der süddeutschen Staaten unterschied sich die Situation ganz wesentlich zu der Situation noch unmittelbar vor Kriegsbeginn, als Preußen in einem diplomatischen Vorstoß am 10.6. 1866 Ziele einer preußischen Reform des Deutschen Bundes vorlegten. Diese Grundzüge vom 10.6. - abgedruckt bei Huber, Dokumente Bd. 2, S. 234 ff. - sahen den Ausschluß Österreichs aus dem Deutschen Bund vor, enthielten jedoch keinerlei Begrenzung auf das norddeutsche Territorium. Im Gegenteil erhielt Bayern eine Vorrangstellung dadurch, daß der König von Bayern neben dem König von Preußen als Bundesoberbefehlsherr über die Südarmee befehligen sollte.

nen unabhängigen Südbund zu bilden, dessen Beziehungen zum Norden "durch ein freies gemeinsames Einverständnis" zu regeln war.

Durch den Prager Frieden waren in der deutschen Frage die Würfel zugunsten Preußens gefallen. Österreich verzichtete auf ein weiteres Mitspracherecht, wodurch die Idee des mittelalterlichen Reiches und die Fernwirkung seiner Kaisertradition beendet wurde. Der deutsche Nationalstaat im kleindeutschen Sinne, wie er sich vor allem in den Paulskirchenberatungen herausgebildet hatte, war nunmehr mit dem ausschließlichen Machtanspruch Preußens verbunden.

Trotz des Eindrucks des Verfassungskonfliktes in Preußen und den damit verbundenen Erfahrungen einerseits und den durch den militärisch-monarchischen Machtapparat geschaffenen Voraussetzungen der Gründung eines deutschen Einheitsstaates andererseits entschied sich Bismarck, die Politik der Reichsgründung - hier des Norddeutschen Bundes - unter Einschluß eines Nationalparlamentes, als einem der Kernstücke nationalstaatlicher Integration, durchzuführen. Dabei bleibt jedoch zu beachten, daß die Tatsache der Errichtung eines (nord-) deutschen Bundes, dessen Ausmaße und staatliche Formen für Bismarck bereits unumstößlich feststanden, noch bevor ein Parlament sich mit diesen Fragen auseinandersetzen konnte. Die Staatsgründung und Verfassungserrichtung schlugen einen anderen Weg ein, als ihn sich die deutsche Einheitsbewegung noch 1848 erträumt hatte.

Im Februar 1867 fand die Wahl zum konstituierenden Reichstag des Norddeutschen Bundes auf der Grundlage des übernommenen Reichswahlgesetzes der Paulskirche vom 12.4.1849 statt[932]. Dieser konstituierende Reichstag verabschiedete am 16.4.1867 den Verfassungsentwurf der Regierungen mit zahlreichen im Plenum beschlossenen Änderungen[933]. Dieser Entwurf beruhte ursprünglich auf einem Entwurf Bismarcks, den er in seinen "Putbuser Diktaten" skizziert hatte. Nach der Zustimmung der Regierungen der Einzelstaaten wurde die Verfassung des Norddeutschen Bundes in den Ländern - als Landesgesetze - verkündet und trat am 1.7.1867 in Kraft[934]. Im Gegensatz zum bisherigen Deutschen Bund war der Norddeutsche Bund kein Staatenbund, sondern ein Bundesstaat[935]; "die Integration hatte sich verdichtet"[936].

---

932. Wahlergebnis bei Huber, Verfassungsgeschichte, Bd. 3, S. 648 f.
933. Mit 230 gegen 53 Stimmen; Stenographische Berichte des konstituierenden Reichstages des Norddeutschen Bundes, 1867, S. 728 f.
934. Text der Verfassung bei Huber, Dokumente, Bd. 2, S. 272 ff.
935. Diese Feststellung wurde in der zeitgenössischen Staatsrechtslehre vereinzelt - u.a. von Max von Seydel - bestritten, vgl. dazu unten.
936. Kimminich, Deutsche Verfassungsgeschichte, S. 409.

## 2. Die Errichtung der Verfassung des Norddeutschen Bundes

Anders als es die Frankfurter Paulskirchenverfassung von 1849 vorsah und anders als die preußische Verfassung von 1850 stellte die Verfassung des Norddeutschen Bundes keinen Monarchen an die Spitze dieses neu gegründeten Staates. Die exponierte Stellung des preußischen Königs ergab sich durch die Errichtung eines Präsidiums, das dem preußischen König zustehen sollte, Art. 11 der Verfassung des Norddeutschen Bundes. Dennoch wurde in dieser Verfassung die Grundlage gelegt für die spätere Einführung einer deutschen Kaiserwürde; die Machtverteilung im Sinne der Gewaltenteilung erfolgte zugunsten eines autoritären Machtstaates.

Der Norddeutsche Bund war ein Bundesstaat mit einer stark föderativen Prägung und mit einer - durch die in jeder Hinsicht überragende Stellung Preußens bedingten - hegemonialen Verteilung der staatlichen Befugnisse unter den Gliedstaaten. Der neue Bund hatte drei Organe: Den Bundesrat, das Bundespräsidium mit dem Bundeskanzler als Vorsitzendem und den Reichstag. Der Bundesrat war der Träger der souveränen Bundesgewalt. Er folgte als Gesandtenkongreß dem Vorbild des Frankfurter Bundestages, wo ebenfalls eine Versammlung weisungsgebundener Vertreter der Landesregierungen fungierte. Die Ausübung der Exekutive oblag dem Bundespräsidium, das gemäß Art. 11 der Verfassung "der Krone Preußens" zustand. Ein formales Staatsoberhaupt war der preußische König somit nicht.

In der Verfassung verwirklicht sind die wesentlichen verfassungspolitischen Ziele Bismarcks, dem es nach dem erfolgreichen Ausgang des preußisch-österreichischen Krieges darauf ankam, dem militärisch erfolgreichen Preußen eine dieser Machtstellung entsprechende verfassungsrechtliche Rolle innerhalb des zu gründenden Norddeutschen Bundes zu sichern, gleichzeitig aber den süddeutschen Staaten durch eine föderative Staatsstruktur den zukünftigen Beitritt - hinsichtlich dessen Bismarck keinen Zweifel hegte - zu ermöglichen. Wenngleich Bismarck seine nationalpolitischen Ziele mit Hilfe der ihn im preußischen Verfassungskonflikt bekämpfenden Liberalen zu erreichen suchte, stand für ihn nie außer Frage, sich entschieden gegen jedwede Tendenz zu wehren, die auf die Einführung einer parlamentarischen Verantwortlichkeit der handelnden Funktionsträger hinauslief. So bekannte er bei den diesen Problemkreis behandelnden Diskussionen im konstituierenden Reichstag, daß er eine kollegiale Ministerverfassung "für einen staatsrechtlichen Mißgriff und Fehler" hielt, "von dem jeder Staat so bald wie möglich los zu kommen suchen sollte[937]. Bismarcks Ziel war es, den Bund durch eine einheitliche (preußische) Führung machtvoll gedeihen zu lassen.

937. Stenographische Berichte des konstituierenden Reichstages des Norddeutschen Bundes, 1867, S. 393.

Wenngleich er letztlich die politische Verantwortlichkeit des Bundeskanzlers - die sein Konzept ursprünglich nicht, jedenfalls nicht schriftlich niedergelegt, vorsah - akzeptieren mußte, war die Verfassung des Norddeutschen Bundes eine auf Bismarcks verfassungsrechtlichen Ideen beruhendes Werk.

### a. Die preußische Regierungsvorlage, insbesondere Bismarcks "Putbuser Diktate"

Zu Beginn der konkreten Überlegungen hinsichtlich der Gestaltung der Verfassung des Norddeutschen Bundes erbat Bismarck Verfassungsentwürfe von Autoren unterschiedlicher politischer Intention. So beauftragte er Max Duncker, den er kurz zuvor für eine Zusammenarbeit gewinnen konnte, mit der Erstellung eines solchen Vorentwurfes. Duncker erhielt den Auftrag, auf der Grundlage "des preußischen Reformvorschlags vom 10. Juni, des Bündnisvorschlags vom 4. August, der Reichsverfassung von 1849 und der Erfurter Modifikation einen Verfassungsentwurf für den norddeutschen Bund auszuarbeiten"[938]. Unter Zugrundelegung dieser weiten Vorgabe, die ihm einen großen Spielraum für die Berücksichtigung eigener Verfassungsvorstellungen bot, war für Bismarck insbesondere interessant, wie Duncker, der 1848 in der Paulskirche noch zusammen mit Dahlmann das Gesetz über die provisorische Zentralgewalt entworfen hatte, als (Alt-) Liberaler sich die zukünftige Verfassungslage vorstellte.

Dunckers Entwurf[939] war denn auch der Versuch, einen neuzubildenden Staat zu verfassen, der eine stark unitarische Prägung erhalten sollte. Dieser unitarische Charakter des Verfassungsentwurfes zeigte sich unter anderem in der umfassenden Gesetzgebungskompetenz des neuen Bundes. § 34 Satz 1 des Entwurfes legte fest, daß der König von Preußen die dem Bundespräsidium übertragenen Rechte durch von ihm bestellte Minister ausübe. Diese Minister wiederum sollten gemäß § 3 Satz 2 des Entwurfes dem Reichstag verantwortlich sein, wodurch die monarchische Exekutive - wie der Kaiser der Paulskirchenverfassung - das Fundament ihrer Macht im demokratisch legitimierten Parlament hätte.

Neben der Rückkoppelung des Ministeriums an das nationale Parlament bestärkte Duncker den unitarischen Charakter des Verfassungsentwurfes gerade auch durch die Ausgestaltung des Präsidiums, das er in § 26 seines Entwurfes den realpolitischen Machtverhältnissen folgend an die preußische

938. Nach Triepel, Zur Vorgeschichte der Norddeutschen Bundesverfassung, S. 618.
939. Dunckers Entwurf bei Triepel, Zur Vorgeschichte der Norddeutschen Bundesverfassung, S. 631 ff.

Krone knüpfte und das er in Anlehnung an den Monarchen der Paulskirchenverfassung mit weitgehenden Befugnissen ausstattete.

Der Dunckersche Entwurf sah in dem Präsidium einen eigenständigen Teil der Legislative, zwar zusammen mit der Bundesversammlung und dem Reichstag, aber doch in eigenem Namen (§ 28 des Entwurfes). Das in der Frankfurter Reichsverfassung vorgesehene lediglich suspensive Veto des Monarchen war in der nunmehrigen Verfassungsdiskussion kein Thema mehr und auch in der Dunckerschen Fassung nicht vorhanden. Dem Präsidium stand als gleichwertiger Teilhaber des Gesetzgebungsrechtes das absolute Vetorecht zu. Desweiteren standen ihm im Verhältnis zum Parlament all diejenigen Rechte zu, die typischerweise einem Monarchen im Rahmen eines konstitutionell-monarchischen Systems zustehen (so unter anderem die Kompetenz zur Anordnung von Neuwahlen, zur Berufung, und Eröffnung, zur Vertagung und Schließung des Reichstages, zur Auflösung des Volkshauses (§§ 33, 60, 81). Der Entwurf schrieb dem Bundespräsidium "die Exekutivgewalt innerhalb der Kompetenz des Bundes zu", § 30, wobei die Ausübung dieses Rechtes im Sinne des konstitutionell-monarchischen Systems liberalen Verständnisses von der Mitwirkung verantwortlicher Minister abhängen sollte (§§ 34, 69), wobei Duncker kein Ministerverantwortlichkeitsgesetz vorsah[940].

Dagegen waren die militärischen Befugnisse, die Duncker ebenfalls stark zentralisierte, nicht dem Präsidium, sondern dem König von Preußen überwiesen (§ 35). Eine Unterscheidung, die insbesondere alle militärischen Regierungsakte des Königs von der Notwendigkeit ministerieller Gegenzeichnung entband. Diese Differenzierung sollte sich auch in der letztlich verabschiedeten Verfassung wiederfinden.

Das von Duncker gewollte bundesdeutsche 'Vollministerium', das gänzlich unabhängig von dem preußischen Ministerium arbeiten sollte, war jedoch in der gegenwärtigen Situation für das militärisch siegreiche Preußen unannehmbar, barg es doch das Risiko unterschiedlicher Entwicklungstendenzen in Preußen und dem Bund in sich. Andererseits brachte die unitarische Tendenz in der Form eines preußischen Königs, der in Personalunion zugleich eine deutsche Krone tragen sollte, die Gefahr des Protestes der verbündeten Staaten, nahm doch diese Konstruktion ihnen de facto jede Souveränität und ordnete sie einer anderen monarchischen Gewalt unter.

---

940. Vgl. noch Dunckers Auffassung aus den Jahren der Paulskirche, als er ein Reichsgericht die "Krönung" der Reichsgewalten genannt hatte; der Organismus des wahrhaft konstitutionellen Staates sei erst dann vollendet, "wenn der richterlichen in einem unabhängigen Gerichtshof konstituierten Gewalt zugleich mit der Anwendung auch die Bewahrung und die Aufsicht über die Verfassung und das einmal erlassene Gesetz anvertraut sei", Duncker, Zur Geschichte der deutschen Reichsversammlung in Frankfurt, S. 49 f.

Mit diesem Kritikansatz - die mangelnde Aussicht auf Akzeptanz bei den süddeutschen Staaten, die bei einem Beitritt zum norddeutschen Bund ebenfalls sich gänzlich dem durch die Verfassung bereits formal begründeten Patronat Preußens hätten unterwerfen müssen - machte Bismarck deutlich, daß die zu entwerfende Verfassung auch einen werbenden Charakter haben müsse, der es den süddeutschen Staaten ermöglichen sollte, in Zukunft dieser Verfassung beizutreten.

Bismarck erklärte daher in seinem ersten Putbuser Diktat vom 30. Oktober 1867 insbesondere den Dunckerschen Entwurf als "zu zentralistisch für den dereinstigen Beitritt der Süddeutschen"[941]. Zuvor hatte Bismarck bereits in der Adreßkommission des preußischen Abgeordnetenhauses am 17.8.1866 zu deren Wunsch, die Paulskirchenverfassung zur Grundlage der Verfassung des Norddeutschen Bundes zu machen, im Hinblick auf ein monarchisches Staatsoberhaupt erklärt, daß die verbündeten Fürsten "viel eher geneigt sein (werden), einem Mitverbündeten, einem Beamten des Bundes Rechte einzuräumen, als einem eigentlichen Kaiser und Lehnsherren." In einem solchen Fall würden die Fürsten "gewissermaßen zu Untertanen, zu Vasallen des Kaisers"[942] gemacht, was weder diesen, noch den süddeutschen Monarchien zumutbar sei[943].

Bismarck war mehr daran gelegen, das föderative Element, seinen späteren Bundesrat, organisatorisch in den Vordergrund, und andererseits das Präsidium als unitarisches Element in den Hintergrund treten zu lassen, um den partikularistischen Bedürfnissen sämtlicher norddeutscher, aber auch der süddeutschen Staaten gerecht zu werden. Wenngleich Dunckers Entwurf mit seiner unitarischen Tendenz sich aus den angedeuteten Vorbehalten Bismarcks nicht hat durchsetzen können, so bleibt doch festzuhalten, daß bereits durch die Verhandlungen des konstituierenden Reichstages die letztlich verabschiedete Verfassung durch die Installierung eines verantwortlichen Bundeskanzler, der die ministerielle Stellung - anstelle des gesamten Bundesrates als Kollegialorgan - übernahm, dem Dunckerschen Entwurf angenähert wurde und daß Duncker letztlich in seinem Entwurf die Verfassungsentwicklung hin zu einem breiten Unitarismus vorweggenommen hat. Für Bismarck war jedoch die Zeit noch nicht reif für solch einen großen Schritt in Richtung auf einen Bundesstaat.

Neben diesem offiziellen Verfassungsentwurf ließ sich Bismarck darüberhinaus aber auch noch von anderer Seite Verfassungsentwürfe vorlegen. Wohl ebenfalls von Bismarck mit der Erstellung eines solchen Entwurfes be-

---

941. Bismarck, Gesammelte Werke, Bd. 6, S. 167.
942. Zitiert nach Becker, Bismarcks Ringen um Deutschlands Gestaltung, S. 219 f.
943. Mit dieser Stellungnahme aus dem August 1866 war der Dunckersche Verfassungsentwurf bereits abgelehnt, bevor er überhaupt entstanden ist.

auftragt wurde der Demokrat Graf Oskar Reichenbach[944]. Er plante in diesem Entwurf in Anlehnung an die alte Formel von 1848/49, wonach Preußen fortan in Deutschland aufgehe, die völlig Abschaffung des preußischen Parlaments bei gleichzeitiger Erhebung des preußischen Königs zum erblichen "König der Norddeutschen und in Preußen". Anders als letztlich Bismarck strebte er somit keine Hegemonie Preußens in einem föderalistischen Deutschland an, sondern vielmehr Preußens Mediatisierung in Deutschland. Reichenbachs Verfassung erstrebte - wie Duncker - einen stark unitarischen Staat. Der preußische Staat sollte nicht an die Spitze des norddeutschen Staates treten. Vielmehr plante Reichenbach eine persönliche Hegemonie des Königs von Preußen, der zugleich in Personalunion das deutsche Staatsoberhaupt werden sollte. Reichenbach knüpfte in seinem Entwurf hinsichtlich des organisatorischen Unterbaus an 'typisch' konstitutionelle Errungenschaften an und plante daher unter anderem, die dem König übertragene Exekutive durch einen dem Parlament verantwortlichen Minister ausüben zu lassen[945].

Aus einer ganz anderen politischen Richtung stammte der Entwurf des konservativen Hermann Wagener. Während Reichenbach die parlamentarische Kontrolle der monarchischen Regierung in den Vordergrund stellte, wollte Wagener die Krongewalt gegenüber parlamentarischen Tendenzen stärken. Der preußische König sollte nach Wageners Vorstellung in Personalunion zugleich den Titel "König von Norddeutschland" tragen und Träger der Reichsgewalt sein. Die Reichsgewalt war dem Oberhaupt in einem "organischen Zusammenwirken" mit dem Fürstentag und dem Reichstag zugedacht[946].

Neben den in den unterschiedlichen Verfassungsentwürfen zum Ausdruck kommenden Intentionen und Absichten galt es für Bismarck aber auch auf weitere Indikatoren bei der Errichtung der Verfassung Rücksicht zu nehmen. So war auch im preußischen Landtag nach dem siegreichen Krieg über Österreich der preußische Staats- und Machtgedanke durchaus lebendig. Auch von daher kamen partikularistische Ansätze, die ein Aufgehen Preußens in einem neuen Bundesstaat verhinderten. Dieses preußische Machtgefühl verbunden mit den Erfahrungen des gerade beendeten Verfassungskonfliktes führte bei vielen preußischen Abgeordneten zu der Befürchtung, durch die Einführung einer neuen - deutschen - Verfassung selbst an Einfluß und Macht zu verlieren, beziehungsweise durch das Abwandern einzelner Angelegenheiten

944. Becker, Bismarcks Ringen um Deutschlands Gestaltung, S. 221.
945. Zum Verfassungsentwurf Graf Reichenbachs siehe Becker, Bismarcks Ringen um Deutschlands Gestaltung, S. 221 ff.
946. Der König sollte ein gleichberechtigtes Organ der Legislative sein, und darüberhinaus Notstandsbefugnisse haben, die völkerrechtlichen Beziehungen des Reiches regeln, Herr über Krieg und Frieden und alleiniger Reichskriegsherr sein; zum Verfassungsentwurf Wageners siehe Becker, Bismarcks Ringen um Deutschlands Gestaltung, S. 225 ff.

aus dem preußischen Einflußbereich - unter anderem des Militärbudgets - eine Schwächung parlamentarischer Rechte und somit die Gefahr der Stärkung absolutistischer Tendenzen hinnehmen zu müssen. Daher beantragte die Verfassungskommission, dem zu berufenden Reichstag nur eine beratende Funktion, nicht aber eine verfassungsvereinbarende Kompetenz einzuräumen.

Aufgrund der damit mittelbar verbundenen Schwächung des zukünftigen Reichstages stimmte Bismarck diesem Antrag der Kommission zu. Er war überzeugt, daß es sich kein Landtag leisten könne, einer Verfassung zu widersprechen, die zwischen den Regierungen und einem auf allgemeiner und gleicher Wahl beruhenden deutschen Reichstag einvernehmlich vereinbart wurde[947]. Andererseits war es - aus der Sicht Bismarcks - denkbar, gegenüber dem Reichstag aus der Tatsache einen Vorteil zu gewinnen, daß er - der Reichstag - durch den Beschluß des preußischen Parlaments zu einem lediglich beratenden Gremium degradiert wurde.

Bismarck selbst legte die seiner Meinung nach unverzichtbaren Grundstrukturen hinsichtlich der Staatsorganisation des zu gründenden Norddeutschen Bundes auf der Insel Rügen fest, als er in zwei berühmt gewordenen Diktaten vom 30. Oktober und vom 19. November (sogenannte "Putbuser Diktate"[948]) die Grundzüge der neuen Verfassung definierte. Diese eher locker formulierten Diktate waren als Anregungen an diejenigen gedacht, die im Staatsministerium mit der Vorbereitung eines Verfassungsentwurfes beauftragt waren. Angesichts des Einflusses und der Autorität Bismarcks dürften sie jedoch weniger als Anregungen denn vielmehr als verbindliche Richtlinien empfunden worden sein.

Bei der Festlegung der verfassungsrechtlichen Grundzüge ging es ihm weniger um die Festlegung auf eine bestimmte staatstheoretische Richtung, als vielmehr darum, dem zu gründenden norddeutschen Staat eine Verfassung zu geben, die seinem Anforderungsprofil insbesondere an machtpolitische Begebenheiten entsprach. Dabei ging er aus von einem Preußen, das gerade auf militärischem Weg die Basis für die Gründung des Norddeutschen Bundes gelegt hatte, das rund vier-fünftel der zukünftigen Einwohnerzahl stellen und als politische Großmacht auf eine hegemoniale Stellung innerhalb des neuen Bundes nicht würde verzichten können. In diesem Sinne galt es die preußischen Partikularisten ebenso zufriedenzustellen, wie andererseits die - nunmehr - verbündeten norddeutschen (Klein-) Staaten, die in ihrer staatlich-monarchischen Existenz ebenso tief in Bewußtsein der jeweiligen Bevölkerung verwurzelt waren, wie das auch nach dem Scheitern der Paulskirchenverfassung bestehende deutsch-nationale Zusammengehörigkeitsgefühl. Gerade im Hinblick auf dieses

---

947. Vgl. Bismarck, Stenographische Berichte des konstituierenden Reichstages des Norddeutschen Bundes, 1867, S. 137.
948. Bismarck, Gesammelte Werke, Bd. 6, S. 167 ff.

Gefühl galt es auch, die verfassungsmäßigen Kräfteverhältnisse in ihrer machtpolitischen Ausgestaltung im Hinblick auf einen zukünftigen Beitritt der süddeutschen Staaten auszutarieren. Weitere Problemfelder ergaben sich aus dem Verhältnis von deutschem Reichstag und preußischem Landtag - vielen Beobachtern schien die parallele Existenz zweier starker Volksvertretungen nicht denkbar[949] - sowie aus dem Verhältnis zwischen dem Parlament und dem preußischen König, der - in welcher Form auch immer - aufgrund seiner preußisch hegemonialen Ansprüche auch innerhalb der Bundesverfassung eine Sonderrolle werde spielen müssen.

Wie sehr Bismarck selbst in seinen Gedanken noch schwankte und keineswegs auf eine verfassungsrechtliche Linie fixiert war, zeigen auch diese Diktate, in denen er beispielsweise für die Zusammensetzung des späteren "Bundesrates", der zu diesem Zeitpunkt noch als "Bundestag" gedacht war[950], in seinem Diktat vom 30. Oktober noch für das Kuriensystem eintrat[951] - nachdem er in seinen Direktiven an Duncker noch empfohlen hatte, jedem Land eine Stimme zu geben - während er in seinem zweiten Diktat vom 19. November einer Stimmenverteilung in Anlehnung an das Plenum der Bundesversammlung den Vorzug gab, wobei "Preußen, wenn ihm die Stimmen der jetzt annektierten Staaten zugelegt werden, 17 Stimmen haben, die übrigen Staaten des Norddeutschen Bundes ... würden zusammen 26 Stimmen zu führen haben"[952].

Neben dieser vielleicht nicht ganz zentralen Frage der Verfassungsgestaltung schwankte Bismarck auch in der Frage der Beziehung der drei Organe 'Bundestag' - 'Präsidium' - 'Reichstag'. So zog Bismarck durchaus in Erwägung, dem Bund ein monarchisches Oberhaupt an die Spitze zu stellen und dementsprechend den Bundestag lediglich als Oberhaus neben den Reichstag zu stellen. Ohne sich sodann in grundsätzlichen Erwägungen mit der Alternative eines monarchischen Staatsoberhauptes auseinanderzusetzen, lehnte er die "Herstellung eines monarchischen Bundesstaates oder Deutschen Kaiserreiches" aus pragmatischen Gründen zum gegenwärtigen Zeitpunkt ab, da dies "formell mehr Schwierigkeiten haben (werde) als die Durchführung des zweiten Systems, welches sich den hergebrachten Bundesbegriffen anschließt und deshalb leichter bei den Beteiligten Eingang findet, auch wenn es" - wie er den

---

949. Vgl. hierzu den oben erwähnten Verfassungsentwurf Graf Reichenbachs, der das preußische zugunsten des deutschen Parlaments abschaffen wollte.
950. Die Namensänderung erfolgte erst in der Kronratssitzung vom 14.12.1867, als der Kronprinz dafür eintrat, aus dem 'Bundestag' den 'Bundesrat' und aus dem 'norddeutschen Volk' das 'Volk' zu machen. Sein Versuch, aus dem 'Präsidium' das 'Bundesoberhaupt' zu machen, scheiterte; vgl. Becker, Bismarcks Ringen um Deutschlands Gestaltung, S. 288.
951. "Als Zentralbehörde wird daher ... ein Bundestag fungieren, bei dem wir, wie ich glaube, gute Geschäfte machen, wenn wir uns zunächst an das Kuriensystem des alten Bundes anlehnen", Bismarck, Gesammelte Werke, Bd. 6, S. 167.
952. Bismarck, Gesammelte Werke, Bd. 6, S. 168.

ihm - entscheidenden Punkt mit aller Offenheit betonte - "Preußen dieselbe dominierende Stellung sichert"[953].

Diese Aussage Bismarcks verdeutlicht neben seiner betont pragmatischen Einstellung und seiner mittelbar zum Ausdruck kommenden Geringschätzung von ideologischem Beharren auf Grundsätzlichem zweierlei. Zum einen war ihm der Gedanke eines norddeutschen Staates mit monarchischem Oberhaupt keineswegs fremd. Dies belegt auch sein 1859 geäußerter Gedanke, das Königreich Preußen in Königreich Deutschland umzutaufen"[954] ebenso, wie sein Schreiben aus dem Jahre 1869, als er auf 1866 zurückblickend äußerte: "Hätten wir 1866 sofort das 'Deutsch' oder auch nur 'Norddeutsch' dem 'Preußisch' substituieren können, wir wären schon um 20 Jahre weiter. ... Ich hoffe zu Gott, daß die Zeit kommen wird, wo unsere Söhne es sich zur Ehre rechnen werden, den Söhnen des Königs in einer Königlichen Flotte und im Königlich Deutschen Heere zu dienen"[955]. Zum zweiten zeigt sich aber auch das Bestreben Bismarcks, eine verfassungsrechtliche Ordnung zu schaffen, die Preußens Vormachtstellung innerhalb des Bundes, seine "dominierende Stellung", festschreibt, ohne zugleich die Möglichkeit der Erweiterung des Norddeutschen Bundes um die süddeutschen Staaten zu vereiteln. Ihm ging es vor allem um die Etablierung der Hegemonie des preußischen Staates und der preußischen Regierung. Alles, was diesem Hegemonieanspruch entgegentrat, war nicht verhandelbar; über alles andere - so sollte es sich im Verlauf der verschiedenen Verhandlungen erweisen - ließ Bismarck mit sich reden: "Die Form, in welcher der König die Herrschaft in Deutschland übt, hat mir niemals eine besondere Wichtigkeit gehabt", so hat er rückblickend zwei Jahre später formuliert, "an die Tatsache, daß er sie übt, habe ich alle Kraft des Strebens gesetzt, die mir Gott gegeben"[956].

Bismarck lehnte die Schaffung eines "monarchischen Bundesstaates" ab, da er befürchtete, hierdurch die Fürsten der verbündeten norddeutschen Staaten "gewissermaßen zu Untertanen, zu Vasallen" eines Monarchen der Bundes zu machen, so wie die Reichsverfassung von 1849 es tat. Bereits in einer Rede vom 17.8.1866, als im Landtag der Wunsch aufkam, die Paulskirchenverfassung von 1849 zur Grundlage der norddeutschen Bundesverfassung zu machen, äußerte sich Bismarck gerade im Hinblick auf die verbündeten souveränen Staaten ablehnend gegenüber einem Monarchen an der Spitze des neuen Staates, da die süddeutschen Monarchien sich eher einem gleichgeordneten preußischen König anschließen als sich einem Kaiser unterordnen würden.

---

953. Bismarck, Gesammelte Werke, Bd. 6, S. 168.
954. Meyer, Bismarcks Kampf mit Österreich, S. 480 f.
955. Bismarck, Gesammelte Werke, Bd. 14/2, S. 755.
956. Bismarck, Gesammelte Werke, Bd. 6 b, S. 134.

Bismarck suchte nach einer Verfassung, deren Intention es war, werbend auch für die süddeutschen Staaten offen zu sein, ohne Preußens führende Rolle innerhalb Deutschlands zu konterkarieren. Nicht zufällig befaßte sich Bismarcks erster Gedanke seiner Diktate mit dem unitarischen Gepräge des Dunckerschen Entwurfes, den Bismarck "zu zentralistisch bundesstaatlich hielt für den dereinstigen Beitritt der Süddeutschen"[957]. Nur in einem föderativen System schien Bismarck eine Chance hierfür zu sehen. In direkter Verbindung mit der föderativen Ausgestaltung der Bundesverfassung stand für Bismarck das formelle Anknüpfen an alte bundesstaatliche Formen. "Je mehr man an die früheren Formen anknüpft, um so leichter wird sich die Sache machen, während das Bestreben, eine vollendete Minerva aus dem Kopfe des Präsidiums entspringen zu lassen, die Sache in den Stand der Professorenstreitigkeiten führen wird"[958].

Mit der Ablehnung der Errichtung eines "monarchischen Bundesstaates" mit dem preußischen König an der Spitze war für Bismarck auch die konstitutionelle Konstruktion eines Monarchen als selbständiger gesetzgebender Faktor nicht mehr aktuell. Dem preußischen König sollte nunmehr lediglich die Rolle "eines primus inter pares den anderen Mitgliedern des Bundes gegenüber" zufallen[959]. Gerade dadurch, daß der preußische König nicht zum Monarchen des Bundes werden, sondern lediglich als König von Preußen die Rolle des Bundespräsidiums und des militärischen Oberbefehlshabers ausüben sollte, gerade weil somit keine formelle Personalunion zwischen dem preußischen und dem deutschen Staatsoberhaupt begründet wurde, sollte es nach Bismarcks Absicht sowohl den preußischen wie auch den Partikularisten der anderen nord- und süddeutschen Staaten ermöglicht werden, sich in einem Staatsgebilde zurechtzufinden, das - auch daran ließ Bismarck keinen Zweifel - durch Preußen dominiert und durch die preußische monarchische Regierung politisch geführt werden sollte[960]. Gegenwärtig jedoch war für Bismarck entscheidend, auf groß-preußische oder preußisch-zentralistische Lösungen zugunsten der Rechte der Verbündeten formal zu verzichten, ohne dabei Lösungen zu ermöglichen, die sich gegen Preußen wenden könnten.

957. Bismarck, Gesammelte Werke, Bd. 6, S. 167.
958. Diktat vom 30.10., Bismarck, Gesammelte Werke, Bd. 6, S. 168; in seinem Diktat vom 19.11., ebenda, sprich er zusätzlich von den "hergebrachten Bundesbegriffen", die es sowohl den norddeutschen Staaten gegenwärtig, wie auch den süddeutschen Staaten zukünftig erleichtern werde, der Verfassung zuzustimmen.
959. Diktat vom 19.11., Bismarck, Gesammelte Werke, Bd. 6, S. 168.
960. Vgl. Bismarcks Diktat vom 30.10, Bismarck, Gesammelte Werke, Bd. 6, S. 167: "Man wird sich in der Form mehr an den Staatenbund halten müssen, diesem aber praktisch die Natur eines Bundesstaates geben mit elastischen, unscheinbaren, aber weitgreifenden Ausdrücken." Bismarck am 19.11., Gesammelte Werke, Bd. 6, S. 168: Bei der Wahl zwischen der Errichtung eines monarchischen Bundesstaates oder eines föderativen Staatenbundes ohne monarchische Spitze könne solange auch die zweite Alternative gewählt werden, solange "es Preußen dieselbe dominierende Stellung sichert."

Bismarcks Putbuser Entscheidung gegen einen monarchischen Bundesstaat war jedoch keineswegs eine Entscheidung grundsätzlicher Art. Um sich überhaupt die realpolitische Option auf die Gründung eines deutschen Staates zu schaffen, beziehungsweise zu erhalten, wählte er Formen, die sich an den alten Deutschen Bund anlehnten. Die staatliche Entwicklung hielt er damit jedoch auch im Hinblick auf die zukünftige Errichtung eines monarchischen Staates bewußt offen; genauer: es lag durchaus in seiner verfassungsrechtlichen Intention, das Präsidium stark auszugestalten und an eine monarchische Stellung anzunähern. Bismarck wollte sein Verfassungswerk in nationaler und monarchischer Richtung entwicklungsfähig halten. Im Nachhinein verglich er die Verfassung mit der ungeschriebenen englischen Verfassung, um genau auf dieses Merkmal der Entwicklungsfähigkeit der Verfassung aufmerksam zu machen[961]. Diese Eigenschaft einer Verfassung, sich - in möglicherweise bewußt vorgedachten Linien - zu entwickeln, erforderte gerade die von Bismarck geschätzte 'Systemlosigkeit', die ihn abseits bindender Ideologien davor bewahrte, verfassungsrechtlich auf einer Linie festgelegt zu sein[962]. Hinsichtlicher der konkreten Entwicklung der Verfassung äußerte Bismarck bereits in Putbus konkrete Vorstellungen: "Eine weitere Ausbildung des Bundestages in dem Sinne eines Oberhauses kann sich vielleicht in Zukunft historisch entwickeln, damit müßte aber die schärfere Ausprägung des Kaisertums an Stelle der Präsidial- und Feldherrenattribution Hand in Hand gehen"[963]. Bismarcks Ausspruch: "Wir sind nicht am Ziel unserer Politik, wir sind am Anfang derselben"[964] läßt sich somit ebenfalls doppeldeutig interpretieren als das Streben nach dem "dereinstigen Beitritt der Süddeutschen", mithin der Vollendung einer staatlichen Einheit wie ihn letztlich bereits die Paulskirche in ihrer kleindeutschen Lösung anstrebte, aber auch als das Aufrechterhalten des preußischen Anspruchs, die Vorherrschaft innerhalb Deutschlands auch in der äußeren Gestalt einer deutschen Krone zu repräsentieren.

---

961. Vgl. Bismarcks Reichstagsrede vom 13.3.1877, Bismarck, Gesammelte, Bd. 11, S. 501.

962. Das möglichst undogmatische Herangehen an die Verfassungsentwicklung zeigt sich unter anderem auch in dem Auftrag Bismarcks an Duncker, die zu entwerfende Verfassung "auf Grund des preußischen Reformvorschlages vom 10. Juni, des Bündnisvorschlags vom 4. August, der Reichsverfassung von 1849 und der Erfurter Modifikationen ... auszuarbeiten"; die Weisung Bismarcks an Duncker zitiert aus Triepel, Zur Vorgeschichte der Norddeutschen Bundesverfassung, S. 618.

963. Diktat vom 19.11., Gesammelte Werke, Bd. 6, S. 169; Becker, Bismarcks Ringen um Deutschlands Gestaltung, S. 255, zitiert aus dem Nachlaß Keudells eine Fortsetzung des Diktats vom 30.10., in dem Bismarck erklärte: "Wir müssen es dem Parlament überlassen, den Entwurf nach der bundesstaatlichen Lösung hin, mit preußischer Spitze, zu amendieren. Man kann sich die Umbildung des Bundestages in ein Oberhaus, dessen Mitglieder die Regierungen ... ernennen, zum Ziel stecken, ohne diese Entwicklung gerade als festes und schnell ins Leben zu führendes Programm hinzustellen."

964. Franz, Bismarcks Nationalgefühl, S. 85.

Der föderalistische Bundesstaat, den Bismarck erstrebte, ließ sich somit als Zwischenstadium denken zu einem "monarchischen Bundesstaat", den er gegenwärtig mit Rücksicht auf die machtpolitischen Verhältnisse noch ablehnte.

Daß sich diese Entwicklung nach Bismarcks Einschätzung womöglich gerade durch das Parlament realisieren ließe, zeigt auch die später von ihm nicht beanstandete Verfassungsbestimmung (Art. 78), wonach es zu einer Verfassungsänderung im Reichstag lediglich einer einfachen Mehrheit bedarf, während im Bundesrat hierfür eine 2/3-Mehrheit erforderlich ist[965], so daß Preußen bei dem angedachten[966] - und später realisierten - Stimmenverhältnis (vgl. Art. 6) ein Vetorecht im Hinblick auf jede Verfassungsänderung zukäme. Eine partikularistischen Verfassungswandel konnte sich Preußen somit stets erfolgreich entgegenstemmen, während eine Reform in unitarischer Richtung - vom unitarischen Parlament ausgehend - denkbar war, wenn Preußen sie wollte.

Unbeirrbar strebte Bismarck jedoch ein verfassungspolitisches System an, das eine Gewaltentrennung in dem Sinne verhinderte, daß die Exekutive aus einem dem Parlament gegenüber verantwortlichem Gremium gebildet werde. Sein Ziel war zu verhindern, daß "überhaupt einmal eine Regierung dem Parlament gegenüberstand", um so dem Reichstag die Möglichkeit zu nehmen, eine dem liberal-demokratischen Konstitutionalismusverständnis entsprechende Verantwortlichkeitspraxis zu entwickeln. "Wenn gar keine Regierung da war", so argumentierte Bismarck, dann konnte auch das Parlament keinen Einfluß auf sie gewinnen. "Sobald auch nur ein Minister da war, war für die Zukunft ein Angriffspunkt geschaffen"[967]. Das Parlament sollte zwar im Sinne eines nationalen Einheitsfaktors fungieren, nicht aber als machtvolle Kontrollinstanz der Exekutive.

Die eigentlichen 'Führungsaufgaben' sollten de facto in preußischer Hand bleiben. Die wichtigsten Exekutivrechte sollten dem preußischen König zufallen, der diese in Form des Präsidiums ausüben sollte. Er sollte seine Rechte im Namen seiner Verbündeten als deren Beauftragter ausüben, nicht weil er der gesamtstaatliche Monarch, sondern 'nur', weil er der Mächtigste unter den formal gleichberechtigten Staatsoberhäuptern war. Demnach sollte auch die staatliche Souveränität nicht beim Präsidium ruhen, sondern bei der Gesamtheit der verbündeten Gliedstaaten, dem Bundesrat[968]. Gerade weil der preußische Monarch kein Monarch des Bundes werden, sondern dank der Fiktion eines "primus inter pares" als König von Preußen die Rechte des Präsidi-

965. Diktat vom 19.11., Gesammelte Werke, Bd. 6, S. 169.
966. Diktat vom 19.11., Gesammelte Werke, Bd. 6, S. 168 f.
967. Demmler, Bismarcks Gedanken über Reichsführung, S. 21 f.
968. Vgl. Bismarck, Gesammelte Werke, Bd. 11, S. 159, Bd. 10, S. 352.

ums und des Oberfeldherren ausüben sollte, weil mithin gerade keine formale Personalunion zwischen preußischen und deutschen Staatsoberhaupt geschaffen wurde, war es möglich, die preußischen Partikularisten, die gerade nach den militärischen Erfolgen darauf bedacht waren, den preußischen Staat in seiner Individualität zu erhalten, für den Verfassungsentwurf zu gewinnen.

Das Präsidium hatte nach den Intentionen Bismarcks die Gesamtsouveränität nach außen zu vertreten und die Beschlüsse des Bundesrates - in dem Preußen die Majorität zustehen sollte - umzusetzen. Wesentlich für die Durchsetzung der Bismarckschen Hegemonialabsichten war somit die einheitliche Führung Preußens und Deutschlands, da nach der ursprünglichen Vorstellung Bismarcks, ein Abgesandter des preußischen Außenministeriums die präsidialen Befugnisse ausüben sollte.

Dem Reichstag gegenüberstehen sollte jedenfalls kein Vollministerium im liberal-konstitutionellen Sinne, sondern vielmehr "eine 43 Plätze umfassende Ministerbank"[969], bestehend aus den von den Regierungen der Einzelstaaten gesandten Bundesratsmitgliedern. Die Bevollmächtigten der Regierungen vertraten somit gegenüber dem Reichstag die Politik der verbündeten Regierungen. Sie konnten jedoch nur beschließen, die Umsetzung der Beschlüsse oblag dem Präsidium. Ebensowenig wie jedes einzelne Bundesratsmitglied - das allein seiner heimatlichen Regierung verantwortlich sein sollte - sollte der Präsidialgesandte Preußens als Vorsitzender des Bundesrates dem Reichstag gegenüber verantwortlich sein. Demnach stand der Bundesrat als gesamt-kollegiales Organ dem Reichstag gegenüber. Mit diesem System sollte der Weg für die Entwicklung hin zu einem parlamentarischen Regierungssystem verbaut sein, da nach diesem System der Reichstag nicht eine (Bundes-) Regierung angreifen kann, sondern vielmehr sämtliche Einzelregierungen angreifen müßte, denen die Bundesratsmitglieder entstammten. Die Landesregierungen wiederum waren - wenn überhaupt und unabhängig davon in welcher konkreten Form - allein den Landesparlamenten verantwortlich, die ihrerseits häufig aufgrund der differierenden Wahlrechtssysteme eine andere politische Zusammensetzung aufwiesen als der Reichstag, somit andere Ziele vertreten und gegebenenfalls gegen den Reichstag ausgespielt werden konnten.

Bevor der im wesentlichen auf den Putbuser Diktaten beruhende und durch die preußische Bürokratie - insbesondere durch Karl Friedrich von Savigny ausgearbeitete[970] Verfassungsentwurf den Verbündeten Regierungen und schließlich dem Reichstag zur Beratung und Entschlußfassung vorgelegt werden konnte, mußte er zunächst den preußischen Gewalten annehmbar gemacht werden. Bereits dieser erste Schritt hin zu einer Verfassung erforderte den ganzen Staatsmann Bismarck, galt es doch bereits hier, widerstreitende

---

969. Diktat vom 30.10., Bismarck, Gesammelte Werke, Bd. 6, S. 168.
970. Vgl. Huber, Verfassungsgeschichte, Bd. 3, S. 650.

Interessen auf eine Linie zu bringen. In immer neuen Konferenzen erläuterte Bismarck den Entwurf, um so den preußischen Partikularismus des Königs ebenso zu überwinden, wie die preußisch-partikulare Gedankenwelt des Ministeriums. Den partikularistischen Kräfte galt es, ein Zuviel an bundestaatlicher Regelung zu verhindern, während der preußische Kronprinz das Zuwenig an bundesstaatlicher Einheit an dem Entwurf bemängelte, denn er "harre immer noch der wirklichen Lösung der deutschen Frage, die durch Preußens gegenwärtiges Verhalten wahrlich nicht erreicht werden wird"[971]. Bereits im Zusammenhang mit diesen Verhandlungen hat Becker darauf hingewiesen, daß es sich schon deshalb um einen unvollendeten Entwurf handeln mußte, damit sich möglichst alle Spektren verfassungspolitischer Interessen in ihm wiederfinden konnten; "zum Genialsten an Bismarcks Entwurf gehört das, was in ihm nicht gesagt, aber für die Zukunft angebahnt und offengehalten wird"[972].

Schließlich passierte der Entwurf sowohl die vorberatenden Sitzungen des Staatsministeriums als auch am 14.12.1866 den Kronrat.

### b. Die Umgestaltung des Entwurfes

#### (1) Die Verhandlungen mit den Verbündeten Regierungen

Schon einen Tag, nachdem der preußische Kronrat den Verfassungsentwurf gebilligt hatte, kamen am 15.12.1866 die Bevollmächtigten der Einzelstaaten zusammen, um ihrerseits den Bundesverfassungsentwurf auszuhandeln, der gemäß Art. V des Bündnisvertrages vom 18.8.1866[973] dem konstituierenden Reichstag zur Beratung und Vereinbarung vorgelegt werden sollte.

Als Bismarck die Verfassungsverhandlungen mit den Bevollmächtigten der verbündeten Regierungen eröffnete, kannte niemand den Verfassungsentwurf. Um so größer war das Entsetzen, das dessen Bekanntgabe unter den Bevollmächtigten auslöste. "Seitdem die Bombe geplatzt ist, habe ich nur erst wenige der Verwundeten gesprochen" beschrieb der Hamburger Vertreter die Stimmung nach den Eröffnungen Bismarcks und nach der ersten Kenntnisnahme des Entwurfes. Der Oldenburgische Minister von Rössing sprach gar von einer "Panik"; auch das Wort von der Möglichkeit eines "kläglichen Fiaskos" ist gefallen[974]. Auch hier gingen die weitreichenden Änderungswünsche

971. Brief an Curtius, zitiert nach: Becker, Bismarcks Ringen um Deutschlands Gestaltung, S. 279.
972. Becker, Bismarcks Ringen um Deutschlands Gestaltung, S, 279.
973. Huber, Dokumente, Bd. 2, S. 268 ff.
974. Zitate nach Becker, Bismarcks Ringen um Deutschlands Gestaltung, S. 291.

sowohl in partikularistische wie auch in unitarische Richtungen. Für die verbündeten Regierungen stand naturgemäß das Verhältnis Preußens zu den anderen Staaten im Mittelpunkt.

Nach langen Verhandlungen gelang es Bismarck jedoch auch in diesem Kreis, letztlich ein Einvernehmen in seinem Sinne herzustellen. Am 28.1.1867 erklärte sich Bismarck bereit, diejenigen Änderungswünsche der Verbündeten hinzunehmen, die seine Grundkonzeption nicht berührten. So beschlossen am 7.2.1867 die Bevollmächtigten den Entwurf der Bundesverfassung als definitiv festgestellt anzusehen und ihn in dieser Fassung nach der Zustimmung der einzelnen Landesregierungen dem sich konstituierenden Reichstag vorzulegen[975].

Trotz der ursprünglichen beinahe einheitlichen Ablehnungsfront der Einzelstaaten gelang es Bismarck, diese zur Einheitlichkeit und aktiven Stellungnahme für den Entwurf zu gewinnen. Bismarck machte den Bevollmächtigten deutlich, daß das Parlament bedeutend unitarischere Richtungen anstreben dürfte, sollte es merken, daß sich die Regierungen selbst nicht gänzlich einig sind. So drohte Bismarck den Verbündeten mit dem Reichstag und dessen einheitsstaatlichen Bestrebungen, genauso wie er später dem Reichstag mit der vermeintlich starken Front der geeinten Regierungen drohte, falls der Reichstag den Entwurf im Wesentlichen veränderte. Bismarcks Taktik lag somit letztlich darin, die Fürsten zu nötigen, einen Teil ihrer Souveränität an den neu zu schaffenden Bund zu übertragen, indem er den Liberalismus im Volk als Druckmittel benutzte, während er gleichzeitig durch sein Bündnis mit den Fürsten jeden Versuch der Liberalen erstickte, die Vorherrschaft der monarchischen Regierung zu untergraben[976].

Das in seinem Verfassungsentwurf enthaltene Gleichgewicht von unitarischen und partikularistischen Elementen - nicht zuletzt in der Schaffung eines Präsidiums anstelle eines monarchischen Oberhauptes - erwies sich als probates Mittel, die unterschiedlichen Bestrebungen der an dem Verfassungsbildungsprozeß Beteiligten auszugleichen[977].

Der hessische Bevollmächtigte Hofmann berief sich nicht zuletzt auf den Aspekt der realpolitischen Kräfteverhältnisse, als er die Einigung mit Preußen unter Inkaufnahme des Bismarckschen Verfassungsentwurfs rechtfertigte: "Man muß sagen, daß es besser ist, Preußen an diesem Entwurf, der den übri-

975. Vgl. das Schlußprotokoll vom 7.2.1867, Text: Archiv des Norddeutschen Bundes, Heft 3, S. 15, zitiert nach Huber, Verfassungsgeschichte, Bd. 3, S. 652.
976. Becker, Bismarcks Ringen um Deutschlands Gestaltung, S. 292, schildert diese 'Taktik' anschaulich: "... daß er sich schließlich der Verbündeten Regierungen sogar als einer geschlossenen Front gegen den Reichstag bedienen konnte", denn es galt bei allen diesen Verhandlungen, "die preußische Macht gegen die Verbündeten, diese gegen den preußischen Partikularismus, den Reichstag gegen beide und beide gegen den Reichstag auszuspielen und nicht zuletzt die Verbündeten gegeneinander".
977. Vgl. zu den Verhandlungen Bismarcks mit den Verbündeten Regierungen auch Rauh, Föderalismus und Parlamentarismus im Wilhelminischen Reich, S. 52 ff.

gen Staaten durch ihre Stellung im Bundesrat einen verfassungsmäßigen Einfluß auf die Entstehung der Bundesgesetze sicherte, durch Annahme des Entwurfes zu binden, als durch Ablehnung des Entwurfes die Gefahr herbeizuführen, daß Preußen in einer noch mehr zentralistischen Richtung vorschreiten werde. Bei einem solchen Vorschreiten konnte Preußen nicht bloß auf die Unterstützung des preußischen Volkes, sondern auch, aller Wahrscheinlichkeit nach, auf die Unterstützung seitens der Mehrheit des demnächstigen Parlaments, ja sogar auf die Zustimmung eines Teils der kleineren norddeutschen Bundesfürsten rechnen"[978].

Noch bevor der von den Regierungen festgestellte Verfassungsentwurf dem Reichstag vorgelegt wurde, ging Bismarck - insgeheim - noch einen Schritt weiter und schlug den Regierungen vor, den soeben festgestellten Verfassungsentwurf durch einen "definitiv unanfechtbaren Staatsvertrag" als Bundesverfassung in Kraft zu setzen, falls die Verhandlungen mit dem Reichstag aufgrund unbotmäßiger Forderungen des Reichstages scheitern sollten[979]. Bismarck wollte in jedem Fall an seinem Vorhaben, einen Norddeutschen Bund zu errichten sowie an seinem Verfassungsentwurf festhalten, so daß er als ultima ratio auch einen Verfassungsoktroy erwog. Wie ernsthaft dieser Plan tatsächlich war, oder ob er allein der Beruhigung der verbündeten Regierungen in Anbetracht der zu erwartenden Änderungswünsche des Reichstages erfolgte, mag dahinstehen. Jedenfalls kam es am 31.3.1867 zu dem Geheimvertrag, beim Scheitern der Verfassungsverhandlungen zur Vermeidung des sonst eintretenden "chaotischen Zustandes" die Bundesverfassung im Wege der Oktroyierung in Kraft zu setzen[980].

(2) Die Verhandlungen im 'konstituierenden Reichstag'

Das neue Staatswesen verdankte seine Existenz zwar allein dem preußischen Sieg auf den Schlachtfeldern und dem anschließenden Bündnisvertrag[981], einem Offensiv- und Defensivbündnis zwischen souveränen Fürsten, von denen allerdings einer souveräner war als die

978. Zitiert aus Becker, Bismarcks Ringen um Deutschlands Gestaltung, S. 370.
979. Bismarck, Gesammelte Werke, Bd. 6, S. 272 f.
980. Bismarck, Gesammelte Werke, Bd. 6, S. 273 Anm. 4; der Geheimvertrag enthielt in Art. 1 folgende Vereinbarung: "Die vertragschließenden Regierungen erkennen die Bestimmungen des von der Konferenz zur Beratung und Feststellung der Verfassung des Norddeutschen Bundes in der Sitzung vom 7.2.1867 definitiv festgestellten Entwurfs dergestalt als für sie verbindlich an, daß der gedachte Entwurf der Verfassung des Norddeutschen Bundes die Kraft eines definitiven Staatsvertrages unter ihnen haben soll, wenn und insoweit er nicht durch eine Vereinbarung der vertragschließenden Regierungen mit dem Reichstag modifiziert wird", vgl. Huber, Verfassungsgeschichte, Bd. 3, S. 654.
981. Huber, Dokumente, Bd. 2, S. 268.

anderen: "Alle Truppen der Verbündeten stehen unter dem Oberbefehl seiner Majestät des Königs von Preußen"[982]. Diese Vorherrschaft im militärischen Bereich wurde bereits in dem Bündnisvertrag fixiert, in den übrigen Bereichen war sie nach der Überzeugung aller Beteiligten unweigerlich. Zu diesem Bündnis kam jedoch als zukünftiges legitimierendes Element eine Bundesverfassung hinzu, die unter Mitwirkung eines gemeinschaftlich zu berufenden Parlaments[983] zu beschließen sei. Dieses Parlament sollte aufgrund des Reichswahlgesetzes von 1849 gewählt werden, das freie, gleiche und geheime Wahlen durch alle männlichen Bürger vom 25. Lebensjahr an vorgesehen hatte[984].

So wurde am 12.2.1867 der Reichstag des Norddeutschen Bundes gewählt, der auch die inoffizielle Bezeichnung 'konstituierender Reichstag' trug. Der Reichstag wurde am 24.2.1867 durch eine Thronrede des preußischen Königs eröffnet, in der dieser in Anspielung auf die Paulskirchenverfassung feststellte, daß frühere Nationalbestrebungen, da der Realität entrückt, nur die Zerrissenheit der Bevölkerung gesteigert hätten; auf das Fundament der Tatsachen müsse nunmehr die jetzt unternommene Einigung sich gründen. Dieses Fundament der Tatsachen könne nur der Verfassungsentwurf der verbündeten Regierungen sein. Bismarck brachte den Verfassungsentwurf am 4.3.1867 in den versammelten Reichstag ein. Nach lediglich knapp sechswöchigen Beratungen nahm der Reichstag den von ihm überarbeiteten Verfassungsentwurf am 16. April 1867 mit 230 gegen 53 Stimmen an[985].

Der Reichstag hat sich bei den nachfolgenden Generationen weit weniger eingeprägt als die Frankfurter oder die Berliner Nationalversammlung. Dies erscheint nachvollziehbar, war doch die Paulskirchenversammlung aus einer Revolution hervorgegangen und hat ihr Verfassungswerk aus sich selbst heraus entworfen, während die Berliner Nationalversammlung die doch zumindest mittelbare Folge derselben Revolution war und zur ersten Konstituierung Preußens im modernen Sinne führte. Auf der Paulskirche ruhte die Hoffnung auf Schaffung eines deutschen Nationalstaates bei gleichzeitiger Verwirklichung bürgerlicher Grundrechte und der Installierung eines Verfassungssystems, in dem die Volksvertretung eine wirksame Kontrolle über die Regierung und die staatliche Bürokratie sichern sollte. Nach dem Scheitern der Paulskirchenverfassung 1849 lebte sie dennoch als Inbegriff liberal-demokratischer Hoffnungen und Illusionen im Bewußtsein weiter Bevölkerungskreise weiter. Der konstituierende Reichstag

982. Artikel 4, 1 des Bündnisvertrages.
983. Artikel 2 des Bündnisvertrages.
984. Wahlgesetz vom 12.4.1849 bei Huber, Dokumente Bd. 1, S. 396 ff; Wahlgesetz für den konstituierenden Reichstag vom 15.10.1866 bei Huber, Dokumente, Bd. 2, S. 270 f.
985. Stenographische Berichte des konstituierenden Reichstages des Norddeutschen Bundes, 1867, S. 728 f.

des Jahres 1867 jedoch wurde mit einer Regierungsvorlage konfrontiert, ohne sich selbst darüber im klaren zu sein, ob substantielle Änderungen an diesem Entwurf überhaupt denkbar waren.

In diesem Zusammenhang ist das Selbstverständnis der Parteien und der gewählten Abgeordneten zu berücksichtigen, denen natürlich bewußt war, daß sie es in ihrer Auseinandersetzung nicht lediglich mit den jeweiligen parlamentarischen Gegnern der anderen Fraktionen zu tun hatten, sondern daß ihnen vielmehr in dem durch Bismarck vertretenen Preußen eine Großmacht gegenüberstand, die sowohl die militärischen Erfolge, als auch den erfolgreich eingeschlagenen Weg einer deutschen Reichsgründung und nicht zuletzt mit dem Indemnitätsgesetz auch in der preußischen Innenpolitik viele Erfolge im Rücken hatte, die es den Parlamentariern in deren Selbstverständnis erschwerte, erfolgreich gegen den Verfassungsentwurf in seinen Grundfesten zu opponieren.

In dieser ungleichen Rollenverteilung zwischen dem Regierungsentwurf und dem Mitwirkungsvermögen liegt auch einer der Gründe, warum der konstituierende Reichstag in seiner historiographischen Bedeutung so weit hinter den beiden erwähnten anderen Nationalversammlungen zurückliegt[986]; in Bismarcks "Erinnerungen und Gedanken" kommt er beispielsweise - soweit ersichtlich - gar nicht vor[987]. Soweit sich die Forschung mit ihm beschäftigte, erfolgte dies regelmäßig aus der Perspektive eines Beobachters einer Auseinandersetzung zwischen dem Reichstag und Bismarck. Dabei kommen so unterschiedliche Urteile zustande, wie die Aussage Hubers, der Reichstag habe durch die "selbstbewußte und zielsichere Änderung des Regierungsentwurfes einen bedeutenden Einfluß auf die staatsrechtliche Gestaltung des Norddeutschen Bundes gehabt"[988], während andererseits Becker davon ausgeht, daß die durchgeführten Änderungen lediglich eine konsequente Auffüllung der Bismarckschen Verfassungskonzeption und von diesem vorhergesehen und eingeplant gewesen seien[989].

Die angedeuteten Machtverhältnisse waren auch den liberalen - von Hause aus oppositionellen - Kräften des Reichstages bewußt. Wenn sie sich in

---

986. Ziekursch, Politische Geschichte des neuen deutschen Kaiserreiches, Bd. 1, S. 219: "Der verfassungsberatende Reichstag des Norddeutschen Bundes ist ... nicht im Gedächtnis des deutschen Volkes lebendig geblieben."
987. Anders stuft die Rolle des Reichstages jedoch beispielsweise Erich Brandenburg ein, nach dessen Auffassung "die Umgestaltung, welche die Verfassung durch den Reichstag erfahren hat, ... so weitgehend gewesen und ... sich auf so wichtige Punkte erstreckt" habe, "daß von dem Entwurf der Regierung eigentlich nur das Grundgerüst stehengeblieben ist", Brandenburg, Die Reichsgründung, Bd. 2, S. 226.
988. Huber, Die Bismarcksche Reichsverfassung, im Zusammenhang der deutschen Verfassungsgeschichte, S. 70 ff.; ders., Verfassungsgeschichte, Bd. 3, S. 655.
989. So die Grundtendenz bei Becker, Bismarcks Ringen um Deutschlands Gestaltung, S. 371 ff.

den Debatten immer wieder zum Kompromiß mit dem Bismarckschen Entwurf bereit erklärten, so lag dies zum einen daran, daß sie auf die Möglichkeit einer zukünftigen Weiterentwicklung der Verfassung setzten - trotz der diesbezüglichen Enttäuschungen mit der preußischen Verfassung - vor allem aber, weil sie sich ihres begrenzten Einflusses auf die Verfassungsgestaltung bewußt waren. Die Verfassungsdiskussion verlief daher immer in Bezug auf den vorgegebenen Entwurf, mithin "reaktiv"[990] im Rahmen dessen, was machtpolitisch aus der Sicht der Liberalen möglich war. Dieses Gefühl der 'Schwäche' eines großen Teils gerade des linken Flügels der Nationalliberalen unter der Führung von Eduard Lasker beruhte nicht zuletzt auf der richtig eingeschätzten fehlenden Gefolgschaft durch breite Kreise der Bevölkerung. Gerade Lasker ließ sich von der Überzeugung leiten, daß die Annahme einer Verfassung gegen grundsätzliche liberale Opposition oder eine aufgrund des Scheiterns einer Vereinbarung oktroyierte Verfassung den Liberalismus als politischen Funktionsträger weit zurückgeworfen hätte. Noch 1874 hat er rückblickend geurteilt, daß es zu Chaos und zu einer Zerstörung liberalen Bemühungen für eine halbe Generation gekommen wäre, wenn der konstituierende Norddeutsche Reichstag die Verfassung abgelehnt hätte[991]. Mit gleichen Argumenten hat auch Bennigsen seine Politik der Kompromisse gegenüber seinen Wählern verteidigt[992]. Die Nationalliberalen gingen davon aus, daß ihre eigene gesellschaftliche Basis fragil war und daß sie in der Frage der Verfassungsgestaltung einen Bruch mit Bismarck mehr zu fürchten hatten, als dieser einen Bruch mit ihnen[993]. Darüber konnte die Liberalen auch nicht die Parlamentszusammensetzung im preußischen Landtag vor allem während der Konfliktszeit hinwegtäuschen, wo allein das Dreiklassenwahlrecht mit seiner

990. Pollmann, Parlamentarismus im Norddeutschen Bund 1867-1870, S. 198.
991. Lasker, in: Neue Freie Presse, 1.1.1874, zitiert nach: Mommsen, Das deutsche Kaiserreich als System umgangener Entscheidungen, S. 22.
992. Zitiert nach Mommsen, Das deutsche Kaiserreich als System umgangener Entscheidungen, S. 22.
993. In diesem Zusammenhang ist als Bestätigung für die Richtigkeit der Einschätzung der eigenen Schwäche des Reichstages auch Bismarcks Bereitschaft relevant, im Falle eines Scheitern der Vereinbarung der Verfassung mit dem Reichstag, von dem im Augustbündnis niedergelegten Vereinbarungsprinzip abzugehen und eine allein zwischen den verbündeten Regierungen ausgehandelte Verfassung zu oktroyieren. Nachdem er in diesem Sinne bereits am 19. Februar 1867, mithin noch vor der Eröffnung des Reichstages, gegenüber den Regierungen angeregt hatte, als ultima ratio einen "definitiv unanfechtbaren Staatsvertrag" als Bundesverfassung abzuschließen (vgl. Bismarck, Gesammelte Werke, Bd. 6 Nr. 689), kam es am 31. März 1867 tatsächlich zum Abschluß eines Geheimvertrages zwischen Preußen, Sachsen, Sachsen-Weimar und Hessen-Darmstadt, wonach gegebenenfalls eine Bundesverfassung im Wege des Oktrois in Kraft zu setzten sei (vgl. Bismarck, Gesammelte Werke, Bd. 6 Nr. 689, S. 273 Anm. 4); vgl. auch Huber, Verfassungsgeschichte, Bd. 3, S. 654 f.. Dieser Geheimvertrag war den Reichstagsabgeordneten zwar nicht bekannt, aber im Hinblick auf Bismarcks Entschlossenheit, einen Norddeutschen Bund auf jeden Fall zu gründen, lag eine solche einseitige Verfassungslösung jedoch nahe.

multiplikatorischen Wirkung insbesondere der Fortschrittspartei, aber letztlich dem gesamten Liberalismus, respektable Mehrheiten eingebracht hatte[994].

In diese Richtung gingen auch Bismarcks Überlegungen hinsichtlich der Einführung des allgemeinen und gleichen Wahlrechts für die Wahl zum konstituierenden Reichstag[995]. Sein Einsatz für das liberale Wahlrecht der Paulskirche hatte sowohl den außenpolitischen Zweck, noch im Vorfeld des preußisch-österreichischen Krieges, das österreichische Hegemonialstreben durch die Stärkung bundesstaatlicher Tendenzen, die sich in diesem Wahlrecht vor allem in den Mittelstaaten fanden, auszustechen, wie auch das in Preußen geübte, die liberale Opposition begünstigende Dreiklassenwahlrecht durch einen Modus zu ersetzen, der die monarchische Loyalität insbesondere der Landbevölkerung für die Bismarcksche Politik fruchtbar machte. Bismarck hielt die ländliche Bevölkerung, Bauern, Handwerker und Landarbeiter für monarchisch gesinnt und er war überzeugt, daß deren Mehrheit bei einem entsprechenden Wahlmodus einen monarchisch orientierte Reichstag wählte[996]. Die Bevorzugung des von Konservativen abgelehnten "Kopfwahlsystems" ergab sich für Bismarck ebenfalls aus den Erfahrungen des preußischen Dreiklassenwahlrechts während der Konfliktszeit.

Bismarcks Festlegung auf das allgemeine und gleiche Wahlrecht war eine rein nüchtern kalkulierte Entscheidung, mit der noch keineswegs ein bestimmtes Regierungssystem determiniert war; dieser Wahlmodus vertrug sich mit einer demokratischen Herrschaftsordnung ebenso wie mit einem konstitutionell monarchischen System, aber auch mit einer bonapartistischen Herrschaftsform eines konservativ regierten Bundesstaates[997]. Vorliegend gelang es jedoch Bismarck und der preußischen Staatsmacht, das demokratische Wahlrecht erfolgreich gegen den Parlamentarismus auszuspielen.

Ein weiterer wesentlicher Ausgangspunkt hinsichtlicher der Beratungen im konstituierenden Reichstag war der feststellbare Wandel vieler Politiker und Parteien zu der Politik Bismarcks und den damit verbundenen, nunmehr in den Vordergrund tretenden nationalen Zielen. Die Forderung nach einer Neuorientierung der Parteien als Folge des Erfolges der nationalen Politik

---

994. Auch die unsichere gesellschaftliche Stellung der Liberalen in der Gesellschaft ließ die liberale Opposition im Verlauf des Verfassungskonfliktes die Politik Bismarcks nie mit außerparlamentarischen Mitteln, sondern stets nur mit den Mitteln des Rechts bekämpfen.
995. Zur Wahlrechtsfrage allgemein Augst, Bismarcks Stellung zum parlamentarischen Wahlrecht.
996. Vgl. ein Schreiben Bismarcks an Prinz Reuß, Gesammelte Werke, Bd. 5, S. 421 f.: "Direkte Wahlen aber und allgemeines Stimmrecht halte ich für größere Bürgschaften einer konservativen Haltung als irgendein künstlich auf Erzielung gemachter Majoritäten berechnetes Wahlgesetz. Nach unseren Beobachtungen sind die Massen ehrlicher bei der staatlichen Ordnung interessiert als die Führer derjenigen Klassen, welche man durch die Einführung irgendeines Zensus in der aktiven Wahlberechtigung privilegieren kann."
997. Vgl. Pollmann, Parlamentarismus im Norddeutschen Bund 1867-1870, S. 67.

Preußens wurde sowohl von großen Teilen der Konservativen[998] wie der Liberalen[999] vertreten.

Die Konservativen, speziell die preußischen, legten im preußischen Verfassungskampf ihrer Argumentation unter anderem den dynastischen Legitimitätsgedanken zugrunde. Diesen Gedanken mißachtete Bismarck im Anschluß an den Krieg durch die Annektierung des Königreiches Hannover, Kurhessens, Hessen-Nassaus, der Elbherzogtümer Schleswig-Holstein und der Reichsstadt Frankfurt. Diese einst souveränen Staaten (bzw. die souveräne Stadt) zollten den preußischen Großmachtinteressen Tribut, indem sie ihre Souveränität verloren. Dies hatte 1848 nur der kleine republikanische Flügel der Demokraten zu wagen versucht. Durch diese Vorgehensweise wurde der Grundpfeiler streng konservativer Ordnungsvorstellungen, die monarchische Legitimität, bedenkenlos unterminiert. Dieser Teil der Reichsgründung stellte, was den Rechtsboden der monarchischen Legitimität angeht, alles zur Disposition "außer dem Führungsanspruch der preußischen Monarchie" selbst[1000], was von niemandem stärker als nackte Gewaltpolitik verurteilt worden ist, als von dem konservativen Ultra Ernst Ludwig von Gerlach[1001].

Wenngleich diese Annexionen konservativen Grundfesten widersprach, hielt doch die große Mehrheit der Konservativen diese Vorgehensweise für gerechtfertigt: "Preußen erringt auf den Schlachtfeldern Böhmens das Recht, nach seinen Dispositionen die Verfassung Deutschlands zu ordnen, und dieses Resultat wird erreicht sein, noch ehe die auswärtigen Mächte Zeit gewonnen haben, sich über das Geschehene klar zu werden. Das eben ist die Kunst der Bismarckschen Politik"[1002]

Nach der erwähnten Betonung der Vielfältigkeit und Eigenständigkeit der deutschen Einzelstaaten durch die Konservativen trat nach dem militärischen Erfolg Preußens vermehrt die Macht des preußischen Staatsgedankens in den Vordergrund. Der konservative Wahlaufruf versuchte, die deutsche Politik Bismarcks in eine Linie zu stellen mit den Intentionen der preußischen Krone und den konservativen Autoritäten[1003]. Was der leitende Minister ins Werk setze, sei Ausdruck des "eigensten königlichen Gedankens"[1004]. Der

---

998. Wagener forderte alle Parteien auf, ihre Parolen an der Logik der Geschichte zu überprüfen, Stenographische Berichte Abgeordnetenhaus, 1866/67, Bd. 1, S. 333.
999. Vgl. den Altliberalen Treitschke, Preußische Jahrbücher, Bd. 18, 1866, S. 233, mit Verweis auf Schmidt, Die Notwendigkeit einer neuen Parteibildung.
1000. Vgl. Stürmer, Bismarckstaat und Cäsarismus, Der Staat, Bd. 12, S. 467.
1001. Vgl. Faber, Realpolitik als Ideologie, HZ 203, S., 13.
1002. Hermann Wagener in Berliner Revue, Bd. 46, 1866, Nr. 12 vom 6. Juli; zitiert nach Schoeps, Der Weg ins Deutsche Kaiserreich, S. 128.
1003. Vgl. Ritter, Die preußischen Konservativen und Bismarcks deutsche Politik 1858-1876, S. 196 f.
1004. Wahlaufruf der konservativen Fraktion vom 20.12.1866, nach Pollmann, Parlamentarismus im Norddeutschen Bund 1867-1870, S. 108.

Norddeutsche Bund habe nur dann eine Zukunft, wenn er sich auf das preußische Königtum als dem Hort deutscher Macht und Ehre stütze.

Der deutsche Liberalismus war in unterschiedlicher Weise von den neuen politischen Verhältnissen betroffen. Bismarcks Politik führte unmittelbar dazu, daß der deutsche Liberalismus in seinen bisherigen Konstellationen durcheinandergewirbelt wurde. Die alte Fortschrittspartei ist durch Königgrätz und die Indemnitätsvorlage zerschlagen worden. Nur ein Rest blieb den alten Idealen treu, während die Meisten das nationale Element ihrer liberalen Politik dem Freiheitsgedanken überordneten. So gründete sich am 17. November 1866 eine Gruppe als "neue Fraktion der nationalen Partei", die Geburtsstunde der späteren Nationalliberalen Partei. Neben Männern wie Heinrich von Treitschke, die in der sich abzeichnenden Einheit Deutschlands schlechthin die Erfüllung ihrer politischen Träume sahen, gab es andere, die Bismarck nur deshalb unterstützten, weil sie davon ausgingen, liberale Ziele in einem Einheitsstaat leichter verwirklichen zu können. Dieser grundsätzlich unterschiedliche Ansatz trat stark bei den hannoveraner Liberalen hervor. Während Johannes Miquel wenig Bedauern über die Beschränkungen der liberalen Rechte durch Bismarck zeigte, erkannte Rudolf Bennigsen darin eine - nicht zu vermeidende - Niederlage des Liberalismus. Er gab zu, der deutsche Liberalismus könne schwerlich erwarten, den 'Parlamentarismus' und alle Freiheiten von der Gnade der preußischen Krone und des "deutschen Richelieu" ausgehändigt zu bekommen. Andererseits glaubte er, der Regierung Zugeständnisse abgewinnen zu können, wenn sich die Liberalen hinter die Außenpolitik Bismarck stellten[1005]. Bismarck bediente sich der Sehnsüchte des deutschen Nationalismus, die er derart erfüllte, daß er den Nationalismus von seinem Zwillingsbruder, dem Liberalismus, trennte. Die deutsche Einheit wurde von Bismarck verwirklicht, aber diese Einheit gründete sich im Innern nicht auf liberale Konzepte, sondern auf ein Bündnis der Dynastien, in dem Preußen als Hegemonialmacht den Ton angab. Nicht auf den Willen der Nation stellte Bismarck ab, sondern auf die Loyalität der dynastischen Interessen, um es der preußischen Krone zu ermöglichen, die Macht in und über Deutschland auszuüben.

Das wichtigste Organ der nationalen Bewegung seit 1859, der deutsche Nationalverein, wurde durch die nationalen Vorgänge, an denen er keinen Anteil hatte, in eine ernste Existenzkrise gestürzt, ging er doch bislang davon aus, daß jedwede nationale Politik allein auf der Grundlage der bürgerlichen Mittelschichten erfolgreich sein könne. Nun hatte jedoch der preußische Machtstaat - bei weiterhin bestehendem Verfassungskonflikt in Preußen - innerhalb kurzer Zeit den Weg für die Einigung der Nation geebnet. Der Geschäftsführer des Nationalvereins, Nagel, hielt daher nicht zu Unrecht im Au-

1005. Vgl. Holborn, Deutsche Geschichte in der Neuzeit, Bd. 2, S. 425.

gust 1866 den Zeitpunkt für nahe, an dem der Nationalstaat die Nationalpartei überflüssig gemacht habe[1006]. Positiv gewendet waren aber auch die genuinen Ziele des Nationalvereins gerade durch Bismarck erreicht worden, wodurch das Einschwenken auf seine Politik ideologisch möglich war.

Die Altliberalen sahen sich genötigt, ihre vorherrschende Oppositionsideologie zu überwinden. Erforderlich sei das Eingeständnis, daß das Bürgertum als Träger der liberalen Idee es nicht vermocht habe, seine seit dem Vormärz gehegten Ziele Freiheit und Einheit zu realisieren[1007]. Die bisher geltende Grundlage, daß die reaktionäre Regierung Bismarcks zu einer nationalen Politik gar nicht fähig sein könne, war aufgrund der eingetretenen tatsächlichen Verhältnisse nicht mehr haltbar und wurde daher in ihr Gegenteil verkehrt: Nachdem der liberale Versuch von 1848, einen deutschen Nationalstaat mit einer freiheitlich-liberalen Verfassung zu schaffen, gescheitert war, sei nunmehr allein die konservative Regierung in der Lage, zumindest das Ziel des Nationalstaates zu verwirklichen[1008].

Da zudem der Liberalismus aufgrund seiner fehlenden Unterstützung in weiten Teilen der Bevölkerung machtpolitisch weder objektiv in der Lage, noch subjektiv willens war, seine Ziele auf revolutionärem Weg durchzusetzen[1009], war es nunmehr verpönt, Ziele anzusteuern, die sich nicht auf evolutionärem Weg realisieren ließen. Aus der machtpolitischen Schwäche wurde die moralische Verpflichtung abgeleitet, die preußische Regierung in ihrem aussichtsreichen Ansatz zur Lösung der nationalen Frage zu unterstützen. Die (alt-) liberale Publizistik erkannte sogar in Bismarcks Politik die Umsetzung eigener liberaler Ziele[1010].

---

1006. Geschäftsführer des Nationalvereins Nagel in einem Rundschreiben, in: Nationalzeitung Nr. 406 vom 28.8.1866.

1007. Treitschke, Preußische Jahrbücher, Bd. 18, 1866, S. 105 f.

1008. "Wer als Bismarck hätte es vermocht, den König so fest an die Hand zu bekommen, die konservativen Kreise zu den revolutionärsten Schritten - Bündnis mit Garibaldi, deutsches Parlament - fortzureißen? Kein liberales Ministerium hätte das je geleistet", Heyderhoff, Im Ring der Gegner Bismarcks, S. 286; "Was ist daran gelegen, wer die zur Reorganisation unseres Vaterlandes unerläßliche Revolution macht, wer den Boden für die spätere Aktion rein und frei macht, wenn es nur überhaupt geschieht" zitiert nach Stürmer, Bismarcks Deutschland als Problem der Forschung, S. 14.

1009. Vgl. Baumgarten, Der deutsche Liberalismus, S. 114 ff.

1010. "Daß für jeden preußischen Staatsmann ohne Ausnahme die Frage der deutschen Einheit unabweisbar zu einer Schule des ... positiven und staatsbildenden Liberalismus" geworden ist, von Sybel, Das neue Deutschland und Frankreich, S. 297; "um die Hegemonie in Deutschland, um die Reichsverfassung, um ein stehendes deutsches Parlament, um die Möglichkeit eines dauerhaften Friedens - um all dasjenige wird (der Krieg) geführt, was der Inbegriff des Strebens der nationalen Partei seit fast einem Menschenalter ist", vgl. den Aufruf des Komitees der national-liberalen Partei in Halle vom 1.6.1866; Baumgarten, Der deutsche Liberalismus, S. 134, macht den freisinnigen Politikern den Vorwurf, nicht erkannt zu haben, "daß der Sieg Preußens der Sieg einer liberalen und nationalen Politik werden müsse, der Sieg Österreichs die Vernichtung aller liberalen und nationalen Hoffnungen".

Der liberale Freiheitsbegriff erfuhr eine Neuinterpretation, indem er in einem Stufenverhältnis zum nationalen Einheitsgedanken stärker mit dem Machtstaat Preußens in Verbindung gebracht wurde, anstatt ihn gegen Preußen ins Feld zu führen. Nachdem die Geschichte über die Reihenfolge der Verwirklichung von Freiheit und Einheit entschieden habe[1011], sei nun die deutsche Einheit unverzüglich zu verwirklichen, auch wenn das Freiheitspostulat nicht in demselben Umfang zu realisieren sei. Es sei nicht zu rechtfertigen, die Herstellung der Einheit mit Rücksicht auf fehlende Garantien für die Durchsetzung der Freiheitsforderungen zu verzögern. Die ursprüngliche Formel 'durch Freiheit zur Einheit' wurde nun in ihrer Reihenfolge in der Weise umgekehrt, daß die Einheit bald als Vorstufe[1012], bald als unerläßliche Voraussetzung zur Erlangung der Freiheit bezeichnet wird[1013]. Der publizistisch vielfach direkt oder indirekt geäußerte Wunsch, den Kurs der Regierung Bismarck zu unterstützen vollzog, sich vor allem im Kreise der Altliberalen.

Daß sich zudem durch die Realisierung der Einheit ein Ganzes Bündel wirtschaftspolitischer Vorstellungen realisierte, ließ das Einschwenken auf Bismarcks Linie zudem vernünftig erscheinen. Mit der Hoffnung vieler Liberaler auf eine spätere 'Demokratisierung' des einmal geschaffenen Nationalstaates wurde zugleich ein Mißverständnis geboren. Der autoritäre Charakter des deutschen Nationalstaates wurde - unbewußt, aber letztlich dauerhaft - sanktioniert.

Unter Berücksichtigung der eigenen Wurzeln wurde auch der Brückenschlag zur Paulskirchenverfassung gesucht. Durch eine moderne Weiterentwicklung der Ziele von 1848 zeige sich der fortschrittliche Liberalismus. Diese Entwicklung glaubten die Altliberalen vollzogen zu haben, weshalb sie sich in ihrem Wahlaufruf[1014] als den wahren Kern des Liberalismus darstellten. Sie betonten die Pflicht des Parlaments, die preußische Führungsrolle anzuerkennen und sich für eine gestärkte Exekutivgewalt einzusetzen. Die Sicherung eines verfassungsmäßigen Mitspracherechtes des Volkes wurde dabei zugunsten einer handlungsfähigen Regierung nicht weiter als Bedingung gefordert, sondern erhielt vielmehr den Charakter eines allenfalls noch erwünschten Beiwerkes. Die Rücksichtnahme auf

1011. Von Treitschke, Der Krieg und die Bundesreform, in: Schiller, Heinrich von Treitschke, Aufsätze, Reden und Schriften, Bd. 3, S. 262.
1012. Lasker, in: Nationalzeitung Nr. 599 vom 20.12.1866.
1013. Bamberger, Gesammelte Schriften, Bd. 3, S. 312 f.
1014. Wahlaufruf der altliberalen Fraktion des Abgeordnetenhauses betr. die Reichstagswahlen, in: Nationalzeitung Nr. 587 vom 13.12.1866.

Sachnotwendigkeiten wurde der Verfolgung ideologischer Prinzipien nachgeordnet; alte Gegensätze wurden verwischt[1015].

Dementsprechend akzeptierte nach Königgrätz auch der Gründungsaufruf der im liberalen Zentralwahlkomitee vereinigten Fraktionen[1016] die Führungsrolle Preußens, die durch die Koppelung der Regierungsgewalt an die preußische Krone in der neuen Verfassung dokumentiert werden müsse. Als Ziel der Staatsgründung wurden Einheit, Freiheit und Größe des Vaterlandes genannt, wobei zugleich betont wurde, daß der Norddeutsche Bund lediglich der Ausgangspunkt der deutschen Staatsbildung sein könne[1017]. Ein Ansatz von Kritik an der Deutschlandpolitik Bismarcks war daraus aber nicht zu folgern.

Ganz allgemein wurden im Jahre 1866 die Wertmaßstäbe der politischen Kultur durch Königgrätz und die Indemnitätsvorlage gerade bei den Liberalen dahingehend verschoben, daß liberale Grundsatzpositionen und Ideologien zugunsten von real erreichbaren Zielen zurückgedrängt wurden. Der politische Liberalismus erlitt eine seine Grundfesten erschütternde Niederlage, während die wirtschaftlichen Interessen des den politischen Liberalismus stützenden Bürgertums gerade durch die Politik Bismarcks ans Ziel gelangten[1018]. 'Realpolitik' wurde zu einem Schlüsselbegriff. "Die Zeit der Ideale ist vorbei", so erklärte Johannes Miquel, einst liberaler Demokrat und Mitbegründer des Nationalvereins. "Die deutsche Einheit ist aus der Traumwelt in die prosaische Welt der Wirklichkeit hinuntergestiegen. Politiker haben heute weniger als je zu fragen, was wünschenswert, als was erreichbar ist"[1019].

Objektiv fragt sich in der Tat, ob die Liberalen eine andere Möglichkeit hatten, als sich grundsätzlich der Politik Bismarcks zu beugen. Mit einer Re-

---

1015. Vgl. Droysen: "... in unseren Tagen ist Volksschmeichelei ebenso gefährlich wie Fürstenschmeichelei", in: Hübner, Johann Gustav Droysen, Bd. 2, S. 881; Droysen, ebenda, der den Gegensatz liberal - konservativ für falsch hält: "weder liberal noch konservativ, sondern preußisch, das ist deutsch, deutsch, das ist preußisch".

1016. Aufruf vom 12.11.1866 bei Parisius, Deutschlands politische Parteien und das Ministerium Bismarcks, S. 81 f.

1017. Für den die ganze Nation umfassenden Bundesstaat seien "die mit dem konstitutionellen Königtume Preußens verbundene Zentralgewalt", sowie ein Parlament, das aus freien Volkswahlen hervorgegangen ist und mit "entscheidende(r) Mitwirkung bei der Gesetzgebung wie bei der Steuerbewilligung" ausgestattet sei, konstitutionelle Größen, Aufruf vom 12.11.1866, Parisius, Deutschlands politische Parteien und das Ministerium Bismarcks, S. 81 f.; vgl. auch die Resolution der Turnhallen-Versammlung vom 18.12.1866, bei Parisius, Deutschlands politische Parteien und das Ministerium Bismarcks, S. 83 f.

1018. Vgl. den Hinweis auf Delbrücks liberale Wirtschaftspolitik und die liberale Gruppe um Otto Michaelis, die unter der Voraussetzung mit der Regierung Bismarck zusammenarbeiten wolle, daß Freihandel und Gewerbefreiheit gefördert werden, bei Holborn, Deutsche Geschichte in der Neuzeit, Bd. 2, S. 425.

1019. Zitiert aus Stürmer, Bismarcks Deutschland als Problem der Forschung, S. 15 Fn. 33.

volution konnten sie nicht drohen, da ihnen hierzu der Rückhalt in der Bevölkerung fehlte. Das Verharren in einer doktrinären Oppositionsrolle hätte das Risiko eines ultrakonservativen Staatsstreiches oder einer cäsaristischen Diktatur Bismarcks heraufbeschworen. So nahmen die Liberalen vielmehr in dem bescheidenen Umfang, den ihnen die realen Verhältnisse ließ, ihre Interessen wahr, wenn auch unter dem Risiko, daß die liberalen Grundwerte der Freiheit und des Rechts hinter den Werten der Ordnung und der Macht zurückstehen mußten. Da sich dieses Risiko letztlich - auf lange Sicht - realisiert hat, sind die Liberalen gescheitert. Aber dies ist eine Feststellung, die das Ergebnis der Jahre 1880 bis 1918 voraussetzt. Aus der Konstellation von 1866 war das in diesem Ausmaß nicht abzusehen, so daß die Zusammenarbeit mit Bismarck - zumindest - nachvollziehbar erscheint.

Damit befanden sie sich auf einer Linie mit den Konservativen, die darauf aus waren, die tatsächlichen Machtverhältnisse in der Verfassung wiederzugeben[1020]. Oder sie befanden sich gar in Übereinstimmung mit dem rein pragmatischen Bismarck, der rückblickend die Bundesverfassung als den "Abdruck dessen, was tatsächlich vorhanden und infolgedessen möglich war, mit derjenigen Ausdehnung und Richtigstellung, die sich damals im Augenblick machen ließ" bezeichnete[1021].

Etwas anders verhielten sich viele Parteien außerhalb Preußens, die weder auf eine eigene Tradition im Rahmen des preußischen Verfassungskonfliktes, noch auf preußisch-partikularistische Tendenzen innerhalb ihrer jeweils eigenen Reihen Rücksicht nehmen mußten. Dementsprechend wurde eine stärkere Zentralgewalt gefordert, die jedoch von Preußen unabhängig und durch ein starkes Parlament flankiert sein müsse[1022]. Viele außerpreußische Liberale knüpften direkt an die Paulskirchenverfassung von 1849 als Vorbild der zu verabschiedenden Verfassung an. Davon sehr stark wich unter anderem der Wahlaufruf der sächsischen Volkspartei ab, die sich von bestehenden Traditionen und aktuellen Machtverhältnissen völlig lossagte und stattdessen den vollständigen Katalog der links-demokratischen Forderungen enthielt, wie zum Beispiel eine demokratische Staatsform unter völligem Verzicht auf ein erbliches Staatsoberhaupt als dem Kopf der Exekutive[1023].

---

1020. Vgl. Wagener, die Bundesverfassung als "ein Niederschlag der historisch-politischen Verhältnisse", Stenographische Berichte des konstituierenden Reichstages des Norddeutschen Bundes, 1867, S. 364.
1021. Bismarck, Gesammelte Werke, Bd. 9, S. 555 f.
1022. Vgl. den Aufruf der hannoverschen Liberalen, Oncken, Rudolf von Bennigsen, Bd. 2, S. 14 f.
1023. Vgl. zu den außerpreußischen Parteien Pollmann, Parlamentarismus im Norddeutschen Bund 1867-1870, S. 109 f.

In dem Parlament, das aus 297 Abgeordneten bestand[1024], hatte keine Fraktion eine absolute Mehrheit[1025], jedoch bildete sich eine solche Mehrheit aus einer Koalition mehrerer Fraktionen bei gleichzeitiger Unterstützung durch einige Fraktionslose insbesondere aus den Fraktionen der Freikonservativen, Altliberalen und der Nationalliberalen. Das Parlament wählte den Altliberalen Eduard Simon, der bereits Präsident der Paulskirche und des Erfurter Parlaments war, zu seinem Präsidenten[1026].

Ebenso unterschiedlich wie die politischen Grundauffassungen der gewählten Mitglieder des Reichstages war auch deren Selbstverständnis. Viele Abgeordnete gingen dabei - wie bereits angedeutet - von einer geringen Einflußmöglichkeit des Parlaments auf die Weiterentwicklung der Verfassungsvorlage aus. Hinzu kam die - erwähnte - Bereitschaft, durch die Parlamentsverhandlungen Bismarcks Nationalpolitik auf dem Weg zur 'Konstituierung der Nation' zu unterstützen. Auch dies führte zu Annäherungen bisheriger Gegner und einer geänderten Parteienkonstellation. Nahezu rückhaltlos stellte sich die neue Fraktion der Freikonservativen auf den Boden Bismarckscher Politik; ebenso die Altliberalen. Ihre Selbsteinschätzung gaben die Altliberalen durch eine Bemerkung ihres Abgeordneten von Vincke zu erkennen, der erklärte, der Verzicht auf solche Anträge, der die Regierung nicht zustimmen könne, sei ein Zeichen der Stärke des Parlaments[1027]. Auch durch eine Äußerung Miquels, der für die Nationalliberale Partei um die Abgeordneten Bennigsen, Lasker, Sybel, Twesten ankündigte, jedes Opfer, selbst das der Freiheit erbringen zu wollen[1028], zeigte die Verschiebung machtpolitischer Kräfteverhältnisse, deutete die neuen Fraktionszusammenschlüsse an und wiederholte die bereits angedeutete Verschiebung der liberalen Werte Freiheit und Einheit zu einem Stufenverhältnis, auf dem die Einheit Deutschlands an erster Stelle stand. Zugleich distanzierte er sich von all denjenigen, die in Preußen im Verfassungskampf hartnäckig konstitutionell-liberale Positionen gegen Bismarck verfochten, indem er den Parteien, die an dieser Auseinandersetzung

---

1024. Zu der Aufteilung der Wahlkreise Huber, Verfassungsgeschichte, Bd. 3, S. 648.
1025. Zur Aufteilung der Parlamentsmitglieder in einzelne Fraktionen vgl. Huber, Verfassungsgeschichte, Bd. 3, S. 649, Haunfelder, Pollmann, Reichstag des Norddeutschen Bundes 1867-1870, S. 26. Im Anschluß an Haunfelder, Pollmann gab es folgende Fraktionsverteilung:
Konservative: 59 Fraktionsmitglieder; Freikonservative: 39; Altliberale 27; Nationalliberale 79; Fraktion der Linken 19; Freie (liberale) Vereinigung 15; Bundesstaatlich-Konstitutionelle 18; Polen 13; Fraktionslos 28.
1026. Zur Wahl des Präsidenten und seiner Vizepräsidenten Huber, Verfassungsgeschichte, Bd. 3, S. 649.
1027. Georg von Vincke, Stenographische Berichte des konstituierenden Reichstages des Norddeutschen Bundes, 1867, S. 447.
1028. Miquel, Stenographische Berichte des konstituierenden Reichstages des Norddeutschen Bundes, 1867, S. 114.

nicht beteiligt waren, ein höheres Maß an Objektivität und Klarheit der Einschätzung, frei von Ressentiments, bescheinigte[1029].

Der Vorbehalt des preußischen Parlaments, die vereinbarte Verfassung seinerseits genehmigen zu müssen, führte ebenfalls dazu, den Abgeordneten das Gefühl zu vermitteln, wenig Einflußmöglichkeiten innerhalb des sich ihnen offenbarenden Machtgefüges zwischen preußischem Reichstag, preußischer Regierung und den anderen Regierungen der verbündeten Staaten zu haben.

Die Abgeordneten waren sich ihrer Verantwortung, der Gefahr und der Folgen ihres Scheiterns durchaus bewußt[1030]. Sie konnten sich daher auch unter keinen Umständen der "Mahnung" entziehen, die Einigung Deutschlands auf parlamentarischem Weg zu begründen[1031] und dadurch - bei Mißlingen einer Verfassungsvereinbarung - unfreiwillig absolutistischen Tendenzen Vorschub zu leisten[1032]. Sie glaubten dabei, das Risiko, daß der Konstitutionalismus unter tätiger Mithilfe des Parlaments begraben werde, gerade im Hinblick auf den vorgelegten Regierungsentwurf bewußt in Kauf nehmen zu müssen[1033]. Die bewußte Hinwendung zu einer Politik, die lediglich real mögliche Positionen anstrebte, führte zu einer ergebnisorientierten Arbeitsatmosphäre. In bewußter Abgrenzung zu der machtpolitisch letztlich erfolglosen Paulskirchenverfassung war allgemein das Bewußtsein verbreitet, daß diesmal "etwas zustande kommen" werde[1034].

Die konservative Fraktion sah es als die vordringlichste Aufgabe des Reichstages an, den vorgelegten Verfassungsentwurf als solchen anzunehmen. Sie vertraten die Auffassung, daß nicht leichtfertig aufs Spiel gesetzt werden dürfe, was Preußen auf den Schlachtfeldern gewonnen habe[1035]. Ebenso klar wie der Standpunkt der äußersten Rechte war derjenige sowohl der Linken wie auch der partikularistischen nationalen Minderheiten, die jeweils eine Ablehnung en bloc anstrebten. Die Linken suchten eine Gewichtsverlagerung hin zum Parlament zu erreichen. Sie suchten zwar - von wenigen Ausnahmen abgesehen - keine Republik zu errichten, sondern strebten einen konstitutionellen

---

1029. Stenographische Berichte des konstituierenden Reichstages des Norddeutschen Bundes, 1867, S. 114.
1030. Vgl. die oben erwähnten Geheimverträge Bismarcks mit den verbündeten Regierungen und den darin enthaltenen Oktroiplänen für den Fall eines Scheiterns des Verhandlungen mit dem Reichstag.
1031. Stenographische Berichte des konstituierenden Reichstages des Norddeutschen Bundes, 1867, S. 169.
1032. Stenographische Berichte des konstituierenden Reichstages des Norddeutschen Bundes, 1867, S. 172.
1033. Stenographische Berichte des konstituierenden Reichstages des Norddeutschen Bundes, 1867, S. 172.
1034. Stenographische Berichte des konstituierenden Reichstages des Norddeutschen Bundes, 1867, S. 172.
1035. Stenographische Berichte des konstituierenden Reichstages des Norddeutschen Bundes, 1867, S. 124, 386.

deutschen König an, der durch ein dem Reichstag verantwortliches Ministerium regieren sollte. Dabei legten sie besonderen Wert auf die Ausgestaltung eines Gesetzes, das es dem Reichstag ermöglichen sollte, die Bundesminister auch anklagen zu können. Ohne Militärbudget sei zudem das Parlament nur ein "Zoll-, Post- und Telegraphenparlament". Ein Parlament, das keine Rechte habe, das müsse man auch nicht wollen, erklärte einer ihrer Sprecher in der Generaldebatte[1036]. Innerhalb des Spektrums derer, die eine Annahme beziehungsweise eine Ablehnung en bloc anstrebten, bewegten sich die Liberalen, von denen ein Teil um Waldeck dafür plädierte, den Reichstag lediglich auf eine Ratgeberrolle zu reduzieren[1037]. Bei anderen Teilen der liberalen Gruppe, die zu einer sich selbst bindenden aktiven Mitarbeit bereit waren, trat die Frage auf, ob im Rahmen der Verfassungsverhandlungen gewisse Ziele absolut zu setzen und als nicht-verhandelbar bezeichnet werden sollten, mit der Folge, daß auch ein Scheitern der Verhandlungen mit den Regierungen in Kauf genommen werden müsse. Diese Forderung wurde teilweise erhoben, teilweise wurde das Gelingen des Verfassungswerkes als solches absolut gesetzt, mit der Folge, daß sämtliche liberalen Positionen verhandelbar waren[1038].

Trotz der negativen Ausgangslage und der pessimistischen Grundeinstellung vieler Abgeordneter fand eine lebhafte parlamentarische Auseinandersetzung zwischen den unterschiedlichen politischen Strömungen statt, die letztlich auch zu einigen substanziellen Veränderungen des Verfassungsentwurfes geführt hat. Es gab im Vorfeld der Plenarsitzungen keine vorbereitenden Ausschußsitzungen. In einer Zeit von lediglich knapp sechs Wochen[1039] überarbeitete das Parlament den Verfassungsentwurf; ein Tempo, das sowohl für eine stringente Effizienz spricht, wie auch von dem Bewußtsein der lediglich beschränkten Einflußmöglichkeiten.

Zunächst war es für die Abgeordneten schwierig, den Charakter der ihnen zur Verhandlung vorgelegten Regierungsvorlage richtig zu analysieren. So bezeichnete Waldeck den Entwurf als eine Kombination aus Elementen der Bundesakte, einer Reihe von Staatsverträgen, Beisätzen einer konstitutionellen Verfassung sowie einem erheblichen Restbestand von Absolutismus[1040].

---

1036. Stenographische Berichte des konstituierenden Reichstages des Norddeutschen Bundes, 1867, S. 139.
1037. Stenographische Berichte des konstituierenden Reichstages des Norddeutschen Bundes, 1867, S. 69.
1038. Der kleinere Teil der Liberalen wollte es dabei auch auf eine Konfrontation mit den Regierungen ankommen lassen, vgl. Rickert, Eine Episode aus Karl Twestens Leben, S. 76; während der Großteil eine Kraftprobe mit Bismarck vermeiden wollte; nach von Vincke, Stenographische Berichte des konstituierenden Reichstages des Norddeutschen Bundes, 1867, S. 186 sei das Verfassungswerk "so rasch und einig und resigniert wie möglich unter Dach (zu) bringen."
1039. In der Zeit vom 9.3.1867, dem ersten Tag der Generaldebatte, bis zum 17.4.1867.
1040. Stenographische Berichte des konstituierenden Reichstages des Norddeutschen Bundes, 1867, S. 641, 108.

Miquel nannte den Entwurf "völlig originell, wie die politische Lage neu und originell ist, die er formulieren soll. Große Völker kopieren nicht, große Völker in großen Umständen sind immer neu"[1041]. Ins Auge sprang den Parlamentariern - sofern sie sich kritisch mit dem Entwurf auseinandersetzten -, daß dem Parlament jedweder Zugriff auf die Regierung entzogen sein sollte. Die staatsrechtliche Verfassungskonstruktion schien darauf hinauszulaufen, durch eine völlige Trennung von Präsidium und Reichstag den bisher aus Preußen bekannten Kampf zwischen Krone und parlamentarischer Mitbestimmung mittels einer bestimmten Anordnung der Staatsorgane zu lösen.

Auffällig war zudem, daß die Parlamentarier, die sich dem Entwurf grundsätzlich oder auch nur an bestimmten Punkten - insbesondere bei der Frage der Verantwortlichkeit der monarchischen Exekutive gegenüber dem Parlament - zu widersetzen suchten, in der Regel über kein in sich stimmiges und entscheidungsreifes Gegenkonzept verfügten. Die vielfach wieder ins Feld geführte Paulskirchenverfassung bot zwar ein Modell, wie es staatstheoretisch möglich war, ein politisch verantwortliches Zentralministerium in eine bundesstaatliche Lösung zu implementieren, jedoch war gerade das Scheitern dieses Organisationsmodells das stärkste Argument gegen die Paulskirchenverfassung[1042]. Nicht einmal die Linke vertrat die Frankfurter Verfassung, oder etwa die der Erfurter Union als in sich geschlossene Alternative gegenüber dem vorgelegten Entwurf. Die Frankfurter Paulskirche sei an dem zu weitgehenden Anspruch des Parlaments gescheitert, die Erfurter Union dagegen an der Beschränkung auf die Kabinette und dem Versäumnis, die Deutsche Nation dafür zu begeistern[1043].

Trotz der nationalen Tendenzen vieler Abgeordneter und Fraktionen begrüßten die Mitglieder des Reichstages zum überwiegenden Teil die gegenwärtige Beschränkung des staatlichen Zusammenschlusses auf den nördlichen Teil Deutschlands. Dies wurde neben außenpolitischen Gesichtspunkten vor allem auch mit der Rolle Preußens und der preußischen Krone innerhalb des neuen Staates begründet. Die institutionalisierten Sicherungen der preußischen Hegemonie erforderten eine kooperative Zusammenarbeit der sich mit Preußen zusammenschließenden Länder. Dieses Erfordernis der Unterordnung unter die preußische Führung erschien zunächst nur unter den norddeutschen Staaten möglich, nicht jedoch unter gleichzeitigem Zusammenschluß auch der süddeutschen Staaten. Hierbei drohten die zentrifugalen Kräfte das Zusammenwachsen

1041. Stenographische Berichte des konstituierenden Reichstages des Norddeutschen Bundes, 1867, S. 111 ff.

1042. Vorgetragen unter anderem von Vincke, Stenographische Berichte des konstituierenden Reichstages des Norddeutschen Bundes, 1867, S. 182.

1043. Braun, Stenographische Berichte des konstituierenden Reichstages des Norddeutschen Bundes, 1867, S. 129; der Freikonservative von Galen führte die revolutionären Triebkräfte der Frankfurter Nationalversammlung als Negativbeispiel an, ebenda, S. 169.

eines bundesstaatlich orientierten Staatsgebildes zu verhindern. Somit beschränkte man sich freiwillig auf das norddeutsche Gebiet, hielt jedoch durch die Einfügung des Art. 79 - nach dessen Absatz 2 der Eintritt der süddeutschen Staaten in den Bund "auf den Vorschlag des Bundespräsidiums im Wege der Bundesgesetzgebung erfolge" - die Tür für den zukünftigen Beitritt der süddeutschen Staaten bewußt offen[1044]. Für diesen Fall jedoch sahen viele Reichstagsmitglieder die Dominanz Preußens gefährdet, was durch eine entsprechende Korrektur der Verfassung zu verhindern sei. So hielt es Lasker "für unmöglich, auf der Grundlage des jetzigen Verfassungsentwurfes den Beitritt aller Süddeutschen Staaten ... ins Auge zu fassen"[1045]. Zur Sicherung der Stellung Preußens in einem geeinten Deutschland seien entsprechende Verfassungskorrekturen erforderlich: "Wenn das Gewicht der Süddeutschen Staaten dem Bundesrat hinzugefügt wird, dann ... wird es unerläßlich sein, die Stellung der Krone Preußens sowohl im Bundesrate als in der Verfassung überhaupt zu stärken"[1046].

Wie bereits angedeutet, negierten viele Abgeordnete und Parteien die von ihnen im Vorfeld noch vertretenen Positionen und Forderungen unter Berufung auf sich gewandelte Realitäten in Anbetracht der militärischen Erfolge Preußens und der jetzigen Phase der "Realpolitik". Dennoch machte diese Tendenz vor zwei der zentralen Merkmalen konstitutioneller Theorie halt: Der Ministerverantwortlichkeit und dem Budgetrecht.

Die wichtigste Einzelfrage im Zusammenhang mit der zukünftigen Staatsspitze betraf den Charakter des Präsidiums. Die Liberalen erhoben gegen seinen anonymen Charakter Einwände und suchten eine verantwortliche Zentralregierung in die Verfassung zu implementieren, die zusammen mit dem Präsidium die Exekutive bilden solle. Die Bedeutung der Frage der Ministerverantwortlichkeit als dem konstitutionellen Pendent zu der monarchischen Unverantwortlichkeit stellte auch Bismarck in der Generaldebatte heraus. Er forderte die Parlamentarier jedoch in umgekehrter Absicht auf, von den Regierungen nur ein Minimum an Zugeständnissen zu fordern, was er ausdrücklich auch auf seine ablehnende Haltung zu einem konstitutionell verantwortlichen Vollministerium erstreckte. Ein solches dem Parlament - in welcher Form auch immer - verantwortliches Ministerium erfordere eine einheitliche Spitze

1044. Antrag Laskers und Vinckes, Stenographische Berichte des konstituierenden Reichstages des Norddeutschen Bundes, 1867, S. 690; vgl. auch Miquels Satz: "Die Mainlinie ist ... gewissermaßen eine Haltestelle für uns, wo wir Wasser und Kohlen einnehmen, Atem schöpfen, um nächstens weiter zu gehen."
1045. Stenographische Berichte des konstituierenden Reichstages des Norddeutschen Bundes, 1867, S. 125.
1046. Sybel, Stenographische Berichte des konstituierenden Reichstages des Norddeutschen Bundes, 1867, S. 677.

mit monarchischem Charakter, mithin die Vernichtung der aktuellen Bundesverhältnisse und die Mediatisierung der Verbündeten[1047].

In der preußischen Verfassung von 1850 war das Prinzip der Ministerverantwortlichkeit zwar positiv enthalten, jedoch war es ohne machtpolitische Folgen, da das zu seiner Umsetzung erforderliche Ausführungsgesetz fehlte. Dieses elementare Defizit der preußischen Gesetzgebung war den Beteiligten zwar bewußt, in seiner vollen Bedeutung rückte das Prinzip der Ministerverantwortlichkeit jedoch erst (wieder), als es in dem von den verbündeten Regierungen vorgelegten Entwurf gänzlich fehlte. Wenn die Liberalen vor den Wahlen stets die Notwendigkeit einer starken Exekutive betont hatten, so meinten sie stets eine starke zivile Zentralgewalt, die einem Parlament gegenüber verantwortlich sein müsse. Eine starke Zentralregierung dürfe nicht der Hebel zur Blockierung einer parlamentarischen - juristischen - Verantwortlichkeit werden. Die Beseitigung sowohl einer zentralen Regierung wie - folgerichtig - auch das Prinzip der Ministerverantwortlichkeit überraschte die Liberalen denn doch.

Ihrem verfassungsrechtlichen Pragmatismus folgend, der im Hinblick auf die Errichtung des Einheitsstaates auch essentielle Bestandteile eines konstitutionellen Verfassungslebens zur Disposition stellte, erörterten die Nationalliberalen zunächst ernsthaft das Argument, ob es mit der vorliegenden bundesstaatlichen Verfassung nicht generell unvereinbar sei, eine zentrale verantwortliche Exekutivgewalt zu schaffen. Twesten stimmte diesem Axiom unter der Bedingung eines uneingeschränkten parlamentarischen Budgetrechtes zu[1048], jedoch nahm die Fraktion diese Zustimmung wieder zurück und bestritt die Behauptung, daß die Etablierung eines verantwortlichen Bundesministeriums zwingend mit der gleichzeitigen Schaffung eines - nicht gewollten - Einheitsstaates verbunden sei[1049]. Eine Zentralregierung hänge nicht von einer bestimmten Staatsform ab - Bundesstaat, Staatenbund, Einheitsstaat - sondern allein von dem Vorhandensein bestimmter verfassungsrechtlicher Festlegungen wie insbesondere der Gewaltenteilung, das heißt der Trennung des legislatorischen von dem exekutivischen Prozeß. Die Verantwortlichkeit als eine konstitutionelle Errungenschaft setze ihrerseits voraus, daß das zu kontrollierende Organ - die Exekutive - derart stark sei, daß sie aufgrund ihrer verfassungsmäßigen Kompetenzen überhaupt in der Lage ist, auch Verfassungsverstöße zu begehen, derentwegen man sie dann

1047. Stenographische Berichte des konstituierenden Reichstages des Norddeutschen Bundes, 1867, S. 136.
1048. Stenographische Berichte des konstituierenden Reichstages des Norddeutschen Bundes, 1867, S. 103.
1049. von Vincke, Stenographische Berichte des konstituierenden Reichstages des Norddeutschen Bundes, 1867, S. 367.

verfolgen könne[1050]. Dem Bundespräsidium sei in dem Entwurf durchaus die "Macht und Wesenheit eines wahrhaft monarchisch kaiserlichen Hauptes" gegeben[1051]. Daraus ergab sich für die Nationalliberalen durchaus die Möglichkeit, innerhalb des dem Präsidium vorbehaltenen Kompetenzbereichs neben dem Bundeskanzler weitere Personen für einzelne Verwaltungszweige zu ernennen und diese für ihren jeweiligen Ressortbereich verantwortlich zu machen. So hätte sich neben dem unverantwortlichen Bundespräsidium ein (verfassungsrechtlich starkes) Ausführungsorgan entwickeln lassen.

Ebenso eindeutig wie die Linken und der Großteil der Nationalliberalen die Unvereinbarkeit einer verantwortlichen Zentralregierung mit dem geplanten Bundesstaat bestritten, wurde diese Unvereinbarkeit von den Altliberalen, den Freikonservativen und Konservativen behauptet.

Die Ministerverantwortlichkeit - sofern man an ihr festhielt - ließ sich (wie bereits oben angedeutet) unterschiedlich interpretieren. So galt die Ministerverantwortlichkeit einem Teil der Abgeordneten als ein juristisches, strafrechtlich geltend zu machendes Prinzip, so wie es in den meisten deutschen Verfassungen der Einzelstaaten verankert war. Andere interpretierten das Ministerverantwortlichkeitsprinzip dahingehend, daß es nicht auf eine juristische Kontrolle ankomme. Als konkrete Kontrollmöglichkeiten wurden dann die bloß moralisch verstandene Verantwortlichkeit[1052] genannt, die politische und 'parlamentarische' Verantwortlichkeit[1053]. Diese politische Verantwortlichkeit entbehrte jedoch ähnlich wie die rein moralische Verantwortlichkeit jedweder Garantie faktischer Durchsetzbarkeit und erhob letztlich die öffentliche Meinung zu der Instanz, vor der die Minister sich konkret zu verantworten hätten[1054].

Das Prinzip der Ministerverantwortlichkeit, verbunden mit der juristischen Möglichkeit der Ministeranklage wie sie in Preußen in der Verfassungsurkunde verbrieft war, wurde als überständiges Relikt einer konstitutionellen Schablone bis in die Reihen der Nationalliberalen hinein preisgegeben und durch die einem modernen Verfassungsverständnis angemessenere moralische, historische oder politische Verantwortlichkeit ersetzt[1055]. Zwar führte noch

---

1050. Lasker, Stenographische Berichte des konstituierenden Reichstages des Norddeutschen Bundes, 1867, S. 366.
1051. Lasker, Stenographische Berichte des konstituierenden Reichstages des Norddeutschen Bundes, 1867, S. 366.
1052. Verantwortlich vor der Geschichte, dem Monarchen, dem eigenen Gewissen.
1053. Diese 'parlamentarische Verantwortlichkeit meinte jedoch nicht ein parlamentarisches Regierungssystem im heutigen Sinne, sondern vielmehr die Verpflichtung der Minister, dem Parlament Rede und Antwort zu stehen.
1054. Vgl. hierzu von Rönne, Das Staatsrecht der Preußischen Monarchie, 4. Aufl., Bd. 1, S. 622 ff.; Samuely, Das Prinzip der Ministerverantwortlichkeit in der constitutionellen Monarchie, S. 3 ff.
1055. Stenographische Berichte des konstituierenden Reichstages des Norddeutschen Bundes, 1867, S. 328, 338.

Lasker aus, die Ministerverantwortlichkeit sei der einzige Riegel gegen den Absolutismus und das einzige Moment, das zwischen der gesetzgebenden Gewalt und der starken Exekutive zu vermitteln im Stande sei[1056], jedoch ließ sich dagegen nicht ohne materielle Berechtigung auf die preußischen Verhältnisse verweisen. In einem dualistisch konstitutionellen Verfassungssystem, in dem die verfassungsrechtlich garantierte Ministerverantwortlichkeit zu ihrer Durchsetzung noch eines entsprechenden Durchführungsgesetzes bedurfte, drohte die konkrete Ausübung der Ministerverantwortlichkeit an den konstitutionell bedingten verfassungsrechtlichen Kräfteverhältnissen zu scheitern. Solange die anderen legislativen Organe von ihrem Recht, diesem Gesetz die Zustimmung zu verweigern, Gebrauch machen könnten, sei die juristische Ministerverantwortlichkeit im wesentlichen eine Machtfrage[1057].

Das Hauptargument der Befürworter der Ministerverantwortlichkeit lag in der Betonung der rechtsstaatlichen Wirkung dieses Instruments. Die Ministerverantwortlichkeit im Zusammenwirken mit dem Budgetrecht mache das Parlament erst zu einem Organ, das diesen Namen verdiene. Gerade die Umsetzung des Prinzips der Ministerverantwortlichkeit verknüpfe die einzelnen Gewalten miteinander[1058]. Während die politische Linke die Bedeutung der Ministerverantwortlichkeit darin sah, daß das Parlament neben der Garantie der Rechtsstaatlichkeit auch in den politischen Machtbereich greifen könne[1059], betonten die Nationalliberalen den Aspekt der Sicherung der Rechtsstaatlichkeit in besonderem Maße. Sie werteten die Ministerverantwortlichkeit als ein machtneutrales Instrument zur Rechtswahrung, an dem Krone und Exekutive selbst genauso interessiert sein müßten wie das Parlament, da sich andernfalls im Konfliktfall - zugespitzt formuliert - Krone und Volk wie im preußischen Verfassungskonflikt ohne Vermittlungsinstanz gegenüberstünden. Die Ministerverantwortlichkeit sei somit gar ein krisen-entschärfendes, konservatives Verfassungsmittel[1060]. Die Nationalliberalen führten zur Begründung ihres Beharrens auf die Einführung

---

1056. Stenographische Berichte des konstituierenden Reichstages des Norddeutschen Bundes, 1867, S. 328, 338.

1057. So von Vincke, Stenographische Berichte des konstituierenden Reichstages des Norddeutschen Bundes, 1867, S. 368.

1058. Stenographische Berichte des konstituierenden Reichstages des Norddeutschen Bundes, 1867, S. 367, 172.

1059. Waldeck wies darauf hin, daß es nicht allein auf das verfassungsgetreue Handeln der Minister ankommen könne, denn die bloße Verantwortlichkeit für die Wahrung der Gesetze sei noch keine Besonderheit des Konstitutionalismus, diese habe es vielmehr bereits im absolutistischen Preußen gegeben; die Differenz zum Verfassungsstaat sei vielmehr die Einklagbarkeit und die Möglichkeit der Amtsentsetzung, Stenographische Berichte des konstituierenden Reichstages des Norddeutschen Bundes, 1867, S. 389.

1060. Miquel, Stenographische Berichte des konstituierenden Reichstages des Norddeutschen Bundes, 1867, S. 345.

der Ministerverantwortlichkeit auch Benjamin Constant an, nach dessen anerkannter Definition die Verantwortlichkeit der Minister die Bedingung der Unverantwortlichkeit der Krone sei. Die Verwerfung der Ministerverantwortlichkeit begründe mithin im Umkehrschluß die Gefahr, daß die Krone letztlich selbst verantwortlich handele, woraus - unter Berufung auf die Verhältnisse in Frankreich - unkalkulierbare Risiken für den Staat und revolutionäre Gefahren erwüchsen[1061]. Das Verantwortlichkeitsprinzip diene mithin dazu, das Zusammenwirken von Regierung und Parlament zu ermöglichen[1062]; es galt den Nationalliberalen als Mittel der Verständigung, nicht - wie den Linken - als Mittel der Austragung von auch politischen Konflikten.

Die Ablehnung der juristischen Ministerverantwortlichkeit wurde vor allem mit der mangelnden praktischen Effizienz begründet. Es habe sich nicht als integrierendes Verfassungselement erwiesen, sondern lediglich als Dekorationsstück[1063]. Wagener spottete über dieses "Spielzeug für konstitutionelle Parteien"[1064]. Dieses Prinzip aus einer früheren Verfassungsepoche füge sich nicht in den Typ einer modernen Verfassung ein, zumal derart machtpolitische Fragen, wie sie bei einem Konflikt zwischen Regierung und Parlament in Rede stünden, sich unmöglich durch einen Richterspruch klären ließen. Der Appell an einen solchen pouvoir neutre sei aber auch gar nicht erforderlich, weil ein zeitgerechtes Verfassungsmodell über einen "Kassationshof" von besonderer Güte verfüge, die öffentliche Meinung. "Keine Regierung hat in den modernen Verhältnissen Bestand, die auf die Dauer vor dem Anspruch dieses Gerichts nicht besteht"[1065].

Demnach wurde die Rolle des Parlament als eine wirkungsvolle Schranke für die Staatsmacht als allenfalls sekundär erachtet. Zugleich wurde die Wirkung der Verantwortlichkeit in die freiwillige Einsicht der Minister gestellt, der direkte Einfluß des Parlaments als Machtfaktor hingegen wurde gänzlich negiert. Als Folge dieser Auffassung bedurfte es auch keines starken Parlaments als Kontrollinstanz.

Die angeführte Alternative zu einer juristischen Ministerverantwortlichkeit, nämlich die Bindung der Verantwortlichkeit an die öffentliche Meinung, zeugte letztlich von einem Verfassungsverständnis, das auf einem nicht parla-

---

1061. Miquel, Stenographische Berichte des konstituierenden Reichstages des Norddeutschen Bundes, 1867, S. 345.

1062. Miquel, Stenographische Berichte des konstituierenden Reichstages des Norddeutschen Bundes, 1867, S. 360.

1063. von Vincke, Sten. Stenographische Berichte des konstituierenden Reichstages des Norddeutschen Bundes, 1867, S. 368.

1064. Stenographische Berichte des konstituierenden Reichstages des Norddeutschen Bundes, 1867, S. 333.

1065. Sybel, Stenographische Berichte des konstituierenden Reichstages des Norddeutschen Bundes, 1867, S. 329.

mentarisch orientierten Verständnis basierte. Solange das Parlament unter einem derartigen Machtdefizit im Verhältnis zur Exekutive litt, daß es über keine Mittel verfügte, ein Ministerverantwortlichkeitsgesetz zu erzwingen und so die Ablösung des Ministeriums zu bewerkstelligen, blieb lediglich die Berufung auf die öffentliche Meinung eine adäquate Alternative für die Bindung der Regierung an konstitutionelle Formen. Das Parlament stand somit als ein schwaches Organ dar, das - eines wesentlichen konstitutionellen Kontrollfaktors beraubt - mehr einem Scheinparlament gleichkam, auf das man auch verzichten könnte. Die Interpretation der Ministerverantwortlichkeit im Sinne einer Bindung an die öffentliche Meinung entsprach letztlich de facto einem antiparlamentarischen Verständnis von Verantwortlichkeit, da hierdurch zum einen unterstellt wurde, daß sich die Auffassung des Parlaments nicht mit der der Öffentlichkeit decke und zudem dem Parlament jedes (Macht-) Mittel genommen wurde, auch nur indirekt - über ein gerichtliches Verfahren - ein Ministerium zum Rücktritt zu bewegen oder es selbst abzulösen.

Es trafen sich letztlich diejenigen, die von einer politischen Verantwortlichkeit sprachen und diejenigen, die eine verfassungsmäßige Ministerverantwortlichkeit ablehnten, darin, die öffentliche Meinung als oberste Kontrollinstanz anzusehen. Solange jedoch die Ernennung und Berufung der Minister ausschließlich in den Bereich der monarchischen Prärogative fiel, war die zum Teil gehegte Hoffnung auf die Berücksichtigung des parlamentarischen Mehrheitswillens eine blanke Illusion. Von einer entsprechenden Forderung nach parlamentarischer Mitsprache bei der Besetzung des Ministeriums nahmen die Nationalliberalen aber Abstand, wenngleich gerade eine solches Mitspracherecht der von ihnen geforderten politischen Verantwortlichkeit entsprechendes Gewicht und Bedeutung gegeben hätte[1066].

Auf Antrag des fraktionslosen Abgeordneten Carl von Saenger, eines regierungstreuen Altliberalen, beschloß die Reichstagsmehrheit, das Amt des preußischen Präsidialgesandten beim Bundesrat mit einer speziellen politischen Verantwortlichkeit zu versehen. Es sollte zu einem eigenständigen Verfas-

1066. In diesem Zusammenhang ist von besonderer Relevanz - letztlich auch für die zukünftige Entwicklung der Verfassung einerseits und des Verfassungslebens andererseits - daß die Nationalliberalen zwar ein "parlamentarisches Regierungssystem" anstrebten, die Verwirklichung jedoch weniger als Verfassungs-, sondern vielmehr als eine Art Machtfrage erachteten. Daher legten sie weniger Wert auf eine verfassungsrechtliche Umsetzung all dessen, was sie ihrem Ziel näher brachte, als vielmehr auf sich ändernde Machtverhältnisse. Der Nationalliberale Planck kehrte diesen Gedankengang gegen den vorgelegten Entwurf um und erklärte, es sei eine Illusion anzunehmen, daß sich durch die Bundesverfassung die Tendenz zu einem parlamentarischen Regierungssystem aufhalten lasse, Stenographische Berichte des konstituierenden Reichstages des Norddeutschen Bundes, 1867, S. 360. Unabhängig von der Frage, inwieweit sich gesellschaftliche Entwicklungen auf eine Verfassung auswirken, haben hier die Nationalliberalen doch die determinierende Wirkung der einmal erfolgten Festlegung von Verfassungsinstrumenten und damit von Machtverteilung innerhalb bestehender Verfassungsorgane unterschätzt.

sungsorgan, zum einzigen Bundesministerium, werden. Für dieses Amt hatte sich bereits in dem durch die verbündeten Regierungen festgestellten Verfassungsentwurf der traditionsreiche Name 'Bundeskanzler' gefunden.

Durch diesen Beschluß fand gerade die eben angesprochene rein politische Verantwortlichkeit Eingang in die Bundesverfassung. Allerdings in der Weise, daß nicht ein ganzes Ministerium verantwortlich gemacht werden konnte, sondern lediglich eine Person, der Bundeskanzler.

Dieser Vorgang ging fälschlicherweise als "Amendement Bennigsen" in die Geschichte ein[1067]. Bennigsen hatte aus verfahrensrechtlichen Gründen den Antrag Saenger mit seinem eigenen verknüpft, einem Antrag, der über die Verantwortlichkeit des Bundeskanzlers hinaus ein insgesamt kollegial verfaßtes Regierungsteam, eine Bundesregierung installieren wollte. Unter dem massiven Druck der preußischen Regierung und ihres Ministerpräsidenten nahm der Reichstag am 27.3.1867 jedoch nur den ersten Teil des Antrages - den Antrag Saenger - an und verwarf den zweiten. Das, was nun wie ein Kompromiß aussah, war jedoch ein Verzicht auch der kooperationsbereiten Liberalen wie Bennigsen auf das, was sie zuvor als unverzichtbar für eine Beschränkung der monarchischen Exekutive gehalten hatten, nämlich die Aufteilung von der alleinigen Verantwortlichkeit des Kanzlers hin zu der Verantwortlichkeit eines Kollegialorgans.

Durch diese Konstruktion wurde gleichzeitig der Grundstein für die überragend starke Stellung des Kanzlers innerhalb des Verfassungsgefüges gelegt. Seine Position war der parlamentarischen Kontrolle und dem parlamentarischen Einfluß weitgehend entrückt. Dies galt de facto um so mehr für die folgende Phase der fortgesetzten nationalen Einigungspolitik im Hinblick auf die süddeutschen Staaten, wie auch speziell bezogen auf die Person des Bundeskanzlers, Bismarck. Solange die innen- und außenpolitischen Linien sich mit dem Parteiensystem kreuzten, das heißt, solange die innenpolitische Opposition Bismarcks nationalen Kurs unterstützte und solange die eigentlichen 'Regierungsparteien' in der Bundespolitik bremsend wirkten, solange desweiteren klar war, daß das Funktionieren der verfassungsrechtlichen Konstruktion, bestehend aus einem labilen Gefüge von Bundesstaat, preußischer Hegemonie und nationalstaatlichem Partikularismus eng mit der Person Bismarcks verknüpft war, war dessen Stellung als Bundeskanzler nahezu unangreifbar.

Juristisch war die Verantwortlichkeit des Bundeskanzlers - aus der Sicht des Parlaments - nicht praktikabel. Politisch umsetzbar war sie allein dadurch, daß die Reichstagsabgeordneten, wenn sie mit der Geschäftsführung des Kanzlers nicht einverstanden waren, im Reichstag eine Interpellation einbrin-

---

1067. Vgl. Huber, Verfassungsgeschichte, Bd. 3, S. 658 f., "lex Bennigsen".

gen oder eine Adresse an das Präsidium - später an den Kaiser - richten konnte. Die Staatslehre des Kaiserreiches bezeichnete später die Befugnisse des Reichstages im Zusammenhang mit der Ministerverantwortlichkeit als Pseudorechte und stellte sie völlig zutreffend auf eine Stufe mit dem "Rechts des Reichstages, ... ein Hoch auf den Kaiser auszubringen oder ihm zum Geburtstag Glückwünsche auszudrücken"[1068].

Die "Verantwortlichkeit" des Kanzlers bedeutete ganz eindeutig - auch nach dem Willen der Abgeordneten - nur, daß der Kanzler dem Reichstag Rede und Antwort stehen mußte. Die verfassungsmäßige Fixierung der Verantwortlichkeit in Form einer Ministeranklage unterblieb. Vom Reichstag faktisch abhängig war der Kanzler insofern, als er Mehrheiten im Reichstag für seine Gesetzesvorhaben benötigte.

Für Huber verwandelte sich die Verfassung dennoch durch die Einführung dieser Ministerverantwortlichkeit "in das konstitutionelle Regierungssystem, das in Deutschland ein volles halbes Jahrhundert bestand; die Lex Bennigsen machte aus dem Bundeskanzler ein oberstes Bundesorgan. ... Es konnte praktisch keine Änderung des Regierungsentwurfes von größerer staatsrechtlich-politischer Tragweite geben"[1069].

Die Nationalliberalen selbst empfanden diese Entwicklung - die für alle bewußt - auf eine starke Stellung der Position des Kanzlers und damit auf die Person Bismarcks als Kanzler hinauslief, nicht unbedingt als erfolgreichen Abschluß dieses Verhandlungsteils. So schrieb der Abgeordnete Forckenbeck am Tag der Abstimmung über die Anträge Saenger und Bennigsen: "Gestern und heute sind wir in den wichtigsten Fragen geschlagen worden ... Die Mutlosigkeit und der Ärger sind bei vielen der Liberalen so groß, daß sie an Abreise denken"[1070].

Durch die Einführung eines verantwortlichen Bundeskanzlers in die Verfassung wurde immerhin erreicht, daß der wichtigste Vertreter der Exekutive sich dem Reichstag stellen mußte. Die theoretische Gefahr, die mit dem ursprünglichen Verfassungsentwurf verbunden war, daß nämlich der Reichstag keinen Ansprechpartner auf Seiten der Regierung gehabt hätte, war gebannt[1071]. Mehr brachte die "lex Bennigsen" de facto nicht ein. Da zudem angesichts der Stellung der Reichstages im Gesetzgebungsverfahren, insbesondere im Budgetrecht, dessen aktive Teilnahme erforderlich war, wäre die Exekutive auch ohne die "lex Bennigsen" gehalten gewesen, mit dem Reichstag zu kommunizieren und ihm seine Politik darzulegen.

1068. Laband, Das Staatsrecht des Deutschen Reiches, 5. Aufl., Bd. 1, S. 309 Anm. 2.
1069. Huber, Verfassungsgeschichte, Bd. 3, S. 659 f.
1070. Zitiert nach Becker, Bismarcks Ringen um Deutschlands Gestaltung, S. 392.
1071. Daß sich mit dem Kanzler und dem Bundeskanzleramt der Kern einer selbständigen späteren Reichsexekutive mit einer unaufhaltsam wachsenden Reichsverwaltung gebildet hatte, war zu diesem Zeitpunkt nicht absehbar.

Dadurch daß der Kanzler sich nunmehr gegenüber dem Präsidium auf seine Verantwortlichkeit gegenüber dem Reichstag berufen konnte, war mehr noch als die Position des Reichstages gegenüber der Exekutive die Stellung des Kanzlers innerhalb der Exekutive - gegen das Präsidium - gestärkt worden. Aus Art. 11 Abs. 1 und Art. 17 Satz 2 ergab sich das Zusammenspiel von Präsident und Kanzler bei der Bestimmung der konkreten Politik. Wer sich innerhalb dieses Beziehungsfeldes würde durchsetzen können, war eine Frage der Persönlichkeiten, weniger der Verfassung. Wenn Huber[1072] in diesem Zusammenhang davon spricht, daß der Kanzler in der Bestimmung der Politik völlig frei gewesen sei, sobald er ernannt wurde und der (spätere) Kaiser ihn schon habe entlassen müssen, um ein eigenes Mitgestaltungsrecht in die Politik einbringen zu können, so überzieht Huber die verfahrensrechtliche Rolle des Kanzlers und wird auch der Verfassungsrealität der Nach-Bismarck-Ära nicht gereicht.

In der strikten Ablehnung der Einführung eines verantwortlichen Kollegialorgans als Bundesregierung[1073], sowie in der starken Stellung des Bundesrates, aber auch in dem Verzicht auf die Einführung der Kaiserwürde für den Norddeutschen Bund kam die von Bismarck beabsichtigte dezentrale Verfassungsgestaltung deutlich zum Ausdruck, durch die es sowohl den norddeutschen Einzelstaaten erleichtert werden sollte, dem Verfassungswerk jetzt zuzustimmen, wie auch den süddeutschen Ländern, dies zukünftig zu tun. Dagegen spielte der Reichstag die Rolle des zentralen Organs, das die Einheitlichkeit des neuen Bundes dokumentieren sollte. Für die Stellung des preußischen Königs, der als Bundespräsidium bereits eine hervorgehobene Rolle innerhalb des neuen Verfassungsgefüges spielen sollte, war aber die Rolle des Militärs in der Verfassung von entscheidender Bedeutung. Nichts gestaltete Bismarcks Entwurf und auch die spätere Verfassung unitarischer als die militärische Basis des Bundes. Hierbei führte der König von Preußen gemäß Art. 63 den Oberbefehl allein in seiner Funktion als preußischer König, nicht als ein Organ des Bundes.

Diese unmittelbare Stärkung des preußischen Königs und die dadurch aufgrund der verfassungsrechtlich festgelegten Personalunion mittelbar bewirkte Stärkung des Bundespräsidiums stand in den Verhandlungen des konstituierenden Reichstages nicht zur Disposition der Abgeordneten.

Die Bedeutung der Militärverfassung für den Gesamtcharakter der Verfassung war den Abgeordneten gerade im Hinblick auf die geographische Lage

1072. Huber, Verfassungsgeschichte, Bd. 3, S. 822.
1073. Erst mit dem Stellvertretergesetz 1878 setzte der Prozeß der Kollegialisierung de iure ein. Die Reichsstaatssekretäre erhielten als Stellvertreter des Reichskanzlers eine eigene politische Verantwortlichkeit eingeräumt, wobei der Kanzler das Recht behielt, Streitigkeiten innerhalb der Ressorts sowie einzelne Sachfrage selbst zu entscheiden.

des neuen Bundes durchaus bewußt. Nach Twesten erfolge die Bundesgründung "inmitten des bis an die Zähne bewaffneten Europas"[1074]. In verschiedenen Äußerungen wurde die Wunschvorstellung laut, Deutschland solle fortan in Europa unter Zurückweisung der französischen Hegemonialansprüche eine 'Schiedsrichterrolle' übernehmen. War darin zunächst noch eine defensive Interpretation der Bedeutung des Militärs zu erkennen, war aber für die Abgeordneten der Schritt nicht mehr weit zu einer aggressiveren Wortwahl. Sprach der sächsische Abgeordnete Schwarze noch von der deutschen Mission, "den Frieden Europas, ja vielleicht den Frieden der Welt zu sichern"[1075], so forderte Vincke die verfassungsmäßige Verankerung einer Armee, "die für alle Zeiten ein Schrecken unserer Feinde"[1076] sei.

Zu einem großen Teil wurde die gesamte Verfassung gar als eine Kriegsverfassung angesehen, auf die sich der Staatsaufbau stütze. So sah Lasker in der Kriegsverfassung den "Grundpfeiler der ganzen jetzigen Verfassung ... An die Kriegsverfassung lehnen sich ... der Reichstag und alle constitutionellen Rechte ... Wenn es Ihnen nicht gelingt, die Kriegsverfassung in Ordnung zu bringen, und ein volles Definitivum herzustellen, dann stürzt das ganze Gebäude zusammen, und mit dem Grundpfeiler stürzen alle Rechte nach ..."[1077]. Durch diesen Denkansatz gewann die Militärverfassung, und mit ihr der Träger der Militärherrschaft - der preußische König -, eine besonders exponierte Stellung innerhalb der Verfassung. In den Normen der militärischen Organisation suchten die Abgeordneten somit ebenfalls die politische Partizipation zu verwirklichen. In diesem Zusammenhang ist die Betonung der allgemeinen Wehrpflicht und der Landwehr von gesteigerter Bedeutung. Über die Bejahung der allgemeinen Wehrpflicht bestand ein allgemeiner Konsens, da sich dadurch ein Präventivmittel gegen Absolutismus und Scheinkonstitutionalismus in die Verfassung integrieren lasse[1078].

Den Parlamentariern sollte es jedoch nicht gelingen, die von ihnen erstrebte Verbindung der starken Militärmacht - und mithin die starke Stellung des preußischen Königs - mit dem parlamentarischen Kontrollmittel der Bud-

---

1074. Stenographische Berichte des konstituierenden Reichstages des Norddeutschen Bundes, 1867, S. 604.
1075. Stenographische Berichte des konstituierenden Reichstages des Norddeutschen Bundes, 1867, S. 233.
1076. Stenographische Berichte des konstituierenden Reichstages des Norddeutschen Bundes, 1867, S. 593; der Nationalliberale Weber rief aus: "Deutschland braucht eine Welt in Waffen nicht zu fürchten", Stenographische Berichte des konstituierenden Reichstages des Norddeutschen Bundes, 1867, S. 681.
1077. Stenographische Berichte des konstituierenden Reichstages des Norddeutschen Bundes, 1867, S. 604.
1078. Vgl. Waldeck Stenographische Berichte des konstituierenden Reichstages des Norddeutschen Bundes, 1867, S. 562.

getkontrolle in einem Sinne, der dem Parlament ein substantielles Einflußrecht gewähren sollte, zu verwirklichen.

Im Zusammenhang mit der für die faktische Machtverteilung innerhalb des Verfassungs- und Staatsgefüges relevanten Militärverfassung ist untrennbar die Frage nach dem parlamentarischen Budgetrecht zu stellen. Nach der Auseinandersetzung um die Einführung einer zentralen, verantwortlichen Kollegialregierung lag hier der zweite zentrale Punkt der Auseinandersetzung zwischen Parlament und Bismarck.

Der Streit um das Budgetrecht, insbesondere die parlamentarische Kontrolle über den Militäretat, Ausgangspunkt des preußischen Verfassungskonfliktes, fand im Bundesparlament nunmehr seine Fortsetzung. In der stärkeren oder schwächeren Betonung der Notwendigkeit des Beharrens auf dem Budgetrecht spiegelte sich auch allgemein das Verständnis der Parteien über die Rolle des Parlaments im Machtgefüge, insbesondere im Verhältnis zum Bundespräsidium, wieder.

Der vorgelegte Entwurf sah ein mit derart wenigen Kompetenzen ausgestattetes Parlament vor, daß die Liberalen befürchteten, der Reichstag könne sich als ein Scheinparlament erweisen[1079]. Insbesondere das Wahlrecht, das dem Parlament eine breite Legitimationsbasis gebe, stehe im Widerspruch zu den eingeräumten Kompetenzen, die eine wirksame Kontrolle der Staatsgewalt nicht ermögliche. Die Regierung solle Vertrauen zum Parlament haben und ihm das Budgetrecht einräumen. "Ein Parlament ohne Recht, hervorgegangen aus allgemeinen Volkswahlen, wird revolutionär sein in seinen Bestrebungen. Ein Parlament, dem man wahrhafte Rechte gewährt, das wird sich der Verantwortlichkeit der Benutzung seiner Rechte bewußt sein und ein solches Parlament wird maßvoll und konservativ auftreten."

Aus dem die meisten Reichstagsmitglieder einenden Bedürfnis nach einer Reform der Verfassungskonstruktion in Richtung auf eine gewandelte und gestärkte Funktion des Parlaments lassen sich jedoch deutlich unterschiedliche Ansätze differenzieren.

Die Fraktion der Linken und die preußischen Fortschrittler forderten als Gegenpart zu Bundespräsidium und Bundesrat ein an klassische konstitutionelle Forderungen angelehntes Parlament mit einem uneingeschränkten Budgetrecht, das die vollständige Einnahmen- und Ausgabenkontrolle unter Einschluß des Militäretats beinhaltete. Als Vorbild diente dabei weniger die Frankfurter Paulskirchenverfassung als vielmehr die preußische Verfas-

1079. Waldeck wies daraufhin, daß ein Organ, das kaum mehr als die Zuständigkeit eines Zollparlaments besitze, nur in rechtsmißbräuchlicher Weise als Parlament zu bezeichnen sei, Stenographische Berichte des konstituierenden Reichstages des Norddeutschen Bundes, 1867, S. 109.

sung[1080]. Konkret erwuchs daraus die Forderung, daß dem Bundesparlament mindestens die gleiche Fülle an Kompetenzen zustehen müsse, wie dem preußischen Parlament. Nur so sei eine effektive Kontrolle und Begrenzung der Staatsgewalt, mithin der Regierung möglich. Aufgrund der dem Parlament so zugeschriebenen Funktion wurden die Begriffe 'konstitutionell' und 'parlamentarisch' synonym verwendet[1081]. Die kompromißlose Verteidigung des Ziels eines konstitutionellen Parlaments als Gegenpohl zu einer starken Exekutive überwog bei diesem Teil der Abgeordneten auch die Bereitschaft, der nationalen Einheit mit Abstrichen an diesen konstitutionellen Forderungen Tribut zu zollen[1082]. Nach dem Ausgang der Debatte um die Ministerverantwortlichkeit bestand somit für die Linken und die Fortschrittler ein um so größeres Bedürfnis, das Budgetrecht in ihrem Sinne zu realisieren.

Die Nationalliberalen, sowie eine Gruppe der Altliberalen setzten hingegen die von ihnen ebenfalls eingeforderten konstitutionellen parlamentarischem Machtbefugnisse weniger absolut und waren eher geneigt, sich den momentanen Machtverhältnissen unterzuordnen. "... wir sind entschlossen, jedes Opfer selbst der Freiheit, für den Augenblick zu bringen, welches wahrhaft nötig und wirklich notwendig ist für die Gründung des Bundesstaates"[1083]. Dies bedeutete die gegenwärtige Bereitschaft zu Zugeständnissen selbst bei essentiellen konstitutionellen Rechten - wie der Ministerverantwortlichkeit und dem Budgetrecht - soweit dies die Struktur einer bundesstaatlichen Verfassung unerläßlich machte und durch die Chance zur Verwirklichung des Einheitsstaates geboten schien. Zugleich lag in der Betonung der Augenblicklichkeit dieser Konzessionsbereitschaft die stillschweigende Überzeugung, die nun getroffenen Kompromisse zukünftig im klassisch-konstitutionellen Sinne revidieren zu können. Dabei sahen sie ebenfalls - in Übereinstimmung mit den Linken - prinzipiell in einem ungekürzten Ausgaben- und Einnahmebewilligungsrecht den Eckpfeiler für die Sicherung parlamentarischer Kontrollrechte[1084]. Ein Parlament, das wenigstens mit einem Mindestmaß an Kompetenzen und Freiheiten ausgestattet sei[1085], könne

---

1080. Vgl. Waldeck, Stenographische Berichte des konstituierenden Reichstages des Norddeutschen Bundes, 1867, S. 111.
1081. Vgl. Waldeck, Stenographische Berichte des konstituierenden Reichstages des Norddeutschen Bundes, 1867, S. 110.
1082. Vgl. Waldeck, Stenographische Berichte des konstituierenden Reichstages des Norddeutschen Bundes, 1867, S. 221.
1083. Miquel, Stenographische Berichte des konstituierenden Reichstages des Norddeutschen Bundes, 1867, S. 114.
1084. Miquel, Stenographische Berichte des konstituierenden Reichstages des Norddeutschen Bundes, 1867, S. 625.
1085. So die bescheidene Forderung vieler, vgl. Weber, Stenographische Berichte des konstituierenden Reichstages des Norddeutschen Bundes, 1867, S. 418; Grumbrecht, Stenographische Berichte des konstituierenden Reichstages des Norddeutschen Bundes, 1867, S. 592.

viel eher die Regierungen bei ihrer nationalen Politik und "dem Drang nach wirklicher Einheit, wie er durch die Deutsche Nation geht"[1086], unterstützen, da das Parlament eine Vermittlerrolle zwischen der Regierung und dem regierten Volk ausfüllen könne. Daher liege "das parlamentarische System ... nicht bloß im Interesse des Volkes, es liegt erst recht im Interesse der Executive, im Interesse der Staatsgewalt ... gerade hierin, daß durch die Volksvertretung die Kluft, welche zwischen der hochstehenden Executive und der schwer belasteten Masse des Volkes sich herausbilde, welcher zum Zerfall der Staaten und zu Revolution führt - gerade hierin ... liegt die conservative Kraft des parlamentarischen Systems"[1087].

Auf eine dritte Art suchten die Freikonservativen, die Mehrheit der Altliberalen, der rechte Flügel der Nationalliberalen, sowie Teile der Konservativen das Parlaments im verfassungspolitischen Kräftefeld mit der Exekutive zu positionieren. Ihnen ging es nicht um eine Stärkung des Parlaments, sondern vielmehr um dessen Einordnung in die Staatsräson unter den Bedingungen des von Bismarck vorgelegten Verfassungswerkes. Dabei wurde 'Einordnung' vielfach als 'Unterordnung' verstanden. "Der Reichstag scheint mir ... die Aufgabe zu haben, diesen Schwierigkeiten, die aus der vielgestalteten Exekutive hervorgehen, die Spitze abzubrechen und seinerseits die Einheit der Nation in den Vordergrund zu stellen ..."[1088]. Die Vertreter dieser Gruppe richteten dabei die Gestaltung der Verfassungsinstitutionen primär nach ihrer Funktionsfähigkeit im Hinblick auf den zu gründenden, preußisch dominierten Nationalstaat aus. Dieser neu zu gründende Staat beruhe auf einem Bündnis souveräner monarchischer Staaten, deren Zusammenschluß einen schwierigen Prozeß allmählicher Konsolidierung mit sich bringe und daher ein von dem bisherigen konstitutionellen Typus abweichendes Parlament erfordere. Innenpolitische Konflikte zwischen dem Parlament und der Exekutive in dem neuen Bundesstaat wirkten sich aufgrund der bestehenden äußeren Gefahren automatisch staatsgefährdend aus. Gewinne der Staat diesen Kampf, so müsse dies dennoch existentielle Folgen für das unterlegene Parlament zeitigen. Eine Verfassungsinstitution, die - wie in diesem Fall das Parlament - den Staat als Ganzes gefährde, müsse aus dem Verfassungsgefüge herausgenommen werden[1089]. Da somit das Parlament aus Gründen der Staatsräson wie auch aus Gründen der Selbsterhaltung einen wirklichen Konflikt nicht eingehen

1086. Lasker, Stenographische Berichte des konstituierenden Reichstages des Norddeutschen Bundes, 1867, S. 392.
1087. Miquel, Stenographische Berichte des konstituierenden Reichstages des Norddeutschen Bundes, 1867, S. 149.
1088. von Vincke, Stenographische Berichte des konstituierenden Reichstages des Norddeutschen Bundes, 1867, S. 183.
1089. Vincke-Olbendorf, Stenographische Berichte des konstituierenden Reichstages des Norddeutschen Bundes, 1867, S. 158, 542.

könne, sei es nur folgerichtig, bereits verfassungsrechtlich dem Parlament keine Möglichkeit zu geben, derartige Krisen heraufzubeschwören. Als strukturelle Folgerung sollte daher der Militäretat, als das Fundament der Sicherheit des Staates nach außen, dem Zugriff des Parlaments gänzlich entzogen werden[1090]. Auch im Hinblick auf die Ministerverantwortlichkeit griff dieser Teil der Abgeordneten die staatsrechtliche Konstruktion des Bismarckschen Entwurfs auf und erklärte, daß da, wo die Staatsform eine Zentralregierung nicht zulasse, es selbstverständlich auch an der Basis für die "parlamentarische" Verantwortlichkeit der Regierung fehle. Das Gegengewicht zur Exekutive solle vielmehr die Wirkung der öffentlichen Meinung als "oberster Kassationsinstanz"[1091] darstellen.

Eine vierte zahlenmäßig nicht ganz so bedeutende Gruppe, die von konservativen Kreisen getragen wurde, hielt an überholten ständisch geprägten Parlamentsvorstellungen fest. Dies betraf zum einen die Parlamentszusammensetzung[1092], wie auch die Funktion des Parlaments im Machtgefüge der Verfassungsordnung. Der Volksvertretung sei die Aufgabe zuzuweisen, den Steuerzahler vor Überbürdung zu bewahren. Nur soweit, als der Konstitutionalismus sich diese Funktion zueigen gemacht hatte, plädierten sie für ein konstitutionelles Parlament. Jeder darüberhinaus gehende Gedanke jedoch an Kontrollfunktionen und Beschränkungen der Regierungsgewalt lag außerhalb ihrer Theorie. Für die Konservativen waren der Machtbereich und die Prärogativen der Krone unantastbar[1093].

Das Machtinstrument Budgetrecht versuchten die Parlamentarier zumindest grundsätzlich zu wahren, beziehungsweise im Vergleich zu der preußischen Verfassung, die lediglich ein Ausgabenkontrollrecht, jedoch kein Steuerverweigerungsrecht vorsah, zu erweitern. Insofern bestand auch grundsätzlich Einigkeit der Parteien darin, das allgemeine Budgetrecht als das "Abc des

---

1090. Wagener, Stenographische Berichte des konstituierenden Reichstages des Norddeutschen Bundes, 1867, S. 119; Vincke-Olbendorf, Stenographische Berichte des konstituierenden Reichstages des Norddeutschen Bundes, 1867, S. 159, 542 ff.; von Vincke, Stenographische Berichte des konstituierenden Reichstages des Norddeutschen Bundes, 1867, S. 592 ff.

1091. Stenographische Berichte des konstituierenden Reichstages des Norddeutschen Bundes, 1867, S. 329.

1092. Und damit unmittelbar verbunden das Wahlrecht - so hielten viele konservative Abgeordneten weiterhin das allgemeine Wahlrecht für geeignet, auf lange Sicht der Herrschaft der Demokratie, wenn nicht gar der Tyrannis den Weg zu ebnen, vgl. v. Brünneck-Jacobau, Stenographische Berichte preußisches Herrenhaus, 1866/67, S. 103.

1093. Damit unvereinbar war auch der von dem konservativen Wagener vertretene Ansatz, zur Stützung der hergebrachten Monarchie unter Berücksichtigung der sich wandelnden sozialen Indikatoren das allgemeine Wahlrecht zur Grundlage machen wollte, um so mit einer Formierung der Arbeiterbataillone die liberalkapitalistische Vorherrschaft zu bekämpfen; vgl. Saile, Hermann Wagener und sein Verhältnis zu Bismarck, S. 87 ff.

Konstitutionalismus"[1094] zu bewahren[1095]. Sehr streitig war jedoch wie bereits angedeutet die Frage, ob das allgemeine Budgetrecht auch den Militäretat erfassen solle, oder ob dieser Teil des Budgets - der Militäretat war der bei weitem größte Teil des Bundesbudgets - von der jährlichen Bewilligung ausgenommen werden konnte, ohne dadurch das parlamentarische Budgetrecht in seinem Kern zu zerstören.

In diesem Zusammenhang wurden drei Meinungen vertreten. So die Meinung der Linken, unter keinen Umständen von dem Prinzip der jährlichen Bewilligung abzugehen; desweiteren die Meinung der Nationalliberalen, die eine Übergangsphase der Konsolidierung des Bundesstaates ohne parlamentarische Kontrolle des Militärbudgets akzeptierten, es dann aber für unumgänglich hielten, auf den Boden der jährlichen Bewilligung auch des Militäretats zurückzukommen. Die Altliberalen und Konservativen wollten die Heeresorganisation und damit auch die damit verbundenen Kosten auf Dauer parlamentsfrei wissen.

Sämtliche Liberale waren sich im Kern darüber einig, daß das Budgetrecht den wesentlichen Unterschied zwischen einem absolut regierten und einem konstitutionell-verfassungsmäßigen Staat sei. Unterschiede gab es hier jedoch in der Frage der Gestaltung der Ausübung des Budgetrechts.

Die Linken sahen das Parlament in der Ausübung der Ausgabenverweigerung völlig frei und betrachteten somit das Budgetrecht als eine Schranke für den Handlungsfreiraum der monarchisch definierten Exekutive, an der das Parlament über das Budgetrecht partizipiere[1096]. Für sie war die Durchbrechung des Budgetrechts beim Militäretat gleichzusetzen mit der Errichtung des Absolutismus[1097].

Die Nationalliberalen traten grundsätzlich ebenfalls für die Integration des Heeresetats in das jährlich vom Parlament zu verabschiedende Budget ein. Daher fiel ihnen auch die Begründung ihres schließlich eingegangen Kompro-

---

1094. Stenographische Berichte des konstituierenden Reichstages des Norddeutschen Bundes, 1867, S. 642.

1095. Selbst die Konservativen rührten nicht an dieser Grundfeste, wenngleich sie das Budgetrecht auf das aus altständischen Privilegien entwickelte Bewilligungsrecht zurückführten.

1096. Diese parlamentarische Kontrolle ziele auf die Einhaltung einer Politik, die in Übereinstimmung mit der 'öffentlichen Meinung' stehe, mithin einer Politik, die den konstitutionellen Grundbedingungen entspreche, vgl. Stenographische Berichte des konstituierenden Reichstages des Norddeutschen Bundes, 1867, S. 644. Waldeck führte dies in besonderer Deutlichkeit aus, als er forderte, daß die Minister im Fall eines Dissenses ihrer Politik mit der öffentlichen Meinung ihren Platz zu räumen hätten, vgl. Stenographische Berichte des konstituierenden Reichstages des Norddeutschen Bundes, 1867, S. 641 ff. Er hielt dies - in Anspielung auf die politische Ministerverantwortlichkeit - nicht für ein Gebot parlamentarisch-demokratischer Anschauung, sondern für einen Ausfluß des Konstitutionalismus.

1097. Waldeck, vgl. Stenographische Berichte des konstituierenden Reichstages des Norddeutschen Bundes, 1867, S. 538.

misses schwer. Die Festlegung eines Normaletats in dem vorgelegten Verfassungsentwurf war diesbezüglich zweifellos die schwerste Hürde, die anfangs der Verhandlungen einer Einigung mit den verbündeten Regierungen aus der Sicht der Nationalliberalen im Wege stand[1098]. Zwar waren die Nationalliberalen bereit, die militärische Streitfrage des preußischen Heereskonfliktes, die Heeresreorganisation, durch den militärischen Erfolg Preußens als im Sinne der Regierung entschieden zu betrachten[1099] und die entsprechenden Gesetzesvorschläge sogar auf Verfassungsebene zu verankern, doch war damit noch nicht die Frage des Normaletats gelöst. Im Interesse einer Einigung brachten sie schließlich unter Hinweis auf die Gefährdung des Gesamtstaates durch den Partikularismus - der durch die Schwächung des Militärs gestärkt werde - auch dieses konstitutionelle Opfer, das in der Einschätzung ihres linken Flügels das Budgetrecht fast zum bloßen Schein degradierte[1100]. Zu rechtfertigen war dieses Zugeständnis an den Entwurf allein mit der Aussicht auf die spätere Wiederherstellung der unversehrten alljährlichen Bewilligung des Militäretats durch das Parlament. Andernfalls werde die vorübergehende Diktatur zur dauernden Aufhebung des Verfassungsrechts - mithin des Konstitutionalismus - ausarten. Dort aber, wo die Zukunft des Konstitutionalismus kompromittiert werde, sei dem Verhandlungsspielraum des Liberalismus die Grenze des "bis hierher und nicht weiter" gesetzt[1101]. Ein Verzicht auf die absoluten Essentialia des Budgetrechtes ließen sich für die Liberalen somit auch nicht im Hinblick auf die Vollendung des Nationalstaates rechtfertigen.

Inhaltlich bestand zwar auch für die Nationalliberalen an dem Postulat der uneingeschränkten Budgetbewilligung kein Zweifel[1102], da andernfalls das Budgetrecht eine stumpfe Waffe sei, jedoch stand gleichzeitig fest, daß das "constitutionelle Recht und die constitutionelle Moral ... für jede Volksvertretung ihre Grenzen an den bestehenden Gesetzen" hätten und daß daher eine Ablehnung der auf bestehender gesetzlicher Grundlage beruhenden Finanzbedürfnisse praktisch undenkbar sei[1103].

---

1098. Bennigsen, vgl. Stenographische Berichte des konstituierenden Reichstages des Norddeutschen Bundes, 1867, S. 163.
1099. Lasker, Stenographische Berichte des konstituierenden Reichstages des Norddeutschen Bundes, 1867, S. 554.
1100. Lasker, Stenographische Berichte des konstituierenden Reichstages des Norddeutschen Bundes, 1867, S. 554.
1101. Forckenbeck, Stenographische Berichte des konstituierenden Reichstages des Norddeutschen Bundes, 1867, S. 571; Miquel, Stenographische Berichte des konstituierenden Reichstages des Norddeutschen Bundes, 1867, S. 598; Twesten, Stenographische Berichte des konstituierenden Reichstages des Norddeutschen Bundes, 1867, S. 601.
1102. Stenographische Berichte des konstituierenden Reichstages des Norddeutschen Bundes, 1867, S. 708.
1103. Stenographische Berichte des konstituierenden Reichstages des Norddeutschen Bundes, 1867, S. 602.

Hier kam eine bedeutend mehr auf Konsens ausgerichtete Haltung der Liberalen zum Budgetrecht zum Ausdruck als bei den Linken. Dieses Erfordernis der Übereinstimmung zwischen Regierung und Parlament - König und Volk - sei die unerläßliche Voraussetzung eines konstitutionellen Staatslebens und zugleich dessen Ziel. Benutzte man das konstitutionellen Budgetrecht lediglich als Kampfmittel stelle sich bald die grundsätzlich Frage nach der Berechtigung eines solchen Verfassungsstaates[1104].

Die Konservativen und Altliberalen bestanden hingegen darauf, den Militäretat als ein "noli me tangere" zu betrachten[1105]. Unter Bezugnahme auf außenpolitische Gesichtspunkte hoben sie die Stabilität des Heeres als eine Grundvoraussetzung der Existenz des Bundes hervor, was es verbiete, den Militäretat in das Belieben des Parlaments zu stellen[1106]. Daher forderten sie zugunsten der militärischen Ausgaben ein bestimmtes Pauschquantum - das heißt einen bestimmten für mehrere Jahre feststehenden Betrag pro Soldat - festzulegen. Diese faktische Beeinträchtigung des Budgetrechts rechtfertigten sie unter anderem mit einem Rückgriff auf den preußischen Verfassungskonflikt. Die preußische Staatsführung habe im Interesse der Erhaltung des Staates und der Wahrung der Staatsmacht unter Berücksichtigung der in Preußen geltenden Verfassungsnormen keine andere Wahl gehabt, als den Etatbeschlüssen des Parlaments zuwiderzuhandeln, wofür im Nachhinein selbst das Parlament der Regierung seinen Dank erwiesen habe. Das Parlament könne aber unmöglich - schon im Interesse seiner eigenen Autorität - nicht an der verfassungsrechtlichen Fixierung von Kompetenzen interessiert sein, bei deren Ausschöpfung die Exekutive genötigt sein könne, im Extremfall dagegen zu verstoßen[1107].

Unabhängig von der Frage der Einbeziehung des Militäretats in das parlamentarische Budgetrecht kam es zwischen den Konservativen und Altliberalen einerseits, sowie den Liberalen andererseits auch zu Auseinandersetzungen bezüglich der Reichweite des allgemeinen Budgetrechts. Insbesondere die Konservativen polemisierten hierbei gegen die Liberalen, die durch eine exzessive Ausübung des Budgetrechtes den Parlamentarismus einzuführen suchten. Insoweit wiederholten sich in diesen Debatten die Auseinandersetzungen aus dem preußischen Abgeordnetenhaus aus den Jahren des Verfassungskonfliktes. Die Liberalen beabsichtigten - nach Ansicht der Konservativen - un-

---

1104. Stenographische Berichte des konstituierenden Reichstages des Norddeutschen Bundes, 1867, S. 602.
1105. Wagener, Stenographische Berichte des konstituierenden Reichstages des Norddeutschen Bundes, 1867, S. 119.
1106. Friedenthal, Stenographische Berichte des konstituierenden Reichstages des Norddeutschen Bundes, 1867, S. 648.
1107. Vincke-Olbendorf, Stenographische Berichte des konstituierenden Reichstages des Norddeutschen Bundes, 1867, S. 158.

mittelbaren Einfluß auf die Entscheidungen der Exekutive zu gewinnen, das Budgetrecht mithin als Mittel einzusetzen, um die Regierung zu Konzessionen auch jenseits der Etatsätze zu zwingen[1108]. Durch eine derartig mißbräuchliche Ausübung des Budgetrechtes könnten die Liberalen jederzeit die Staatsinstitutionen in Gefahr bringen[1109]. Ein solches "Budgetrecht des republikanischen Parlamentarismus mit einem monarchischen Mäntelchen"[1110] sei ein Verstoß gegen das Kompromißgebot des Konstitutionalismus und ein Eingriff in die Prärogative der Krone.

Die Liberalen beharrten jedoch auf einer extensiven Auslegung des Rechts auf jährliche Budgetfeststellung, wenngleich es keineswegs ihrem Verständnis von Konstitutionalismus entsprach, in dem Budgetrecht ein Mittel zu einer 'Revolution auf kaltem Wege' zu sehen, durch das sie die Regierung zu einem ihren Mehrheitsbeschlüssen unterworfenen Organ machen könne. Das liberale Beharren auf das uneingeschränkte Budgetrecht ließ sich gerade auch im Hinblick auf ihren Verzicht auf die Umsetzung anderer konstitutioneller Grundelemente erklären, so nach dem Verzicht auf ein nationales Ministerium, auf die juristische Ministerverantwortlichkeit und den konsequenten Einschluß des Militäretats in die parlamentarische Budgetkontrolle. Die volle Umsetzung des Budgetrechts - außerhalb des Militäretats - erschien ihnen als letzte verbleibende Garantie zur Wahrung einer verfassungsmäßigen Regierungsweise der monarchischen Exekutive.

Die parlamentarischen Erfolge der Liberalen auf diesem Gebiet - die Budgetperiode wurde von einer dreijährigen in eine einjährige verkürzt; neben der Ausgabenseite wurde nun auch die Einnahmenseite von Budgetrecht erfaßt - verblassen jedoch neben dem Erfolg der Regierung, den Militäretat grundsätzlich aus den Haushaltsberatungen heraushalten zu können. Die letztlich getroffene Regelung bot allenfalls eine theoretischen Ansatz zur Rückkehr zu geregelten Formen der etatrechtlichen Behandlung der Militärausgaben.

Der Heeresetat blieb dem Reichstag zunächst entzogen. Man einigte sich schließlich im Reichstag darauf, den Etat auf vier Jahre, bis Ende 1871, festzuschreiben. Der Marineetat wurde gänzlich in die jährliche Zustimmungsbefugnis des Reichstags überführt. Das Bestreben des Reichstages, maßgeblichen Einfluß auf das Heeresbudget zu erlangen, war eigentlich erst 1893 erfolgreich, als die Heeresbudgetperiode verkürzt wurde.

Die Verfassungsgarantie des Militäretats und deren Entzug aus dem parlamentarischen Budgetrecht bedeutete für jeden deutlich erkennbar, daß die

1108. Scherer, Stenographische Berichte des konstituierenden Reichstages des Norddeutschen Bundes, 1867, S. 621.
1109. von Vincke, Stenographische Berichte des konstituierenden Reichstages des Norddeutschen Bundes, 1867, S. 567.
1110. Blanckenburg, Stenographische Berichte des konstituierenden Reichstages des Norddeutschen Bundes, 1867, S. 719.

Armee in dem neu zu gründenden Bundesstaat eine besondere Rolle zu spielen habe. Mit dem auf dem Schlachtfeld errungenen Sieg meinte die Führung, den Anspruch auf die extrakonstitutionelle Stellung der Armee begründet zu haben. Die Behandlung des Militärs blieb somit weiterhin weniger eine verfassungsrechtliche als vielmehr eine Machtfrage. Das Parlament sollte keinesfalls die Möglichkeit bekommen, über das jährliche Budgetrecht die Existenzgrundlage der Armee in Zweifel ziehen zu können. Es sollte nicht dazu kommen, daß das Militär von einer guten Zusammenarbeit zwischen der Exekutive und dem Parlament abhängig wird. Insoweit, als der Parlamentseinfluß vor dem Garanten staatlicher Macht nach innen und nach außen Halt machen sollte, wahrten sie besonders augenfälligen den Dualismus der konstitutionellen Theorie.

Im Zusammenhang mit dem Heeresetat und dem Militärwesen brachten viele Beteiligte - gerade auch im Reichstag - ihre Furcht vor bonapartistischen, cäsaristischen Tendenzen, die in der Verfassung angelegt sein könnten, zum Ausdruck. Bereits am 30. März führte Twesten zur Charakteristika des Entwurfes aus: "Auf der einen Seite die militärische Kraft, fester und ausgedehnter denn als je, in kriegsherrlicher Hand zusammengefaßt, und daneben das allgemeine, gleiche, direkte Wahlrecht: das sind die Mittel, mit denen in Frankreich die cäsaristische Diktatur aufgebaut ist."

Bismarcks Vorgehensweise im Zusammenhang mit der Gründung des Norddeutschen Bundes, die Annexion selbständiger Staaten und die damit einhergehende Vertreibung souveräner und legitimer Fürsten nach dem Krieg, sowie die Spekulation um die Auswirkungen des demokratischen Wahlrechts ließen auch im Reichstag immer wieder den naheliegenden Vergleich mit dem zeitgenössischen System in Frankreich aufkommen. Anspielungen waren dabei aber mehr als Warnung vor einer Fehlentwicklung gedacht, denn als Beschreibung des deutschen Ist-Zustandes. Zugleich fanden auch die Unterschiede beider Nationen ihre Betonung. Auf der einen Seite der zentralistisch ausgerichtete, in seiner nationalen Entwicklung abgeschlossene Einheitsstaat, dessen Dynastie in einer Revolution vernichtet oder doch zumindest entscheidend geschwächt worden war, auf der anderen Seite das zerstückelte, seine nationale Einheit weiterhin suchende, von dem Dualismus der beiden deutschen Großmächte gelähmte Deutschland, das nach der militärischen Vorentscheidung unter der Führung der aufstrebenden Macht Preußen einen erneuten Anlauf zur nationalen Einigung unternahm und den preußischen König zum legitimen Monarchen aller Deutschen einsetzen wollte.

Aus ganz unterschiedlichen Gründen war das napoleonische Herrschaftssystem für keine der Fraktionen des Reichstages erstrebenswert. Der Vergleich des auf die Bismarcksche Grundkonzeption zurückgehenden Verfassungsentwurfes mit dem französischen Bonapartismus war daher stets der Versuch, die hinter dem Entwurf liegenden taktischen Überlegungen Bismarcks zu offenbaren.

So weckte das allgemeine Wahlrecht insbesondere bei den Nationalliberalen die Assoziation, daß es Bismarck auf die Kopie eines wesentlichen Strukturelements des napoleonischen Herrschaftssystems abgesehen haben könnte, das Bündnis der Staatsmacht mit den städtischen und ländlichen Massen gegen das liberale staatstragende Bürgertum[1111]. Es lag die Befürchtung nahe, daß die extremen Pendelschläge zwischen demokratischem Wahlrecht und starker Monarchie, mithin zwischen Reaktion und Demokratie, zur Verdrängung der liberalen Mittelparteien führen werde.

Die Fortschrittler knüpften ihren entsprechenden Vorwurf weniger an das Wahlrecht, als an die scheinkonstitutionellen Elemente der Verfassung, die ihren bonapartistisch-absolutistischen Kern kaum verhülle[1112] und vor allem an die verfassungsrechtliche Stellung des Militärs, ihres Oberbefehls und seiner Parlamentsfreiheit[1113]. Der mit außerordentlichen Kompetenzen ausgestattete Bundesfeldherr vermöge im Wege der Bundesexekution oder durch Verhängung des Belagerungszustandes die verbleibenden konstitutionellen Rechte aufzuheben[1114]. Eine solche Machtkonzentration bei dem Bundesoberhaupt entspreche eher der Stellung eines Militärtribuns als der eines konstitutionellen Monarchen. Diese Funktionsverschiebung des Staatsoberhauptes in seiner Funktion als Bundespräsidium und als Bundesfeldherr wurde von vielen Beteiligten als eine qualitative Veränderung der konstitutionellen Monarchie in Richtung auf eine Militärdiktatur interpretiert[1115]. Bei diesen Gedankengängen fand jedoch keine Verknüpfung des in die Verfassungskonstruktion hineingelesenen bonapartistischen Herrschaftsmoments mit der Person Bismarcks statt. Bei rein normativer Betrachtung der Verfassungsartikel war neben dem preußischen König - als Bundespräsidium und Bundesfeldherrn - kein Platz mehr für eine weitere starke Führungspersönlichkeit. Daß Bismarck aus der Stellung des Bundeskanzlers aufgrund seiner Persönlichkeit eine politische Schlüsselposition machen würde, erwogen möglicherweise viele Abgeordneten nicht ernsthaft.

---

1111. Stenographische Berichte des konstituierenden Reichstages des Norddeutschen Bundes, 1867, S. 418, 423.
1112. Schulze-Delitzsch, Stenographische Berichte des konstituierenden Reichstages des Norddeutschen Bundes, 1867, S. 722.
1113. Über die verschiedenartigen Teile der Bundesverfassung erhebe sich "ein Zentralbau, halb preußische Kaserne, halb Cäsarenpalast", Ziekursch, Politische Geschichte des neuen deutschen Kaiserreiches, Bd. 1, S. 225.
1114. Stenographische Berichte des konstituierenden Reichstages des Norddeutschen Bundes, 1867, S. 404.
1115. Mallinckrodt, Stenographische Berichte des konstituierenden Reichstages des Norddeutschen Bundes, 1867, S. 157.

Gerade aber durch den Verzicht auf die Realisierung des juristisch abgesicherten Ministerverantwortlichkeitsprinzips wurden viele verfassungsrechtliche Fragen zu Machtfragen - und hier konnte Bismarck seine Talente ausspielen. Der Liberalismus, der noch im Verfassungskonflikt in seiner Argumentation darauf achtete, strittige Probleme auf rechtlichen Ebenen zu diskutieren, verzichtete nun im Interesse der Stabilisierung der preußischen Interessen und der Vorherrschaft Preußens bewußt auf die Einführung von Rechtsprinzipien.

Bismarck zeigte sich im Rahmen der Verhandlungen über das allgemeine Budgetrecht kompromißbereit. Die Folge, die das Nachgeben Bismarcks in der Frage der jährlichen Haushaltsgenehmigung durch den Reichstag später unter den sich wandelnden Bedingungen des sozialen Interventionsstaates haben sollte, war zu dem Zeitpunkt der Verfassungsverhandlungen - in einer Phase der prosperierenden Freihandelsära - nicht absehbar.

Betrachtet man die Verhandlungen aus liberaler Sicht, konnten als Erfolge das Budgetrecht gelten, das - mit Ausnahme der Militärausgaben[1116] - parlamentarische Rechte garantierte, sowie die Vereinheitlichung und Modernisierung des vergrößerten Wirtschaftsraumes auch in institutioneller Hinsicht. Dagegen war die föderale Verfassungsstruktur, die die Hegemonie Preußens bekräftigte, mit dem Ausschluß eines zentralen Ministeriums eine institutionelle Barriere für die zu schaffende parlamentarische Verantwortlichkeit der monarchischen Regierung im Sinne eines parlamentarischen Mitspracherechts bei der Ernennung des Kanzlers.

Bismarcks Betonung des nationalen Motivs stellte sich letztlich als ungewöhnlich starkes taktisches Mittel dar, um die bedeutendste Gruppe der Liberalen auf die Ziele der preußischen Regierung zu fixieren[1117]. Wenngleich eine Minderheit der Liberalen bei den hergebrachten Zielen - und damit in der Opposition - verharrte, erhielt doch der Gedanke eines liberal-demokratischen Verfassungsstaates in Deutschland aufgrund des Bündnisses der Liberalen mit Bismarck einen entscheidenden Dämpfer. Gleichzeitig begab sich der politische Liberalismus damit auch seiner nationalen Führungsrolle; die Initiative war auf Bismarck, den konservativen Gegenspieler übergegangen.

Hier nur kurz erwähnt sei die weitgehende Übereinstimmung in der Frage der Kompetenzerweiterung des Bundesstaates im Hinblick auf Handel, Wirtschaft und Verkehr. Diese Bereiche sind durch entsprechende Anträge im

---

1116. Die Lösung, daß die gegenwärtige Regelung nur ein Kompromiß sei, stellte weder den Reichstag, noch die preußischen Militärs zufrieden. Die somit in gewissen zeitlichen Abständen zu erwartenden Krisen schafften Bismarck jedoch ein Druckmittel, das sich wahlweise gegen das Parlament, wie auch gegen die Verbündeten Regierungen und das (preußische) Militär einsetzen ließ.

1117. Die angedeutete Tendenz der Liberalen, teilweise bedingungslos sich der Regierungspolitik zu verschreiben, wurde unter anderem als 'Tragödie' bezeichnet, Sell, Die Tragödie des deutschen Liberalismus.

Parlament noch über die bereits im Entwurf enthaltene bundesstaatliche Kompetenz erweitert worden. Die bereits erwähnte Betonung der militärischen Komponente der Verfassung erhielt hier auch eine innenpolitischen Bedeutung dahingehend, daß Heer und Marine als Flankenschutz für wirtschaftliche Interessen dienen konnten[1118] und somit zugleich eine Brücke zwischen bürgerlichen und militärischen Führungsschichten geschlagen werden konnte.

Nach Abschluß der Verhandlungen wurde der Entwurf der verbündeten Regierungen unter Einbeziehung der im Reichstag beschlossenen Veränderungen am 16.4.1867 mit 230 gegen 53 Stimmen[1119] vom Reichstag angenommen. Noch am gleichen Tag trat die Konferenz der Bevollmächtigten der norddeutschen Bündnispartner zusammen, um über das Ergebnis der Verhandlungen des Reichstages zu beraten. Mit Zustimmung der verbündeten Regierungen gab Bismarck bereits am 17.4.1867 den Reichstagsabgeordneten bekannt, daß die Regierungen die Reichstagsbeschlüsse einstimmig akzeptiert hätten[1120]. Bismarck machte dabei die Einschränkung, daß die nunmehr erarbeitete Verfassung "nach Maßgabe der in den einzelnen Länder bestehenden Verfassungen zur gesetzlichen Geltung" zu bringen sei[1121]. Nachdem anschließend die jeweiligen Landtage - soweit diese ein Zustimmungsrecht für sich beanspruchten - die Bundesverfassung angenommen hatten, trat sie schließlich mit Wirkung vom 1.7.1867 in Kraft[1122].

### c. Die verabschiedete Verfassung des Norddeutschen Bundes

Das Ergebnis der Verfassungsberatungen insbesondere im konstituierenden Reichstag kann man entweder als den einseitigen Triumph Bismarcks bezeichnen, dem es gelang, die Grundzüge seiner Verfassungspolitik, wie er sie in den Putbuser Diktaten niedergelegt hatte, durchzusetzen, oder aber als einen Kompromiß zwischen den Beteiligten, der in etwa die real bestehenden Machtverhältnisse und die dadurch geschaffenen verfassungspolitischen Spielräume widerspiegelte. Der Norddeutsche Bund sei, wie Hermann Wegener es formu-

1118. Vgl. die Diskussion über den Aufbau einer starken Marine, sei es aus militärischen oder aus ökonomischen Interessen, Stenographische Berichte des konstituierenden Reichstages des Norddeutschen Bundes, 1867, S. 520 ff.
1119. Stenographische Berichte des konstituierenden Reichstages des Norddeutschen Bundes, 1867, S. 728 f.
1120. Stenographische Berichte des konstituierenden Reichstages des Norddeutschen Bundes, 1867, S. 731.
1121. Stenographische Berichte des konstituierenden Reichstages des Norddeutschen Bundes, 1867, S. 731 f.
1122. Text der Verfassung bei Huber, Dokumente, Bd. 2, S. 272 ff.

lierte, kein "Kind von konstitutionellen Eltern"[1123]. Der nationalliberale Bennigsen jedenfalls stellte die erfolgte Gründung des Norddeutschen Bundes über das nicht erfolgreiche Umsetzen liberaler Verfassungsziele. Es sei "der größte Fortschritt definitiv begründet, den Deutschland seit der Reformationszeit gemacht hat"[1124].

Die Verfassungskonzeption verfolgte - wie bereits angedeutet - vor allem politische Ziele und war auf deren Verwirklichung angelegt, nicht darauf, staatsrechtstheoretischen Modellen gerecht zu werden. Stärke und Schwäche zugleich dieser Verfassung schien die Distanz zu Prinzip und System zu sein[1125].

Diese realpolitischen Kompromisse schlossen sowohl das Beharren auf den Erhalt beziehungsweise die Wiedereinführung absolutistischer Machtstrukturen aus, wie sie auch die Durchsetzung einer demokratisch legitimierten Herrschaft ausschlossen. Dennoch bildeten das monarchische Prinzip und die preußische Hegemonie die Grundlage der Verfassungskonzeption und ihre Leitidee bestand in der Absicht, die Parlamentsherrschaft im Reich dauerhaft zu verhindern. Insofern lag hier die deutliche Tendenz begründet, den 'deutschen Typ' eines verfassungsrechtlichen Konstitutionalismus - der in der staatsrechtlichen Literatur bereits als solcher Eingang gefunden hatte[1126] - von anderen europäischen Entwicklungslinien, die in Richtung Parlamentarismus zielten, abzukoppeln.

Der Norddeutsche Bund verfügte über ein Organ der Volksvertretung, den Norddeutschen Reichstag, ein Organ der Ländervertretungen zur Mitwirkung an der Legislative wie an der Exekutive, den Bundesrat und ein Organ der Exekutive, das Präsidium. Der Name Präsidium deutet zwar auf ein Kollegialorgan hin, war aber in seiner Verknüpfung mit der preußischen Krone gemäß Art. 11 ein monokratisches Organ. Der König von Preußen wurde dadurch praktisch zum 'Präsidenten' des Norddeutschen Bundes[1127].

Die exekutivischen Befugnisse des Präsidiums waren aber nicht sonderlich stark ausgebildet, wenngleich hier das politische Entscheidungszentrum des Norddeutschen Bundes lag. Dem Präsidium stand die völkerrechtliche Vertretung des Bundes zu, sowie die Befugnis, im Namen des Bundes Krieg zu erklären und Frieden zu schließen. Es hatte ferner die Befugnis, den

---

1123. Stenographische Berichte des Reichstages des Norddeutschen Bundes, 1868, Bd. 1, S. 317.
1124. Oncken: Rudolf von Bennigsen, Bd. 2, S. 62.
1125. Vgl. hierzu Bismarcks nachträglich geäußerte Bemerkung über die Verfassung: "Theoretisch kann man viel darüber sagen, praktisch war sie der Abdruck dessen, was damals tatsächlich vorhanden und was in der Folge dessen möglich war, mit der geringen Ausdehnung und Richtigstellung, die sich damals im Augenblick machen ließ", Rede vom 5.3.1878, vgl. Kohl, Die politischen Reden des Fürsten Bismarck, Bd. 7, S. 156.
1126. Vgl. hierzu unten.
1127. Kimminich, Deutsche Verfassungsgeschichte, S. 409.

Reichstag und den Bundesrat zu berufen, zu eröffnen, zu vertagen und zu schließen. Es kontrollierte die Ausführung der Bundesgesetze in allen Mitgliedstaaten. Ferner hatte das Bundespräsidium den Oberbefehl über alle Streitkräfte des Bundes in Kriegs- und Friedenszeiten. Es ernannte und entließ den Bundeskanzler, der durch die 'lex Bennigsen' in den Mittelpunkt des Verfassungslebens rücken sollte.

Dessen verfassungsrechtlichen Befugnisse waren ebenfalls unter der Überschrift 'Bundespräsidium' geregelt, wodurch bereits dessen Nähe zum Präsidium - und nicht zum Reichstag - deutlich wurde. Die präsidialen Akte bedurften zu ihrer Gültigkeit der Gegenzeichnung des dem Reichstag verantwortlichen Ministers. Diese Abhängigkeit des Bundeskanzlers stiftete jedoch keine Abhängigkeit vom Mehrheitswillen des Parlaments, da einzig und allein das Bundespräsidium die Befugnis hatte, den Bundeskanzler zu ernennen. Die realpolitische Verantwortlichkeit bestand allein gegenüber dem Präsidium.

Dennoch verschaffte gerade diese doppelte Abhängigkeit des Bundeskanzlers von Bundespräsidium und Reichstag dem Amtsinhaber sehr große politische Unabhängigkeit und Entscheidungsfreiheit, was Bismarck stets zu nutzen wußte. Gewichtet man die einzelnen Organe der Verfassung des Norddeutschen Bundes nach der tatsächlichen Bedeutung ihrer politischen Funktion für das Ganze, so wird man konstatieren müssen, daß sowohl dem Bundesrat wie dem Reichstag, verglichen mit dem Kompetenzgefälle von Bundespräsidium und insbesondere Bundeskanzler, fast nur dekorative Aufgaben blieben. Die Verfassungswirklichkeit sollte also deutlich von dem Verfassungstext abweichen.

## II. DAS DEUTSCHE REICH VON 1871

### 1. Die historische Entwicklung Deutschlands vom Norddeutschen Bund zum Deutschen Reich

Es war das auch nach der Gründung des Norddeutschen Bundes fortbestehende Ziel Bismarcks, die deutsche Einheit im Sinn der kleindeutschen Lösung durch die Verbindung des Norddeutschen Bundes mit den süddeutschen Ländern zu verwirklichen. Eines der Organe des Norddeutschen Bundes - der Norddeutsche Reichstag - trug einen in dieser Hinsicht verräterischen Namen. Während sonst in der Verfassung immer nur vom Bund und von Bundesorganen die Rede war, tauchte hier erstmals der Begriff "Reich" auf. Ein Begriff, der lange Jahre untrennbar mit dem Begriff des "Kaisers" verbunden war. Unabhängig von der Frage, ob Bismarck alte universale Traditionen wiederbeleben wollte, ging es ihm nach der Gründung des Norddeutschen Bundes darum, mit dem Begriffspaar 'Kaiser und Reich' entsprechende nationale Emotionen in der Bevölkerung zu schüren.

Die Einflußnahme Preußens auf die süddeutschen Staaten wurde trotz deren völkerrechtlicher Unabhängigkeit vor allem auf zwei Ebenen ermöglicht. Zum einen stellten die mit den süddeutschen Staaten abgeschlossenen Schutz- und Trutzbündnisse, die neben den Friedensverträgen abgeschlossen wurden, bereits "die militärische Überwindung der Mainlinie"[1128] dar, zum anderen sicherte der Zollverein Preußens Einfluß auf Süddeutschland.

Bismarck setzte auf die Weiterentwicklung des Zollvereins. Auf dem Gebiet der Zoll- und Wirtschaftsgesetzgebung sollte er bereits eine bundesstaatliche Funktion ausüben. Zu diesem Zweck sollte auch ein Zollparlament entstehen, das ebenfalls auf der Grundlage des allgemeinen, gleichen und direkten Wahlrechts gewählt werden sollte. Bismarck versprach sich gerade dadurch auch eine Stärkung unitarischer Tendenzen in der Bevölkerung der süddeutschen Staaten. Nach dem Inkrafttreten des neuen Zollvertrages am 1.1.1868 waren die liberalen Parteigruppierungen, die zusammen mit Bismarck die nationale Einigung unter preußischer Vorherrschaft vollenden wollten, zuversichtlich: "Das Zollparlament ist der erste Ausdruck der deutschen Einheit, die erste Brücke, die über den Main geschlagen wird"[1129]. Die Wahl zum Zollparlament wurde dann aber mehrheitlich von Parteien mit partikularistischen Zielen gewonnen, so daß all diejenigen, die eine Lösung der nationalen Frage im kleindeutschen Sinne zum frühestmöglichen Zeitpunkt erstrebten, enttäuscht sein mußten. Die Gegner eines Zusammenschlusses unter preußischer Vorherrschaft hatten eine wirksame Parole, mit der sie die Folgen darstellten, die sich aus einem solchen Zusammenschluß für die Süddeutschen ergäbe: "Steuern zahlen ... Soldat sein ... Maul halten."

Die erfolgte nationale Einigung wurde dann durch den Krieg mit Frankreich initiiert. Nach dem Sieg gegen Österreich rückte für Preußen das Verhältnis zu Frankreich in der Vordergrund. Frankreich seinerseits betrachtete die sich abzeichnende Einigung Deutschlands mit Sorge und fürchtete um seine Vormachtstellung in Europa. Bereits 1869 war wohl den an der nationalen Einigung Interessierten in der Berliner Führung bewußt, daß eine militärische Auseinandersetzung mit Frankreich unvermeidlich sei[1130].

Der tatsächliche Anlaß, der dann zum deutsch-französischen Krieg führte, war von sekundärer Bedeutung. Einem Mitglied der katholischen Nebenlinie des preußischen Herrscherhauses, dem Prinzen Leopold von Hohen-

1128. Bußmann, Das Zeitalter Bismarcks, S. 92.
1129. Zitiert nach Mommsen, Das Ringen um den nationalen Staat, S. 197.
1130. Bismarck ließ den preußischen Gesandten in München wissen: "Daß die deutsche Einheit durch gewaltsame Ereignisse gefördert werden würde, halte ich für wahrscheinlich."

zollern-Sigmaringen, war der spanische Thron angetragen worden. Frankreich betrachtete die Aussicht, daß ein Hohenzoller das Land an seiner Südgrenze beherrschen werde, mit großem Argwohn. Nach vielen diplomatischen Verwicklungen und Ränkespielen verzichtete der Prinz auf den Thron. Damit gab sich Frankreich aber nunmehr nicht mehr zufrieden. Es wollte vielmehr nach diesem diplomatischen Sieg eine diplomatische Demütigung Preußens. Es kam zu einem Zusammentreffen zwischen dem in Bad Ems weilenden preußischen König und dem französischen Gesandten, in dessen Verlauf der französische Gesandte vom preußischen König eine Garantie forderte, daß die Hohenzollern niemals wieder nach der spanischen Krone griffen. Zudem sollte sich Wilhelm I. schriftlich bei der französischen Regierung für die durch die Kandidatur ausgelöste Krise entschuldigen. Dieses französische Ansinnen galt nach damaligen Regeln als direkter diplomatischer Angriff auf Preußen und kam einer Kriegserklärung nahe. Wilhelm I. lehnte ein solches Ansinnen als Zumutung ab und ließ Bismarck über das Gespräch durch die später so genannten 'Emser Depesche' informieren. Der Bundeskanzler wiederum verlieh der Nachricht durch die Abänderung des Textes eine für Frankreich provozierende Note und veröffentlichte sie anschließend[1131]. Daraufhin erklärte Frankreich Preußen den Krieg[1132] - ganz so wie es Bismarcks Plänen entsprach. Nun fühlten sich Baden, Württemberg und Bayern aufgerufen, entsprechend ihren Pflichten aus den mit Preußen abgeschlossenen Schutz- und Trutzbündnissen vom 22.8.1866 militärischen Beistand zu leisten. Das als feindselig angesehene Verhalten Frankreichs hatte eine Stärkung der deutsch-nationalen Stimmung in den süddeutschen Ländern zur Folge. Nach dem Sieg über die französischen Truppen bei Sedan am 2.9.1870, der Eroberung von Paris und der Gefangennahme von Napoléon III. waren die äußeren Bedingungen des Vollzuges der deutschen Einigung geschaffen[1133].

Die Veröffentlichung der Emser Depesche durch Bismarck bewirkte vor allem in Süddeutschland einen deutlichen Stimmungsumschwung. Nun war nicht mehr Preußen innerhalb Deutschlands, sondern Frankreich im Verhältnis zu allen deutschen Staaten isoliert. Die süddeutschen Staaten zogen an der Seite Preußens in den Krieg gegen Frankreich, der nach Bismarcks Intention sowohl das französische Kaisertum wie auch den süddeutschen und den preußischen Partikularismus besiegen sollte.

Bereits im Vorfeld der diplomatischen Krise und des daraus erwachsenden Krieges kam die Kaiseridee wieder zum Tragen. War bereits die gesamte

---

1131. Emser Depesche in der ursprünglichen, wie auch in der durch Bismarck redigierten Fassung, bei Huber, Dokumente, Bd. 2, S. 324.

1132. Kriegserklärung Frankreichs an Preußen vom 19. Juli 1870 bei Huber, Dokumente, Bd. 2, S. 325.

1133. Vgl. zu den äußeren Ereignissen Huber, Verfassungsgeschichte, Bd. 3, S. 702 ff.

Konstruktion der Verfassung des Norddeutschen Bundes - auch - darauf angelegt, den süddeutschen Staaten den Eintritt in den Bund zu ermöglichen, so griff Bismarck vor allem zu diesem Zweck nunmehr wieder den Plan einer Erneuerung des Kaisertums auf. Der leitende Gedanke dabei war, daß sich die süddeutschen Fürsten einem "deutschen Kaiser", der gleichsam als primus inter pares agiere, leichter würden unterordnen können, als einem König von Preußen. Dementsprechend wollte Bismarck keine Umgestaltung der bisherigen Stellung des Bundespräsidiums, sondern vielmehr dessen Fortsetzung und Stärkung. Der Kaisertitel sollte das abstrakte Neutrum Präsidium durch einen dynamischen Titel ersetzen und zugleich "die politische und dynastische Würdigung des Unterschieds zwischen kaiserlich deutschen und königlich preußischen Präsidialrechten" ermöglichen. Der Kaisertitel nahm somit - zumindest nach außen - Rücksicht auf die partikularistischen Interessen und Souveränitätsgefühle der süddeutschen Fürsten. "Preußische Autorität innerhalb der Grenzen Bayerns ausgeübt ist neu und wird die bayerische Empfindung verletzen, ein deutscher Kaiser aber ist nicht der im Stamme verschiedene Nachbar Bayerns, sondern der Landsmann"[1134]. Das Inausichtstellen einer Kaiserfigur sollte zunächst Mittel zum Zweck sein: "Mit diesem scheinbar so unschuldigen Apparate wird man in Süddeutschland, vor allem in Bayern, Wunder wirken", schrieb bereits 1867 die von dem konservativen Hermann Wagener beeinflußte Berliner Revue über den "Propagandawert" des Kaisertums[1135]. Wenn von dynastischer Seite die Kaiseridee ins Spiel gebracht wurde, klangen hierbei auch alte historische Reichstraditionen an, die ebenfalls ein Nebeneinander von Kaiser und Reichsadel gekannt habe. Der Großherzog von Oldenburg verteidigte diese Idee in einer Denkschrift für Wilhelm I.: "Dies ist nicht bloß Romantik und Gefühlspolitik ... es liegt darin ein tiefer Sinn. Dadurch wird der Idee Ausdruck gegeben, daß die Neugestaltung Deutschlands nicht bloß im Interesse der Machterweiterung Preußens geschieht, sondern daß ein wahrhaft nationales Werk geschaffen werden soll. ... Einem deutschen Kaiser kann sich auch ein König von Bayern demnächst unterordnen, denn schon früher haben Könige den Kaiser als ihr Oberhaupt anerkannt"[1136].

Wenn im Vorfeld der Reichsgründung 1871 über die (Wieder-) Errichtung des deutschen Kaisertums diskutiert wurde, wurden dem zu errichtenden Kaisertum unterschiedliche Legitimationslinien zugrunde gelegt.

So wurde - wenn auch nur vereinzelt - der alte, christlich-romantische Kaisergedanke, der auf ein universales deutsches Kaisertum im mittelalterli-

1134. Bismarck, Gesammelte Werke, Bd. 15, S. 326.
1135. "Preußen und Rußland", 27.9.1867, in: Berliner Revue, Socialpolitische Wochenschrift, Bd. 50, 1867, S. 392; vgl. Faber, Realpolitik als Ideologie, HZ 203, S. 17 ff.
1136. Zitiert nach Mommsen, Das Ringen um den nationalen Staat, S. 220.

chen Sinne abzielte, vertreten. Dieses konservative Reichsverständnis erleichterte den altpreußischen Kreisen die spätere Akzeptanz des Kaisertums. Kleist-Retzow erläuterte die von ihm entworfene Kaiseradresse des preußischen Herrenhauses 1870 ganz im Sinne der am Mittelalter orientierten christlich germanischen Staatsauffassung: "Deutschland, im Mittelpunkt Europas gelegen, ist durch seine Gaben vor anderen Völkern dazu bestimmt, der geistige Mittelpunkt Europas zu sein. Deutschland war bis in das Mittelalter hinein die entscheidende Macht in Europa, und schon sehen wir diese Zeit wiederkehren"[1137]. In Richtung der konservativ preußischen Kaisergegner gerichtet erinnerte er an die "Herrlichkeit der christlichen Kaiser Deutscher Nation" und verteidigte den Kaisertitel, weil er allein die "höhere Macht" und die "höhere Autorität" im Reich bezeichnen könnte, ohne daß darum - wie es im Text der vom Herrenhaus verabschiedeten Adresse hieß - "das Königliche Preußen den durch eine Geschichte ohne Gleichen und eine Reihe großer Fürsten ihm teuer gewordenen Königsnamen einbüßt". Einen Kaiser als 'primus inter pares' wies Kleist-Retzow zurück. Vielmehr sei der neue Kaiser "des Reiches Haupt", jedenfalls werde die zukünftige Entwicklung des ... Kaisertums seine Stellung dahinführend ausbauen"[1138].

Die geschichtliche Idee des römisch-deutschen Kaisertitels fand jedoch nur ganz vereinzelten Anklang. Die zu errichtende Monarchie sollte vielmehr einen rein nationalen Charakter besitzen. "Wer aber das Ziel Einheit will, der muß auch die Mittel und den Weg zur Einheit wollen ... der muß den Kaiser Barbarossa nicht mehr im Kyffhäuser oder in seinem Grabe, sondern unter den Lebenden suchen"[1139]. Das Vertreten einer liberal-fortschrittlichen Kaiseridee, die das 'römische Kaisertum deutscher Nation' hinter sich ließ, lag näher. Dadurch sollte aber nicht gänzlich mit der Vergangenheit gebrochen werden. Daher finden sich Anspielungen, das neue Kaisertum sei "der historisch begründete Ausgang der deutschen Einheitsbestrebung"[1140].

Der Autor eines Artikels einer Hamburger Flugschrift hingegen lehnte ein "nationales Kaisertum" als "contradiction in adiecto" ab. Die damit verbundene angestrebte Universalherrschaft bedeute das "Ignorieren der Nationalitäten" und den "Absolutismus der Gewalt". Sie sei daher "politisch unsittlich". Der durch die Vergangenheit begründete katholische Charakter der theokratischen Kaiserherrschaft widerspreche dem protestantischen Norddeutschland, und ein protestantischer Kaiser stelle ein "innerlich unwahres Wesen" dar. In Deutschland habe der preußische Staat den "wahrhaft königli-

1137. Stenographische Berichte preußisches Herrenhaus, 1870, S. 18.
1138. Stenographische Berichte preußisches Herrenhaus, 1870, S. 17 f.; Text der Adresse: Anlage Nr. 7.
1139. Schmidt, Preußens deutsche Politik, S. 285.
1140. Denkschrift Ernsts II. von Sachsen-Coburg-Gotha, in: ders., Aus meinem Leben und aus meiner Zeit, S. 666.

chen Beruf", sich das übrige Deutschland organisch anzugliedern. Das Kaisertum sei dabei nur ein "wesenloses Ornament am Staatsgebäude" oder aber ein "heuchlerischer Cäsarismus"[1141].

Konservative Politiker stellten wiederum mehr den Bezug zu dem machtpolitischen Faktor des Militärs in den Vordergrund. Das Reich sollte nicht durch Kaiser und Nationalparlament repräsentiert werden, sondern vom König als der Spitze der Armee, dem allein es seine zu begründende Einheit verdanke.

Der deutsch-französische Krieg schuf mit dem damit verbundenen nationalen Aufschwung eine Stimmung innerhalb der Bevölkerung, die das Kaisertum erst zum eigentlichen Symbol für den Einheitswillen der Nation werden ließ. Die Akklamation des Volkes, das dem siegreichen Heerführer zujubelte, nährte auch Anspielungen an Volkskaiser-Vorstellungen. Die so verstandene Erinnerung des Großherzogs von Baden an Friedrich Wilhelms IV. Vorhersage, daß eine Kaiserkrone nur auf dem Schlachtfeld errungen werden könne[1142], wies ebenso in diese Richtung wie besonders das in Versailles geplante, von Bismarck aber hintertriebene Projekt eines Soldatenkaisers, der von den gesamten deutschen Truppen ausgerufen werden sollte[1143]. In diesem Zusammenhang darf auch die Wirkung des preußischen Kronprinzen auf die sich entwickelnde pro-preußische Stimmung in Süddeutschland nicht unterschätzt werden, da der Kronprinz sich gerade dadurch zum Vertreter der deutschen Idee machte, daß er sich zum Kaisertum bekannte und im Krieg die süddeutsche Armee führte. Trotz der späteren Fürstenwahl sind somit aufgrund der unmittelbar vorangehenden kriegerischen Auseinandersetzung mit Frankreich heerkaiserliche Tendenzen 1870/71 nicht zu übersehen, wenn sie auch von den verantwortlichen Politikern zumeist zurückgedrängt wurden.

Bismarcks Kriegsziel war erkennbar auf die Vollendung der deutschen Einheit und die Errichtung eines Kaisertums der Hohenzollern gerichtet. Dabei suchte er gerade die durch den Krieg entstandene nationale Begeisterung hierfür zu nutzen und sich zueigen zu machen, auch um so erneut den nationalen Liberalismus in Nord- und Süddeutschland in die Defensive drängen zu können. Die Nachricht von dem deutschen Triumph in der Sedanschlacht löste in der gesamten deutschen Bevölkerung eine große nationale Begeisterung aus. Für weite Kreise der Bevölkerung konnte das Ziel nunmehr nur ein geeintes Deutschland sein.

Wenngleich Bismarck gegenüber den nach wie vor zurückhaltenden süddeutschen Fürsten mit dem Gedanken spielte, die Reichseinheit gegebenenfalls durch den Druck der Massen zustandekommen zu lassen, kam für ihn dennoch

---

1141. Gielmeister, Kaiser oder König?
1142. Beim Neujahrsbankett 1871.
1143. Vgl. Bismarck, Gesammelte Werke, Bd. 7, S. 493 f.

einzig und allein eine dynastische Gründung des deutschen Reiches durch die Fürsten in Betracht. Auch das Kaisertum der Hohenzollern sollte von den Fürsten ausgehen, nicht von der Volksvertretung.

Der Kaiseridee setzte auch derjenige heftigen Widerstand entgegen, der nach dem Willen Bismarcks auf den Schild gehoben werden sollte. Als der preußische König zum ersten Mal offiziell durch die Denkschrift des Präsidenten des Bundeskanzleramtes Rudolf von Delbrück im September 1870 mit dem Kaiserplan konfrontiert wurde, waren die Formulierungen in der Denkschrift sehr auf die partikularistisch preußische Haltung des Königs ausgerichtet. Delbrück erwähnte das Kaisertum eher am Rande: "Die Verbindung des Namens: Kaiser von Deutschland mit dieser Exekutive würde die Würde des erlauchten Trägers der preußischen Krone nicht erhöhen, wohl aber die Aufnahmen der neuen Gestaltung bei Fürsten und Völkern fördern." Die Annahme der Kaiserwürde sei "ein im Interesse des Vaterlandes unvermeidbares Opfer"[1144]. Delbrück appellierte mithin zuerst an das Pflichtgefühl des Königs. Das preußische Königtum wurde dabei gleichrangig neben die deutsche Kaiserwürde gestellt. Entsprechend dieser Linie des 'preußischen Kaisertums' hielt sich denn auch Wilhelm in der Auseinandersetzung um den konkreten Namen des Titels. Sein erster Vorschlag "Wir, Wilhelm von Gottes Gnaden König von Preußen, erwählter Kaiser von Deutschland" betont daher auch die Vorrangstellung der preußischen Königswürde vor der deutschen Kaiserwürde.

Delbrück selbst hatte sich in seiner Denkschrift bezüglich der Grundzüge der neuen Verfassung ganz an die bestehende Verfassung des Norddeutschen Bundes gehalten und dem bisherigen Präsidium den Titel "Kaiser von Deutschland" gegeben.

Auch Bismarck war nicht bereit, in den Verhandlungen mit den süddeutschen Staaten von der Grundkonzeption der bisherigen Verfassung abzugehen, die sowohl die preußische Hegemonie sicherte wie durch die verfassungsrechtlich starke Stellung des Bundesrates ein Abgleiten in ein parlamentarisches Regiment verhinderte.

In den Verhandlungen mit den süddeutschen Staaten war die Behandlung der Kaiserfrage für Bismarck eine rein pragmatische. Für ihn kam es nicht darauf an, sich der komplizierten Frage nach der Tradition des Kaisertitels zu stellen, sondern die Popularität der Kaiseridee in der Bevölkerung zu nutzen, um sie - die Kaiseridee - durchzusetzen. In diesen Verhandlungen gelang es zwar Württemberg und insbesondere Bayern, Bismarck im Bereich der Verwaltung und des Militärwesens einige Reservatrechte abzuhandeln. Der Sache nach haben diese Vorrechte aber die Hegemonialstellung Preußens innerhalb des Verfassungsgefüges nicht geschmälert, dafür aber dazu beigetragen, daß

1144. Textausschnitt: Stolze, Zur Geschichte der Reichsgründung im Jahre 1870, S. 1; Bismarck, Gesammelte Werke, Bd. 6 b, S. 494 ff. (Vorbemerkung).

die verbliebenen Widerstände in diesen Ländern gegen den Beitritt zum Norddeutschen Bund überwunden werden konnten.

Zwischen dem 15.11. und dem 25.11.1870 kam es nach Beendigung dieser Verhandlungen zum Abschluß der Novemberverträge zwischen dem Norddeutschen Bund und den ihm beitretenden Staaten Baden, Hessen[1145], Bayern[1146] und Württemberg[1147]. Dabei schloß der König von Preußen im Namen des Norddeutschen Bundes mit den Großherzögen von Baden und Hessen einen Vertrag über die Gründung des Deutschen Bundes. Diesem Werk folgten die Verträge über den Beitritt Bayerns und Württembergs zur Deutschen Bundesverfassung.

Vor allem gelang es Bismarck, Ludwig II. dafür zu gewinnen, im Namen der deutschen Fürsten als ranghöchster unter diesen, Wilhelm I. die Kaiserwürde anzutragen. Bismarck appellierte dabei an die monarchische Solidarität Ludwigs II. gegenüber den demokratischen Kräften, die sonst in der Kaiserfrage die Initiative übernähmen: "Bezüglich der deutschen Kaiserfrage ist es nach meinem ehrfurchtsvollen Ermessen vor allem wichtig, daß deren Anregung von keiner anderen Seite als von Eurer Majestät und namentlich nicht von der Volksvertretung zuerst ausgehe. Die Stellung würde gefälscht werden, wenn sie ihren Ursprung nicht der freien und wohlerwogenen Initiative des mächtigsten der dem Bunde beigetretenen Fürsten verdanke"[1148].

Ludwig II. stimmte in seinem Antwortschreiben auf den von Bismarck entworfenen Kaiserbrief der Vereinigung der Präsidialrechte in einer Hand zu, weil sie dem Gesamtinteresse des deutschen Vaterlandes und seiner verbündeten Fürsten diene. Zugleich sprach er sein Vertrauen aus, daß die dem Bundespräsidium zustehenden Rechte durch die Wiederherstellung des deutschen Kaisertitels und der deutschen Kaiserwürde als Rechte bezeichnet würden, die ihr Inhaber "im Namen des gesamten deutschen Vaterlandes auf Grund der Einigung seiner Fürsten" ausübe[1149]. Das staatsrechtliche Fundament war demnach wie der Norddeutsche Bund ein Fürstenbündnis, das die Reichsbefugnisse, die dem Namen nach mit preußischen Vorrechten nicht identisch waren, auf den Kaiser delegierte.

Allerdings waren allein durch den Kaiserbrief Ludwigs II. die Widerstände Wilhelms I. gegen die Annahme der Kaiserwürde noch keineswegs ausgeräumt, insbesondere war der Name des Titels noch nicht geklärt.

Bereits am 24.11.1870 versammelte sich der Norddeutsche Reichstag, um über die Novemberverträge zu beraten. Die erste Debatte über den künfti-

1145. Vertragsschluß am 15.11.1870, Huber, Dokumente Bd. 2, S. 326 ff.
1146. Vertragsschluß am 23.11.1870, Huber, Dokumente Bd. 2, S. 329 ff.
1147. Vertragsschluß am 25.11.1870, Huber, Dokumente Bd. 2, S. 336 ff.
1148. Schreibens Bismarcks an König Ludwig II. von Bayern, bei Huber, Dokumente, Bd. 2, S. 348 f.
1149. Huber, Dokumente, Bd. 2, S. 349.

gen Charakter von Kaiser und Reich fand am 6.12.1870 statt. Der konservative Abgeordnete Wagener wies auch in Abgrenzung zu anderen Verfassungen auf die staatsrechtliche Singularität schon des alten Reiches hin: "Das deutsche Reich hat niemals unter einen der konstitutionellen Schulbegriffe gepaßt, das heißt hat niemals weder einen Staatenbund, noch einen Bundesstaat, niemals weder eine Monarchie noch eine Republik gebildet, sondern ist immer beides zugleich gewesen"[1150]. Der Liberale Miquel bemühte sich in der Debatte darum, die Modernität des neuen Kaisertums zu erfassen und die liberal-fortschrittliche Kaiseridee zu formulieren: "Das Kaisertum von heute ... ist nicht das schwache klägliche Wahlkaisertum des Mittelalters, welches keinen anderen Zweck hatte, als die Kräfte und Interessen der deutschen Nation zu dynastischen Habsburgischen Interessen auszubeuten. Das Kaisertum von heute ist das Hohenzollerntum, ist Preußen. Worauf stützt sich denn das Kaisertum der Hohenzollern? Auf die großen Verdienste um die deutsche Nation"[1151].

Am 9.12.1870 kam es im Norddeutschen Reichstag zur Abstimmung über die Novemberverträge; alle Verträge wurden angenommen[1152]. Einen Tag später beschloß der Bundesrat des Norddeutschen Bundes mit Zustimmung der süddeutschen Regierungen die Einführung der Bezeichnung "Deutsches Reich" und "Deutscher Kaiser" in die Verfassung des Norddeutschen Bundes.

Der Reichstag faßte die gleichen Beschlüsse am 10.12.1870[1153]. Im Rahmen der Reichstagsverhandlungen hatte Bennigsen am 24.11. auf den Vorwurf der Linken, die Stellung des Reichstages im Rahmen der Verfassungsentwicklung sei auf die Rolle eines Ja- oder Nein-Sagers beschränkt, ausweichend geantwortet: "Wir wollen nicht den Vorwurf auf uns laden, daß das deutsche Volk, welches eben den gewaltigsten Kampf erfolgreich durchgefochten, unfähig sei, sich in einem freien, entwicklungsfähigen Staat zu einigen; wir wollen nicht die Verantwortung auf uns nehmen, daß wir diesen günstigen Moment ungenutzt haben vorübergehen lassen". In dieser Aussage, wie auch im gesamten Verhalten des Reichstages kam die insgesamt passive Rolle zum Ausdruck, die man im Verlauf dieses

1150. Stenographische Berichte des Reichstages des Norddeutschen Bundes, 1870, S. 92.
1151. Stenographische Berichte des Reichstages des Norddeutschen Bundes, 1870, S. 97. Desweiteren polemisierte Bennigsen in der Adressdebatte vom 31.3.1871, der Universalanspruch des heiligen Römischen Reiches Deutscher Nation sei der Schrecken Europas gewesen. Das neue Reich kenne einen solchen Anspruch nicht. Die Erinnerung an das Mittelalter erscheine vielen als etwas Trübes, Fremdartiges, Stenographische Berichte deutscher Reichstag, 1871, S. 50. Und Miquel erklärte: "Wir gründen hier einen 'modernen Staat', wenn auch mit altem Namen", Stenographische Berichte deutscher Reichstag, 1871, S. 57.
1152. Stenographische Berichte des Reichstages des Norddeutschen Bundes, 1870, S. 164.
1153. Mit 188 gegen die 6 Stimmen der Sozialdemokraten Bebel, Fritsche, Hasenclever, Liebknecht, Mende und Schweitzer, vgl. Stenographische Berichte deutscher Reichstag, 1870, S. 151.

Prozesses spielte - und die man selbst glaubte, spielen zu müssen. Grundlegende Änderungen der Norddeutschen Verfassung kamen für die übergroße Mehrheit der Abgeordneten nicht in Betracht. Lasker: "Die bundesstaatliche Idee darf nicht getrübt werden, keine Grundlage des Bundesstaates erschüttert, die Macht der Zentralgewalt nicht gelockert werden. Das Gewichtsverhältnis Preußens darf keine Schwächung erfahren." Entsprechend lautete auch die Adresse an Wilhelm I.: "Vereint mit den Fürsten Deutschlands naht der Norddeutsche Reichstag mit der Bitte, in der es Ew. Majestät gefallen möge, durch die Annahme der deutschen Kaiserkrone das Einigungswerk zu weihen ..."[1154]. Nur mit Mühe konnte Wilhelm I. überredet werden, die Reichstagsdelegation unter der Führung ihres Präsidenten Eduard Simson[1155] zu empfangen. In seiner Erwiderung antwortete Wilhelm I., daß er dem einmütigen Ruf der Fürsten und Städte wie der Nation folgen werde[1156].

1870/71 waren die Parlamentarier somit schwächere Partner Bismarcks als im Rahmen der Verfassungsgebung des Norddeutschen Bundes. Damals galt es für Bismarck, den Partikularismus durch das unitarische Element des Reichstages in Schach zu halten. Nunmehr war erforderlich, die durch die nationale Begeisterung der Bevölkerung betonte unitarische Tendenz zugunsten der zögernden Fürsten zu begrenzen. Daher war Bismarck auch entschlossen, eine definitive Lösung der Einigungs- und der damit verknüpften Verfassungsfragen allein durch die Verhandlungen mit den vier süddeutschen Staaten zu lösen. Die Volksvertretung war letztlich reines Akklamationsorgan.

Obwohl bereits durch die Beschlüsse des Reichstages die Bezeichnung "Deutscher Kaiser" feststand, beharrte Wilhelm I. darauf, den Titel eines "Kaiser von Deutschland" zu tragen. Der Titel "Kaiser von Deutschland" hatte eine starke unitarisch-zentralistische Tendenz. Er hätte die Gebietbezogenheit des kaiserlichen Amtes sowie die Überordnung des Kaisers über die übrigen deutschen Fürsten zum Ausdruck gebracht. Der Kaiser hätte kraft dieses Titels die Gebietsherrschaft über Deutschland als Ganzes erlangt; die Landesfürsten wären zu Untertanen des Kaisers geworden. Die Landesfürsten wollten aber gleichgestellte Verbündete, nicht nachgeordnete Vasallen des Kaisers sein. Ein "Kaiser von Deutschland" hatte es zudem noch nie gegeben und hätte auch der staatsrechtlichen Gegebenheit widersprochen, daß das Staatsgebiet nicht "Deutschland", sondern "Deutsches Reich" hieß, so daß auch der Titel eigentlich "Kaiser des Deutschen Reiches" hätte lauten müssen.

---

1154. Ansprache Simsons bei Huber, Dokumente, Bd. 2, S. 353 f.
1155. Simson hatte bereits 1849 die Delegation der Frankfurter Nationalversammlung angeführt, die Friedrich Wilhelm IV. vergeblich die Kaiserkrone antrug.
1156. Huber, Dokumente, Bd. 2, S. 354 f.

Neben dem Titel "Kaiser von Deutschland" stand auch der Titel "Kaiser der Deutschen" zur Auswahl. § 70 der Frankfurter Reichsverfassung hatte diesen Titel vorgesehen. Er entsprach der napoleonischen Kaiser- und der belgischen Königsformel (Empereur des Francais; Roi des Belges). Er ließ das monarchische Amt als ein vom Volk abgeleitetes und zugleich über das Volk ausgeübte Herrschaft erscheinen. Mit dem Titel "Kaiser der Deutschen" waren auch Gedanken an eine plebiszitär-demokratische 'Volksmonarchie' verbunden. Allein aufgrund dieser demokratischen Anklänge schied dieser Titel für die Reichsverfassung von 1871 aus.

Wilhelm I. blieb jedoch trotz der Bedrängung Bismarcks, den Titel "Deutsche Kaiser" zu akzeptieren, bei seiner Vorstellung, den Titel "Kaiser von Deutschland" zu tragen. Er fand sich letztlich damit ab, im Rahmen der Kaiserproklamation die Huldigung auf 'Kaiser Wilhelm' entgegenzunehmen. Bismarck vermied während der Feierlichkeiten die Nennung einer der möglichen Termini und begnügte sich mit den neutralen Worten "Kaiser", "kaiserlicher Titel", "Deutsche Kaiserwürde" und "Kaiserkrone". Nach der Kaiserproklamation gab es angesichts des Wortlauts der Verfassung keine Zweifel mehr: der Titel "Deutscher Kaiser" setzte sich durch. Für Bismarck war die Auseinandersetzung um den Titel sekundär, so daß er ihn ganz pragmatisch angehen konnte und letztlich darauf Wert legte, einen Titel zu finden, der es sowohl der Bevölkerung, wie auch den einzelnen Fürsten ermöglichte, sich in dem Titel wiederzufinden. Wichtig war ihm allein, jeden Anklang an ein demokratisches Wahlkaisertum zu vermeiden. Daher stellte er konsequent den Gesichtspunkt in den Vordergrund, daß die Kaiserwürde aus dem freien Entschluß der deutschen Fürsten hervorgehe. Die Zustimmung des Reichstages wie auch der Öffentlichkeit sei zwar begrüßenswert, jedoch dürfe nicht der Eindruck entstehen, als sei dies für die Kaiserwürde konstitutiv. Der lange andauernde Streit allein um den Titel zeigt, daß die Diskussion um die mit dem Titel verbundenen Inhalte noch nicht abgeschlossen sein konnte.

Vom Ergebnis her war das Reich von 1871 eher das Ergebnis der Schlacht von Königgrätz als von Sedan. Die Idee des Deutschen Reiches wurde bereits 1866 fixiert, die noch ausstehende Arrondierung des Norddeutschen Bundes durch die süddeutschen Staaten erfolgte 1870/71 genau in dem 1866/67 vorgezeichneten Rahmen.

Seit dem 1.1.1871 war die Verfassung des Deutschen Reiches in Kraft. Sie bestand jedoch noch aus verschiedenen Urkunden, die nicht aufeinander abgestimmt waren[1157]. Der erste, am 3.3.1871 gewählte Reichstage des Deutschen Reiches trat am 21.3.1871 erstmals zusammen, um über die Revision der Reichsverfassung zu beraten. Entsprechend der Intention Bismarcks be-

1157. Vgl. hierzu Huber, Deutsche Verfassungsgeschichte, Bd. 3, S. 756 ff.

schränkte sich der Reichstag auf rein redaktionelle Änderungen des Verfassungstextes, die sich aufgrund der Reichsgründung ergaben. Der Reichstag nahm den Entwurf in seiner Abstimmung vom 14.4.1871 gegen sieben sozialdemokratische Stimmen an[1158]. Das entsprechend dieser Beschlußfassung vom Kaiser ausgefertigte "Gesetz betreffend die Verfassung des Deutschen Reiches"[1159] wurde am 20.4. 1871 verkündet und trat am 4.5.1871 in Kraft, wodurch die Reichsgründung abgeschlossen war.

## 2. Der Verfassungstext

Die Verfassung des 1870/71 gegründeten Deutschen Reiches stimmte materiell-rechtlich mit der des Norddeutschen Bundes überein. Zwar wurde der Titel "Deutscher Kaiser" in Art. 11 eingeführt, aber dieser Titel war lediglich der (neue) Name des Bundespräsidiums, das - wie im Norddeutschen Bund - die Spitze der Staatsorganisation bildete.

Dieses Präsidium stand dem König von Preußen zu, der insoweit den Namen "Deutscher Kaiser" führte. Seine Würde war erblich. Die kaiserliche Präsidialgewalt im Reich war mit der Krone Preußens untrennbar verbunden. Deren Erwerb oder Verlust nach preußisch-dynastischen Regeln erfaßte ohne weiteres das kaiserliche Amt. Kraft der besonderen Personal- und Realunion zwischen der Krone Preußens und dem deutschen Kaisertum war ein Verzicht auf nur eines der beiden Ämter nach der Reichsverfassung unwirksam. Zwar war der Deutsche Kaiser kein Reichsmonarch oder Reichssouverän im Sinne eines 'Kaisers von Deutschland', wie sich Wilhelm I. dies lange gewünscht hatte. Er führte den Kaisertitel lediglich in seiner Eigenschaft als Inhaber der Bundespräsidialgewalt. Somit galt er gegenüber den im Reich vereinten Fürsten und freien Städten nur als Erster unter Gleichen und nicht als Reichsstaatsoberhaupt. "Deutscher Kaiser" - das war nach dem Wortlaut des IV. Abschnitts der Reichsverfassung "nur" der Name des obersten Exekutivorgans des Bundes. "Das Kaiserthum ... ist nur Titel, Rang und Würde des Bundespräsidiums"[1160]. Joseph von Held meinte, das Reich sei in gewisser Hinsicht politisch, nicht jedoch rechtlich eine Monarchie[1161]. Laband formulierte präzise, der Kaiser sei "nicht der Monarch des Reiches, d.h. Souverän desselben"[1162]. Hielte man sich bei der Auslegung der Verfassung allein an

---

1158. Stenographische Berichte deutscher Reichstag, 1871, S. 223.
1159. Huber, Dokumente Bd. 2, S. 384 ff.
1160. Hänel, Das Kaiserthum, S. 16.
1161. Held, Das Kaiserthum als Rechtsbegriff, S. 34 f.
1162. Laband, Das Staatsrecht des Deutschen Reiches, 4. Aufl., Bd. 1, S. 195 f.

den Wortlaut, wäre der Kaiser allenfalls - nach Hänel - "das oberste Symbol für die Einheit des Vaterlandes"[1163]

Dieser von Anfang an bestehende Vorrang des Kaisers verstärkte sich in der verfassungspolitischen Entwicklung des Reiches mehr und mehr. Zuletzt beanspruchte Wilhelm II. eine reichsmonarchische Oberhoheit über seine Mitfürsten, die mit der ursprünglichen Intention der Bismarckschen Verfassung nicht mehr vereinbar war. Im übrigen entsprach das wachsende Gewicht des Kaisertums der gesamtpolitischen Tendenz zur Unitarisierung im Reich. Nach und nach wurde der Deutsche Kaiser zu einem Kaiser der Deutschen, zu einem Einheitssymbol der Nation.

Die staatsrechtliche Stellung des Kaisers als eines konstitutionellen 'Monarchen' war durchaus machtvoll. Doch galt er als nicht so mächtig wie etwa der US-Präsident, da dieser zugleich auch Regierungschef war. Der Kaiser durfte kraft Verfassungsrecht nicht selbst regieren und also auch kein persönliches Regiment führen, wie man es später Wilhelm II. zur Last gelegt hat. Vielmehr regierte der Kaiser durch den verantwortlichen Reichskanzler. Zwar lag, wie beim konstitutionellen König von Preußen, die Regierungsgewalt im Reich beim Kaiser, doch bedurfte dieser zu allen Regierungshandlungen der Gegenzeichnung des Reichskanzlers (Art. 17). Der Kaiser selbst war unverantwortlich. Dieses Prinzip der preußischen Verfassung galt analog als ungeschriebener Grundsatz der Reichsverfassung.

Von den zahlreichen verfassungsrechtlichen Kompetenzen des Deutschen Kaisers sind besonders hervorzuheben: Die Ernennung und Entlassung des Reichskanzlers (Art. 15), die Entscheidung über die Richtlinien der Politik zusammen mit dem Reichskanzler, die auswärtige Gewalt einschließlich der Entscheidung über Krieg und Frieden (Art. 11), die oberste Kommandogewalt über Heer und Kriegsmarine (Art. 63, 53), die ungeschriebene Organisationsgewalt, Behörden und andere Institutionen des Reiches einzurichten, umzugestalten und abzuschaffen; das Recht der Ernennung und Entlassung von Reichsbeamten (Art. 18), die Überwachung der korrekten Ausführung von Reichsgesetzen (Art. 17), die Vollstreckung der Reichsexekution bei Nichterfüllung von Bundespflichten eines Bundesgliedes (Art. 19); die Erklärung des Kriegszustandes bei Bedrohung der öffentlichen Sicherheit im Bundesgebiet (Art. 68); das Recht, den Bundesrat und den Reichstag zu berufen, zu eröffnen, zu vertagen und zu schließen (Art. 12). Im übrigen bedurfte ein Beschluß des Bundesrates, den Reichstag während der Legislaturperiode aufzulösen, der Zustimmung des Kaisers (Art. 24).

Unbeschadet der verfassungsmäßigen Kompetenzen des Kaisers waren dessen realpolitische Möglichkeiten namentlich im Verhältnis zum Reichs-

---

1163. Hänel, Das Kaiserthum, S. 16; vgl. auch Held, Das Kaiserthum als Rechtsbegriff, S. 2 ff.

kanzler eine Sache für sich. Zwar konnte der Herrscher, wie es dem Gedanken der konstitutionellen Monarchie entsprach, den Kanzler nach freiem Ermessen ernennen und entlassen. Doch hatte er dabei zu bedenken, daß die Regierung seines Kanzlers wegen des parlamentarischen Budgetbewilligungsrechtes von der Unterstützung des Reichstages abhängig war. De facto war der Kaiser somit genötigt, bei seiner Entscheidung auf die öffentliche Meinung und auf voraussichtliche Debatten im Parlament Rücksicht zu nehmen. Angesichts solcher Eventualitäten hatte denn auch Wilhelm I. anfänglich befürchtet, die ihm angetragene Krone sei die Einladung zu einem bloßen Scheinkaisertum.

Denn obwohl die Reichsverfassung einen Kaiser kannte, war nicht er, sondern der Bundesrat, das Organ der Verbündeten Regierungen, Träger der Reichsgewalt. Er war der Repräsentant der deutschen Monarchen, durch den sie ihre Rechte im Reich ausübten. Dieses Verständnis entsprach der allgemeinen Staatslehre[1164]. Sie fand ihren Ausdruck in der Verfassung selbst und besonders in der Präambel, die zeigt, daß die verfassunggebende Gewalt bei den Regierungen der deutschen Staaten lag. Der Bundesrat war das entscheidende Organ für die Gesetzgebung des Reiches (Art. 5 in Verbindung mit Art. 7 Ziffer 1), da er neben dem allgemeinen Beschlußrecht über den Gesetzesinhalt die Gesetzessanktion erteilt. Der Kaiser hatte dagegen nur die Formalrechte der Ausfertigung und Verkündung des Gesetzes.

Das Kaisertum der Reichsverfassung war nach der Definition von Meyer-Anschütz der "Inbegriff derjenigen reichsorganschaftlichen Attributionen, welche dem König von Preußen außer und neben der bevorrechtigten Stellung seines Staates im Bundesrat ... nach der Reichsverfassung zustehen"[1165].

Obwohl der Kaiser ein wichtiges Regierungsorgan war, war er nicht der Träger der Staatsgewalt. Es war lediglich in seiner Eigenschaft als König von Preußen bevorrechtigter Mitträger der Reichsgewalt. Er war kein Reichsmonarch im Sinne der Fürstensouveränität, da er nicht Träger der Reichsgewalt war, aber auch nicht im Sinne der Volkssouveränität, weil seine Stellung nicht auf der verfassungsgebenden Gewalt des Volkes beruhte und diesem schon gar nicht die höchste Entscheidungsgewalt zustand[1166]. Die Reichsverfassung ruhte auf der nach wie vor bestehenden Souveränität der Fürsten der Einzelstaaten.

Dennoch ist nicht zu bestreiten, daß der Kaiser eine Reihe von Rechten besaß, die nach traditioneller Auffassung nur monarchischen Charakter haben können. Das Auffälligste in dieser Richtung ist die Befugnis, den Bundesrat -

1164. Vgl. u.a. Meyer Anschütz, Lehrbuch des Deutschen Staatsrechts, 7. Aufl., S. 145 ff.
1165. Meyer Anschütz, Lehrbuch des Deutschen Staatsrechts, 7. Aufl., S. 494 f.
1166. Meyer Anschütz, Lehrbuch des Deutschen Staatsrechts, 7. Aufl., S. 477, 499; Laband, Das Staatsrecht des Deutschen Reiches, 5. Aufl., Bd. 1, S. 215.

immerhin den Träger der Reichsgewalt - wie eine parlamentarische Kammer zu berufen und zu schließen (Art. 12).

Dagegen fehlten ihm fast jegliche verfassungsmäßigen Rechte auf dem Gebiet der Gesetzgebung. Hierbei hatte der Kaiser nur die ausschließlich formalen Rechte der Ausfertigung und Verkündung. Auch ein Initiativrecht stand ihm nach der Verfassung nicht zu, wenngleich sich dies später gewohnheitsrechtlich entwickelte.

Der Kaiser hatte nach dem Wortlaut der Verfassung kein generelles Verordnungsrecht, wie es dem Monarchen selbst in den auf der Volkssouveränität basierenden parlamentarischen Monarchien im allgemeinen zustand. Soweit im konstitutionellen Staat Verordnungen zulässig waren, gingen diese nicht von Kaiser, sondern vom Bundesrat aus. Die Beschränkung der kaiserlichen Befugnis wurde in der Verfassungswirklichkeit oft durchbrochen. Neben dem schon erwähnten Recht der Gesetzesinitiative war dem Kaiser in der Praxis auch die Organisationsgewalt, ein typisch monarchisches Attribut, zugewiesen worden, obwohl das der Verfassung zweifellos nicht entsprach[1167].

Ein gewisses Einwirkungsrecht des Kaisers auf dem Gebiet der Gesetzgebung hatte sich aus Art. 16 ergeben, der dem Kaiser das Recht zubilligte, die Beschlüsse des Bundesrates in seinem - des Kaisers - Namen, dem Reichstag zuzuleiten. In der Praxis zeigte sich dann, daß der Kaiser hierbei nicht als bloßer Bote fungierte, sondern daß er in manchen Fällen mit Erfolg ein materielles Prüfungsrecht geltend gemacht hat, indem er einen Beschluß des Bundesrates nicht an den Reichstag weiterleitete[1168].

Das deutsche Reich entsprach mithin der durch die preußische Verfassung und den Norddeutschen Bund begründeten Verfassungstradition. Deutschland folgte im Jahre 1871 nicht beispielsweise dem englischen Beispiel und seiner konstitutionellen Staatsform in Richtung auf eine dem Parlament verantwortliche und von diesem abwählbare Regierung; dies stand bei allen Beteiligten nicht zur Debatte[1169].

### 3. Die Einordnung der Verfassung in den verfassungsgeschichtlichen Kontext

Die Substanz der Reichsverfassung entsprach weitgehend der des Norddeutschen Bundes. Hatte sich dort Bismarcks in seinen Putbuser Diktaten fest-

1167. Vgl. Hänel, Die organisatorische Entwicklung der Deutschen Reichsverfassung, S. 79 ff.
1168. Vgl. das von Hänel, Die organisatorische Entwicklung der Deutschen Reichsverfassung, S. 49 genannte Beispiel, als der Reichskanzler 1888 die Gegenzeichnung zur Weiterleitung aus Zweckmäßigkeitsgründen verweigerte und deshalb seinen Rücktritt anbot, der abgelehnt wurde.
1169. Kimminich, Deutsche Verfassungsgeschichte, S. 429.

gehaltenes Konzept durchgesetzt, so gilt dies auch im Hinblick auf die Reichsverfassung von 1871. Da es ihm gelang, die Verfassung des Norddeutschen Bundes unter Ergänzung des Kaisertitels in das neue Reich hinüberzuführen, war auch hier Bismarcks Pragmatismus in der Durchsetzung seiner verfassungsrechtlichen Ziele erfolgreich.

Bismarck dachte auch im Zusammenhang mit der Reichsgründung und der Verfassungsgebung ganz vom Staat her und meinte damit vor allem 'seinen' preußischen Staat. Antriebe und Ziele seines politischen Handelns fand er stets in seinem preußischen Staatsbewußtsein, weniger in einem deutschen Nationalgefühl, wenngleich er den Kaisertitel vor allem im Hinblick auf die nationale Identität des zu gründenden Reiches anstrebte. Bereits 1856 erklärte er in einem Schreiben an den preußischen Minister von Manteuffel, "das Interesse Preußens ist mir das einzige Gewicht, dem ich bei der Abwägung unserer Politik die normale Geltung beilege"[1170].

Die Staatsauffassung des 'Reichsgründers' hing unter anderem mit einer Religiosität zusammen, die auch eine göttliche Legitimation der monarchischen Herrschaft einschloß. Bismarcks Royalismus war fixiert auf den preußischen König, den von Gottes Gnaden legitimierten Repräsentanten der Obrigkeit. Zu Weihnachten 1864 hatte er gegenüber seinem König "das Bedürfnis, Eurer Majestät zu versichern, daß meine Treue und mein Gehorsam gegen den Herrn, den Gott mir auf Erden gesetzt hat, auf der selben festen Grundlage beruhen, wie mein Glaube"[1171]. An anderer Stelle fragte er, "denn warum, wenn es nicht göttliches Gebot ist - warum soll ich mich dann diesen Hohenzollern unterordnen?"[1172]

Diese persönlichen Motive bei der Gestaltung der Verfassung in Richtung auf einen hegemonial bestimmten föderalen Bundesstaat mit dem preußischen König als dem Kaiser an der Spitze ließ er jedoch gänzlich außen vor. Bismarck verwendete den Reichs- und Kaisergedanken, um die Reichsgründung sowohl beim Volk wie auch bei den Fürsten - auch bei seinem preußischen König[1173] - populär zu machen. Für ihn war es "ein werbendes Element für Einheit und Zentralisation"[1174].

Das Festhalten an monarchischen Strukturen stand für Bismarck nie zur Debatte. "Niemals ... bin ich darüber im Zweifel gewesen, daß der Schlüssel

1170. Bismarck, Gesammelte Werke, Bd. 2, S. 126.
1171. Bismarck, Gesammelte Werke, Bd. 14/2, S. 691.
1172. Bismarck, Gesammelte Werke, Bd. 14/2, S. 361.
1173. "Ich habe viel Mühe gehabt, meinem alten Herrn klar zu machen, welcher Zauber in dem Titel des Kaisers liegt, in der ganzen Repräsentation des Kaisertums und der historischen Beziehung, welche im deutschen Geiste mit dem Kaisertitel und der Stellung des Kaisers verbunden war", Rede Bismarcks vom 30.7.1892, Kohl, Die politischen Reden des Fürsten Bismarck, Bd. 13, S. 129.
1174. Gedanken und Erinnerungen, Bd. 2, S. 115.

zur deutschen Politik bei den Fürsten und Dynastien lag und nicht bei der Publizistik in Parlament und Presse oder bei der Barrikade. ... Deutscher Patriotismus bedarf in der Regel, um thätig und wirksam zu werden, der Vermittlung dynastischer Anhänglichkeit. ... Die deutsche Vaterlandsliebe bedarf eines Fürsten, auf den sich ihre Anhänglichkeit conzentriert. ... Das Vorliegen der dynastischen Anhänglichkeit und die Unentbehrlichkeit einer Dynastie ist eine specifisch reichsdeutsche Eigenthümlichkeit"[1175].

Für Bismarck stand mithin die Verknüpfung des deutschen Staatsgedankens mit der Krone - der preußischen - als condition sine qua non fest. Im Hinblick auf die Staatsform strebte Bismarck eine konstitutionelle Staatsform an, wenngleich ihm der aufgeklärte Absolutismus als die "göttliche"[1176] erschien. Da aber die menschliche Natur immer unvollkommen sei, bedürfe auch die monarchische Regierung eines Korrektivs. Dieses Korrektiv sei "das Veto der Volksvertretung", die die Regierung "vor Torheiten und Einseitigkeiten bewahrt"[1177]. Aus all diesen Einzelelementen ergab sich für Bismarck, daß für die bestehenden deutschen Verhältnisse der Konstitutionalismus unter Geltung des monarchischen Prinzips die "einzige mögliche Regierungsform" sei[1178]. "Die konstitutionelle Monarchie liegt für unsere Verhältnisse gerade im Begriffe des Rechts mitten inne"[1179]. Diese dualistisch konzipierte Verfassung beließe trotz des Zwangs zum Kompromiß dem Monarchen seine führende Stellung ohne die Bedürfnisse des regierten Volkes zurückzudrängen. Dennoch dürfe das Volk nie mehr als die Möglichkeit zur Mitwirkung an Kompromissen erhalten, denn für Bismarck lag die Grenze "zwischen Monarchie und Republik auf der Linie, wo der König gezwungen werden kann, ad faciendum, irgend etwas zu tun, was er aus freiem Antrieb nicht tut"[1180]. Insbesondere die parlamentarische Bestellung der Minister war für Bismarck völlig ausgeschlossen, da die Regierung stets eine königliche sein müsseß[1181]. Der westeuropäische Grundsatz, "daß nach der jedesmaligen Majorität es sich zu entscheiden habe, zu welchen Ministern seine Majestät Vertrauen haben soll", sei jedenfalls "für preußische Verhältnisse und überhaupt für wirklich monarchische Staaten" nicht durchführbar[1182]. Bei seiner Amtsübernahme in Preußen hatte Bismarck seinem König vielsagend versprochen, er werde "lieber mit dem Könige untergehen, als Eure Majestät

1175. Bismarck, Gesammelte Werke, Bd. 15, S. 197 ff.
1176. Bismarck, Gesammelte Werke, Bd. 13, S. 465.
1177. Bismarck, Gesammelte Werke, Bd. 13, S. 124.
1178. Bismarck, Gesammelte Werke, Bd. 12, S. 123.
1179. Bismarck, Gesammelte Werke, Bd. 10, S. 27.
1180. Bismarck, Gesammelte Werke, Bd. 12, S. 509.
1181. Bismarck, Gesammelte Werke, Bd. 8, S. 57; Bd. 10, S. 251; Bd. 11, S. 285 f.; Bd. 13, S. 273.
1182. Bismarck, Gesammelte Werke, Bd. 7, S. 293; Bd. 12, S. 509.

im Kampfe mit der Parlamentsherrschaft im Stiche zu lassen"[1183]. Dem Abgeordnetenhaus hielt er entgegen: "Das preußische Königtum hat seine Mission noch nicht erfüllt, es ist noch nicht reif dazu, einen rein ornamentalen Schmuck ihres Verfassungsgebäudes zu bilden, noch nicht reif, als toter Maschinenteil dem Mechanismus des parlamentarischen Regiments eingefügt zu werden"[1184]. Wie viel die Bekenntnisse zu einem konstitutionellen System mit parlamentarischer Beteiligung jedoch in der Praxis Wert sein konnten, zeigt eine Aussage Bismarcks an anderer Stelle, als er nachträglich zu den Zusammenhängen um die Reichsgründung ausführte: "Aber wenn ich geglaubt hätte, daß eine Diktatur in Preußen, daß der Absolutismus der Förderung des deutschen Einigungswerkes nützlicher gewesen wäre, würde ich ganz unbedingt und gewissenlos zum Absolutismus geraten haben"[1185]. Umgekehrt mag man sich genausogut vorstellen, daß Bismarck auf die nationalstaatliche Einigung Deutschland verzichtet hätte, wenn dies das machtstaatliche Interesse Preußens erfordert hätte.

In der konkreten Situation der deutschen Einigung boten sich für die Realisierung der Ziele Bismarcks zwei Wege an: Entweder er schuf alle Fürstenhäuser ab bis auf eines - was naturgemäß nur das preußische sein konnte - und dieser eine Fürst wurde Reichsmonarch; oder die Stellung der deutschen Fürsten wurde im allgemeinen gewahrt und der Mächtigste unter ihnen übernahm in einem Föderativsystem die Führung. Daß Bismarck den ersten Schritt aus Gewissensgründen im Hinblick auf die anderen Dynastien nicht beschritten hätte, wird man angesichts der preußischen Annexionen nach dem deutschen Krieg nicht annehmen dürfen[1186]. Der zweite Weg war bereits durch die Verfassungskonstruktion des Norddeutschen Bundes beschritten und wurde nun konsequent zu Ende geführt. Es gab für Bismarck auch keinen ersichtlichen Grund, von der Konzeption der Verfassung des Norddeutschen Bundes abzuweichen, bot diese Lösung doch den Vorteil, daß sie die antiparlamentarischen Absichten Bismarcks förderte und zugleich durch das Einfügen einer Kaiserfigur die erhoffte Integrationswirkung auf die Bevölkerung und die süddeutschen Fürsten erzielte. Bismarcks Kernziele wurden de lege lata somit erreicht: Verknüpfung des Föderalismus - in Gestalt der preußischen Hegemonie - mit dem Antiparlamentarismus. Das höchste Ziel aber blieb für Bismarck - entsprechend seines preußischen Ansatzes die Herrschaft des preußischen Königs über Deutschland: "Die Form, in welcher der König die Herrschaft in Deutschland übt, hat mir niemals eine besondere Wichtigkeit gehabt, an die

1183. Bismarck, Gesammelte Werke, Bd. 15, S. 179.
1184. Bismarck, Gesammelte Werke, Bd. 10, S. 157.
1185. Bismarck, Gesammelte Werke, Bd. 12, S. 123.
1186. Vgl. auch sein Ausspruch: "Ich bin meinem Fürsten treu bis in die Vendèe, aber gegen alle anderen fühle ich in keinem Blutstropfen eine Spur von Verbindlichkeit", Bismarck, Gesammelte Werke, Bd. 14/1, S. 571.

Tatsache, daß Er sie übt, habe ich alle Kraft des Strebens gesetzt, die mir Gott gegeben"[1187]. Bismarcks "einziger Zweck war Herstellung und Weiterausbildung des deutschen Reiches und Verteidigung der monarchischen Gewalt"[1188]. Er sei "Royalist in erster Linie, dann ein Preuße und ein Deutscher"[1189]. Er habe die nationale Einigung durch die Fürsten unter Festhaltung des Bestehenden erstrebt[1190].

Dem föderalen Staatsaufbau mit dem nach dem Verfassungstext mächtigen Bundesrat kam nach der Intention Bismarcks eine vor allem den Antiparlamentarismus sichernde Funktion zu, wodurch gleichzeitig wiederum die Rolle der Exekutive, die sich in 'preußischer Hand' befand, gestärkt wurde.

In der Begründung der nationalen Einheit - im Gegensatz zu dem Versuch der Paulskirche - lag eine der zentralen Bedeutungen der Verfassung und eine der Legitimationsgrundlagen des Kaisertums. Das Kaisertum war in diesem Zusammenhang eindeutig ein bedeutender Kristallisationspunkt, ein "nationaler Integrationsfaktor von allerhöchster Kraft"[1191].

Eng mit dem Staatsgründungsakt verbunden ist aufgrund der hierfür erforderlichen Kriege die Rolle des Militärs im neuen deutschen Reich und die Verbindung des Militärs zu der neu geschaffenen Staatsspitze. Es entsprach Bismarcks Grundauffassung, daß Probleme gegebenenfalls auch durch "Eisen und Blut"[1192] zu lösen seien. Auch im Zusammenhang mit der deutschen Einigung und dem damit verbundenen deutschen Dualismus schrieb er in seinen Memoiren: "Der gordische Knoten deutscher Zustände ließ sich nicht in Liebe dualistisch lösen, nur militärisch zerhauen"[1193].

Entsprechend der Erfolge erlangte die Armee ein außergewöhnlich hohes Prestige. Sie war aber auch ein eigenständiger Machtfaktor - stand sie doch als Kampfinstrument für äußere Konflikte aber auch für innere Unruhen weitgehend außerhalb der Verfassung. Das Bestreben, das Heer als eine - wenn nicht gar die - Stütze der Monarchie von allen parlamentarischen Einflüssen fernzuhalten, entsprang unter anderem der Kampfsituation von 1848 ("königliches Heer gegen Parlamentsheer"). Die starke Stellung des Militärs konnte als eines der entscheidenden Ergebnisse des Verfassungskonfliktes in Preußen bewahrt werden und wurde nun als preußische Tradition in das Reich überführt[1194]. Verbunden mit der Entfernung zum Parlament stieg die

1187. Bismarck, Gesammelte Werke, Bd. 6 b, S. 134.
1188. Bismarck, Gesammelte Werke, Bd. 8, S. 397.
1189. Bismarck, Gesammelte Werke, Bd. 8, S. 426.
1190. Bismarck, Gesammelte Werke, Bd. 13, S. 406 f.
1191. Smend, Verfassung und Verfassungsrecht, S. 228 f.
1192. Vgl. seine Rede vor dem preußischen Abgeordnetenhaus im Zusammenhang mit dem Verfassungskonflikt, Bismarck, Gesammelte Werke, Bd. 10, S. 140.
1193. Bismarck, Gesammelte Werke, Bd. 15, S. 198.
1194. Zwar regelte die Reichsverfassung einen der Hauptstreitpunkte des preußischen Heereskonfliktes, die Wehrpflicht, weitgehend unmittelbar, Art. 57 ff.; im übrigen aber

Bindung des Militärs an den Monarchen. Eine der am stärksten in Deutschland wirkenden preußischen Traditionen war eben jene starke Machtstellung des Monarchen auf militärischem Gebiet. Die von allen ministeriellen Schranken befreite Kommandogewalt entsprach dem preußischen Verfassungsgewohnheitsrecht, das den Militärverwaltungsbereich von dem Kommandobereich trennte. Entsprechend der Trennung von Regierungs- und Kommandoakten trennte die Verfassung des Norddeutschen Bundes noch formal zwischen dem Bundespräsidium und dem Bundesfeldherrn, so daß letzterer der konstitutionellen Beschränkung der Zentralgewalt entzogen blieb. Der absolute Bundesfeldherr lebte im Kaiser als dem Oberbefehlshaber fort.

Die militärische Befehlsgewalt rundete letztlich die kaiserliche Prärogative im Bereich der Exekutive zu einer Dreiheit von monarchischen Reservatrechten bestehend aus innerer Exekutivgewalt (der monarchischen Verwaltung), auswärtiger Gewalt und militärischer Kommandogewalt ab.

Der inzwischen gewachsenen preußischen Tradition folgend, war die militärische Gewalt - zugespitzt auf die Person des Kaisers - der politischen Gewalt zumindest gleichgeordnet, jedenfalls nicht untergeordnet. Der Verzicht auf die Gegenzeichnung im Bereich der Kommandogewalt - mithin der Verzicht auf eine wie auch immer geartete parlamentarische Verantwortlichkeit - brachte schließlich nicht nur die beabsichtigte Entfernung des militärischen Apparates vom Parlament mit sich, sondern darüberhinaus von der Politik insgesamt, zunächst vom preußischen Kriegsminister, später auch vom Reichskanzler. Diese Entwicklung, die das Militär immer stärker allein auf den Monarchen und dessen Stellung als militärischen Oberbefehlshaber zuführte, war selbstredend von großer Bedeutung für die Stellung des Kaisers im Staatsgefüge.

Die starke Stellung des Monarchen im Rahmen der Exekutive beruhte - wie auch im Norddeutschen Bund - auf der Unbestimmtheit der Verantwortlichkeit des Kanzlers gegenüber dem Parlament. Art. 17 Abs. 2 der Reichsverfassung legte die Verantwortlichkeit des Kanzlers ohne nähere Bestimmung fest. 1867 war der Zusatzantrag Bennigsens, der ein besonderes Gesetz über die Kanzlerverantwortlichkeit und das Verfahren, wie diese geltend zu machen sei, beantragt hatte, abgelehnt worden[1195]. Die Auslegung des Art. 17 Abs. 2 war zwar auch in der Zeit des Deutschen Reiches umstritten, klar war jedoch allen Beteiligten, daß der Kanzler nicht vom Vertrauen des Parlaments, sondern allein vom Vertrauen des Monarchen abhängig war. Im Deutschen Reich

---

ordnete sie die Übernahme der preußischen Militärgesetzgebung an, Art. 61, so daß die Regelung des Oberbefehls an die faktische Ausübung in Preußen anknüpfte, ohne daß dies im Reich aus der Verfassungsurkunde hervorging, vgl. Laband, Das Staatsrecht des Deutschen Reiches, 5. Aufl., Bd. 4, S. 8, 38 ff.

1195. Vgl. die obige Darstellung im Zusammenhang mit der Entstehung der Verfassung des Norddeutschen Bundes.

von 1871 - wie schon in Preußen und im Norddeutschen Bund - hatte eine Grundregel des präsidentiellen Regierungssystems, die Unabhängigkeit der Regierung vom Vertrauen einer parlamentarischen Mehrheit, in Verbindung mit einer ausschließlich monarchisch legitimierten Exekutive - der Reichstag wurde vom Volk gewählt und stand der Regierung dualistisch gegenüber - die Konsequenz, daß die monarchische Regierung de lege lata den Mechanismen demokratischer Mehrheitsentscheidungen entzogen war.

Die Kontinuität monarchischer Herrschaft konnte mit der Reichsverfassung gewahrt werden, gerade auch weil sie nicht aus einer demokratischen Revolution hervorgegangen war, sondern aus einer monarchischen Reform auf der Grundlage militärischer Erfolge. Das Kaisertum war durch fürstliche Akklamation entstanden, der Reichstag nicht vom Volk erzwungen, sondern von Bismarck, schon im Norddeutschen Bund als Zugeständnis an den Geist der Zeit und als Instrument der staatlichen Integration. Zu bedenken ist jedoch, daß Reichsgründung, Kaisertum und Reichstag dem Willen der Mehrheit des deutschen Volkes entsprochen haben - und zwar auch derjenigen, die den monarchistischen und militärischen Charakter Preußens ablehnten. Sie erwarteten, daß der nationaldemokratische Trend der Zeit gerade auch auf Reichsebene voranschreiten und von dort auch auf die Einzelstaaten zurückwirken werde. War doch die nationale Einigung von Anfang an eine Forderung gewesen, die sich bewußt gegen die in den Einzelstaaten vielfältig bewahrten Formen überlieferten staatlichen Lebens mit ihrer politischen Machtverteilung wandte. Deshalb hatte nicht nur Metternich die Nationalbewegung in jeder Form bekämpft, sondern auch Friedrich Wilhelm IV. von Preußen die ihm vom Parlament der Paulskirche angebotene Kaiserkrone abgelehnt; auch Wilhelm I. behielt als Kaiser dem Reichstag und dem Kaisertum gegenüber seine tiefe Skepsis und mit ihm ein großer Teil der preußischen Konservativen.

Die Betonung der Fortführung der monarchischen Kontinuität zeigt sich auch darin, daß die eigentliche Regierungsgewalt in der Hand des Monarchen und nicht in der des Kanzlers lag. Gemäß Art. 17 Abs. 1 Satz 2 wurden "die Anordnungen und Verfügungen des Kaisers ... im Namen des Reiches erlassen". Die obersten Regierungsakt des Reiches waren Akte des Kaisers. Sowohl der Reichskanzler wie auch das preußische Staatsministerium übten keine ihnen unmittelbar von der Verfassung eingeräumte Regierungsgewalt aus. Die Regierungsgewalt lag in der Hand des preußischen Königs, beziehungsweise in der Hand des deutschen Kaisers. Bismarck stellte dies nach außen gerichtet auch immer wieder klar: "Der wirkliche, faktische Ministerpräsident in Preußen ist und bleibt Seine Majestät der König", oder "der Minister ist ... ein in der Verfassung kaum genannter Lückenbüßer"[1196].

1196. Bismarck, Gesammelte Werke, Bd. 12, S. 329; ebenso in dem Erlaß König Wilhelms I. vom 4.1.1882, bei Huber, Dokumente, Bd. 2, S. 403 f.

Dennoch war das Verhältnis zwischen Kaiser und Kanzler in der politischen Realität diffizil. Zwar stand gemäß Art. 15 dem Kaiser das Recht zu, den Kanzler nach freiem Ermessen zu ernennen und zu entlassen - wodurch am stärksten das klassisch konstitutionelle Element der Verfassung zum Ausdruck kam - aber diese Unabhängigkeit des Kanzlers gegenüber dem Reichstag schuf vor allem dem Kanzler eine starke Stellung gegenüber dem Reichstag. Seine 'politisch-moralische' Verantwortlichkeit gegenüber dem Reichstag wiederum stärkte ihn gegenüber dem Kaiser und hob ihn bereits von der Verfassungsstruktur her von dem bloßen Gehilfen des Kaisers ab, als der er vielleicht von Bismarck in Putbus einmal gedacht war. Seine Stärke bezog er daraus, gerade an der Schnittstelle der Gewalten zu sitzen und beiden gegenüber Rechenschaft zu schulden, was Bismarck dazu nutzte, beide Institutionen gegeneinander auszuspielen und seine Position zu stärken. Das Recht der freien Entscheidung des Kaisers über Ernennung und Entlassung des Kanzlers aus Art. 15 sollte sich speziell zur Zeit Wilhelms I. mehr als "eine Illusion der Macht" denn "als eine wirkliche Macht" erweisen[1197]. So mochte der Verfassungstext einer konstitutionellen Theorie entsprechen, die machtpolitischen Verhältnisse aber sahen anders aus. "Die Aufgabe, zugleich gehorsamer Diener des Königs und konstitutioneller Minister zu sein, mit dem Bedürfnis einer Landtagsmajorität, ist an sich eine unmögliche. Die Höflichkeit hat bei uns eine Tradition des absolutistischen Gehorsames der Minister erhalten, diese Fiktion ist aber doch nur durchführbar, wenn der Monarch sie mit Maßhaltung ausführt - sonst gerät der Ministerpräsident in eine unmögliche Prokrustesstreckung zwischen König und Land"[1198]. Die verfassungsrechtlich bestehende Entscheidungsgewalt des Monarchen trat solange zurück, bis Wilhelm II. Bismarck entließ und dadurch zunächst ein Machtvakuum schaffte, das er - der Kaiser - selbst auszufüllen suchte[1199].

Daß Bismarck an der Spitze einer inoffiziellen Machtpyramide stand, fand seine Bestätigung in der Einschätzung vieler Zeitgenossen. So war von "Kanzlerdiktatur" oder von einer "Art der Diktatur"[1200] die Rede. "Alles hängt ganz allein von Bismarck ab" urteilte der konservative Botschafter General von Schweinitz, "nie gab es eine vollständigere Alleinherrschaft", "moi, je suis l'état" hielt er für den Leitstern der "Diktatur Bismarcks"[1201]. Altliberale wie Mevissen hielten Bismarck "längst für allmächtig", der "Absolutismus des Fürsten" stehe "auf dem Höhepunkt seiner Macht und

---

1197. Kimminich, Deutsche Verfassungsgeschichte, S. 431.
1198. Bismarck, Gesammelte Werke, Bd. 6 c, S. 90.
1199. Der de lege late bestehende Herrschaftsanspruch des Monarchen lebte erst in dem Moment der Entlassung Bismarcks wieder auf.
1200. Meinecke, Reich und Nation von 1871-1914, S. 167.
1201. Denkwürdigkeiten des Botschafters General von Schweinitz, S. 83 (18.11.1879), S. 270 (April 1884), S. 307 ( 27.8.1885).

seines Übermutes"[1202]; der Freisinnige Kapp spottete: "Für Bismarck gibt es nur eine Regierungsform: das ist er allein"[1203]. Und gar Kaiser Wilhelm I. selbst bekannte: "Es ist nicht leicht, unter einem solchen Kanzler Kaiser zu sein"[1204]. Bismarck selbst meinte: "In allem, nur nicht dem Namen nach, bin ich Herr in Deutschland"[1205].

Bismarck war es gelungen, sein Ziel der Ausgrenzung des Parlaments durch dessen scheinbare Integration in das Verfassungsleben zu erreichen. Bismarck grenzte das Parlament nicht durch bloßes Ignorieren aus, sondern dadurch daß er es zwar als Gegenspieler akzeptierte, zugleich aber in der Verfassung Mechanismen installierte, die eine Abhängigkeit der Regierung von dem Parlament verhinderen sollte. Damit unterstellte Bismarck natürlich zugleich den Liberalen nach wie vor, daß sie unter den einzuführenden 'wahren konstitutionellen Verhältnissen' eine solche Parlamentarisierung verstanden. Der Bereich der Gesetzgebung, an dem das Parlament (mit-) entscheidend beteiligt war, war nicht der Bereich der demokratisch legitimierten Parlamentsherrschaft - ebensowenig wie der der monarchischen Regierung - sondern allenfalls, streng dualistisch gedacht, der Bereich der Begegnung und Vermittlung von Monarch und Volk, von monarchischem Staat und bürgerlicher Gesellschaft.

Demokratische Einrichtungen blieben in der Reichsverfassung sekundäre Erscheinungen, die nur soweit gewährt wurden, wie sie dem eigentlichen Ziel Bismarcks, die Schaffung eines deutschen Nationalstaates unter preußischer Führung, nicht widersprach. Der Staat blieb der verantwortlichen Beteiligung seiner Bürger entrückt. In einem Kaiser als dem Symbol der Einheit sollten sich die Bürger wiederfinden. Das Kaisertum blieb durch seine Bindung an Preußen ein konservatives, an alte preußische Traditionen geknüpftes Gebilde[1206].

Die spezifische Entstehungsgeschichte der Reichsverfassung und die damit einhergehende Vereinigung Deutschlands, die ihrerseits das Bedürfnis schuf, die Eigenständigkeit der Einzelstaaten möglichst weitgehend zu erhalten, andererseits aber auch die Einheitlichkeit des neuen Staates nicht zu konterkarieren, haben Lothar Gall dazu veranlaßt, in Anlehnung an Bismarck selbst, jegliche Definition der Reichsverfassung unter allgemeinen Gesichtspunkten als verfehlt anzusehen. Ihre spezifische Stärke sei vielmehr "in ihrer weitgehenden Distanz zu Prinzip, System und Dogmatik" zu sehen. "Jeder Versuch, diese Distanz zu verringern, und der Verfassung nachträglich einen

---

1202. Hansen, Gustav von Mevissen, S. 843.
1203. Kapp an Cohen, in: Wehler, Kapp, Vom radikalen Frühsozialisten des Vormärz zum Parteipolitiker des Bismarckreiches, S. 122.
1204. Zitiert nach Wehler, Das Deutsche Kaiserreich 1871-1918, S. 64.
1205. Bismarck, Gesammelte Werke, Bd. 8, S. 532.
1206. Vgl. Smend, Verfassung und Verfassungsrecht, S. 229 ff.

Systemcharakter aufzuzwingen, führt nicht nur in die Irre, sondern verstellt auch den Blick auf das Wesentliche"[1207].

Diese sicherlich richtige Einschätzung auch der Absichten Bismarcks, eine Verfassung nach den realen Anforderungen und Gegebenheiten und nicht nach staatsrechtlich-theoretischen Grundsätzen zu schaffen, vorausgeschickt, sei dennoch die Frage nach den Legitimationsgrundlagen des Kaisertums gestellt, sowie die Frage seiner Einordnung in den Zusammenhang des konstitutionellen Verfassungsdenkens.

Die Wiederaufnahme der Begriffe Kaiser und Reich in der Verfassung von 1871 knüpfte äußerlich an das mittelalterliche Imperium und an die deutsche Nationalbewegung des frühen 19. Jahrhunderts als ein Erbe des älteren deutschen Nationalgedankens an. Von hier aus fanden diese Begriffe bereits Eingang in die Verfassung der Paulskirche, in der vom "Kaiser der Deutschen" die Rede war. Schon damals war aber der Sieg der erbkaiserlichen (kleindeutschen) Idee mit der Entscheidung für Preußen und nicht mit der Universalität des alten mittelalterlichen Kaisergedankens verbunden. Der 'Kaiser' diente als Zentralgewalt in einem bundesstaatlichen Gefüge von Monarchien. Insofern kommen sich die Verfassungen recht nahe.

Bismarck knüpfte nicht an den Kaiser des Heiligen Römischen Reiches deutscher Nation der Jahre vor 1806 an. Es gab zwar einige Historiker, die das neue Reich in der Rechtsnachfolge des Reiches von 1806 sahen und daher auch einen Traditionszusammenhang der beiden Kaisertitel formulierten[1208], diese Meinung blieb aber in der Minderheit. Karl Binding faßte diese Meinung 1899 zusammen: "Das alte Reich und der alte Kaiser sind tot und Gott gebe ihnen keine gnädige Auferstehung, denn sie verdienen sie nicht und uns brachten sie Unheil"[1209].

Nationalliberale waren sich bewußt, daß mit der Wiedereinführung des Kaisertitels die Möglichkeit der Wiederaufnahme solch universeller Bestre-

---

1207. Gall, Bismarck, der weiße Revolutionär, S. 390; vgl. auch die pauschalen Urteile Hubers, Verfassungsgeschichte, Bd. 4, S. 131, der von einem "im Verfassungsrecht vorgezeichnetem Gleichgewicht der monarchischen, föderativen und parlamentarischen Gewalt" spricht, oder von Wehler, Das Deutsche Kaiserreich 1871-1918, S. 63, der die Reichsverfassung als den Ausdruck eines "autokratischen, halbabsolutistischen Scheinkonstitutionalismus" bezeichnet.

1208. U.a. Ruville, Das deutsche Reich, ein monarchischer Einheitsstaat, Untertitel: Beweise für den staatsrechtlichen Zusammenhang zwischen altem und neuem Reich; ebenfalls in die Vergangenheit zielten Bestrebungen einiger Städte, wie zum Beispiel Aachen, Köln und Frankfurt, Krönungsstadt zu werden, weil dies 'altes verbrieftes Recht' sei. "so möge uns denn das, was unter dem Hause Habsburg verloren ging, durch das glorreiche Haus Hohenzollern wieder verliehen werden", meinten die Aachener, die auch auf ihren Domschatz mit der Reichskrone verwiesen. Auch Regensburg, Nürnberg und Worms versuchten, sich mit historischen Argumenten um die Position einer Huldigungsstadt zu bemühen, vgl. Schoeps, Der Weg ins Deutsche Kaiserreich, S. 226 f.

1209. Binding, Die rechtliche Stellung des Kaisers im heutigen Deutschen Reich, S. 5.

bungen und großdeutscher Traditionen verbunden sein konnte. "Ich fürchte", sagte der Historiker Max Duncker, "den Prunk und das Zeremoniell, das sich daran hängen wird, ich fürchte das Großdeutsche, das darin liegt, und ich möchte sehr gern das Kaiserwesen und das Kaiserlich-Königliche den Österreichern überlassen. Der Titel ruft alle Irrwege unserer Nation ins Gedächtnis und nimmt den preußischen Bauern 'unseren König'"[1210]. Diese Gedanken, auf einen nationalen Kaiser zu verzichten, hatten jedoch keine ernsthaften Aussichten, sich durchzusetzen. Statt 'den Kaiser' zu verhindern suchte man vielmehr der befürchteten Wiederbelebung der alten Kaisertraditionen entgegenzuwirken und eine Kontinuität mit dem Heiligen Römischen Reich deutscher Nation zu leugnen. Vielmehr sei der neue Kaiser im rein nationalen Sinne zu interpretieren. Es gelte, "das Kaisertum von heute" dem "schwachen, kläglichen Wahlkaisertum des Mittelalters" und dem Kaisertum der Habsburger entgegenzusetzen, "welches keinen anderen Zweck hatte, als die Kräfte und Interessen der deutschen Nation zu dynastischen Habsburgischen Interessen auszubeuten; das Kaisertum von heute ist das Hohenzollerntum, meine Herren, ist Preußen"[1211].

Die Universalität und die Katholizität des alten Reiches und dessen Kaisertums sind durch das Bismarckreich nicht übernommen worden. Die Erfüllung des (klein-) deutsch-nationalen Einigungswillens, der von den Burschenschaften über die Paulskirche reichte, und die damit verbundene nach innen gekehrte Staatszielbestimmung konnte nicht ohne Auswirkung auf das allgemeine Verständnis des Kaisertums bleiben.

Bereits im Jahr der Kaiserproklamation erklärte der Staatsrechtler Hermann Schulte: "Im staatsrechtlichen Sinne ist das Reich, die Kaiserwürde von 1871 eine völlige Neuschöpfung. Es wäre eine bedenkliche Verwirrung, wenn man unser nationales Kaisertum als eine staatsrechtliche Fortsetzung des am 6. August 1806 zu Grabe getragenen Römischen Kaisertums ansehen wollte"[1212]; "wir haben eine entschiedene Abneigung, Erinnerungen an das alte Kaisertum des Heiligen Römischen Reiches im Hause Hohenzollern wieder aufgefrischt zu sehen. Wir im Norden haben uns den Kaisertitel - ohne große Begeisterung - gefallen lassen, soweit er ein politisches Machtmittel war, unserem Volke zur Einigung helfen mag und unseren Fürsten ihre schwere Arbeit erleichtern. Aber den Kaisermantel sollen unsere Hohenzollern nur tragen wie einen Offiziersrock ... Unsere Kaiser sollen ernsthafte Geschäftsleute sein, welche das Wesen der Macht erfreut, nicht der Goldglanz"[1213]. Ebenso sah es auch Otto

1210. Duncker an Hermann Baumgarten 7.11.1871, in: Schulze, Max Duncker, S. 461.
1211. Miquel, zitiert aus Schieder, Das deutsche Kaiserreich von 1871 als Nationalstaat, S. 80.
1212. Schulte, in: Schlesische Zeitung, Breslau 1871, Nr. 43, zitiert nach Schoeps, Der Weg ins Deutsche Kaiserreich, S. 228.
1213. Freytag, Der Kronprinz und die deutsche Kaiserkrone, S. 117 ff.

von Gierke: "Dieses Reich ist ein neues Reich. Es ist keine Fortsetzung eines älteren Staatsgebildes, keine Restauration einer vergangenen Epoche"[1214]. Unter Kaiser Wilhelm I. blieben auch Stil und Charakter der Herrschaftsausübung preußisch bestimmt, seine Autoriät stützte sich noch vermehrt auf die preußische Monarchie und erst allmählich auf die sich entwickelnde Volkstümlichkeit des "Heldenkaisers", der die Einigung vollzog.

Der alte Kaisertitel war zwar durch Bismarck bewußt eingesetzt, um durch die Anknüpfung an die damit verbundene Faszination die süddeutsche Bevölkerung und auch die Fürsten für das nationale Einigungswerk zu gewinnen, aber nun galt es, dem alten Namen neue Inhalte zu geben, die zwar die Faszination einer Kaiserwürde aufrechterhielten, aber nicht an deren tatsächliche Tradition anknüpften.

Diesem Unterfangen kam es entgegen, daß die Verfassung keine konkrete Ausgestaltung der Kaiser- 'idee' enthielt, das monarchische Prinzip nicht ausdrücklich erwähnte und somit keine Legitimation des Kaisertums vorgab. Aus der Diskussion, die in der Vor- und Nachgeschichte der Reichsgründung geführt wurde, ergibt sich der Eindruck, daß das Kaisertum gerade deshalb die neue nationale Einheit verkörpern konnte, weil sein konkreter politischer Inhalt vage blieb, je nach politischer Sichtweise austauschbar schien und so unbehindert von wirklichen Kontroversen seinen 'Zauber' ausüben konnte[1215].

In diesem Zusammenhang ist auch entscheidend, daß das Gottesgnadentum wie es in den Jahrhunderten zuvor Monarchien legitimierte, seine entscheidende Rolle eingebüßt hatte. Wenngleich bei Bismarck durchaus noch religiöse Gesichtspunkte eine bedeutende Rolle spielten, so war doch unverkennbar, daß die monarchische Legitimation nicht mehr auf einen göttlichen Auftrag gestützt werden konnte, der Monarch nicht mehr als geheiligte Person, als Gesalbter Gottes galt. Außer Stahl stellte - soweit ersichtlich - auch kein Theoretiker mehr auf diese Gedanken ab[1216]. Stattdessen rückte die rein politische Funktion des Monarchen in den Vordergrund; seine Stellung wurde funktionalisiert und in den staatlichen Organisationsablauf hineingestellt, mithin in die Verfassung integriert, aus der er selbst erwachsen war. Der Kaiser war kein Kaiser mehr von Gottes-, sondern allein von Verfassungsgnaden.

Die Monarchie war damit aber auch keine "unauswechselbare, in sich stehende Institution"[1217] mehr. War mithin die sittlich-religiöse Begründung der Stellung des Kaisers Vergangenheit, wandelte sich der Royalismus der

---

1214. Gierke, Das alte und das neue deutsche Reich, S. 3.
1215. Vgl. Fehrenbach, Wandlungen des Kaisergedankens, S. 50.
1216. Vgl. Böckenförde, Der Verfassungstyp der deutschen konstitutionellen Monarchie im 19. Jahrhundert, S. 159; vgl. auch Hofmann, Das Problem der cäsaristischen Legitimität im Bismarckreich, S. 196 ff.
1217. Böckenförde, Der Verfassungstyp der deutschen konstitutionellen Monarchie im 19. Jahrhundert, S. 159.

Bevölkerung immer mehr in eine Bindung an die jeweilige Person des Monarchen, es trat die Anhänglichkeit der Soldaten an die Person des obersten Befehlshabers, die der Beamten an die Person des obersten Dienstherren in den Vordergrund. Diese Bindungen unterlagen naturgemäß der Erosion im Fall des Versagens der Person an der Spitze des Staates (der Armee, des Verwaltungsapparates). Durch die sich später verselbständigende Rolle des Kaisertums gegenüber dem preußischen Königtum, bot auch das Kapital des preußisch-royalistischen Ursprungs kein unerschöpfliches Potential an Autorität für den deutschen Kaiser mehr. Hierin liegt auch die Nähe zum cäsaristisch legitimierten Monarchen, der - gestützt auf Heer und Bürokratie - als Existenzberechtigung auf seine Erfolge verweisen muß. Bleiben diese Erfolge aus, steht sowohl der jeweilige Monarch zur Disposition wie auch die Monarchie als Institution insgesamt[1218].

Die politische Funktion und die - gemessen an dem traditionellen Gottesgnadentum - daraus erwachsende legitimistische Schwäche dieser Monarchie machte der fortschrittliche Staatsrechtler Hänel deutlich, als er 1881 im Reichstag zu der Stellung des Monarchen ausführte: "Nein, wir haben an der Spitze des deutschen Reiches keine monarchische Gewalt; das Kaiserthum ist ein defektes Kaiserthum; das Kaiserthum entspricht nicht den monarchischen Traditionen, die uns in Deutschland beherrschen, es ist nicht ein entsprechendes Gegengewicht gegenüber der monarchischen Zusammenfassung der Staatsgewalt der Einzelstaaten. Dieses Kaiserthum ist hier in Deutschland zu schwach konstituiert, es ist nicht in der Lage, diejenige sammelnde, einigende, konzentrierende Gewalt mit Sicherheit zu üben, die wir in einem so großen Reich, wie der deutsche Bundesstaat, nicht entbehren können. Meine Herren, das Kaiserthum muß seine Gewalt, muß seine monarchische Wirkung wesentlich darauf basieren, daß es hier im Reichstag als dem zweiten Zentralorgan des Reiches seine Verstärkung und seine Unterstützung findet"[1219]. Dies war ein Ansatz, der zeigt wie sehr auch die Liberalen in ihrer großen Mehrheit das Kaisertum akzeptierten und dieses stark ausgestaltet sehen wollten. Daß dabei die Stellung des Kaisers durch den Reichstag gestärkt werden sollte, dürfte Bismarck ein Lächeln entlockt haben, hatte er doch versucht, alle Vorkehrungen zu treffen, um den Kaiser vor dem Parlament zu schützen. Die tatsächliche Entwicklung sollte denn auch anders verlaufen, da die - funktional begründete - Integrationswirkung des Kaisers sich insbesondere deshalb verstärkt gerade auch gegen den Reichstag durchsetzte, da das Parlament entsprechend der verfassungsrechtlich vorgezeichneten Linie der Verhinderung einer parlamentari-

1218. Vgl. Stürmer, Bismarckstaat und Cäsarismus, Der Staat, 12, S. 473 ff., insbesondere S. 486 mit der Bemerkung, "daß der Cäsar nur so lange fest im Sattel sitzt, als sein Pferd nicht strauchelt".

1219. Stenographische Berichte deutscher Reichstag, 1881, S. 212.

schen Regierung (Art. 9 Satz 2), mehr und mehr "negative" Interessenpolitik betrieb und sich nicht als Repräsentant der nationalen Einheit gegen die vermeintlich überparteiliche monarchische Regierung durchsetzen konnte[1220].

Der Monarch sollte eine personale, anschauliche Autorität verkörpern und genoß gegenüber dem Parlament einen quasi naturgegebenen, unter den besonderen deutschen Bedingungen unaufholbaren Vorsprung. Gegenüber der Möglichkeit eines stärker verfassungspatriotisch orientierten nationalen Selbstverständnisses sollte sich diese Autorität ebenfalls durchsetzen. Im Meinungsspektrum zwischen Konservativen und Linksliberalen wichen die Interpretationen der Beziehung von Kaisertum und Nation zwar erheblich voneinander ab, aber im Kern traf für das bürgerliche Staatsbewußtsein zu, was Heinrich von Treitschke 1886 über die "stillschweigende Macht des Kaisertums" sagte: Es verlieh dem politischen Leben den Eindruck einer gewissen Stetigkeit und Sicherheit, gerade angesichts der noch ungewohnten Heftigkeit der Parteienkämpfe; und es verlieh dem Ansehen der Obrigkeit überhaupt starken Rückhalt[1221].

Ähnlich wie Bismarck es letztlich tat, wurde vielfach auch die pragmatische Komponente betont, die mit der Installierung eines deutschen Kaisers verbunden war. Treitschke etwa erklärte, der neue Titel sei "unvermeidlich", "um den Süden zu gewinnen", und auch erforderlich, "denn das mit so dürftigen Rechten ausgestattete Bundesoberhaupt kann des Glanzes der Majestät nicht entbehren, wenn anders der lockere Bund zusammenhalten soll". Das Symbol für die "Macht und Größe" der Nation muß den Mangel an tatsächlichen Herrschaftsrechten verdecken und die Hoffnung aufrechterhalten, "daß der Name des Kaisertums zur Tat und Wahrheit werde. Der Kaiser ist da, das Reich wird nachfolgen"[1222].

Auf erneut anderem Wege versuchte Otto von Gierke sich von der alten Kaisertradition zu lösen, als er die 'Reichs- und Kaiseridee' abstrahierte: "Nicht 'Kaiser und Reich' wie sie um die Wende des Jahrhunderts noch ein klägliches Schattendasein fristeten, wollten wir verstanden wissen, wenn wir von der Wiedergeburt von 'Kaiser und Reich' träumten und sangen und endlich Blut und Gut dafür einsetzten! Auch nicht das Reich der Hohenstaufen oder des Habsburger Rudolfs, noch überhaupt irgendeines konkreten Jahrhunderts. Sondern 'Kaiser und Reich' schwebten uns vor in Gestalt einer unsterb-

1220. Vgl. Grosser, Vom monarchischen Konstitutionalismus zur parlamentarischen Demokratie, S. 4, 11 ff., 17, 212 ff.; vgl. auch Hofmann, Das Problem des cäsaristischen Legitimation im Bismarckreich, S. 202 Fn. 59.
1221. Treitschke, Unser Reich, in: ders., Schiller, Treitschke, Aufsätze, Briefe und Reden, Bd. 4, S. 728.
1222. Treitschke, Die Verträge mit den Südstaaten, S. 359.

lichen Idee, wie sie aus der Gesamtbetrachtung unserer ruhmvollen Vergangenheit sich als das Bleibende im Wechsel ergab"[1223].

Die hier angedeuteten unterschiedlichen Interpretationsmöglichkeiten des Ursprungs und der Deutung der Kaiseridee, die sich in der Verfassung von 1871 verbergen konnten, zeigen, daß das Kaisertum wohl gerade daraus seine wachsende Popularität und seine grundsätzliche Akzeptanz gewinnen konnte, daß sein Charakter nicht festgelegt war und sich auf unterschiedliche Weise - im Einklang mit dem Verfassungstext - definieren ließ. Anhänger quer durch beinahe alle Parteien konnten sich in ihm wiederfinden und ihre eigenen Ziele und Tendenzen hineininterpretieren. So wurde die Verfassung mit dem Kaiser für die meisten Hauptkontrahenten erst annehmbar. Es zeigt aber auch, daß das Kaisertum dieser Verfassung keine einheitliche Verwurzelung mehr in der Bevölkerung besaß und sich eine allgemeinverbindliche Legitimationsgrundlage erst noch herausbilden mußte. Dies wiederum verlieh dem Kaisertum eine Wandelbarkeit und mithin eine innere Dynamik, die sich speziell in dem 'Bruch' der Ausübung der kaiserlichen Position beim Übergang von Wilhelm I. zu Wilhelm II. zeigen sollte.

Neben der Problematik der fehlenden Ausgestaltung der Kaiseridee und der möglichen unterschiedlichen Anknüpfungspunkte im Hinblick auf eine Legitimation der neuen/alten Kaiserwürde stellt sich - gerade heute - die Frage der Einordnung der Reichsverfassung in die Linie der konstitutionellen Staaten Deutschlands und Europas.

Unter dem Begriff der 'konstitutionellen Monarchie' versteht man in Abgrenzung zu der absoluten Monarchie eine verfassungsmäßig beschränkte Monarchie[1224]. Verfassungshistorische Bezugspunkte waren die süddeutschen Verfassungen aus der Zeit von 1818 bis 1820, die in Anknüpfung an teilweise vorkonstitutionelle deutsche Traditionen, beziehungsweise an die Charte von 1814, der 'Magna Charta' der französischen Restauration, nur eingeschränkte Vorstellungen von der verfassungsmäßigen Beschränkung der monarchischen Vorrechte kannten. Dabei war jedoch das Prinzip erkennbar, daß einer ständisch gegliederten Volksvertretung mit nur wenigen, ausdrücklich genannten Rechten, der Monarch gegenüberstand, dem die gesamte Staatsgewalt vorbehalten war. Dieses 'monarchische Prinzip' wurde durch Art. 57 WSA konstituiert[1225]. Daraus wurde abgeleitet, daß die Verfassung letztlich nur die Be-

1223. Gierke, Das alte und das neue deutsche Reich, S. 109 f.
1224. Vgl. Boldt, Deutsche Verfassungsgeschichte, Bd. 2, S. 194.
1225. Beispielhaft und exemplarisch sei hier Tit. II § 1 der bayerischen Verfassung von 1818 genannt: "Der König ist das Oberhaupt des Staates, vereinigt in sich alle Recht der Staatsgewalt und übt sie unter den von ihm gegebenen, in der gegenwärtigen Verfassungsurkunde festgesetzten Bestimmungen aus".

schränkung der monarchischen Herrschaft, nicht jedoch dessen eigentliche Grundlage sein könne[1226].

Bereits vor dem Inkrafttreten der preußischen Verfassung mit seiner dualistischen Anlage war der teilweise auftretende Widerspruch erkennbar, der sich daraus ergab, daß dem Monarchen zwar die gesamte Staatsgewalt vorbehalten bleiben, er andererseits aber in Teilbereichen, insbesondere der Gesetzgebung, an die Zustimmung der Stände gebunden sein sollte. Dieser Widerspruch führte - zwangsläufig - zu unterschiedlichen Interpretationen des gesamten konstitutionellen Systems und verschaffte ihm eine gewisse Labilität, wie sie sich exemplarisch und mit voller Wucht im preußischen Verfassungskonflikt zeigen sollte.

Aber bereits zuvor begannen sich unter dem Dach der 'konstitutionellen Monarchie' verschiedene Spielarten auszubilden. In England versteht man unter diesem Topos sogar die parlamentarische Monarchie, in der ein parlamentarisches Regierungssystem etabliert ist, in dem der Monarch allein repräsentative Aufgaben zu übernehmen hat. Gerade auch diese außerdeutschen Entwicklungen riefen die konservativen - und auch die gemäßigt liberalen - Staatslehrer auf den Plan, um in einer negativen Abgrenzung festzulegen, was im Rahmen der weiteren Entwicklung vom Grundbestand des monarchischen Prinzips unverzichtbar sei. Stahl definierte dabei, der Fürst solle "der Schwerpunkt der Verfassung, die positiv gestaltende Macht im Staate, der Führer der Entwicklung" bleiben[1227].

Entwickelten sich bereits die einzelnen deutschen Verfassungen unterschiedlich, so galt es doch zumindest, sich einheitsstiftend gegenüber der andersartigen europäischen Entwicklung zusammenzuschließen. Hatte man zu Beginn der konstitutionellen Verfassungsgebung noch keine typisch deutsche Entwicklung konstatiert, so änderte sich das Ende der dreißiger Jahre, als die Vieldeutigkeit des Begriffs der konstitutionellen Monarchie offenkundig wurde. Der Bonner Staatsrechtler Romeo Maurenbrecher spricht in seinem Buch "Die deutschen regierenden Fürsten und die Souveränität" offenbar zum ersten Mal von der "Schule des deutschen konstitutionellen Systems mit den monarchischen Principien"[1228], die sich dadurch auszeichne, daß sie im Gegensatz zu der französischen konstitutionellen Theorie, die dem Prinzip der Volkssouveränität huldige, eine Beeinträchtigung der monarchischen Souveränität durch ständische Mitgesetzgebung nicht kenne. Vom "teutschen constitutionellen System" spricht dann 1843 der Staatswissenschaftler Friedrich

---

1226. Vgl. u.a. Böckenförde, Der Verfassungstyp der deutschen konstitutionellen Monarchie im 19. Jahrhundert, S. 148.

1227. Stahl, Die Philosophie des Rechts, Bd. 2/2, 6. Aufl., S. 383 f.

1228. Maurenbrecher, Die deutschen regierenden Fürsten und die Souveränität, S. 74 Fn. 1.

Bülau[1229]. Die Gegenüberstellung der verschiedenen konstitutionellen Entwicklungen erfolgte dabei nicht zuletzt in der Absicht, die beschriebenen Entwicklungen speziell in England und Frankreich als für die deutschen Verhältnisse ungeeignet darzustellen. Im Zusammenhang mit dem Herausstreichen einer speziell deutschen Entwicklung der konstitutionellen Monarchie verbunden war demgemäß die Suche nach den Vorzügen der das monarchische Element weiterhin betonenden konstitutionellen Entwicklung in Deutschland.

Die Reichsverfassung von 1871 paßte nun gar nicht mehr in das alte Schema von einem konstitutionell-monarchisch verfaßten Staat. Zwar verfügte sie - im Gegensatz zur Verfassung des Norddeutschen Bundes - über einen 'Deutschen Kaiser', aber es fehlte unverkennbar das Bekenntnis zum monarchischen Prinzip. Trotz der materiellen Rechte und der Möglichkeit, über die preußische Vorrangstellung im Bundesrat die deutsche Innenpolitik zu bestimmen, besaß der Kaiser im Reich keine monarchische Stellung[1230]. Das Reich war eine Föderation, aber selbst keine Monarchie im staatsrechtlichen Sinne. Neben dem Bundesrat stand der Kaiser, dessen Stellung und Funktion sich weder aus dem Titel selbst noch aus dessen Vergangenheit ergab. Der Bundesrat stand an der Spitze der Verfassung. Er übte nach dem Wortlaut der Verfassung auch die Regierungsfunktion aus, er nahm somit Aufgaben wahr, die in monarchischen Staaten dem Monarchen zufielen. Der Bundesrat repräsentierte - trotz der durch Art. 17 geschaffenen stärkeren Stellung des Bundeskanzlers - die in der Verfassung als solche gar nicht vorgesehene Reichsregierung[1231]. Als 'Kaiser' wurde nur das Präsidiums bezeichnet, das als primus inter pares zu den anderen Monarchen stand. Die Reichsverfassung war zwischen den an der Reichsgründung beteiligten Regierungen und dem Reichstag formell vereinbart worden. Erst durch diese Verfassungsfindung entstand der Titel des Kaisers. Demnach "stammte die Reichsverfassung nicht vom Kaiser ab, sondern umgekehrt war der Kaiser ein Geschöpf der neuen Verfassung"[1232]. Das 'monarchische Prinzip', das ursprünglich charakterisierend war für den (deutschen) Konstitutionalismus konnte als Wesensmerkmal der deutschen Verfassung von 1871 nicht mehr dienen. Die Reichsverfassung enthielt eindeutig nicht mehr die von Stahl für unverzichtbar gehaltenen Merkmale einer monarchisch-konstitutionellen Ordnung.

Der Kaiser konnte demnach auch kein Monarch im hergebrachten Sinne mehr sein. Hier trifft sich die schwierige Einordnung der Reichsverfassung in den Abriß der deutschen konstitutionellen Entwicklung mit der Suche nach der

---

1229. Bülau, Der constitutionelle Staat in England, Frankreich und Deutschland, S. 24.
1230. So die ganz herrschende Lehre.
1231. Vgl. die Bemerkung Bismarcks (Putbuser Diktat vom 19.11.1866) im Vorfeld der Verfassungsgebung zum Norddeutschen Bund über den Bundesrat als der "43 Sitze umfassenden Ministerbank", Bismarck, Gesammelte Werke, Bd. 6, S. 169.
1232. Boldt, Deutscher Konstitutionalismus und Kaiserreich, S. 89.

Legitimationsgrundlage des Kaisers. Das Festhalten an der Bezeichnung des Konstitutionalismus deutet eine Kontinuität an, die es in der durch die Verwendung der Begrifflichkeit sich andeutenden Weise nicht gab. Es war aber auch bereits den Zeitgenossen bewußt, daß sich hier ein tiefgreifender Wandel vollzogen hat.

Schon lange vor dem Inkrafttreten der Reichsverfassung entwickelte sich in der Lehre die Richtung, nicht mehr allein auf die souveräne oder nicht souveräne Stellung des Monarchen abzustellen, sondern auf die Verbindung von Monarch und Regierung, beziehungsweise auf den monarchischen Einfluß auf die Regierung. Die Reichsverfassung ließ eine parlamentarische Regierungsweise nicht zu, zumindest war das die Intention zur Zeit der Verfassungsvereinbarung[1233]. Bereits Bülau hatte festgestellt, daß die Parlamente in der konstitutionellen Monarchie zwar einen nicht unbeträchtlichen Einfluß auf die Regierungen ausüben könnten, aber "Minister schaffen und stürzen können sie nicht"[1234]. Stahl, als der bedeutendste konservative Autor seiner Zeit nahm diesen Ansatz auf und stellte die monarchische Selbstregierung als das entscheidende Abgrenzungskriterium zur parlamentarischen Monarchie auf[1235]. Das Recht des Monarchen, nach freiem Ermessen seine Regierung ernennen und entlassen zu können, wurde so zum späteren Kernpunkt der konstitutionellen Monarchie überhaupt. So ließ sich die konstitutionelle Monarchie auch von der parlamentarischen Monarchie beispielsweise Englands abgrenzen, die in Wirklichkeit eine Form der "Republik" sei[1236]. Jedwede Tendenz zur Verstärkung des parlamentarischen Einflusses auf die Regierungsbildung konnte dann auch als das Streben nach Abschaffung der Monarchie interpretiert werden.

Im Kaiserreich sah man daher die 'deutsche konstitutionelle Monarchie' in ihrer Blüte. Die Entwicklung zu einer parlamentarischen Regierung war bereits durch die Verfassungskonstruktion vereitelt, eine über den - allein partielle Interessenpolitik betreibenden - Parteien stehende Regierung war gewährleistet, die somit ebenso wie der Kaiser selbst zum einheitsstiftenden Moment wurde. Im Gegensatz zur konstitutionellen Theorie Frankreichs sollte der Monarch gerade nicht zum 'pouvoir neutre' in einer passiven, rein repräsentativen verfassungspolitischen Rolle werden, sondern vielmehr das die Regierung durch sein Abberufungsrecht kontrollierende oder gar steuernde Verfassungsorgan bleiben.

---

1233. An der sich - siehe unten - auch bis zum Ende des Ersten Weltkrieges nichts ändern sollte.
1234. Bülau, Der constitutionelle Staat in England, Frankreich und Deutschland, S. 39.
1235. Stahl, Das monarchische Prinzip, S. 31.
1236. Seydel, Constitutionelle und parlamentarische Regierung, S. 123.

Entsprechend der Betonung der monarchischen Selbstregierung als dem wesensbestimmenden Merkmal der deutschen konstitutionellen Monarchie, galt die Verfassungskonstruktion auch nicht als eine aufgezwungene Verzögerung angestrebter parlamentarischer Verhältnisse. Man ging vielmehr davon aus, daß sich das deutsche Verfassungssystem durch die monarchische Überwölbung der Parteienlandschaft gegenüber den anderen monarchischen Ordnungen positiv abhebe und auszeichne. Dabei flossen auch geostrategische Überlegungen mit ein, die auf die Mittellage Deutschlands und die damit verbundenen erhöhten militärischen Anforderungen abstellten. Die konstitutionelle Monarchie war für Otto Hintze die für Deutschland notwendige Staatsform, da die außenpolitische Situation, die einen starken Militärstaat erfordere, sowie die fragmentarische Geschichte der Parteien selbst, eine parlamentarische Mehrheitsbildung auf Reichsebene nicht zulasse[1237]. Zudem gewährleiste gerade die überparteiliche monarchische Regierung die Verknüpfung der politischen Ziele Einheit und Freiheit[1238]. Föderalismus und Parlamentarismus galten bis zum Ende des Reiches in Deutschland als sich ausschließende Verfassungskomponenten[1239].

Auch tatsächlich erfolgte die Parlamentarisierung des Reiches erst zum Ende des Ersten Weltkrieges - vor dem Hintergrund einer außergewöhnlichen Krisenzeit. Zu dieser Festigkeit in der Verteidigung antiparlamentarischer Tendenzen in Bezug auf die Regierungsverantwortung[1240] trug - dies sei hier am Rande noch einmal erwähnt - gerade auch der Ausgang des preußischen Verfassungskonfliktes bei, als es Bismarck gelang, bei Aufrechterhaltung der konstitutionell dualistischen Verfassungslage das monarchische Element zu stabilisieren und so Deutschland von einer gefestigten monarchischen Position aus zu einigen.

## 4. Die Entwicklung der Verfassung bis 1918

Die deutsche konstitutionelle Monarchie - hier in der Gestalt der deutschen Reichsverfassung von 1871 - trug die Züge, die sich im Anschluß an die Revolution von 1848/49 in den deutschen Ländern, vor allem in Preußen 1850, herausgebildet haben. Das geschriebene Verfassungsrecht ist in seinen Grund-

1237. Hintze, Das monarchische Prinzip und die konstitutionelle Verfassung.
1238. Vgl. Gierke, Das deutsche Genossenschaftsrecht, Bd. 1, S. 3 f.; Bornhak, Die Entwicklung der konstitutionellen Theorie, ZgesStW, Bd. 51, S. 613 ff.
1239. Vgl. u.a. Kaufmann, Bismarcks Erbe in der Reichsverfassung, S. 64 ff.
1240. Vgl. zur lange andauernden Überzeugung der Unmöglichkeit der Parlamentarisierung des Deutschen Reiches u.a. Jellinek, Regierung und Parlament, S. 25 ff.; Hintze, Das monarchische Prinzip und die konstitutionelle Verfassung, S. 377 ff.; Delbrück, Regierung und Volkswille, S. 141 f.

lagen seit 1850 im Wesentlichen unverändert geblieben. Dies gilt auch für die Reichsverfassung. Auch hier erfolgte die Entwicklung des Verfassungslebens bis zum Ende des Kaiserreiches weitgehend unabhängig vom geschriebenen Verfassungsrecht im Wege der politischen Auseinandersetzung[1241], geprägt durch die Vorstellungen der bestimmenden politischen Persönlichkeiten.

Die Veränderungen, die in der bundesstaatlichen Gewaltenverteilung, insbesondere auch im Hinblick auf den Kaiser und dessen Verhältnis zum Parlament, stattfanden, wurden mit der neuen dogmatischen Figur des Verfassungswandels erfaßt[1242]. Dieser stille Verfassungswandel hatte insgesamt einen ausgesprochenen unitarischen Zug. Das Gewicht des Reiches nahm im Verlauf der Entwicklung gegenüber den Einzelstaaten erheblich zu; Wirtschaftsgesetzgebung auf Reichsebene und die Reichsvereinheitlichung schritten rasch voran. Damit einher ging auch die Zunahme des Einflusses der unitarischen Verfassungselemente Kaiser, Reichstag und auch der Reichsleitung, der "Reichsregierung" - zunächst unter Bismarck -, auf Kosten des föderalen Elements Bundesrat. Dieser sollte letztlich seine ihm verfassungsrechtlich zugewiesene dominante Rolle im Reich nie spielen[1243].

Die Stärkung der unitarischen Verfassungsorgane kam vor allem dem Kaiser zugute. Nach dem Verfassungstext besaß er nicht die exponierte Stellung, wie er sie im Lauf der Entwicklung erhalten sollte. Nach der geschriebenen Intention der Verfassung war der Kaiser 'nur' das geschäftsführende Präsidialorgan des Reiches mit dem Titel eines Kaisers. Davon zu trennen war gewiß von Anbeginn an die - unabhängig von den formellen Rechten - dem Kaiser zugewiesene nationale Funktion als "Heldenkaiser", die nationale Einheit zu bestärken, bei gleichzeitiger Aufrechterhaltung der preußischen Hegemonie, weshalb die Personalunion verfassungsrechtlich in Art. 11 festgeschrieben war. Es waren die verfassungsrechtlich verbrieften monarchischen Vorrechte der auswärtigen Gewalt, der Herrschaft über das reichsunmittelbare Elsaß-Lothringen und die Schutzgebiete, der sich verstetigende Ausbau der kaiserlichen Marine, die Existenz überseeischer Truppen, der Aufbau der Reichsbürokratie, die Leitung von Reichseinrichtungen, der gewohnheitsrecht-

---

1241. Hierin liegt ein wesentlicher Unterschied zum Vormärz, als es noch galt, die verfassungspolitischen Ziele in eine erst noch zu schaffende Verfassung einfließen zu lassen. Daher fanden auch alle relevanten Entscheidungen ihren verfassungsrechtlichen Niederschlag in der Verfassungsurkunde selbst. Nach Abschluß der Phase der Verfassungsgebung war dies anders, da nunmehr auf der Grundlage der Verfassung um deren Charakter gestritten wurde: zwischen Verfassung und Verfassungswirklichkeit konnte sich ein Graben bilden.

1242. Vgl. Laband, Die Wandlungen der deutschen Reichsverfassung; Jellinek, Verfassungsänderung und Verfassungswandlung.

1243. Mit dieser unitarischen Tendenz einher ging natürlich auch der Verlust der von Bismarck erstrebten Verbindung von Föderalismus und Antiparlamentarismus; vgl. hierzu u.a. Grebing, Der "deutsche Sonderweg" in Europa 1806 - 1945, S. 129.

liche Erwerb des Initiativrechts in der Gesetzgebung, die die Eigenständigkeit des Monarchen stärkten und ihm Machtbefugnisse einräumten, die über die Verfassung selbst hinausgingen.

In diesem Zusammenhang sei aber auch noch einmal Art. 17 der Reichsverfassung in der Gestalt, die er durch die 'lex Bennigsen' erfahren hatte, erwähnt. Die Verantwortlichkeit des Reichskanzlers gegenüber dem Reichstag - in welcher Form auch immer diese ausgestaltet sein möge - machte den Kanzler zum Gegenspieler des Reichstages. Er war nun aus seiner Rolle als Funktionär des Bundesrates befreit. Der ihn gemäß Art. 15 ernennende Kaiser gewann durch die Stärkung des Kanzlers und dessen unitarisierterer Stellung ebenfalls an Macht - schließlich konnte er den Kanzler nach seinem freien Entschluß auch wieder entlassen - und zugleich ebenfalls eine Rolle, die ihn von seiner durch Art. 11 intendierten Rolle als preußisch-föderaler Hegemonialmacht ebenfalls dem Reich als unitarischem Ganzen näherbrachte[1244].

Ausgangspunkt der Entwicklung des monarchischen Initiativrechts im Rahmen der Gesetzgebung war die Frage, wie Gesetzesvorlagen, die in der Reichsverwaltung erarbeitet wurden, in den Gesetzgebungsablauf eingebracht werden können, da es de lege lata kein monarchisches Gesetzesinitiativrecht gab. Die in der Reichsverwaltung erarbeiteten Gesetzesentwürfe wurden als "Präsidialanträge" eingebracht. Bereits im Norddeutschen Bund wurden dem Bundesrat Vorlagen "im Namen des Präsidiums" gemacht. Bismarck legte diese Anträge auch nach der Reichsgründung als Mitglied des preußischen Staatsministeriums und nicht in seiner Funktion als Reichskanzler offiziell als preußische Anträge vor[1245]. Etwa in der Zeit um 1877 bürgerten sich dann Vorlagen an den Bundesrat mit der Eingangsformel "Im Namen Seiner Majestät des Kaisers", oder "Im Auftrage Seiner Majestät des Kaisers" ein[1246]. Bei der Beratung der Drucksache Nr. 47/1877 wurde von dem hessischen Beauftragten die Anmerkung gemacht, daß in der Formel "Im Auftrag des Kaisers" eine Neuregelung dergestalt liege, daß der Kaiser ein Initiativrecht erhalte[1247]. Als Reichskanzler Caprivi 1892 die preußische Ministerpräsidentschaft an Botho Eulenburg abtrat, forderte er vom Reichsjustizamt ein Gutachten über die Zulässigkeit von Präsidialanträgen - offenbar um den Einfluß des Reichskanzlers auf die Gesetzgebung auch bei mangelnder preußischer Unterstützung aufrechtzuerhalten. Caprivi erhielt ein positives Gutachten, in dem festgestellt wurde: "Durch die endgültige Gestaltung der Bundes- und Reichsverfassung,

---

1244. Vgl. Preuß, Die organische Bedeutung der Art. 15 und 17 der Reichsverfassung, ZgesStW Bd. 45, S. 439 f.
1245. Vgl. Laband, Die geschichtliche Entwicklung der Reichsverfassung, S. 16 f.
1246. Vgl. die Drucksache 109 von 1877, 122 von 1877 und für 1878 die Nummern 2, 3, 8, 9, 16, 17, 19, 20, 24, 25, 33, 34, 45, u.v.m.
1247. Dazu Laband, Die geschichtliche Entwicklung der Reichsverfassung, S. 17, "in der Initiative verwirklicht sich die kaiserliche Regierung des Reiches".

namentlich in Art. 17, sind im Bundespräsidium und in seinem verantwortlichen Leiter der Geschäfte, dem Reichskanzler, selbständige Organe des Bundes geschaffen worden. Kaiser und Reichskanzler bilden jetzt die Träger einer eigenen Regierungs- und Exekutivgewalt des Reichs, die von der preußischen Staatsgewalt begrifflich verschieden und getrennt ist und sie vertreten eine eigene Reichspolitik, die mit der preußischen Politik nicht notwendig überall zusammenfällt"[1248].

Somit wurde auch hier - neben der Bejahung eines Initiativrechtes - die Tendenz bestätigt, daß der Kaiser eine bedeutend unitarische Rolle innehabe, die sich gerade durch die gestärkte Position des Reichskanzlers ebenfalls verfestigt habe.

Entsprechend dem Grundgedanken seiner Einsetzung, wurde der Kaiser zum einheitsstiftenden Faktor des Reiches. Der "Heldenkaiser" und nicht das Parlament wurde zum Integrationsfaktor des Reiches; das Kaisertum wurde zur nationalen Monarchie. Die - oben dargestellte - sehr diffizile Stellung des Kaisers im Verfassungsgefüge wurde im Kreis der politischen Öffentlichkeit Deutschlands nicht nachvollzogen. Wohl gerade aufgrund seiner ambivalenten Stellung im Wechselspiel der Kräfte mit dem Bundesrat, dem Reichskanzler und dem Parlament, neigte man dazu, den Kaiser vereinfachend als den "Reichsmonarchen"[1249] zu sehen. Laband schrieb in einem Aufsatz 1907, also bereits längst zur Zeit der Herrschaft Wilhelms II., der Kaiser sei das "sichtbare Symbol der nationalen Einheit, der politischen Machtstellung Deutschlands." Für die naive Auffassung des Volkes gebe es "kein deutsches Reich ohne deutschen Kaiser und keine Klausel der Verfassung, keine staatsrechtliche Beweisführung ist imstande, dem Volke den Glauben zu nehmen, daß ein Reich ohne Kaiser ein politischer Rumpf ohne Haupt wäre. ... Alles, was im Herzen der Nation an heiligen Gefühlen der Vaterlandsliebe glüht, was das Volk an patriotischer Hingebung und Opferbereitschaft, an nationalem Stolz und zuversichtlichem Vertrauen zu seiner staatlichen Ordnung besitzt, das erhebt sich von dem Boden objektiver, juristischer Betrachtung und gewinnt den Charakter tief empfundener Liebe und Ehrfurcht gegen den Kaiser als dem Oberhaupt und dem Führer des Volkes. Das Volk jubelt dem 'Kaiser' zu, dem 'Bundespräsidium' würde es keine Ehrenpforten bauen"[1250]. Wenngleich Laband formaljuristisch daran festhielt, daß der Kaiser des Deutschen Reiches kein Monarch sei[1251], wurde das Kaisertum zum Reichssymbol, mit

---

1248. Gutachten des Reichsjustizamtes über die staatsrechtliche Zulässigkeit der Einbringung von Präsidialanträgen beim Bundesrat von 1892, in: Goldschmidt, Das Reich und Preußen im Kampf um die Führung, S. 322 f.
1249. Vgl. Binding, Die rechtliche Stellung des Kaisers im heutigen Deutschen Reich, S. 26.
1250. Laband, Die geschichtliche Entwicklung der Reichsverfassung, S. 14.
1251. Laband, Das Staatsrecht des Deutschen Bundes, 5. Aufl., Bd. 1, S. 215.

dem sich die Nation identifizierte, ohne weiter nach historischen und rechtlichen Aspekten zu fragen. "Mag die Verfassung auch verschiedene Beschränkungen auferlegen und mag das Staatsrecht sich auch gehörig damit abzumühen haben, den wissenschaftlichen Begriff des neuen Kaisertums zurecht zu konstruieren - beides geschieht natürlich mit vollem Recht -, das Volk - soweit es noch eigenes Urteil hat - ist sich doch darüber klar, was ihm sein Kaiser ist. Er ist der aus dem Kyffhäuser zurückgekehrte Barbarossa, ein wahrer geliebter Führer seines Volkes"[1252]. Das Kaisertum streifte immer mehr die Rolle des bloßen Bundespräsidiums ab. Der Hintergrund der preußischen Hegemonialstellung, die den Kaiser und zugleich den preußischen König stärken sollten, ging zugunsten der eigenen gestärkten kaiserlichen Position verloren.

Diese sich verstärkende Diskrepanz zwischen den verfassungsrechtlichen Befugnissen des Kaisers einerseits und seiner Stellung in der Öffentlichkeit andererseits wurde pointiert deutlich in einer Debatte des Reichstages, als 1903 in einem staatsrechtlichen Exkurs der bayerische Zentrumsabgeordnete Schaedler seine Besorgnis über die "imperialistischen und unitaristischen Strömungen" vortrug und darauf hinwies, daß das Kaisertum, das nach Laband "nur der Name" sei, unter welchen die Präsidialrechte ausgeübt würden und Art. 11 dem Kaiser lediglich das Präsidium des Bundes zuerkenne, nicht jedoch "die Souveränität des Reiches"[1253]. Der zu dieser Zeit amtierende Reichskanzler Bülow verlagerte die Beschreibung der Rolle des Kaisers umgehend von der juristischen Ebene auf die des nationalen Empfindens. Die Kaiseridee sei für die Nation "mehr als der bloße formale Begriff, den der Herr Abgeordnete Schaedler nach Prof. Laband hat konstruieren wollen. Denn diese Kaiseridee repräsentiert mit den teuersten Erinnerungen des deutschen Volkes unsere Weltstellung und unsere Zukunft, und niemand soll im Zweifel sein über den festen Entschluß unseres Volkes, an der Kaiseridee nicht rütteln zu lassen, sie vor jeder Antastung zu bewahren"[1254]. Schaedler stellte daraufhin zu Recht fest, Bülow sei auf die von ihm angesprochene juristische Seite gar nicht eingegangen. Er, Schaedler, habe vom 'Kaisergedanken' nicht gesprochen. "Wenn ich bei der Beurteilung des kaiserlichen Rechts mich auf einen Staatslehrer wie Laband berufen kann, wird der Herr Reichskanzler erst die Aufgabe haben, diesen zu widerlegen, ehe er gegen mich einen persönlichen Vorwurf erhebt"[1255].

1252. Faber, Kaiser, Volk und Volksvertretung, S. 26.
1253. Stenographische Berichte des deutschen Reichstages, 1903, S. 7405; der Sozialdemokrat Vollmar sprach daraufhin nicht vom Kaiser, sondern mit republikanischem Beiklang von dem "Präsidenten des deutschen Bundes, der den Namen 'Deutscher Kaiser' führt, Stenographische Berichte des deutschen Reichstages, 1903, S. 7417.
1254. Stenographische Berichte des deutschen Reichstages, 1903, S. 7410.
1255. Stenographische Berichte des deutschen Reichstages, 1903, S. 7412.

Die Tendenz der Stärkung der Rolle des Kaisers im Macht- und Verfassungsgefüge des Deutschen Reiches erfuhr einen besonderen Schub durch den Wechsel im Kaiseramt von Wilhelm I. - über Friedrich III. - auf Wilhelm II. im Jahre 1888[1256]. Die Charaktere von Wilhelm I. und Wilhelm II. sollten das Erscheinungsbild des kaiserlichen Amtes im Deutschen Reich entscheidend formen und dementsprechend auch die Wahrnehmung des Amtes als solchem. Die Zurückdrängung der Verfassungsnormen im Gegenzug zur Betonung des allgemeinen Kaisergedankens, seiner Auslegung und der Berücksichtigung von Zielvorstellungen, die mit dem Kaisertitel verbunden waren, wurde immer deutlicher.

Der Kurswechsel Wilhelms II. nach der Entlassung Bismarcks 1890 weckte bald nicht nur Zustimmung, sondern auch wachsendes Unbehagen, da das von Wilhelm II. gezeigte Verhalten doch stark von dem seines (Vor-) Vorgängers Wilhelm I. wie auch allgemein von dem Verhalten abwich, das man von einen 'konstitutionellen Monarchen' gewohnt war und erwartete. Während Wilhelm I. "einer der entschlossendsten Partikularisten unter den deutschen Fürsten"[1257] blieb, mithin mehr König von Preußen als Deutscher Kaiser war und aus dieser Grundhaltung heraus auch im Arbeitsstil als König von Preußen für das Bundespräsidium den kaiserlichen Titel führte, versuchte Wilhelm II. dem Kaisertum als Institution durch seine Person eine glanzvolle Repräsentation und den vollen symbolischen Gehalt verbunden mit der einem Kaiser zustehenden Rolle in der Politik des Reiches und in der Welt zu geben. Wilhelm II. war erfüllt von dem Bewußtsein preußisch deutscher Machttradition und näherte sich mit seinen auch imperialen Vorstellungen zugleich den Vorstellungen des ausgehenden 19. Jahrhunderts an. Getragen von einem Hang zur öffentlichen Schaustellung beeinflußte Wilhelm II. teils durch Reden, teils durch Gespräche, Briefe oder Erlasse den Gang der Regierungsgeschäfte. Er drängte sich in den Vordergrund der Tagespolitik, so daß der Schluß nahelag, er wolle persönlich die Regierungsgeschäfte leiten. Wilhelm I. hatte vor allem die präsidentielle Funktion des Kaiseramtes wahrgenommen und nahm dabei die ungebrochene monarchische Autorität des preußischen Monarchen in den Nationalstaat hinüber. Wilhelm II. entwickelte einen hierzu konträren persönlichen Stil.

Das Kaiserreich vom Sturz Bismarcks bis zum Untergang der Monarchie wird vielfach als "Wilhelminisches Reich", als "Wilhelminisches System" bezeichnet. Das bedeutet nicht, daß Wilhelm II. die alles beherrschende Figur dieser Epoche deutscher Geschichte gewesen wäre, jedoch wird dadurch zum Ausdruck gebracht, daß er - gerade im Gegensatz zu seinem (Vor-) Vorgänger Wilhelm I. - danach strebte, dem Deutschen Reich seinen persönlichen Stem-

---

1256. Zu den äußeren Ereignissen vgl. Huber, Verfassungsgeschichte, Bd. 4, S. 165 ff.
1257. Urteil Bismarcks, in Bismarck, Gesammelte Werke, Bd. 15, S. 431.

pel aufzudrücken und eine Rolle zu übernehmen, die das wachsende Maß an Popularität des Kaiseramtes in politische Partizipation der Person des Kaisers umsetzte. Mit diesem Streben einher geht der Ausdruck des "persönlichen Regiments", der ebenfalls die Ära Wilhelms II. charakterisieren soll[1258].

Nachdem Bismarck selbst als einer der ersten dem neuen kaiserlichen Selbstherrschaftsanspruch erlegen war[1259], drängte Wilhelm II. in das von Bismarck hinterlassene Machtvakuum hinein. Der Kaiser "möchte ... in alles eingreifen, für alles die Verantwortung tragen, und betrachtet wenigstens theoretisch die Minister als seine Vollzugsorgane. Genau vermag er aber dem Gang der Staatsmaschine nicht zu folgen, und so sind es meistens Einzelheiten, Lieblingsprojekte, bei denen man sein Eingreifen bemerkt. Oft werden diese Projekte ebenso schnell fallengelassen, als sie lebhaft aufgegriffen worden sind ..."[1260]. Diese Aussage zeigt sowohl das Ziel Wilhelms II., eine bedeutende Rolle in der Tagespolitik zu spielen und nicht lediglich als ein (lebendes) Symbol für die Einigung Deutschlands zu gelten, andererseits aber auch das reale Scheitern dieses Vorhabens. Die Grenze des persönlichen Regiments Wilhelms II. lag in der individuellen Unfähigkeit des Kaisers. Seine Selbstregierung kam über sporadische und planlose Eingriffe in den Geschäftsgang der Ministerien und Reichsämter nicht hinaus.

Von den - möglicherweise verfassungswidrigen - Eingriffen in die Regierungstätigkeit abgesehen, waren es aber insbesondere die nicht-regierungsamtlichen Handlungen des Kaisers, die auf Dauer dem Ansehen der Monarchie schadeten. Das angestrebte persönliche Regiment Wilhelms II. blieb eine bloße Fiktion. Aber auch diese reine Fiktion verfehlte nicht ihre - für die Monarchie schädliche - Wirkung. Auch rhetorische Fehlgriffe eines Staatsoberhauptes stellen eine selbständige politische Realität dar, die das Erscheinungsbild des politischen - kaiserlichen - Systems in Deutschland prägten und dem Ansehen der amtlichen deutschen Politik ebenso wie der Monarchie schadeten. Der Kaiserstil Wilhelms II. schlug um auf das Ansehen des Regierungssystems, das geprägt durch einen neuen politischen Stil des Kaisers in einem neuen Licht erschien, auch wenn der eigentliche politische Gehalt des sogenannten persönlichen Regiments nicht überschätzt werden darf. Der Kaiser warb um Zustimmung, er wollte als der alle sozialen Schranken überbrückende Monarch gel-

---

1258. Vgl. Hartung, Das persönliche Regiment Kaiser Wilhelms II.
1259. Bismarck muß sich bewußt gewesen sein, daß er die von ihm geschaffene starke Monarchie, die seit dem Verfassungskonflikt in Preußen sein Ziel war, der Person Wilhelm II. als Erben hinterlassen hatte: "Als ich Minister wurde, war die Krone bedrängt, der König war entmutigt, weil seine Minister ihm ihren Beistand versagten, und wollte abdizieren. Da habe ich gestrebt, die Krone gegenüber dem Parlament zu stärken. Vielleicht habe ich dabei zuviel getan", Bismarck, Gesammelte Werke, Bd. 13, S. 464.
1260. Bericht Lerchenfelds, 28.3.1903, Rassow, Born, Akten zur staatlichen Sozialpolitik in Deutschland 1890-1914, S. 140.

ten. Er suchte das Publikum, mischte sich in die öffentliche Diskussion ein und politisierte die Institution Monarchie.

Wilhelm II. leitete die Berechtigung zu diesem persönlichen Regiment nicht allein aus der kaiserliche Würde selbst ab, sondern auch aus dem traditionell überlieferten preußischen Gottesgnadentum. Oftmals verwirrte Wilhelm II. seine Zeitgenossen gerade damit, daß er das Gottesgnadentum als Grundlage seiner kaiserlichen Herrschaftslegitimation reaktivierte und so das preußische Erbe mit dem neuen Kaisergedanken verband. Oft sprach er davon, daß die Hohenzollern ihre Krone "nur vom Himmel" erhalten hätten, also ihr "Königtum von Gottes Gnaden sei" und daß er selbst "von dieser Auffassung beseelt" und entschlossen sei, nach ihr "zu walten und zu regieren"[1261]. Ein Bekenntnis zu seinen Ambitionen legte er in einem Brief an seine Mutter, Kaiserin Victoria, ab: "... die Krone sendet ihre Strahlen durch 'Gottes Gnade' in Paläste und Hütten und - verzeih, wenn ich es sage - Europa und die Welt horcht auf, um zu hören 'was sagt und was denkt der Deutsche Kaiser?', und nicht, was ist der Wille des Kanzlers! ... Für immer und ewig gibt es nur einen wirklichen Kaiser in der Welt, und das ist der Deutsche Kaiser, ohne Ansehen seiner Person und seiner Eigenschaften, einzig durch das Recht einer tausendjährigen Tradition, und sein Kanzler hat zu gehorchen!"[1262]

Allein in der Berufung auf göttliche Legitimation und göttlichen Auftrag lag eine deutliche Absage an Volkssouveränität und Parlamentsherrschaft. Versuchte man die Entwicklung positiv zu sehen, führte dies dazu, Wilhelm auch nicht mehr allein durch einen Ansatz zu erklären, sondern, in seiner Mehrdeutigkeit: Der Kaiser sei eine ausgeprägte und begabte Individualität, in der sich auf eigenartige Weise "lebendige Humanität und ein ungewöhnlicher Typus des Königtums" verkörpere, der "gleichzeitig antik und modern, gleichzeitig von Gottes Gnaden und durchaus volkstümlich" sei[1263].

Das persönliche Regiment Wilhelms II. war in der Bismarckschen Verfassungskonzeption zwar nicht ausdrücklich angelegt, aber auch nicht ausgeschlossen. Die monarchische Selbstregierung wurde durch den deutschen Konstitutionalismus jedenfalls zugelassen, indem bereits Stahl den Grundsatz statuierte, "daß der Fürst Recht und Macht habe, selbst zu regieren"[1264]. Dem Monarchen des deutschen Konstitutionalismus, der augenfällig nicht in die Rolle des politischen Neutrums gedrängt werden sollte, blieb in dem Kräfteverhältnis zwischen dem den Kanzler ernennenden Monarchen, dem handelnden Kanzler und dem kontrollierenden Parlament sowohl nach der Theorie wie

1261. 15.5.1890, zitiert nach: Hertz-Eichenroder, Deutsche Geschichte 1890-1918, S. 15.
1262. Der übersetzte Text des Briefes im Anhang bei Wilhelm Schüssler, Kaiser Wilhelm II., Schicksal und Schuld, Göttingen 1962, S. 133 ff.
1263. Egelhaaf, Fünfundzwanzig Jahre, S. 326.
1264. Stahl, Das monarchische Prinzip, S. 18.

auch der Praxis ein Machtanteil, der es ihm ermöglichte, auch selbst Einfluß auf das Handeln 'seiner' Regierung zu nehmen. In diesem Kräfteverhältnis - das in allen konstitutionellen Formen Europas vorzufinden war - waren drei Grenzfälle, beziehungsweise Entwicklungsrichtungen denkbar. Zum einen konnte es einer starken Ministerpersönlichkeit gelingen, zwischen Krone und Parlament eine entscheidende Position zu erringen und zu behaupten, was Bismarck gelang. Zum zweiten konnte der Monarch selbst regieren wollen und zu diesem Zweck willfährige Minister ernennen - was Wilhelm II. plante. Und es konnte drittens das Parlament von der Krone die Einsetzung solcher Minister erzwingen, die seine - des Parlaments - Absichten verfolgen und dessen Vertrauen genießen. Diesen Zustand der parlamentarischen Monarchie, der aus Großbritannien, Belgien und den Niederlanden bekannt war, suchte man im Deutschen Reich erst 1917 zu verwirklichen. In den beiden ersten Varianten bleibt jeweils das Übergewicht der monarchischen Regierung gegenüber dem Parlament gewahrt. Diese Grundvoraussetzung des deutschen Konstitutionalismus blieb mithin im Deutschen Reich sowohl unter Bismarck, wie auch im persönlichen Regiment Wilhelms II. gewahrt. Im "Konservativen Handbuch" von 1898 wird die "geltende persönliche Machtvollkommenheit" des Monarchen bereits im Sinne Wilhelms II. interpretiert: "Obwohl die Entschließungen des Königs von Preußen nur dann zu Gesetzen werden, wenn sie durch den verantwortlichen Minister gegengezeichnet sind und die Zustimmung beider Häuser des Landtages gefunden haben, so ist ein Hervortreten des Monarchen auch mit seinem rein persönlichen Willen nicht ausgeschlossen und wird stets durch die überlieferte Autorität der Krone gestützt"[1265]. Delbrück äußerte sich bereits 1891 im Vorgriff auf die kommende Kritik dahingehend, "das echte deutsche Königtum, auch im modernen Konstitutionalismus" sei "ein persönliches und deshalb stark subjektives. Wer dieses Königtum will, muß auch die Subjektivität in Kauf nehmen, wo sie einmal eine ihm weniger genehme Richtung einschlägt"[1266]. Das Streben Wilhelms II., in den politischen Vordergrund zu treten, konnte schlechthin nicht als Inkorrektheit des deutschen Konstitutionalismus gelten und wurde - wie in den beiden Zitaten gesehen - so auch nicht empfunden[1267].

---

1265. Konservatives Handbuch, S. 383 f. unter dem Stichwort 'Monarchie'.
1266. Preußische Jahrbücher, Bd. 67, 1891, S. 107.
1267. Vgl. die Verteidigungsrede Bülows 1906: Die Auffassung, "als ob der Monarch in Deutschland keine eigenen Gedanken über Staat und Regierung haben dürfe" ist "grundfalsch". Sie widerspreche dem deutschen Staatsrecht und den Wünschen des deutschen Volkes. Er, der Reichskanzler, sei bereit, "moralische Verantwortung" für die Kaiserreden zu übernehmen, obgleich Art. 17 nur von den gegenzeichnungspflichtigen "Anordnungen und Verfügungen" des Kaisers handele; Stenographische Berichte des deutschen Reichstages, 1906, S. 3649 f.

Bismarck kannte die Grenzen und Möglichkeiten monarchischer Gewalt. Das persönliche Regiment war nicht identisch mit dem von Bismarck vertretenen monarchischen Prinzip, auch wenn es ohne dieses Prinzip nicht denkbar gewesen wäre. Dennoch erschien Bismarck vielen Zeitgenossen als der "Vater des persönlichen Regiments"[1268]. Der sozialdemokratische Abgeordnete Heine zitierte im Rahmen der Reichstagsdebatten 1908 über die Daily-Telegraph-Affäre den Erlaß Bismarcks aus dem Jahre 1882, in dem es hieß: "Das Recht des Königs, die Regierung und die Politik Preußens nach eigenem Ermessen zu leiten, ist durch die Verfassung eingeschränkt, aber nicht aufgehoben. Die Regierungsakte bedürfen der Gegenzeichnung eines Ministers und sind, wie das auch vor Erlaß der Verfassung geschah, von den Ministern des Königs zu vertreten, aber sie bleiben Regierungsakte des Königs, aus dessen Entschließungen sie hervorgehen, und der seine Willensmeinung verfassungsmäßig durch sie ausdrückt"[1269]. Häufiger noch besann man sich jedoch auf das Wort Bismarcks, "der königliche Wille ist und bleibt das allein entscheidende. Der wirkliche, faktische Ministerpräsident in Preußen ist und bleibt Seine Majestät der König"[1270]. Für einen selbstbewußten und selbstgefälligen Herrscher konnten diese Worte leicht Anreiz sein, die ministeriellen Schranken überhaupt zu durchbrechen und über die verantwortlichen Minister hinweg zu regieren. Damit war auch der Weg frei für das Eindringen unverantwortlicher (Berater-) Kreise, für Kammarillapolitik. Die monarchische Position gewann im Kräfteverhältnis zu dem - auch dem Parlament verantwortlichen - Minister ein deutliches Übergewicht, die einheitliche Willensbildung zwischen Monarch und Kanzler war gefährdet[1271]. Bismarck war ein recht eindeutiger Kritiker der Regierungsweise Wilhelms II.: "Es ist ein gefährliches Experiment, wenn man heutzutage im Zentrum Europas absolutistischen Ideen und Velleitäten zustrebt, gleichviel ob sie von Priestern unterstützt werden oder nicht. Die Gefahr ist immer gleich groß, und im ersteren Fall noch größer, weil man sich täuscht über die einfache Situation der Sache und Gott zu gehorchen glaubt, während man in Wirklichkeit dem Geheimrat horcht"[1272].

---

1268. Stenographische Berichte des deutschen Reichstages, 1908, S. 5426-5432.
1269. Stenographische Berichte des deutschen Reichstages, 1903, S. 5426-5432; in diesem Zusammenhang viel auch das eben erwähnte Zitat über Bismarck als dem 'Vater des persönlichen Regiments'.
1270. Reichstagsrede vom 24.1.1882, Gesammelte Werke, Bd. 12, S. 329.
1271. So es denn je eine solche einheitliche Willensbildung gab; unter Bismarck war der Kanzler die entscheidende, richtungsweisende und entscheidungsvorgebende Kraft. Dies zeigt dann aber um so mehr die geänderte Rollenverteilung zu Zeiten Wilhelms II, der aus dem Schatten seiner Kanzler herauszutreten suchte.
1272. Bismarck, in einer Ansprache an die Abordnung der Universität Jena, 30.7.1892, Gesammelte Werke, Bd. 13, S. 467 ff.

Wilhelm II. bezog auf seine Person, was Bismarck und Wilhelm I. aufgrund ihres Staatsgefühls noch auf die Krone Preußens bezogen hatten. Dennoch 'scheiterte' Wilhelm II. weder an dem Verfassungstext, noch an der Auslegung des Konstitutionalismus durch deutsche Staatsrechtslehrer und Politiker, sondern vielmehr an seiner eigenen Person, seiner persönlichen Inkompetenz.

Zum Charakter des Wilhelminischen Reiches gehörte seine Anfälligkeit für Skandale. Vermittelt durch die Person Wilhelms II. erlitt die Monarchie einen schleichenden Autoritätsverlust. Die wilhelminische Ära stellte eine Probe des Reiches als Nationalstaat wie auch als konstitutionelle Monarchie dar. Trotz der Belastungen durch die in dieser Phase vollzogene sprunghafte Politik, den Ersten Weltkrieg und den Wechsel der Staatsform in die Republik, hat die Einheit der Nation standgehalten und insofern das Ergebnis von 1871 und die Bestrebungen des 19. Jahrhunderts bestätigt. Dagegen erwies sich die Verbindung dieses Nationalstaates mit der Monarchie als weniger stabil. Wilhelm II. gelang es nicht, seine kaiserliche Autorität zu festigen und das ererbte Prestige zu bewahren. Wurde die Inthronisierung des Kaisers 1871 noch als Bedingung für die nationale Einigung gesehen, war dies zum Ende des Reiches nicht mehr so; zu diesem Zeitpunkt wurde die Monarchie nicht mehr als konstitutives Element des Nationalstaates gesehen.

Diese Entwicklung war natürlich eine schleichende und allmähliche. Wilhelms Handlungen und Initiativen, die Anhäufung von Peinlichkeiten stellte eine permanente Herausforderung für das politische Bewußtsein der Zeitgenossen dar. Den Eskapaden Wilhelms war die eigentlich fest verwurzelte Loyalität nicht gewachsen. Es geschah dabei das bisher unglaubliche, daß die Person des Kaisers selbst Gegenstand der Kritik wurde. Diese persönliche Kritik war auch das Gegenstück der Suche nach einer einheitlichen allgemeinen Legitimation des Kaisertums, die auch - unter cäsaristischer Anwandlung - dazu führte, das Kaisertum, genauer den einzelnen Kaiser, nach seiner persönlichen Leistung, nach seinen Erfolgen zu bewerten und entsprechend ihn auch in Frage stellen zu können. Diese Kritik fand ihr Forum verstärkt im Reichstag, sogar in konservativen Kreisen.

Deutliches Zeichen dieser Kritik auch aus konservativen Kreisen ist der Brief, mit dem sich die Fraktionsführer der beiden konservativen Parteien, der Nationalliberalen Partei und des Zentrums, am 30.1.1903 - also immerhin sechs Jahre vor der Daily-Telegraph-Affäre - an Reichskanzler Bülow wandten und ihn aufforderten, "Seine Majestät in aller Ehrfurcht zu bitten, weniger aus der Stellung herauszutreten, welche die Reichsverfassung für den Deutschen Kaiser geschaffen und aus gutem Grund mit dem besonderen, in der alleinigen Verantwortlichkeit des Reichskanzlers gegebenen Schutz umwehrt hat. Sobald der Kaiser aus dieser Stellung heraustritt, ist Seine Allerhöchste Person ... vor den feindseligen Angriffen nicht mehr gesichert"[1273]. Wenngleich das persönliche Regiment des Kaisers auch in konservativen Kreisen auf Befremden stieß, so verdeckte doch die gemeinsame Gegnerschaft gegen Parlamentsherrschaft und "Schattenkönigtum" wieder die Unterschiede zwischen preußisch-monarchischer Tradition und wilhelminisch-'neoabsolutistischen' Tendenzen.

Es zeigte sich deutlich, daß die Verfassung keine deutliche Schranke zog zwischen den Rechten eines Kaisers, der die Funktion eines nationalstaatlichen Symbols erfüllen sollte, und dem Kaiser als nur wenig beschränktem Führungsorgan des Reiches. Gerade die Auslegungsfähigkeit der Verfassung mußte für einen Monarchen wie Wilhelm II. verhängnisvoll werden, der sich über die rechtlichen Grundlagen seiner Macht nie Gedanken gemacht und sich gerühmt haben soll, das er die Verfassung nicht kenne und nie gelesen habe[1274]. So wenig mit dem Begriff des 'persönlichen Regiments' die politische Wirklichkeit ganz getroffen wird, so sicher ist doch, daß selbst die Fiktion einer persönlichen Herrschaft nur in einem im letzten nicht ausgeglichenen Verfassungssystem gedeihen konnte. Wilhelm II. ging offensichtlich von der Unmöglichkeit aus, das Kaisertum lediglich als traditionelles Symbol des Nationalstaates aufrechterhalten zu können. So schien er in seinen Anfängen durch die Verbindung mit dem vierten Stand die Monarchie zu einem sozialen Kaisertum umformen zu wollen[1275], wie er später die Tendenzen aufnahm, den Reichsbegriff zur Weltreichsidee zu erweitern, zu deren Verwirklichung wiederum der Kaiser als Integrationsfigur unentbehrlich sei.

Die Verteidigung des monarchischen Prinzips nach dem Stahlschen Grundsatz, daß "der Fürst Recht und Macht habe, selbst zu regieren" klang oft wie eine Rechtfertigung des persönlichen Regiments. Vielfach ging die Kritik an dem Regierungsstil Wilhelms II. aber auch dahin, nicht die vermeintlichen Übergriffe des Kaisers in die Sphäre ministerieller Verantwortlichkeit anzuprangern, sondern vielmehr das Fehlen einer einheitlichen festen Führung, das Unstete und Impulsive in der Zickzackpolitik des Kaisers zu kritisieren: "Wo ist denn heute ein einheitlicher Wille, der nicht von plötzlichen Impulsen getragen wird, sondern der mit Umsicht und Einsicht stetig ein Ziel zu verfolgen weiß? Wo sind denn heute Minister? Soweit Sie blicken, nichts als geschmeidige Höflinge, die sich jeder Ansicht von oben anschließen, avancierte Bürokraten, schneidige Husarenpolitiker, Handlanger, aber im gewöhnlichen Sinn des Wortes ... Deutschland ist ein monarchisch-konstitutionelles Land:

1273. Huber, Dokumente, Bd. 3, S. 25.
1274. Nach den Erinnerungen des Hofmarschalls v. Zedlitz-Trützschler, zitiert bei Hartung, Das persönliche Regiment Kaiser Wilhelms II., S. 395.
1275. Mit diesem Gedanken hatte Bismarck auch bereits gespielt.

aber nach dem Programm 'sic volo, sic jubeo, regis voluntas suprema lex' mag man vielleicht in Rußland noch einige Zeit regieren können, das deutsche Volk läßt sich auf Dauer nicht danach regieren"[1276]. Die eine Stoßrichtung der Proteste setzte gerade da an, wo die Fiktion vom 'Führer der Nation' zu zerbröckeln drohte, nämlich bei der mangelnden persönlichen politischen Fähigkeit des Kaisers, ohne dabei eine mögliche zweite Ursache in der Verfassungsordnung selbst zu suchen, die jene Fiktion vom kaiserlichen 'Führer der Nation' erst ermöglichte.

Das mit der Kritik verfolgte Interesse lag bei weiten Teilen der Kritiker nicht in einer Verschiebung der Machtverhältnisse zugunsten des Reichstages, sondern vielmehr im Schutz der Monarchie, in der Wiedererlangung und Stärkung der monarchischen Autorität, "im Interesse der Aufrechterhaltung und Ehrung der Kaiserlichen Macht"[1277]. In eben diese Richtung geht auch die Fortsetzung des oben abgesprochenen Briefes der vier Fraktionsführer an Kanzler Bülow aus dem Jahre 1908: "Euere Exzellenz wollen überzeugt sein und an Allerhöchster Stelle zum Ausdruck bringen, daß wir diese Bitte an Eure Exzellenz nur richten in dem Gefühl der Pflicht, nach besten Kräften einzutreten für die Wahrung und Stärkung der Monarchie, für die Liebe und Treue zu unserem kaiserlichen Herrn"[1278].

Im Rahmen der Diskussionen um die Daily-Telegraph-Affäre[1279] war es der Sozialdemokrat Singer, der den persönlichen Kritiken an der Person Wilhelms II. entgegentrat und versuchte, die Ursachen für den als unbefriedigend erachteten Zustand auch in der Verfassung selbst zu sehen: "Die Schäden liegen doch nur zum Teil in den Personen, sie liegen im System"[1280]. Der freisinnige Abgeordnete Müller-Meiningen sprach um die gleiche Zeit vom "fortwurstelnden Scheinkonstitutionalismus"[1281]. Mit diesem Kritikansatz

---

1276. Richter am 18.5.1897 im Reichstag, Stenographische Berichte des deutschen Reichstages, 1897, S. 5911 f.
1277. Schrader: "Wir denken nicht daran, irgendwie die Autorität des Kaisers zu schwächen; im Gegenteil, unser lebhafter Wunsch ist, sie in jeder Weise zu stärken ..., darum wünschen wir auch im Interesse der Aufrechterhaltung und Ehrung der Kaiserlichen Macht, daß zu jenem alten System (der Bismarckzeit) zurückgegriffen werden möge" Stenographische Berichte des deutschen Reichstages, 1908, S. 5414.
1278. Huber, Dokumente, Bd. 3, S. 25.
1279. Zu den äußeren Geschehnissen im Zusammenhang mit der Daily-Telegraph-Affäre vgl. Huber, Verfassungsgeschichte, Bd. 5, S. 303 ff.
1280. Singer, 10.11.1908, Stenographische Berichte des deutschen Reichstages, 1908, S. 5391; mit dieser Begründung lehnte er auch die im Zusammenhang mit der Daily-Telegraph-Affäre diskutierte Abdankung des Kaisers ab; vgl. auch die Aussage des Abgeordneten Ledebour, "Das persönliche Regiment ist ja nur die Begleiterscheinung unseres ganzen Scheinkonstitutionalismus", Deutscher Geschichtskalender, hrsg. von K. Wippermann, 2. Bd., Leipzig 1909, S. 146.
1281. Boldt, Deutsche Staatslehre im Vormärz, S. 139.

drang er jedoch nicht durch[1282]; zu sehr hatte sich die allgemeine Kritik auf die Person des Kaisers eingeschossen - auch, um nicht das System als solches hinterfragen zu müssen.

Bereits am 31.3.1888 aus Anlaß des ersten Thronwechsels im Deutschen Kaiserreich, hatte der liberale Politiker Ludwig Bamberger in der Zeitschrift "National" einen Aufsatz mit dem Titel "Kaisertum und Reichstag" veröffentlicht. Er leitete ihn mit der Feststellung ein, "das deutsche Kaisertum und die deutsche Volksvertretung sind am selben Tag geboren, sind Kinder eines und desselben Gedankens". Dieser Gedanke ist nach Bambergers Meinung ein revolutionärer Gedanke. Die Existenz eines deutschen Parlaments und "als deren notwendige Krönung" die eines deutschen Kaisertums sind für ihn ein Vermächtnis des Jahres 1848; jeder Versuch zur Herstellung eines deutschen Nationalstaates seither habe notwendig auf dieses Vermächtnis zurückgreifen müssen. Nichts sei daher falscher, als einen Widerspruch zwischen diesen "beiden lebendigen Trägern des deutschen Staatslebens in seiner höchsten Potenz" sehen zu wollen und einen Keil zwischen sie zu treiben. Niemand sei besser kaiserlich gesinnt, als wer lebendig für die Würde des Reichstages fühle; ein Kaisertum aber, welches dem Reichstag dessen volles Mitspracherecht verweigere, verkenne die Wurzeln seiner eigenen Kraft[1283]. Diese Gegenüber- und Nebeneinanderstellung von Kaisertum und Reichstag mit der Betonung ihrer Gleichartigkeit - und das heißt ihrer Gleichwertigkeit -, ihrer gleichrangigen Notwendigkeit für die Existenz des Deutschen Reiches ist von linken Liberalen in den Regierungsjahren Wilhelms II. noch mehrfach öffentlich - auch im Reichstag - mit der Absicht wiederholt worden, die bestehenden Verhältnisse anzuklagen, weil in ihren Augen der Reichstag zu gering geachtet werde und ihm ein zu geringer Einfluß gewährt sei. So hat Eugen Richter am 18.5.1897 in der Debatte über die reichsgesetzliche Regelung des Vereinswesens zugleich mit der Kritik an den preußischen monarchischen Elementen in der Reichsführung erklärt: "Wir leben ... heute in einem Bundesstaat und nicht mehr bloß im Einheitsstaat Preußen. Daran wollen wir uns doch auch erinneren, daß das Deutsche Reich als solches keine angestammte Dynastie hat und daß das Kaisertum in Deutschland nicht älter ist als der Reichstag"[1284].

---

1282. Als Ansatz zu einer umfassenden Reform ohne Verfassungsänderung kam nach der Daily-Telegraph-Affäre lediglich von dem Reichstagsabgeordneten Haußmann die Anmerkung, Art. 15 der Reichsverfassung besage lediglich, daß der Kaiser den Reichskanzler ernenne. Diese Ernennung lasse sich auch rein formal verstehen, denn auch wenn der Kaiser den Reichskanzler ernenne, sei es ihm unbenommen, sich vor der Ernennung mit den Parteien abzusprechen, oder gar einen von den Parteien erkorenen Kandidaten zu ernennen. Dieser Weg zu einer Parlamentarisierung der Monarchie wurde freilich nicht beschritten.

1283. Wieder abgedruckt in: Bamberger, Gesammelte Schriften, Bd. 5, S. 198 f.

1284. Stenographische Berichte deutscher Reichstag, 1897, S. 5911.

In der Debatte über das Daily-Telegraph-Interview des Kaisers sagte am 10.11.1908 der Vertreter der Freisinnigen Volkspartei Dr. Wiemer: "Auch wir wollen nicht, daß diese Sache zur Machtfrage wird zwischen Krone und Parlament. ... Aber wir wollen, daß die von dem deutschen Volk gewählte Vertretung laut und nachdrücklich und einmütig ihre Stimme erhebt und wir wollen an unserem Teil daran erinnern, daß das deutsche Kaisertum und der Deutsche Reichstag an demselben Tage geboren sind ...". Man darf annehmen, daß Richter 1897 und Wiemer 1908 das Wort Bambergers von 1888 direkt zitieren. Sie alle gehörten derselben politischen Richtung an und vertraten einen sich im Rückzug befindlichen Liberalismus, der in der Revolution von 1848/49 und im preußischen Verfassungskonflikt von 1862-66 zwei schwere politische Niederlagen hatte hinnehmen müssen. Durch Bismarcks politische Wende 1878/79 war er noch stärker in die Opposition gedrängt und schließlich bitter enttäuscht worden, als Kaiser Friedrich nach nur 99-tägiger Regierung starb.

Als Liberaler, der 1870 die Wiedergeburt Deutschlands als eine große und freie Nation "nur unter dem Zeichen von Kaiser und Reichstag" sehen konnte[1285], betonte Bamberger auch 1888 seine feste kaiserliche Gesinnung. Aber er beklagte, daß Kaisertum und Reichstag seither nicht in gleichem Maße in das Denken und Empfinden des deutschen Volkes eingedrungen seien. Aus vielen Gründen habe der Reichstag neben dem Kaiser und dem Reichskanzler keine gleich angesehene Stellung erringen können. Daß für dieses Mißverständnis in erster Linie Bismarck verantwortlich sei, ist von liberalen Politikern bereits Ende der 70er Jahre behauptet worden. Sie warfen ihm vor, er habe die Parteien korrumpiert, den Reichstag von verantwortlicher Mitwirkung abgedrängt, der Würde des Hauses Abtrag getan, kurz: die Fortentwicklung des preußisch-deutschen Regierungssystems in "wahrhaft konstitutioneller" Richtung verhindert[1286]. Daß eine solche Entwicklung auch für Deutschland notwendig sei war ihre feste Überzeugung. Ein "wahrhaft konstitutionelles System", so hieß es in der Austrittserklärung der 'Sezessionisten' aus der nationalliberalen Partei 1880, sei eine liberale Forderung von Anfang an gewesen[1287]. Auch die Liberalen des Kaiserreiches verstanden unter diesem Topos keineswegs die Demokratisierung westlicher Prägung und auch nicht die volle Parlamentarisierung der Regierung, also deren Hervortreten aus der Mehrheit der Volksvertretung. Selbst Eugen Richter war noch 1897 bereit, dem monarchischen System in Deutschland eine Anwartschaft auf längeres Bestehen zu konzedieren als in anderen Staaten, weil in Deutschland die Monarchie mit

---

1285. Bamberger, Gesammelte Schriften, Bd. 5, S. 193.
1286. Wentzcke, Deutscher Liberalismus im Zeitalter Bismarcks, S. 199 ff.
1287. Erklärung gedruckt bei Mommsen, Deutsche Parteiprogramme, S. 156 f.

dem Werden des Staatswesens eng verbunden sei und die geschichtliche Leistung bedeutender Herrscher bis in die Gegenwart hineinreiche[1288].

Demgegenüber sahen Nationalliberale, die Mehrheit des Zentrums, die tonangebenden Vertreter des Staatsrechts und der Geschichtswissenschaft in der konstitutionellen Monarchie bismarckscher Prägung ein sinnvolles und dauerhaftes Ergebnis deutscher Verfassungsentwicklung.

Dieses deutsch-konstitutionelle System war in der Überzeugung der Mehrheit gerade in der innerstaatlichen verfassungsrechtlichen und -politischen Diskussion im Begriff, sich in seiner deutschen Eigenart - positiv - von den anderen europäischen Konstitutionalismusmodellen abzusetzen. Die Daily-Telegraph-Affäre zerstörte zwar die "Fiktion" vom "herrlichen Kaiser"[1289], und bedrohte den nationalen Nimbus des wilhelminischen Kaisertums. Jedoch kam es zu keiner grundsätzlichen Klärung der rechtlichen Stellung des Kaisers, zu keiner Reduktion auf die Rolle eines Kaisers, wie Wilhelm I. sie aus der Verfassung in Verbindung mit seiner preußischen Tradition folgerte und letztlich auch zu keiner Klärung des Verhältnisses zwischen Reichstag und Kaisertum im Sinne einer Verschiebung der Kräfte zwischen diesen beiden Machtfaktoren.

Da die Kritik, die sich aufgrund des Regierungsstils Wilhelms II. entwickelte, in den wenigsten Fällen die Verfassungsstruktur des Reiches tangierte, kam es auch nicht zu einer Änderung der Verfassung, ihrer Auslegung oder auch nur der Verfassungspolitik. Allerdings war es zu einer Entfremdung von Nation und Kaisertum gekommen[1290], wie sie unter Wilhelm I. wohl noch undenkbar gewesen wäre. Erschien Kaiser Wilhelm II. den Deutschen zunächst noch als die neue Verkörperung des Selbstbewußtseins der deutschen Nation, als über den Klassen und Parteien stehendes Haupt der Nation, als die politische Zentrale des Staates, als Symbol nationaler Größe und als Führer auf dem Weg in eine globale Politik, rief der sich immer absolutistischer gerierende Arbeitsstil des Kaisers wachsendes Unbehagen im Land und - wie bereits angedeutet - Widerstand bei den Parteien hervor.

Die Entfremdung zwischen Kaiser und Volk zeigte sich erneut, als der Kaiser zwei Jahre nach der Daily-Telegraph-Affäre noch einmal seine kaiserliche Stellung mit dem Gottesgnadentum zu legitimieren suchte[1291]. Es erhob sich in der sozialdemokratischen und liberalen Presse erneut ein Sturm

1288. Vgl. seine Rede von 18.5.1897, Stenographische Berichte deutscher Reichstag, 1897, S. 5911.
1289. Heine im Reichstag 11.11.1908, Stenographische Berichte deutscher Reichstag, 1908, S. 5432.
1290. Worüber auch der kurze Augenblick des August 1914 nicht hinwegtäuschen kann.
1291. "Als Instrument des Herrn Mich betrachtend, ohne Rücksichten auf Tagesansichten und -meinungen gehe ich meinen Weg ...", Trinkspruch vom 25.8.1910, bei Hohlfeld, Dokumente der deutschen Politik und Geschichte von 1848 bis zur Gegenwart, S. 450 f.

der Entrüstung. "Die Kluft, die in den Novembertagen sichtbar ward, ist wahrlich nie überbrückt worden", schrieb der sozialdemokratische 'Vorwärz', "sie ist heute breiter als je zuvor". Der mystische Gedanke des Gottesgnadentums, der die Erkenntnis der Wirklichkeit überschatte, sei abzulehnen[1292]. Auch die linksliberale 'Frankfurter Zeitung' glaubte, daß die "Verkündung solcher Anschauungen über das persönliche Regiment von Gottes Gnaden" unvereinbar sei mit dem konstitutionellen Staat[1293]. In der 'Freisinnigen Zeitung' heißt es, der Kaiser verliere den Boden der Wirklichkeit und schwebe "in Regionen, die sich mit den Anschauungen der heutigen Zeit kaum in Einklang bringen lassen[1294]. Der Reichskanzler Bethmann Hollweg stellte sich jedoch anders als sein Vorgänger 1908[1295] schützend vor den Kaiser. Im Reichstag beantwortete er die Interpellation der Sozialdemokraten mit den Worten: "Persönliche Unverantwortlichkeit des Königs, Selbständigkeit und Ursprünglichkeit des monarchischen Rechts, das sind Grundlagen des preußischen Staatslebens, die auch in der Periode konstitutioneller Entwicklung lebendig geblieben sind. Gibt ihnen der König von Preußen ... in der durch die Tradition geheiligten Formel 'von Gottes Gnaden' Ausdruck, beruft er sich im Gegensatz zu Tagesmeinungen auf sein Gewissen als die Richtschnur seines Handelns, so geschieht dies in dem Bewußtsein der Fülle seiner Rechte und seiner Pflichten. In dieser Auffassung von der Stellung des Kaisers und des Königs stehe ich auf verfassungsmäßigem Boden"[1296].

Aus der Sicht vieler Zeitgenossen lag das Problem des persönlichen Regiments Wilhelms weniger darin, daß sich der Kaiser überhaupt an der täglichen Regierungsarbeit beteiligte[1297] - insofern verhielt er sich systemadäquat - , als daß er vor der Aufgabe versagte, die er sich selbst gestellt hatte. Aber nicht nur das - er versagte auch in der ihm durch die Verfassung gestellten Aufgabe der Verbindung der zivilen mit der militärischen Gewalten. Dieser Aufgabe der Koordinierung, in Art. 63 ausdrücklich normiert und dem Kaiser

---

1292. Ausschnitte aus Pressestimmen bei: Kraus, Das Königtum von Gottesgnaden? S. 23 f.
1293. Kraus, Das Königtum von Gottesgnaden? S. 25.
1294. Kraus, Das Königtum von Gottesgnaden? S. 22.
1295. Vgl. dessen Erklärung zum Daily-Telegraph-Interview des Kaisers, Huber, Dokumente Bd. 3, S. 26 f.
1296. Hohlfeld, Dokumente der deutschen Politik und Geschichte von 1848 bis zur Gegenwart, S. 452 f.
1297. Vgl. die bereits Jahre zuvor gemachten Äußerungen Bülows, der das Recht der persönlichen Initiative des Kaisers verteidigt hatte, weil "eine starke und ausgeprägte und begabte Individualität" eines Fürsten für das Volk von nicht zu unterschätzendem Wert sei: "Das deutsche Volk will gar keinen Schattenkaiser, das deutsche Volk will einen Kaiser aus Fleisch und Blut; die Schattenkaiser haben genug Unheil über das alte Reich gebracht" (Stenographische Berichte deutscher Reichstag, 1903, S. 7463 und S. 7430, ähnlich auch Stenographische Berichte deutscher Reichstag, 1906, S. 3650, wo ebenfalls vom "Schattenkaiser" gegenüber dem "Kaiser von Fleisch und Blut" die Rede ist.

zugewiesen, wurde Wilhelm II. im Weltkrieg, aber auch schon in den letzten Jahren zuvor, nicht gerecht; militärische und zivile Gewalt paralysierten sich gerade im Krieg gegenseitig, was natürlich eher systemgefährdend als systemstabilisierend wirkte. Dem Kaiser gelang es nicht, unter Vorrang des politischen Moments zwischen dem militärischen und dem zivilen Bereich auszugleichen. Das von Bismarck angestrebte Gleichgewicht ging verloren.

Beispielhaft für die außerverfassungsmäßigen militärischen Rechte der monarchischen Regierung sei hier auch die sogenannte "Zabern-Affäre" genannt. Im November 1913 war es in der elsässischen Stadt Zabern aus geringfügigem Anlaß zu militärischen Übergriffen in den Zuständigkeitsbereich der Zivilbehörden gekommen; ein Vorfall, der in der Öffentlichkeit große Unruhe erregte. Hier wurde die von aller Kontrolle befreite militärische Kommandogewalt des Kaisers offengelegt und somit ein Stück Absolutismus im Verfassungsstaat erkennbar. Im Reichstag verteidigte Bethmann-Hollweg das Vorgehen des Militärs, ohne zu bestreiten, daß es - das Militär - dabei die gesetzlichen Grenzen überschritten habe. Als Folge der fast allgemeinen Empörung über die Geringschätzung der Zivilbevölkerung durch das Militär und über das Verhalten der politischen und militärischen Führung kam es zum ersten Mal in der Geschichte des Reichstages zu einem Mißtrauensvotum gegen den Reichskanzler, wozu es erst seit 1912 die Möglichkeit gab. Als Bethmann-Hollweg daraufhin nicht zurücktrat, rief ihm Philipp Scheidemann zu, nur der "Fetisch des persönlichen Regiments" fessele ihn an sein Amt; sonst hätte er es schon aus Gründen der Selbstachtung aufgeben müssen. Der Reichstag habe nun nur noch das Mittel, die Zusammenarbeit mit dem Kanzler abzulehnen und die Verabschiedung des Etats zu verhindern[1298]. Die "Zabern-Affäre" blieb ohne nach außen sichtbare Konsequenzen. Zu einem entscheidenden Konflikt mit der Regierung war der Reichstag diesmal noch weniger bereit als 1908, da der SPD, seit den Wahlen von 1912 stärkste Fraktion im Reichstag, im Fall eines erfolgreichen Konfliktes und der Herbeiführung eines parlamentarischen Regierungssystems eine Hauptrolle hätte zufallen müssen.

So gab es am Vorabend des Ersten Weltkrieges ein verbreitetes Unbehagen am Herrschaftsstil des Kaisers, an der Machtstellung des Militärs, auch an der Vorrangstellung traditioneller Führungsschichten, an den Widersprüchen des deutschen politischen Lebens zwischen Modernität und Tradition. Eine grundlegende Veränderung aber wurde von den Deutschen nicht gewünscht, da sie durch ihre wirtschaftlichen und sozialen Interessen mit dem bestehenden Zustand eng verbunden waren und fürchteten, daß eine solche Veränderung ökonomische Nachteile bringen werde.

---

1298. Stenographische Berichte deutscher Reichstag, 1912, S. 6278.

Bei Kriegsausbruch verschwanden dann zunächst Reichstag und Parteien hinter der 'Nation in Waffen' und damit hinter dem die Kommandogewalt innehabenden Kaiser. Nun war der Zeitpunkt gekommen, in dem im Sinne der preußisch-deutschen Idee, die hinter diesem ausschließlich monarchischem Recht stand, der Kaiser die Nation auch hätte führen müssen. Denn nun ging es, wie allgemein anerkannt war, um die Bewährungsprobe des preußisch-deutschen Staats- und Regierungssystem. Deutsche Publizisten und Professoren verkündeten - nicht zum ersten Mal - das Ideal eines deutschen Staates, des sich wesenhaft von den westlichen Demokratien unterscheidet.

Die wachsende Kritik an der Person des Kaisers Wilhelm II. - insbesondere noch vor dem Ausbruch des Ersten Weltkrieges - fiel bis auf wenige Ausnahmen abgesehen - wie bereits erwähnt - nicht zusammen mit einer Kritik an der Monarchie als solcher. Vielmehr lief parallel zu der Kritik an der Person die Aufwertung der Monarchie durch den stetig wachsenden machtpolitischen Aspekt der Außenpolitik in der Zeit nach der Entlassung Bismarcks. Damit einher ging auch die Schaffung einer neuen, oder jedenfalls verstärkt in den Vordergrund tretenden Legitimationsgrundlage des Kaisertums. Jenseits aller innenpolitischen Kritik an dem persönlichen Regiment Wilhelms II. eröffnete die immer mehr imperialistische Züge annehmende Außenpolitik nach der Entlassung Bismarcks auch für das Kaisertum eine neue Möglichkeit, zum Symbol des Nationalstaates zu werden, nun jedoch in einem anderen als noch von Bismarck gedachten Sinne zur Zeit der Reichseinigung 1870/71.

Das monarchische Prestigedenken lag demnach auch gerade nach der Daily-Telegraph-Affäre 1908 immer mehr im außenpolitischen Bereich; der ins imperiale sich steigernde Reichsgedanke wurde erneut - wie 1870/71 - mit dem Namen des Kaisers verbunden. Die Zurückdrängung von inneren[1299] wie äußeren "Reichsfeinden" erforderte ein Höchstmaß an Homogenität der Gesellschaft, die vor allem durch den sich traditionell und charismatisch legitimierenden Kaiser erreicht werden konnte. Diese Integrationsaufgabe oblag dem Kaiser, nicht etwa dem Reichskanzler. Die sich im Kaiser repräsentierende Geschlossenheit der Nation - geschlossen insbesondere im Bereich der Außenpolitik - konnte auch von den liberalen (Oppositions-) Parteien nicht wirklich angegriffen werden.

Die anerkannte Notwendigkeit einer starken politischen Führung schuf dem Kaiser eine erweiterte Machtbasis und eine erhöhte Autorität. Der auch wirtschaftliche Aufschwung Deutschlands sollte sein Spiegelbild unter anderem in einer imposanten militärischen Machtentfaltung finden.

Mit dem machtpolitischen Aspekt einher ging auch die Wiederentdeckung der Bewunderung für das "weltherrschende Kaisertum" des Mittelal-

---

1299. Insbesondere die Sozialdemokraten.

ters[1300] und die "überragende Stellung" der Deutschen als "Inhaber der Weltherrschaft, des imperium mundi"[1301]. Die Kaiseridee wurde zum überzeitlichen Symbol des Weltimperiums.

Das von Heinrich Class, dem Vorsitzenden des Alldeutschen Verbandes, entworfene Zukunftsbild des optimalen Herrschers[1302] zeigt in extremer - und nicht repräsentativer Weise - wie sich der Kaisergedanke im Machtrausch imperialer Gelüste weit über den wilhelminischen Neoabsolutismus hinaus in ein Führerideal entwickeln konnte, das an Diktaturen des 20. Jahrhunderts erinnert. Forderungen nach einem Staatsstreich nach innen und einem "heiliger Krieg" nach außen leiten das Programm einer neuen Herrschaft ein, die Kaiser und Volk zu einer gemeinsamen nationalen Politik verbinden soll. Der Kaiser als "der wirkliche alleiniger Träger" des deutschen Schicksals[1303], als der "Erste im Volke"[1304], legitimiert allein durch seine Leistung. "Die Krone ist die geborene Führerin in diesem Daseinskampfe"[1305]. So definiert Class den deutschen Volkskaiser. "Das Bedürfnis lebt heute noch in den Besten unseres Volkes, einem starken, tüchtigen Führer zu folgen; alle, die unverführt geblieben sind von den Lehren undeutscher Demokratie, sehnen sich danach, ... weil sie wissen, daß Großes nur bewirkt werden kann durch die Zusammenfassung der Einzelkräfte, was sich wiederum nur durch die Unterordnung unter einen Führer erreichen läßt. Ein Glück für ein Volk, wenn in dem Träger der Krone dieser Führer ihm entstünde"[1306].

Dieser Ansicht standen gemäßigtere gegenüber, die die friedenstiftende Schiedsrichterrolle des "Weltkaisers" und "Retter Europas" betonten[1307]. Der Glaube an die deutsche Sendung - "Wir sind das Salz der Erde"[1308] - erneuerte die Friedenskaiserideologie des 19. Jahrhunderts, die das Amt des Wächters über Völkerrecht und Weltordnung betont hatte[1309]. Dennoch führten die imperial übersteigerten Machtansprüche in letzter Konsequenz zu der Verehrung für den "Führer der Nation" und die Kriegsbegeisterung, wie sie sich in den "Ideen von 1914" niederschlugen[1310].

Im Rahmen dieses Spannungsfeldes von persönlicher Kritik an Wilhelm II. und gleichzeitig wachsender Bedeutung des Kaisertums als national-einigendem Faktor mit außen- beziehungsweise machtpolitischer Komponente,

---

1300. Wendland, Deutsches Kaisertum, S. 282.
1301. Schäfer, Deutsches Nationalbewußtsein im Licht der Geschichte, S. 11.
1302. Vgl. Class, Wenn ich der Kaiser wär'.
1303. Class, Wenn ich der Kaiser wär', S. 222.
1304. Class, Wenn ich der Kaiser wär', S. 134.
1305. Class, Wenn ich der Kaiser wär', S. 219.
1306. Class, Wenn ich der Kaiser wär', S. 227.
1307. Fried, Der Kaiser und der Weltfrieden, S. 192.
1308. Vgl. Eyck, Das persönliche Regiment Wilhelms II., S. 286.
1309. Held, Das Kaisertum als Rechtsbegriff, S. 11 ff.
1310. Vgl. Kjellén, Die Ideen von 1914.

bleibt noch die Entwicklung des Konstitutionalismus, des Parlamentarismus und letztlich des Verhältnisses von Kaiser und Parlament zu betrachten.

Dabei sind insgesamt die Verschiebungen der Verfassungswirklichkeit im Laufe der Entwicklung des Deutschen Reiches zu berücksichtigen. Tatsächlich verlor der Bundesrat gegenüber den zentralstaatlichen Behörden an Einfluß; die Reichsleitung entwickelte sich mehr und mehr zu einem eigenen Machtzentrum und damit zu einer von den einzelstaatlichen Regierungen - insbesondere der preußischen - weitgehend unabhängigen Reichsregierung; der hegemoniale preußische Einfluß ging zurück; mit dieser Tendenz im unitarischen Sinne einher ging auch die Zunahme an Einfluß und Bedeutung des Reichstages.

Das Deutsche Reich verlagerte seine Politik vom 'Nachtwächterstaat' immer mehr auf eine sozialstaatlich ausgerichtete Politik; das Reich mutierte zu einer wirtschaftlichen Interventionsmonarchie. Dazu trat das Betreiben (imperialistischer) Weltpolitik mit all seinen rüstungspolitischen Implikationen, vor allem dem Flottenbau, was jeweils einen wachsenden Gesetzgebungsbedarf und stark steigende finanzielle Anforderungen des Reiches mit sich brachte. Dadurch wuchs der Einfluß des Reichstages auf die Regierung, die nicht mehr umhin kam, sich für ihre Regierungsvorhaben parlamentarische Mehrheiten zu suchen, seien es wechselnde, oder wie unter Bülow dauerhafte Mehrheiten eines (Parteien-) Blocks.

Der Zwang, den Reichstag im Hinblick auf das Budgetrecht stärker in die Regierungsarbeit einzubeziehen, unterminierte faktisch den in der Theorie des Konstitutionalismus angelegten Gegensatz zwischen Legislative und Exekutive. Durch die Zustimmungsbedürftigkeit zu den Gesetzesvorhaben der Regierung, insbesondere im Rahmen des Budgetrechts, lag eine systemimmanente Parlamentarisierungstendenz, die eine Verlagerung hin zu einer Teilhabe des Parlaments an der Regierungsverantwortlichkeit hätte mit sich bringen können.

Trotz der nach wie vor gegebenen rechtlichen Unabhängigkeit des Kanzlers - und seiner offiziell nicht existenten Reichsregierung - war doch entscheidend, daß die Regierung nicht mehr ohne Rücksichtnahme auf die aktuellen Mehrheitsverhältnisse im Reichstag agieren konnte. So stand die Regierung nach der Reichstagswahl 1903 vor der Tatsache, daß allein das gegen sie gerichtete Zentrum mit Hilfe der Sozialdemokraten, Polen und Elsässer jeden Beschluß verhindern konnte[1311].

Dieses Faktum führte beispielsweise während der Regierungszeit Bülows dazu, daß die Regierung bereits im Vorfeld von Maßnahmen die Verständigung mir dem Parlament suchte. Während der Kaiser dieser Vorgehensweise

1311. Monz, Die parlamentarische Verantwortlichkeit im deutschen Staatsrecht einst und heute, S. 25, nennt diesen Zustand einen "Kryptoparlamentarismus".

skeptisch gegenüberstand, beteuerte Bülow ihm - dem Kaiser - die Harmlosigkeit dieses Vorgehens im Hinblick auf die konstitutionellen - das heißt nach deutschem Verständnis monarchischen - Regierungsverhältnisse. 1906 schrieb er an den Kaiser: "Regierung und Parlament müssen zwei getrennte Lager bleiben, mit reinlicher Scheidung im Grenzverkehr. Ausbreitungsgelüsten und Übergriffen des Parlaments entgegenzutreten, ist die Pflicht der Regierung. Ich bin auch in meinem Verkehr mit Abgeordneten immer sehr vorsichtig gewesen. ... Ganz ist solche persönliche Fühlungnahme nicht zu entbehren. ... Ich habe auch früher ... auf diesem Wege viel erreicht. Ich werde aber gewiß vermeiden, daß bei solcher persönlichen Einwirkung wir der leidende Teil sind"[1312]. Trotz dieser Bekenntnisse war - aus der Sicht der Regierung - unvermeidlich, daß das Anwachsen des Staatsapparates einen wachsenden Einfluß des Parlaments auf die Gestaltung der Politik mit sich brachte.

Selbst die Rechtsparteien, die traditionell das monarchische Prinzip und mithin die grundsätzliche Unabhängigkeit der Regierung vom Parlament befürworteten, verstanden sich nicht als reine Regierungspartei. Zur Durchsetzung etwa ihrer agrarischen Interessen bei Caprivis Handelsverträgen oder in der Kanalfrage bedienten sie sich wie alle anderen Parteien der parlamentarischen Mittel, die ihnen zur Verfügung standen, ja gelegentlich ging die Opposition gegen das 'persönliche Regiment' so weit, daß von einer "Überspannung des monarchischen Gedankens" offen die Rede war[1313]. Der traditionelle Royalismus und die politischen, wie wirtschaftlichen Interessen schlossen einander aber im Normalfall nicht aus. Nur eine starke Monarchie, so glaubte man, garantiere Stabilität, einen machtvollen Staat, eine florierende Wirtschaft und die privilegierte Stellung der Konservativen in Heer und Beamtenschaft. Ähnlich sah das auch die nationalliberale Partei, die ein mächtiges Königtum auch zum Schutz der Industrie vor der anwachsenden Sozialdemokratie für nötig erachtete.

Die zunehmende Zahl der Sozialdemokraten und ihrer Anhängerschaft auf der einen und der Versuch, das Kaisertum gerade gegen die Sozialdemokratie[1314] in Stellung zu bringen, auf der anderen Seite, zeigt jedoch auch, daß die Vorstellungen von einem "Volkskaiser" und dem "Führer der Nation" der Wirklichkeit nicht entsprachen. Die konservativ geprägten

---

1312. Zitiert nach Manfred Rauh, Föderalismus und Parlamentarismus im Wilhelminischen Reich, S. 250; Die Politik der Regierung war daher zwangsläufig mehr und mehr darauf ausgerichtet, mit dem Reichstag auszukommen. Die immer stärkere Ausrichtung der Parteien auf eine reine Interessenpolitik kam dieser do-ut-des-Politik entgegen. Dies verhinderte zugleich eine geschlossene parlamentarische Front gegen die Regierung, jedenfalls dann, wenn es darum ging, durch entschiedene Reformansätze die Parlamentarisierung voranzutreiben.

1313. Vgl. Frhr. von Zedlitz, Stenographische Berichte deutscher Reichstag, 1900, S. 59, 73.

1314. Als die "Reichsfeinde im Innern".

Vorstellungen des deutschen Kaisertums bewegten sich um nationale Begriffe, um eine militärisch geprägte Welt oder um die großbürgerlichen Vorstellungen vom Industriestaat. Dort, wo die Hohenzollernfürsten als solche, die Tapferkeit der Armee, die Pflichtentreue der Beamten, der Fleiß der Bürger und der Unternehmergeist gerühmt wurden, war kein Platz für die Arbeiterschaft. Der Sozialistenfurcht des Bürgertums konnte ein so verstandenes Kaisertum entgegengehalten werden[1315].

Das Parlament wuchs also in eine gegenüber der monarchischen Regierung eigenständigere Rolle hinein, die gelegentliche Ansätze in Richtung auf eine Parlamentarisierung des Regierungssystems erkennen ließen. Hier sei unter anderem der Rücktritt des Kanzlers Bülow genannt, der 1909 im Zusammenhang mit dem Streit um die Reichsfinanzreform zurücktrat, weil die von ihm verfolgte Politik nicht mehr die Mehrheit des Reichstages hinter sich hatte; ein Novum in der Geschichte des deutschen Parlamentarismus.

Ein rechtlicher Schritt in diese Richtung war 1910 die Änderung der Geschäftsordnung des Reichstages, wonach Interpellationen, zu denen die Reichsleitung Stellung nehmen mußte, zu einem "Mißbilligungsvotum" führen konnten. Ein eigentliches Mißtrauensvotum war dies freilich nicht. Der Kanzler bedurfte nach wie vor nicht des Vertrauens des Reichstages, sondern allein das Vertrauen des Kaisers, und so war es eine zutreffende Interpretation der Verfassungslage, als der Reichskanzler Bethmann Hollweg nach einem Mißbilligungsvotum wegen der Zabern-Affäre im Jahre 1913 erklärte: "Nach der Reichsverfassung steht dem Kaiser die Ernennung und Entlassung des Reichskanzlers in vollkommen freier Entscheidung zu, und es ist verfassungswidrig, darauf einen Druck ausüben zu wollen. Wegen dieses Beschlusses werde ich meine Demission nicht einreichen"[1316].

Den Schlußpunkt unter die Entwicklung in Richtung auf die Parlamentarisierung des Regierungssystems setzte dann letztlich die Verfassungsänderung vom 28.10.1918. Das Gesetz zur Änderung der Reichsverfassung fügte dem Art. 15 den Absatz hinzu, wonach der Reichskanzler und sein Stellvertreter für ihre Amtsführung das Vertrauen des Reichstages und des Bundesrates bedürften[1317]. Damit war die parlamentarische Verantwortlichkeit festgelegt. Sich selbst treu bleibend, empfand man jedoch die parlamentarische Regierungsform in einer Spielart der Monarchie vielfach als ein Irrtum über das Wesen der Monarchie[1318]. Daher war die Parlamentarisierung der Monar-

---

1315. Nur ein starker Kaiser kann "den Kampf um die Beherrschung des vierten Standes gegen die sozialdemokratische Demagogie" aufnehmen, Mittelstädt, Vor der Flut, S. 92.
1316. nach Kroeschell, Rechtsgeschichte Deutschlands im 20. Jahrhundert, S. 5.
1317. Text des Gesetzes bei Huber, Dokumente, Bd. 3, S. 278 ff.; Darstellung bei Huber, Verfassungsgeschichte, Bd. 5, S. 584 ff.
1318. U.a. Piloty, Das parlamentarische System, S. 6.

chie gleichbedeutend mit deren faktischer Abschaffung, die dann de jure auch kurze Zeit später mit der Ausrufung der Republik erfolgte.

Diese Entwicklung erscheint als eine folgerichtige und beinahe notwendige, die bedingt durch die Erweiterung der faktischen Einflußmöglichkeiten des Reichstages und dem schwindenden Vertrauen in die Führungsfähigkeiten des amtierenden Kaisers und dem Vorbild des westlichen Auslandes unausweichlich erschien.

Dies um so mehr, als nach der Daily-Telegraph-Affäre auch zeitgenössische Stimmen sich mehrten, die eine Parlamentarisierung der Reichsregierung für zumindest möglich hielten[1319]. Dennoch war - bis in die Kriegsjahre hinein - der Konstitutionalismus deutscher Prägung, also mit einer auf den Monarchen bezogenen und von ihm und seinem Vertrauen abhängigen Regierung das gerade auch vom Parlament selbst nicht in Zweifel gezogene Regierungssystem.

Die gestärkte Rolle des Reichstages im Kräftefeld zu der monarchischen Regierung und zum Monarchen selbst führte noch nicht - quasi als Selbstläufer - zur Parlamentarisierung der Regierung. Insofern hat sich der Parlamentarismus und mithin auch das konstitutionelle System in Deutschland zweifellos weiterentwickelt[1320], jedoch noch systemimmanent innerhalb eines monarchischen Regierungssystems. Die faktische Entwicklung der Machtverhältnisse im Reich gingen nicht zu einer Parlamentarisierung, sondern trotz der oben angerissenen unbestrittenen Machtzunahme des Parlaments, eher in Richtung auf eine Entwicklung zu den "klassisch" konstitutionellen Modellen, wie sie sich in Deutschland seit dem Wiener Kongreß zu etablieren begannen. Die Reichsverfassung ließ sich mit alter konstitutioneller Rollenverteilung der beteiligten Organe darstellen: An der Spitze des Staates stand der Kaiser als Reichsmonarch, mit einer Reihe herkömmlicher monarchischer Rechte, insbesondere mit der Personalhoheit und den Prärogativen gegenüber dem Parlament, dem Gesetzesinitiativrecht in Gestalt der Präsidialvorlagen nach Verfassungsbrauch und mit der aus Preußen mitgebrachten Würde eines Erbmonarchen. Vom Kaiser - und nur von ihm - abhängig eine nach Kanzlerprinzip geordnete Reichsregierung. Ihr gegenüber stand der Reichstag, dem die Regierung - moralisch-politisch - verantwortlich war; unabhängig davon mutierte der Bundesrat von dem eigentlichen Souverän des Staates zu einer Art Ersten Kammer neben dem Reichstag[1321].

---

1319. Vgl. Bornhak, Wandlungen der Reichsverfassung, in: AöR 26, S. 399 f.; dem trat noch 1909 Georg Jellinek entgegen, in: Regierung und Parlament in Deutschland, S. 25 ff.
1320. Boldt, Parlamentarismustheorie, Der Staat 19, S. 400, sprich in diesem Zusammenhang von einer "Modernisierungserscheinung des Kaiserreiches".
1321. Vgl. Boldt, Deutscher Konstitutionalismus und Kaiserreich, S. 91; ders.: Deutsche Verfassungsgeschichte, Bd. 2, S. 194.

Warum dies so war mag hier im Detail offen bleiben. Die zunehmende Integrationskraft des nationales Kaisertums tat trotz der auch in Kreisen der Öffentlichkeit geäußerten Kritik an dem Regierungsstil Wilhelms II. ein übriges, um die Stoßkraft der Parteien im politischen Raum abzuschwächen und der Exekutive einen erheblichen Handlungsspielraum zu wahren, jedenfalls um es nicht zu einem durch die Parteien geführten Angriff auf das monarchische Regierungssystem kommen zu lassen. Die Rolle des "Heldenkaisers" dürfte auch dazu geführt haben, daß trotz des faktischen Wegfalls des betont föderalen Verfassungsaufbaus - als dem gedachten Hemmschuh gegen den Parlamentarismus - sich die 'Monarchie' nicht in eine parlamentarische, sondern eher in eine den altbekannten Mustern folgende konstitutionelle Monarchie wandelte.

Mit dieser verfassungspolitischen Situation fanden sich die Parteien offenbar ab, beziehungsweise begrüßten sie als auch ihren Zielen entsprechend. Es fehlte an einer mit Nachdruck die Übernahme der Regierungsmacht anstrebenden Parlamentsmehrheit. Die Parteien richteten sich damit ein, in ihrer potentiell stets oppositionellen Rolle den größten Nutzen für ihr Klientel zu erzielen. Das deutsche Parteiensystem war auf die Einflußnahme im Rahmen des bestehenden konstitutionellen Systems zugeschnitten[1322]. Eine zielgerichtete und eindeutige Parlamentarisierungspolitik des Reichstages, die eine feste Mehrheitsbildung vorausgesetzt hätte, fand nicht statt[1323]; es kam nie - mit Ausnahme der durch den verlorengehenden Krieg geprägten letzten Phase - zu einer direkten Alternativstellung von monarchischer und parlamentarischer Regierung[1324].

Die fehlende Integration führender Reichstagspolitiker in die verschiedenen Regierungen - zwischen der regierenden Bürokratie und den Parlamentariern gab es wenige personelle Verknüpfungen - führte zu einer weiteren Radikalisierung der Parteien und der Politiker. Diese konnten politische Postulate aufstellen und Ziele definieren, ohne befürchten zu müssen, ihr

---

1322. Vgl. Ritter, Entwicklungsprobleme des deutschen Parlamentarismus, S. 41; allgemein: ders., Die deutschen Parteien 1830-1914; Zwehl: Zum Verhältnis von Regierung und Reichstag in Preußen und Deutschland von 1848 bis zur Gegenwart.
1323. Vgl. die Äußerung des Abgeordneten der Fortschrittlichen Volkspartei Wiemer während der Debatte über die Zabern-Affäre: Jedenfalls halten wir ein parlamentarisches Regime noch immer für besser als den Scheinkonstitutionalismus, wie er heute bei uns besteht. ... Aber ... das parlamentarische Regime setzt auch voraus, ..., daß die Parteien, die der Regierung das Mißtrauen bekunden, ihrerseits bereit sind, die Regierungsgeschäfte zu übernehmen. ... Da weiß ich nun in der Tat nicht, ob die Sozialdemokratie ... bereit ist, jetzt die Regierungsverantwortung zu übernehmen", nach Nolte, Scheinkonstitutionalismus, HZ 228, S. 537.
1324. Das Streben nach Übernahme des in anderen westeuropäischen Ländern vorherrschenden parlamentarischen Regierungssystems ist strikt zu trennen von den ständig wiederholten Forderungen des Parlaments nach Erweiterung ihrer Rechte, insbesondere im Rahmen der Ministerverantwortlichkeit.

eigenes Programm realisieren zu müssen. Diese Konstellation begünstigte das Auseinanderentwickeln von Regierung und Parlament nicht unerheblich[1325]. Da der Reichstag niemals wirklich verantwortlich wurde, brauchte er auch keine stabilen Mehrheiten, was zugleich das Erfordernis, Kompromisse einzugehen, minimierte.

Auch die Furcht vor einer Parlamentsmehrheit der Linksparteien ließ ein eigenes Selbstvertrauen des Reichstages nicht aufkommen. Friedrich Naumanns allgemeine Klage in der Krise von 1908, daß dem Parlament eine "volkstümliche Legende" fehle, vergleichbar den Revolutionen in Frankreich und England[1326] wurde durch die Entgegnung des konservativen Abgeordneten Dietrich nur bestätigt: "Viele Millionen deutscher Herzen empfinden noch nach die heldenhafte Zeit unter Wilhelm I. und dem Fürsten Bismarck, eine Zeit, die unter parlamentarischem Regime niemals möglich gewesen wäre. Ich stelle diese Erinnerung entgegen der Legende, von der Herr Naumann sprach, der Legende des französischen und englischen Parlaments. Ich möchte sie nicht gegen diese Erinnerung austauschen"[1327].

Zieht man unter dem Stichwort des Verhältnisses zwischen Kaiser und Reichstag die Bilanz der Zeit Wilhelms II., so ergibt sich, daß die Feststellung Ludwig Bambergers um 1888 bis kurz von dem Ende des Ersten Weltkrieges noch zutraf: Der Reichstag nahm nicht die Stellung ein und besaß nicht das Ansehen, das der Volksvertretung nach der Auffassung der Vertreter eines "wahrhaft konstitutionellen" Regierungssystems zukam. Das Übergewicht von Krone und Regierung blieb zwar nicht unangetastet, aber es bestand bis weit in den Krieg hinein. Der Mehrheit des deutschen Volkes war es eine gewohnte Machtverteilung, die den wirtschaftlichen Aufstieg fast aller Schichten der Nation nicht behinderte und das Selbstwertgefühl betont national gesinnter Bevölkerungskreise befriedigte, da an ihr die Erinnerung nationaler Erfolge haftete. Aus Tradition (und Gewohnheit) neigten viele dazu, Krone und Regierung als neutrale Instanz über den streitenden Parteien zu sehen. Ein sich - in der Sache - streitendes Parlament war vielen Deutschen zuwider. Statt dessen zogen der Flottenbau, die Ereignisse der Weltpolitik, die Fortschritte in Technik und die wirtschaftliche Expansion die Blicke der nationalen Öffentlichkeit auf sich. In all diesen Bereichen gingen die Impulse eben nicht vom Reichstag aus; vielmehr wurde der Kaiser als ihr Urheber angesehen.

Als weiteren wesentlichen Grund für ein Ausbleiben der Parlamentarisierung des Deutschen Reiches muß man auch das hohe Ansehen der Bürokratie und der ministeriellen Leitung in der Bevölkerung berücksichtigen. Für das

---

1325. Vgl. Mommsen, Die Verfassung des Deutschen Reiches von 1871 als dilatorischer Herrschaftskompromiß.
1326. Stenographische Berichte deutscher Reichstag, 1908, S. 5945 f.
1327. Stenographische Berichte deutscher Reichstag, 1908, S. 5958.

Volk waren der erste Kanzler und der erste Kaiser die Reichsgründer und nicht das Parlament - hier wirkte Bismarcks 'Taktik' bei der Reichsgründung sehr systemstabilisierend nach. Der Kaiser war der Heerkönig, der Volkskaiser, die monarchische Regierung war die Obrigkeit, die für wirtschaftlichen Aufschwung gesorgt hatte und das nationale Prestige zusammen mit dem Kaiser in der Weltpolitik mehrte.

"Das neue Deutschland" definierte die Aufgabe des Volkskaisers gerade dahin, den Parlamentarismus "überflüssig" zu machen. Das Prinzip der Monarchie ist entfaltet, "wenn der Herrscher von allen Klassen und Ständen des Volkes getragen wird und alle gleichmäßig beschirmt"[1328]. So zog auch 1914 ein deutsches Volk in den Krieg, dessen Kaiser "keine Parteien mehr kannte"[1329]. Der Kaiser "muß stark sein, sonst ist er eben kein Kaiser mehr" so die auch gegen die "Parteiregierung" des Parlaments gemünzte Erklärung. Die Anhänglichkeit des Volkes "an die starke führende Hand des Fürsten" bestätigt den Volkskaiser, der zusammen mit seiner Regierung über den Parteien und damit über dem Reichstag positioniert bleibt: "Im deutschen Volkstum festgewurzelt steht unser deutsches Kaisertum"[1330].

Die Haltung der Parteien, sich mit den konstitutionellen Verhältnissen zu arrangieren, kann auch als eine wesentliche Vorbelastung der Weimarer Republik gelten. Auch nach der Abschaffung der Monarchie und der Einführung der ersten Republik auf deutschem Boden warnte kein geringerer als Hugo Preuß vor einem drohenden "Parlamentsabsolutismus"[1331]. Dieser im Deutschen Reich gewachsenen Traditionen folgend setzte man dem neuen Reichstag erneut einen starken Gegenspieler, den vom Volk gewählten Reichspräsidenten, als Ausdruck des Mißtrauens gegen das Funktionieren des parlamentarischen Regierungssystems gegenüber.

Selbst am Ende des Weltkrieges, als sich angesichts der Kriegssituation die Integrationskraft des Monarchen und mit ihr auch die des 'deutschen' Konstitutionalismus erschöpft hatte, stieß das Parlament nicht mit einer klaren und zielgerichteten Initiative in das entstehende Machtvakuum. Die von Teilen der Parteien betriebene Parlamentarisierungspolitik war teilweise nach wie vor nicht zuletzt von monarchischen Traditionen und Denkweisen geprägt und suchte daher einen "deutschen Parlamentarismus"[1332] mit Wahrung der monarchischen Prärogative zu realisieren.

1328. Vgl. Grabowski, Eine Kaiserumfrage, S. 613 f.
1329. Zitiert nach Boldt, Deutscher Konstitutionalismus und Kaiserreich, S. 96.
1330. Classen, Was bedeutet das deutsche Kaisertum? S. 6 f.
1331. Preuß, Die Improvisierung des Parlamentarismus, S. 361.
1332. So der stellvertretenden Vorsitzende der Zentrumsfraktion Trimborn am 19.11.1917 im Reichstag, vgl. Bernbach, Vorformen parlamentarischer Kabinettsbildung in Deutschland, S. 88.

Diese Bestrebungen waren aber angesichts des Krieges, den Deutschland im Begriff war zu verlieren, bald überholt. Die Reform sollte nicht mehr allein die Regierungsform betreffen, sondern setzte bereits bei der Staatsform an. Damit war die Monarchie - die es de lege lata im Deutschen Reich gar nicht gab - selbst Gegenstand reformerischer und revolutionärer Ansätze. Diese Tendenzen wurden auch durch eine Note des amerikanischen Präsidenten Wilson vom 23.10.1918 bestärkt, in der Wilson eindeutig zum Ausdruck brachte, daß die westlichen Alliierten mit den militärischen Beherrschern und monarchischen Autokraten in Deutschland nicht verhandeln würden[1333]. Ende Oktober 1918 bildeten sich zudem, ausgehend von einem Aufstand der Matrosen in Kiel, in ganz Deutschland Arbeiter- und Soldatenräte, die einen revolutionären Wandel der Herrschaftsverhältnisse anstrebten. Am 9.11.1918 erklärte dann Reichskanzler Max von Baden die zu diesem Zeitpunkt von vielen Seiten geforderte Abdankung des Kaisers, noch bevor er die Zustimmung des Monarchen dazu hatte. Max von Baden übergab anschließend das Reichskanzleramt dem Führer der Mehrheitssozialisten, Friedrich Ebert. Der Sozialdemokrat Philipp Scheidemann proklamierte daraufhin die deutsche Republik[1334]. Der nach Holland ins Exil gegangene Kaiser erklärte am 28.11. offiziell seinen Thronverzicht[1335]. Mit ihm hatten in jenen Tagen auch die anderen deutschen Monarchen ihre Plätze geräumt; Deutschland war eine Republik geworden[1336].

## III. DIE STAATSRECHTSLEHRE BIS ZUM ENDE DER MONARCHIE

Die Staatsrechtslehre des Kaisertums war seit 1876, dem Erscheinungsjahr des ersten Bandes von Paul Labands Staatsrecht, stark geprägt durch die sogenannte "juristische Methode" des staatsrechtlichen Positivismus; eine Methode, die durch Carl Friedrich von Gerber 'begründet' und durch Laband weiterentwickelt wurde. Wenngleich es an Kritik zu diesem methodischen Ansatz nie gefehlt hat, so war er doch ganz herrschend. Die Lehre seiner Protagonisten Gerber und Laband soll daher auch hier verstärkt Gegenstand der Untersuchung sein.

---

1333. Text dieser "dritten Wilson-Note" bei Huber, Dokumente, Bd. 3, S. 287.
1334. Vgl. Huber, Verfassungsgeschichte, Bd. 5, S. 690 ff.
1335. Text der Abdankungserklärung bei Huber, Dokumente, Bd. 3, S. 312.
1336. Vgl. zu den äußeren Geschehnissen im Zusammenhang mit der Abdankung des Kaisers und der Abschaffung der Monarchie u.a. Huber, Verfassungsgeschichte, Bd. 5, S. 673 ff.

## 1. Die Staatsrechtslehre vor Laband

Durch die Gründung des Norddeutschen Bundes und später des Deutschen Reiches und den damit verbundenen Verfassungen hatte die Staatsrechtswissenschaft, die sich nicht allein mit dem Recht der Einzelstaaten beschäftigen wollte, nunmehr eine feste Grundlage, auf der aufbauend sie argumentieren und diskutieren konnte. "Erst mit der Reichsgründung hat auch die Wissenschaft des positiven Staatsrechts in Deutschland einen ihr adäquaten Stoff und festen Maßstab für ihre Begriffsbestimmungen und Systematik gefunden"[1337].

Labands Reichsstaatsrecht erschien in seiner ersten Auflage 1876. Natürlich hatten sich bereits andere Autoren zuvor mit den Verfassungen des Norddeutschen Bundes[1338] und des Deutschen Reiches[1339] auseinandergesetzt.

Heinrich von Treitschke, ein konservativer Liberaler sah in dem Verzicht der Liberalen auf ein parlamentarisches Regierungssystem im Rahmen der Verhandlungen des konstituierenden Norddeutschen Reichstages eine Befreiung der Liberalen, da dies dem arbeitsteiligen Bündnis - der Adel regiert, das Bürgertum wirtschaftet - gerecht werde: "Die unzufriedenen Massen, man täusche sich nicht, hegen mehr Vertrauen zu dem Königtum als zu dem Parlamente. Die sozialen Zustände sind in Deutschland im Ganzen gesünder, die Klassengegensätze minder schroff als in Frankreich ... Doch ein starkes Königtum, das über den sozialen Gegensätzen steht, ist uns unentbehrlich, um den Frieden in der Gesellschaft zu wahren und zu festigen, die gewaltigen Probleme, welche die rasch anwachsende Volkswirtschaft noch aufwerfen wird, unbefangen zu lösen ... Erwägen wir diese Macht des preußischen Königtums und die großen Aufgaben, welche die deutsche Nation noch mit seiner Hilfe zu lösen hat, so scheint unverkennbar, daß unser Liberalismus einige

---

1337. Zitiert nach Stolleis, Geschichte des öffentlichen Rechts in Deutschland, Bd. 2, S. 339.

1338. Vgl. die bei Stolleis, Geschichte des öffentlichen Rechts in Deutschland, Bd. 2, S. 338 f. genannten Werke: Hiersemenzel, Die Verfassung des Norddeutschen Bundes; ders., Das Verfassungs- und Verwaltungsrecht des Norddeutschen Bundes und des Deutschen Zollvereins; Martitz, Betrachtungen über die Verfassung des Norddeutschen Bundes; Grotefend, Das deutsche Staatsrecht der Gegenwart; Meyer, Grundzüge des Norddeutschen Bundes; Thudichum, Verfassungsrecht des Norddeutschen Bundes und des deutschen Zoll- und Handelsvereins.

1339. Vgl. Stolleis, Geschichte des öffentlichen Rechts in Deutschland, Bd. 2, S. 339 ff: Auerbach, Das neue Deutsche Reich und seine Verfassung; Hauser, Die Verfassung des Deutschen Reiches in den Grundzügen und Verhältnissen zu den Einzelstaaten, insbesondere zu Bayern; Riedel, Die Reichsverfassungsurkunde; Westerkamp, Über die Reichsverfassung; Held, Die Verfassung des Deutschen Reiches vom staatsrechtlichen Standpunkt aus betrachtet; Mohl, Das Deutsche Reichsstaatsrecht; von Rönne, Das Verfassungs-Recht des Deutschen Reiches; sowie Meyer, Staatsrechtliche Erörterungen über die deutsche Reichsverfassung.

seiner Lieblingswünsche ermäßigen muß, die mit einer lebendigen monarchischen Gewalt sich nicht vertragen. Dazu zählt vornehmlich das Verlangen nach einer Parteiregierung im englischen Sinne und nach dem Rechte der unbeschränkten Steuerverweigerung ... Eine monarchische Regierung besitzt unleugbar größere Stetigkeit als ein Parteiregiment; daß sie den Fortschritt hemme, ist durch Erfahrung nicht erwiesen"[1340].

Der Staatsrechtler Schulze nannte die Verfassung des Norddeutschen Bundes schon 1867 "ein Aggregat scheinbar willkürlicher und unzusammenhängender Einzelbestimmungen"[1341]

Erwähnenswert erscheinen insbesondere auch die 1873 erschienenen Werke von Max Seydel[1342] und Albert Hänel[1343]. Seydel stellte in seinem Werk die These auf, der Begriff des 'Bundesstaates' sei ein logisch unmöglicher "Zwitterbegriff", so daß das Deutsche Reich kein Bundesstaat, sondern lediglich ein Staatenbund sei. Hänel widerlegte Seydel in seiner Schrift.

Geprägt werden sollte die Staatsrechtslehre des Reiches jedoch insbesondere von Paul Laband, der - geistesgeschichtlich in die Fußstapfen von Carl Friedrich von Gerber trat.

## 2. Die Staatsrechtslehre Gerbers und Labands

### a) Carl Friedrich von Gerber

Mit Gerber 'begann' der staatsrechtliche Positivismus. Er brach 1865 in seinem Werk "Grundzüge eines Systems des deutschen Staatsrechts" mit den Organismustheorien aus der Mitte des Jahrhunderts; Gegenstand seiner Untersuchungen war - dem Erscheinungsjahr der ersten Auflage entsprechend - das Staatsrecht der konstitutionellen Monarchien in den deutschen Einzelstaaten. Gerber folgte der Tradition des "allgemeinen deutschen Staatsrechts und versuchte Grundbegriffe zu entwickeln, die das Partikularstaatsrecht systematisch erfaßten. Die ursprüngliche Anlage seines Werkes hielt Gerber auch in seinen nach der Reichsgründung erschienenen Auflagen bei. Er verzichtete auf die Kommentierung des Rechts des neugegründeten Reichs, da mit Labands Werken "eine vorzügliche Bearbeitung" dieses Gegenstandes vorliege[1344]. Gerbers

1340. Treitschke, Das constitutionelle Königtum in Deutschland, S. 803.
1341. Schulze, Die Krisis des deutschen Staatsrechts im Jahre 1866, S. 65.
1342. Seydel, Commentar zur Verfassungs-Urkunde für das Deutsche Reich.
1343. Hänel, Die vertragsmäßigen Elemente der deutschen Reichsverfassung.
1344. Gerber, Grundzüge des deutschen Staatsrechts, S. IX.

'Grundzüge' stellten das Programm des neuen dogmatischen Staatsrechts auf, des "staatsrechtlichen Positivismus".

Für Gerber war der Staat eine juristische Person und als solche "Ausgangs- und Mittelpunkt des Staatsrechts"[1345]. Um die juristische Person Staat herum bildete er das Staatsrecht der deutschen konstitutionellen Monarchien. In Anlehnung an das Privatrecht, dem die Figur der juristischen Person entnommen war, ging es für Gerber auch im Staatsrecht - ebenso wie im Privatrecht - um "Willensmöglichkeiten"[1346]. War im Privatrecht noch die Koordination der Willensmacht einzelner Individuen maßgeblich, handelte es sich im Staatsrecht um den "Staatswillen", die "Staatsgewalt". Ihr Kennzeichen sei die Macht zu "herrschen". Herrschaft sei der "eigentliche() Wesensinhalt der Staatspersönlichkeit"[1347]. "Man kann es auch so sagen: das Staatsrecht ist die Lehre vom Staatswillen"[1348]. Bei der Staatsgewalt gehe es um die "umfassendste Art der Willensfähigkeit, welche das Recht überhaupt kennt"[1349]. Der Staatsbürger werde hierbei zum Objekt der Staatsherrschaft[1350].

Der Staat als Rechtsperson besaß für Laband die (Willens-) macht zu herrschen. Er sei Träger der Staatsgewalt, der seine Bürger unterworfen seien.

Der Staat wurde nicht von der Gemeinschaft der Staatsbürger her gedacht, sondern als Staatsperson in Form eines einheitlichen Willenssubjektes. Das Rechtssubjekt 'Staat' wurde dabei mit allen Attributen versehen, die man zuvor absoluten Monarchien zugeschrieben hatte und die nun wiederum dem Monarchen als dem alleinigen "Träger der Staatsgewalt" zugewiesen wurden. Der Staat wurde so zum Subjekt der Staatsgewalt, die durch Befehl und Gehorsam charakterisiert war[1351].

---

1345. Gerber, Grundzüge des deutschen Staatsrechts, S. 4.
1346. Gerber, Grundzüge des deutschen Staatsrechts, S. 4 Fn. 2.
1347. Gerber, Grundzüge des deutschen Staatsrechts, S. 2 ff. mit Fn. 3 auf S. 3; Beilage II, S. 226.
1348. Gerber, Grundzüge des deutschen Staatsrechts, S. 4 Fn. 2.
1349. Gerber, Über die Teilbarkeit, S. 9.
1350. Gerber, Grundzüge des deutschen Staatsrechts, Beilage II, S. 227 f.
1351. So heißt es dann später bei Laband: "Herrschen ist das Recht, freien Personen ... Handlungen, Unterlassungen und Leistungen zu befehlen und sie zur Befolgung der selben zu zwingen", Das Staatsrecht des Deutschen Reiches, 5. Aufl., Bd. 1, S. 68; ähnlich definiert auch Jellinek unter ausdrücklicher Berufung auf Gerber als den Begründer dieser Lehre: "Herrschergewalt ... ist unwiderstehliche Gewalt. Herrschen heißt unbedingt befehlen und Erfüllungszwang üben können", Allgemeine Staatslehre, S. 429 Fn. 3; Preuß äußerte sich kritisch zu diesem monarchischen Staatsgewaltsbegriff: "Diese abstrakte Staatspersönlichkeit als unicum sui generis mit ihrem durch mystische Urzeugung entstandenen Herrschaftsmonopol, die mit einer in sich selbst ruhenden Gewalt ihren 'Untertanen' fremd und äußerlich gegenübersteht, das ist schließlich nichts anderes als die moderne juristische Verkleidung der alten individualistischen Staatsgewalt, der obrigkeitlichen Souveränität, die nach Abtragung des feudal-patrimonialen Gerüsts frei im Raume schwebt, falls man sie nicht durch die Fiktion des Gottesgnadentums an den Himmel hängt", Preuß, Selbstverwaltung, Gemeinde, Staat, Souveränität, S. 235.

Vor diesem Hintergrund entwickelte Gerber seine Lehre von den Staatsorganen. "Wie jede juristische Person" bedürfe auch der Staat einer Vertretung[1352]. Für Gerber war dies in der deutschen konstitutionellen Monarchie nicht - wie zu erwarten wäre - allein der Monarch, sondern neben dem Monarchen auch die Landstände. Sie - Monarch und Landstände - seien die "ursprünglichen, gewissermaßen angeborenen, die konstitutionellen Vertreter des Staates"[1353]. Monarch und Landstände stünden aber nicht - wie im dualistischen Staatsdenken - gleichberechtigt nebeneinander; vielmehr bestünde zwischen beiden Staatsorganen ein entscheidendes Stufenverhältnis. Der Monarch sei das "oberste Willensorgan des Staates"; sein Wille solle "als allgemeiner Wille, als Wille des Staates gelten[1354]. Nur im Monarchen verkörpere sich "die abstrakte Persönlichkeit der Staatsgewalt"[1355]. Wenngleich Gerber das Parlament neben den Monarchen zum Staatsorgan erhob, waren für ihn "Theilung der Gewalten" oder gar "Mitherrschaft des Parlaments" in der 'deutschen' konstitutionellen Monarchie ausgeschlossen. Der Monarch dürfe nicht zu einer "parlamentarischen Figur" werden[1356]. Die Willensmacht der gesamten Staatsgewalt stehe allein dem Monarchen zu, "gelangt in seinem Willen zur wirklichen Erscheinung"[1357]. Die Staatsgewalt war für Gerber mithin unteilbar und wurde allein vom Monarchen repräsentiert. Kelsen hat diesen Ansatz später in einer Kritik auf den Punkt gebracht, als er ausführte, Gerbers Position sein ein "Beispiel, wie die Theorie der konstitutionellen Monarchie deren positiv rechtlichen Tatbestand nach dem Schema und in der Terminologie der absoluten Monarchie zu deuten versucht"[1358].

Aus dem Machtgeflecht Staat - als Subjekt der Staatsgewalt - und Monarch - als dem alleinigen Träger der Staatsgewalt - wurde das Parlament - als Repräsentant des Volkes, dem Objekt der Staatsgewalt - gänzlich ausgeschlossen, obwohl es von Gerber zum Staatsorgan erklärt wurde. Hiermit wurde ein bestimmtes Verständnis der 'konstitutionellen Monarchie' geprägt und rechtsbegrifflich definiert. Dieses zutiefst konservative Verständnis, das Autoren wie Stahl und von Bülau schon im Vormärz politisch entwickelt hatten, und das von den Liberalen bis in die sechziger Jahre hinein politisch erbittert bekämpft

1352. Gerber, Grundzüge, Beilage II, S. 231; so später auch Laband, Staatsrecht, in: Die Kultur der Gegenwart, S. 306.
1353. Gerber, Grundzüge des deutschen Staatsrechts, Beilage II, S. 232 f.; S. 76.
1354. Gerber, Grundzüge des deutschen Staatsrechts, S. 77.
1355. Gerber, Grundzüge des deutschen Staatsrechts, S. 77 f.
1356. Gerber, Grundzüge des deutschen Staatsrechts, S. 78 Fn. 1.
1357. Gerber, Grundzüge des deutschen Staatsrechts, S. 78.
1358. Kelsen, Allgemeine Staatslehre, S. 414.

worden war, wurde nun juristisch formuliert[1359]. Mit Gerber begann der eigentliche Siegeszug der "deutschen konstitutionellen Monarchie", die nach dem 'Sieg' Bismarcks im preußischen Verfassungskonflikt und der durch Bismarck erreichten und gestalteten Einigung Deutschlands vom Kampfbegriff zum Rechtsbegriff wurde. Die Kombination von Staat, Staatsgewalt und Monarch als dem Träger der Staatsgewalt bei gleichzeitiger Ausschaltung des Parlaments auf dieser obersten Ebene boten hierfür den rechtsbegrifflichen und staatsrechtstheoretischen Hintergrund.

Für Gerber war demnach die Rolle des Parlaments erklärungsbedürftig, war es doch für ihn ein Staatsorgan. Zudem lief Gerber Gefahr, ein Paradox aufzubauen, wenn er einerseits ein monarchisches Monopol an der staatlichen Willenstätigkeit konstruierte, andererseits aber die Parlamente in den deutschen Verfassungen an der Gesetzgebung beteiligt waren.

Gerber löst dies damit, daß er erklärte, der Monarch müsse den "wirklichen Inhalt des Staatswillens" zum Ausdruck bringen[1360]. Bei der Verabschiedung neuer Gesetze bedürfe es daher einer Sicherheit, "daß der persönliche Wille des Monarchen mit der sittlichen Überzeugung des Volkes zusammentreffe"[1361]. Die Gewähr für die Übereinstimmung des monarchischen Willens mit dem des Volkes biete das Parlament. Der Wille des Monarchen (in Form von Gesetzen) könne erst dann als der Wille des Staates gelten, wenn die Auffassung des Volkes über die Volksvertretung in diesen Willen Eingang gefunden hat. Die Folge dieser Anforderungen an die Verbindlichkeit der Geltung des so erklärten Staatswillens ist eine formale: "Wo daher insbesondere der monarchische Wille von der Voraussetzung ständischer Zustimmung bedingt ist, gilt er als solcher rechtlich erst dann, wenn er diese Zustimmung in sich aufgenommen hat"[1362].

Daraus folgerte Gerber, daß die Parlamente nicht an der Ausübung der staatlichen Herrschaft beteiligt seien. Sie erfüllten lediglich "beiden Aufgaben ..., die Rechtmäßigkeit des Regierens zu sichern und das sittliche Bewußtsein des Volkes zum unmittelbaren und wirksamen Ausdruck zu bringen". Ihre Aufgabe bestehe nicht darin, "zu herrschen, sondern beschränkend zu dem herrschenden Willen des Monarchen hinzuzutreten, so daß dieser erst zu rechtlicher Existenz gelangt, wenn er da, wo es die Verfassung fordert, den

---

1359. Vgl. zu Gerbers konservativ-monarchischer Haltung Pauly, Der Methodenwandel im deutschen Spätkonstitutionalismus, S. 154 mit Tagebuchaufzeichnungen und Briefen Gerbers.
1360. Gerber, Grundzüge des deutschen Staatsrechts, S. 125.
1361. Gerber, Grundzüge des deutschen Staatsrechts, S. 126.
1362. Gerber, Grundzüge des deutschen Staatsrechts, S. 79, Beilage II, S. 126.

Willen der Landstände in sich aufgenommen hat"[1363]. Im Gerberschen Modell wurde somit allein in der Person des Monarchen der Staatswille konkret und lediglich dort, wo die Verfassung es normierte, trat das Parlament "beschränkend hinzu". Dieses Hinzutreten der Landstände erfolgte allerdings unter der Prämisse, daß "dadurch die Vereinigung der ganzen Staatsgewalt in der Hand des Monarchen nicht gestört wird"[1364].

Das Parlament trug somit nicht gleichberechtigt mit dem Monarchen zur staatlichen Willensbildung bei, sondern war beschränkt auf die (negative) Kontrollfunktion, die Identität von monarchischem und staatlichem Willen wieder herzustellen.

Gerbers Staatstheorie stellte letztlich eine moderne Variante des monarchischen Prinzips dar. Seine Interpretation der Verfassungen nach 1848 setzte die stillschweigende Geltung des monarchischen Prinzips voraus. In keinem Punkt beeinträchtigte Gerber das monarchische Herrschaftsprimat. Das Parlament wurde dem monarchischen Staat als die Repräsentation der bürgerlichen Gesellschaft gegenübergestellt.

Konsequenterweise kritisierte Gerber daher auch das in vielen deutschen Ländern "seit 1848" den Parlamenten eingeräumte Gesetzesinitiativrecht[1365]. Da dieses Gesetzesinitiativrecht allerdings Eingang in die Verfassungen unter anderem Preußens (Art. 64) und des Deutschen Reiches (Art. 23) fand, ließ sich dieser Ansatz unter positivrechtlicher Betrachtung nicht länger aufrechterhalten. Dennoch zeigte er die Intention Gerbers, das Parlament möglichst an den Rand des staatlichen Willensbildungsvorgangs zu drängen und diesen allein der monarchischen Exekutive zu überlassen[1366].

Zur Erläuterung des (Stufen-) Verhältnisses von Monarch und Parlament griff Gerber auf bildhafte Beispiele aus dem Privatrecht zurück, "in welchen das Recht eines Individuums in der Befugnis besteht, den Erfolg des Willens eines Anderen von der Voraussetzung seiner Zustimmung abhängig zu machen"[1367]. In den 'Grundzügen' formulierte Gerber, die monarchische Stellung entspreche einem Recht "in prinzipieller Totalität", die der Kammern sei hingegen nur ein "beschränkte(s) Spezialrecht"[1368]. Die Stellung der

---

1363. Gerber, Grundzüge des deutschen Staatsrechts, S. 126; vgl. hierzu die spätere Zustimmung des streng monarchischen Max von Seydel, Grundzüge einer allgemeinen Staatslehre, S. 68.
1364. Gerber, Grundzüge des deutschen Staatsrechts, S. 131.
1365. Zu einer Verweigerung des Gesetzesinitiativrechtes selbst im Vormärz konnten sich nur so konservative Autoren wie Stahl und Bülau hergeben, vgl. Boldt, Deutsche Staatslehre im Vormärz, S. 105, Fn. 192.
1366. Laband folgt später dieser Zielsetzung mit seiner Sanktionslehre, die den Monarchen zum alleinigen Gesetzgeber macht. Auch Jellinek scheint das Gesetzesinitiativrecht 'entschuldigen' zu wollen, indem er es als den nicht eigentlichen Gesetzgebungsakt bezeichnet; dieser liege allein im Gesetzesbefehl des Monarchen.
1367. Gerber, Über öffentliche Rechte, S. 71.
1368. Gerber, Grundzüge des deutschen Staatsrechts, S. 149, Fn. 1.

Volksvertretung verhalte sich zu der des Monarchen wie die des Vermächtnisnehmers zum Erben oder der des Inhabers einer Dienstbarkeit zu der Stellung des Eigentümers. Dem Parlament wurde lediglich eine Teilbefugnis - bezogen auf das Ganze - zugestanden, die jeweils nur von dem Vollrecht aus gedacht werden kann. Auch die Tatsache, daß die Verfassung den Parlamenten de lege lata ein Gesetzesinitiativrecht einräumte und ihnen im Gesetzgebungsverfahren ein Zustimmungsrecht gebührte, verlieh ihnen nach Gerber noch keinen Anteil an der Staatsgewalt selbst.

Gerber setzte sich somit in diesem Punkt inhaltlich deutlich von weiten Teilen seiner zeitgenössischen Kollegen ab, die - noch im Bann der "organischen" Staatslehre um die Jahrhundertmitte - wenig klare Aussagen über das Verhältnis von Monarch und Parlament speziell an der Gesetzgebung machen konnten, oder gar wie Bluntschli auf eine Gleichsetzung von Monarch und Parlament im Rahmen der Gesetzgebung hinarbeiteten. So hieß es bei ihm unter anderem, Kammern und Monarch seien in "ungetheilter Gemeinschaft" an der Gesetzgebung beteiligt[1369].

Das Parlament wurde von Gerber zu einem reinen Kontrollorgan degradiert. Es sollte "unter dem Herrscherwillen des Monarchen den Antheil des Volkes an der Bestimmung des Staatswillens zur Geltung bringen"[1370]. Die formelle Heraushebung der Parlamente zu Staatsorganen neben dem Monarchen - ohne ihnen jedoch einen Anteil an der Staatswillensbildung zu gewähren - grenzte den konstitutionell monarchischen Staat von dem absolut monarchisch regierten ab. Für den absolutistischen Staat führte Gerber aus: "Das einzig wirkliche Organ ist dann der Monarch; die Gesamtheit der Unterthanen hat im Ganzen nur die Stellung eines todten Körpers, als welcher nicht durch eigene Gliederung befähigt ist, seine politischen Kräfte in geordneten Kreislauf zu setzen und sie durch Vermittlung eigener Glieder der Thätigkeit der Hauptorgane zuzuführen". Der moderne Staat sei aber nicht nur ein absolutistisches "Büreaukratenregiment"[1371]. Vielmehr bedürfe er der politischen Zustimmung des Volkes, die durch die Parlamente vermittelt würden.

Wenngleich Gerber neben dem Monarchen nunmehr in Abgrenzung zur absoluten Monarchie auch das Parlament zu einem Staatsorgan erhöhte und somit scheinbar die dualistische Veranlagung des Kräfteverhältnisses von Monarch und Parlament als grundsätzlich oppositionelle Kräfte überwand, so behielt er doch das Stufenverhältnis von Monarch auf der oberen und Parlament auf der unteren Stufe bei, beziehungsweise belebte es neu, nahm jedoch dem Parlament als Staatsorgan konstruktiv die dem Monarchen gegenüber op-

1369. Bluntschli, Monarchie, S. 739.
1370. Gerber, Grundzüge des deutschen Staatsrechts, S. 129 f.
1371. Gerber, Über öffentliche Rechte, S. 69.

positionelle Rolle als Vertreters des Volkes; Zweck der Parlamente "ist die Realisierung der Staatsgewalt"[1372]. Das konstruktive Gegenüber von Parlament und Monarch wurde verwischt[1373], wenngleich es faktisch natürlich fortbestand.

Das Parlament 'verlor' somit seine oppositionelle Volksvertreterrolle, gewann aber keinen Anteil an dem Staatswillensbildungsprozeß. Es war der Monarch, dem diese Rolle nunmehr alleine zustand[1374].

b) Paul Laband

Die Bedeutung Paul Labands für die Entwicklung der deutschen Staatsrechtswissenschaft ist heute genauso unbestritten wie zur Zeit Labands selbst[1375]. Wenngleich sein theoretischer Ansatz auch unter seinen Zeitgenossen nie ganz unumstritten war - der bekannte Satz Triepels, Labands Staatsrecht habe "eine Generation deutscher Publizisten vollständig beherrscht"[1376], ist nicht ganz zutreffend - war er doch die dominierende Figur der Staatsrechtswissenschaft im Kaiserreich[1377].

Die Grundlage der Vorherrschaft Labands in seinem Fach war vor allem sein erstmals zwischen 1876 und 1882 in drei Bänden erschienenes "Staatsrecht des Deutschen Reiches". Das große Werk war die erste umfassende Darstellung des neuen deutschen Reichsstaatsrechts. Bis 1911 erschienen insgesamt fünf Auflagen dieses Standardwerkes, dessen erster Rang in der Staatsrechtsliteratur von keinem anderen Werk streitig gemacht wurde.

Großen Anteil an dem wissenschaftlichen Erfolg Labands hatte dessen Arbeitsmethode, die sich der rein methodisch begründeten Verengung des juristisch-dogmatischen Blicks auf das positive, vom Gesetzgeber vorgegebene Recht verschrieb. Begründet hat Laband seinen wissenschaftlichen Standpunkt insbesondere im Vorwort der zweiten Auflage seines Werkes 1887/88, wo er

1372. Gerber, Grundzüge des deutschen Staatsrechts, Beilage II, S. 232.
1373. Vgl. Boldt, Deutsche Staatslehre im Vormärz, S. 90, 288.
1374. Vgl. hierzu Gierke, Labands Staatsrecht und die deutsche Rechtswissenschaft, S. 34 ff.; ders., Genossenschaftsrecht. Bd. 1, S. 830, der gemünzt auf Laband ausführt: "Wenn die ältere Theorie einer ähnlich konstruierten Staatspersönlichkeit eine besondere Volkspersönlichkeit als Trägerin der Volksrechte gegenüberstellte, so hat Laband gründlich mit diesem Nachklange dualistischen Verfassung des ständischen Staates aufgeräumt. Er hat es aber versäumt, das Volk hierfür durch die Verlegung der einheitlichen Staatspersönlichkeit in die organisierte Gesamtheit zu entschädigen".
1375. Stolleis, Geschichte des öffentlichen Rechts in Deutschland, Bd. 2, S. 341, insbesondere Fn. 145.
1376. Triepel, Staatsrecht und Politik, S. 7.
1377. Vgl. u.a. die Wertschätzung durch den ihm politisch nahestehenden Zorn, Die Entwicklung der Staatsrechts-Wissenschaft seit 1866, S. 72: "Alle staatsrechtliche Arbeit nach Laband steht auf seinen Schultern".

die Dogmatik der rechtswissenschaftlichen Arbeit ganz in den Vordergrund stellte. Hierzu sei eine "rein logische Denktätigkeit" erforderlich, die sich für diesen Zweck durch keine historischen, politischen oder philosophischen Betrachtungen ersetzen lasse; diese seien vielmehr "ohne Belang"[1378]. Damit forderte Laband die strikte Beschränkung der wissenschaftlichen Arbeit auf den Gesetzestext. Dies war zwar nichts neues - der rechtswissenschaftliche Positivismus hatte sich bereits vor Laband angebahnt - aber diese Forderung erfolgte in einer Radikalität, die gerade für das Staatsrecht neu war, glaubte man doch bisher beinahe allgemein, daß sich das Staatsrecht nur im Verbund mit den der Staatsrechtslehre verwandten Disziplinen erschöpfend bearbeiten ließe.

Den geisteswissenschaftlichen Ursprung, beziehungsweise seine theoretische Grundlage fand Laband bei seinem "Vorgänger" Gerber. Laband gilt in Hinblick auf die Arbeitsmethode "als der geistige Testamentsvollstrecker" Gerbers[1379].

Ganz unumwunden formulierte Laband sein mit dem Positivismus verfolgtes Ziel dahingehend, es gehe ihm um die "Befreiung der Staatsrechtswissenschaft aus den Fesseln eines politischen Doktrinarismus"[1380].

Ungeachtet dieses Ziels war das Werk Labands - wie zu zeigen sein wird - dennoch alles andere als unpolitisch. Labands zutiefst monarchische Haltung ist in seinem Werk deutlich zu spüren. Dies war auch schon den zeitgenössischen Kritikern Labands bewußt. So bemerkte Georg Jellinek mit Zielrichtung auf Laband, "unsere neue Staatsrechtswissenschaft" habe "ihr selbst in der Regel unbewußt, Politik betrieben, indem sie aus angeblichen Rechtssätzen Konsequenzen zog, die sie für juristische hielt, die in Wahrheit aber nur politischer Natur sind"[1381]. Felix Stoerk, ein ausgewiesener Labandkritiker, meinte gar, es gebe "kaum ein politisch prononcierteres Staatsrechtswerk"[1382]. Die Positivisten um Laband verlagerten ihre historischen, philosophischen und politischen Gedanken und Überzeugungen in die ihren juristischen Folgerungen vorausgehenden Prämissen. Damit werde -

1378. Laband, Das Staatsrecht des Deutschen Reiches, 2. Aufl., Bd. 1, S. XI: "Die wissenschaftliche Aufgabe der Dogmatik eines bestimmten positiven Rechts liegt aber in der Konstruktion der Rechtsinstitute, in der Zurückführung der einzelnen Rechtssätze auf allgemeinere Begriffe und andererseits in der Herleitung der aus diesen Begriffen sich ergebenden Folgerungen. Zur Lösung dieser Aufgabe gibt es kein anderes Mittel als die Logik; dieselbe läßt sich für diesen Zweck durch nichts ersetzen; alle historischen, politischen und philosophischen Betrachtungen - so wertvoll sie an und für sich sein mögen - sind für die Dogmatik eines konkreten Rechtsfalles ohne Belang und dienen nur zu häufig dazu, den Mangel an konstruktiver Arbeit zu verhüllen".

1379. Landsberg, zitiert nach Stolleis, Geschichte des öffentlichen Rechts in Deutschland, Bd. 2, S. 341.

1380. Laband, Unsere Ziele, DJZ 1, S. 1.

1381. Jellinek, Allgemeine Staatslehre, S. 64.

1382. Felix Stoerk, S. 77.

so Gierke - "das eigentliche Fundament aller Konstruktion aus dem wissenschaftlichen Gebiete in das Gebiet des bloßen Meinens und Dafürhaltens verlegt"[1383].

Laband ging - materiell - davon aus, daß der Staat sich in der monarchischen Regierung verkörpere. Von hierher wurde dann die Rolle des Parlaments als dem monarchischen Gegenspieler definiert. Beispielhaft sei hierzu im Folgenden Labands Auffassung zur Organstellung des Monarchen, respektive des Bundesrates, zum Haushaltsgesetz und zum Gesetzgebungsvorgang angesprochen. Vorausgreifend läßt sich diesbezüglich konzedieren, daß Laband im Begriff des materiellen Gesetzes die Grenze sah, an der sich staatlicher und bürgerlicher Bereich schieden. Das Parlament war im Rahmen des Gesetzgebungsvorgangs nur dort nötig, wo die Gesetzgebung den Bereich des staatlichen Innenbereiches verließ. Da auch das Haushaltsgesetz für Laband Verwaltungshandeln darstellte, war im Falle des Nichtzustandekommens eines - in der Verfassung vorgeschriebenen - Haushaltsgesetzes dennoch die Verwaltung berechtigt, die Ausgaben im bisherigen Umfang weiterzuführen. Der Gesetzgebungsvorgang selbst wurde reduziert auf den Sanktionsvorgang als den eigentlichen Gesetzgebungsakt, der durch das Parlament, das an der Erarbeitung des Gesetzesinhaltes beteiligt wurde, lediglich vorbereitet wurde. An den verfassungsrechtlich relevanten Punkten war das Parlament mithin gerade nicht - mehr - beteiligt. Es diente lediglich dem Schutz der Bürger vor bürokratischem "Eigensinn, Schlendrian und andere(m) Unfug"[1384]. Aufgabe des Parlaments sei es, die Freiheitsrechts des Bürgers vor dem Machtmißbrauch des Monarchen zu schützen und dadurch zugleich den Staat als Ganzes zu stärken: "Nur durch die Volksvertretung wird die Zusammenfassung aller Kräfte des Volkes und ihre Verwertung im staatlichen Gesamtinteresse ermöglicht. Während die Volksvertretung die Macht des Fürsten beschränke, steigere sie die Macht des Staates in ungeahntem Maße"[1385]. Hasso Hofmann und Horst Dreier faßten die Aufgaben des Parlament zusammen als die "Beschränkung und Rationalisierung gouvernementaler Machtausübung"[1386]. Das Parlament blieb somit auf den Monarchen ausgerichtet und ihm untergeordnet.

---

1383. Gierke, Labands Staatsrecht und die deutsche Rechtswissenschaft, S. 24.
1384. Laband, Staatsrecht, in: Die Kultur der Gegenwart, S. 329.
1385. Laband, Staatsrecht, in: Die Kultur der Gegenwart, S. 311.
1386. Hofmann/Dreier, Repräsentation, Mehrheitsprinzip und Minderheitenschutz, S. 177.

### (1) Die Organstellung von Monarch/Bundesrat und Volksvertretung

Labands Verständnis von der Stellung des Monarchen in der Reichsverfassung erschließt sich - wie sein gesamtes staatsrechtliches Verständnis - wie bei Gerber vom Verständnis des Staates als einer juristischen Person. Der Staat war für Laband eine juristische Person. Subjekt der Staatsgewalt war - ebenfalls wie bei Gerber - der Staat, so daß man nicht "den Monarchen oder das Volk oder wen sonst" dazu erklären konnte. "Mitglieder des Reiches sind daher nicht die einzelnen Bürger und sie sind auch nicht zusammengemommen Träger der Reichsgewalt; Mitglieder des Reiches sind vielmehr die einzelnen Staaten"[1387]; "Träger der Souveränität des Reiches sind die sämtlichen Mitglieder des Reiches"[1388]. Von diesem föderalen Verständnis aus entwickelte Laband das innere Verhältnis der Reichsorgane Bundesrat, Kaiser und Reichstag. Bundesrat und Kaiser nahmen dabei auf Reichsebene die Rolle der Monarchen auf Landesebene ein, der Reichstag die Rolle der Länderkammern. Reichsleitung und -verwaltung traten - wie von Bismarck beabsichtigt - hinter den Bundesrat zurück und standen daher dem Reichstag nicht gegenüber. Der Reichstag wurde daher auch negativ konstruiert. Zu der durch Bundesrat und Kaiser bereits vollständig ausgefüllten Staatsgewalt trat das Parlament lediglich beschränkend von außen hinzu. Da Laband schon vor der gedanklichen Beschäftigung mit dem Parlament "die ganze Staatsgewalt vergeben hatte, fiel der Reichstag geradezu ins Leere"[1389].

Wenngleich auch bei Laband das Parlament ebenfalls die Qualität eines Staatsorgans erhielt, so war doch der Kaiser das zentrale Staatsorgan: "Alle diese Verfassungen beruhen auf dem monarchischen Prinzip im Gegensatz zu dem auf der Volkssouveränität beruhenden Parlamentarismus, d.h. die gesamte Staatsgewalt ist in dem Oberhaupt des Staates vereinigt geblieben; alle Rechte welche ihm vor der Verfassung zugestanden haben, sind ihm insoweit erhalten verblieben, als ihre Ausübung nicht durch die Verfassung und Landesgesetzgebung beschränkt worden ist. Der Landesherr hat nicht sein Monarchenrecht erst durch die Verfassung erhalten, sondern er hat vielmehr die Verfassung dem Land verliehen und sich dadurch selbst beschränkt. Durch die Entwicklung des modernen Staates zu einem organischen Gemeinwesen, zu einer Per-

1387. Laband, Das Staatsrecht des Deutschen Reiches, 5. Aufl., Bd. 1, S. 97.
1388. Laband, Das Staatsrecht des Deutschen Reiches, 5. Aufl., Bd. 1, S. 97.
1389. So die anschauliche Kritik Gierkes, Labands Staatsrecht und die deutsche Rechtswissenschaft, S. 52; die Geringschätzung des Parlaments durch Laband zeigt sich auch in dem interessanten Detail, daß er den Reichstag in seinem Werk - jedenfalls in der ersten Auflage - erst in einem vierten Abschnitt, noch hinter den Reichsbehörden und Reichsbeamten, die im unmittelbaren Anschluß an Kaiser und Bundesrat behandelt werden, erörtert, vgl. Das Staatsrecht des Deutschen Reiches, 1. Aufl., Bd. 1, Inhaltsverzeichnis. Erst später rutscht der Reichstag an die dritte Stelle hinter Kaiser und Bundesrat, vgl. Das Staatsrecht des Deutschen Reiches, 5. Aufl., Bd. 1., Inhaltsverzeichnis.

son des öffentlichen Rechts hat sich das Verhältnis des Monarchen zum Staat allerdings verändert; er ist nicht mehr wie im sogenannten patrimonialen oder feudalen Staat der Eigentümer oder Lehensbesitzer der Territorien, Herrschaften, Schlösser und Güter, aus denen sich das landesherrliche Gebiet zusammensetzte; er steht nicht mehr über dem Staat als der Herr, dem Land und Leute gehörten nach Art eines privatrechtlichen Besitzrechtes (dominium eminens), sondern er steht innerhalb des Staates und seiner Rechtsprechung; er ist das Haupt des Staates, ein Organ des staatlichen Gemeinwesens. Diese Veränderung ist nicht die Folge der Einführung der konstitutionellen Verfassungsform und durch sie nicht bedingt, sondern hat sich schon viel früher im absoluten Staat vollzogen oder vorbereitet, besonders in Preußen"[1390].

Die Organstellung des Monarchen war für Laband - zeitlich - somit nicht erst durch die Etablierung von Verfassungen entstanden, sondern bereits zuvor, noch während der absolutistischen Epoche.

Im Gegensatz zu den patrimonial-feudalen Staaten stehe der Monarch nunmehr nicht mehr über dem Staat, sondern sei vielmehr im Staat als dessen Träger integriert. Damit wirkt der Begriff von der Staatsperson bei Laband vor allem gegen staatspatrimoniale Vorstellungen, wie sie beispielsweise Albrecht in der ersten Jahrhunderthälfte bekämpft hatte und wie sie bei Bornhak in dessen Erläuterungen der preußischen Verfassung in den neunziger Jahren wieder auftauchen sollten.

Die Labandsche Konzeption von der Staatsperson war aber keine antimonarchische, da der Monarch sofort zum alleinigen "Träger" der Staatsgewalt, "zum Haupt des Staates" wurde, der sich schließlich in der konstitutionellen Epoche aus eigener Machtvollkommenheit in der Verfassung "selbst beschränkt"[1391]. Der Monarch erhielt somit bei Laband kraft eigenen Rechts eine nicht patrimonial konzipierte Staatsgewalt: "Der Monarch ist das Oberhaupt des Staates; der staatliche Wille erscheint als sein Wille"[1392].

In seinem Staatsrecht erläuterte Laband seine Verknüpfung von Staat und monarchischem Träger. Da der Staat als juristische Person willens- und handlungsunfähig sei, bedürfe er deshalb eines Vertreters beziehungsweise handlungsfähiger Organe[1393]. "Dadurch ergibt sich die Notwendigkeit eines Trägers der staatlichen Gewalt, der von Natur aus willens- und handlungsfähig ist. Auch dieser Träger der Staatsgewalt wird 'Souverän' genannt, indem er die dem Staat als gedachte Person zustehende rechtliche Macht verwirklicht. Nach den für unsere Kulturperiode allein in Betracht kommenden Staatsformen kann dieser Träger der Staatsgewalt entweder ein Einzelner, ein Monarch sein,

1390. Laband, Staatsrecht, in: Die Kultur der Gegenwart, S. 293 ff.
1391. Ähnlich mit Bezug auf Preußen: Laband, Rezension Smend, AöR 19, S. 426.
1392. Laband, Staatsrecht, in: Die Kultur der Gegenwart, S. 327.
1393. Laband, Das Staatsrecht des deutschen Reiches, 1. Aufl., Bd. 1, S. 87.

oder die Gesamtheit aller Mitglieder des Staates"[1394]. Die Volksvertretung geriet erst gar nicht in Labands Blick; zu sehr dachte er vom Monarchen als dem Träger der Staatsgewalt aus.

Für die Reichsverfassung führte Laband aus, dort sei Träger der Staatsgewalt die Gesamtheit der Bundesstaaten als einer "Vielheit juristischer Personen". Das Reich sei daher auch eine "Demokratie" - "wenn man den Ausdruck auf eine Vielheit juristischer Personen anwenden könnte"[1395].

Staat und Monarch bildeten zusammen ein einheitliches Willenssubjekt. Auf Reichsebene trete nur durch die Bundesstaatlichkeit des Reiches die Besonderheit ein, daß hier die Staatsgewalt im Bundesrat verkörpert wird. Dies wurde jedoch dadurch 'relativiert', daß die Gesamtheit der Bundesstaaten als Träger der Reichsstaatsgewalt im Bundesrat ihrerseits durch die einzelnen Staatsoberhäupter repräsentiert wurden.

Bedeutend für die Einordnung des Monarchen in das Labandsche Staatsrecht war insbesondere die oben erwähnte vorkonstitutionelle Legitimität des Monarchen. Dies zeigte wohl klar, daß Laband vom monarchischen Staat aus dachte. Dies bedeutete aber dann wohl, daß man der Deutung widersprechen muß, die in der Idee von der Staatsperson den Versuch sieht, durch die "Depossedierung" des Monarchen zwischen Monarchensouveränität und Volkssouveränität zu vermitteln[1396]. Diese Interpretation findet sowohl für Gerber wie insbesondere auch für Laband keine Stütze in dessen Gesamtwerk. Vielmehr diente die Lehre von der Staatspersönlichkeit Laband dazu, die Stellung des Monarchen in der Verfassungswirklichkeit zu stärken[1397]. Der Staat entsprach bei Laband dem monarchischen Beamtenstaat, die Volksvertretung tritt allenfalls begrenzend und beschränkend hinzu[1398].

Die Staatsgewalt stand nicht einem der politischen Akteure, sondern dem Staat als Rechtsperson zu; zugleich war der Monarch der alleinige Träger der Staatsgewalt. Der Monarch stand einerseits als Staatsorgan im Staat, anderer-

---

1394. Laband, Das Staatsrecht des deutschen Reiches, 1. Aufl., Bd. 1, S. 87.
1395. Laband, Das Staatsrecht des deutschen Reiches, 1. Aufl., Bd. 1, S. 88.
1396. Kritisch: Scheuner, Volkssouveränität und Theorie der parlamentarischen Vertretung, S. 330 ff.; vorsichtige Korrekturen auch bei Fröhling, Labands Staatsbegriff, S. 53 f. Fn. 225, S. 131 Fn. 507; Quaritsch, Staat und Souveränität, S. 503 Fn 435.
1397. Vgl. Böckenförde, Gesetz und gesetzgebende Gewalt S. 229 Fn. 15, S. 235 Fn. 47, der "autoritäre, ja absolutistische Zug dieser Staatskonstruktion, der auf eine Konservierung der monarchischen Machtstellung hinausläuft", stehe "außer Zweifel".
1398. Schon Felix Stoerck merkte an, daß Labands Staatsrecht "im Grunde gar keinen Hehl aus der Schattierung seiner politischen Ansicht" mache und von der Notwendigkeit wohl kaum die Rede sein könne, "eine durchschimmernde politische Meinung erst aus vorsichtigen Umrissen zu erraten". Hier trete "im Gegentheile alles Gesagte mit dem festen Muthe der politischen Überzeugung auf", Zur Methodik des öffentlichen Rechts, S. 78 Fn. 7; vgl. auch Gierke, Labands Staatsrecht und die deutsche Rechtswissenschaft, S. 9, Labands Ausführungen ließen "einen bestimmten politischen Standpunkt des Verfassers durchschimmern".

seits war er das einzige Organ, das Staatsgewalt ausübte. Die Staatssouveränitätslehre vermengte sich stark mit der monarchischen Verfassungstradition[1399].

Das Volk als solches war weder bei Gerber noch bei Laband ein Staatsorgan, über dem sich eine höhere Einheit hätte wölben können. Nach Gerber war das Volk "ganz und gar im Staate"[1400], nach Laband waren "Volk und Staat ... eins, denn der Staat ist die rechtliche Ordnung und Personifikation des Volkes"[1401], Staatsorgane waren nur Monarch und Volksvertretung, wobei hierbei wiederum der Monarch das einzig willensfähige (und handlungsfähige) Organ war.

Laband bezog die Staatsgewalt allein auf den Monarchen und seine Exekutive. Zu ihr trat dann das Parlament als beschränkendes und kontrollierendes Organ hinzu. Zwar war sich auch Labands Staatslehre des widerstreitenden Dualismus zwischen Monarch und Volksvertretung bewußt, jedoch erfolgte keine Auflösung dieses Dualismus in einer Monarch und Parlament übersteigenden Staatsperson. Der Staat blieb durch den Monarchen determiniert, lediglich beschränkt durch die Volksvertretung[1402].

Man könnte mit Ortrun Fröhling nun annehmen, daß mit Labands Theorie letztlich die alte Monarchensouveränität wieder hergestellt worden sei[1403]. Diesen - letzten - Schritt vollzog Laband aber ausdrücklich nicht, wie sich an seiner Kritik an dem Monarchisten Bornhak zeigte, der offen Monarch und Staat gleichsetzte[1404]. Er behielt die formale Trennung von Staat und Monarch bei, als er 1904 Jagermann widersprach, der in Anspielung auf Bismarcks Staatsstreichpläne kurz vor seiner Entlassung 1890 die Ansicht vertrat, das Reich könne durch die deutschen Fürsten auch wieder aufgelöst und entsprechend ihren Vorstellungen wieder neu errichtet werden. Laband vertrat hier

1399. Boldt, Deutsche Staatslehre im Vormärz, S. 296, spricht von einem entsprechenden "Amalgam".
1400. Gerber, Grundzüge des deutschen Staatsrechts, Beilage II, S. 233.
1401. Laband, Staatsrecht, in: Die Kultur der Gegenwart, S. 328.
1402. Vgl. mit dieser Analyse bereits Gierke, Labands Staatsrecht und die deutsche Rechtswissenschaft, S. 52: "Und da er bereits die ganze Staatsgewalt vergeben hat, mangelt es an Stoff für eine parallele Befugnis der Volksvertretung. ... Im Grunde aber wird schließlich durchweg dem Reichstag seine Stelle mehr neben als im 'Staat' zugewiesen, in dem in freilich sehr willkürlicher Weise der Begriff des Staates je nach Bedürfnis verengt wird. Sieht man auf den Kern, so deckt sich für Laband zuletzt der 'Staat' als aktives Rechtssubjekt mit der 'Regierung', während die Volksvertretung gewissermaßen nur als ein von außen herangezogener Ausschuß der Staatsinteressen erscheint, an dessen Zustimmung dieser 'Staat' bei wichtigen Willensentschlüssen gesetzlich gebunden und dessen Kontrolle er gesetzlich unterworfen ist"; an anderer Stelle - S. 35, 51 - führt Gierke aus, Labands System trage einen "unverkennbar absolutistischen Zug, der nur durch manche streng genommen inkonsequente Zugeständnisse an die hergebrachte konstitutionelle Theorie ermäßigt" werde.
1403. Vgl. Fröhling, Labands Staatsbegriff, S. 109, 124 ff.
1404. Vgl. Laband, Viel Lärm um Nichts, DJZ 9, S. 562 ff.

die Auffassung, daß nicht die Fürsten, sondern die einzelnen Staaten, die durch die Fürsten vertreten werden, Mitglieder des Reiches seien und daher auch nicht die Fürsten, sondern die deutschen Staaten berechtigt seien, in Übereinstimmung mit ihrem Verfassungsrecht das Deutsche Reich aufzulösen[1405].

Da Laband jedoch sehr stark die Staatsgewalt und den Monarchen in ein enges Verhältnis rückte, lag es nahe, daß noch stärker monarchistisch gesinnte Autoren die von Laband noch eingehaltene formale Grenze der Trennung von Staat und Monarch überschritten. So trat auch bei Zorn das Rechtssubjekt Staat ganz hinter den monarchischen Träger der Staatsgewalt zurück und das Parlament hatte bei Zorn nur noch eine ihm vom Monarchen "konzedierte Mitwirkung an der Ausübung der Staatsgewalt"[1406].

Je deutlicher der Monarch aus der Labandschen Einbindung in den bürokratischen Staat herausgelöst wurde, desto schwächer wurde seine eigene Verfassungsbindung. Je konkreter es wieder der monarchische "Herrscher" als Person war, um dessen Verfassungsbindung es letztlich ging, desto schwieriger wurde es, dessen nur als Selbstbindung verstandene Verpflichtung auf Verfassung und Rechtsordnung zu begründen. Mit Recht hat Gierke formuliert: "So lange man eben mit Seydel den Herrscher über das Recht stellt und den Begriff der Verfassung auf die Stellung der übrigen Staatsorgane zum Herrscher einschränkt, ist auch die Verfassung für den Herrscher nothwendig nur eine in sein Gutdünken gestellte, beliebig widerrufliche Selbstbeschränkung, und ein Verfassungsbruch durch ihn ist nie Rechtsbruch"[1407].

In der Sache selbst lag Laband hiervon nicht weit entfernt. Im Rahmen der dualistischen Kompetenzverteilung konnte Laband dem Parlament nur noch negativ zuweisen, was es alles nicht ist und was es alles nicht kann: "Die Volksvertretung ist nicht Träger der Staatsgewalt; sie hat auch keinen Anteil an derselben; sie hat keine obrigkeitlichen Herrschaftsrechte über die Staatsangehörigen; sie kann den staatlichen Willen nicht zum Ausdruck bringen; aber sie beschränkt den Landesherren in der Ausübung der Regierungsrechte, indem er an ihre Mitwirkung, Bewilligung und Kontrolle gebunden ist"[1408].

Im Zusammenhang mit der Stellung des Monarchen und dem Kompetenzgefüge sei hier auf drei bedeutende Ausschnitte von Labands Lehre verwiesen, der Definition des Gesetzes im materiellen Sinne, seinem Verständnis des Haushaltsgesetzes und der Konstruktion des Gesetzgebungsvorgangs und des monarchischen Sanktionsrechts.

---

1405. Laband, Viel Lärm um nichts, DJZ 9, S. 563, in Auseinandersetzung mit Jagermann, Die deutsche Reichsverfassung, S. 30 ff.
1406. Zorn, Das Staatsrecht des Deutschen Reiches, S. 147, vgl. ebenda, S. 34 f.
1407. Gierke, Die Grundbegriffe des Staatsrechts, S. 38 f.
1408. Laband, Staatsrecht, in: Die Kultur der Gegenwart, S. 325.

## (2) Labands Begriff des Gesetzes im materiellen Sinn

Labands Gesetzesbegriff ist sehr relevant und beispielhaft für die Bestimmung der Rechte des Parlaments im Verhältnis zum Monarchen. Laband grenzte dabei das 'Gesetz im materiellen Sinne' weit ein, um nur einen engen Bereich an Gesetzen zu erzeugen, an denen das Parlament entsprechend der verfassungsrechtlichen Vorgabe mitwirken konnte.

Für Laband war ein Gesetz im materiellen Sinn "die rechtsverbindliche Anordnung eines Rechtssatzes"[1409], "eine Norm zur Regelung oder Entscheidung von Rechtsverhältnissen"[1410]. Gesetze im materiellen Sinne bildeten "die Rechtsvorschriften über die Einwirkungen, welche der Staat auf Personen und Vermögen seiner Untergebenen vornehmen darf, und sichern zugleich andererseits die Sphäre, welche von diesen Eingriffen rechtlich geschützt ist." Es ging um eine "Abgrenzung der Staatsgewalt" gegenüber den "Untergebenen"[1411]. Laband sah Raum für einen Rechtssatz nur dort, wo "die Willenssphäre des verwaltenden Staates (der Verwaltung) mit irgendeiner anderen vom Recht anerkannten Willenssphäre in Kontakt kommt"[1412].

Da die Gesetze im materiellen Sinne für Laband der Mitwirkung der Parlamente bedurften, waren sie zugleich die Trennlinie zwischen der bürgerlichen Gesellschaft - in Form der Teilhabe des Parlaments an der Gesetzgebung - und dem monarchisch-bürokratischen Staat[1413].

Der Labandsche Rechtssatzbegriff bedeutete als Folge dieser Trennung zugleich, daß der Staat mit seiner Verwaltung dem Bürger gegenübertrat. Der gesamte Bereich der Verwaltung war demnach vom materiellen Gesetzesbegriff Labandscher Prägung - mithin vom Gesetzgebungsverfahren - nicht erfaßt und somit auch dem Einfluß des Parlaments entzogen[1414]. Philipp Zorn brachte dieses Verhältnis begrifflich auf den Punkt als er ausführte, der Rechtssatzbegriff enthalte im Grunde nur ein "negatives Moment": Entscheidend sei, daß der Bereich der Verwaltung nicht in die Sphäre der materiellen Gesetzgebung falle[1415].

So sicherte Laband eine strikte Trennung von exekutivischem und legislatorischem Bereich, von Parlament und Regierung, von Gesellschaft und Staat. Damit einher ging gleichfalls der Versuch, der monarchischen Exekutive einen Vorbehaltsbereich zu garantieren, in das das Parlament nicht eindringen

1409. Laband, Das Staatsrecht des Deutschen Reiches, 5. Aufl., Bd. 2, S. 2; ausführlich zu Labands Gesetzesbegriff: Böckenförde, Gesetz und gesetzgebende Gewalt, S. 226 ff.
1410. Laband, Budgetrecht, S. 3.
1411. Laband, Das Staatsrecht des Deutschen Reiches, 5. Aufl., Bd. 2, S. 186.
1412. Laband, Das Staatsrecht des Deutschen Reiches, 5. Aufl., Bd. 2, S. 181.
1413. Vgl. Jesch, Gesetz und Verwaltung, S. 15 ff.
1414. Vgl. Böckenförde, Gesetz und gesetzgebende Gewalt, S. 234 ff.
1415. Zorn, Gesetz, Verordnung, Budget, Staatsverwaltung, S. 349 ff.

konnte[1416]. Nach dem Erlaß der Verfassungen sollte dem Monarchen ein möglichst großer Bereich eigenständiger Rechtssetzung und -gestaltung verbleiben.

Die Auffassungen Labands, die sich zur allgemeinen Meinung der Staatsrechtslehre entwickelten, fand jedoch auch heftige Kritik unter seinen zeitgenössischen Kollegen. So warf ihm der liberale Hänel vor, sein Gesetzesbegriff bedeute, daß das Recht, als ein vom 'Staat' gesetzter Befehl allein den "Rechtskreis der Unterthanen" betreffe und somit der gesamte staatliche Innenbereich außerhalb der Rechtsordnung bleibe[1417]. Der Staat gehe nach Laband - und auch nach Jellinek - verkörpert durch den Monarchen, dem Recht voraus und binde sich an "sein" Recht, wodurch das Verhältnis von Staat und Recht rein "zufällig" sei[1418].

Dem entsprachen die von Laband der monarchischen Verwaltung zugewiesenen Aufgaben: "Das ursprüngliche und begriffliche Verhältnis der Verwaltung und Gesetzgebung besteht ... nicht darin, daß die Verwaltung positiv durch die Gesetzgebung bestimmt und geleitet wird, sondern, daß sie negativ durch die Gesetzgebung beschränkt wird. Das Wesen der Verwaltung besteht nicht in der Ausführung der Gesetze, sondern in der Durchführung der dem Staate obliegenden Aufgaben unter Beobachtung, d.h. ohne Verletzung der Gesetze"[1419].

Laband legte seiner Lehre vom Gesetz das Bild eines Staates zugrunde, der in bestimmten Bereichen - unter anderem bei der Gerichtsbarkeit, oder der parlamentarischen Mitwirkung beim Gesetz im materiellen Sinne - den Einfluß der ihm gegenüberstehenden Gesellschaft toleriert. Dieser gesellschaftliche Einfluß konnte jedoch nicht im positiv dualistischen Sinne eines organischen Zusammenwirkens zwischen Monarch und Parlament gemeint sein[1420], sondern aufgrund des gedanklichen Ausgangspunktes Labands, nach dem der monarchische Staat dem durch das Parlament mitgestalteten Recht vorausgehe, eher im Sinn einer möglichst weitgehenden Ausgrenzung der Gesellschaft unter Beibehaltung der monarchischen Prärogative.

---

1416. Mit Ausnahme der Fälle, in denen die monarchische Regierung freiwillig auf ihr Vorbehaltsrecht verzichtet und einen Gegenstand, der materiell nicht der Zustimmungspflicht des Parlaments unterliege, dennoch in Form eines Gesetzes mit Parlamentszustimmung erläßt, vgl. oben.

1417. Hänel, Das Gesetz im formellen und materiellen Sinne, S. 214 ff.

1418. Hänel, Das Gesetz im formellen und materiellen Sinne, S. 214 ff.

1419. Laband, Das Staatsrecht des Deutschen Reiches, 1. Aufl., Bd. 2, S. 200.

1420. So wie die liberale 'konstitutionelle' Staatsrechtslehre und die liberale 'konstitutionelle' Verfassungspolitik das Zusammenwirken von Monarch und Parlament verstand.

### (3) Labands Verständnis des Haushaltsgesetzes

Neben der Lehre des materiellen Gesetzes stellt auch Labands Verständnis des Haushaltsgesetzes ein weiteres Mosaiksteinchen im Gesamtbild Labands und seiner monarchischen Sichtweise des deutschen Reichsstaatsrechts dar.

Die Parlamente besaßen kraft Verfassungsrecht ein Mitspracherecht beim Erlaß der Haushaltsgesetze[1421]. Damit standen ihnen Bewilligungsrechte für sämtliche Staatsausgaben zu. Dieser Umstand stellte ein bedeutendes verfassungspolitisches Mittel der Parlamente dar, um positiven Einfluß auf die monarchische Regierung zu nehmen. Hier standen sich Regierung und Parlament direkt - dualistisch - gegenüber. Diese Konstellation führte im preußischen Verfassungskonflikt zu einer der einschneidendsten Krisen des deutschen Konstitutionalismus im 19. Jahrhundert.

Für Laband konnte das Haushaltsgesetz kein Gesetz im materiellen Sinn darstellen, da es keinen 'Rechtssatz' enthalte. Vielmehr sei es lediglich im Innenbereich der Verwaltung relevant. Der Haushalt selbst sei eine bloße "Rechnung" und begründe auch keine rechtliche Verpflichtung der Verwaltung, bestimmte Einnahmen und Ausgaben zu tätigen; vielmehr setze das Budget - als bloße Rechnung - eine solche Verpflichtung als bereits bestehend voraus. Durch das Haushaltsgesetz werde "die Staatsverwaltung unter die stetige Kontrolle des Parlaments" gesetzt[1422]. Die Bedeutung des Haushaltsgesetzes bestand nach Laband insbesondere darin, die Regierung für die von ihr im Verlauf des Haushaltsjahres zu veranlassenden Ausgaben zu entlasten[1423].

In seiner Schrift über "Das Budgetrecht nach den Bestimmungen der Preußischen Verfassungs-Urkunde unter Berücksichtigung der Verfassung des Norddeutschen Bundes" aus dem Jahre 1870 folgerte Laband zunächst aus der für ihn feststehenden Tatsache, daß das Haushaltsgesetz dem Bereich der monarchischen Verwaltung zuzuordnen sei, daß aufgrund des allgemeinen Grundsatzes der Gesetzmäßigkeit der Verwaltung, diese im Rahmen des Haushaltsrechts verpflichtet sei, gesetzlich begründete Pflichten zu finanzieren[1424].

Diese Argumentation änderte er in seinem 'Staatsrecht' etwas dahingehend ab, daß es einer der "obersten Grundsätze des konstitutionellen Staatsrechts" sei, daß "das bestehende Recht und die rechtlich begründeten Institutionen des Staates" nur unter Übereinstimmung von Monarch und Volksvertretung verändert werden dürften und dem Reichstag mithin die Kompetenz

1421. Ohne ausdrückliche verfassungsrechtliche Regelung ließe sich die Zustimmungspflicht der Parlamente zu den Haushaltsgesetzen - unter Zugrundelegung der Labandschen Gesetzeslehre - nicht rechtfertigen.
1422. Laband, Budgetrecht, S. 13.
1423. Laband, Das Staatsrecht des Deutschen Reiches, 5. Aufl., Bd. 4, S. 538.
1424. Laband, Budgetrecht, S. 19.

fehle, derart begründete Ausgaben im Rahmen des Haushaltsgesetzes zu verweigern[1425].

Dies klang zunächst danach, als seien sowohl Parlament wie auch Monarch im Fall eines Dissenses im Rahmen der Haushaltsgesetzgebung an bestehende Gesetze gebunden. Laband zog aus seinen Prämissen aber noch weitergehende Folgen. Sollten die Beratungen zwischen Regierung und Parlament nicht zu einem Ergebnis führen, so stehe der Regierung das Recht zu, dennoch alle "notwendigen" Ausgaben zu tätigen; allein die "willkürlichen" Ausgaben habe sie zu unterlassen[1426].

Damit entgegnete er ausdrücklich dem Ergebnis der Argumentation der Liberalen des preußischen Landtages im Verfassungskonflikt und auch Hänels im Reichstag, die davon ausgingen, daß die Regierung ohne verabschiedetes Haushaltsgesetz überhaupt keine Ausgaben tätigen dürfe[1427].

Natürlich stand Labands Argumentation nicht im rechtsfreien Raum. Für den Fall, daß sich monarchische Regierung und Parlament nicht auf ein Haushaltsgesetz einigen könnten, sah Laband eine Lücke in der 'Verfassungsurkunde'. Damit verbunden sei aber keineswegs das Anerkenntnis einer Lücke der 'Verfassung'. Ebensowenig wie die "Ordnung der Natur" eine Lücke haben könne, gelte dies auch für die Rechtsordnung[1428]. Da aber Laband das Haushaltsrecht in den Bereich der Verwaltung - und damit in den staatlichen Innenbereich - gestellt hat, dürfe die Regierung gleichwohl Ausgaben vornehmen, sie sei ja durch kein Gesetz daran gehindert. Die notwendigen Ausgaben "zur Erhaltung gesetzlich bestehender Einrichtungen und zur Durchführung gesetzlich beschlossener Maßnahmen", "zur Erfüllung rechtlich begründeter Verpflichtungen des Reiches" und "zur Fortführung bereits bewilligter Bauten" dürfe die Regierung auch ohne Vorliegen eines Etatgesetzes vornehmen[1429].

---

1425. Laband, Das Staatsrecht des Deutschen Reiches, 5. Aufl., Bd. 4, S. 531; vgl. hierzu Friauf, Der Staatshaushaltsplan im Spannungsfeld zwischen Parlament und Regierung, S. 254 mit Fn. 23.

1426. Laband, Das Staatsrecht des Deutschen Reiches, 5. Aufl., Bd. 4, S. 532 ff, 553 ff.; die "willkürlichen" Ausgaben stehen also auch bei Laband unter der Bedingung der Genehmigung durch den Reichstag. Diese Genehmigung hat "den Charakter einer wirklichen Bewilligung, ohne welche die Reichsregierung zur Leistung dieser Ausgaben überhaupt nicht ermächtigt ist", Das Staatsrecht des Deutschen Reiches, 5. Aufl., Bd. 4, S. 532 f.

1427. Zu dieser liberalen Theorie äußerte sich Laband äußerst abfällig: Sie knüpfe "geschichtlich an die anarchischen und jede feste Rechtsordnung negierenden Zustände und Anschauungen der französischen Revolution an", Reichshaushaltsrecht, S. 288.

1428. Laband, Budgetrecht, S. 75; vgl. hierzu Müller, Die Einheit der Verfassung; konsequenterweise lehnt Laband daher auch Bismarcks "Lückentheorie" ab, vgl. Laband, Budgetrecht, S. 80.

1429. Laband, Das Staatsrecht des Deutschen Reiches, 5. Aufl., Bd. 4, S. 532 ff., 553 ff.

Laband fügte aber auch eine letztlich politische Erklärung für sein Ergebnis mit an. "Die Verwaltung des Staates ist eine ewige, sie dauert, so lange der Staat dauert; sie kann nicht von Jahr zu Jahr so zu sagen durch Übereinkommen prolongiert werden. Die Feststellung ihrer Kosten für gewisse Zeitabschnitte ist nur eine Zweckmäßigkeits-Maßregel"[1430]. Keine Ausgaben leisten zu dürfen bedeutete nach Laband "Schließung aller Gerichte", "Entlassung der Armee", "Annullierung des Staates", "Selbstmord des Staates"[1431]. Ein solcher Zustand sei natürlich nicht vorstellbar.

In diesem Zusammenhang und mit einem weiteren Argumentationstopos Labands wird auch erneut deutlich, in welchem ablehnenden Verhältnis Laband zu dem liberalen Verständnis des Konstitutionalismus als einem organischen Zusammenwirken von Monarch und Parlament stand. Trete im Rahmen der Erörterung des Haushaltsgesetzes ein unvereinbarer Konflikt zwischen Regierung und Parlament auf, so könne die Regierung nicht verpflichtet sein, ihre Interessen zurückzustellen, um die "Etablierung des staatslosen Zustands" zu verhindern. Dies führte andernfalls zum "vollendetsten Parlamentarismus", da die gesamte Verwaltung - und damit meinte Laband den Staat als solchen - von der "Willkühr der Majorität des Abgeordnetenhauses" abhinge[1432].

Hier fand sich mithin der begriffliche Gegensatz von 'konstitutioneller Monarchie' und 'Parlamentarismus' wieder. Deutlich wird hierbei auch, daß Laband mit seiner Argumentation die Einführung des 'Parlamentarismus' gerade verhindern wollte. Indem Laband konstatierte, daß im Falle des Fehlens eines Haushaltsgesetzes der Regierung lediglich die vorweggenommene Entlastung fehle und sie um diese nunmehr nachträglich nachsuchen müsse, andererseits aber überhaupt keine Sanktionsmaßnahmen zugunsten des Parlaments vorgesehen seien, nahm Laband dem Budgetrecht - als einer Waffe des Parlaments gegen die Regierung - seine Gefährlichkeit. Dies gilt insbesondere deshalb, da Laband im Falle auch der nachträglichen Zustimmungsverweigerung des Parlaments zu den geleisteten Ausgaben "praktische Folgen ... damit nicht verknüpft" sah[1433].

Friauf hat festgestellt, daß Laband im Bereich des Budgetrechts die Argumentationsmuster - über Mohl und Stahl - fortsetzte, mit der die monarchischen Regierungen in der ersten Hälfte des 19. Jahrhunderts ihre Positionen gegenüber den Landständen zu verteidigen suchten[1434].

Nicht alle Zeitgenossen Labands teilten diese weitgehenden Konsequenzen seiner Budgettheorie. So äußerte etwa Hermann Schulze in ziemlicher

1430. Laband, Budgetrecht, S. 42.
1431. Laband, Budgetrecht, S. 76 ff.
1432. Laband, Budgetrecht, S. 79.
1433. Laband, Budgetrecht, S. 75 i.V.m. S. 81.
1434. Friauf, Der Staatshaushaltsplan im Spannungsfeld zwischen Parlament und Regierung, S. 91.

Klarheit: "Indem nach der Laband'schen Theorie das Nichtzustandekommen des Etats eigentlich gar nicht mehr als etwas Verfassungswidriges erscheint, und durch das ohne weiteres anerkannte Fortgelten des letzten Etatgesetzes seine normale Regel erhält, fällt für die Regierung jedes zwingende Motiv hinweg, alles aufzubieten, um aus diesem Zustande herauszukommen, und mit allen Kräften nach einem Einverständnisse mit der Volksvertretung zu streben"[1435].

Wie Schulze forderten auch andere Autoren weiterhin von der Krone, daß diese einen Einigungsversuch zu unternehmen habe. Andere Autoren, beispielsweise Jellinek und Anschütz lehnten Labands Begründungstheorem ab, folgten aber - ebenfalls anders als die liberale Staatsrechtslehre zur Zeit des Verfassungskonfliktes - Laband im Ergebnis dahingehend, daß die Regierung letztlich obsiege. Jellinek sah in der Regierung den faktisch Stärkeren, der sich durchsetze[1436].

Anschütz äußerte sich zu der Frage, wie ein budgetloser Zustand zu bewerten sei, mit dem berühmten - bereits zitierten - Satz: "Das Staatsrecht hört hier auf"[1437]. Damit sprach sich Anschütz ausdrücklich gegen Labands Ansatz aus, eine Lücke in der Verfassung sei unmöglich. Für Anschütz war dieser Konflikt juristisch nicht lösbar. Allerdings wird klar, daß auch Anschütz es - ebenso wie Laband und Jellinek - für unabwendbar hielt, daß der Staat, und damit mein auch Anschütz die monarchische Regierung, sich faktisch gegen das Parlament durchsetzen müsse[1438].

Laband machte durch seine Budgetlehre das Erfordernis eines Kompromisses zwischen Monarch und Parlament quasi überflüssig, während Jellinek und Anschütz im Fall des Nichtzustandekommens eines solchen Kompromisses zwar die Rechtswidrigkeit des staatlichen Handelns konstatierten, jedoch das Erfordernis betonten, daß sich der Staat faktisch - nicht rechtlich - gegen das Parlament durchsetzten müsse, um weiterhin funktionsfähig zu bleiben.

Labands Ziel seiner Budgetlehre - jedenfalls die Folge - war es, der monarchischen Regierung ein möglichst weites, vom Parlament unabhängiges Tätigkeitsfeld zu erhalten. Hierbei spielte das Budgetrecht natürlich eine besonders bedeutsame Rolle, war es doch für die Liberalen das Einfallstor in die monarchische Regierung. Ein Einfallstor insofern, als daß man mit Hilfe des Zwangs zum Kompromiß in Fragen des Budgets die Regierung zu inhaltlichen Kompromissen wie auch den Monarchen zu personellen Kompromissen

1435. Schulze, Lehrbuch des deutschen Staatsrechts, Bd. 1, S. 593.
1436. Jellinek, Gesetz und Verordnung, S. 299 ff.; ders.: Allgemeine Staatslehre S. 359.
1437. Meyer/Anschütz, Lehrbuch des deutschen Staatsrechts, 7. Aufl., S. 906.
1438. So lautete sein berühmtes Zitat in der ersten Formulierung: "Das Staatsrecht hört hier auf, aber nicht der Staat, er ist stärker als sein Recht. Es wird weiter regiert; an die Stelle der Herrschaft des Rechts wird zunächst die Herrschaft der Tatsachen treten", Anschütz, Lücken in den Verfassungs- und Verwaltungsgesetzen, Verwaltungsarchiv 14, S. 338 f.

bezüglich der Besetzung der Regierung zwingen konnte. Gerade diesen zweiten Ansatz galt es für Laband zu unterdrücken: Der Monarch könne durch die liberale Interpretation des Budgetrechts gehalten sein, "ein der Majorität genehmes Ministerium zu berufen, sobald diese Majorität durch Verweigerung des Budgets dieses Verlangen ausdrückt"[1439]. In diesem Fall sei dann "in der Tat der Monarch aus dem Besitz seiner Regierungsrechte gesetzt und das Parlament an seine Stelle getreten; dann ist das eigentliche Oberhaupt des Staates nicht der König, sondern das die Wahlen beherrschende Demagogentum, und dann ist in Anwendung auf das Deutsche Reich der Satz der Reichsverfassung, daß der Kaiser das Recht hat, den Reichskanzler zu ernennen, ein leerer Schall"[1440]. Labands Bestreben, den von den konservativen Politikern und Staatsrechtlers befürchteten 'Übergang zum Parlamentarismus' zu verhindern, wird auch an dieser Stelle überdeutlich. Hierfür war es eben unerläßlich, dem Budgetrecht - gerade angesichts der Bedeutung, die die Liberalen dem Budgetrecht beimaßen - seine (parlamentarische) Schärfe zu nehmen.

Es wurde bereits erörtert, daß sich die Streitpunkte zwischen Parlament und Regierung in der zweiten Hälfte des 19. Jahrhunderts und erst Recht zu Beginn des 20. Jahrhunderts verschoben. Die Totalverweigerung des Budgets durch den Reichstag stand nicht mehr zu Debatte, zu sehr hatten auch die einzelnen Parteien durch den Fluß staatlicher Gelder ihr Klientel zu bedienen, als daß man den Haushalt komplett kippen konnte. Um so mehr gewann der Reichstag aber auch deshalb an Einfluß, als das Reich aufgrund seiner ständig wachsenden finanziellen Bedürfnisse auf Reformen des Finanzsystems angewiesen war; ein Finanzsystem, das noch sehr föderal angelegt war und das Reich nur mit geringen eigenen Mitteln ausstattete.

Laband arbeitete auch auf diesem Gebiet nun vehement gegen einen parlamentarischen Machtzuwachs. Labands verfassungspolitisches Ziel blieb das gleiche: "Um so wichtiger ist es aber zu verhindern, daß die Macht des Parlaments nicht noch mehr anwächst, als es bereits geschehen ist; denn Parlamentarismus ist nicht Freiheit und Gerechtigkeit, sondern Parteiherrschaft. Wenn das Parlament die Regierung beherrscht, wird diese schließlich eine von der Majorität eingesetzte Verwaltungskommission"[1441]. Laband befürchtete nun den Einbruch des Parlaments in das konstitutionelle Staatsgefüge in den Fragen der Finanzreformen: "Das Mittel aber, durch das das Parlament seine Macht fortwährend steigert, ist die Bewilligung neuer Steuern und Abgaben. Eine Regierung, welche immer mit der Forderung größerer Geldmittel an das Parlament herantritt, gerät notwendig in Abhängigkeit von demselben. In der festen Ordnung der Finanzwirtschaft, in der dauernden Ausgleichung der

1439. Laband, Zur Lehre vom Budgetrecht, S. 194.
1440. Laband, Das Staatsrecht des Deutschen Reiches, 5. Aufl., Bd. 4, S. 600.
1441. Laband, Staatsrecht, in: Die Kultur der Gegenwart, S. 293 ff.

Ausgaben und Einnahmen liegt der Angelpunkt für die Richtung, welche die Entwicklung des Verfassungsrechts einschlagen wird; sie wird auch im Reichstag selbst den Parteikämpfen einen großen Teil ihrer Schärfe nehmen. In der auswärtigen Politik und in der Finanzpolitik liegt die Zukunft des Reiches"[1442].

(4) Die Sanktionslehre

Zuletzt sei auch noch auf Labands Konstruktion des Gesetzgebungsverfahrens eingegangen, zeigt sich doch auch hier, wie sehr Laband die konstitutionellen Monarchie als eine monarchisch geprägte Staatsform begriff, bei der ein gleichberechtigtes Zusammenwirken von Monarch und Parlament nicht vorgesehen war.

Aus Labands Gesetzesbegriff - Gesetz als die Anordnung eines Rechtssatzes - folgt, daß sich ein Gesetz aus einem bestimmten Gesetzesinhalt und dem Gesetzesbefehl, der den Gesetzesinhalt zur Geltung bringt, zusammensetzt. Laband stellte dabei klar, daß "das spezifische Wirken der Staatsgewalt, das Herrschen", allein im Gesetzesbefehl, der Sanktion, zum Ausdruck kommt[1443]. Die Unterscheidung von Gesetzesinhalt und -befehl wurde dort relevant, wo - wie "insbesondere" in der konstitutionellen Monarchie[1444] - beide Gesetzgebungsbestandteile auseinanderfielen. In der konstitutionellen Monarchie sei der Monarch der alleinige Träger der einheitlichen Staatsgewalt, so daß auch nur er allein den erforderlichen Gesetzesbefehl erlassen könne[1445].

Die Bedeutung der Volksvertretung im Verfahren der Gesetzgebung wurde demnach weitgehend heruntergespielt, die des Monarchen weitgehend erhöht und als der entscheidende Teil dargestellt. Während nur der Inhalt der Gesetze zwischen Monarch, (Bundesrat) und Parlament abgestimmt sein mußte, erließ der Monarch, als alleiniger Träger der Staatsgewalt, den Gesetzesbefehl allein. Laband folgerte dies aus einer Kette aneinandergereihter Begrifflichkeiten: Von der Einheit der Staatsgewalt über den Träger der Staatsgewalt hin zu dem diesem zugeordneten Sanktionsrecht[1446]. Durch den Entzug der Teilhabe an dem relevanten Teil des Gesetzgebungsverfahrens

1442. Laband, Staatsrecht, in: Die Kultur der Gegenwart, S. 334 ff.; vgl. auch Laband, Die geschichtliche Entwicklung der Reichsverfassung seit der Reichsgründung, S. 1 ff.
1443. Laband, Das Staatsrecht des Deutschen Reiches, 5. Aufl., Bd. 2, S. 4.
1444. Laband, Das Staatsrecht des Deutschen Reiches, 5. Aufl., Bd. 2, S. 5.
1445. Laband, Das Staatsrecht des Deutschen Reiches, 5. Aufl., Bd. 2, S. 5.
1446. Laband, Das Staatsrecht des Deutschen Reiches, 5. Aufl., Bd. 2, S. 6 f.

werde das Parlament "gleichzeitig theoretisch entstaatlicht und praktisch verkümmert"[1447].

Rasch wurde von Seiten seiner Kritiker angeführt, Laband stütze sich bei seiner Sanktionslehre "gar nicht auf das positive Recht, sondern auf ein ganz anderes Fundament: auf den Begriff des Gesetzes und auf den Begriff des Staates. Aus dem Gesetzesbegriff soll die Nothwendigkeit des Gesetzesbefehles sich ergeben; aus dem Staatsbegriff soll die Nothwendigkeit folgen, daß nur der Souverän Gesetze geben kann"[1448].

Der vorgetragene Widerspruch wird deutlich, wenn man sich den Wortlaut des Art. 62 der preußischen Verfassung von 1850[1449] und den des Art. 5 Abs. 1 der Reichsverfassung von 1871[1450] ansieht. Laband selbst gestand ein, daß nach dem Wortlaut der Verfassung - in seiner Stellungnahme bezog er sich auf die preußische - von der "Gleichartigkeit der Funktionen" von Monarch und Parlament auszugehen sei[1451]. Dennoch gab Laband die bis dato weitverbreitete liberale Auffassung auf, im Bereich der Gesetzgebung liege ein Feld der Gemeinschaftlichkeit der zwei sich dualistisch gegenüberstehenden Komponenten Monarch und Parlament.

Daß dieses Verständnis schwer mit dem Wortlaut der Verfassungen zu vereinbaren sei, betonten unter anderem Gierke[1452] und Hänel, die zugleich in der Tradition eines liberalen Staatsrechtsverständnisses versuchten, das Parlament im Bereich der Staatlichkeit zu halten und ihm ein dem Monarchen im Rahmen der Gesetzgebung ebenbürtigen Platz zuzuordnen. Die Volksvertretung sei "Mitträger" der Souveränität und dem Monarchen rechtlich gleichgestellt. "Wir haben keinerlei wissenschaftliches Recht, in diesen Verfassungstexten an die Stelle der 'Übereinstimmung' beider die Zustimmung des einen Faktors zu einseitigen Akten des anderen Faktors, an die Stelle der 'Gemeinschaft', der vollen rechtlichen Gleichstellung beider, das ausschließliche, wenn auch durch das Recht des anderen irgendwie beeinflußte Recht des Einen Theiles unterzuschieben"[1453]. Auch der Würzburger Joseph von Held

---

1447. So die Kritik von Gierke, Labands Staatsrecht und die deutsche Rechtswissenschaft, S. 52 f.
1448. Rosenberg, Die Sanktion der Reichsgesetze, S. 577 ff.
1449. Art. 62 der preußischen Verfassung lautet: "Die gesetzgebende Gewalt wird gemeinschaftlich durch den König und durch zwei Kammern ausgeübt. Die Übereinstimmung des Königs und beider Kammern ist zu jedem Gesetze erforderlich".
1450. Art. 5 Abs. 1 der Reichsverfassung lautet: "Die Reichsgesetzgebung wird ausgeübt durch den Bundesrat und den Reichstag. Die Übereinstimmung der Mehrheitsbeschlüsse beider Versammlungen ist zu einem Reichsgesetze erforderlich und ausreichend."
1451. Laband, Das Staatsrecht des Deutschen Reiches, 5. Aufl., Bd. 2, S. 8.
1452. Gierke, Labands Staatsrecht und die deutsche Rechtswissenschaft, S. 51.
1453. Hänel, Das Gesetz im formellen und materiellen Sinne, S. 149.

sah nach der Reichsgründung den Reichstag als Ausdruck der Souveränität des Reiches bei der Gesetzgebung"[1454].

In dieser Kritik war noch deutlich das von Laband sich unterscheidende Verständnis eines konstitutionell monarchisch regierten Staates zu spüren, als eines Staates, in dem Monarch und Parlament gemeinschaftlich die Staatsspitze besetzen und gemeinschaftlich im zu erzielenden Konsens die Gesetzgebungsfaktoren bilden. Laband verdrängte dagegen das Parlament aus dem Bereich der Staatsgewalt und somit auch aus dem Bereich der Teilhabe an den relevanten Entscheidungen des Staates. So wie Laband unverblümt trotz des Fehlens einer entsprechenden Formulierung die Geltung des monarchischen Prinzips in der preußischen Verfassung annahm[1455], so lief auch seine Argumentation zur Reichsverfassung in die selbe Richtung der Erhaltung monarchischer Prärogativen unter möglichster Zurückdrängung parlamentarischen Einflusses. Mit der liberalen Staatsrechtslehre und der liberalen Verfassungspolitik aus der Mitte des 19. Jahrhunderts bis nach Ende des preußischen Verfassungskonfliktes hatte das jedenfalls nichts mehr gemein. Hier wurde ein deutlich neuer - wenngleich alter[1456] - Ansatz erkennbar.

Ebenso erkennbar ist hier das angedeutete verfassungspolitische Motiv Labands. Wenngleich Laband seinen Kritikern vorwarf, lediglich "eine vorwiegend politische" Staatslehre zu betreiben, "welche sich um die juristische Logik nicht kümmerte"[1457], so dürfte doch wohl eher Gierkes Bemerkung zu Laband zutreffen, es "werde bei der Erörterung einer prinzipiellen Frage, während scheinbar nur juristische Gründe gegen einander abgewogen werden, doch zuletzt das politische Motiv nur verschwiegen, das in Wahrheit für die Entscheidung den Ausschlag gegeben hat"[1458].

Die eigentliche Bedeutung von Labands Sanktionslehre und Labands damit einhergehender verfassungspolitischer Richtung stellte der Monarchist Philipp Zorn fest: "Labands Theorie von der Sanktion reicht in ihrer Bedeutung weit hinaus über die spezielle Lehre von der Gesetzgebung, sie konstituiert den festen Punkt des monarchischen Prinzips im konstitutionellen Staate,

---

1454. Vgl. Held, Die Verfassung des Deutschen Reiches vom staatsrechtlichen Standpunkt aus betrachtet, S. 105, 122, 129.
1455. Laband, Besprechung Smend, AöR 19, S. 428.
1456. Gerade im Rahmen seiner Gesetzgebungslehre konnte Laband auf frühkonstitutionelle Vorgänger zurückgreifen - was er auch ausdrücklich tat. So berief er sich in seinem Staatsrecht beispielsweise ausdrücklich auf Heinrich Albert Zachariä, der ebenfalls der Annahme widersprach, es handele sich im Rahmen der Gesetzgebung um ein gemeinschaftliches Wirken von Monarch und Parlament (vgl. Laband, Das Staatsrecht des Deutschen Reiches, 5. Aufl., Bd. 2, S. 8 Fn. 2; vgl. Zachariä, Deutsches Staats- und Bundesrecht, Bd. 2, S. 162).
1457. Laband, Das Staatsrecht des Deutschen Reiches, 5. Aufl., Bd. 2, S. 8, S. 34.
1458. Gierke, Labands Staatsrecht und die deutsche Rechtswissenschaft, S. 9.

in ihr liegt die Grundverschiedenheit unseres deutschen Staatsrechts vom englischen"[1459].

Philipp Zorn war es auch, der Labands Sanktionslehre verteidigte, als sie von Jellinek um Nuancen modifiziert werden sollte. Jellinek hob - unter grundsätzlicher Anerkennung der Prämisse, daß das Gesetzgebungsrecht dem Monarchen zustehe - das Parlament etwas hervor, indem er ausführte, das Parlament stimme mit der Billigung des Gesetzesinhaltes auch der Sanktionserteilung durch den Monarchen zu[1460]. Aber diese Feststellung der mittelbaren Rolle des Parlaments am Sanktionsvorgang änderte nichts daran, daß nach allen Vertretern dieser Sanktionslehre weiterhin allein der Monarch der "Herr des Gesetzgebungsgeschäfts" bleiben sollte[1461]. Trotz dieser klaren Festlegung auf die dominierende - wenn nicht die alleinige - Rolle des Monarchen in der Gesetzgebung, richtete Zorn deutliche Worte an Jellinek: "Hätten die Kammern aber ein positives Zustimmungsrecht zum Befehl, so wären sie am imperium betheiligt, so läge darin eine Theilung des imperiums, so wäre der Staatswille kein einheitlicher, sondern ein getheilter"[1462]; Jellinek habe die Sanktion "zu einem Nichts degradiert"[1463].

Jellinek selbst hat die mit seiner Hilfe modifizierte Sanktionslehre wie folgt zusammengefaßt: "Dieses parlamentarische Recht der Zustimmung zum Erlasse des Gesetzes mindert oder theilt in keiner Weise das im Staat mit monarchischem Principe ausschließlich dem Staatsoberhaupte zustehende Imperium. Nicht die Kammern im Vereine mit dem Monarchen, sondern der Monarch allein nimmt die entscheidende legislatorische Thätigkeit vor. In der absoluten Monarchie kann der Monarch Alles wollen; in der constitutionellen, auf monarchischem Principe beruhenden, kann er zwar nicht Alles, aber trotz dem kann auch in ihr nur der Monarch originären staatlichen Willen erzeugen"[1464].

Labands Lehre traf nun aber in den komplizierten Verfassungsstrukturen des Deutschen Reiches auf einige Besonderheiten, mit denen sie nur schwer-

---

1459. Zorn, Gesetz, Verordnung, Budget, Staatsvertrag, S. 356 f.; in seinem Werk, Das Staatsrecht des Deutschen Reiches, Bd. 1, S. 407 ff. macht sich Zorn Labands Sanktionslehre selbst zu eigen.

1460. Jellinek, Gesetz und Verordnung, S. 316 ff.; Laband, Das Staatsrecht des Deutschen Reiches, 5. Aufl., Bd. 2, S. 9, folgte diesem Ansatz: "Durch die Annahme eines Gesetzesentwurfes erteilt das Parlament dem Monarchen die Genehmigung, daß dieser den Gesetzesinhalt erlasse; es schafft die verfassungsrechtlich notwendige Vorbedingung für die Erteilung dieses Befehls seitens des Monarchen. Der Monarch richtet diesen Befehl an die Untertanen".

1461. Meyer/Anschütz, Lehrbuch des deutschen Staatsrechts, 7. Aufl., S. 652, 662 f. Fn. a.

1462. Zorn, Gesetz, Verordnung, Budget, Staatsvertrag, S. 357.

1463. Zorn, Das Staatsrecht des Deutschen Reiches, Bd. 1, S. 418 f. Fn. 35.

1464. Jellinek, Gesetz und Verordnung, Freiburg 1887, S. 317; ebenso, Besondere Staatslehre, in: Ausgewählte Schriften und Reden, Bd. 2, S. 315 ff.

lich zu Rande kam. Laband selbst hat die Ansicht geprägt, daß der deutsche Kaiser staatsrechtlich kein Monarch sei[1465]. Träger der Reichsgewalt sei daher auch nicht der Kaiser, sondern der Bundesrat als Organ der Gesamtheit der deutschen Staaten, die die Mitglieder des Deutschen Reiches stellten[1466]. Daher sei auch im Reich der Bundesrat Sanktionsorgan der Gesetze, während der Kaiser sie gemäß Art. 17 der Reichsverfassung ausfertige und verkünde. Dadurch entsprach einerseits die Promulgationsformel: "Wir der Kaiser verordnen nach erteilter Zustimmung ... der Kammern" nicht mehr der wahren Rechtslage, worauf Laband auch hinwies[1467], denn zwar stand am Ende des Gesetzgebungsvorgangs der das Gesetz verkündende Kaiser, aber nach Laband war er nicht Sanktionsorgan, da er nicht der Träger der Staatsgewalt war; dies war der Bundesrat. Auf Reichsebene war für Laband mithin der Bundesrat das Sanktionsorgan, den Gesetzesbefehl erlassen konnte aber nur der Kaiser[1468]. Um nicht dieses Vorrecht des Kaisers zu beschneiden, erklärte Laband daher weiter, daß der Bundesrat im Reich nur Beschlüsse erlasse, aber gerade keine formellen Befehle. Dieses Recht stehe allein dem Kaiser zu[1469,1470]. Damit stellte er den Bundesrat als das Zentralorgan des Reiches aber auf eine Ebene mit dem Reichstag, der im Rahmen des Gesetzgebungsverfahrens ebenfalls lediglich an den Monarchen gerichtete Beschlüsse fassen könne[1471,1472].

Um diese Gleichgewichtung zwischen Bundesrat und Reichstag zu verhindern, kam Laband die insgesamt festzustellende Entwicklung des Reiches hin zu einer Stärkung des Kaisers sehr 'gelegen'. Auch bei Laband erhielt der Kaiser in der Folgezeit den "Anschein" des Monarchenrechts[1473]. Diese unterschwellige - weil sich im Verfassungstext nicht niederschlagende - Stärkung der Stellung des Kaisers diente Laband mithin dazu, seine Sanktionslehre auch auf Reichsebene retten zu können, andererseits auch die Rolle des Kaiser gegen den im Rahmen der Stärkung der unitarischen Tendenzen bedeutender werdenden Reichstag zu betonen.

---

1465. Laband, unter anderem: Das Staatsrecht des Deutschen Reiches, 5. Aufl., Bd. 1, S. 215; Bd. 2, S. 22; Das deutsche Kaisertum, S. 27.
1466. Laband, Das Staatsrecht des Deutschen Reiches, 5. Aufl., Bd. 2, S. 29 ff.
1467. Laband, Das Staatsrecht des Deutschen Reiches, 5. Aufl., Bd. 2, S. 29, 36.
1468. Laband, Das Staatsrecht des Deutschen Reiches, 5. Aufl., Bd. 2, S. 36.
1469. Laband, Das Staatsrecht des Deutschen Reiches, 5. Aufl., Bd. 2, S. 36; vgl. auch Bd. 1, S. 229 f., 255.
1470. Dieser Ansatz verleitete andere promonarchische Autoren dazu, nun das Sanktionsrecht direkt dem Kaiser zuzusprechen, vgl. Bornhak, Die verfassungsrechtliche Stellung des deutschen Kaiserthums, AöR 8, S. 463 f.
1471. Laband, Das Staatsrecht des Deutschen Reiches, 5. Aufl., Bd. 2, S. 9.
1472. Vgl. Hubers Stellungnahme zu Labands Sanktionslehre auf Reichsebene: "Schlimmer ließen die Dinge sich schwerlich verwirren", Verfassungsgeschichte, Bd. 3, S. 926.
1473. Laband, Das Staatsrecht des Deutschen Reiches, 5. Aufl., Bd. 1, S. 229 f.

Kelsen brachte den Kern des Labandschen Motivs im Zusammenhang mit der Sanktionslehre 1911 auf den Punkt: "Nur die historisch-politische und nicht die formaljuristische Betrachtung kann der Sanktion des Monarchen im Gesetzgebungsverfahren eine wesentlichere Bedeutung als den übrigen Voraussetzungen der sogenannten Staatswillensbildung zuerkennen"[1474].

3. Die Staatsrechslehre neben und nach Laband

Wenngleich Laband zum anerkannt führenden staatsrechtlichen Autor des Kaiserreiches avancierte, so wurde sein Werk - wie in der Darstellung des Labandschen Werkes bereits angedeutet - doch nicht ohne jede Kritik aufgenommen. Diese Kritik beinhaltete Anstöße an der Methode Labands wie an den Ergebnissen seiner Lehren. Näher einzugehen sein wird in diesem Zusammenhang vor allem auf das Werk Otto von Gierkes.

Neben dieser Kritik war die Staatsrechtslehre natürlich auch bemüht, sich materiell weiter zu entwickeln. Veränderungen in der Staatsrechtslehre, die besonders die Interpretation von Kaiser, Bundesrat und Parlament betrafen, korrespondierten aber nicht immer mit den teilweise zu beobachtenden Veränderungen in der Verfassungswirklichkeit, dem politischen Leben.

Das ursprünglich föderal angelegte Verfassungswerk entwickelte mehr und mehr unitarische Züge; das Parlament gewann aufgrund dieser unitarischen Tendenzen, sowie insbesondere aufgrund des stetig steigenden Finanzbedarfs des Reiches, eine faktisch wachsende Bedeutung. Dennoch fehlte es auf Seiten des Parlaments an einem entschiedenen Führungsanspruch, der auf eine Parlamentarisierung des Reiches abgezielt hätte. Die Entwicklung lief mithin eher auf eine sich durch Charisma, Leistung und Erfolg auszeichnende monarchische Exekutive, denn auf eine parlamentarische Monarchie zu. Diesem Verlangen nach monarchischer Stärke gegenüber stand der tatsächliche Verfall kaiserlicher Autorität und Legitimität aufgrund der Art der Amtsausübung gerade Wilhelms II.

Diese Tendenz sollte aber nicht dazu führen, daß die Staatsrechtslehre darauf hinwirkte, die sich wandelnden Kräfteverhältnisse zu einem Streben nach einer 'Parlamentarisierung' des Reiches zu nutzen. In ihrer übergroßen Mehrheit blieb sie dem System des 'deutschen monarchischen Konstitutionalismus' treu[1475]; sie entwickelte ungeachtet der (persönlichen) Schwäche und Unfähigkeit des Kaisers vielmehr sogar die Rolle des Kaisers zur Stellung eines quasi-"Reichsmonarchen" aus.

---

1474. Kelsen, Hauptprobleme der Staatsrechtslehre, S. 416 f.; vgl. auch ders.: Allgemeine Staatslehre, S. 329 ff.
1475. Als Ausnahme sollte Walther Schücking genannte werden.

So übernahm die Staatsrechtslehre im Gefolge des staatsrechtlichen Positivismus eine immer stärker stabilisierende Funktion im Innern, wo es um die Zementierung der bestehenden Machtverhältnisse ging. War der Gestaltungsanspruch der Staatslehre im Vormärz noch sehr groß, galt dies für die Staatslehre des Deutschen Reiches nicht mehr. Hier dominierte die - selbst auferlegte - Abhängigkeit von den gegebenen Verhältnissen, wobei auch genau darin das Politische dieser zeitgenössischen Staatsrechtslehre lag. Hinter der neutralen Maske des Positivismus war die politische Parteinahme für die herrschende Staatsordnung des konstitutionell-monarchischen Staates unverkennbar. Wer sich ganz auf den bestehenden Gesetzestext einstellt und reduziert, dient denjenigen, die diese Gesetze produzieren und die hinter der Verfassung stehen; Reformwünsche blieben dabei außen vor. Die Staatslehre und das Staatsrecht der Reichszeit glichen daher zumeist einem Spiegel der real bestehenden politischen Verhältnisse. Wer also nach den Fehlern und Mißständen dieses deutschen konstitutionell-monarchischen Systems sucht, wird in der Staatsrechtslehre kaum fündig. Eine Staatslehre, die den von ihr zu beschreibenden Staat als ein bestehendes Ideal sieht, wird diesen Staat beschreiben, aber kaum in eine von diesem 'Ideal' abweichende Richtung weiterentwickeln. War die Staatslehre im Vormärz noch selbst Rechtsquelle und politisch progressiv tätig, wandelte sich die Funktion der Staatsrechtslehre in dem beschriebene Sinne. Damit war sie - wie ebenfalls angedeutet - nicht weniger politisch, aber sie erfüllte eine andere, eine staatstragendere Rolle.

### a) allgemeine Entwicklungen

Die Tatsache, daß sich die Verfassungswirklichkeit im Laufe des Kaiserreiches änderte, blieb auch der deutschen Staatsrechtslehre weder verborgen, noch schloß sie davor völlig die Augen. Vielmehr sprachen viele Autoren diese 'Wandlungen' als solche offen an. So sprach Laband bereits 1895 in einem Vortrag "Über die Wandlungen der deutschen Reichsverfassung"; Jellinek schrieb 1906 über "Verfassungsänderung und Verfassungswandlung"; 1907 behandelte er "Die geschichtliche Entwicklung der Reichsverfassung seit der Reichsgründung", ein weiteres Beispiel wäre Conrad Bornhaks "Wandlungen der Reichsverfassung". Seit den neunziger Jahren des 19. Jahrhunderts wurde die Tatsache des Verfassungs-"Wandels" quasi zum staatsrechtlichen Allgemeingut[1476].

Dies mag angesichts der zu dieser Zeit fast uneingeschränkten Herrschaft des staatsrechtlichen Positivismus überraschen, war doch gerade das

1476. Vgl. Stolleis, Geschichte des öffentlichen Rechts in Deutschland, Bd. 2, S. 376 ff.

Staatsrechtssystem Labands ein starres System, das allein durch Begrifflichkeiten geprägt wurde. Labands System fehlte eigentlich die Fähigkeit zur historischen Entwicklung[1477]. Sie dennoch einzugestehen, zeigte zugleich Einschnitte in das positivistische System Labands.

In diesem Zusammenhang verdient auch Labands Kritik an dem liberaleren Autor Joseph von Held Aufmerksamkeit. Held hatte bereits 1872 die "Unfertigkeit oder absichtliche Unvollständigkeit des Deutschen Kaiserthumes" in der Reichsverfassung festgestellt[1478]. Damit stellte Held das Unfertige, das Provisorische der Reichsverfassung in den Vordergrund. Die sich ergebende Unitarisierung des Reiches werde - so prognostizierte Held - "die Ausbildung des Deutschen Kaiserthums zu einer deutschen Reichsmonarchie" mit sich bringen. Diese nach Helds Interpretation in der Verfassung selbst angelegte Wandelbarkeit der Verfassung mußte Laband - ausgehend von seinem Verständnis einer Verfassung als etwas Fertigem, Lückenlosem, kritisieren[1479].

Auch Albert Hänel griff den Gedanken der Wandelbarkeit der Verfassungsinterpretation im liberalen Sinne 1880 noch einmal auf, als er davor warnte, durch die Deklaration der Verfassungsinterpretation als etwas Endgültigem, "die mannigfaltigen Widersprüche, Unebenheiten und Unfertigkeiten des deutschen Verfassungsrechtes" zu überspielen[1480]. Nachdem sich in der Staatsrechtslehre dieser liberal-konstitutionelle Ansatz von der Unfertigkeit der Verfassung und der damit einhergehenden Möglichkeit der Verfassungsentwicklung und -auslegung in liberal-konstitutioneller Weise nicht durchgesetzt hatte, wurde er nach der Jahrhundertwende in gegenteiliger Intention von Heinrich Triepel wieder aufgegriffen, als er 1907 von der Illusion der "Gelehrten des Reichsstaatsrechts" sprach, "es sei die Verfassung Deutschlands in ihren Hauptstücken, nämlich in Bezug auf die Regelung des Verhältnisses von Reich und Einzelstaaten etwas schlechthin Endgültiges"[1481]. Die von Triepel hierbei dargestellte Unitarisierung korrespondierte mit der Stärkung der Rolle des Kaisers als dem Gegenpohl zum Reichstag. Der Gegensatz zu der liberalen Auslegung der Wandelbarkeit der Verfassung wird auch hier deutlich. Beide verfassungspolitischen Richtungen suchten die Unitarisierung des Reiches im Sinne ihrer Zwecke auszulegen.

Hänel behauptete schon 1877 - gegen die Auffassung Bismarcks -, es gebe eine eigene kaiserliche Reichsregierung neben Reichstag und Bundesrat. Hänel selbst gab das politische Anliegen und die unitarische Tendenz seiner ju-

1477. Vgl. Schücking, Neue Ziele der staatlichen Entwicklung, S. 8 ff.
1478. Held, Die Verfassung des Deutschen Reiches vom staatsrechtlichen Standpunkt aus betrachtet, S. 96.
1479. Vgl. Laband, Das Staatsrecht des Deutschen Reiches, 5. Aufl., Bd. 1, S. 216.
1480. Hänel, Die organisatorische Entwicklung der Deutschen Reichsverfassung, S. 96.
1481. Triepel, Unitarismus und Föderalismus im Deutschen Reiche, S. 2.

ristischen These zu, wenn er als "die wesentlichen Aufgaben des Deutschen Reiches" die Weiterentwicklung der eigenen unmittelbaren Exekutivgewalt des Reiches und die Verstärkung der kaiserlichen Rechte möglichst auf allen Gebieten der kaiserlichen Kompetenz propagierte. 1882 vertrat er seine Auffassung vor dem Reichstag: "Der Ausdruck für die monarchische Tradition Deutschlands in unserer Verfassung liegt im Kaiser"[1482]. Die monarchische Tradition aber besagte in der Linie Stahls, daß der Herrscher "den Schwerpunkt der Verfassung" und die "positiv gestaltende Macht im Staate"[1483] darstelle. Die Stellung des Monarchen beruhte nach dieser Tradition auf dessen potestas, nicht auf der auctoritas. Dies unterstellt bestand ein Widerspruch zwischen dem Kaiser als dem Symbol der errungenen nationalen Einheit und dessen lediglich präsidentieller Funktion. Es gebe nur die Wahl, so Hermann Schulze in Anlehnung an Hänel, zwischen dem Kaiser als bloßem Delegierten der verbündeten Regierungen oder aber dem Kaiser als selbständigem Organ der Reichsgewalt, "welcher seine reichsoberhauptliche Stellung unmittelbar aus der Verfassung ableite und zu eigenem Rechte besitzt und ausübt. Nur die letztere Auffassung entspricht dem Geist der Reichsverfassung und der Würde des nationalen Kaisertums ... Der heutige deutsche Kaiser ist Monarch ganz in dem Sinn, wie der Kaiser des älteren deutschen Reiches es war"[1484].

Absetzungsbewegungen von der strengen Laband'schen Linie zeigten sich auch darin, daß die - vorgeblich - radikale Abwendung der staatsrechtlichen Betrachtungen von politischen und historischen Überlegungen relativiert wurde. Vor allem nach der Jahrhundertwende wurde auch das Staatsrecht wieder materialisiert. Die Staatsrechtslehre bekannte sich wieder dazu, auch politische Überlegungen in ihre Untersuchungen einfließen zu lassen und tat dies nicht - wie bei Laband gesehen - ohne sie offenzulegen. Die bereits erwähnte Studie Jellineks, 'Verfassungsänderung und Verfassungswandlung' trägt den Untertitel "Eine staatsrechtlich-politische Abhandlung"; Heinrich Triepel verfaßte 1907 "eine staatsrechtliche und politische Studie" über Unitarismus und Föderalismus[1485]; Eduard Rosenthal schrieb 1911 "eine staatsrechtliche und politische Studie" über die Reichsregierung[1486]; Hermann Rehm veröffentlichte 1909 ein Werk über das "politische" Wesen der deutschen Monarchie[1487,1488].

---

1482. Hänel, zitiert bei Schulze, Lehrbuch des deutschen Staatsrechts, Bd. 2, S. 32.
1483. Stahl, Das monarchische Prinzip, S. 12.
1484. Schulze, Lehrbuch des deutschen Staatsrechts, Bd. 2, S. 32.
1485. Triepel, Unitarismus und Föderalismus im Deutschen Reiche.
1486. Rosenthal, Die Reichsregierung.
1487. Rehm, Das politische Wesen der deutschen Monarchie, S. 59 ff.
1488. Friedrich Meinecke hielt es für "sehr bemerkenswert, daß eine Reihe von Staatsrechtslehrern ... das Bismarcksche Reichsverfassungswerk neuerdings mehr historisch-politisch, als dogmatisch anzusehen begonnen haben und statt sich zu begnügen, es für die engeren Zwecke der Wissenschaft zu interpretieren, vielmehr nach seiner

Die Wiedereinführung auch-politischer Ansätze in der Erörterung staatsrechtlicher Fragestellungen korrespondierte bezeichnenderweise mit den Bereichen des Staatsrechts, in denen die größten und auch bedeutendsten Wandlungen der Verfassungswirklichkeit festzustellen sind: Unitarisierung des Reiches, Veränderung der Rolle des Kaisers.

Die Unitarisierung des Reiches ging einher mit der Stärkung der Stellung des deutschen Kaisers. Dieser Entwicklung folgte auch die Staatsrechtslehre. Der Kaiser rückte verstärkt in den Mittelpunkt des Blickfeldes; dies gerade auch wegen der festzustellenden Unitarisierung des Reiches. Die gestärkte Rolle des Kaisers wurde als Bollwerk gegen die drohende Parlamentarisierung aufgrund des 'schwächelnden' Bundesrates als dem von Bismarck geplanten föderativen Schutzschild gegen das Parlament dringend gebraucht. Die Hoffnungen, die auch durch die Staatsrechtslehre in die Stellung des Kaisers gesetzt wurden, drückten damit mehr Wunschvorstellung aus, als die verfassungsrechtliche Rolle, die sich im Laufe der Zeit nicht verändert hatte, es geboten hätte.

Hierbei sind viele Richtungen zu erkennen, so als Heinrich Triepel 1907 ganz allgemein schrieb, "wir Deutschen", seien "ein monarchisches Volk, monarchisch 'bis in die Knochen'" und könnten "ohne Monarchie nicht leben"[1489]. Über das gegenwärtige und das zukünftige Verhältnis der deutschen Landesfürsten zum Kaiser schrieb Triepel in dieser Schrift weiter, trotz seiner Vorliebe zu einem unitarischer ausgebildeten Staat sei der Föderalismus jedenfalls so lange zu erhalten, als daß sich das Kaisertum "nicht aus sich selbst behaupten kann"[1490]. "Ohne das deutsche Fürstentum zu einer bloß passiven Rolle zu verurteilen" könne doch "der deutsche Unitarismus eintreten für Stärkung des Reiches und für Stärkung des preußisch-deutschen Kaisertums"[1491].

In dieser Anspielung des preußisch-deutschen Kaisertums steckte auch die bereits angesprochene Suche nach einer - neuen - Legitimation für das Kaisertum. Gerade das neugeschaffene deutsche Kaisertum konnte sich nicht auf bisherige Grundlagen stützen[1492] und suchte daher nach neuen Ansätzen einer befriedigenden und sinnstiftenden Legitimation[1493].

---

Weiterentwicklung fragen und die in ihm schon wirksamen Entwicklungstendenzen aufsuchen", in: Rezension Triepel, HZ 100, S. 618 f.

1489. Triepel, Unitarismus und Föderalismus im Deutschen Reiche, S. 124.

1490. Triepel, Unitarismus und Föderalismus im Deutschen Reiche, S. 124.

1491. Triepel, Unitarismus und Föderalismus im Deutschen Reiche, S. 125.

1492. Insbesondere fiel die Berufung auf einen die sittlich-religiöse Weltordnung verkörpernden Monarchen weg, vgl. oben und Böckenförde, Der deutsche Typ der konstitutionellen Monarchie im 19. Jahrhundert, S. 150 f.

1493. Vgl. Binding, Die rechtliche Stellung des Kaisers im heutigen Deutschen Reiche, S. 7: "Neu ist sein Amt, blutjung seine Krone, blutjung sein Volk: so haben sie sicher die Zukunft".

Das Kaisertum gewann auch eine immer stärkere Rolle als Garant des nationalen Prestiges. Eugen von Jagemann beklagte, daß der Kaiser in der Verfassung "am stiefmütterlichsten" behandelt worden sei. "Denn der Abschnitt IV der Verfassung ... mit der bescheidenen Überschrift 'Bundespräsidium' läßt wenig erkennen, daß er von der höchsten Würde des Reiches handelt"[1494]; ähnlich Philipp Zorn: "Vom rein formalen Rechtsstandpunkt aus betrachtet ist das heutige Kaisertum ein schwieriges und verwickeltes Gebilde. Aber der formale Rechtsstandpunkt reicht nicht immer aus, ein staatsrechtliches Gebilde zu erfassen ... Blicken wir offenen Auges hinaus ins Leben, so finden wir in den tatsächlichen Verhältnissen keinen Unterschied zwischen dem deutschen Kaisertum und dem Kaisertum anderer Staaten"[1495]. "In unserem Kaiser drückt sich der Geist der neuen Zeit aus und in unserer Zeit der Geist unseres Kaisers"[1496].

Die Bedeutung des Kaisertums wurde immer weniger aus dem Verfassungstext als vielmehr aus seiner Bedeutung für die Nation gewonnen. "Zwar müssen wir gestehen, daß die rechtliche Stellung des deutschen Kaisers im Gesamtorganismus des Reiches allerdings noch eine bescheidene ist" so zum Beispiel Richard Fischer, "aber etwas anderes ist der formulierte Rechtsgedanke, und etwas anderes ist die Logik und das Gewicht der realen Faktoren der Politik"[1497]. Auch Karl Binding bedauerte das "unvollständige" Ausformulieren der Rechte des Kaisers in der Verfassung und erklärte, der Kaisertitel dürfe nicht länger nur ein "Ehrenrecht" der preußischen Krone sein. Mit dem 18.1.1871 habe eine "neue Epoche der deutschen, ja der Weltgeschichte" begonnen. Im Konzert der Völker erklinge fortan "laut, nicht zu übertönen, achtunggebietend" auch die Stimme des deutschen Volkes aus dem Munde des deutschen Kaisers. "Wir haben aber keine Präsidialmacht mehr - wir haben einen Kaiser!" Der Unterschied werde vielleicht "nicht klar verstanden, aber doch tief empfunden"[1498].

Wenig dogmatisch hieß es auch bei Hermann Rehm: "Politisch kommt es nicht darauf an, in wessen Namen das Staatsoberhaupt regiert, sondern ob es regiert". Vom "Standpunkt der Macht" aus sei der Bundesrat zugunsten des Kaisers nicht mehr ein leitendes, sondern nur ein "verwaltendes Exekutivorgan"[1499]. Geradezu "absurd" nannte es Werner Rosenberg, daß der Bundesrat als der verfassungsrechtliche "Träger der souveränen Gewalt" praktisch von der Ausübung der Staatsgewalt auf den wichtigsten Gebieten ausgeschlossen

1494. Jagemann, Die deutsche Reichsverfassung, S. 99.
1495. Zorn, Die deutsche Reichsverfassung, S. 58.
1496. Zorn, Deutschland unter Kaiser Wilhelm II., S. 1698.
1497. Fischer, Das Recht des deutschen Kaisers, S. 191.
1498. Binding, Die Rechtliche Stellung des Kaisers im heutigen Deutschen Reiche, S. 10, 19.
1499. Rehm, Das politische Wesen der deutschen Monarchie, S. 86.

bleibe. Darum erklärte er den Bundesrat zum "Staatenhaus", den Kaiser und faktischen "Inhaber der Regierungsgewalt" zum Monarchen[1500].

Auch für Heinrich von Treitschke war das Reich monarchisch geprägt. Völlig vom Verfassungstext abweichend formulierte Treitschke gar: "Der Kaiser ist der Monarch von Gottes Gnaden (!), kraft eigenen Rechts, nicht ein Delegierter des Bundesrates, nicht ein verantwortlicher Beamter. Er befehligt das beste Heer der Welt ... Der Kaiser vertritt das Reich nach außen, er heißt in der Amtssprache Empereur d'Allemagne; durch ihn allein kommt der politische Wille der Nation in der Staatengesellschaft zu Geltung"[1501].

Deutlich wurden hierbei auch imperialistische Tendenzen. Der Schwerpunkt der Darstellung der Rolle des Kaiser lag in der Außenpolitik, in der der Kaiser ja tatsächlich die monarchische Gewalt ausübte. Es fehlte aber bei Treitschke der Hinweis auf die de lege lata beschränkte Macht des Kaisers im Innern. Hier kündigte sich bereits die Schlußfolgerung von der imperialen Übersteigerung der kaiserlichen Machtstellung nach außen auf den politischen Führungsanspruch des Kaisers im Innern an: "Denn so rasch lebt diese Zeit: kaum ist Deutschland wieder eingetreten in die Reihe der großen Mächte, so müssen wir schon mit einer nahen großen Zukunft rechnen ... So drängen sich in ewiger Erneuerung die Ansprüche eines reichen Jahrhunderts an den deutschen Staat heran, und alle Fäden dieser Großmachtpolitik laufen zusammen in der Hand des Kaisers"[1502].

Das Kaisertum wurde immer mehr auch funktional 'eingesetzt' gegen all das, was es nach Ansicht der - zumeist konservativ-bürgerlichen - Staatsrechtler vom Staat fernzuhalten beziehungsweise was es zu erringen galt. So hatte sich der noch im Verlauf des 19. Jahrhunderts geführte Kampf des liberalen Bürgertums gegen die Aristokratie um die Vorherrschaft von - zugespitzt formuliert - Volks- oder Monarchensouveränität weitgehend überholt. Die realen Fragestellungen hatten sich geändert: Der Nationalstaat war errichtet; die soziale Frage kam auf und mit ihr zugleich die Sozialdemokratie, die den politischen Liberalismus ebenso wie den politischen Katholizismus bedrängte; das Streben nach einem Nationalstaat wandelte sich in imperialistische Begehrlichkeiten. Die sich immer konservativer und monarchistischer gerierende Staatsrechtslehre und ihr Verständnis der Rolle des Kaisers nahmen sich auch dieser Fragen an und suchte sie in ihr Bild einzubinden, das einen an Stärke gewinnenden Monarchen erforderte.

Aber auch liberale Autoren, wie beispielsweise Albert Hänel, suchten durch die Stärkung der Rolle des Kaisers ihre politischen Ziele zu realisieren.

1500. Rosenberg, Die juristische Natur des Deutschen Kaisertums, S. 253 ff.
1501. Treitschke, Bund und Reich, S. 581.
1502. Treitschke, Rede zur Feier der fünfundzwanzigjährigen Regierung Seiner Majestät des Königs und Kaisers Wilhelm I., S. 113.

Die staatsrechtliche Ausgestaltung des Reiches durch Bismarck brachte - wie bereits beschrieben - die exponierte Stellung des Bundesrates mit sich. Im Reich teilten sich Bundesrat und Kaiser Kompetenzen, die in den Gliedstaaten dem König allein zustanden. Dies allein verbot es, das Reich als eine konstitutionelle Monarchie im Sinne der Einzelstaaten zu definieren und den Monarchen als Reichsoberhaupt zu deklarieren. Somit war auch die liberale Forderung aus der Jahrhundertmitte nach der Weiterentwicklung der Verfassung in 'wahrhaft konstitutioneller' Weise, nicht ohne weiteres aufrechtzuerhalten. Um die von den Liberalen angestrebten 'wahrhaft konstitutionellen' Verhältnisse herzustellen, war somit die verfassungsrechtlich starke Stellung des Bundesrates zugunsten des Kaisers zu schwächen. Sobald es gelinge, das Kaisertum zur "Reichsmonarchie" auszubauen, ließen sich auch die in der föderalen Struktur der Verfassung liegenden Hemmnisse für die Stärkung des Parlaments beseitigen. Die im Namen des Kaisers voranschreitende Unitarisierung brächte auch eine verantwortliche "Reichsregierung" mit sich[1503]. Bei den liberalen Autoren gab es auch bereits in der Anfangsphase des Kaiserreiches Tendenzen, den Kaiser als den "Reichsmonarchen" zu verstehen. Hugo Preuß sprach von der "monarchischen Stellung des Kaisers" und vom Kaiser als dem "Monarch über Monarchen"[1504]; Gierke von der "trotz aller gegentheiligen Deduktionen doch immer wieder dem Rechtsbewußtsein sich aufdrängenden monarchischen Natur der Kaiserwürde"[1505]. Jellinek erklärte differenzierend, "dem Politiker, der in erster Linie die Facten und nicht das Recht vor Augen" habe, werde die "monarchische Natur des Kaiserthumes unzweifelhaft erscheinen"[1506].

Auch die - bedingt durch die Einführung des allgemeinen Wahlrechts geförderte - generelle Politisierung des deutschen Volkes führte zwar zu demokratischen Tendenzen im Deutschen Reich, aber nicht zu einer Parlamentarisierung, sondern ebenfalls eher zu einer Stärkung der Rolle des Kaisers[1507]. Hugo Preuß analysierte 1917 in zutreffender Weise, daß "sich den sozialen Gegensätzen die Obrigkeit als der vermeintlich allein unparteiische Dritte" geradezu anbiete und sich daher auch die Parteien "nicht anders zu helfen" wissen, "als ... alle Verantwortlichkeit einer politisch schöpferischen Initiative der Obrigkeitsregierung zuzuschieben"[1508]. "Demokratie und Kaisertum"[1509] paß-

1503. Vgl. Hänel, Zur Kritik der Begriffsbestimmung des Bundesstaates, S. 89 ff.; ders., Die organisatorische Entwicklung der Deutschen Reichsverfassung; siehe zu Hänel auch unten.
1504. Preuß, Die organische Bedeutung der Art. 15 und 17 der Reichsverfassung, ZgesStW Bd. 45, S. 442, 448 f.
1505. Gierke, Labands Staatsrecht und die deutsche Rechtswissenschaft, S. 41.
1506. Jellinek, Rezension Schulze, AöR 3, S. 469.
1507. Womit Bismarcks 'taktisches' Vorhaben mit der Einführung des allgemeinen Wahlrechts auf Reichsebene aufgegangen ist.
1508. Preuß, Deutsche Demokratisierung S. 342 f.

ten so zusammen. Die sozial, konfessionell und politisch zersplitterte Gesellschaft suchte Halt in einer starken Exekutive.

Ein ganz wesentlicher Aspekt, der zur Stärkung des Kaisers auch in den Augen des Staatsrechtslehre beigetragen hatte, war der nicht zuletzt vom Bürgertum getragene und eng an den Kaiser geknüpfte Imperialismus. "Für den Kampf um den 'Platz an der Sonne', in den wir eingetreten sind, braucht es nicht nur Soldaten, Kanonen und Schiffe, sondern der Anspannung aller ökonomischen und geistigen Fähigkeiten unter einheitlicher Leitung"[1510]. Unter dieser einheitlichen Leitung stellte man sich ganz selbstverständlich den deutschen Kaiser vor.

Diese Entwicklung der Interpretation der Reichsverfassung hin zu einer starken Rolle des Kaisers nicht nur zu lasten der föderativen Verfassungsstruktur in Gestalt des Bundesrates, sondern auch zu lasten des Parlaments setzte sich spätestens mit der Jahrhundertwende endgültig durch und war durch liberale Autoren nicht mehr zu verdrängen - falls sie nicht gar auch von ihnen gefördert und gewünscht war. Ausgewiesene Anhänger des wilhelminischen Herrschaftssystems wie Binding und Triepel plädierten für ein starkes Kaisertum. Binding sprach daher auch 1898 vom Kaiser als dem 'Reichsmonarchen'[1511].

Diese Entwicklung mag aufgrund der politischen Überzeugungen der sie voranbringenden Staatsrechtswissenschaftler nicht überraschen, überraschen muß sie aber angesichts der im Positivismus eigentlich angelegten Entwicklungsfeindlichkeit. An sich war der staatsrechtliche Positivismus nicht in der Lage, auf sich ändernde verfassungspolitische Gegebenheiten zu reagieren, so lange sich die verfassungsrechtliche Grundlage, der Verfassungstext, nicht entsprechend änderte. Allein die Wiederbelebung von historischen und gar politischen Überlegungen in der Staatsrechtslehre zeigt jedenfalls auch die spätestens um die Jahrhundertwende einsetzende Abwendung vom formalistischen Positivismus. Die Verschiebung der politischen Gewichte seit 1871 auf der einen und die wenigen formellen Änderungen der Verfassung auf der anderen Seite ließ ein anderes Vorgehen der Staatsrechtslehre jedoch auch gar nicht zu, wollte man sich nicht dem Vorwurf aussetzen, völlig an den Realitäten vorbei zu diskutieren. Außerhalb der Verfassungsurkunde - des positiven Verfassungsrechts - liegende Gesichtspunkte ließen sich nicht mehr länger aus der Betrachtung des Verfassungsrechts ausblenden[1512].

---

1509. So der Titel des Werkes von Friedrich Naumann aus dem Jahre 1900.
1510. Triepel, Heinrich, Unitarismus und Föderalismus im Deutschen Reiche, S. 80.
1511. Binding, Die rechtliche Stellung des Kaisers im heutigen Deutschen Reiche, S. 11.
1512. So schrieb Smend 1916, sein Ziel sei es, gerade mit den Mitteln der Dogmatik "die politische Wirklichkeit im Reich mit den von der Theorie behaupteten Grundlagen des Reichsstaatsrechts in Einklang (zu) bringen", Smend, Ungeschriebenes Verfassungsrecht im monarchischen Bundesstaat, S. 52. Smends Weg zu diesem Ziel besteht darin, die

- insbesondere die Entwicklung Labands

Auch Paul Laband vollzog im Verlauf seiner staatsrechtlichen Betrachtung des Kaiserreiches eine Entwicklung hin zu einer Betonung des Kaisers als dem führenden Organ des Reiches.

Der Kaiser war staatsrechtlich kein Reichsmonarch, so wie die Könige der Einzelstaaten deren Monarchen waren. Zentrales Organ des Reiches war vielmehr der Bundesrat als das Organ der verbündeten Regierungen. Für Laband war das Kaisertum daher zunächst auch nur ein "Amtstitel"[1513], nämlich die Bezeichnung, unter der der König von Preußen das Präsidium des Bundes führte. Laband betonte damit - wie auch der 'Begründer' des Reiches Bismarck - das stark föderale Element des Deutschen Reiches und seiner Verfassung. Da Laband die föderalen Komponenten des Reiches politisch bedingt auch stark betonen wollte, behandelte er das Kaisertum auch entsprechend knapp - im Gegensatz zu seinen Darstellungen des Landesstaatsrecht, wo die Monarchen den ihnen in Labands System gebührenden Platz einnahmen[1514].

Seine betont föderale Darstellung des Reichsstaatsrechts brachte Laband in Schwierigkeiten, als es die auch aus seiner Sicht begrüßenswerte Stärkung der Rolle des Kaisers darzustellen galt.

So stellte er 1876 in der ersten Auflage seines Staatsrechts noch dar, das Reich als juristische Person sei handlungsunfähig und bedürfe eines es vertretenden Trägers der Staatsgewalt. Dieser vertretende Träger der Staatsgewalt war für Laband die Gesamtheit der "verbündeten Regierungen"[1515]. An dieser Position hielt Laband auch in der Folge fest, so daß auf Reichsebene der Bundesrat auch das entscheidende Gesetzgebungsorgan war - im Gegensatz zu den Einzelstaaten, wo diese Aufgabe den Monarchen zukam.

In seinen späteren Auflagen fanden sich aber ergänzende Passagen, die die besondere Position des Kaisers im Reich betonten. Allein ihm stehe die Staatsgewalt des Reiches zu. Dagegen sei der Bundesrat ebenso wie der

---

Beschreibung und Analyse des politischen Prozesses in die Erkenntnis und Durchleuchtung des Staatsrechts einzubeziehen. Das, was in der politischen Praxis allgemein anerkannt ist, erweist sich so auch als verfassungsrechtlich gesollt. Die Dynamisierung der Verfassungs war in ihren Auswirkungen im Kontext der Bismarck-Verfassung durchaus nicht unproblematisch, betont doch Smends Ergänzung der Verfassungsurkunde durch "ungeschriebenes Verfassungsrecht" einseitig die monarchischen und föderalistischen Kräfte und Elemente der Verfassung, vgl. hierzu u.a. Korioth, Integration und Bundesstaat, S. 62, 79.

1513. Laband, Das Staatsrecht des Deutschen Reiches, 5. Aufl., Bd. 1, S. 224.

1514. Dieses "System" findet sich auch bei dem Monarchisten Philipp Zorn, der ebenfalls aus bundesstaatlichen Motiven heraus das Kaisertum eher sporadisch behandelt, jedoch die Rolle des preußischen Königs besonders betont, vgl. Zorn, Das Staatsrecht des Deutschen Reiches, Bd. 1, S. 178 ff.

1515. Laband, Das Staatsrecht des Deutschen Reiches, 1. Aufl., Bd. 1, S. 87 ff.

Reichstag "vollkommen handlungsunfähig"[1516]. Während der Bundesrat als 'Träger der Staatsgewalt' nunmehr "vollkommen handlungsunfähig" sei, stehe dem Kaiser die Staatsgewalt zu, der dadurch auch im Verhältnis zum Bundesrat natürlich wesentlich gestärkt wird.

Laband formulierte nun sogar: "Die Staatsgewalt des Reiches ... kommt ... nur durch den Kaiser ... zur Verwirklichung. Dadurch ist die Stellung des Kaisers der eines Monarchen gleichartig; er hat diejenigen Funktionen, welche nach den allgemein verbreiteten und hergebrachten Anschauungen Attribute der monarchischen Stellung sind und da alle anderen Landesherren von jeder Beteiligung an diesen Funktionen ausgeschlossen sind und das Kaisertum erblich ist, so entsteht der Anschein, als wäre der Kaiser der Monarch des Reiches. Der Gegensatz des Kaisertums gegen das Monarchenrecht besteht nicht in dem verschiedenen Maße der Machtbefugnisse, sondern in der Verschiedenheit des Rechtsgrundes, auf welchem sie beruhen"[1517].

Wenngleich Laband hiermit nach wie vor daran festhielt, daß der Kaiser nur dem Anscheine nach der Reichsmonarch sei, so fand doch eine erhebliche Verschiebung in der Gewichtung der Machtverhältnisse zwischen Bundesrat und Monarch statt. Der nunmehr 'handlungsunfähige' Bundesrat wurde durch den starken Kaiser abgelöst.

Diese Tendenz fand ihren Ausdruck auch in Aussagen Labands wie der Betonung des Kaisers als "sichtbares Symbol der nationalen Einheit"[1518], oder der Feststellung, daß "staatsrechtlich ... die Institution des Kaisertums seit der Errichtung des Reichs unverändert geblieben" sei, "aber die tatsächliche politische Entwicklung ... darüber hinausgeführt" habe[1519]. Der Kaiser sei "nicht mehr der primus inter pares, dessen Vorrang darauf beruht, daß Preußen der größte Bundesstaat ist, sondern die tatsächliche Reichsverfassung selbst hat ihn über die anderen Bundesfürsten erhoben und das 'Bundespräsidium' mit einer Machtfülle ausgestattet, die in Verbindung mit der Erblichkeit geeignet ist, dem Kaisertum den Anschein des Monarchenrechts zu verleihen"[1520]. Laband berief sich auf die "naive Auffassung des Volkes", für das das Kaisertum stets "das sichtbare Symbol der nationalen Einheit, der politischen Machtstellung Deutschlands" gewesen sei, dergestalt, daß keine staatsrechtliche Beweisfüh-

1516. Laband, Das Staatsrecht des Deutschen Reiches, 5. Aufl., Bd. 1, S. 229.
1517. Laband, Das Staatsrecht des Deutschen Reiches, 5. Aufl., Bd. 1, S. 230.
1518. Laband, Die geschichtliche Entwicklung der Reichsverfassung seit der Reichsgründung, S. 14.
1519. Laband, Die geschichtliche Entwicklung der Reichsverfassung seit der Reichsgründung, S. 15.
1520. Laband, Die geschichtliche Entwicklung der Reichsverfassung seit der Reichsgründung, S. 15.

rung den Glauben zerstören könne, "daß ein Reich ohne Kaiser ein politischer Rumpf ohne Haupt wäre"[1521].

Laband machte mithin kaum einen Hehl aus seiner (politischen) Auffassung, wonach der Kaiser der Reichsmonarch sei. Daß dies staatsrechtliche nicht korrekt war, war ihm natürlich bewußt; hielt er doch im Rahmen der reinen Verfassungsinterpretation an diesem Grundsatz fest. Durch die Vermischung jedoch von staatsrechtlicher Interpretation, politischer Deutung und der Offenheit für das monarchische Empfinden des Volkes verschob sich auch bei Laband die Akzentuierung weg von der rein staatsrechtlichen Auslegung hin zu einer allgemeinen Tendenzen entsprechenden Betonung der Position des Kaisers. Dies entsprach zwar Labands politischen Zielen, aber nicht mehr den Grundsätzen 'seines' staatsrechtlichen Positivismus.

### b) Georg Jellinek

Georg Jellinek gehörte zweifellos zu der 'herrschenden Lehre' der Staatsrechtswissenschaft seiner Zeit. Dennoch ist seine methodische Distanz zum (Gesetzes-) Positivismus Labands unverkennbar. So betonte Jellinek in seiner "Allgemeinen Staatslehre", daß die Grundbegriffe des Staatsrechts nicht mit rein logischen Kategorien zu entwickeln seien, sondern "nur unter eingehender Würdigung der konkreten politischen Kräfte ..., welche jene grundlegenden Institutionen ausgestaltet haben"[1522]. Er sah die "soziale Betrachtungsweise des Staates als notwendiges Korrektiv der juristischen", die im Sinne Labands auf Staatsperson und Staatsgewalt bezogen blieb. Davon ging Jellinek ab: "Die Rechtslehre behauptet, daß der souveräne Staat jeder anderen organisierten Gewalt überlegen, keiner untertan sei. Aber den gewaltigen Mächten des sozialen Lebens, die nicht in der Form bewußter Willensmacht wirken, ist der Herrscher selbst untertan. Möge der Jurist sich daher hüten, seine Normenwelt, die das Staatsleben beherrschen soll, mit diesem Leben zu verwechseln. All diese formal-juristischen Vorstellungen von Staatsallmacht, die, hypothetisch aufgestellt, ihre gute Berechtigung haben, verschwinden, wenn man von der Welt der juristischen Möglichkeiten in die Wirklichkeit der Gesellschaft blickt"[1523].

Das sich insgesamt von Labands Methode entfernende Werk Jellineks[1524] führte aber nicht zu einer Neuausrichtung der

---

1521. Laband, Die geschichtliche Entwicklung der Reichsverfassung seit der Reichsgründung, S. 14; vgl. auch ders., Das deutsche Kaisertum, S. 4.
1522. Jellinek, Allgemeine Staatslehre, S. 16.
1523. Jellinek, Allgemeine Staatslehre, S. 125.
1524. Vgl. die Aussage Schückings, Neue Ziele der staatlichen Entwicklung, S. 7: "... ein allgemeiner Umschwung in der Rechtswissenschaft und das Erwachen einer mehr

verfassungspolitischen Linie in der Auslegung des Reichsstaatsrechts. Wie bereits oben angedeutet, war die teilweise zu beobachtende Neuausrichtung der Staatsrechtslehre in Richtung auf die Wiedereinbeziehung politischer und philosophischer Betrachtungen gerade darauf angelegt, die monarchische Komponente in der Verfassung - entgegen dem Wortlaut derselben - zu betonen und zu stärken.

Der von Jellinek - im Gegensatz zu Laband - auch methodisch zu begründende Verfassungswandel führte für ihn nicht zu einer Stärkung des Parlaments, sondern zu einer Stärkung der monarchischen Exekutive auf Kosten der Legislative, womit Jellinek konform ging mit der tatsächlichen verfassungspolitischen Entwicklung im Deutschen Reich. So äußerte Jellinek im Jahre 1906 ganz offen die Überzeugung, daß das Zeitalter des Parlamentarismus zu Ende gehe, noch bevor es in Deutschland die Monarchie verdrängt habe. Für die Parlamente gelte generell, "daß ihr Ansehen und ihre Stärke überall im Sinken begriffen ist"[1525]. Auch Jellinek stand letztlich auf antiparlamentarischem Boden und versuchte das monarchisch geprägte Bild des konstitutionellen Verfassungsverständnisses neu zu begründen.

Zunächst war Jellineks Ausgangspunkt derselbe wie bei Laband: Auch für Jellinek war der Staat als juristische Person konstruiert. Als juristische Person brauche der Staat "Willenswerkzeuge", Organe, die den Staatswillen bilden und den gebildeten Staatswillen umsetzen[1526]. Damit wird deutlich, daß für Jellinek der Staat als solcher souverän war. Er trennte aber zugleich deutlich die Souveränität des Staates von der derjenigen im Staat[1527]. Der souveräne Staat könne auch nur vermittels seiner Organe existieren. Der Staat und die für ihn handelnden Organe stellten eine Einheit dar[1528].

In der deutschen konstitutionellen Monarchie sind für Jellinek unmittelbare, das heißt "kraft der Verfassung"[1529] bestehende Organe - Organe, "deren Wegfall entweder den Staat völlig desorganisierten oder von Grund auf umwälzen würde"[1530] - sowohl der Monarch als auch die Volksvertretung. Parlament und Monarch stünden "im Staate und sind nur aus dem Staat zu erklären"[1531].

---

philosophischen Betrachtung der Dinge, wie es namentlich Jellineks um die Jahrhundertwende erschienene 'Allgemeine Staatslehre' bedeutet, hat auch für das Staatsrecht einen Wandel angebahnt, der wieder eine rechtspolitische Erörterung der staatsrechtlichen Dinge heraufgeführt hat".

1525. Jellinek, Verfassungänderung und Verfassungswandel, S. 68; vgl. unten ausführlicher.

1526. Jellinek, Allgemeine Staatslehre, S. 181; Gesetz und Verordnung, S. 205 ff.

1527. Jellinek, Allgemeine Staatslehre, S. 443.

1528. Jellinek, Allgemeine Staatslehre, S. 546.

1529. Jellinek, System der subjektiven öffentlichen Rechte, S. 223.

1530. Jellinek, Allgemeine Staatslehre, S. 544.

1531. Jellinek, Allgemeine Staatslehre, S. 699.

Die Jellinek'schen Organe sind aber nicht - insbesondere nicht der Kaiser als Individuum - die Träger der Staatsgewalt. Wenngleich der frühe Jellinek die Stellung des Monarchen noch mit dem Begriff des Trägers der Staatsgewalt charakterisiert hatte[1532], lehnte er später den Begriff des Trägers der Staatsgewalt ab: "Träger der Staatsgewalt ist der Staat und niemand anders"[1533]. Für Jellinek war es nur denkbar, die Staatsgewalt als Kompetenz eines Organs zu sehen, nicht aber als Individualrecht des Monarchen; der Monarch könne mithin nur beanspruchen, als Träger einer Organstellung angesehen zu werden[1534]. Wenngleich "höchstes Organ" habe der Monarch doch kein eigenes Recht an der Staatsgewalt, da diese dem Staat selbst gehöre[1535].

Jellinek teilte die (Staats-) Organe nach unterschiedlichen Kriterien ein, wobei für die Stellung des Monarchen und des Parlamentes zueinander folgendes von grundsätzlicher Bedeutung war: Da beide unmittelbare Organe seien,

---

1532. Jellinek, Gesetz und Verordnung, S. 211.
1533. Jellinek, Allgemeine Staatslehre, S. 552; den Begriff des Trägers der Staatsgewalt, den Jellinek verwirft, ist die Formel der spätkonstitutionellen Staatsrechtslehre für das ebenso traditionelle wie vieldeutige monarchische Prinzip. Als Zachariä Mitte des Jahrhunderts den Begriff der Staatssouveränität in das deutsche Staatsrecht einführte, wurde gleichzeitig der Begriff des Trägers der Staatsgewalt zum termicus technicus, der nunmehr die besondere Organstellung des Monarchen im Hinblick auf den zur Rechtsperson gewordenen Staat bezeichnete (Zachariä: "... die Concentration aller Rechte der Staatsgewalt in dem Monarchen", Deutsches Staats- und Bundesrecht, Bd. 1, S. 290). Für Laband ist die Notwendigkeit eines einheitlichen Trägers der gesamten Staatsgewalt bereits ein begriffliches Erfordernis. Vorsichtiger formuliert beispielsweise Georg Meyer, dieser Begriff sei "nur ein juristischer Ausdruck für die Bestimmungen unserer Verfassung, nach welchen der Monarch alle Rechte der Staatsgewalt in sich vereinigt" (Meyer, Lehrbuch des deutschen Staatsrechts, S. 16 Fn. 10 a.E.). Die praktische Konsequenz dieses Begriffes ist für Meyer wie dann für Anschütz, daß er eine Kompetenzvermutung für den Träger des Staatsgewalt begründet (Meyer/Anschütz, Lehrbuch des deutschen Staatsrechts, 7. Aufl., S. 19 Fn. a, 20). Auch der junge Jellinek argumentiert noch so (vgl. System der subjektiven öffentlichen Rechte, S. 141, Fn. 6). Demnach spricht in den deutschen Einzelstaaten eine Vermutung für die Berechtigung des Monarchen, wenn die Kompetenz nicht ausdrücklich der Volksvertretung zugewiesen ist. Entsprechendes wird dann auch für den Bundesrat als dem Organ der Gesamtheit der "verbündeten Regierungen" auf Reichsebene behauptet (vgl. etwa Zorn, Das Staatsrecht des Deutschen Reiches, Bd. 1, S. 88 ff., 145 ff.). Seit Gerber wird diese traditionelle Vermutungsregel dahin verschärft, daß sie "im wirklichen Zweifelsfalle" auch bei Streitigkeiten zwischen Krone und Volksvertretung über den Umfang bestimmter Kompetenzen gehen soll (Gerber, Grundzüge des deutschen Staatsrechts, Beilage II, S. 133). Bei Anschütz findet diese verschärfte Vermutungsregel dann folgende Formulierung: "Hiermit ist aber für die Entscheidung aller Streitfragen über den Umfang der Kronrechte und insbesondere der Kompetenzstreitigkeiten zwischen Krone und Volksvertretung eine Präsumtion geschaffen, welche für die Unbeschränktheit der Krone und gegen die Kompetenz wie aller beschränkten Faktoren, so insbesondere der Volksvertretung streitet", Anschütz, Die gegenwärtigen Theorien über den Begriff der gesetzgeberischen Gewalt und den Umfang des königlichen Verordnungsrechts nach preußischem Staatsrecht, S. 4. Sie stößt auf Kritik insbesondere der liberalen Autoren (vgl. Schulze, Lehrbuch des Deutschen Staatsrechts, Bd. 1, S. 477).
1534. Jellinek, System der subjektiven öffentlichen Rechte, S. 143 ff., S. 147 ff.; Jellinek, Allgemeine Staatslehre, S. 421 ff., 472 ff., 561 f.
1535. Jellinek, Allgemeine Staatslehre, S. 544 ff.

unterschied Jellinek zusätzlich zwischen selbständigen und unselbständigen, primären und sekundären Organen. Der Wille selbständiger Organe besitze unmittelbar verbindliche Kraft für den Staat und die ihm Unterworfenen; dem Willen unselbständiger Organe fehle diese Kraft[1536]. Selbständige unmittelbare Organe seien stets mit staatlicher Herrschergewalt ausgestattet, den unselbständigen fehle sie. Gegenüber dem unselbständigen sei das selbständige Organ das höhere[1537]. Selbständige Organe hätten "imperium"[1538].

Sekundäre Organe stünden zu einem anderen, dem primären Organ selbst, in einem Unterordnungsverhältnis; sie repräsentierten die primären Organe; ihr Wille sei juristisch als der Wille des primären Organs zu qualifizieren[1539]. Demnach könne der Wille des sekundären Organs nur zu dem Willen des mit Imperium ausgestatteten primären Organs hinzutreten. Das "Hinzutreten" des Willens der Kammern in den deutschen Einzelstaaten und des Reichstages zum Willen des Monarchen beziehungsweise des Bundesrates charakterisierte Jellinek dahin, daß ein Willensakt des selbständigen Organs erst mit Zustimmung des unselbständigen Organs rechtserheblich werde. Damit griff Jellinek die Gerber/Labandsche Gesetzgebungslehre in ihren wesentlichen Elementen auf. Zugleich gab Jellinek aber auch den Gedanken auf, daß es einen einheitlichen, auf Monarchen und Volksvertretung gleichermaßen und einheitlich bezogenen Begriff des Staatsorgans gebe.

Jellinek wartete noch mit einer weiteren Klassifizierung der Staatsorgane auf. Seiner Meinung nach bedürfe jeder Staat eines "höchsten Organs". Das sei das Organ, "welches den Staat in Thätigkeit setzt und erhält und die oberste Entscheidungsgewalt besitzt"[1540]. Hinsichtlich des von ihm abgelehnten Topos vom "Träger der Staatsgewalt" hatte Jellinek noch argumentiert, gebe es nur ein Organ, das Träger der Staatsgewalt sein könne, so bestehe die latente Gefahr, daß sich dieses Organ die Souveränität anmaße. Für das "höchste Organ" soll diese Gefahr aber nicht mehr bestehen. Jellinek betonte vielmehr - quasi zur Begründung seiner These - zwei gleichartige nebeneinanderstehende Organe könne es auf Dauer zum Wohle des Staatsganzen nicht geben. Eine Mehrzahl gleichrangiger Organe stürzten den Staat in "Anarchie" und zerstörten ihn. "Alles Leben kann im Einheitsstaate nur von einem Zentrum ausgehen. Wäre es möglich, in einer lebendigen Einheit, wie es der Staat ist, mehrere solcher gleichwertigen Zentren zu schaffen, so wäre schließlich

1536. Jellinek, Allgemeine Staatslehre, S. 548.
1537. Jellinek, Allgemeine Staatslehre, S. 548.
1538. Jellinek, Allgemeine Staatslehre, S. 548, 709 f.
1539. Jellinek, Allgemeine Staatslehre, S. 546 f.
1540. Jellinek, Allgemeine Staatslehre, S. 554.

dauernde Anarchie die Folge solchen Beginnens"[1541]. Für Jellinek mußte es daher in jedem Staat notwendigerweise ein höchstes Organ geben, da Macht immer nach Konzentration bei einem Träger strebe: "In jedem Staat ist das Streben vorhanden, die Staatsgewalt in einem Organe zu konzentrieren, da jedes selbständige Organ nach Macht strebt und nur durch den Widerstand anderer Organe an der Erreichung des Zieles, die höchste Macht zu erringen, gehindert werden kann. In solchem Kampfe wird sich schließlich ein Organ als das mächtigere erweisen, ohne daß deshalb die anderen ganz zurückgedrängt werden müssen"[1542].

Jellinek setzte sich mit der Einführung des 'höchsten Organs', dem Monarchen, dem berechtigten Vorwurf seiner Zeitgenossen aus, den Gedanken der Souveränität des Staates, den Jellinek betonte und den er durch die Begrifflichkeit des "Trägers der Staatsgewalt" gefährdet sah, zu unterminieren. Schon Triepel betonte die Ähnlichkeit dieser Begrifflichkeiten: "Er nennt allerdings dieses höchste Organ nicht Träger der Staatsgewalt. Auf den Namen kommt es ja aber nicht an"[1543]. Im Gegensatz zu Jellinek setzte die zeitgenössische Literatur denn auch die Begriffe vom 'Träger der Staatsgewalt' und vom 'höchsten Staatsorgan' vielfach gleich[1544]. Dies ist der Sache nach gerechtfertigt, denn hier wie dort geht es im Grunde um einen Begriff, der die zentrale Stellung des Monarchen im deutschen Konstitutionalismus ausdrücken sollte.

Der Monarch war für Jellinek immer primäres Organ. Das Volk sei auch in der konstitutionellen Monarchie unmittelbares und primäres Organ[1545]; es habe "seinen Willen an dem des Parlaments. Volk und Parlament sind daher rechtlich eine Einheit"[1546]. Die Volksvertretung sei ein unmittelbares sekundäres Organ[1547]. Das Volk werde in der konstitutionellen Monarchie also nicht von Herrscher, sondern allein von der Volksvertretung repräsentiert.

---

1541. Jellinek, Allgemeine Staatslehre, S. 683; vgl. ebenda, S. 554 f., 549; vgl. auch ders., Gesetz und Verordnung, S. 208: "Zwei Organe mit gleichwertigen Competenzen würden die Einheit des Staates und damit den Staat selbst zerstören". Mit diesen Argumenten kritisierte Max von Seydel Montesquieu, um die Notwendigkeit der strikten Vorrangstellung des Monarchen in der deutschen konstitutionellen Monarchie herauszustellen, vgl. Seydel, Constitutionelle und parlamentarische Regierung, S. 134 ff.

1542. Jellinek, Allgemeine Staatslehre, S. 549.

1543. Triepel, Die Reichsaufsicht, S. 540, Fn 3.

1544. Vgl. z.B. Meyer/Anschütz, Lehrbuch des Deutschen Staatsrechts, 7. Aufl., S. 272 über den Monarchen: "Allerdings nimmt er im Staate eine hervorragende, einzigartige Stellung ein. Er erscheint als oberstes Organ, als Träger der Staatsgewalt".

1545. Die Organstellung des Volkes war allerdings vom "juristischen Standpunkt" aus bestritten; vgl. Meyer/Anschütz, Lehrbuch des Deutschen Staatsrechts, 7. Aufl., S. 269, Fn. 1 m.w.N., S. 330; nach dieser Lehre leitet das Parlament seine Stellung nicht vom Volk, sondern vom Staat ab.

1546. Jellinek, Allgemeine Staatslehre, S. 582.

1547. Jellinek, Allgemeine Staatslehre, S. 546.

Das Verhältnis des Herrschers zum Parlament in der konstitutionellen Monarchie stellte sich nun so dar: Das Parlament sei unselbständiges Organ; sein Wille könne den des Monarchen, der ein selbständiges Organ ist, derart beschränken, daß seine Zustimmung oder nachträgliche Genehmigung erforderlich sei, um den Willensakt des Monarchen rechtlich erheblich zu machen. Der Monarch sei das höhere Organ gegenüber dem Volksorgan; und das höhere Organ gegenüber dem Parlament, aber er könne ihm weder befehlen noch seien die Kammern ihm verantwortlich[1548].

Der Monarch stehe zwar "im Staat" - in der Verfassung -, sei aber dessen einziges handlungsfähiges Willensorgan. In Jellineks Konzeption vom Monarchen als dem höchsten Organ steckte letztlich die Idee, daß der Monarch nach wie vor der "Eine" und einzige sei, der eine gedeihliche Entwicklung des Staates garantieren könne. Jellineks Trennung der selbständigen und der unselbständigen Organe führte unter anderem dazu, daß ein offen monarchistischer Autor wie Philipp Zorn Jellineks Gedanken in seinem Sinne fortführte und erklärte, da nur der Monarch "selbständiges" Staatsorgan sei, könne auch die Volksvertretung nicht als unmittelbares, auf der Verfassungsordnung selbst beruhendes Staatsorgan angesehen werden. Das Parlament übe vielmehr nur ein vom Monarchen abgeleitetes Recht aus[1549]. Es ist dann auch nur noch ein kleiner Schritt, bis die Autoren dem Parlament die Stellung als Staatsorgan ganz bestreiten. Wie Gerber und Laband ging es Jellinek auch darum, die Stellung des Parlaments nicht als eine dem Monarchen gleichwertige innerhalb des diesen beiden Organen übergeordneten Staates zu definieren, sondern den Monarch zum einzigen Willensorgan des Staates zu erklären, zu dem die Volksvertretung von außen - beschränkend - hinzutritt. Das Parlament wurde somit der Freiheitssphäre der bürgerlichen Gesellschaft zugeordnet; eine Sphäre, in der die Gesellschaft vor staatlichen Übergriffen bewahrt wurde, aber nicht mehr an der Staatsgewalt aktiv teilhatte.

Aus seiner Grundhaltung heraus verständlich ist auch Jellineks These, wonach eine Parlamentarisierung des Kaiserreiches unmöglich sei. "Ausgeschlossen aufgrund der geschichtlichen und der gegebenen politischen Verhältnisse ist die parlamentarische Regierung auch im Deutschen Reiche"[1550]. Insbesondere führte Jellinek die föderale Struktur der Reichsverfassung an. Die Einführung des Parlamentarismus nach westlichem Muster sei nur unter Ausschaltung des Bundesrates möglich, was gleichzeitig das Herab-

1548. Jellinek, Allgemeine Staatslehre, S. 544.
1549. Vgl. Zorn, Gesetz, Verordnung, Budget, Staatsvertrag, S. 349.
1550. Jellinek, Allgemeine Staatslehre, S. 706.

sinken der Einzelstaaten zu politisch bedeutungslosen Gebilden bedeute[1551]. Parlamentarismus war für Jellinek nur im unitarischen Staat praktikabel.

Die These von der Unvereinbarkeit von föderalem Staatsaufbau und parlamentarischer Regierungsbildung war keine neue Idee Jellineks. Die Zerstörung der bündischen Grundlage des Reiches im Falle einer Parlamentarisierung war vielmehr gedankliches Allgemeingut im Deutschen Reich. Bismarck hatte diesen Gedanken 1884 in einer von allen verbündeten Regierungen unterstützen Erklärung Preußens im Bundesrat formulieren lassen[1552]. Max von Seydel führte dieses Theorem der Unvereinbarkeit von Föderalismus und parlamentarischer Regierungsbildung in die Staatsrechtslehre ein[1553]. Otto Mayer betonte ebenfalls, die Einzelstaaten würden im "republikanischen Bundesstaat" vom Volk als dem neuen "republikanischen Gesamtsouverän" überspielt[1554]. Der besondere deutsche "monarchische Bundesstaat" war damit eine Form der "Inkompatibilität zwischen Parlamentarismus und Föderalismus"[1555].

Preußische Sonderstellung und Bundesstaatlichkeit machten aus der Perspektive Jellineks den Parlamentarismus im föderalen Deutschen Reich unmöglich. Hierin lag auch eine große verfassungspolitische Schwierigkeit selbst aus der Sicht der Befürworter einer Parlamentarisierung. Eine weitere Hürde auf dem Weg zur Parlamentarisierung war für Jellinek zweifellos auch die Besonderheit des deutschen Parteiwesens, wie es sich herausgebildet hatte. Den deutschen Parteien fehle es an dem Willen, die Regierungsmacht zu ergreifen. Sie gäben sich mit zweitrangigen "Handelsgeschäften", mit der "reinen Binnenregierung" zufrieden: "Die großen deutschen politischen Parteien streben aber nicht nach der Regierung, sondern nach Macht über die Regierung"[1556]. Die deutschen Parteien hätten an einer Änderung der Verhältnisse aber auch deshalb kein Interessen, weil sie "selbst einen Parlamentarismus nach westlichem Vorbild ablehnen. Warum sollten namentlich Konservative und Zentrum eine aus ihrer Mitte hervorgehende Reichsregierung wünschen, da sie auch ohne eine solche im Reiche und den großen Bundesstaaten eine dauernde oder zeitweilig dominierende Stellung einnehmen?"[1557] "Hat das Reich keine parlamentarische Regierung, so ist das

1551. Jellinek, Regierung und Parlament, S. 31, ähnlich, Allgemeine Staatslehre, S. 706; an anderer Stelle - Regierung und Parlament, S. 29 f. - nennt Jellinek den Bundesrat die "eigenthümlichste deutsche Verfassunginstitution".
1552. Erklärung Preußens in der Sitzung des Bundesrates vom 5.4.1884, in: Annalen des Deutschen Reiches, 1886, S. 350 ff.
1553. Seydel, Zur Lehre von den Staatenverbindungen, insbesondere S. 87: die Konsequenz "einheitsstaatlicher Parlamentsherrschaft" sei die Zertrümmerung des Bundes".
1554. Mayer, Republikanischer und monarchischer Bundesstaat, AöR 18, S. 337 ff.
1555. Vgl. Schmitt, Verfassungslehre, S. 333 f., 388 ff.
1556. Jellinek, Regierung und Parlament, S. 35.
1557. Jellinek, Ein Gesetzentwurf betreffend die Verantwortlichkeit des Reichskanzlers und seiner Stellvertreter nebst Begründung, S. 14.

schließlich nur der Beweis dafür, daß der Reichstag sie nicht will oder vielmehr nicht die Kraft hat, sie zu wollen"[1558]. Was 1909 in "Regierung und Parlament" wie eine illusionslose Diagnose für eine offene Entwicklung klang, das schien schon 1906 in "Verfassungsänderung und Verfassungswandel" ein endgültiges Urteil über den deutschen Weg zum Parlamentarismus zu sein: "Kein großes Volk steht seiner Repräsentation so kühl gegenüber wie das deutsche Volk dem deutschen Reichstage, der zu den politisch schwächsten parlamentarischen Gebilden zählt. Das liegt aber keineswegs, wie wohl behauptet wird, an dem Maße des ihm zugebilligten Rechts - mit noch viel geringerem haben kontinentale Parlamente die Herrschaft an sich zu ziehen gewußt - sondern in erster Linie in der Tatsache, daß er, in mehr als ein Dutzend Parteien gespalten, nicht geeignet ist, irgendwie dem einheitlichen Willen der Nation Ausdruck zu geben. ... Die deutsche staatsrechtliche Theorie, welche den Reichstag nicht an den Herrschaftsbefugnissen des Reiches teilnehmen läßt, sondern ihn nur als ein einschränkendes Element zu der mit aller Herrschermacht ausgerüsteten Regierung hinzutreten lassen will, sie entspricht den tatsächlichen Verhältnissen durchaus"[1559].

Wie bereits angedeutet, sah Jellinek in Deutschland keine Zukunft für den Parlamentarismus. Dieser war für ihn keine politisch fortschrittliche Kraft mehr. "Die Parlamente sind ihrem Ursprung nach aristokratische Institutionen. Es sei eine nicht zu verkennende geschichtliche Tatsache, daß die kontinentalen Volkskammern ihre glänzendsten Tage zu der Zeit hatten, als sie aus beschränktem Wahlrecht hervorgingen oder als sie bei noch nicht weit genug vorgeschrittener Demokratisierung der Gesellschaft freiwillig die Führung durch soziale Stellung oder hervorragende individuelle Eigenschaften Ausgezeichneten überließen, wie es etwa in der Paulskirche der Fall war"[1560].

Das in weiten Teilen der deutschen Staatsrechtslehre verbreitete negative Bild des Parlamentarismus war auch gespeist von dem Bild, das man sich vom englischen Regierungssystem gemacht hatte. Die englische Variante wurde vorwiegend als die Herrschaft einer kleinen Parteienoligarchie verstanden. In der staatsrechtlichen Literatur weit verbreitet bis an das Ende des Ersten Weltkrieges war Jellineks Analyse Englands als ein "absolutistisches" Regierungssystem[1561]. Otto von Gierke konstatierte schließlich im Rahmen der "Professorenpublizistik" des Ersten Weltkrieges das Ende des parlamentarischen Regierungssystems in England: "Die staatliche Allmacht, die der Form nach das Unterhaus als Repräsentant des souveränen Volkes erworben hat, ist

1558. Jellinek, Bundesstaat und parlamentarische Regierung, S. 447.
1559. Jellinek, Verfassungsänderung und Verfassungswandlung, S. 57 f.
1560. Jellinek, Verfassungsänderung und Verfassungswandlung, S. 72 f.
1561. Vgl. u.a. Piloty, Das Parlamentarische System; Delbrück, Regierung und Volkswille, S. 69 ff.

in Wirklichkeit auf eine souveräne Kabinettsregierung übergegangen, um schließlich in der Diktatur des jeweiligen Premierministers zu gipfeln." Er fuhr fort, hinter dem Schilde der Demokratie verberge sich in England "eine noch immer vornehmlich auf den Großgrundbesitz und das Großkapital gestützte Oligarchie"[1562].

Nur am Rande sei hier angemerkt, daß sich viele der Argumente, die sich im ausgehenden Kaiserreich gegen das vermeintlich absolutistische England richteten, im Übergang von der deutschen Monarchie zur Republik wiederfanden. Hugo Preuß und viele Demokraten betonten die Gefahr des "Parlamentsabsolutismus" und die damit verbundene Vorstellung, es sei gerade das Parlament, das zur Verwirklichung des "Volksstaates" in Schranken gehalten werden müsse. Ein Beispiel dieser Argumentationslinie ist Fritz Stier-Somlo, der nach scharfer Kritik der englischen Verhältnisse im Ersten Weltkrieg, sowie der bürgerlich-parlamentarischen Klassenherrschaft des Westens und höchstem Lob der deutschen "sozialen" Monarchie[1563], sich in der frühen Weimarer Diskussion gegen die Gefahr eines "hemmungslosen Parlamentsabsolutismus" wehrte, in Preußen gar gegen eine "alles überflutende Landtagsdiktatur." In England halte "eine Politiker-Oligarchie die Leitung des Staates in Händen ..., die bestimmt sein muß, den Gedanken der reinen Demokratie vollständig ad absurdum zu führen"[1564].

Das während des Kaiserreiches existente Englandbild zeigte in seiner tiefen Abneigung gegen den dort vorherrschenden Parlamentarismus spiegelbildlich das Beharren auf die deutsche Form des Konstitutionalismus mit einer betont monarchischen Komponente. Hieran hatte auch Georg Jellinek seinen Anteil.

### c) Otto von Gierke, Hugo Preuß

Otto von Gierke hat sich nie im Rahmen eines Lehrbuches oder einer Monographie mit dem Staatsrecht, insbesondere dem Reichsstaatsrecht befaßt. Dennoch werden seine Vorstellungen über die Stellung des Staatsoberhauptes deutlich. Zu sehr beschäftigten ihn die Themen "Staat - Monarch - Parlament"

---

1562. Gierke, Unsere Friedensziele, S. 14.
1563. Vgl. Stier-Somlo, Grund- und Zukunftsfragen deutscher Politik, S. 325 f.: "Die äußerst demokratischen Gemeinwesen unserer Zeit zeigen in so erschreckendem Maße das Übergewicht einzelner gesellschaftlicher Gruppen und Mächte über die anderen, daß der Beruf der deutschen Monarchie, auch wenn er nicht so fest in der Volksseele verankert wäre, wie es tatsächlich der Fall ist, in das hellste Licht rückt und als die für uns denkbar beste Staatsform erscheint".
1564. Stier-Somlo, Die Lehre von der Gewaltenteilung und die neuen deutschen Verfassungen, ZgesStW, Bd. 77, S. 1 ff.

auch bereits in seiner "Genossenschaftslehre", als daß daraus nicht seine Gedanken zum Ausdruck kämen.

Es handelt sich dabei - gerade auch bei der Deutung der 'deutschen konstitutionellen Monarchie' um Gedanken, die stark an liberale Positionen aus der Mitte des Jahrhunderts, speziell an die in der Paulskirche 1848 vertretenen erinnern[1565]. Seine Deutung der konstitutionellen Monarchie und die daraus abzuleitenden Folgerungen für Monarchie, Parlament und deren Zusammenspiel orientierten sich an der Tradition des Vormärz und der Ideen von 1848 und versuchten dementsprechend, Monarch und Volksvertretung auf gleichberechtigter Ebene miteinander zu harmonisieren. Nationales und konstitutionelles, Monarchie und Volksfreiheit sollten in einem Verfassungsstaat organisch versöhnt werden[1566]. Gierke bündelte noch einmal die klassische liberal-konstitutionelle Staatslehre und ließ sie somit wieder aufleben.

Gierkes zentrale Begriffe waren die von 'Herrschaft' und 'Genossenschaft'. Beide galt es im Rahmen einer Verfassung miteinander zu vereinen. Genossenschaft war dabei für Gierke jede "auf freier Vereinigung beruhende deutschrechtliche Körperschaft", wenn sie selbständige Rechtspersönlichkeit besitzt. Auch der Staat fiel letztlich unter Gierkes Genossenschaftsbegriff[1567]. Freiheit verwirkliche sich gerade in diesen genossenschaftlichen Verbänden.

Gierkes Vorstellungen ergeben sich gerade auch deutlich in seinem Kontrast zu den Positionen Paul Labands. Otto von Gierke, einer der "bedeutendsten Kritiker" Labands[1568], kritisierte unter anderem dessen formaljuristischen Ansatz[1569]. Für Laband war der Staat vor allem monarchischer Verwaltungsstaat, in dem das Parlament - obwohl als Staatsorgan bezeichnet - letztlich dem außerstaatlichen Bereich zugeordnet wurde. Laband identifizierte den Staat mit dem Monarchen als dem Träger der Staatsgewalt, dem er die gesamte Staatsgewalt zuwies, so daß "kein Raum für ein gleich originäres und selbständiges Recht eines zweiten Organs" verbleibe[1570]. Gerade die Implementierung eines solchen zweiten Organs war jedoch Gierkes Intention. Die Staatssouveränität - an der Gierke festhielt - hatte für ihn die Bedeutung, daß der Staat einen über Monarch und Volk hinausgehendes, beide übergreifenden Organismus darstelle.

1565. In diesem Zusammenhang ist wohl nicht unbedeutend, daß Georg Beseler, ein bedeutendes Mitglied der Paulskirche Gierkes Lehrer war.
1566. Vgl. Böckenförde, Die deutsche verfassungsgeschichtliche Forschung im 19. Jahrhundert, S. 149 ff.; Heffter, Die deutsche Selbstverwaltung im 19. Jahrhundert, S. 525 ff.
1567. Gierke, Genossenschaftsrecht, Bd. 1, S. 3.
1568. Stolleis, Geschichte des öffentlichen Rechts in Deutschland, Bd. 2, S. 359.
1569. Vgl. v.a. Gierke, Labands Staatsrecht und die deutsche Rechtswissenschaft.
1570. Gierke, Labands Staatsrecht und die deutsche Rechtswissenschaft, S. 50 f.

So sehr Gierke bereit war, die besondere Stellung des Monarchen anzuerkennen, so wenig hielt er Labands Modell für vereinbar mit dem Wesen der deutschen konstitutionellen Monarchie. In dieser sei die Zusammenarbeit von Monarch und Parlament wesentlich: "Gerade hierin besteht das Wesen des konstitutionellen Staates, in welchem daher in der That der Souverän nicht der 'alleinige' Träger der Staatsgewalt ist, sondern 'Mitträger' derselben anerkennt. Indem Laband das Gegenteil behauptet, wirft er mit dem falschen Konstitutionalismus zugleich den wahren Konstitutionalismus vor die Tür!"[1571] Labands Staatsvorstellung sei allein auf Herrschaft, auf Befehl und Gehorsam abgestellt: "Daß der Staat seinem Wesen nach Herrschaft ist, hat der Verfasser richtig erkannt und bis ins Einzelne festgehalten. Daß der Staat aber seinem Wesen nach auch Genossenschaft ist, dafür fehlt ihm das Verständnis. ... Nur was in die Formel von 'Befehlen und Gehorchen' hineinpaßt, ist ihm echter und spezifischer Stoff von staatsrechtlichen Befugnissen und Verbindlichkeiten"[1572]. Auch Laband biege - wie Gerber - "in staatsabsolutistische Bahnen ein"[1573].

In Abkehr von Laband und in Erneuerung - traditioneller - liberal-konstitutioneller Vorstellungen betonte Gierke vielmehr immer wieder, daß es konstitutionellen Grundsätzen entspreche, König und Volk, Einheit und Freiheit, Herrschaft und Genossenschaft miteinander zu vereinen[1574]. Die konstitutionelle Monarchie war für ihn Ausdruck der "Versöhnung der geschichtlich ererbten Obrigkeit mit der volksmäßigen Grundlage des genossenschaftlichen Gemeinwesens"[1575]. Monarch und Volk stünden beide in dem sie umgreifenden Verfassungsstaat: "Der repräsentative Verfassungsstaat ... ist ein die genossenschaftliche Grundlage (die Staatsbürgergenossenschaft) und die obrigkeitliche Spitze (die Monarchie) organisch, d.h. nicht als Summe, sondern als eine neue lebendige Einheit verbindendes Gemeinwesen"[1576]. Die von Heinrich Rosin 1883 veröffentlichte Umschreibung des Verständnisses der deutschen konstitutionellen Monarchie hätte auch von Otto Gierke stammenden können: "Das Wesen des Konstitutionalismus besteht nun darin, daß es neben dem herrschaftlichen Element in der Organisation des Staates das genossenschaftliche gleichfalls zur Geltung bringt, indem es neben dem Könige ein gleiches unmittelbares Organ schafft, welches im wesentlichen aus Wahlen des Volkes hervorgeht. Als die harmonische Vereinigung des herrschaftlichen

1571. Gierke, Labands Staatsrecht und die deutsche Rechtswissenschaft, S. 51.
1572. Gierke, Labands Staatsrecht und die deutsche Rechtswissenschaft, S. 34 f.
1573. So Gierke über Gerber, in: Besprechung Landsberg, S. 360.
1574. Vgl. u.a. Gierke, Johannes Althusius, S. 210; ders., Die Grundbegriffe des Staatsrechts, S. 29, 34; ders., Naturrecht und deutsches Recht, S. 29 f.; ders., Das Wesen der menschlichen Verbände, S. 12 ff.; ders., Recht und Sittlichkeit, S. 261 ff.
1575. Gierke, Der germanische Staatsgedanke, S. 22.
1576. Gierke, Genossenschaftsrecht, Bd. 1, S. 833.

und genossenschaftlichen Elements im Staate ist die konstitutionelle Monarchie die höhere Einheit über den Gegensätzen der herrschaftlichen Organisation der absoluten Monarchie und der genossenschaftlichen Organisation der demokratischen Republik und entspricht als solche gerade dem deutschen Geiste, welcher in dem menschlichen Gemeinwesen von je nach der Vereinigung der Herrschafts- und Genossenschaftsidee gestrebt hat"[1577].

In der Tradition der historischen Schule betonte Gierke, daß der Staats- und Herrscherwille "nicht die letzte Quelle des Rechts" sei, "sondern das berufene Organ des Volkes für den Ausspruch des vom Volksleben hervorgebrachten Rechtsbewußtseins"[1578]. Für Gierke war der Staat nicht allein der monarchisch-bürokratische Apparat, sondern ein Gemeinwesen, in das die Volksvertretung selbstverständlich neben den Monarchen zu integrieren sei, in dem diese beiden Organe - im Rahmen der Gesetzgebung - zusammen "das rechtschaffende Gesamtorgan" bildeten[1579].

Diese Abgrenzung von Laband ist nun keineswegs dahingehend zu verstehen, daß Gierke eine grundlegende Reform der Reichsverfassung angestrebt hätte. Vielmehr sah er sich argumentativ auf dem Boden der Verfassung und der "deutschen konstitutionellen Monarchie", die ihm - seinen verfassungsrechtlichen und -politischen Maximen nahekommend - als gelungene Versöhnung von Volksfreiheit und Königtum galt[1580]. Wenn er damit den Boden der Reichsverfassung nicht verlassen wollte, wird zugleich deutlich, daß Gierkes Verständnis des Konstitutionalismus keineswegs eine - wie bei Hugo Preuß geschehen - demokratische Reform der Verfassung erzwang. So griff unter anderem Kurt Wolzendorff 1917 im Sinne Gierkes auf ein "organisches" Miteinander von Volk und Monarch zurück[1581].

Dabei sollte der Monarch durchaus im Zentrum des Staatswesens bleiben, allerdings sei er "nicht mehr Fürst aus eigenem Recht, sondern Fürst durch das Recht des Staates"[1582]. Der Monarch stehe wie das Parlament im Staat und sei auch nicht mehr alleiniger Träger des staatlichen Lebens: "Denn wenn das Leben des Staates in jedem seiner Glieder pulsiert, gibt es weder schlechthin nur herrschende, noch schlechthin nur beherrschte Unterthanen, sondern auch am Staat teilhabende Staatsbürger". Dem stehe nicht entgegen, daß der Monarch eine besondere, herausgehobene Organstellung besitze: "Insbesondere liegt im Wesen der Monarchie, daß eine Person allen anderen

1577. Rosin, Souveränität, Staat, Gemeinde, Selbstverwaltung, S. 313 f.; über Rosins Bezüge zu Gierke und seine Verwurzelung in der Genossenschaftslehre, Hollerbach, Zu Leben und Werk Heinrich Triepels, S. 371 ff.
1578. Gierke, Die Grundbegriffe des Staatsrechts, S. 31.
1579. Gierke, Genossenschaftsrecht, Bd. 1, S. 829.
1580. Vgl. insbesondere Gierke, Das alte Reich und das neue Reich.
1581. Vgl. Wolzendorff, Vom deutschen Staat und seinem Recht, S. 40 ff.
1582. Gierke, Genossenschaftsrecht, Bd. 1, S. 828.

Staatsgliedern gegenüber eine specifische und eigenthümliche Bedeutung für den Staatskörper hat. Der Monarch erscheint nicht als ein gewöhnliches Staatsglied, das nur durch die Verfassung zu einem hauptsächlichen Organ des Staatslebens erhoben wird, sondern er erscheint als das Haupt des Staatskörpers, als ein von vornherein besonders qualifiziertes, schlechthin wesentliches, durch seine innere Natur zu hervorragender Thätigkeit für das Ganze berufenes Glied"[1583]. Das Parlament stelle dann "das die Vielheit gegen die Einheit vertretende, überwachende Organ" dar, das aber - ganz wesentlich - an der Gesetzgebung beteiligt sei[1584]. Das Parlament sollte also für Gierke ein selbstverständliches Glied des staatlichen Organismus sein. Ihm komme - ebenso wie dem Monarchen - eine bestimmte Funktion innerhalb des Gemeinwesens zu. Damit verlöre natürlich der Monarch seine besonders exponierte Stellung im Verhältnis zum Parlament. Eine auf Gleichgewicht und Verständigung angelegte Staatslehre war das Ergebnis.

Gierke bekämpfte nicht nur Labands einseitig auf den Monarchen ausgerichtetes Staatsverständnis, sondern auch den Ansatz westlicher-demokratischer Vorstellungen, den der Volkssouveränität. So sehr er die Ergänzung des bürokratisch-obrigkeitsstaatlichen Elements - wie es von der herrschenden Lehre um Laband betont wurde - um die Integration der Volksvertretung, der Selbstverwaltung oder der Verwaltungsgerichtsbarkeit befürwortete, so wenig strebte er doch die radikale Umgestaltung der konstitutionellen Monarchie an. Der von ihm angestrebte 'organische' Staatsaufbau bedeutete für ihn gerade die Verknüpfung von monarchisch-obrigkeitlicher Spitze mit der Genossenschaft der Bürger, um so zu einem Gleichgewicht von Herrschaft und Genossenschaft zu kommen. Eine Demokratisierung des deutschen konstitutionellen Systems strebte Gierke damit aber nicht ab. Schon das Kaiserreich war für ihn ein genossenschaftlicher Staat: "So ist der anstaltliche Staat des absolutistischen Zeitalters in den genossenschaftlichen Staat der Gegenwart übergeführt"[1585]. Gierkes Verteidigung des deutschen Konstitutionalismus wurde dann auch zum Ende des Kaiserreiches, speziell im Ersten Weltkrieg immer deutlicher und systemstabilisierender. Dabei wendete er sich nicht zuletzt gegen seinen Schüler Preuß, der aus Gierkes Begriffen von Genossenschaft und Herrschaft das Gegensatzpaar vom "Volkstaat" und dem "Obrigkeitsstaat" bildete und zur Auflösung dieser Antithese Parlamentarisierung und Demokratisierung forderte: "Allein auf einem Mißverständnis beruht die im Sinne des demokratischen Zuges der Zeit erhobene Forderung, daß der

---

1583. Gierke, Die Grundbegriffe des Staatsrechts, S. 120.

1584. Gierke, Genossenschaftsrecht, Bd. 1, S. 819; an anderer Stelle - Das alte und das neue deutsche Reich, S. 26 f. - betont Gierke in diesem Zusammenhang gerade auch die Paulskirchentradition.

1585. Gierke, Die Steinsche Städteordnung, S. 63.

angeblich bisher bei uns bestehende 'obrigkeitliche Staat' durch den 'genossenschaftlichen Volksstaat' ersetzt werde. Unser Staat hat längst das Durchgangsstadium überwunden, während dessen er als eine über und außer der Volksgesamtheit konstituierte Anstalt für das Volkswohl erschien, und er ist mit der Zurückverlegung seiner Daseinsgrundlage in die Volksgenossenschaft zur Körperschaft geworden, die in Haupt und Gliedern lebt und sie zur Gesamtpersönlichkeit eint. Allein er hat in geschichtlicher Kontinuität als ein seinem körperschaftlichen Bau eingefügtes Element die anstaltliche Prägung der Obrigkeit übernommen, die in unserer starken Monarchie ihr selbständiges Zentrum findet. Versteht man unter 'Obrigkeit' den Staat, in dem eine solche nicht von der genossenschaftlich verbundenen Gesamtheit abgeleitete und von ihr unabhängige Herrschergewalt sich frei betätigt, so wollen wir ihn nicht missen"[1586]. Gierke sprach sich nach dem Zusammenbruch auch für eine feste, "von Tagesströmungen und Parteiinteressen unabhängige germanische Obrigkeit" aus[1587].

Belebte Otto von Gierke noch einmal jene klassisch liberale Position eines "wahrhaft konstitutionellen" Verfassungssystems, die vom Vormärz bis in die sechziger Jahre des 19. Jahrhunderts die Staatsrechtslehre beherrscht hatte, so schrieb Hugo Preuß, ein Schüler Gierkes, dessen genossenschaftliche Lehre fort.

Sah Gierke im Kaiserreich noch eine gelungene Verknüpfung des monarchischen mit dem genossenschaftlichen Element, ging Preuß einen Schritt weiter und sah in der Verfassung die widerstreitenden Elemente der "Anstalt", des "Obrigkeitsstaates" auf der einen, der "Körperschaft", des "Volksstaates" auf der anderen Seite. Preuß interpretierte den der Verfassung zugrundeliegenden 'konstitutionellen' Kern historisch als Nachfolger des bürokratisch-obrigkeitlichen Fürstenstaates, "trotz der modern konstitutionellen Reparaturen am alten Obrigkeitsbau"[1588].

Demgegenüber strebte er 'englische Verhältnisse' an, die er wie folgt beschrieb: "Selbstregierung der lokalen Genossenschaft in Stadt und Grafschaft, und Selbstregierung der großen communa communarum, der nationalen Genossenschaft in der parlamentarischen Staatsverfassung"[1589]. Preuß strebte mithin nach der genossenschaftlichen Selbstregierung, die im nationalen Parlament ihre Vollendung finde[1590]. Damit einher ging ein entscheidender Be-

1586. Gierke, Recht und Sittlichkeit, S. 261.
1587. Gierke, Der germanische Staatsgedanke, S. 26.
1588. Preuß, Staat und Stadt, S. 95.
1589. Preuß, Staat und Stadt, S. 95.
1590. Vgl. hierzu auch Gilg, Die Erneuerung des demokratischen Denkens im Wilhelminischen Deutschland, S. 102.

deutungsverlust des Monarchen. Seine organschaftliche Stellung sollte nur noch die eines "Theilwilles des staatlichen Gemeinwillens" sein[1591].

Mehrere staatliche Organe könnten auch stets nur gemeinschaftlich den Staatswillen bilden. Im Verfassungsstaat sei die Existenz mehrerer voneinander abgrenzbarer Organe erforderlich. "Die Differenzierung der rechtlich normierten und organisierten Äußerungen des Gemeinwillens durch eine Mehrheit von Organen ist im Gegensatz zum absoluten Staate das begriffliche Wesen des verfassungsmäßigen Rechtsstaates. Damit ist jene Mehrheit von Willen gegeben, welche die Voraussetzung für die Wirksamkeit des Rechts als der Abgrenzung von Willenssphären ist. Es gibt keine rechtlich unbeschränkte Macht mehr; sondern alle Befugnisse aller Organe sind Rechtsmacht, Kompetenz. Mit der Existenz einer Mehrheit von Organen fällt jene Identifizierung des rechtlich wirksamen Gemeinwillens mit einem Organwillen. ... Der Gemeinwille steht jetzt hinter der Gesamtheit der Organe: er ist mit keinem von ihnen identisch, und doch ist er ihnen kein fremder Wille; Vielmehr kommt in der rechtlich organisierten Gesamtheit der Organwillen der Gemeinwille zu rechtswirksamen Ausdruck"[1592].

Der Gemeinwille sollte nicht mehr allein durch ein Organ gebildet werden können. Einen ähnlichen Ansatz sah er zwar auch in der Interpretation der Reichsverfassung angelegt, die ebenfalls über den Elementen monarchische Regierung und Parlament den einheitlichen Staatsbegriff konstruiere, jedoch sei "diese Einheitlichkeit real eben nicht vorhanden". Daher "identifiziert sich im Bedarfsfalle dieser 'Staat' schließlich immer wieder mit der 'Regierung', der vielgliedrigen Beamtenhierarchie. Es ist im Grunde der alte Obrigkeitsstaat, zu dessen mancherlei Sorgen nur noch die hinzugetreten ist, sich mit einer Volksvertretung abfinden zu müssen"[1593].

Preuß löste damit die bei Gerber und Laband monolithisch durch den Monarchen erfolgte Staatswillensbildung ab durch vielfältig gegeneinander abgegrenze Organsphären, von denen keine allein den Gemeinwillen bilden und wiedergeben könne. Preuß suchte somit letztlich "sowohl der Macht des Fürsten wie der des Volkes Schranken zu ziehen"[1594].

Dementsprechend sollten sich auch in der von Preuß ganz entscheidend mitgestalteten Weimarer Reichsverfassung Reichstag und der direkt vom Volk gewählte Reichspräsident beschränkend gegenüberstehen. Preuß sprach in diesem Zusammenhang von einem "echten Parlamentarismus", in dem es "zwei einander wesentlich ebenbürtige höchste Staatsorgane" geb. Zwischen dem direkt gewählten Reichspräsidenten und dem Parlament trete die Regierung als

1591. Preuß, Gemeinde, Staat, Reich, S. 255.
1592. Preuß, Über Organpersönlichkeit, S. 589.
1593. Preuß, Staat und Stadt, S. 96.
1594. Schmitt, Hugo Preuß, S. 9.

"bewegliches Glied". Die Regierung wird von dem Präsidenten ernannt und bedarf zu ihrer Amtsführung des Vertrauens des Reichstages. Im Falle eines Konfliktes zwischen Präsident und Parlament ist es am Volk, die Entscheidung - über Neuwahlen des Reichstages, den der Präsident hierzu auflösen kann - herbeizuführen.

d) weitere Autoren

Die Bandbreite der staatsrechtlichen Autoren während des 'Kaiserreiches' ging natürlich weit über die bisher erwähnten hinaus. Im Folgenden sollen ergänzend noch stichwortartig einige andere Staatsrechtslehrer zu Wort kommen, die ebenfalls nicht unerheblichen Anteil an der staatsrechtlichen und staatspolitischen Meinungsbildung dieser Zeit hatten.

Ein bedeutender Exponent der Staatsrechtslehre seiner Zeit war zweifellos der bereits erwähnte Albert Hänel. Er stellte der herrschenden formaljuristischen Staatspersönlichkeitslehre die mit Gierkes Genossenschaftslehre verwandte Auffassung des Staates als "korporativem Verband" entgegen[1595]. Sowohl als parlamentarischer Politiker wie auch in seinen wissenschaftlichen Arbeiten nahm Hänel eine Position ein, die die Weiterentwicklung des monarchischen Konstitutionalismus im parlamentarischen Sinne ermöglichte.

Dabei stellte für ihn die Paulskirchenverfassung den "einzigen und maßgebenden rechtshistorischen Anknüpfungspunkt" für das Verständnis der geltenden Reichsverfassung dar[1596]. Durch die Gründung des Deutschen Reiches sei eine neue staatliche Einheit entstanden, ein eigenes politisch-organisatorisches Gebilde, das seine legitimierende Kraft in Parlament und Kaisertum finde. Hänels Bundesstaatsverständnis orientierte sich an der liberal-konstitutionellen und zentralistischen Verfassung der Paulskirche mit ihrer Zielsetzung, eine große, einheitliche Nation zu schaffen.

Nach Hänels Überzeugung war in der Verfassung das konstitutionelle System zugrundegelegt, jedoch müsse unter Bismarcks Führung jeder Versuch, "mit ihm das konstitutionelle System zur Geltung und zur Durchführung zu bringen, scheitern"[1597]. Damit meinte Hänel wohl dessen Festhalten an der föderativen Verfassungsstruktur, verbunden mit der de lege lata schwachen Stellung des Kaisers.

---

1595. Hänel, Deutsches Staatsrecht, Bd. 1, S. 96 ff.
1596. Hänel, Deutsches Staatsrecht, Bd. 1, S. 11; dazu auch Kühne, Die Reichsverfassung der Paulskirche, S. 63.
1597. Hänel, Stenographische Berichte des deutschen Reichstages, 1876, S. 936 ff.

Im Unterschied zum "einseitigen Herrschaftsverhältnis" des absoluten Staates, werde der konstitutionelle Staat nach Hänels Verständnis von einem zweiseitigen "Rechts- und Pflichtverhältnis" geprägt, das von Monarch und Parlament bestimmt sei. Insoweit knüpfte Hänel auch an ältere Vorstellungen an, ohne aber von einer Monarch und Volk umgreifenden sittlichen Ordnung auszugehen. Die Volksvertretung sei nicht auf Mitwirkung an der Gesetzgebung zum Schutz bürgerlicher Freiheiten beschränkt, sondern nehme vielmehr an allen bedeutsamen Angelegenheiten des Staates teil und besitze vielfältige Kontrollrechte gegenüber der Verwaltung. Die gesetzgeberische Willensbildung sei nur eine ihrer Aufgaben, und diese Aufgabe sei nicht materiell definierbar. Das Gesetz sei "eine abstrakte Form, ... um jeden materiellen Inhalt gewinnen zu können"[1598]. Hänel trat damit dem durch die herrschende Lehre definierten Gesetzesbegriff und der Trennung in formelle und materielle Gesetze entgegen. Dies erfolgte bei Hänel aus einem politisch motivierten Anlaß heraus, wollte Hänel doch damit verhindern, daß sich monarchisch-bürokratischer Staat und bürgerliche Gesellschaft strikt gegenüberstehen. Hänel strebte die Stärkung der politischen Mitwirkung der Bürger im Staat an.

Hänels Ziel der Stärkung der Rolle des Parlaments im Machtgefüge zwischen Monarch und Parlament erforderte daher zunächst die Stärkung des unitarischen Elements der Verfassung, und damit der des Kaisers. Er plädierte für eine "partnerschaftliche Interessenverbindung" von Kaiser und Reichstag. Er ging davon aus, daß das Kaisertum ein "defektes" und "zu schwach konstituiertes" sei, da es nicht "ein entsprechendes Gegengewicht gegenüber der monarchischen Zusammenfassung der Staatsgewalt in den Einzelstaaten" sei. Er traute ihm nicht zu, jene "sammelnde, einigende, konzentrierende Gewalt mit Sicherheit üben zu können, die wir in einem so großen Reich wie dem deutschen Bundesstaat nicht entbehren können"[1599]. Diese Integrationsfunktion - auch ein entscheidendes Motiv, einen 'Kaiser' in der Verfassung zu integrieren - war für Hänel die Hauptaufgabe des deutschen Kaisers. Das Kaisertum sollte den Bundesstaat vor den partikularistischen Gefahren bewahren: "Auch heute ist es das oberste Symbol für die Einheit des Vaterlandes"[1600]; "aber das Wahrzeichen alter Herrlichkeit empfängt neues Leben und nachhaltige Kraft durch die Ausschließlichkeit seines nationalen Berufes"[1601]. Diese nationale Komponente erforderte nach Hänels Auffassung die Stärkung der kaiserlichen Stellung in der Reichsverfassung - aber es war für Hänel auch der einzige Bereich, in dem dies der Fall war. Während er auf der einen Seite die Stärkung des Stellung des Kaisers im Hinblick auf das -

---

1598. Hänel, Das Gesetz im formellen und materiellen Sinne, S. 159.
1599. Hänel, Stenographische Berichte des deutschen Reichstages, 1881, S. 212.
1600. Hänel, Das Kaiserthum, S. 16.
1601. Hänel, Der 18. Januar 1871, S. 11.

gesamtstaatliche - Reichsinteresse betonte, forderte er gleichzeitig, etwa den Gesamtkomplex der Organisationsgewalt im Reich aus dem Katalog der allein dem Kaiser zustehenden Machtbefugnisse herauszulösen und der Mitentscheidung des Parlaments zu unterstellen[1602].

Hänel betonte stets die Bedeutung des Parlaments im Rahmen der Willensbildung des Staates. So beruhe die "Lehre, daß die notwendige Einheit und die Planmäßigkeit der Leitung und die Planmäßigkeit des Zusammenwirkens der Organe ... ausschließlich durch die rechtliche Konzentrierung aller Rechte der Staatsgewalt in einem Hauptorgan bewirkt werden könne, ... auf einer politischen Doktrin, welche in unauflöslichem Widerspruch mit den positivrechtlichen Verfassungen steht"[1603].

Es war Hänel, der in seiner verfassungsrechtlichen Studie "Die organisatorische Entwicklung der Deutschen Reichsverfassung" die Verschiebung im Verfassungsgefüge aufdeckte, die im Rahmen der Verhandlungen von Bismarcks Verfassungsentwurf für den Norddeutschen Bund durch das "Amendement Bennigsen" eingetreten seien. Es war Hänels Erkenntnis, daß mit dem "Amendement Bennigsen" die Ausgliederung der Bundesexekutive aus der Sphäre des Bundesrates und der preußischen Regierung verbunden war, die eine grundlegende, allerdings unfertige Umwälzung im gesamten ursprünglich geplanten Verfassungssystem mit sich brachte. Sie sei künftig mit der vollständigen Ausgestaltung des Kaisertums als "selbständiger Organisation" der Reichsexekutive zu Ende zu führen. In diesem Sinne befürwortete er als "wesentlichste" Zukunftsaufgabe die Ausstattung der kaiserlichen Gewalt mit dem vollen konstitutionellen Veto, ihre Aufwertung zu einem selbständigen Faktor im Gesetzgebungsverfahren. Bezeichnend ist dabei, daß er das materielle Veto des Kaisers am Ende des Gesetzgebungsverfahrens auch für notwendig erachtete, um eine Erweiterung der konstitutionellen Verantwortlichkeit des Kanzlers gegenüber dem Reichstag zu erreichen. So läßt sich bei Hänel insgesamt das Bild eines Liberalen erkennen, der die parlamentarische Fortentwicklung der Reichsverfassung anstrebte, um den in ihr - und im liberalkonstitutionellen Denken - angelegten Dualismus von monarchischer und parlamentarischer Gewalt, von föderalen und unitarischen Elementen, von bürgerlicher Freiheit und obrigkeitsstaatlicher Machtorganisation zu realisieren.

Hänel bezeichnete daher in Abgrenzung zur herrschenden staatsrechtlichen Lehre um Laband, aber auch in Abgrenzung zur verfassungspolitischen Handhabung, das Parlament als den eigentlichen "Sitz der staatlichen Freiheit", als Ort des Ausdrucks der Interessen des Volkes und damit des Staates schlechthin[1604].

---

1602. Hänel, Stenographische Berichte des deutschen Reichstages, 1881, S. 209 ff.
1603. Hänel, Deutsches Staatsrecht, S. 93.
1604. Hänel, Stenographische Berichte des deutschen Reichstages, 1878, S. 321 ff.

In diesem Zusammenhang ist auch Hänels Interpretation des Budgetgesetzes relevant. Hänel lehnte zwar eine Beschränkung der kaiserlichen Kompetenzen zugunsten des Parlaments, insbesondere der monarchischen Vorbehaltsrechte, ab. Dies lag aber auch daran, daß der Kaiser über seinen verantwortlichen Kanzler zwar nicht zur Rechenschaft gezogen, aber in der Ausübung der monarchischen Exekutive doch weitgehend kontrolliert werden konnte, zumal gerade das verfassungsmäßige Budgetrecht eine weitgehende Kontrolle und Aufsicht durch das Parlament gewährleistete. Diese Kontrolle gab es natürlich nur dann, wenn man die Handhabung des Budgetrechts so verstand, wie Hänel dies mit seiner liberalen Grundeinstellung tat und im Budgetrecht des Parlaments unter einer konstitutionellen Verfassung das entscheidende verfassungsmäßige Machtmittel zur Einflußnahme auf die monarchische und bürokratische Exekutive sah.

Während Laband das Haushaltsgesetz aus dem Gesetzgebungsverfahren 'herausnahm' und somit das Abhängigkeitsverhältnis der Regierung vom Parlament lockerte, bekräftige Hänel die liberale Auffassung, daß erst durch das - unter Mitwirkung des Parlaments zustandekommende - Budgetgesetz der rechtliche Maßstab, die die Verantwortlichkeit der Regierung gegenüber dem Parlament, festgesetzt werde[1605]. Aus dieser Feststellung folgte für ihn, daß das Haushaltsgesetz - jedenfalls seiner rechtstheoretischen Natur nach - Rechtssätze, objektives Recht enthalte, das zeitlich begrenzte organschaftliche Rechte begründe und Verantwortlichkeiten spezifiziere, die ohne es nicht bestünden. Hänels Überlegungen in diesem Zusammenhang sollten die grundsätzliche Bedeutung des Parlaments im staatlichen Gesamtgefüge - auch in Abgrenzung zum Monarchen - betonen. Zugleich muß Hänel, ganz Realist, angesichts der tatsächlichen politischen Machtverhältnisse des preußischen Verfassungskonfliktes resignierend feststellen: "Hier bricht im Widerspruch der deutsche Rechtsstaat kurzerhand ab; Macht geht vor Recht"[1606].

Das änderte aber nichts an Hänels Grundeinstellung. Über das konstitutionelle System sagte er, es handele sich hierbei "nicht etwa nur (um) eine theoretische Erfindung ... oder eine Ausgeburt bestimmter politischer Pläne; es ist nicht nur eine andere Machtverteilung, die den demokratischen Strömungen mehr Rechnung trägt, nein, das konstitutionelle System ist an erster Stelle eine Abwälzung der Verantwortlichkeit auf die breiten Schichten des Volkes, das heißt auf seine Vertretung. Es ist eine wesentliche Erleichterung der Regierungsmaschine. Niemals würde in unseren komplizierten Kulturverhältnissen unsere Regierung das leisten können, was sie ... leisten kann unter Mitwirkung der Volksvertretung"[1607]; "Weil die Regierungen sich irren können,

1605. Hänel, Das Gesetz im formellen und materiellen Sinne, S. 330 ff.
1606. Hänel, Das Gesetz im formellen und materiellen Sinne, S. 353.
1607. Hänel, Stenographische Berichte des deutschen Reichstages, 1890/91, S. 111.

... haben wir nach unserer Verfassung ... den Grundsatz, daß sie sich der Volksvertretung als ihres Rates zu bedienen haben"[1608]. Diese Bemerkungen lassen erkennen, daß es Hänel bei der Frage nach den verfassungsrechtlichen Grundprinzipien des konstitutionellen Staates nicht um das Problem einer Entscheidung zwischen Parlament und Monarch, zwischen Volkssouveränität und monarchischem Prinzip ging, sondern um die Sicherung der verfassungsmäßigen Rechte des Parlaments, den verfassungsmäßigen Ausgleich beider Pole.

Was Hänel verfassungspolitisch wünschte und dogmatisch offenzuhalten versuchte - den politischen Mitwirkungsanspruch eines selbstbewußten Bürgertums - setzte sich in der Staatsrechtslehre jedoch nicht durch und war spätestens nach der Jahrhundertwende nicht mehr vorhanden.

Von Joseph von Held, dem Würzburger Staatsrechtslehrer, war bereits im Zusammenhang mit dem Werk Paul Labands die Rede. Held schloß in seinem Verfassungsabriß aus dem Jahre 1872 aus der komplizierten materiellen Rechtslage, daß das deutsche Kaisertum etwas Unfertiges und auch Widersprüchliches sei. Diese Widersprüche erforderten Lösungen, weshalb auch Änderungen der Verfassung im Hinblick auf den Kaiser unausweichlich seien. Die zu erwartenden Veränderungen könnten insbesondere nur in zwei entgegengesetzten, alternativen Richtungen verlaufen, entweder forme man aus dem status quo ein wahrhaft monarchisches Kaisertum oder aber die Zukunft bringe eine republikanische Präsidentschaft. Die Wahl fiel Held nicht schwer: Die Begründung und Erhaltung einer wirklich starken deutschen Monarchie biete nicht allein die beste, sondern die absolut notwendige Garantie für die Zukunft der deutschen Nation[1609]. Dieses bereits 1872 erschienene Werk zeigte deutlich die Dynamik, die in die Verfassungsnormen bezüglich des Kaisers hineininterpretiert werden konnte - eine Dynamik, gegen die sich der Positivismus Labands ja stets wehrte. In seinem späteren Werk wich Held bei der Frage der juristischen Positionierung der Stellung des Kaisers - wohl bewußt - in nationales Pathos aus: "Denn man fühlte und fühlt noch, selbst ohne genaueres Verständnis des Details des Verhältnisses, daß es dem Rang und Gewicht der deutschen Nation und dem rechtlichen Charakter ihrer neuen Einigung entspreche, wenn ihr Oberhaupt die Kaiserkrone trage. Die durch die Geschichte geheiligte Sinnesart der Deutschen, sich als ein kaiserliches Volk zu fühlen, findet und fand in dieser Erhebung, welche weder auf veraltete Ideen zurück-, noch auf utopistische Zukunftspläne vorausgreift, eine mächtige Genugtuung, die selber wieder für die Kraft der inneren Einigung befruchtend wirken wird, ohne die gesunde Selbständigkeit der Teile zu schädigen"[1610].

---

1608. Hänel, Stenographische Berichte des deutschen Reichstages, 1882/83, S. 1810.
1609. Held, Die Verfassung des Deutschen Reiches vom staatsrechtlichen Standpunkt aus betrachtet, S. 98 f.
1610. Held, Das Kaisertum als Rechtsbegriff, S. 34.

Auch Gerhard Anschütz hielt - wie Laband - formal daran fest, daß der Kaiser kein "Reichsmonarch" sei. Dennoch betonte er zu Beginn des Jahrhunderts die Bedeutung des Kaisers im Spannungsgefüge der Organe, speziell zum Reichstag: Der im Reichstag zum Ausdruck kommende demokratische Gedanke werde aber "Wiederum im Gleichgewicht gehalten, vielmehr überboten und überstrahlt ... durch das monarchische Element der Reichsverfassung, durch den Glanz der Kaiserkrone"[1611]. Seine Sympathie kam auch in seinen Überlegungen zu der Frage zum Ausdruck, wie die Reichsverfassung bei einer unitarischeren Gestaltung ausgesehen hätte: In diesem Fall hätte es wohl nur die Alternative zwischen "monarchischem" und "demokratischem" Unitarismus gegeben. Letzterer - "wie er im Parteienbetriebe des Jahres 1848 übermächtig herrschte" - hätte das Kaisertum nur noch als eine "aus repräsentativen und dekorativen Gründen geduldete parlamentarische Scheinmonarchie" toleriert[1612]. Anschütz änderte seine Ansichten dann im Verlauf des Ersten Weltkrieges.

Radikal monarchisch war der bayerische Jurist Max von Seydel. Er war der erste Autor, der gegenüber den traditionellen Organismuslehren wie auch gegenüber dem Gerber-Labandschen System wieder entschieden den Monarchen in den Vordergrund der staatsrechtlichen Betrachtungen rückte. Seydel verwarf alle Vorstellungen vom Monarchen als Staatsorgan, denn damit verband sich für ihn "der Gedanke an irgend ein Werkzeug eines höheren Staatswillens, das vom letzteren seine Befugnisse herschreibt"[1613].

Seydels Ausführungen zu der Stellung des Monarchen im Staatsgefüge bezogen sich stets auf die Rolle der Monarchen in den Einzelstaaten, da er - als Vertreter einer Minderheitsmeinung - das Deutsche Reich nicht als Bundesstaat, sondern staatsrechtlich als Staatenbund auffaßte[1614]. Seydel verlegte die Souveränität weder in das Bundespräsidium, noch in den Bundesrat, sondern beließ sie bei den Einzelstaaten, da er die Verfassung des Deutschen Reiches lediglich als einen Vertrag zwischen gleichgeordneten Souveränen ansah, durch den diese Souveräne ihre Souveränitätsrechte nicht aufgegeben hätten. Der Kaisertitel in der Verfassung des Deutschen Reiches hatte daher für ihn nur eine "idealte, keine rechtliche Bedeutung"[1615].

Für Seydel war das zentrale Element des Staatsrechts der Herrscher, der kraft unabgeleiteter, eigener Macht unter seinem Willen die Gesamtheit der Menschen seines Landes vereinige[1616]. Erst die Unterwerfung der Menschen

1611. Anschütz, Grundzüge des deutschen Staatsrechts, S. 539.
1612. Anschütz, Grundzüge des deutschen Staatsrechts, S. 539.
1613. Seydel, Bayerisches Staatsrecht, Bd. 1, S. 170; ähnlich in: Zur Lehre von den Staatsverbindungen, S. 3 f.
1614. Seydel, Der Bundesstaatsbegriff, ZgesStW, Bd. 28, S. 185 ff.
1615. Seydel, Commentar zur Verfassungsurkunde für das deutsche Reich, S. 157.
1616. Seydel, Bayerisches Staatsrecht, Bd. 1, S. 170 ff.

eines Landes unter den Herrscherwillen mache die Vereinigung zum Staat aus. Der Staat sei somit Gegenstand der Herrschaft und der Herrscher der Inhaber des Staates. Die gesamte staatliche Aktivität sei mithin im Herrscher begrünet. Diese Aktivität, die staatliche Gewalt, sei damit auch die einzige Verbindung zwischen dem Herrscher und dem Staat, als der Gemeinschaft der Unterworfenen[1617].

Auch für Seydel war damit - wie für Gerber und Laband - die Unterwerfung unter einen herrschenden Willen die Grundlage des Staates, des Staatsrechts. Dieser Willen wurde aber nun - in Abweichung zu den Positivisten - nicht zunächst dem Rechtssubjekt Staat und dann innerhalb des Staates dem Monarchen als dem alleinigen Träger der Staatsgewalt zugewiesen, sondern er sei vielmehr der Wille des Monarchen, der Kraft eigener Macht herrsche.

Seydels Lehre bedeutete zwar nicht die Rückkehr zum Absolutismus, schaffte aber theoretische Möglichkeiten hierzu. Durch die Gegenüberstellung von Staat und Monarch stand der Monarch über der Verfassung und hatte jederzeit das Recht, sie wieder aufzuheben. Zur Erklärung der konstitutionellen Monarchie und damit der Beschränkung des Monarchen durch die Volksvertretung berief sich Seydel auf die traditionelle Unterscheidung von Substanz und Ausübung der Staatsgewalt. Die rechtliche Unbeschränktheit der Staatsgewalt schließe "eine Selbstbeschränkung des Herrschers in Bezug auf die Ausübung dieser Gewalt nicht aus"[1618]. Zur Sicherung der gegebenen Rechtsordnung griff Seydel auf den freiwillig vom Monarchen abgegebenen Eid zurück, um damit - wie Stahl - die Sicherung der Rechtsordnung in das Gewissen des Monarchen, des Herrschers zu stellen.

Gierke kritisierte Seydel an dieser Stelle wie folgt: "In der konstitutionellen Monarchie wird damit die Idee eines verfassungsmäßigen Königthum geleugnet und nur die Möglichkeit einer verfassungsmäßigen Beschränkung des Königthums zugegeben; der Monarch herrscht, weil er herrscht, ohne daß ein Rechtsgrund hierfür denkbar wäre"[1619].

Entsprechend dieser Heraushebung des Monarchen aus dem Staat selbst fiel die dem Parlament im Verhältnis zum Monarchen zugewiesene Rolle - wie in der herrschenden Gerber/Labandschen Lehre - sehr bescheiden aus: Der Landtag sei kein Staatsorgan neben dem König, sondern allenfalls unter dem König. Er besitze keine Herrschergewalt gegenüber den Staatsangehörigen[1620]. Ein Gesetz werde zum Gesetz aufgrund des Willens des Königs, während sich die Mitwirkung des Landtages nur auf die

1617. Seydel, Grundzüge einer allgemeinen Staatslehre, S. 1 ff.
1618. Seydel, Bayerisches Staatsrecht, Bd. 1, S. 171.
1619. Gierke, Die Grundbegriffe des Staatsrechts, S. 29.
1620. Seydel, Bayerisches Staatsrecht, Bd. 1, S. 348 f.

Entstehung des Gesetzesinhaltes beziehe[1621]. Für das Reich führte er ähnlich aus, durch den Bundesrat sprächen die Verbündeten ihren Herrscherwillen aus, der durch die Zustimmung des Reichstages zwar bedingt sei, jedoch ohne daß diese Zustimmung "Bestandteil des Herrscherwillens" sei[1622].

Der namhafteste und bedeutendste Schüler Seydels war Conrad Bornhak. Die Gedanken Seydels finden sich daher auch in der Staatslehre Bornhaks, der sich vor allem des preußischen Staatsrechts annahm[1623]. Wenngleich der Staat für Bornhak durchaus noch eine eigenständige "Persönlichkeit" war, ging doch diese Staatspersönlichkeit "auf in der physischen Person des Monarchen" Der Monarch allein sei "Grund und Quelle der Staatsgewalt", verfassungsmäßige Schranken seien die "Selbstbeschränkungen der im Monarchen verkörperten höchsten Staatsgewalt"[1624]. Die monarchische Herrschaft über den Staat war daher für Bornhak ursprünglich und nicht aus der Verfassung abgeleitet. Sein Festhalten an der Idee der Staatsperson war aber nach seinem eigenen Bekunden wenig bedeutsam, denn es ist für ihn nur eine "Sache des persönlichen Geschmacks", ob man sich den Monarchen als Träger der Rechte und Pflichte einer von ihm verschiedenen "abstrakten Staatspersönlichkeit" vorstelle. Jedenfalls verkörpere der Monarch - und nur er - den Staat[1625].

Bornhak begründete die Stärkung der Stellung des Kaisers mit dem auch durch Art. 17 der Verfassung bedingten Ausbau der Reichsleitung. Als völkerrechtlicher Repräsentant des Reiches, als Oberbefehlshaber über Heer und Flotte, als vorgesetztes verfassungsmäßiges Organ der gesamten Reichsverwaltung zeige das Kaisertum die "Tendenz zu weiterem Wachstum. ... Das Kaisertum tritt uns hiermit als eine im vollen Fluß der Reichsentwicklung begriffene Erscheinung entgegen, es bildet eine Rechtsinstitution, welche an innerer Kraft und Konstanz stetig zunimmt und damit das monarchische und unitarische Element der Reichsverfassung verstärkt"[1626].

Philipp Zorn stand zwischen den offen patrimonialen Vorstellungen Bornhaks und dem System Laband. Zorn ging von Labands Grundlagen aus und deutete sie in streng monarchischer Richtung. Für Zorn war die Redeweise von der juristischen Person des Staates aber - ähnlich wie bei Bornhak - nur noch eine "Denkkategorie, von der die Brücke zur physischen Wirklichkeit, die im Träger der Staatsgewalt, im Monarchen liegt, führt"[1627]. Auch bei

1621. Seydel, Bayerisches Staatsrecht, Bd. 1, S. 349 f.
1622. Seydel, Der deutsche Bundesrath, S. 285.
1623. Vgl. oben.
1624. Bornhak, Grundriß des deutschen Staatsrechts, S. 148 ff.; 116 ff.; ders., Preußisches Staatsrecht, Bd. 1, S. 133 ff.
1625. Bornhak, Preußisches Staatsrecht, Bd. 1, S. 132.
1626. Bornhak, Die verfassungsrechtliche Stellung des deutschen Kaisertum, AöR 8, S. 474.
1627. Zorn, Rezension Jellinek, Deutsche Literaturzeitung 25, Sp. 881.

Zorn erfolgte de facto die Gleichsetzung des Staates mit dem Monarchen. Nur durch den Monarchen erfolge die Staatswillensbildung, das Recht des Parlaments sei eine von ihm "konzedierte Mitwirkung an der Ausübung der Staatsgewalt". Der Monarch habe sich in der Verfassung selbst gebunden und dabei einen Teil seines Rechts auf die Volksvertretung übertragen. Die rechtliche Stellung des Parlaments, die von der herrschenden Lehre um Laband immerhin als die eines selbständigen Staatsorgans neben dem Monarchen gesehen wurde, degenerierte bei Zorn zu einer monarchischen Konzession an die Gesellschaft[1628]. Gierke analysierte richtig den fließenden Übergang von Labands Lehre zu Zorn[1629], der die monarchische Tendenz der herrschenden Lehre weiterführte und zugleich die Anfälligkeit und Offenheit der herrschenden Lehre für solche Tendenzen offenlegte.

Ähnliche Entwicklungen fanden sich auch bei Otto Mayer nach der Jahrhundertwende. Auch er sah im Monarchen nicht mehr nur den Vertreter des Rechtssubjektes Staat, sondern den Träger der Staatsgewalt. Auch er rückte damit vom Bild des Staates als selbständigem Rechtssubjekt - über dem Monarchen - ab[1630]. Der Staat war für Mayer nicht vom souveränen Träger der Staatsgewalt trennbar, sei es das Volk in der Demokratie oder der Monarch beziehungsweise die Gesamtheit der Monarchien in der Monarchie beziehungsweise im "monarchischem Bundesstaat".

Mayer wendete sich gegen die Vorstellung, der Monarch übe als Staatsorgan nur noch die ihm verfassungsmäßig zugewiesenen Rechte aus. Für Mayer war der Monarch vielmehr "einfach das Oberhaupt der Einrichtung, Staat genannt, Oberhaupt zu eigenem Recht wie bisher"[1631]. Mayer identifizierte somit den Staat mit dem monarchischen Apparat: "Der Fürst hat seine Einrichtungen getroffen mit planmäßiger Ordnung sachlicher und persönlicher Mittel, um das Land zu regieren. Das ist eine Anstalt. Das Volk, die Bevölkerung, ist Gegenstand ihrer Einwirkung: möglicherweise haben bevorrechtigte Glieder dieser Masse, die Bürgerschaft bildend, bei dem Betriebe dieser Anstalt ein hemmendes Wort drein reden zu lassen; das ändert nichts"[1632]. Entscheidend aber sei der Monarch als "Leiter dieser großen Anstalt"[1633].

Ganz in der Nähe Seydels befand sich Otto Mayer auch, als er das Reich als Monarchenbund konstruierte[1634]. Mayer war der Ansicht, es gebe keine

1628. Zorn, Das Staatsrecht des Deutschen Reiches, Bd. 1, S. 34, 147.
1629. Gierke, Labands Staatsrecht und die deutsche Rechtswissenschaft, S. 52 Fn. 1.
1630. Vgl. Mayer, Die juristische Person und ihre Verwertbarkeit im öffentlichen Recht.
1631. Mayer, Das Staatsrecht des Königreichs Sachsen, S. 14.
1632. Mayer, Die juristische Person und ihre Verwertbarkeit im öffentlichen Recht, S. 54 f.
1633. Mayer, Die juristische Person und ihre Verwertbarkeit im öffentlichen Recht, S. 55.
1634. Mayer, Republikanischer und monarchischer Bundesstaat, AöR 18, S. 347 ff.; Mayer, Die juristische Person und ihre Verwertbarkeit im öffentlichen Recht, S. 67.

Trennung zwischen den verbündeten Regierungen und der Reichsgewalt. Den Einwand, diese Trennung liege in der Reichsverfassung, kommentiert er so: "Die Reichsverfassung? das sind sie selbst unter Mitwirkung des Reichstages"[1635].

Einen weiteren pro-monarchischen Aspekt betonte Otto Mejer, der in seiner "Einleitung in das Deutsche Staatsrecht" die These vertrat, daß das Parlament heterogene gesellschaftliche Sonderinteressen gegenüber dem monarchischen Staat vertrete. Der - vom Monarchen her gedachte - Staat sorge dafür, "daß zwischen seinen Gesamtinteressen und den Sonderinteressen der Gesellschaft möglichst wenig Collisionen entstehen"[1636]. Damit wurde die Aufgabe, die Mejer dem Parlament zuwies, im Vergleich zu anderen Autoren geradezu umgekehrt: War es selbst bei Stahl und Gerber bisher die Aufgabe des Parlaments, die durch den Monarchen vorzunehmende staatliche Willensbildung mit dem Gesamtinteresse zu vereinen, stand nun das Parlament für die gesellschaftlichen "Sonderinteressen", denen gegenüber der monarchische Staat das Gesamtinteresse sicherzustellen habe. Das Parlament stelle die gesellschaftliche Zerrissenheit dar, demgegenüber der Monarch das Kontinuierliche vertrat. Das Parlament stehe als Vertreter der gesellschaftlichen Partikularkräfte dem geschlossenen Willenssubjekt des monarchischen Staates gegenüber. Daher war es für Mejer auch unverzichtbar, daß der Monarch "von keiner innerhalb des Staates vorhandenen anderen Macht zu Etwas gezwungen ... werden kann"[1637].

Das kontinuierliche Moment der monarchischen Ordnung im Gegensatz zu einem heterogene gesellschaftliche Verhältnisse abbildenden Parlament betonte auch Karl Rieker. Für ihn war das einzige Staatsorgan der Monarch. Damit trat auch er in konservative Opposition zur Labandschen Lehre, die das Parlament immerhin noch als Staatsorgan ansah. Der Monarch "wird in den deutschen Verfassungsurkunden als das Staatsoberhaupt, als der Souverän, als derjenige, der alle Rechte der Staatsgewalt in sich vereinigt, bezeichnet. Das bedeutet nichts anderes, als daß er das einzige und ausschließliche Organ des Staates ist, daß sein Wille der Wille des Staates ist"[1638]. Aus Kelsens Kritik an Riekers Lehre aus dem Jahre 1911 wird der Unterschied von Rieker zu Laband deutlich: "Das freilich muß man zugestehen, daß er wenigstens konsequenter ist als jene Theoretiker, die seine Auffassung von der rechtlichen Stellung des Monarchen im Verhältnis zum Parlament beim Gesetzgebungsprozesse teilen, die, wie er, das Gesetz ausschließlich als Willen des Monarchen gelten lassen und dennoch auf Grund des üblichen Organbegriffs (Organ

---

1635. Mayer, Die juristische Person und ihre Verwertbarkeit im öffentlichen Recht, S. 67.
1636. Mejer, Einleitung in das Deutsche Staatsrecht, S. 19.
1637. Mejer, Einleitung in das Deutsche Staatsrecht, S. 4.
1638. Rieker, Die rechtliche Natur der modernen Volksvertretung, S. 40.

= Staatswillenserzeuger) beide Faktoren, sowohl Monarch als Parlament, in gleicher Weise als Staatsorgane betrachten"[1639].

Ähnlich der Staatslehre vor Gerber wurde das Parlament immer eindeutiger und von immer mehr Autoren dem monarchischen Staat gegenübergestellt. Anders als zum Beispiel Hermann Schulze, der noch zu Zeiten Riekers das Parlament als Organ des Volkes der monarchischen Regierung gegenüberstellte und gleichzeitig Parlament und Regierung in einem höheren Organismus verbunden sah[1640], war zu dieser Zeit der Gedanke des Monarch und Parlament übergreifenden Organismus verschwunden. Diese bürgerliche Gesellschaft hatte auch nichts mehre gemein mit den Gesellschaftsbildern der Altliberalen aus der Mitte des Jahrhunderts. Das Parlament Riekers war der Kampfplatz, auf dem einzelne "Volksklassen, Stände, Berufsgenossenschaften, Interessenverbände" ihre sozialen und wirtschaftlichen Sonderinteressen "der Regierung gegenüber" vertreten. Diese Volksvertretung "ist daher kein Organ des Staates und kann keines sein, weil es das Volk nicht in seiner politischen Einheit, sondern in seiner sozialen Unterschiedenheit, ja Zerrissenheit repräsentiert"[1641]. Die Repräsentanz der politischen Einheit des Staates könne demnach nur noch durch das verbleibende Organ, den Monarchen erfolgen: "Über den Parteien, den konfessionellen Unterschieden, den sozialen Gegensätzen" stehe "in unseren deutschen monarchischen Staaten" der Monarch. Er sei eine Art sozialer Volkskönig, dem "das harmonische Wohl der sämtlichen Klassengruppen des Volkes, einer jeden nach ihren Bedürfnissen", obliege. "So repräsentiert der Monarch den Staatsgedanken wie kein anderer, in ihm ist der Staat Person geworden. In diesem Sinne können wir sagen: der wahre Volksvertreter, d.h. der Vertreter des ganzen Volkes, nicht einzelner Klassen und Kreise desselben, das eigentliche Organ des allgemeinen, d.h. des auf das Beste gerichteten Willens ist niemand anders als der Monarch"[1642].

Der Monarch werde in einer Art Schiedsrichterrolle manövriert, die sich über die in partikulare Interessen gespaltene bürgerliche Gesellschaft erhebt. In diesem Zusammenhang spielte auch die weitgehend ungelöste soziale Frage und die Sprengkraft der wachsenden Arbeiterschaft eine Rolle.

Heinrich Rosin formulierte beispielsweise, es sei die "starke Monarchie, welche besser als das gesellschaftlich zerklüftete Parlament den Schutz der

1639. Kelsen, Hauptprobleme der Staatsrechtslehre, S. 471.
1640. Vgl. Schulze, Das Preußische Staatsrecht, Bd. 1, S. 563: Die Volksvertretung sei ein "Organ, das aus dem Volke hervorgegangen, den beruf hat, das nationale Ethos, die in der Gesamtexistenz des Volkes latent vorhandene Vernunft zum Ausdruck zu bringen und dem Herrscher gegenüber so zur Geltung zu bringen, daß derselbe wenigstens bei seinen wichtigsten Funktionen nur in Übereinstimmung mit dem Geiste des Volkes regieren kann".
1641. Rieker, Die rechtliche Natur der modernen Volksvertretung, S. 57, 59; die ausdrückliche Negierung der Staatsorganschaft des Parlaments findet sich auch bei Binding, Die Notwehr der Parlamente gegen ihre Mitglieder, S. 325 ff.
1642. Rieker, Die rechtliche Natur der modernen Volksvertretung, S. 60.

Schwachen und damit eine wesentliche Sicherung unseres Staates überhaupt" zu erreichen vermöge[1643]. Ähnlich 1917 auch Fritz Stier-Somlo: "Die Bedeutung der Monarchie liegt - maßgeblich durch geschichtliche Voraussetzungen und Entwicklungstatsachen, auch durch den Volkscharakter bedingt - darin, daß sie das sichtbare Symbol der Einheit der Nation bildet und ferner darin, daß sie gegenüber den im ewigen Kampfe befindlichen Gesellschaftsgruppen die über allen stehende Macht zwecks Durchführung ausgleichender Gerechtigkeit darstellt. Ihr allein, wenn sie ihrer Aufgabe gewachsen ist, gelingt die Herstellung des Gleichgewichts zwischen den sozialen Kräften, der Schwachen und der zahlenmäßig Geringeren"[1644].

Wie für Rieker verbürgte für Rosin und Stier-Somlo allein der Monarch die politische Einheit einer tief gespaltenen Gesellschaft. Der Gesichtspunkt der sozialen Stabilität kam bei einigen Autoren - wie angedeutet - vermehrt auf.

So unter anderem auch bei Lorenz von Stein, der von einem "sozialen Königtum" sprach. Der monarchische Staat stand für Stein "außerhalb und über Wirtschaft und Gesellschaft", um "keinem Theile die Herrschaft über das Ganze zu gestatten"[1645]. Stein strebte letztlich ein sozialreformerisches Königtum an, dem die Integration der Arbeiterschaft gelinge[1646]. Die damit angestrebte Neubegründung monarchischer Legitimität angesichts sich ändernder sozialer Bedingungen im Reich schlug jedoch schon deshalb fehl, weil es der Monarchie auf Reichsebene nicht gelungen war - sie strebte auch nie danach - sich von den herrschenden sozialen Schichten zu lösen, um die Akzeptanz der Arbeiterschaft zu gewinnen. Die Emanzipation der Arbeiterschaft durch eine Sozialreform "von oben" und deren Integration in den monarchischen Staat, der immer mehr das Parlament - trotz dessen wachsender tatsächlicher Bedeutung - an den Rand zu drängen suchte - schlug fehl.

Das für das Kaisertum als Symbol der nationalen Einheit - auch im gesellschaftlichen Sinne - gefährliche Auseinanderdriften der politischen und der gesellschaftlichen 'Verfassung', die gesellschaftliche Wirklichkeit der industriellen Klassengesellschaft hatte auch Friedrich Naumann vor Augen, als er im Jahre 1900 seine Schrift "Demokratie und Kaisertum" veröffentlichte. Naumann wollte das monarchische Selbstverständnis dahin wandeln, daß der Kai-

---

1643. Rosin, Gründzüge einer allgemeinen Staatslehre nach den politischen Reden und Schriftstücken des Fürsten Bismarck, S. 28; vgl. zu Rosin, Tambert, Heinrich Rosin und die Anfänge des Sozialversicherungsrechts, S. 31 ff.
1644. Stier-Somlo, Grund- und Zukunftsfragen deutscher Politik, S. 325.
1645. Stein, Gegenwart und Zukunft der Rechts-und Staatswissenschaft Deutschlands, S. 292 f.
1646. Vgl. zu den Zielen Steins insgesamt: Blasius, Lorenz von Steins Lehre vom Königtum der sozialen Reform und ihre verfassungspolitischen Grundlagen, Der Staat 10, S. 33 ff.

ser nunmehr der Führer einer industriell-sozialen Zeit sein müsse, um somit das Kaisertum als Institution des Deutschen Reiches für den sich wandelnden Staat zu retten. Naumann konstruierte einen Staat, "in dem der Kaiser und die Masse sich gefunden haben". Dieser Staat sei "unüberwindlich"[1647]. Von einem solchen nationalen Kaisertum und von großen nationalen Aufgaben, die er in einer aktiv betriebenen Weltmachtpolitik erblickte, erhoffte er die soziale Integration des gesamten deutschen Volkes, die nach der territorialen Einigung die nächste große Aufgabe darstelle. Eine solche Einigung erwartete Naumann jedenfalls eher von einem bonapartistisch angehauchten Kaiser als vom Reichstag "in seiner jetzigen Zusammensetzung"[1648]. Naumann forderte vom Kaisertum der Zukunft, sich des Nationalismus zur Machterweiterung und des Sozialismus zur inneren Machtstabilisierung zu bedienen[1649]. Der Kaiser sollte an der Spitze eines imperialen Machtstaates die inneren Spannungen der gesellschaftlichen Dynamik überwinden. Ansätze seines Programms sah Naumann bereits durch die Politik Wilhelms II. verwirklicht. Die innerdeutsche Entwicklung im Verhältnis Preußens im Übergang von Wilhelm I. zu Wilhelm II. beschrieb er dahingehend, "daß Wilhelm I. König von Preußen war und im Nebenamte deutscher Kaiser, und daß Wilhelm II. Deutscher Kaiser ist und im Nebenamte König von Preußen"[1650].

Das Naumann vorschwebende Muster einer Verbindung von Kaisertum und breiten Volksmassen fand er im plebiszitären Cäsarismus Frankreichs, das heißt in der vom Volk bestätigten Einzeldiktatur: "Die Basis für das Regiment ist der Wille der Masse. Der Imperator ist Verkörperung des nationalen Gesamtwillens, er gründet sein Recht darauf, daß die Nation ihn braucht, und daß er das Heer hat"[1651].

In eine andere, aber ebenfalls eindeutig den Parlamentarismus westlicher Prägung kritisierende und auf die unparteiliche 'Schiedsrichterrolle 'des Monarchen verweisende Richtung ging die 1914 erschienene Schrift Hans Delbrücks, "Regierung und Volkswille", in der Delbrück darzulegen versuchte, daß gerade der deutsche Beamtenstaat weit besser geeignet sei, den wahren Volkswillen durchzusetzen als ein durch eine Vielzahl von Parteien gespaltenes Parlament. Mit Hilfe eines monarchischen Beamtenregiments komme der wahre Volkswille durch ein "unparteiisches Schiedsrichtertum, wie es dem König und seinen Beamten zwischen den streitenden Interessen der verschiedenen Klassen naturgemäß innewohnt", zur Geltung[1652]. Im Ersten Weltkrieg

---

1647. Naumann, Demokratie und Kaisertum, S. 194.
1648. Naumann, Demokratie und Kaisertum, S. 187.
1649. Vgl. zu Naumann allgemein: Heuss, Friedrich Naumann; ders.: Friedrich Naumann und die deutsche Demokratie.
1650. Naumann, Die Politik Kaiser Wilhelms II., S. 12.
1651. Naumann, Demokratie und Kaisertum, S. 192.
1652. Delbrück, Regierung und Volkswille, S. 181.

berief sich Delbrück in Auseinandersetzung mit Hugo Preuß und dessen Forderung nach einer Überwindung des deutschen Konstitutionalismus dann erneut auf diese These: "Ich glaube, in meinem Buch 'Regierung und Volkswille' nachgewiesen zu haben, daß das 'Volk' in unserem Staatsaufbau nicht einen geringeren, sondern einen größeren Einfluß auf Gesetzgebung und Verwaltung hat, als in den parlamentarisch regierten Staaten, denn was man in diesen Staaten 'Volk' nennt, sind in Wirklichkeit Parteien und Interessenorganisationen, die sich selbst ergänzen unter sehr geringer Einwirkung der Wähler"[1653].

Bis quasi zum Ende des Kaiserreiches verteidigte Erich Kaufmann das deutsche konstitutionelle System und insbesondere die de facto bestehende monarchische Ordnung. Seine kämpferische Weltkriegsschrift "Bismarcks Erbe in der Reichsverfassung" war der späte Abwehrversuch des nun faktisch nicht mehr aufzuhaltenden Parlamentarismus unter Berufung auf Bismarcks föderal gedachte und angelegte Verfassungsstruktur. Für Kaufmann enthielt die Reichsverfassung einen monarchisch-bündischen Kern. Entscheidend sei die enge "Verbindung zwischen kaiserlich-kanzlerischer Sphäre und dem Bundesrat" und der damit intendierten Herstellung der Einheit der "verbündeten Regierungen" durch den Reichskanzler. Aus diesem Grund sei auch eine übliche konstitutionelle, jedenfalls aber eine parlamentarische Regierung auf der Grundlage der bestehenden Verfassung völlig ausgeschlossen[1654]. Damit stellte Kaufmanns Schrift den Kontrapunkt dar zu Max Webers ebenfalls 1917 erschienenen Abhandlung "Parlament und Regierung im neugeordneten Deutschland" dar, in der Weber sich für eine Parlamentarisierung des Deutschen Reiches einsetzte. Kaufmann mußte natürlich bei der Berufung auf die föderale Verfassungsstruktur und die Ziele, die Bismarck damit verbunden hatte, negieren - oder ignorieren -, daß sich die Verfassungswirklichkeit in eine ganz andere Richtung, nämlich in Richtung auf ein unitarisches Staatswesen entwickelt hatte.

Zusammenfassend läßt sich die Entwicklung der Staatsrechtslehre kurz und vereinfachend dahingehend beschreibend, daß sie gegen Ende des Deutschen Reiches in ihrer großen Mehrheit an einem Punkt angekommen war, an dem sie sich durch ihr ganz stark auf den Kaiser - als dem neuen 'Reichsmonarchen' - ausgerichtetes Staatsverständnis weit von dem Verfassungstext wie auch von den ursprünglich bestehenden liberal-konstitutionellen und auch von positivistischen Auslegungsansätzen entfernt hatte.

---

1653. Delbrück, Nachschrift des Herausgebers zu: Anschütz, Rezension Preuß, Preußische Jahrbücher, Bd. 164, S. 346.
1654. Kaufmann, Bismarcks Erbe in der Reichsverfassung, S. 96 ff.

## 4. Die 'deutsche konstitutionelle Monarchie'

Bereits an mehreren Stellen war davon die Rede, daß der Konstitutionalismus, wie er in Deutschland entwickelt und gehandhabt wurde, vor allem in der Staatsrechtslehre als etwas - insbesondere im Vergleich zum westeuropäischen und nordamerikanischen Ausland - besonderes, einzigartiges und qualitativ herausragendes angesehen und verteidigt wurde.

Dies gilt insbesondere für die Staatslehre des Kaiserreiches, für die spätkonstitutionelle Phase. Hier fand eine Entwicklung ihren Abschluß, die die in Deutschland naheliegenden drei Möglichkeiten der Realisierung eines Regierungsmodells - das parlamentarische, das 'wahrhaft' konstitutionelle und das konstitutionelle - auf zwei Möglichkeiten - das parlamentarische und das konstitutionelle reduziert hatte, wobei das 'wahrhaft' konstitutionelle Regierungsmodell mit dem parlamentarischen verschmolzen und nun als abschreckendes Gegenmodell zu dem im Deutschen Reich realisierten 'deutschen' Konstitutionalismus beschrieben wurde.

Bereits bei Stahl war die später zur Doktrin gewordene Zweiteilung zwischen Parlamentarismus und Konstitutionalismus angelegt; sie wurde jedoch von liberaler Seite zunächst noch heftig bestritten. Solange die liberale Zielsetzung der Realisierung eines 'wahren' Konstitutionalismus mit einem betont dualistischen Ansatz zwischen Monarch und Parlament noch Realisierungschancen besaß - und darum wurde eigentlich bis zum Ende des Verfassungskonfliktes in Preußen mit offenem Ausgang gekämpft - war Stahls Theorie vom "entweder - oder" der politischen Schwerpunktbildung beim Monarchen oder beim Parlament nicht herrschend. Die Lehre von der strikten Unabhängigkeit des Monarchen und damit der Regierung vom Parlament wurde erst nach dem Ende des Verfassungskonfliktes zum festen Bestandteil der Staatsrechtslehre. In dieser Unabhängigkeit wurde dann auch das kennzeichnende Merkmal des deutschen Konstitutionalismus gesehen. Noch Jahre später rügte beispielsweise Bluntschli an Stahl, er habe einen politischen Gegensatz zum prinzipiellen erhoben und damit zwei grundsätzliche Lager geschaffen. Er sei daher schuld an dem Hader, der die Fortbildung eines "harmonischen Verfassungslebens" in Deutschland hemme[1655].

Die Unterscheidung von parlamentarischer und konstitutioneller Monarchie wurde von einem politischen Argument zu einer staatsrechtstheoretischen Tatsache.

Wenn Stahl und auch von Bülow, der bereits 1843 die "Besonderheit des teutschen constitutionellen System(s)"[1656] beschrieb, die Staatsrechtslehre auf den Monarchen auszurichten suchten, der die bestimmende Figur im Staatsle-

1655. Bluntschli, Geschichte der neueren Staatswissenschaft, S. 706.
1656. Bülau, Der constitutionelle Staat in England, Frankreich und Deutschland, S. 1 ff.

ben sein müsse[1657], dann beriefen sie sich noch auf die Gültigkeit des monarchischen Prinzips, das den Ursprung dieses Ansatzes bildete.

Das monarchische Prinzip war jedoch gerade im Vormärz in seinem politischen Gehalt nie so eindeutig gewesen, wie es später im Kaiserreich interpretiert wurde[1658]. Das monarchische Prinzip gelangte über Art. 57 der Wiener Schlußakte in die süddeutschen Verfassungsurkunden. Die Intention der Festschreibung dieses monarchischen Prinzips war stets, das sich im Vordringen befindliche konstitutionelle Element zurückzudrängen.

Interpretierte man das monarchische Prinzip auf der konservativen Seite noch so, wie bei Stahl angedeutet, definierte man es auf liberaler Seite - bis ins Kaiserreich durch Hermann Schulze - dahingehend, daß "nichts ohne und nichts gegen den Willen des Monarchen" geschehen dürfe[1659]. Damit war dem Bereich der Mitwirkung des Parlaments ein wesentlich größerer Spielraum eingeräumt, da man den Monarchen nur über seine Vetorolle - rein negativ - definierte.

Bei Bülau wurde hingegen den Ständen diese negative, bewahrende Rolle zugeschrieben. Ihre Aufgabe sei es, "die verfassungsmäßigen Rechte des Volks und allein seine gesetzlichen Errungenschaften zu verteidigen", wobei dies "ohne eine entscheidende Kraft zu besitzen" allein "in der Verhinderung" zuwege gebracht werden sollte. In dieser Terminologie, die dann bis zum Ende des Kaiserreiches eine entscheidende Rolle spielen sollte, hieß es dann von der Rolle der Stände - in Abgrenzung zu der des Monarchen: "Sie sind nicht Mitregenten des Fürsten; Niemand teilt mit diesem die höchste Gewalt, vielmehr vereinigt er alle Rechte der Staatsgewalt, als souveraines Staatsoberhaupt, in sich; aber sie sind die Vertheidiger der gewährleisteten Rechte des Volks und die Fürsprecher für die Wünsche und Bedürfnisse der Gesamtheit"[1660]. Auch lag bei Bülau bereits die später im Ersten Weltkrieg auf die Spitze getriebene Abgrenzung der deutschen konstitutionellen Monarchie zu den Regierungsformen des westlichen Auslands begründet. Bülau stellte das "teutsche System" dem "englisch-französischen" gegenüber. Insbesondere die - behauptete - Stetigkeit kompetenter Verwaltung wurde als Hauptargument gegen parlamentarisch bestimmte Minister herangezogen und darin der entscheidende Unterschied zum "englisch-französischen Verfahren" erblickt[1661].

---

1657. Stahl forderte 1845, daß "der Fürst thatsächlich der Schwerpunkt der Verfassung, die positiv gestaltende Macht im Staate, der Führer der Entwicklung" bleiben müsse, Stahl, Das monarchische Prinzip, S. 12.
1658. Vgl. zum monarchischen Prinzip unter anderen Boldt, Die deutsche Staatslehre im Vormärz, S. 15 ff.; Hofmann, Repräsentation, S. 416 ff.
1659. Zachariä, Deutsches Staats- und Bundesrecht, Bd. 1, S. 79; Schulze, Lehrbuch des Deutschen Staatsrechts, Bd. 1, S. 186.
1660. Bülau, Der constitutionelle Staat in England, Frankreich und Deutschland, S. 24.
1661. Bülau, Der constitutionelle Staat in England, Frankreich und Deutschland, S. 38.

Es sollte sich herausstellen, daß diese Gegenüberstellung der deutschen 'konstitutionellen' Monarchie und der westeuropäischen 'parlamentarischen' Monarchie immer mehr instrumentalisiert wurde, um eine Entwicklung wie sie in Westeuropa stattgefunden hat, in Deutschland abzuwenden. So wurde der Erste Weltkrieg auch in der Staatsrechtsliteratur zu einer Auseinandersetzung unterschiedlicher Staatsformen. Neben dem bereits an anderer Stelle erwähnten Zitat von Erich Kaufmann, der Weltkrieg sei "ein Krieg um die Verfassungsform"[1662] sei hier exemplarisch noch Rudolf Kjellén mit seinem Werk "Die Ideen von 1914" erwähnt: "Der Weltkrieg ist ein Kampf zwischen 1789 und 1914, das erste Jahr vertreten durch Frankreich-England, letzteres durch Deutschland"[1663]. An anderer Stelle formulierte er, was in Deutschland in weiten Kreisen der Bevölkerung herrschende Meinung war, nämlich, daß der Erste Weltkrieg ein Krieg zwischen Kant und Rousseau, zwischen preußischem Pflichtgefühl und romanischem Freiheitsideal sei.

Auch der bereits vielfach erwähnte Max Seydel äußerte sich bereits 1887 pointiert in diese Richtung. So frage er, ob "eine Staatsverfassung, der zur Folge der Wille der Krone dem Willen des Parlaments sich beugen muß, noch eine monarchische Verfassung" sei[1664]. Die Antwort gab er natürlich auch: "Der Nachweis, daß man es bei der Unterscheidung von konstitutioneller und parlamentarischer Regierung mit einer tiefgehenden Verschiedenheit der Staatsform zu thun hat, dürfte erbracht sein"[1665].

Die Bedeutung Stahls im Zusammenhang mit den Geschehnissen zu seinen Lebzeiten, aber auch seine Auswirkungen auf die Staatsrechtslehre bis in das Kaiserreiches wurden bereits angedeutet. Während Stahl für eine klare Abgrenzung der Kompetenzen zwischen den Ständen und dem Monarch eintrat, um so zu gewährleisten, daß es nicht zu einer Erosion der dem Monarchen zugewiesenen Kompetenzen komme, plädierte die liberale Staatsrechtslehre, die die Realisierung eines 'wahrhaften' Konstitutionalismus anstrebte - unter Betonung der grundsätzlich herausgehobenen Stellung des Monarchen -, dafür, das einvernehmliche Zusammenwirken von Monarch und Ständen in allen staatlichen Bereichen zu fördern. Diese (Haupt-) Richtung des Liberalismus grenzte sich somit sowohl nach 'links' - zu den Verfechtern eines parlamentarischen Regierungssystems nach westlichem Vorbild - wie auch nach 'rechts' - von den Konstitutionellen à la Stahl ab, die die Vorrangstellung des Monarchen und dessen Letztentscheidungsrecht verteidigen - ab.

Stahl sah einem Monarchen, der einem parlamentarisch regierten Staat vorsteht, lediglich noch die "Erhabenheit des Knopfes am Kirchthurm" zu-

---

1662. Kaufmann, Bismarcks Erbe in der Reichsverfassung, S. 4.
1663. Kjellén, Die Ideen von 1914, 2. Aufl. 1916, S. 6.
1664. Seydel, Konstitutionelle und parlamentarische Regierung, S. 122 f.
1665. Seydel, Konstitutionelle und parlamentarische Regierung, S. 124.

kommen[1666]. Neben solchen pointierten Aussagen war jedoch Stahls Formulierung, wonach mit der Einführung eines parlamentarischen Regierungssystems "ganz unverkennbar ein Gravitieren zur Republik" verbunden sei[1667], für die Zukunft der liberalen Staatsrechtslehre viel verheerender.

Stahl war bestrebt, die Begriffe des 'monarchischen Prinzips' und des 'deutschen Konstitutionalismus' miteinander in Einklang und gegen die Liberalen in Stellung zu bringen. Indem Stahl definierte, was für ihn das monarchische Prinzip bedeute[1668] und diese für das monarchische Prinzip festgelegten Essentialia auf die 'deutsche konstitutionelle Monarchie' bezog, konnte er sie - die deutsche konstitutionelle Monarchie - dem 'kryptorepublikanischen' (englischen) Parlamentarismus gegenüberstellen. Jellinek sollte später formulieren, Stahl habe den Gegensatz von Konstitutionalismus und Parlamentarismus "in klare Formulierung" gebracht[1669].

Stahls gewichtigster zeitgenössischer Gegenpart war Robert von Mohl, der bereits 1846 den Dualismus in Deutschland für unfruchtbar hielt und als Konsequenz "die Bildung der Ministerien aus den Kammermehrheiten" forderte[1670]. Mohl hielt offensichtlich - zumindest in dieser Phase seines wissenschaftlichen Schaffens - die Parlamentarisierung des Regierungssystems für erforderlich.

Diese beiden Positionen des Vormärz - durch Stahl und Mohl beispielhaft dargestellt - hat Robert Piloty noch zum Ende des Kaiserreiches als die beiden Möglichkeiten eines Regierungssystems in Deutschland dargestellt[1671]. Bei dieser Sichtweise der bestehenden Alternativen wurde aber die dritte Möglichkeit, die Bildung eines 'wahrhaft' konstitutionellen Systems, die die Hauptrichtung des Liberalismus bis zu ihrer Niederlage im preußischen Verfassungskonflikt verfolgte, unterschlagen. Den meisten Liberalen ging es nicht um die Bekämpfung des Konstitutionalismus Stahl'scher Prägung, um dann ein parlamentarisches Regierungssystem einzuführen. Sie bekämpften gerade auch die von Stahl unterstellte Alternative 'Konstitutionalismus' - 'Parlamentarismus'. Die Mehrheit der Liberalen strebte - nach einer Formulierung von Georg Waitz - "ein harmonisches Zusammenwirken, eine volle freie Übereinstimmung" von König und Volk an[1672]. Dieses 'harmonische Zusam-

1666. Stahl, Das monarchische Prinzip, S. 10.
1667. Stahl, Die Philosophie des Rechts, Bd. 2/2, 6. Aufl., S. 383.
1668. Vgl. Stahl, Die Philosophie des Rechts, Bd. 2/2, 6. Aufl., S. 385 ff., 401 f.
1669. Jellinek, Die Entwicklung des Ministeriums in der konstitutionellen Monarchie, S. 136 Fn. 1; vgl. auch Hatschek, Allgemeines Staatsrecht, Bd. 1, S. 38.
1670. Mohl, Über die verschiedene Auffassung des repräsentativen Systems, ZgesStW, Bd. 3, S. 479.
1671. Piloty, Das Parlamentarische System, S. 2 ff.; an die Stelle Stahls treten bei Piloty Bismarck und Seydel.
1672. Waitz, Das Königthum und die verfassungsmäßige Ordnung, S. 639.

menwirken' intendierte kein parlamentarisches Regierungssystem, auch nicht in der Paulskirche.

Daß die durch die Konservativen eingeführte Zweiteilung in Konstitutionalismus (Stahl'scher Prägung) und Parlamentarismus de facto eine politische Kampfparole war, war den Liberalen durchaus bewußt. Welcker vertrat schon 1860 die Auffassung, diese Unterscheidung sei von der Reaktion zur "Ächtung der Freiheit" erfunden worden. Nach der Niederlage der Liberalen im preußischen Verfassungskonflikt - und insbesondere nach der Reichsgründung - setzte sich die Vorstellung von einem spezifisch deutschen Konstitutionalismus endgültig durch[1673]. War der Konstitutionalismus bis dahin in der Staatsrechtslehre noch facettenreich mit vielen unterschiedlichen Möglichkeiten der Abgrenzung von Monarch und Parlament dargestellt, bot die Staatsrechtslehre nun überwiegend einheitliche Begrifflichkeiten, die auf die - von Stahl als politische Formel in die Welt gesetzte - staatsrechtliche Alternative von "Konstitutionalismus" oder "Parlamentarismus", von "Monarchie" oder "Republik" hinausliefen.

In diesem Zusammenhang ist auch die Etablierung des Positivismus als herrschender Staatsrechtslehre relevant, da er - durch die Ausrichtung des Staatsrechts auf den Staat mit dem Monarchen als dem alleinigen Träger der Staatsgewalt - Stahls politische Argumente in juristische umwandeln und zudem den liberalen Staatsrechtlern und Politikern vorhalten konnte, ihrerseits 'lediglich' zu politisieren.

Im Gegensatz zur liberalen Staatsrechtslehre der Jahrhundertmitte, ließ der Positivismus des Kaiserreiches keine Möglichkeit mehr offen, das Parlament näher an den Monarchen heranzuführen. Das Parlament erhielt keine Chance mehr, seine Einwirkungs- und Mitwirkungsmöglichkeiten zu erweitern[1674]. Die konstitutionelle Monarchie wurde nunmehr allein so verstanden, daß das Parlament mit einer ausschließlich rechtsstaatlichen Abwehrfunktion zum Schutz der bürgerlichen Freiheitsrechte dem Monarchen - mithin dem Staat - von außen gegenübertrat.

In Verbindung mit dem bereits erwähnten Vergleich der deutschen konstitutionellen Monarchie mit Regierungsformen anderer Staaten kam es immer mehr nicht nur zu der Feststellung, daß man in Deutschland ein anderes Regierungssystem pflege, sondern, daß sich dieses konstitutionelle Regierungssystem auch qualitativ von dem parlamentarischen Regierungssystem abhebe. So stellte Otto Mayer noch lapidar fest: "Es gibt für unsere Staatslehre kein

1673. Ausnahmen, wie Hermann Schulze, die an einem 'wahrhaft konstitutionellen' organischen Liberalismus festhielten, bestätigen die Regel.

1674. Zu diesen theoretischen Erkenntnissen stand freilich die Praxis in scharfem Gegensatz. Hier wurde das Parlament aufgrund der wachsenden Staatstätigkeit immer mehr in den faktischen Verantwortungsbereich mit hineingezogen; vgl. oben.

Heil, als freies offenes Bekenntnis zu dem was wir sind, und daß wir anders sind als die andern"[1675]. Zugleich konstatierte er leicht resignierend, es sei "nicht schmeichelhaft für unsere Literatur, daß es ihr so wenig gelungen ist, beim Ausland den Eindruck charaktervoller Eigenart hervorzubringen"[1676]. Natürlich klang hier Kritik allenfalls an der Art der Vermittlung, keinesfalls jedoch an dem zu Vermittelnden an. Dies ebenso, als Mayer die Frage stellte, ob es der deutschen Staatsrechtslehre gelingen werde, "in diesem Konzert unseren besonderen dissonanten Ton zu halten?"[1677]

Auch Georg Jellinek bezog - wie bereits ausgeführt - Stellung gegen eine Parlamentarisierung der bestehenden Verhältnisse: "Und in der großen und unleugbaren Tatsache, welche uns die so gewaltig vorwärtsströmende Geschichte der Gegenwart lehrt, daß über die Parlamente, über diese in so vielen Staaten künstlichen Schöpfungen der neuesten Zeit hinweg, die beiden einzigen unzerstörbaren natürlichen Mächte des Staates: Regierung und Volk einander unmittelbar gegenüberzustehen beginnen, liegt der gewaltigste Verfassungswechsel der neueren Geschichte verborgen"[1678]. Die allgemeine Entwicklung hin zur Stärkung der Exekutive komme in Deutschland einer monarchischen Regierungsgewalt zugute, die aufgrund der "großen und geschichtlichen Leistungen der Monarchie für die Einigung und politischen Stellung Deutschlands" eine "wunderbare Festigung" erfahren habe[1679].

Hermann Rehm stellte in seiner Allgemeinen Staatsrechtslehre aus dem Jahre 1899 in einem eigenen Kapitel mit der Überschrift "Vergleich der parlamentarisch regierten Demokratie und der repräsentativen Monarchie" fest, daß die konstitutionelle Monarchie, wie sie das "Ordnungsprinzip" des Staates, nämlich "Sicherung seiner Dauer und Stetigkeit seiner Betätigung ... am vollkommensten verwirklicht", von allen Staatsformen "die beste ist"[1680]. Hier wurde die konstitutionelle Monarchie bereits nicht mehr als bloße Regierungsform sondern bereits als eigenständige Staatsform beschrieben.

Otto Hintze sprach 1911 vom monarchisch-konstitutionellen Regierungssystem im Unterschied zum parlamentarischen als dem "eigenartig preußisch-deutschen System" und erklärte seine Eigentümlichkeit aus den besonderen politisch-sozialen Gegebenheiten in Deutschland[1681].

Die deutsche konstitutionelle Monarchie erschien mehr als das Ergebnis deutschen Geistes und seines politischen Ordnungssinns im Gegensatz zum westlichen Liberalismus und Demokratismus, der dem nationalen deutschen

1675. Mayer, Republikanischer und monarchischer Bundesstaat, AöR 18, S. 337, S. 369.
1676. Mayer, Republikanischer und monarchischer Bundesstaat, AöR 18, S. 337, S. 369.
1677. Mayer, Republikanischer und monarchischer Bundesstaat, AöR 18, S. 337, S. 338.
1678. Jellinek, Verfassungsänderung und Verfassungswandlung, S. 80.
1679. Jellinek, Verfassungsänderung und Verfassungswandlung, S. 69.
1680. Rehm, Allgemeine Staatslehre, S. 356.
1681. Hintze, Das monarchische Prinzip und die konstitutionelle Verfassung, S. 359.

Wesen fremd sei. Gedanklicher Ausgangspunkt dieser Argumente war stets, daß man in Deutschland glaubte, eine gelungene Synthese zweier sich widerstrebender Staatsformen - der Demokratie und der Monarchie (beziehungsweise des Absolutismus) - gefunden zu haben. Die Anhänger der deutschen konstitutionellen Monarchie sahen in dieser Mittlerstellung ihre Rechtfertigung. Man ging somit davon ab - anders als im westlichen Ausland - den Parlamentarismus als Schlußpunkt der geschichtlichen Entwicklung zu sehen. Dieser krönende Schlußstein sei die konstitutionelle (deutsche) Monarchie.

Diese Diskussion fand im Ersten Weltkrieg ihren Höhepunkt. Deutschland stand im Kampf gegen die Ideen von 1789 - oder gegen das demokratische Amerika. Noch 1917 erschien Erich Kaufmann dieser Krieg als ein Verfassungskampf zwischen der nationalautoritären Verfassung des Bismarckreiches und dem angelsächsischen Demokratismus, dessen Übernahme in Deutschland Unheil und eine Verfälschung des nationalen Wesens bedeutete[1682]. Zur Auseinandersetzung mit Amerika noch einmal Kaufmann: Das "demokratische Dogma" sei stets "eines der Hauptkampfmittel des nordamerikanischen Imperialismus gewesen. ... Unsere Aufgabe aber muß es sein, den Lockungen dieses angebotenen Danaergeschenks gegenüber durch vorurteilsfreie juristische und historisch-politische Forschung die bleibenden Werte in dem Bau unserer Verfassung herauszuarbeiten und zur Darstellung zu bringen"[1683].

Die konstitutionelle Monarchie galt in der Staatsrechtslehre als die ideale Verbindung der sich widersprechenden Staatsformen der Monarchie und der Demokratie. Diese Mittlerstellung der konstitutionellen Monarchie galt denn auch vielfach als Rechtfertigung ihrer Existenz.

Zumindest die Staatsrechtslehre hatte sich seit der Reichsgründung von der Vorstellung gelöst, die parlamentarische Monarchie oder gar die Republik müsse das notwendige Ergebnis einer konstitutionellen Entwicklung seit der Ablösung des Absolutismus sein. Man setzte vielmehr der europäischen Entwicklung, die diesen Schluß nahelegte, eine eigene deutsche Entwicklung entgegen.

Nicht verschwiegen werden sollen an dieser Stelle auch die Arbeiten unter anderem von Hugo Preuß und Max Weber, die bereits im Ersten Weltkrieg das deutsche Regierungssystem als "Obrigkeitssystem" kennzeichneten und seine Fortentwicklung zum Parlamentarismus forderten[1684]. Diese Mei-

1682. Kaufmann, Bismarcks Erbe in der Reichsverfassung, S. 1 ff., 100 ff.; vgl. auch Gierke, Der deutsche Volksgeist im Kriege.
1683. Kaufmann, Bismarcks Erbe in der Reichsverfassung, 1917, S. 5 f.
1684. Preuß, Das deutsche Volk und die Politik, S. 57; ders. Obrigkeitsstaat und großdeutscher Gedanke, S. 7 ff., 19 ff.; vgl. auch Weber, Parlament und Regierung im neugeordneten Deutschland.

nungen waren jedoch bis zum Ende des Krieges Minderheitsmeinungen, die in der Staatslehre nicht repräsentativ waren. Vielmehr zeigte die Staatsrechtslehre den letztlich vergeblichen Versuch, die Reste des monarchischen Prinzips und des konstitutionellen Sonderweges aus dem 19. Jahrhundert für die Zukunft zu bewahren. Die Staatsrechtslehre stand mit dieser, die gegenwärtigen Verhältnisse beschönigenden Tendenz keineswegs allein in der deutschen Wissenschaft und Kultur da. Vielmehr war es allgemein üblich, sich rechtfertigend zu den deutschen Besonderheiten zu bekennen[1685] - dies jedenfalls so lange, bis die faktischen Begebenheiten die Staatsrechtslehre "überholten".

1685. Vgl. hierzu Schwabe, Wissenschaft und Kriegsmoral.

# LITERATURVERZEICHNIS

## I. QUELLEN

Abel, Otto: Das neue deutsche Reich und sein Kaiser, Berlin 1848.

Adams, J.: Preußisches Staatsrecht, Band 1, 3. Aufl., Bonn 1914; Band 2, 3. Aufl., Bonn 1919.

- Deutsches Staatsrecht I, 2. Aufl., Bonn 1912.

Albrecht, Eduard: Rezension über Maurenbrechers Grundsätze des heutigen deutschen Staatsrechts, Darmstadt 1837.

Anschütz, Gerhard: Die Verfassungsurkunde für den preußischen Staat, Berlin 1912.

- Die gegenwärtigen Theorien über den Begriff der gesetzgebenden Gewalt und den Umfang des königlichen Verordnungsrechts nach preußischem Staatsrecht, 2. Aufl., Tübingen, Leipzig 1901.

- Grundzüge des Deutschen Staatsrechts, Leipzig 1903.

- Lücken in den Verfassungs- und Verwaltungsgesetzen, in: Verwaltungsarchiv, Band 14, Berlin 1906, S. 315 ff..

Aretin, Johann Christian Freiherr von: Staatsrecht der constitutionellen Monarchie, 1. Aufl., Band 1, Altenburg 1824.

Arndt, Adolf: Verfassung des Deutschen Reiches, 4. Aufl., Berlin 1911.

- Das Staatsrecht des Deutschen Reiches, Berlin 1901.

- Die Verfassungs-Urkunde für den Preußischen Staat, 2. Aufl., Berlin 1889; 7. Aufl., Berlin 1911.

- Staatsrecht und Verwaltungsrecht, o. O., o. J..

- Bismarcks Stellung zum parlamentarischen Wahlrecht, Leipzig 1917.

- Der Gesetzesbegriff in Preußen und im Deutschen Reiche, Sonderdruck aus: Verwaltungsarchiv, Band 17, 1909.

Arndt, E. M.: Das verjüngte, oder zu vielmehr zu verjüngende Deutschland, Bonn 1848.

Arnim-Boytzenburg, Graf: Die Verheißungen des 22. März und die Verfassung vom 5. Dezember, Berlin 1849.

Auerbach, L.: Das neue deutsche Reich und seine Verfassung, Berlin 1871.

Augst, Richard: Bismarcks Stellung zum parlamentarischen Wahlrecht, Leipzig 1917.

Bamberger, Ludwig: Gesammelte Schriften, 5 Bände, Berlin 1894-1898.

Bassermann, Friedrich: Denkwürdigkeiten (1811-1855), Frankfurt 1926.

Bauer, Bruno: Die bürgerliche Revolution in Deutschland, Berlin 1849.

Beitz, Egid: Die Verfassungsurkunde vom 31. Januar 1850 und die Wahlverordnung vom 30. Mai 1849 in Preußen, Köln 1907.

Bergsträsser, Ludwig: Die Verfassung des Deutschen Reiches vom Jahre 1849, Bonn, 1913.

Bernatzik, Edmund: Die österreichischen Verfassungsgesetze, Leipzig 1906.

Berner, Ernst: Geschichte des Preußischen Staates, München, Berlin 1891.

- Kaiser Wilhelms des Großen Briefe, Reden und Schriften, Berlin 1906.

Binding, Karl: Die rechtliche Stellung des Kaisers im heutigen Deutschen Reiche, Dresden 1898.

Bismarck, Otto von: Gedanken und Erinnerungen, Bände 1, 2, Stuttgart 1898; Band 3, Stuttgart 1919.

- Die gesammelten Werke, Bände 1, 2 Berlin 1924; Band 3, Berlin 1925; Band 4, Berlin 1927; Band 5, Berlin 1928; Band 6, 2. Aufl., Berlin 1929; Band 6a, 2. Aufl., Berlin 1930; Band 6b, 2. Aufl., Berlin 1932; Band 6c, Berlin 1935; Band 7, 2. Aufl., Berlin 1924; Bände 8, 9, 2. Aufl., Berlin 1926; Band 10, 2. Aufl., Berlin 1928; Bände 11, 12, 2. Aufl., Berlin 1929; Band 13, Berlin 1930; Bände 14/1, 14/2, Berlin 1933; Band 15, Berlin 1932.

Bluntschli, Johann Caspar: Allgemeines Staatsrecht, 4. Aufl., München 1868; 5. Aufl., Stuttgart 1876.

- Geschichte des Allgemeines Staatsrechts und der Politik, München 1864.

- Monarchie, in: ders. (Hg.): Deutsches Staats- Wörterbuch, Band 6, Stuttgart, Leipzig 1861, S. 704 ff..

- Geschichte der neueren Staatswissenschaft, 3. Aufl., 1881.

- Deutsche Staatslehre, Nördlingen 1880.

Bornhak, Conrad: Preußisches Staatsrecht, Band 1, 2. Aufl., Breslau 1911.

- Wandlungen der Reichsverfassung, in: Archiv für öffentliches Recht, Band 26, 1910, S. 373 ff..

- Die verfassungsrechtliche Stellung des deutschen Kaiserthums, in: Archiv für öffentliches Recht, Band 8, 1893, S. 425 ff..

- Preußische Staats- und Rechtsgeschichte, Berlin 1903.

- Die Entwicklung der konstitutionellen Theorie, in: Zeitschrift für die gesamte Staatswissenschaft, Band 51, 1895, S. 597 ff..

- Grundriß des deutschen Staatsrechts, 3. Aufl., Leipzig 1912.

Boytzenburg, Arnim Graf: Die Verheißungen des 22. März und die Verfassung vom 5. Dezember, Berlin 1849.

Brandenburg, Erich: Die Reichsgründung, Band 2, 2. Aufl., Leipzig, o.J..

- Die deutsche Revolution 1848, Leipzig 1912.

Brockhaus, Friedrich: Das Legitimitätsprincip, Leipzig 1868.

Bülau, Friedrich: Encyklopädie der Staatswissenschaften, 2. Aufl., Leipzig 1856.

- Der constitutionelle Staat in England, Frankreich und Deutschland, in: ders. (Hg.).: Neue Jahrbücher der Geschichte und Politik, 6. Jahrgang, Band 1, 1843, S. 1 ff..

Bülow-Cummerow, Ernst von: Die Reform der Verfassung aus dem conservativen Gesichtspunkte, Berlin 1851.

Bunsen, Christian Carl Josias: Die Deutsche Bundesversammlung und ihr eigentümliches Verhältnis zu den Verfassungen Englands und der Vereinigten Staaten, Mai 1848.

Buß, F. J.: Vergleichendes Bundesstaatsrecht, Karlsruhe 1844.

Class, Heinrich (erschienen unter dem Pseudonym Frymann, Daniel): Wenn ich Kaiser wär', 5. Aufl., Leipzig 1911.

Classen, Johannes: Was bedeutet das deutsche Kaisertum? Hamburg 1914.

Closen, F. von: Bemerkungen über die von der deutschen Nationalversammlung angenommenen §§ 2 und 3 des Verfassungsentwurfes mit besonderer Rücksicht auf das Verhältnis von Österreich zu Deutschland, 1848.

Dahlmann, Friedrich Christoph: Kleine Schriften und Reden, Stuttgart 1886.

- Die Politik, auf den Grund und das Maß der gegebenen Zustände zurückgeführt, Band 1, 2. Aufl., Leipzig 1847.

Delbrück, Hans: Regierung und Volkswille, Berlin 1914.

- Über den kriegerischen Charakter des deutschen Volkes, Berlin 1914.

Deuerlein, Ernst: Die Gründung des Deutschen Reiches 1870/71 in Augenzeugenberichten, Düsseldorf 1970.

Droysen, Johann Gustav (Hg.): Die Verhandlungen des Verfassungs-Ausschusses des deutschen Nationalversammlung, Band 1, Leipzig 1849, Neudruck Vaduz 1987.

Duncker, Max: Zur Geschichte der deutschen Reichsversammlung in Frankfurt, Berlin 1849.

- Bericht der von der Gesellschaft im Casino zur Begutachtung der Oberhauptsfrage niedergesetzten Commission, o. O., 1848.

Egelhaaf, Gottlob, Fünfundzwanzig Jahre, in: Deutsche Rundschau, Band 155, Berlin 1913, S. 321 ff..

Eisenmann: Ideen zu einer teutschen Reichsverfassung, Erlangen 1848.

Ernst II. Herzog von Sachsen-Coburg-Gotha, Aus meinem Leben und aus meiner Zeit, Berlin 1892.

Faber, Martin: Kaiser, Volk und Volksvertretung, Leipzig 1895.

Fichte, Johann Gottlieb: Reden an die deutsche Nation, Hamburg 1955.

Fick, Alexander Heinrich: Einige Anmerkungen zur Rechtfertigung des 17er Entwurfes, Marburg 1848.

- Denkschrift an die souveräne constituierende deutsche Nationalversammlung, Marburg 1848.

Fischer, Richard: Das Recht des deutschen Kaisers, Berlin 1895.

Franz: Unsere Politik, 3. Aufl., Berlin 1850.

Fricker, Victor Carl: Die Natur der Steuerverwilligung und das Finanzgesetz, in: Zeitschrift für die gesamte Staatswissenschaft, Band 17, Tübingen 1861, S. 636 ff..

Fried, Alfred H.: Der Kaiser und der Weltfrieden, Berlin 1910.

Frisch, Hans von: Die Verantwortlichkeit der Monarchen und höchsten Magistrate, Berlin 1904.

Gerber, Carl Friedrich von: Grundzüge des Deutschen Staatsrechts, 3. Aufl., Leipzig 1880, Neudruck Aalen 1969.

- Über öffentliche Rechte, 1. Aufl., 1852, Tübingen 1913.

- Über die Theilbarkeit deutscher Staatsgebiete, in: Aegidi, Karl Ludwig (Hg.): Zeitschrift für Deutsches Staatsrecht und Deutsche Verfassungsgeschichte, Band 1, Berlin 1867, S. 5 ff..

Gerlach, Ernst Ludwig: Ein feindliches Unterhaus, in: Neue Preußische Zeitung vom 10.5.1862.

- Die Selbständigkeit des preußischen Königtums, in: Neue Preußische Zeitung vom 10.6.1862.

- Die Kluft, in: Neue Preußische Zeitung vom 19.7.1862.

- Die Krisis im September 1862, in: Neue Preußische Zeitung vom 10./11.9.1862.

Gerlach, Jakob von: Ernst Ludwig von Gerlach, Band 2, Schwerin 1903.

Gielmeister, Ferdinand: Kaiser oder König? Hamburg 1870.

Gierke, Otto von: Labands Staatsrecht und die deutsche Rechtswissenschaft, 2. Aufl., Darmstadt 1961.

- Das deutsche Genossenschaftsrecht, Band 1, Berlin 1868.

- Johannes Althusius, Breslau 1880.

- Krieg und Kultur, Berlin 1914.

- Unsere Friedensziele, Berlin 1917.

- Der germanische Staatsgedanke, Berlin 1919.

- Naturrecht und Deutsches Recht, Frankfurt 1883.

- Das Wesen der menschlichen Verbände, Berlin 1902; Neudruck Darmstadt 1954.

- Die Grundbegriffe des Staatsrechts, Tübingen 1915.

- Die Steinsche Städteverordnung, Neudruck Darmstadt 1957.

- Der deutsche Volksgeist im Kriege, Stuttgart, Berlin 1915.

- Das alte und das neue Reich, in: Deutsche Zeit- und Streit-Fragen, Flugschriften zur Kenntniß der Gegenwart, Heft 35, 1874, S. 1 ff..

- Besprechung von: Ernst Landsberg: Geschichte der deutschen Rechtswissenschaft, Band III/2, in: Bekker, E. J. u.a. (Hg.): Zeitschrift der Savigny-Stiftung für Rechtsgeschichte, Band 32, Weimar 1911, S. 341 ff..

- Recht und Sittlichkeit, in: Kroner, Richard; Mehlis, Georg (Hg.): Logos Internationale Zeitschrift für Philosophie der Kultur, Band VI, Tübingen 1917, S. 211 ff..

Gneist, Rudolf: Gesetz und Budget, Berlin 1879.

Grabowsky, Adolf: Eine Kaiserumfrage, in: Die Tat, 5. Jahrgang, Jena 1913, S. 613 ff..

Grais, Hue de: Grundriß der Verfassung und Verwaltung in Preußen, 8. Aufl., Berlin 1905.

Grotefend, Georg August: Das Deutsche Staatsrecht der Gegenwart, Berlin 1869.

- System des deutschen Staatsrechts, Erste Hälfte, zweite Abteilung, Cassel 1863.

Haenel, Albert: Die vertragsmäßigen Elemente der Deutschen Reichsverfassung, Leipzig 1873.

- Die organisatorische Entwicklung der Deutschen Reichsverfassung, Leipzig 1880.

- Deutsches Staatsrecht, Band 1, Leipzig 1892.

- Das Gesetz im formellen und materiellen Sinne, in: ders.: Studien zum Deutschen Staatsrechte, Band 2, Leipzig 1880, S. 99 ff.; Separatdruck Leipzig 1888; 2. Aufl., Darmstadt 1968.

- Das Kaiserthum, Kiel 1892.

- Der 18te Januar 1871, Kiel 1896.

- Zur Kritik der Begriffsbestimmung des Bundesstaates, in: Annalen des Deutschen Reiches, Leipzig 1877, S. 78 ff..

Hammer, Hans: Ministerverantwortlichkeit im Deutschen Reiche, Forst 1909.

Hansel, H.: Die Notverordnung nach deutschem Staatsrechte, Leipzig 1904.

Hansemann, David: Die Deutsche Verfassung vom 28. März 1849, Berlin 1849.

- Die deutsche Verfassungsfrage, Frankfurt, 1848.

- Das Preußische und Deutsche Verfassungswerk, Berlin 1850.

Hatschek, Julius: Allgemeines Staatsrecht auf rechtsvergleichender Grundlage, Band 1, Leipzig 1909.

- Allgemeines Staatsrecht, Teil 2, Leipzig 1909.

- Bismarcks Werk in der Reichsverfassung, Tübingen 1906.

Hauptverein der Deutsch-Konservativen (Hg.): Handbuch der Deutsch-Konservativen Partei, 3. Aufl., Berlin 1898.

Hauser, L.: Die Verfassung des Deutschen Reiches und den Grundzügen und Verhältnissen zu den Einzelstaaten, insbesondere zu Bayern, Nördlingen 1871.

Haym, R.: Die deutsche Nationalversammlung bis zu den September-ereignissen, Frankfurt 1848.

Held, Joseph von: Grundzüge des Allgemeinen Staatsrechts, Leipzig 1868.

- System des Verfassungsrechts der monarchischen Staaten Deutschlands mit besonderer Rücksicht auf den Constitutionalismus, Band 1, Würzburg 1856.

- Das Kaiserthum als Rechtsbegriff, Würzburg 1879.

- Die Verfassung des Deutschen Reiches vom staatsrechtlichen Standpunkt aus betrachtet, Leipzig 1872.

- Der verfassungsmäßige oder constitutionelle Staat, Leipzig 1865.

- Grundanschauungen über Staat und Gesellschaft, Leipzig 1861.

Hellferich, Adolf: Die Kaiseridee und die Realpolitik deutscher Nation, in: Deutsche Jahrbücher für Politik und Literatur, Band 4, Berlin 1862, S. 1 ff..

Heusler, Andreas: Deutsche Verfassungsgeschichte, Leipzig 1905.

- Der verfassungsmäßige oder constitutionelle Staat, Leipzig 1865.

- Staat und Gesellschaft, Band 1, Leipzig 1861; Band 2, Leipzig 1863; Band 3, Leipzig 1865.

Hiersemenzel, Konrad: Die Verfassung des Norddeutschen Bundes, Berlin 1867.

- Das Verfassungs- und Verwaltungsrecht des Norddeutschen Bundes und des Deutschen Zollvereins, Berlin 1868/69.

Hilgard, Theodor: Fünf Paragraphen über Deutschlands National-Einheit und ihr Verhältnis zur Freiheit, Zweibrücken 1849.

Hintze, Otto: Das preußische Staatsministerium im 19. Jahrhundert, in: Beiträge zur brandenburgischen und preußischen Geschichte, ohne Ort, um 1910, S. 403 ff..

- Das monarchische Prinzip und die konstitutionelle Verfassung, in: ders.: Staat und Verfassung, 2. Aufl., Göttingen 1962, S. 359 ff..

Hoffmann, Paul G.: Monarchisches Prinzip und Ministerverantwortlichkeit, Jena 1911.

Hohlfeld, Johannes: Die deutsche Revolution 1848, Leipzig 1848.

- Dokumente der deutschen Politik und Geschichte von 1848 bis zur Gegenwart, Band 2, o. O., O. J..

Hopf, Wilhelm: Die deutsche Krisis des Jahre 1866, 2. Aufl., Melsungen 1899.

Horstmann, O. J.: Das Reichsoberhaupt und die deutsche Einheit, Frankfurt 1849.

Hubatsch, Walther: Freiherr vom Stein, Briefe und amtliche Schriften, Band 4, Stuttgart 1963.

Huber, Ernst Rudolf: Dokumente zur deutschen Verfassungsgeschichte, Band 1, 3. Aufl., Stuttgart, Berlin, Köln, Mainz 1978; Band 2, 3. Aufl., Stuttgart, Berlin, Köln, Mainz 1986.

Hubrich, Eduard: Das monarchische Prinzip in Preußen, in: Zeitschrift für Politik, Band 1, Berlin 1908, S. 109 ff..

- Deutsches Fürstentum und deutsches Verfassungswesen, Leipzig 1905.

Hübner, Rudolf (Hg.): Aktenstücke und Aufzeichnungen zur Geschichte der Frankfurter Nationalversammlung aus dem Nachlaß von Johann Gustav Droysen, Berlin, Leipzig 1924.

- Johann Gustav Droysen, Briefwechsel, Band 1, Berlin, Leipzig 1929.

Hundeshagen, Friedrich: Das deutsche Parlament, Frankfurt 1848.

Ilse, Leopold Friedrich: Geschichte der politischen Untersuchungen, Frankfurt 1860, Nachdruck Gerstenberg, Hildesheim 1975.

Jagemann, Eugen von: Die deutsche Reichsverfassung, Heidelberg 1904.

Jastrow, J.: Geschichte des deutschen Einheitstraums und seine Erfüllung, 2. Aufl., Berlin 1855.

Jellinek, Georg: Rezension Schulze, in: Archiv für öffentliches Recht, Band 3, 1888, S. 466 ff..

- Allgemeine Staatslehre, 2. Aufl., Berlin 1905; 3. Aufl., Siebter Nachdruck, Darmstadt 1960.

- Regierung und Parlament in Deutschland, Leipzig 1909.

- Gesetz und Verordnung, Tübingen 1919.

- Der Kampf des alten mit dem neuen Recht, Heidelberg 1907.

- Besondere Staatslehre, in: ders.: Ausgewählte Schriften und Reden von Georg Jellinek, Band 2, Berlin 1911, S. 153 ff..

- Bundesstaat und parlamentarische Regierung, in: ders.: Ausgewählte Schriften und Reden von Georg Jellinek, Band 2, Berlin 1911, S. 439 ff..

- Die Entwicklung des Ministeriums in der konstitutionellen Monarchie, in: ders.: Ausgewählte Schriften und Reden von Georg Jellinek, Band 2, Berlin 1911, S. 89 ff..

- System der subjektiven öffentlichen Rechte, 2. Aufl., Tübingen 1905.

- Verfassungsänderung und Verfassungswandlung, Berlin 1906.

- Der Kampf des alten mit dem neuen Recht, Heidelberg 1907.

- Ein Gesetzentwurf betreffend die Verantwortlichkeit des Reichskanzlers und seiner Stellvertreter nebst Begründung, Heidelberg 1909.

Jordan, Silvester: Versuche über allgemeines Staatsrecht, Marburg 1828.

- Lehrbuch des allgemeinen und deutschen Staatsrechts, Band 1, Cassel 1831.

- Gespräche über Staat und Kirche, Frankfurt 1848 (unter dem Pseudonym Steverlys).

Jürgens, Karl: Zur Geschichte des deutschen Verfassungswerkes 1848-49, Band 1, Braunschweig 1850.

Kaltenborn, Carl von: Einleitung in das constitutionelle Verfassungsrecht, Leipzig 1863.

- Geschichte der deutschen Bundesverhältnisse und Einheitsbestrebungen, Berlin 1857.

Kaufmann, Erich: Bismarcks Erbe in der Reichsverfassung. Berlin 1917.

- Studien zur Staatslehre des monarchischen Prinzips, Leipzig 1906.

Kipp, Theodor: Von der Macht des Rechts, Berlin 1914.

Kirchenheim, Artur von: Lehrbuch des Deutschen Staatsrechts, Stuttgart 1887.

Kjellén, Rudolf: Die Ideen von 1914, Leipzig 1915.

Kloeppel, P.: Dreißig Jahre deutscher Verfassungsgeschichte 1867-1897, Band 1, Leipzig 1900.

Klüber, Johann Ludwig: Öffentliches Recht des Teutschen Bundes und der Bundesstaaten, 4. Aufl., Frankfurt 1840.

- Wichtige Urkunden für den Rechtszustand der Deutschen Nation, 2. Aufl., Mannheim 1845, Neudruck Aalen 1977.

Kohl, Horst: Die politischen Reden des Fürsten Bismarck, Band 1, 1. Aufl., Stuttgart 1892; Band 2, 2. Aufl., Stuttgart, Berlin 1903; Bände 3-5, 1. Aufl., Stuttgart, Berlin 1922; Bände 6-8, 1. Aufl., Stuttgart 1893; Band 13, 1. Aufl., Stuttgart, Berlin 1905.

Kraus, J. B.: Das Königtum von Gottes Gnaden? Wiesbaden 1910.

Krug von Nidda, Roland: 1848 - Zwischen den Revolutionen, Wien, München, o. J..

Laband, Paul: Die geschichtliche Entwicklung der Reichsverfassung seit der Reichsgründung, in: Jahrbuch des öffentlichen Rechts der Gegenwart, Band 1, 1907, S. 1 ff..

- Das Staatsrecht des Deutschen Reiches, 1. Aufl., Band 1, Freiburg 1876, Band 2, Freiburg 1878, 2. Aufl., Band 1, Freiburg 1888, 5. Aufl., Bände 1, 2, Tübingen 1911, Band 4, Tübingen 1914.

- Die Wandlungen der Reichsverfassung, in: Jahrbuch der Gehe-Stiftung zu Dresden, Band 1, Dresden 1896, S. 149 ff..

- Rezension Frisch/Abraham, in : Archiv für öffentliches Recht, Band 22, 1907, S. 301 ff..

- Rezension Smend, in: Archiv für öffentliches Recht, Band 19, 1905, S. 426 ff..

- Das Budgetrecht nach den Bestimmungen der Preussischen Verfassungs-Urkunde unter Berücksichtigung der Verfassung des Norddeutschen Bundes, in: Zeitschrift für Gesetzgebung und Rechtspflege in Preußen, Band 4, 1870, S. 625 ff..

- Das Staatsrecht des Deutschen Reiches, in: Handbuch des öffentlichen Rechts, Band 2, Freiburg, Tübingen 1883.

- Das deutsche Kaiserthum, Straßburg 1896.

- Unsere Ziele, in: Deutsche Juristenzeitung, Band 1, Berlin 1896, S. 1 ff..

- Zum 18. Januar, in: Deutsche Juristenzeitung, Band 1, Berlin 1896, S. 21 ff..

- Viel Lärm um nichts, in: Deutsche Juristenzeitung, Band 9, Berlin 1909, S. 562 ff..

- Staatsrecht, in: Hinneberg, Paul (Hg.): Die Kultur der Gegenwart, Teil II, Abteilung II, Berlin, Leipzig 1906, S. 293 ff..

- Besprechung zu Smend, Rudolf, Die Preussische Verfassungsurkunde im Vergleich mit der Belgischen, in: Archiv des öffentlichen Rechts, Band 19, Tübingen 1905.

- Reichshaushaltsgesetz, in: Fleischmann, Max (Hg.): Wörterbuch des Deutschen Staats- und Verwaltungsrechts, Band 3, Tübingen 1914, S. 285 ff..

Lackmann, Otto: Das Kaisertum in den Verfassungen des Deutschen Reiches, Bonn 1903.

Lasker, Eduard: Fünfzehn Jahre parlamentarischer Geschichte (1866-1880), Berlin, um 1890.

- Zur Verfassungsgeschichte Preußens, Leipzig 1874.

- Verfassungsgeschichte, o. O., 1863.

- Was geschieht, wenn das Etatgesetz nicht zur Vereinbarung gelangt? in: Deutsche Jahrbücher für Politik und Literatur, Band 4, Berlin 1862, S. 32 ff..

Linde, von: Betrachtungen über die wichtigsten Fragen der Gegenwart, Gießen 1850.

Loening, Edgar: Grundzüge der Verfassung des Deutschen Reiches, 2. Aufl., Leipzig 1906.

Maaßen, Julius: Die Verfassungsurkunde für den preußischen Staat vom 31. Januar 1850 nebst den Verfassungs-Änderungs-Gesetzen, Köln 1863.

Maier, Hans: Die geistesgeschichtlichen Grundlagen der konstitutionellen Theorie, Tübingen 1914.

Mann, Thomas: Betrachtungen eines Unpolitischen, Berlin 1918.

Martitz, Ferdinand von: Betrachtungen über die Verfassung des Norddeutschen Bundes, Leipzig 1868.

- Die Monarchie als Staatsform, Berlin 1903.

Maurenbrecher, Romeo: Grundzüge des heutigen deutschen Staatsrechts, 2. Aufl., Frankfurt 1843; 3. Aufl., Frankfurt 1847.

- Grundzüge des Deutschen Reiches, Leipzig 1892.

- Die deutschen regierenden Fürsten und die Souveränität, Frankfurt 1839.

Maurenbrecher, Wilhelm: Gründung des Deutschen Reiches 1859-1871, Leipzig 1892.

Mayer, Otto: Republikanischer und monarchischer Bundesstaat, in: Archiv für öffentliches Recht, Band 18, 1903, S. 337 ff..

- Das Staatsrecht des Königreichs Sachsen, Tübingen 1909.

- Die juristische Person und ihre Verwertbarkeit im öffentlichen Recht, Tübingen 1908.

Meisner, Heinrich; Geerds, Robert: Ernst Moritz Arndt, Berlin 1898.

Mejer, Otto: Einleitung in das Deutsche Staatsrecht, 1. Aufl., Rostock 1861; 2. Aufl., Freiburg 1889.

Meyer, Georg: Grundzüge des Norddeutschen Bundes, Leipzig 1868.

- Staatsrechtliche Erörterungen über die deutsche Reichsverfassung, Leipzig 1872.

Meyer, Georg; Anschütz, Gerhard: Lehrbuch des Deutschen Staatsrechts, 7. Aufl., München, Leipzig 1919.

- Lehrbuch des deutschen Staatsrechts, 5. Aufl., Leipzig 1899.

Michalke, Ernst: Reichsgewalt und Reichsoberhaupt in den deutschen Verfassungen von 1849, Breslau 1904.

Mittelstädt, Otto: Vor der Flut, Leipzig 1897.

Mohl, Robert von: Die Geschichte und Literatur der Staatswissenschaften, Band 1, Erlangen 1855; Band 2, Erlangen 1856; Band 3, Erlangen 1858.

- Staatsrecht, Völkerrecht und Politik, Band 1, Tübingen 1860.

- Über die verschiedenen Auffassungen des repräsentativen Systems, in: Zeitschrift für die gesamte Staatswissenschaft, Band 3, 1846, S. 451 ff.; ebenfalls in: Beyme, Klaus von (Hg.): Robert von Mohl, Politische Schriften, Köln, Opladen 1966, S. 47 ff..

- Die Verantwortlichkeit der Minister in Einherrschaften mit Volksvertretung, Tübingen 1837.

- Das Staatsrecht des Königreichs Württemberg, Band 2, 2. Aufl., Tübingen 1840.

- Das Repräsentativsystem, seine Mängel und seine Heilmittel, in: Beyme, Klaus von (Hg.): Robert von Mohl, Politische Schriften, Köln, Opladen 1966, S. 118 ff..

- Das deutsche Reichsstaatsrecht, Tübingen 1873.

Mommsen, Wilhelm (Hg.): Deutsche Parteiprogramme, 2. Aufl., München 1964.

Münster, Georg Graf zu: Der Norddeutsche Bund und dessen Übergang zu einem Deutschen Reiche, Leipzig 1868.

- Deutschlands Zukunft: Das Deutsche Reich, Berlin 1870.

Naumann, Friedrich: Demokratie und Kaisertum, 4. Aufl., Berlin 1905.

- Der Kaiser im Volksstaat, Berlin 1917.

- Die politischen Parteien, Berlin 1910.

- Vom alten Königtum zum neuen Kaisertum, in: ders.: Der Kaiser im Volksstaat, Berlin 1917, S. 6 ff..

- Republik oder Monarchie, in: ders.: Der Kaiser im Volksstaat, Berlin 1917, S. 18 ff..

- Der Unverantwortliche, in: ders.: Der Kaiser im Volksstaat, Berlin 1917, S. 29 ff..

- Monarch und Volksvertretung, in: ders.: Der Kaiser im Volksstaat, Berlin 1917, S. 37 ff..

- Monarch und Auslandspolitik, in: ders.: Der Kaiser im Volksstaat, Berlin 1917, S. 47 ff..

- Die Umgestaltung der deutschen Reichsverfassung, in: Schieder, Theodor (Hg.): Politische Schriften, Köln, Opladen 1964, S. 362 ff..

- Das Königtum, in: Schieder, Theodor (Hg.): Politische Schriften, Köln, Opladen 1964, S. 407 ff..

- Demokratie und Monarchie, in: Schieder, Theodor (Hg.): Politische Schriften, Köln, Opladen 1964, S. 439 ff..

- Der Kaiser im Volksstaat, in: Schieder, Theodor (Hg.): Politische Schriften, Köln, Opladen 1964, S. 461 ff..

- Die Politik Kaiser Wilhelms II., München 1903.

Öttingen-Wallerstein, Ludwig von: Deutschland, seine Zukunft und seine constituierende Versammlung, Augsburg 1848.

Oncken, Wilhelm: Das Zeitalter Kaiser Wilhelms, Band 2, Berlin 1890.

Parisius, Ludolf: Deutschlands politische Parteien und das Ministerium Bismarcks, Berlin 1878.

Pastor, Ludwig: August Reichensperger, Bände 1, 2, Freiburg 1899.

Penzler, Johannes: Fürst Bismarck nach seiner Entlassung, Bände 1-5, Leipzig 1897.

Perthes, Clemens Theodor: Das deutsche Staatsleben, Hamburg, Gotha 1845.

Pfizer, P.: Beiträge zur Feststellung der deutschen Reichsgewalt, Frankfurt 1848.

Piloty, Robert: Das Parlamentarische System, 2. Aufl., Berlin, Leipzig 1917.

Poschinger, Heinrich von (Hg.): Preußens auswärtige Politik 1850-1858; unveröffentlichte Dokumente aus dem Nachlasse des Ministerpräsidenten Otto Frhrn v. Manteuffel.

- Persönliche Erinnerungen an den Fürsten Bismarck von John Booth, Hamburg 1899.

Poschinger, Margarethe von (Hg.): Kaiser Friedrichs Tagebücher, 2. Aufl., Berlin 1902.

Preuß, Hugo: Die organische Bedeutung der Art. 15 und 17 der Reichsverfassung, in: Zeitschrift für die gesamte Staatswissenschaft, Band 45, 1889, S. 420 ff..

- Der deutsche Nationalstaat, Frankfurt 1924.

- Das deutsche Volk und die Politik, Jena 1916.

- Gemeinde, Staat, Reich, Berlin 1889, Neudruck Aalen 1964.

- Die Improvisierung des Parlamentarismus, in: ders. (Hg.): Staat, Recht, Freiheit, Hildesheim 1964, S. 361 ff..

- Die Wandlungen des deutschen Kaisergedankens, Berlin 1917.

- Deutschlands republikanische Reichsverfassung, 2. Aufl., Berlin 1923.

- Obrigkeitsstaat und großdeutscher Gedanke, Jena 1916.

- Die Entwicklung des deutschen Städtewesens, Leipzig 1906, Neudruck Aalen 1965.

- Staat und Stadt, in: ders.: Staat, Recht und Freiheit, Hildesheim 1964, S. 73 ff..

- Deutsche Demokratisierung, in: ders.: Staat, Recht und Freiheit, Hildesheim 1964, S. 335 ff..

- Über Organpersönlichkeit, in: Schmoller, Gustav (Hg.): Jahrbuch für Gesetzgebung, Verwaltung und Volkswirtschaft im Deutschen Reich, Band 26, Leipzig 1902, S. 557 ff..

- Selbstverwaltung, Gemeinde, Staat, Souveränität, in: Calker, Wilhelm u.a. (Hg.): Staatsrechtliche Abhandlungen, Festgabe für Paul Laband zum fünfzigsten Jahrestag der Doktor-Promotion, Band 2, Tübingen 1908, S. 197 ff..

Radowitz, Josef Maria von: Deutschland und Friedrich Wilhelm IV., Hamburg 1848.

- Denkschrift über die vom Deutschen Bunde zu ergreifenden Maaßregeln, Berlin 1847.

Rassow, Peter; Born, Karl Erich: Akten zur staatlichen Sozialpolitik in Deutschland 1890-1914, Wiesbaden 1959.

Rehm, Hermann: Das politische Wesen der deutschen Monarchie, in: Festgabe für Otto Mayer, Tübingen 1916, Neudruck Aalen 1974.

- Allgemeine Staatslehre, Freiburg 1899.

- Geschichte der Staatswissenschaft, Freiburg, Leipzig 1896.

- Unitarismus und Föderalismus in der deutschen Reichsverfassung, in: Jahrbuch der Gehe-Stiftung, Dresden 1899, S. 1 ff..

Reichensperger, Peter: Erlebnisse eines alten Parlamentariers im Revolutionsjahr 1848, Berlin 1882.

Reinöl, Walter: Uhland als Politiker, Tübingen 1911.

Rickert, Heinrich: Eine Episode aus Karl Twestens Leben, in: Deutsche Revue über das gesamte nationale Leben der Gegenwart, Band 25, Stuttgart, Leipzig 1900, S. 73 ff..

Riedel, E.: Die Reichsverfassungsurkunde vom 16. April 1871, Leipzig 1871.

Rieker, Karl: Die rechtliche Natur der modernen Volksvertretung, Leipzig 1893.

Ringhoffer, Karl (Hg.): Im Kampf um Preußens Ehre, Berlin 1906.

Rochau, A. L. von: Grundsätze der Realpolitik, Band 1, Stuttgart 1853; Band 2, Heidelberg 1869.

Röder, Karl David August: Grundlage zur deutschen Reichsverfassung, Frankfurt 1848.

Römer, R.: Die Verfassung des norddeutschen Bundes und die süddeutsche, insbesondere die württembergische Freiheit, Tübingen 1867.

Rönne, Ludwig von: Die Verfassungs-Urkunde für den preußischen Staat vom 31. Januar 1850, Berlin 1850.

- Das Staatsrecht der preußischen Monarchie, 1. Aufl., Leipzig 1856; 2. Aufl., Band 1, Leipzig 1864; 4. Aufl., Band 1, Leipzig 1881; 5. Aufl., neu bearbeitet von Philipp Zorn, Band 1, Leipzig 1899.

- Das Verfassungs-Recht des Deutschen Reiches, Leipzig 1872.

- Das Staatsrecht des Deutschen Reiches, Leipzig 1876/77.

Rosenberg, Werner: Die juristische Natur des deutschen Kaisertums, in: Preußische Jahrbücher, Band 103, 1901, S. 249 ff..

- Die Sanktion der Reichsgesetze, in: Annalen des Deutschen Reiches, München, Leipzig 1900, S. 577 ff..

Rosenthal, Eduard: Die Reichsregierung, Jena 1911.

Rosin, Heinrich: Grundzüge einer Allgemeinen Staatslehre nach den politischen Reden und Schriftstücken des Fürsten Bismarck, Leipzig 1898.

- Souveränität, Staat, Gemeinde, Selbstverwaltung, in: Annalen des deutschen Reiches, Leipzig 1883, S. 265 ff..

Roth, Paul; Merck, Heinrich: Quellensammlung zum deutschen öffentlichen Recht seit 1848, Erlangen 1851.

Rotteck, Carl von; Welcher, Carl: Das Staatslexikon, Bd. 8, Altona 1847.

Rotteck, Carl von: Lehrbuch des Vernunftsrechts und der Staatswissenschaften, Band 2, 2. Aufl., Stuttgart 1840.

- Staatsrecht der constitutionellen Monarchie, 2. Aufl., Band 1, Leipzig 1838.

Ruville, Albert von: Das deutsche Reich, ein monarchischer Einheitsstaat, Berlin 1894.

Samuely, Adolf: Das Prinzip der Ministerverantwortlichkeit in der constitutionellen Monarchie, Berlin 1869.

Schäfer, Dietrich: Deutsches Nationalbewußtsein im Lichte der Geschichte, Jena 1884.

Schmid, U. F.: Das Wesen der constitutionellen Monarchie mit besonderer Berücksichtigung des künftigen deutschen Bundesstaates, Jena 1865.

Schmidt, Adolf: Preußens Deutsche Politik, Berlin 1850; 3. Aufl., Leipzig 1867.

Schmidt, Julius: Die Notwendigkeit einer neuen Parteibildung, Berlin 1866.

Schmidt, Richard: Allgemeine Staatslehre, Band 1, Leipzig 1901.

Schücking, Walter: Neue Ziele der staatlichen Entwicklung, Marburg 1913.

Schulze, Johannes (Hg.): Max Duncker, Osnabrück 1867.

Schulze-Gaevernitz, Hermann: Einleitung in das Deutsche Staatsrecht, Leipzig 1867.

- Das preußische Staatsrecht, 2. Aufl., Band 1, Leipzig 1888.

- Lehrbuch des Deutschen Staatsrechts, Band 1, Leipzig 1881; Band 2, Leipzig 1886.

- Die Krisis des deutschen Staatsrechts im Jahr 1866, Leipzig 1867.

Schwarz, E.: Die Verfassungsurkunde für den Preußischen Staat vom 31. Januar 1850, Breslau 1896.

Schweizer, Ludwig: Das Kaisertum der Reichsverfassung von 1849 und 1871, Greifswald 1918.

Seitz, Johannes: Die Entstehung und Entwicklung der preußischen Verfassungsurkunde im Jahre 1848, Greifswald 1909.

Seydel, Max von: Der Bundesstaatsbegriff, in: Zeitschrift für die gesamte Staatswissenschaft, Bd. 28, 1872, S. 185 ff..

- Vorträge aus dem Allgemeinen Staatsrecht, München 1903.

- Der deutsche Bundesrath, in: Jahrbuch für Gesetzgebung, Verwaltung und Volkswirtschaft im Deutschen Reich, 3. Jahrgang, Leipzig 1879, S. 273 ff..

- Grundzüge einer allgemeinen Staatslehre, Würzburg 1873.

- Bayerisches Staatsrecht, 2. Aufl., Freiburg, Leipzig 1896.

- Das Staatsrecht des Königreichs Bayern, Freiburg 1888; 3. Aufl., Tübingen, Leipzig 1903.

- Grundriß zu Vorlesungen über Bayerisches Staatsrecht, 2. Aufl., Freiburg, Leipzig 1892.

- Grundriß zu Vorlesungen über Deutsches Reichsstaatsrecht, Freiburg, Leipzig 1896.

- Commentar zur Verfassungsurkunde für das deutsche Reich, (1. Aufl., Freiburg, Leipzig 1873), 2. Aufl., Freiburg, Leipzig 1897.

- Zur Lehre von den Staatenverbindungen, in: ders.: Staatsrechtliche und politische Abhandlungen, Freiburg, Leipzig 1893, S. 1 ff..

- Constitutionelle und parlamentarische Regierung, in: ders.: Staatsrechtliche und politische Abhandlungen, Freiburg, Leipzig 1893, S. 121 ff..

- Die Demokratie, in: ders.: Staatsrechtliche und politische Abhandlungen, Freiburg, Leipzig 1893, S. 143.

Simon, Ludwig: Ein Wort des Rechts für alle Reichsverfassungs- Kämpfer, Frankfurt 1849.

Smend, Rudolf: Die Preussische Verfassungsurkunde im Vergleich mit der Belgischen, Göttingen 1904.

- Der Einfluß der deutschen Staats- und Verwaltungslehre des 19. Jahrhunderts auf das Leben in Verfassung und Verwaltung, in: Deutsche Rechtswissenschaft, Band 4, Hamburg 1939, S. 25 ff.

- Verfassung und Verfassungsrecht, in: ders.: Staatsrechtliche Abhandlungen und andere Aufsätze, 2. Aufl., Berlin 1968, S. 119 ff..

- Ungeschriebenes Verfassungsrecht im normativen Bundesstaat, in: ders.: Staatsrechtliche Abhandlungen und andere Aufsätze, 2. Aufl., Berlin 1968, S. 39 ff..

Stahl, Friedrich Julius: Das monarchische Prinzip, Heidelberg 1845.

- Die deutsche Reichsverfassung nach den Beschlüssen der deutschen Nationalversammlung und nach dem Entwurf der drei königlichen Regierungen, Berlin 1849.

- Die Staatslehre und die Principien des Staatsrechts, 3. Aufl., Heidelberg 1856.

- Die Revolution und die constitutionelle Monarchie, Berlin 1848.

- Die Philosophie des Rechts, 6. Aufl., Bände 1, 2/1, 2/2, Hildesheim 1963.

- Staatslehre, Berlin 1910.

Steffensen, Karl: Die äußerste Rechte und Schleswig-Holstein, Leipzig 1850.

Stein, Lorenz von: Zur preußischen Verfassungsfrage, 2. Aufl., Darmstadt 1961.

- Gegenwart und Zukunft der Rechts- und Staatswissenschaft Deutschlands, Stuttgart 1876.

Stengel, Karl Freiherr von: Das Staatsrecht des Königreichs Preußen, Freiburg, Leipzig 1894.

Stenographische Berichte über die Verhandlungen der preußischen Kammern; ab 1855: Stenographische Berichte über die Verhandlungen des preußischen Abgeordnetenhauses, Stenographische Bericht über die Verhandlungen des preußischen Herrenhauses.

Stenographische Berichte über die Verhandlungen des (konstituierenden) Reichstages des Norddeutschen Bundes, Berlin 1867-1870.

Stenographische Berichte über die Verhandlungen des deutschen Reichstages, Berlin 1871-1918.

Stockmar, E. A. C.: Studien zum preußischen Staatsrecht, in: Aegidis Zeitschrift für Deutsches Staatsrecht und Deutsche Verfassungsgeschichte, Band 1, 1867, S. 179 ff..

Stoerck, Felix: Zur Methodik des öffentlichen Rechts, Wien 1885.

Streckfuß, Adolf: Das freie Preußen, Berlin 1848.

Sybel, Heinrich von: Die Begründung des Deutschen Reiches durch Wilhelm I., Band 1, 4. Aufl., München, Leipzig 1892.

- Das neue Deutschland und Frankreich, in: Vorträge und Aufsätze, Berlin 1874, S. 277 ff..

- Über das Reichsgrundgesetz der XVII Vertrauensmänner, Marburg 1848.

Thudichum, Friedrich: Verfassungsrecht des Norddeutschen Bundes und des deutschen Zoll- und Handelsvereins, Tübingen 1870.

Treitschke, Heinrich von: Historische und politische Aufsätze, 4. Aufl., Bände 1-3, Leipzig 1871; Band 4 Leipzig 1897.

- Rede zur Feier der fünfundzwanzigjährigen Regierung Seiner Majestät des Kaisers und Königs Wilhelm I., in: Preußische Jahrbücher, Band 57, Berlin 1886, S. 105 ff..

- Die Verträge mit den Südstaaten, in: ders.: Zehn Jahre Deutsche Kämpfe 1865-1874, Berlin 1874, S. 348 ff..

- Das constitutionelle Königthum in Deutschland, in: ders.: Historische und politische Aufsätze, Teil 1, Leipzig 1870, S. 745 ff..

Triepel, Heinrich: Zur Vorgeschichte der Norddeutschen Bundesverfassung, in: Festschrift Otto Gierke, Weimar 1911, S. 589 ff..

- Staatsrecht und Politik, Berlin 1926.

- Unitarismus und Föderalismus im Deutschen Reiche, Tübingen 1907.

- Die Reichsaufsicht, Berlin 1917.

- Das Interregnum, Leipzig 1892.

- Quellensammlung zum Deutschen Reichsstaatsrecht, 4. Aufl., Tübingen 1926.

Vollgraff, Karl: Geschichte und Reform der constitutionellen Staatsverfassung, Marburg 1851.

Wahl, Adalbert: Beiträge zur Geschichte der Konfliktszeit, Tübingen 1914.

Waitz, Georg: Abhandlungen zur deutschen Verfassungs- und Rechtsgeschichte, Göttingen 1896.

- Über die Gründung des deutschen Reiches durch den Vertrag zu Verdun, in: ders.: Abhandlungen zur deutschen Verfassungs- und Rechtsgeschichte, Aalen 1966, S. 1 ff..

- Das Königthum und die verfassungsmäßige Ordnung, in: Haym, R. (Hg.): Preußische Jahrbücher, Band 2, Berlin 1858, S. 624 ff..

- Grundzüge der Politik, Kiel 1862.

Wangenheim, Karl August von: Österreich, Preußen und das reine Deutschland auf der Grundlage des deutschen Staatenbundes organisch zum deutschen Bundesstaate vereinigt, Weimar 1849.

Welcker, Carl Theodor: Die Vervollkommnung der organischen Entwicklung der deutschen Bundes, Karlsruhe 1831.

- Recht, Staat und Strafe, Gießen 1813.

- Die rechtliche Begründung unserer Reform und ihre Folgen, Frankfurt 1861.

- Staatslexikon, Band 7, Altona 1839; Band 12, 2. Aufl., Altona 1848.

Wendland, H.: Deutsches Kaisertum, in: ders. (Hg.): Deutschland, Deutschland über alles, Leipzig 1886, S. 280 ff..

Westerkamp, J. B.: Über die Reichsverfassung, Hannover 1873.

Whitman, Sidney: Fürst von Bismarck, Stuttgart, Berlin, Leipzig 1902.

Wigard, Franz (Hg.): Stenographischer Bericht über die Verhandlungen der deutschen constituierenden Nationalversammlung zu Frankfurt am Main, Bände 1-9, Frankfurt 1848/49.

Wolzendorff, Kurt: Vom deutschen Staat und seinem Recht, Leipzig 1917.

Wulff, Julius: Deutschland eine constitutionelle Monarchie oder eine Republik? in: Republik! Drei Abhandlungen aus der Deutschen Volkszeitung abgedruckt, Mannheim 1848.

Zachariä, Heinrich Albert: Deutsches Staats- und Bundesrecht, 1. Aufl., Band 1, Göttingen 1843; 2. Aufl., Band 1, Göttingen 1853; Band 2, Göttingen 1854.

- Die deutschen Verfassungsgesetze der Gegenwart, Göttingen 1858.

- Zu: Laband, Paul: Das Budgetrecht nach den Bestimmungen der Preußischen Verfassungs-Urkunde unter Berücksichtigung der Verfassung des Norddeutschen Bundes, in: Göttingische gelehrte Anzeigen, 1871, Band 1, Stück 10, Göttingen 1871, S. 361 ff..

Zoepfl, Heinrich: Deutsche Rechtsgeschichte, 4. Aufl., Band 1, Braunschweig 1871; Bände 2, 3, Braunschweig 1872.

- Constitutionelle Monarchie und Volks- Souveränität, Frankfurt 1848.

- Grundsätze des allgemeinen und deutschen Staatsrechts, 4. Aufl., Heidelberg, Leipzig 1855.

- Grundsätze des gemeinen deutschen Staatsrechts, Bd. 2, 5. Aufl., Leipzig, Heidelberg 1863.

Zorn, Philipp: Die Entwicklung der Staatsrechtswissenschaft seit 1866, in: Jahrbuch des öffentlichen Rechts der Gegenwart, Band 1, 1907, S. 47 ff..

- Die Deutsche Reichsverfassung, 1. Aufl., Leipzig 1907; 2. Aufl., Leipzig 1913.

- Das Staatsrecht des Deutschen Reiches, 2. Aufl., Band 1, Berlin 1895; Band 2, Berlin 1897.
- Der deutsche Staatsgedanke, Leipzig 1921.

- Vom alten zum neuen Reich, Berlin 1927.

- Rezension Georg Jellinek, Das Recht des modernen Lebens, in: Deutsche Literaturzeitung, Band 25, Leipzig 1904, Sp. 874 ff..

- Gesetz, Verordnung, Budget, Staatsvertrag, in: Annalen des Deutschen Reiches, München, Leipzig 1889, S. 344 ff..

- Deutschland unter Kaiser Wilhelm II., Band 3.2, Berlin 1914.

## II. SCHRIFTTUM

Albrecht, Hans-Peter: Der Staat als 'Handlungssubjekt'; Interpretation und Kritik der Staatslehre Georg Jellineks, Annweiler 1988.

Aretin, Karl Otmar Freiherr von: Das Reich, Stuttgart 1986.

- Heiliges Römisches Reich 1776-1806, Wiesbaden 1967.

- Der aufgeklärte Absolutismus, Gütersloh 1974.

Badura, Peter: Die Dogmatik des Staatsrechts im Wandel vom Bismarckreich über die Weimarer Republik zur Bundesrepublik, in: Beihefte zu "Der Staat", Heft 11, 1996, S. 133 ff..

Becker, Joseph: Der Krieg mit Frankreich als Problem der kleindeutschen Einigungspolitik Bismarcks 1866-1870, in: Stürmer, Michael (Hg.): Das kaiserliche Deutschland, Düsseldorf 1984, S. 75 ff..

Becker, Otto: Bismarcks Ringen um Deutschlands Gestaltung, Heidelberg 1958.

Becker, Winfried: Die angebliche Lücke der Gesetzgebung im preußischen Verfassungskonflikt, in: Historisches Jahrbuch, Band 100, 1980, S. 257 ff..

Berber, Friedrich: Das Staatsideal im Wandel der Weltgeschichte, München 1973.

- Bergsträsser, Ludwig: Die Entwicklung des Parlamentarismus in Deutschland, Laupheim 1954.

- Geschichte der politischen Parteien in Deutschland, 11. Aufl., München, Wien 1965.

- Parteien von 1848, in: Preußische Jahrbücher, Berlin 1919, S. 180 ff..

- Geschichte der Reichsverfassung, Tübingen 1914.

Bermbach: Vorformen parlamentarischer Kabinettsbildung in Deutschland, Köln, Opladen 1967.

Biefang, Andreas: Politisches Bürgertum in Deutschland 1857-1868, Düsseldorf 1994.

Bindung, Karl: Der Versuch der Reichsgründung durch die Paulskirche in den Jahren 1848 und 1849, in: ders.: Zum Werden und Leben der Staaten, München, Leipzig 1920, S. 3 ff..

- Die Gründung des Norddeutschen Bundes, in: ders.: Zum Werden und Leben der Staaten, München, Leipzig 1920, S. 95 ff..

- Kaiser und Heer, in: ders.: Zum Werden und Leben der Staaten, München, Leipzig 1920, S. 273 ff..

- Die Notwehr der Parlamente gegen ihre Mitglieder, in: ders.: Zum Werden und Leben der Staaten, München, Leipzig 1920, S. 319 ff..

Birke, A. M. (Hg.): Baumgarten, Hermann: Der deutsche Liberalismus, Frankfurt 1974.

Blasius, Dirk: Lorenz von Steins Lehre vom Königtum der sozialen Reform und ihre verfassungspolitischen Grundlagen, in: Der Staat, Band 10, 1971, S. 33 ff..

Böckenförde, Ernst-Wolfgang: Die Einheit von nationaler und konstitutioneller politischer Bewegung im deutschen Frühliberalismus, in: ders. (Hg.): Moderne deutsche Verfassungsgeschichte (1815-1914), 2. Aufl., Königstein 1981, S. 27 ff..

- Der Verfassungstyp der deutschen konstitutionellen Monarchie im 19. Jahrhundert, in: ders. (Hg.): Moderne deutsche Verfassungsgeschichte (1815-1914), 2. Aufl., Königstein 1981, S. 146 ff..

- Die deutsche verfassungsgeschichtliche Forschung im 19. Jahrhundert, 2. Aufl., Berlin 1995.

- Gesetz und gesetzgebende Gewalt, 2. Aufl., Berlin 1981.

- Organ, Organisation, juristische Person, in: Menger, Christian-Friedrich (Hg.): Fortschritte des Verwaltungsrechts, Festschrift für Hans J. Wolff, München 1973, S. 269 ff..

Boldt, Hans: Deutsche Verfassungsgeschichte, Band 1, München 1984; Band 2, 2. Aufl., München 1993.

- Deutsche Staatslehre im Vormärz, Düsseldorf 1975.

- Rechtsstaat und Ausnahmezustand, Berlin 1967.

- Zwischen Patrimonialismus und Parlamentarismus, in: Ritter, Gerhard A. (Hg.): Gesellschaft, Parlament und Regierung, Düsseldorf 1974, S. 77 ff..

- Verfassungskonflikt und Verfassungshistorie, in: Beihefte zu "Der Staat", Heft 1, 1975, S. 75 ff..

- Parlamentarismustheorie, in: Der Staat, Band 19, 1980, S. 385 ff..

- Deutscher Konstitutionalismus und Bismarckreich, in: Stürmer, Michael (Hg.): Das kaiserliche Deutschland, Düsseldorf 1984, S. 119 ff..

- Deutscher Konstitutionalismus und Kaiserreich, in: Kunisch, Johannes (Hg.): Bismarck und seine Zeit, Berlin 1992, S. 83 ff..

- Die preußische Verfassung vom 31. Januar 1850, in: Puhle, Hans-Jürgen; Wehler, Hans-Ulrich (Hg.): Preußen im Rückblick, Göttingen 1980, S. 224.

- Von der konstitutionellen Monarchie zur parlamentarischen Demokratie, in: Beihefte zu "Der Staat", Band 10, Berlin 1993, S. 151 ff..

Boldt, Werner: Die Anfänge des deutschen Parteiwesens, Paderborn 1971.

- Konstitutionelle Monarchie oder parlamentarische Demokratie, Historische Zeitschrift, Band 216, 1973, S. 553 ff..

Born, Karl Erich: Staat und Sozialpolitik seit Bismarcks Sturz, Wiesbaden 1957.

- Preußen und Deutschland im Kaiserreich, Tübingen 1967.

Bornhak, Conrad: Deutsche Verfassungsgeschichte vom westfälischen Frieden an, Stuttgart 1934.

- Deutsche Geschichte unter Kaiser Wilhelm II., Leipzig, Erlangen 1921.

Botzenhardt, Manfred: Deutsche Verfassungsgeschichte 1806-1949, Stuttgart, Berlin, Köln 1993.

- Die Parlamentarismusmodelle der deutschen Parteien 1848/49, in: Ritter, Gerhard A. (Hg.): Gesellschaft, Parlament und Regierung, Düsseldorf 1974, S. 121 ff..

- Deutscher Parlamentarismus in der Revolutionszeit 1848-1850, Düsseldorf 1977.

Brandt, Peter: War das deutsche Kaiserreich reformierbar? in: Rudolph, Karsten; Wickert, Christl (Hg.): Geschichte als Möglichkeit, Essen 1995, S. 190 ff..

Brecht, Joh. Victor: Die Verfassungsänderung in Preußen, Marburg 1913.

Bußmann, Walter: Das Zeitalter Bismarcks, 4. Aufl., Frankfurt 1968.

Calker, Fritz van: Bismarcks Verfassungspolitik, München 1924.

Coing, Helmut: Epochen deutscher Rechtsgeschichte in Deutschland, 3. Aufl., München 1976.

- Grundzüge der Rechtsphilosophie, 4. Aufl., Berlin, New York 1985.

Conrad, Hermann: Der deutsche Staat, 2. Aufl., Frankfurt, Berlin, Wien 1974.

Demmler, Fritz: Bismarcks Gedanken über Reichsführung, Stuttgart 1934.

Denkler, Horst: 1848. Adolf Streckfuß, Köln 1983.

Denkwürdigkeiten des Botschafters General von Schweinitz, Band 2, Berlin 1927.

Deuerlein, Ernst: Der Reichstag, Bonn 1963.

Dilcher, Gerhard: Der Protest der Göttinger Sieben, Hannover 1988.

Diwald, Hellmuth (Hg.): Von der Revolution zum Norddeutschen Bund, Göttingen 1970.

Doering-Manteuffel, Anselm: Die deutsche Frage und das europäische Staatensystem 1815-1871, München 1971.

Duchhardt, Heinz: Deutsche Verfassungsgeschichte 1495-1805, Stuttgart, Berlin, Köln 1991.

- Protestantisches Kaisertum und altes Reich, Wiesbaden 1977.

Edding, Friedrich: Vom Ursprung des Demokratismus in Deutschland, Düsseldorf 1936.

Eisenhardt, Ulrich: Deutsche Rechtsgeschichte, 3. Aufl., München 1999.

Ellwein, Thomas: Das Erbe der Monarchie in der deutschen Staatskrise, München 1954.

Eppstein, Georg Freiherr von; Bornhak, Conrad: Bismarcks Staatsrecht, 2. Aufl., Berlin 1923.

Eyk, Erich: Das persönliche Regiment Wilhelms II., Zürich 1948

Eyk, Frank: Deutschlands große Hoffnung, München 1973.

Faber, Karl-Georg: Realpolitik als Ideologie, in: Historische Zeitschrift, Band 203, 1966, S. 1 ff..

Fehrenbach, Elisabeth: Verfassungsstaat und Nationsbildung 1815-1871, München 1992.

- Wandlungen des deutschen Kaisergedankens 1871-1918, München, Wien 1969.

Fenske, Hans: Die Verfassung des Deutschen Reiches vom 28. März 1849, Entstehung, Inhalt, Wirkung, in: Zeitschrift des Vereins für Hessische Geschichte und Landeskunde, Band 90, 1984/85, S. 253 ff..

- Bismarck und die Verfassung des Kaiserreiches, in: Bundeszentrale für politische Bildung (Hg.): Deutsche Verfassungsgeschichte 1849-1919-1949, Bonn 1989.

- Vormärz und Revolution 1840-1849, Darmstadt 1976.

Fischbach, Oskar Georg: Allgemeines Staatsrecht, Band 2, Berlin, Leipzig 1923.

Forsthoff, Ernst: Deutsche Verfassungsgeschichte der Neuzeit, 4. Aufl., Stuttgart, Berlin, Köln, Mainz 1972.

- Gerhard Anschütz, in: Der Staat, Band 6, 1967, S. 139 ff..

Frahm, Andrea: Paulskirche und Volkssouveränität, in: Historische Zeitschrift, Band 130, 1929, S. 210 ff..

Frahm, Friedrich: Entstehungsgeschichte und Entwicklungsgeschichte der preußischen Verfassung, in: Klinkenborg, Melle; Schulze, Johann (Hg.): Forschungen zur brandenburgischen und preußischen Geschichte, Band 41, München, Berlin 1928, S. 248 ff..

Franz, Günther: Bismarcks Nationalgefühl, Berlin 1926.

Frauendienst, Werner: Das Jahr 1866, Göttingen 1966.

Frederich, Otto: Die staatsrechtliche Stellung des heutigen deutschen Kaisertums, verglichen mit den beiden Verfassungsentwürfen von 1848, 1849 und mit der Unionsverfassung von 1850, Würzburg 1912.

Freytag, Gustav: Der Kronprinz und die deutsche Kaiserkrone, Leipzig 1889.

- Bilder von der Entstehung des Deutschen Reiches, Leipzig, o. J..

Friauf, Karl Heinrich: Der Staatshaushaltsplan im Spannungsfeld zwischen Parlament und Regierung, Bad Homburg, Berlin, Zürich 1968.

Friedmann, Alfred: Geschichte und Struktur der Notstandsverordnungen, Stuttgart 1903.

Friedrich, Manfred: Zwischen Positivismus und materialem Verfassungsdenken, Berlin 1971.

- Geschichte der deutschen Staatsrechtswissenschaft, Berlin 1997.

- Paul Laband und die Staatsrechtswissenschaft seiner Zeit, in: Archiv des öffentlichen Rechts, Band 111, 1986, S. 197 ff..

Fröhling, Ortrun: Labands Staatsbegriff, Marburg 1967.

Gall, Lothar: Bismarck. Der weiße Revolutionär, Frankfurt, Berlin, Wien 1980.

- Europa auf dem Weg in die Moderne, Wien 1984.

- Bismarck und der Bonapartismus, Historische Zeitschrift, Band 223, 1976, S. 618 ff..

Gangl, Hans: Der deutsche Weg zum Verfassungsstaat im 19. Jahrhundert, in: Beihefte zu "Der Staat", Heft 1, 1975, S. 23 ff..

Gero, Walter: Der Zusammenbruch des Heiligen Römischen Reiches deutscher Nation und die Problematik seiner Restitution in den Jahren 1814/15, Heidelberg, Karlsruhe 1980.

Gilg, Peter: Die Erneuerung des demokratischen Denkens im wilhelminischen Deutschland, Wiesbaden 1965.

Görtemaker, Manfred: Deutschland im 19. Jahrhundert, 3. Aufl., Opladen 1989.

Goldschmidt, Hans: Das Reich und Preußen im Kampf um die Führung, Berlin 1931.

Gollwitzer, Heinz: Der Cäsarismus Napoleons III. im Widerhall der öffentlichen Meinung Deutschlands, in: Historische Zeitschrift, Band 173, 1952, S. 23 ff..

Grab, Walter (Hg.): Die Revolution von 1848/49, München 1980.

Grassmann, Siegfried: Hugo Preuß und die deutsche Selbstverwaltung, Lübeck, Hamburg 1965.

Grebing, Helga: Der "deutsche Sonderweg" in Europa 1806-1945, Stuttgart, Berlin, Köln, Mainz 1986.

Greve, Friedrich: Die Ministerverantwortlichkeit im konstitutionellen Staat, Berlin 1977.

Grimm, Dieter: Deutsche Verfassungsgeschichte 1776-1866, Frankfurt 1988.

Grimm, Jacob: Über seine Entlassung, Frankfurt 1964.

Grosser, Dieter: Vom monarchischen Konstitutionalismus zur parlamentarischen Demokratie, Den Haag 1970.

- Grundlage und Struktur der Staatslehre Friedrich Julius Stahls, Köln, Opladen 1963.

Grünthal, Günther: Parlamentarismus in Preußen 1848/49 - 1857/58, Düsseldorf 1982.

- Grundlagen konstitutionellen Regiments in Preußen 1848-1867, in: Ritter, Gerhard A. (Hg.): Regierung, Bürokratie und Parlament in Preußen und Deutschland von 1848 bis zur Gegenwart, Düsseldorf 1983, S. 41 ff..

- Preußen - "Wer die Macht in Händen hat", in: Bundeszentrale für politische Bildung (Hg.): Deutsche Verfassungsgeschichte 1848-1919-1949, Bonn 1989.

Gruner, Wolf D.: Bismarck, die Süddeutschen Staaten, das Ende des Deutschen Bundes und die Gründung des preußisch-kleindeutschen Reiches 1862-1871, in: Dülffer, Jost; Hübner, Hans (Hg.): Otto von Bismarck, Person-Politik-Mythos, Berlin 1993, S. 45 ff..

Hachtmann, Rüdiger: Berlin 1848, Bonn 1997.

Häfelin, Ulrich: Die Rechtspersönlichkeit des Staates, Teil I, Tübingen 1959.

Hanisch, Manfred: Nationalisierung der Dynastien oder Monarchisierung der Nation, in: Birke, Adolf M., u.a. (Hg.): Bürgertum, Adel und Monarchie, München, London, New York, Paris 1989, S. 71 ff..

Hansen, Joseph: Gustav von Mevissen, Band 1, Berlin 1906.

Hardtwig, Wolfgang: Von Preußens Aufgabe in Deutschland zu Deutschlands Aufgabe in der Welt, in: Historische Zeitschrift, Band 231, 1980, S. 265 ff..

- Bürgertum, Staatssymbolik und Staatsbewußtsein im Deutschen Kaiserreich, in: ders.: Nationalismus und Bürgerkultur in Deutschland 1500 - 1914, Göttingen 1994, S. 191 ff..

Hartung, Fritz: Die Entwicklung der konstitutionellen Monarchie in Europa, in: ders.: Volk und Staat in der europäischen Geschichte, Leipzig 1940, S. 183 ff..

- Deutsche Verfassungsgeschichte, 8. Aufl., Stuttgart 1964.

- Volk und Staat in der deutschen Geschichte, Leipzig 1940.

- Das persönliche Regiment Kaiser Wilhelms II., in: ders.: Staatsbildende Kräfte der Neuzeit, Berlin 1961, S. 393 ff..

Hasenbein, Heinrich: Die parlamentarische Kontrolle des militärischen Oberbefehls im Deutschen Reich von 1871 bis 1918, Göttingen 1968.

Hatschek, Julius: Einleitung in das öffentliche Recht, Leipzig 1926.

Hattenhauer, Hans: Die geistesgeschichtlichen Grundlagen des deutschen Rechts, 3. Aufl., Heidelberg 1983.

Haunfelder, Bernd; Pollmann, Klaus Erich: Reichstag des Norddeutschen Bundes 1867-1870, Düsseldorf 1889.

Haupts, Leo: Die liberale Regierung in Preußen in der Zeit der "Neuen Ära", in: Historische Zeitschrift, Band 227, 1978, S. 45 ff..

Heffter, Heinrich: Die deutsche Selbstverwaltung im 19. Jahrhundert, 2. Aufl., Stuttgart 1969.

Hegel, Georg Wilhelm Friedrich: Die Verfassung des Deutschen Reiches, Stuttgart 1935.

Heinrich, Gerd: Geschichte Preußens, Frankfurt, Berlin, Wien 1981.

Hennis, Wilhelm: Verfassung und Verfassungswirklichkeit, in: Recht und Staat, Band 373/374, Tübingen 1968.

Hertwig, Oscar: Der Staat als Organismus, Jena 1922.

Hertz-Eichenrode, Dieter: Deutsche Geschichte 1890-1918, Stuttgart, Berlin, Köln 1996.

Hespe, Klaus: Zur Entwicklung der Staatszwecklehre in de deutschen Staatsrechtswissenschaft des 19. Jahrhunderts, Köln, Berlin 1964.

Heuss, Theodor: Friedrich Naumann, 2. Aufl., Stuttgart, Tübingen 1949.

- Friedrich Naumann und die deutsche Demokratie, Wiesbaden 1960.

- Verfassungsrecht und Verfassungspolitik, Krefeld 1950.

- Die deutsche Nationalidee im Wandel der Geschichte, Stuttgart 1950.

Heyderhoff, Julius (Hg.): Im Ring der Gegner Bismarcks, Leipzig 1943.

- Die Sturmjahre der preußisch-deutschen Einigung 1859-1870, Band 1, Bonn, Leipzig 1925.

Heyen, Erk Volkmar: Otto Mayer, Berlin 1981.

Hillgruber, Andreas: Zwischen Hegemonie und Weltpolitik, in: Stürmer, Michael (Hg.): Das kaiserliche Deutschland, Düsseldorf 1984, S. 187 ff..

Hintze, Peter: Das monarchische Prinzip und die konstitutionelle Verfassung, in: Östreich, Gerhard (Hg.): Otto Hintze, Staat und Verfassung, 3. Aufl., Göttingen 1962.

Hobe, Stephan: Der offene Verfassungsstaat zwischen Souveränität und Interdependenz, Berlin 1998.

Hock, Wolfgang: Liberales Denken im Zeitalter der Paulskirche, Münster 1957.

Hofmann, Hasso: Repräsentation, Berlin 1974.

- Repräsentation, Mehrheitsprinzip und Minderheitenschutz, in: Schneider, Hans-Peter, Zeh, Wolfgang (Hg.): Parlamentsrecht und Parlamentspraxis, Berlin, New York 1989, S. 165 ff..

- Das Problem der cäsaristischen Legitimität im Bismarckreich, in: ders.: Recht - Politik - Verfassung, Frankfurt 1986, S. 181 ff..

Hoke, Rudolf: Österreichische und deutsche Rechtsgeschichte, Wien, Köln, Weimar 1992.

Holborn, Hajo: Deutsche Geschichte in der Neuzeit, Band 2, München, Wien 1970.

Hollerbach, Alexander: Zu Leben und Werk Heinrich Triepels, in: Archiv des öffentlichen Rechts, Band 91, 1966, S. 417 ff..

Hsü, Dau-Lin: Die Verfassungswandlung, Berlin, Leipzig 1932.

Hubatsch, Walther: Stein-Studien, Köln, Berlin 1975.

Huber, Ernst Rudolf: Deutsche Verfassungsgeschichte seit 1789, Band 1, 2. Aufl., Stuttgart, Berlin, Köln, Mainz 1967; Band 2, 3. Aufl., Stuttgart, Berlin, Köln, Mainz 1988; Band 3, 3. Aufl., Stuttgart, Berlin, Köln, Mainz 1988; Band 4, 2. Aufl., Stuttgart, Berlin, Köln, Mainz 1982; Band 5, 1. Aufl., Stuttgart, Berlin, Köln, Mainz 1978.

- Bismarck und der Verfassungsstaat, in: ders.: Nationalstaat und Verfassungsstaat, Stuttgart 1965, S. 188 ff..

- Das persönliche Regiment Wilhelms II., in: ders.: Nationalstaat und Verfassungsstaat, Stuttgart 1965, S. 224 ff..

- Die Bismarcksche Reichsverfassung im Zusammenhang der deutschen Verfassungsgeschichte, in: ders.: Bewahrung und Wandlung, Berlin 1975, S. 62 ff..

- Verfassung und Verfassungswirklichkeit bei Carl Schmitt, in: ders.: Bewahrung und Wandlung, Berlin 1975, S. 18 ff..

- Bismarckstaat und Cäsarismus, in: Der Staat, Band 12, 1973, S. 467 ff..

Huber, Konrad: Maßnahmegesetz und Rechtsgesetz, Berlin 1963.

Hucko, Elmar Matthias: Von der Paulskirche zum Museum König, Köln 1984.

Hübner, Rudolf (Hg.): Der Verfassungsentwurf der siebzehn Vertrauensmänner, in: Juristische Fakultät der Universität Jena (Hg.): Festschrift für Eduard Rosenthal, Jena 1923, S. 109 ff..

Jardon, Rudolf: Dahlmann und die deutsche Revolution 1848-49, Bonn 1926.

Jesch, Dietrich: Gesetz und Verwaltung, Tübingen 1961.

Jessen, Hans: Die deutsche Revolution 1848/49 in Augenzeugenberichten, Düsseldorf 1968.

Kaernbach, Andreas: Bismarcks Konzepte zur Reform des Deutschen Bundes, Göttingen 1991.

Kahlenberg, Friedrich: Das Epochenjahr 1866 in der deutschen Geschichte, in: Stürmer, Michael (Hg.): Das kaiserliche Deutschland, Düsseldorf 1984, S. 51 ff..

Kelsen, Hans: Allgemeine Staatslehre, Berlin, Heidelberg, New York 1925.

- Hauptprobleme der Staatsrechtslehre, Tübingen 1911.

Kimminich, Otto: Deutsche Verfassungsgeschichte, 2. Aufl., Baden-Baden 1987.

Kleinheyer, Gerd: Die Abdankung des Kaisers, in: Köbler, Gerhard (Hg.): Wege europäischer Rechtsgeschichte, Festschrift für Karl Kroeschell, Frankfurt, Bern, New York, Paris 1987, S. 124 ff..

Kober, Heinz: Studien zur Rechtsanschauung Bismarcks, Tübingen 1961.

Korioth, Stefan: Integration und Bundesstaat, Berlin 1990.

- Erschütterung des staatsrechtlichen Positivismus um ausgehenden Kaiserreich, in: Archiv des öffentlichen Rechts, Band 117, 1992, S. 212 ff..

Kramer, Helmut: Fraktionsbindungen in den deutschen Volksvertretungen 1819-1849, Berlin 1968.

Kraus, Hans-Christof: Ursprung und Genese der "Lückentheorie" im preußischen Verfassungskonflikt, in: Der Staat, Band 29, 1990, S. 209 ff..

Kriele, Martin: Einführung in die Staatslehre, 5. Aufl., Opladen 1994.

Kröger, Klaus: Einführung in die jüngere deutsche Verfassungsgeschichte (1806-1933), München 1988.

Kroeschell, Karl: Rechtsgeschichte Deutschlands im 20. Jahrhundert, Göttingen 1992.

Kühne, Jörg-Detlef: Die Reichsverfassung der Paulskirche, 2. Aufl., Neuwied, Kriftel, Berlin 1998.

- Volksvertretungen im monarchischen Konstitutionalismus (1814-1918), in: Schneider, Hans-Peter, Zeh, Wolfgang (Hg.): Parlamentsrecht und Parlamentspraxis, Berlin, New York 1989, S. 49 ff..

Kurze, Eberhardt: Die Nachwirkungen der Paulskirche und ihre Verfassung in den Beratungen der Weimarer Nationalversammlung und in der Verfassung von 1919, Berlin 1931, Nachdruck Vaduz 1965.

Laars, Peter: Untersuchungen über einige Grundgedanken zur Frage der Staatsgewalt in der Frankfurter Reichsverfassung von 1849 und ihr Schicksal in der späteren deutschen Reichsverfassung, Berlin 1960.

Lamer, Reinhard Josef: Der englische Parlamentarismus in der deutschen politischen Theorie im Zeitalter Bismarcks (1857-1890), Lübeck, Hamburg 1963.

Langewiesche, Dieter: Gesellschafts- und verfassungspolitische Handlungsbedingungen und Zielvorstellungen europäischer Liberaler in den Revolutionen von 1848, in: Schieder, Wolfgang (Hg.): Liberalismus in der Gesellschaft des deutschen Vormärz, Göttingen 1983, S. 341 ff..

- Die deutsche Revolution von 1848/49, Darmstadt 1983.

- "Revolution von oben?" Krieg und Nationalstaatsgründung in Deutschland, in: ders. (Hg.): Revolution und Krieg, Paderborn 1989.

- Liberalismus in Deutschland, Frankfurt 1988.

- Republik, Konstitutionelle Monarchie und "soziale Frage", in: ders. (Hg.): Die deutsche Revolution von 1848/49, Darmstadt 1983, S. 341 ff..

Laufs, Adolf: Rechtsentwicklungen in Deutschland, 5. Aufl., Berlin, New York 1996.

Linnenkohl, Ernst: Dahlmann und der Konstitutionalismus, Kiel 1913.

Lösener, Albrecht: Grundzüge von Bismarcks Staatsauffassung, Bonn 1962.

Ludewig, Carsten: Gewaltenteilungskonzeption der Frankfurter Nationalversammlung, Bonn 1992.

Lutz, Heinrich: Zwischen Habsburg und Preußen: Deutschland 1815-1866, Berlin 1985.

Mann, Golo: Deutsche Geschichte des 19. und 20. Jahrhunderts, Frankfurt 1958.

Meinecke, Friedrich: Radowitz und die deutsche Revolution, Berlin 1913.

- Weltbürgertum und Nationalstaat, 7. Aufl., München, Berlin 1928.

- Staat und Persönlichkeit, Berlin 1933.

- Preußen und Deutschland im 19. und 20. Jahrhundert, München, Berlin 1918.

- Probleme des Weltkrieges, München, Berlin 1917.

- Die deutsche Katastrophe, Wiesbaden 1946.

- Reich und Nation von 1871-1914, in: ders.: Staat und Persönlichkeit, Berlin 1933, S. 165 ff.

- Johann Gustav Droysen, in: ders.: Staat und Persönlichkeit, Berlin 1933, S. 98 ff..

- Geschichte des deutsch-englischen Bündnisproblems 1890-1901, München, Berlin 1927.

- Die deutsche Erhebung von 1914, Stuttgart, Berlin 1914.

- Rezension zu: Triepel, Heinrich: Unitarismus und Föderalismus im Deutschen Reiche, in: Historische Zeitschrift, Band 100, 1908, S. 618 ff..

Meißner, Heinrich Otto: Staats- und Regierungsformen in Deutschland seit dem 16. Jahrhundert, Archiv des öffentlichen Rechts, Band 77, 1977, S. 245 ff..

Menger, Christian-Friedrich: Deutsche Verfassungsgeschichte der Neuzeit, 6. Aufl., Heidelberg 1998.

Mentzcke, Paul: Die unvollendete Revolution 1848, München 1938.

Meyer, Arnold Oskar: Bismarcks Kampf mit Österreich, Berlin, Leipzig 1927.

Möller, Horst: Parlamentarismus in Preußen 1919-1932, Düsseldorf 1985.

Möring, Walter (Hg.): Joseph von Radowitz, Stuttgart, Berlin 1922.

Mommsen, Wilhelm (Hg.): Geschichte der deutschen Parteien in Deutschland, 11. Aufl., München, Wien 1965.

Mommsen, Wolfgang J.: Das deutsche Kaiserreich als System umgangener Entscheidungen, in: ders.: Der autoritäre Nationalstaat, Frankfurt 1990, S. 11 ff..

- Die Verfassung des Deutschen Reiches als dilatorischer Herrschaftskompromiß, in: ders.: Der autoritäre Nationalstaat, Frankfurt 1990, S. 39 ff..

- Die latente Krise des Wilhelminischen Reiches: Staat und Gesellschaft in Deutschland 1890-1914, in: ders.: Der autoritäre Nationalstaat, Frankfurt 1990, S. 287 ff..

- Außenpolitik und öffentliche Meinung im Wilhelminischen Deutschland 1897-1914, in: ders.: Der autoritäre Nationalstaat, Frankfurt 1990.

- Wirtschaft, Gesellschaft und Staat im deutschen Kaiserreich, in: ders.: Der autoritäre Nationalstaat, Frankfurt 1990.

- Das Ringen um den nationalen Staat, Frankfurt, Berlin 1993.

- Max Weber und die deutsche Politik, Tübingen 1959.

Monz, Heinz: Die parlamentarische Verantwortlichkeit im deutschen Staatsrecht einst und heute, Göttingen 1965.

Müller, Friedrich: Die Einheit der Verfassung, Berlin 1979.

Mussgnug, Reinhard: Der Haushaltsplan als Gesetz, Göttingen 1976.

Nathan, Paul (Hg.): Erinnerungen von Ludwig Bamberger, Berlin 1899.

Naude, Kurt: Die äußerste Rechte in der Paulskirche, Berlin 1924.

Neumüller, Michael: Liberalismus und Revolution, Düsseldorf 1973.

Nolte, Ernst: Deutscher Scheinkonstitutionalismus? in: Historische Zeitschrift, Band 228, 1979, S. 529 ff..

Oertzen, Peter von: Die soziale Funktion des staatsrechtlichen Positivismus, Frankfurt 1974.

Ogris, Werner: Der Norddeutsche Bund, in: Juristische Schulung 1966, S. 306 ff..

Oncken, Hermann: Unser Reich, Heidelberg 1921.

- Rudolf von Bennigsen, Band 2, Stuttgart, Leipzig 1910.

Pauly, Walter: Der Methodenwandel im deutschen Spätkonstitutionalismus, Tübingen 1993.

Petzelt, Wolfgang; Sutter, Otto Ernst (Hg.): Der Geist der Paulskirche, Frankfurt 1923.

Pflanze, Otto: Bismarcks Herrschaftstechnik als Problem der gegenwärtigen Historiographie, München 1982.

Pollmann, Klaus Erich: Der Norddeutsche Bund - ein Modell für die parlamentarische Entwicklungsfähigkeit des deutschen Kaiserreiches? in: Pflanze, Otto (Hg.): Innenpolitische Probleme des Bismarck-Reiches, Oldenburg 1983, S. 217 ff..

- Modernisierung als kontrolliertes Risiko, in: Kunisch, Johannes (Hg.): Bismarck und seine Zeit, Berlin 1992, S. 103 ff..

- Parlamentarismus im Norddeutschen Bund 1867-1870, Düsseldorf 1975.

- Vom Verfassungskonflikt zum Verfassungskompromiß, in: Ritter, Gerhard A. (Hg.): Gesellschaft, Parlament und Regierung, Düsseldorf 1974, S. 189 ff..

- Die Bismarcksche Reichsverfassung - Verfassungsintention und -realität, in: Dülffer, Jost; Hübner, Hans (Hg.): Otto von Bismarck, Person - Politik - Mythos, Berlin 1993, S. 93 ff..

Puhle, Hans-Jürgen: Parlament, Parteien und Interessenverbände, in: Stürmer, Michael (Hg.): Das kaiserliche Deutschland, Düsseldorf 1984, S. 340 ff..

Quaritsch, Helmut: Staat und Souveränität, Frankfurt 1970.

Rauh, Manfred: Die Parlamentarisierung des Deutschen Reiches, Düsseldorf 1977.

- Föderalismus und Parlamentarismus im Wilhelminischen Reich, Düsseldorf 1973.

Redlich, Josef: Das österreichische Staats- und Reichsproblem, Leipzig 1920.

Reich-Erkelenz, Klaus: Das Verordnungsrecht des Monarchen im deutschen konstitutionellen Staat, Krefeld 1967.

Rein, Gustav Adolf: Die Revolution in der Politik Bismarcks, Göttingen, Berlin, Frankfurt 1957.

- Die Reichsgründung in Versailles, München 1958.

Ritter, Gerhard A.: Entwicklungsprobleme des deutschen Parlamentarismus, in: ders. (Hg.): Gesellschaft, Parlament und Regierung, Düsseldorf 1974, S. 11 ff..

- Staatskunst und Kriegshandwerk, Band 1, 2. Aufl., München 1959.

- Das deutsche Kaiserreich 1871-1914, 2. Aufl., Göttingen 1975.

- Das deutsche Problem, 2. Aufl., München 1966.

- Die preußischen Konservativen und Bismarcks deutsche Politik 1858 bis 1876, Heidelberg 1913.

- Die deutschen Parteien 1830-1914, Göttingen 1985.

Robbers, Gerhard: Die Staatsrechtslehre des 19. Jahrhunderts, in: Beihefte zu "Der Staat", Heft 11, Berlin 1996, S. 103 ff..

Rössler, Hellmuth: Napoleons Griff nach der Kaiserkrone, München 1957.

Rosenau, Kersten: Hegemonie und Dualismus, Regensburg 1986.

Saile, Wolfgang: Hermann Wagener und sein Verhältnis zu Bismarck, Tübingen 1958.

Schambeck, Herbert: Die Ministerverantwortlichkeit, Karlsruhe 1971.

Schefold, Dian: Verfassung als Kompromiß? in: Zeitschrift für Neuere Rechtsgeschichte, Band 3, 1981, S. 137 ff..

Scheuner, Ulrich: Der Staatsgedanke Preußens, 2. Aufl., Köln, Wien 1983.

- Volkssouveränität und Theorie der parlamentarischen Vertretung, in: Bosl, Karl (Hg.): Der moderne Parlamentarismus und seine Grundlage in der ständischen Repräsentation, Berlin 1977, S. 297 ff..

Schieder, Theodor: Das Deutsche Kaiserreich von 1871 als Nationalstaat, Bonn 1961; 2. Aufl., Göttingen 1992.

Schiller, Karl Martin (Hg.): Heinrich von Treitschke, Aufsätze, Reden und Briefe, Bände 1, 3, 4, Meersburg 1929.

Schindling, Anton; Ziegler, Walter: Die Kaiser der Neuzeit 1519 - 1918, München 1990.

Schmidt, Eberhard: Beiträge zur Geschichte des preußischen Rechtsstaats, Berlin 1980.

Schmitt, Carl: Verfassungslehre, München, Leipzig 1928.

- Staatsgefüge und Zusammenbruch des zweiten Reiches, Hamburg 1934.

- Staatsstreichpläne Bismarcks und Verfassungslehre, in: ders.: Verfassungsrechtliche Aufsätze, Berlin 1958, S. 29 ff..

- Hugo Preuss, Berlin 1930.

Schmoller, Gustav: Preußische Verfassungs-, Verwaltungs- und Finanzgeschichte, Berlin 1921.

Schoeps, Hans-Joachim: Der Weg ins deutsche Kaiserreich, Berlin 1970.

- Konservatismus, Liberalismus, Sozialismus, München 1981.

- Preußen, Berlin 1966.

- Das andere Preußen, 3. Aufl., Berlin 1954.

- Zur Geschichte Preußens im 19. Jahrhundert, Düsseldorf 1955.

Schreiner, Kurt: Die Entstehung des deutschen Parteiensystems, München 1974.

Schüssler, Wilhelm: Königgrätz 1866, Darmstadt 1971.

- Kaiser Wilhelm II., Göttingen, Berlin, Frankfurt 1962.

- Die Daily-Telegraph-Affäre, Göttingen 1952.

- Vom Reich und der Reichsidee in der deutschen Geschichte, Leipzig, Berlin 1942.

Schulze, Hagen: Der Weg zum Nationalstaat, 5. Aufl., München 1997.

Schwabe, Klaus: Wissenschaft und Kriegsmoral, Göttingen, Zürich, Frankfurt 1969.

Sell, Friedrich C.: Die Tragödie des deutschen Liberalismus, Stuttgart 1953.

Sheehan, James: Der deutsche Liberalismus, München 1983.

Siebert, Ferdinand: Von Frankfurt nach Bonn, Frankfurt, Berlin, Bonn 1956.

Siemann, Wolfram: Die Frankfurter Nationalversammlung 1848/49 zwischen demokratischem Liberalismus und konservativer Reform, Frankfurt 1976.

- Gesellschaft im Aufbruch, Deutschland 1849 - 1871, Frankfurt 1990.

Springer, Anton: Friedrich Christoph Dahlmann, Band 1, Leipzig 1870; Band 2, Leipzig 1872.

Stadelmann, Rudolf: Soziale und politische Geschichte der Revolution von 1848, München 1948.

Stengel, Edmund: Kaisertitel und Souveränitätsidee, Weimar 1939.

Stephan, Werner: Friedrich Naumann, Bonn 1978.

Stier-Somlo, Fritz: Die Lehre von der Gewaltenteilung und die neuen deutschen Verfassungen, in: Zeitschrift für die gesamte Staatswissenschaft, Band 77, 1923.

- Preußisches Staatsrecht, Band 1, 2. Aufl., Berlin, Leipzig 1927.

- Die Vereinigten Staaten von Deutschland, Tübingen 1919.

- Republik oder Monarchie im neuen Deutschland, Bonn 1919.

- Grund- und Zukunftsfragen deutscher Politik, Bonn 1917.

Stolleis, Michael: Geschichte des öffentlichen Rechts in Deutschland, Band 1, München 1988; Band 2, München 1992.

Stolze, Wilhelm: Zur Geschichte der Reichsgründung im Jahre 1870, in: Preußische Jahrbücher, Band 197, 1924, S. 1 ff..

Strauss, Herbert Artur: Staat, Bürger, Mensch, Aarau 1947.

Stürmer, Michael: Bismarckstaat und Cäsarismus, in: Der Staat, Band 12, 1973, S. 467 ff..

- Bismarcks Deutschland als Problem der Forschung, in: ders. (Hg.): Das kaiserliche Deutschland, Düsseldorf 1984, S. 7 ff..

- Die Reichsgründung, 5. Aufl., München 1997.

- Das ruhelose Reich, Berlin 1985.

- Regierung und Reichstag im Bismarckstaat 1871-1880, Düsseldorf 1974.

- Staatsstreichgedanken im Bismarckreich, Historische Zeitschrift 1969, S. 566 ff..

Tambert, Martina: Heinrich Rosin und die Anfänge des Sozialversicherungsrechts, Freiburg 1977.

Ullmann, Hans-Peter: Das Deutsche Kaiserreich 1871-1918, Frankfurt 1985.

Valentin, Veit: Geschichte der deutschen Revolution von 1848-49, Band 1, Berlin 1930; Band 2, Berlin 1931.

Vierhaus, Rudolf: Kaiser und Reichstag zur Zeit Wilhelms II., in: Festschrift für Hermann Heimpel, Göttingen 1971, S. 257 ff..

Vietsch, Eberhard von: Die politische Bedeutung des Reichskanzleramtes für den inneren Ausbau des Reiches von 1867 bis 1880, Leipzig 1936.

Vitzthum, Stephan Graf: Linksliberale Politik und materiale Staatsrechtslehre, Freiburg, München 1971.

Wahl, Rainer: Der preußische Verfassungskonflikt und das konstitutionelle System des Kaiserreichs, in: Böckenförde, Ernst-Wolfgang (Hg.): Moderne deutsche Verfassungsgeschichte (1815-1914), 2. Aufl., Königstein 1981, S. 208 ff..

Walter, Friedrich: Österreichische Verfassungs- und Verwaltungsgeschichte von 1500-1955, Wien, Köln, Graz 1972.

Weber, Max: Parlament und Regierung im neugeordneten Deutschland, München, Leipzig 1918.

Wegge, Hans: Die Verlegung und Auflösung der Nationalversammlung und die Oktroyierung der Verfassung 1848 im Urteil der Zeitgenossen, Berlin, o.J..

- Die Stellung der Öffentlichkeit zur oktroyierten Verfassung und die preußische Parteibildung 1848/49, Berlin 1932.

Wehler, Hans-Ulrich: Das deutsche Kaiserreich 1871-1918, 6. Aufl., Göttingen 1988.

- Kapp, Friedrich: Vom radikalen Frühsozialisten des Vormärz zum liberalen Parteipolitiker des Bismarckreiches, Frankfurt 1969.

- Symbol des halbabsolutistischen Herrschaftssystems: Der Fall Zabern von 1913/14 als Verfassungskrise des Wilhelminischen Kaiserreiches, in ders. (Hg.): Krisenherde des Kaiserreiches 1871-1918, Göttingen 1970, S. 65 ff..

Wende, Peter: Radikalismus im Vormärz, Wiesbaden 1975.

- Die Adelsdebatte der Paulskirche, in: Birke, Adolf M., u.a. (Hg.): Bürgertum, Adel und Monarchie, München, London, New York, Paris 1989, S. 37 ff..

Wentzcke, Paul; Klötzer, Wolfgang (Hg.): Deutscher Liberalismus im Vormärz, Göttingen 1959.

Wentzcke, Paul (Hg.): Deutscher Liberalismus im Zeitalter Bismarcks, Band 2, 1926.

- Kritische Bibliographie der Flugschriften zur deutschen Verfassungsfrage 1848- 1851, Hildesheim 1967.

- Heinrich von Gagern, Göttingen, Berlin, Frankfurt 1957.

- 1848, die unvollendete deutsche Revolution, München 1938.

- Ideale und Irrtümer des ersten deutschen Parlaments, Heidelberg 1959.

Wigand, Christian: Über Friedrich Julius Stahl (1801-1862), München, Wien, Zürich 1981.

Wilhelm, Rolf: Das Verhältnis der süddeutschen Staaten zum Norddeutschen Bund (1867-1870), Husum 1978.

Wilhelm, Theodor: Die englische Verfassung und der vormärzliche deutsche Liberalismus, Stuttgart 1928.

Willoweit, Dietmar: Deutsche Verfassungsgeschichte, 3. Aufl., München 1997.

- Rechtsgrundlagen der Territorialgewalt, Köln, Wien 1975

Winkler, Heinrich August: Preußischer Liberalismus und deutscher Nationalstaat, Tübingen 1963.

Würtenberger, Thomas: Die Legitimität staatlicher Herrschaft, Berlin 1973.

Wyduckel, Dieter: Ius Publicum, Berlin 1984.

Zechlin, Egmont: Bismarck und die Grundlegung der deutschen Großmacht, 2. Aufl., Stuttgart 1960.

Zeumer, Karl (Hg.): Georg Waitz, Abhandlungen zur deutschen Verfassungsgeschichte, Aalen 1966.

Ziebura, Gilbert (Hg.): Beiträge zur Allgemeinen Parteienlehre, Darmstadt 1969.

- Anfänge des deutschen Parlamentarismus, in: Ritter, Gerhard A., Ziebura, Gilbert (Hg.): Faktoren der politischen Entscheidung, Berlin 1963, S. 185 ff..

Ziekursch, Johannes: Politische Geschichte des neuen deutschen Kaiserreiches, Band 1, Frankfurt 1925; Band 1, Frankfurt 1927; Band 3, Frankfurt 1930.

Zippelius, Reinhold: Kleine deutsche Verfassungsgeschichte, 2. Aufl., München 1995.

- Geschichte der Staatsideen, 3. Aufl., München 1976.

Zwehl, Konrad von: Zum Verhältnis von Regierung und Reichstag in Preußen und Deutschland von 1848 bis zur Gegenwart, in: Ritter, Gerhard A. (Hg.): Regierung, Bürokratie und Parlament in Preußen und Deutschland von 1848 bis zur Gegenwart, Düsseldorf 1983, S. 90 ff..

## RECHTSHISTORISCHE REIHE

Band 1 Studien zu den germanischen Volksrechten. Gedächtnisschrift für Wilhelm Ebel. Vorträge gehalten auf dem Fest-Symposion anläßlich des 70. Geburtstages von Wilhelm Ebel am 16. Juni 1978 in Göttingen. Götz Landwehr (Hrsg.) 1982.

Band 2 Hans Poeschel: Die Statuten der Banken, Sparkassen und Kreditgenossenschaften in Hamburg und Altona von 1710 bis 1889. 1978.

Band 3 Thomas Kolbeck: Juristenschwemmen, Untersuchungen über den juristischen Arbeitsmarkt im 19. und 20. Jahrhundert. 1978.

Band 4 Norbert Hempel: Richterleitbilder in der Weimarer Republik. 1978.

Band 5 Rolf Stratmann: Die Scheinbußen im mittelalterlichen Recht. 1978.

Band 6 Martin C. Lockert: Die niedersächsischen Stadtrechte zwischen Aller und Weser. Vorkommen und Verflechtungen. Eine Bestandsaufnahme. 1979.

Band 7 Joachim Rückert/Wolfgang Friedrich: Betriebliche Arbeiterausschüsse in Deutschland, Großbritannien und Frankreich im späten 19. und frühen 20. Jahrhundert. Eine vergleichende Studie zur Entwicklung des kollektiven Arbeitsrechts. 1979.

Band 8 Peter Bender: Die Rezeption des römischen Rechts im Urteil der deutschen Rechtswissenschaft. 1979.

Band 9 Friedrich Karl Alsdorf: Untersuchungen zur Rechtsgestalt und Teilung deutscher Ganerbenburgen. 1980.

Band 10 Dietmar Willoweit/Winfried Schich (Hrsg.): Studien zur Geschichte des sächsisch-magdeburgischen Rechts in Deutschland und Polen (Sammelband). 1980.

Band 11 Brigitte Hempel: Der Entwurf einer Polizeiordnung für das Herzogtum Sachsen-Lauenburg aus dem Jahre 1591. 1980.

Band 12 Klaus-Detlev Godau-Schüttke: Rechtsverwalter des Reiches. Staatssekretär Dr. Curt Joël. 1981.

Band 13 Rainer Polley: Anton Friedrich Justus Thibaut (AD 1772-1840) in seinen Selbstzeugnissen und Briefen. Teil 1: Abhandlung. Teil 2: Briefwechsel. Teil 3: Register zum Briefwechsel. 1982.

Band 14 Michael Wettengel: Der Streit um die Vogtei Kelkheim 1275-1276. Ein kanonischer Prozeß.1981.

Band 15 Otto Wilhelm Krause: Naturrechtler des sechzehnten Jahrhunderts. Ihre Bedeutung für die Entwicklung eines natürlichen Privatrechts. 1982.

Band 16 Helga Spindler: Von der Genossenschaft zur Betriebsgemeinschaft. Kritische Darstellung der Sozialrechtslehre Otto von Gierkes. 1982.

Band 17 Holger Otte: Gustav Radbruchs Kieler Jahre 1919 - 1926. 1982.

Band 18 Rüdiger Teuner: Die fuldische Ritterschaft 1510 - 1656. 1982.

Band 19 Gerhard Dilcher/Rudolf Hoke/Gian Savino Pene Vidari/Hans Winterberg (Hrsg.): Grundrechte im 19. Jahrhundert. 1982.

Band 20 Karl-Hans Schloßstein: Die westfälischen Fabrikengerichtsdeputationen - Vorbilder, Werdegang und Scheitern. 1982.

Band 21 Birger Schulz: Der Republikanische Richterbund (1921-1933). 1982.

Band 22 Engelbert Krause: Die gegenseitigen Unterhaltsansprüche zwischen Eltern und Kindern in der deutschen Privatrechtsgeschichte. 1982.

Band 23 Meent W. Francksen: Staatsrat und Gesetzgebung im Großherzogtum Berg (1806-1813). 1982.

Band 24 Gerd von Sonnleithner: Bearbeitung des Handelsrechts durch Ignaz von Sonnleithner in seinem "Leitfaden über das österreichische Handels- und Wechselrecht". 1982.

Band 25 Rudolf Palme: Rechts-, Wirtschafts- und Sozialgeschichte der inneralpinen Salzwerke bis zu deren Monopolisierung. 1983.

Band 26 Helen Bosshard: Pestalozzis Staats- und Rechtsverständnis und seine Stellung in der Aufklärung. 1983.

Band 27 Jens Jessen: Die Selbstzeugnisse der deutschen Juristen. Erinnerungen, Tagebücher und Briefe. Eine Bibliographie. 1983.

Band 28 Günter Martin Jensen: Das Domanium Waldeck. Die rechtliche Zuordnung eines Fürstenvermögens. 1984.

Band 29 Johann Heinrich Kumpf: Petitionsrecht und öffentliche Meinung im Entstehungsprozeß der Paulskirchenverfassung 1848/49. 1983.

Band 30 Sabine Frey: Rechtsschutz der Juden gegen Ausweisungen im 16. Jahrhundert. 1983.

Band 31 Dietrich Joswig: Die germanische Grundstücksübertragung. 1984.

Band 32 Andreas Baryli: Konzessionssystem contra Gewerbefreiheit. Zur Diskussion der österreichischen Gewerberechtsreform 1835 bis 1860. 1984.

Band 33 Gerhard Oberkofler: Studien zur Geschichte der österreichischen Rechtswissenschaft. 1984.

Band 34 Rudolf Lauda: Kaufmännische Gewohnheit und Burgrecht bei Notker dem Deutschen. Zum Verhältnis von literarischer Tradition und zeitgenössischer Realität in der frühmittelalterlichen Rhetorik. 1984.

Band 35 Jens Jensen: Die Ehescheidung des Bischofs Hans von Lübeck von Prinzessin Julia Felicitas von Württemberg-Weiltingen AD 1648-1653. Ein Beitrag zum protestantischen Ehescheidungsrecht im Zeitalter des beginnenden Absolutismus. 1984.

Band 36 Horst Schröder: Friedrich Karl von Savigny. Geschichte und Rechtsdenken beim Übergang vom Feudalismus zum Kapitalismus in Deutschland. 1984.

Band 37 Andreas Hatzung: Dogmengeschichtliche Grundlagen und Entstehung des zivilrechtlichen Notstands. 1984.

Band 38 Matthias Klasen: Das Billwerder Landrecht. Landrecht und Landgericht in den Hamburger Elbmarschen. 1985.

Band 39 Rainer Jamin: Aufbau, Tätigkeit und Verfahren der Auseinandersetzungsbehörden bei der Durchführung der preußischen Agrarreformen. 1985.

Band 40 Henry Winter: Teilschuld, Gesamtschuld und unechte Gesamtschuld. Zur Konzeption der §§ 420 ff. BGB - Ein Beitrag zur Entstehungsgeschichte des BGB. 1985.

Band 41 Hermann Eichler: Verfassungsbewegung in Amerika und Europa. 1985.

Band 42 Dagmar Bandemer: Heinrich Albert Zachariae. Rechtsdenken zwischen Restauration und Reformation. 1985.

Band 43 Eva-Christine Frentz: Das Hamburgische Admiralitätsgericht (1623-1811). Prozeß und Rechtsprechung. 1985.

Band 44 Karl Lillig: Rechtsetzung im Herzogtum Pfalz-Zweibrücken während des 18. Jahrhunderts. Ein Beitrag zur Geschichte der territorialen Rechtsbildung. 1985.

Band 45 Walter Weber: Die Entwicklung der Sparkassen zu selbständigen Anstalten des öffentlichen Rechts. Ein Beitrag zur Entwicklung des Anstaltsbegriffs im 19. Jahrhundert. 1985.

Band 46 Bärbel Baum: Der Stabreim im Recht. Vorkommen und Bedeutung des Stabreims in Antike und Mittelalter. 1986.

Band 47 Hans Popp: Die nationalsozialistische Sicht einiger Institute des Zivilprozeß- und Gerichtsverfassungsrechts. 1986.

Band 48 John Karl-Heinz Montag: Die Lehrdarstellung des Handelsrechts von Georg Friedrich von Martens bis Meno Pöhls. Die Wissenschaft des Handelsrechts im ersten Drittel des 19. Jahrhunderts. 1986.

Band 49 Volker D. Anhäusser: Das internationale Obligationenrecht in der höchstrichterlichen Rechtsprechung des 19. Jahrhunderts. 1986.

Band 50 Udo Beer: Die Juden, das Recht und die Republik. Verbandswesen und Rechtsschutz 1919-1933. 1986.

Band 51 Herbert Grziwotz: Der moderne Verfassungsbegriff und die "Römische Verfassung" in der deutschen Forschung des 19. und 20. Jahrhunderts. 1986.

Band 52 Ralf Conradi: Karl Friedrich Eichhorn als Staatsrechtslehrer. Seine Göttinger Vorlesung über "Das Staatsrecht der deutschen Bundesstaaten" nach einer Kollegmitschrift aus dem Wintersemester 1821/22. 1987.

Band 53 Dieter Dannreuther: Der Zivilprozeß als Gegenstand der Rechtspolitik im Deutschen Reich 1871 - 1945. Ein Beitrag zur Geschichte des Zivilprozeßrechts in Deutschland. 1987.

Band 54 Stephan Felix Pauly: Organisation, Geschichte und Praxis der Gesetzesauslegung des (Königlich) Preußischen Oberverwaltungsgerichtes 1875 - 1933. 1987.

Band 55 Rüdiger Schulz: Die Entstehung des Seerechts des Allgemeinen Deutschen Handelsgesetzbuches unter besonderer Berücksichtigung der Bestimmungen über die Reederei, den Schiffer und die Schiffsmannschaft. 1987.

Band 56 Reinhold Reis: Deutsches Privatrecht in den Weistümern der Zenten Schriesheim und Kirchheim. 1987.

Band 57 Jürgen Christoph: Die politischen Reichsamnestien 1918 - 1933. 1987.

Band 58 Gerhard Oberkofler/Eduard Rabofsky: Hans Kelsen im Kriegseinsatz der k.u.k.-Wehrmacht. Eine kritische Würdigung seiner militärtheoretischen Angebote. 1988.

Band 59 Arne Wulff: Staatssekretär Prof. Dr. Dr. h.c. Franz Schlegelberger. 1876-1970. 1991.

Band 60 Gerhard Köbler (Hrsg.): Wege europäischer Rechtsgeschichte. Karl Kroeschell zum 60. Geburtstag. 1987.

Band 61 Rüdiger Hütte: Der Gemeinschaftsgedanke in den Erbrechtsreformen des Dritten Reichs. 1988.

Band 62 Markus Göldner: Politische Symbole der europäischen Integration. Fahne, Hymne, Hauptstadt, Paß, Briefmarke, Auszeichnungen. 1988.

Band 63 Wolfgang Kröner: Freiheitsstrafe und Strafvollzug in den Herzogtümern Schleswig, Holstein und Lauenburg von 1700 bis 1864. 1988.

Band 64 Werner Gaile: Die Norder Theelacht. 1988.

Band 65 Karl v. Kempis: Andreas Gaill (1526 - 1587). Zum Leben und Werk eines Juristen der frühen Neuzeit. 1988.

Band 66 Wolf-Rüdiger Osburg: Die Verwaltung Hamburgs in der Franzosenzeit. 1811-1814. 1988.

Band 67 Christian Schudnagies: Hans Frank. Aufstieg und Fall des NS-Juristen und Generalgouverneurs. 1988.

Band 68 Otmar Jung: Senatspräsident Freymuth. Richter, Sozialdemokrat und Pazifist in der Weimarer Republik. Eine politische Biographie. 1989.

Band 69 Joachim Lohner: Das landeshauptmannschaftliche Gericht in Oberösterreich zu Beginn der Neuzeit. Eine Darstellung des oberösterreichischen Prozeßrechts am obersten Territorialgericht des Landes anhand der oberösterreichischen Landtafel.1989.

Band 70 Bernd Klemann: Rudolf von Jhering und die Historische Rechtsschule. 1989.

Band 71 Adalbert Langer: Männer um die österreichische Zivilprozeßordnung 1895. Zusammenspiel / Soziales Ziel. 1990.

Band 72 Robert-Dieter Klee: Die Landessuperintendentur Lauenburg. Ursprung und Entwicklung sowie Ende der Sonderstellung des Kirchenkreises Herzogtum Lauenburg durch die nordelbische Kirchenvereinigung. 1989.

Band 73 Heinrich Herrmann: Die Gehöferschaften im Bezirk Trier. 1989.

Band 74 Wilhelm Brauneder, Franz Baltzarek (Hrsg.): Modell einer neuen Wirtschaftsordnung. Wirtschaftsverwaltung in Österreich 1914 - 1918. 1991.

Band 75 Thomas Dreyer: Die "Assecuranz- und Haverey-Ordnung" der Freien und Hansestadt Hamburg von 1731. 1990.

Band 76 Bernhard Sendler: Die Rechtssprache in den süddeutschen Stadtrechtsreformationen. 1990.

Band 77 Brigitte Lehmann: Ehevereinbarungen im 19. und 20. Jahrhundert. 1990.

Band 78 Michael Sunnus: Der NS-Rechtswahrerbund (1928-1945). Zur Geschichte der nationalsozialistischen Juristenorganisation. 1990.

Band 79 Stefan Schulz: Die historische Entwicklung des Rechts an Bienen. (§§ 961 - 964 BGB). 1990.

Band 80 Gerhard Lingelbach, Heiner Lück (Hrsg.): Deutsches Recht zwischen Sachsenspiegel und Aufklärung. Rolf Lieberwirth zum 70. Geburtstag dargebracht von Schülern, Freunden und Kollegen, herausgegeben von Gerhard Lingelbach und Heiner Lück. 1991.

Band 81 Manfred Krohn: Die deutsche Justiz im Urteil der Nationalsozialisten 1920 - 1933. 1991.

Band 82 Angelika Kühn: Privilegierung nationaler Minderheiten im Wahlrecht der Bundesrepublik Deutschland und Schleswig-Holsteins. 1991.

Band 83 Georg Brun: Leben und Werk des Rechtshistorikers Heinrich Mitteis unter besonderer Berücksichtigung seines Verhältnisses zum Nationalsozialismus. 1991.

Band 84 Wolfgang Simon: Claudius Freiherr von Schwerin. Rechtshistoriker während dreier Epochen deutscher Geschichte. 1991.

Band 85 Friedrich-Carl Wachs: Das Verordnungswerk des Reichsdemobilmachungsamtes. Stabilisierender Faktor zu Beginn der Weimarer Republik. 1991.

Band 86 Jens-Uwe Petersen: Die Vorgeschichte und die Entstehung des Mieterschutzgesetzes von 1923 nebst der Anordnung für das Verfahren vor dem Mieteinigungsamt und der Beschwerdestelle. 1991.

Band 87 Ulrike Haibach: Familienrecht in der Rechtssprache. Die historische Entwicklung zentraler Ausdrücke des geltenden Familienrechts. 1991.

Band 88 Joern Christian Nissen: Die Beratungen des Seeversicherungsausschusses der Akademie für Deutsches Recht zu einem neuen Seeversicherungsgesetz (1934-1939). Ein Beitrag zur Entwicklung der allgemeinen Lehren des Seeversicherungsrechts unter besonderer Berücksichtigung des Handelsgesetzbuchs und der Allgemeinen Deutschen Seeversicherungs-Bedingungen 1919. 1991.

Band 89 Diethard Bühler: Die Entstehung der allgemeinen Vertragsschluß-Vorschriften im Allgemeinen Deutschen Handelsgesetzbuch (ADHGB) von 1861. Ein Beitrag zur Kodifikationsgeschichte des Privatrechts im 19. Jahrhundert. 1991.

Band 90 Gerhard Oberkofler: Die Vertreter des Römischen Rechts mit deutscher Unterrichtssprache an der Karls-Universität in Prag. Vom Vormärz bis 1945. 1991.

Band 91 Ulrich Andermann: Ritterliche Gewalt und bürgerliche Selbstbehauptung. Untersuchungen zur Kriminalisierung und Bekämpfung des spätmittelalterlichen Raubrittertums am Beispiel norddeutscher Hansestädte. 1991.

Band 92 Heinz Marcus Hanke: Luftkrieg und Zivilbevölkerung. Der kriegsvölkerrechtliche Schutz der Zivilbevölkerung gegen Luftbombardements von den Anfängen bis zum Ausbruch des Zweiten Weltkrieges. 1991.

Band 93 Kirsten Kraglund: Familien- und Erbrecht. Materielles Recht und Methoden der Rechtsanwendung in der Rechtsprechung des Oberappellationsgerichts der vier Freien Städte Deutschlands zu Lübeck. 1991.

Band 94 Reinhard Lorenz: Die politische und rechtliche Stellung des Proletariats in Preußen in der Zeit zwischen den Reformen und der Revolution 1848/49. 1991.

Band 95 Eric Hilgendorf: Die Entwicklungsgeschichte der parlamentarischen Redefreiheit in Deutschland. 1991.

Band 96 Hans J. Reiter: Die Handelsgesellschaft Villeroy & Boch von der Gründung 1836 bis zum Jahr 1878. 1992.

Band 97 Martin Johannes Heller: Reform der deutschen Rechtssprache im 18. Jahrhundert. 1992.

Band 98 Michael Kotulla: Die Tragweite der Grundrechte der revidierten preußischen Verfassung vom 31.01.1850. 1992.

Band 99 Michael Siefener: Hexerei im Spiegel der Rechtstheorie. Das crimen magiae in der Literatur von 1574 bis 1608. 1992.

Band 100 Andreas Ebert-Weidenfeller: Hamburgisches Kaufmannsrecht im 17. und 18. Jahrhundert. Die Rechtsprechung des Rates und des Reichskammergerichtes. 1992.

Band 101 Enno Bommel: Die Entstehung der Verwirkungslehre in der Krise des Positivismus. 1992.

Band 102 Ralph Steppacher: Die Berücksichtigung der bäuerlichen Postulate bei der Entstehung des ZGB und der Revision des OR. Ein Beitrag zur schweizerischen Kodifikationsgeschichte (1893 - 1912). 1992.

Band 103 Martin Fleckenstein: Die Todesstrafe im Werk Carl Joseph Anton Mittermaiers (1787 - 1867). Zur Entwicklungsgeschichte eines Werkbereichs und seiner Bedeutung für Theorie- und Methodenbildung. 1992.

Band 104 Jörn Eckert: Der Kampf um die Familienfideikommisse in Deutschland. Studien zum Absterben eines Rechtsinstitutes. 1992.

Band 105 Jörg Grotkopp: Beamtentum und Staatsformwechsel. Die Auswirkungen der Staatsformwechsel von 1918, 1933 und 1945 auf das Beamtenrecht und die personelle Zusammensetzung der deutschen Beamtenschaft. 1992.

Band 106 Andreas Rohde: Die Garantiehaftung des Vermieters und ihr Verhältnis zum Unmöglichkeitsrecht in dogmengeschichtlicher und modernrechtlicher Sicht. 1992.

Band 107 Tjark Siefke Kunstreich: Gesamtvertretung. Eine historisch-systematische Darstellung. 1992.

Band 108 Jürgen Krüger: Blindheit und Königtum. Die Blindheit des Königs Georg V. von Hannover als verfassungsrechtliches Problem. 1992.

Band 109 Wolfgang Putschek: Ständische Verfassung und autoritäre Verfassungspraxis in Österreich 1933-1938 mit Dokumentenanhang. Verfassung und Verfassungswirklichkeit. Mit einem Anhang: Denkschriften von Rechtsanwalt Dr. Erich Führer 1936/37. 1993.

Band 110 Klaus Hofmann: Die Verdrängung der Juden aus öffentlichem Dienst und selbständigen Berufen in Regensburg 1933-1939. 1993.

Band 111 Franz Kilger: Die Entwicklung des Telegraphenrechts im 19. Jahrhundert mit besonderer Berücksichtigung der technischen Entwicklung. Telegraphenrecht im 19. Jahrhundert. 1993.

Band 112 Wilhelm Brauneder (Hrsg.): Heiliges Römisches Reich und moderne Staatlichkeit. 1993.

Band 113 Thomas Heinrich: Das preußische Nichtehelichenrecht: Von der Aufklärung zur Reaktion. 1993.

Band 114 Gerald Kohl: Jagd und Revolution. Das Jagdrecht in den Jahren 1848 und 1849. 1993.

Band 115 Christian Schudnagies: Der Kriegs- oder Belagerungszustand im Deutschen Reich während des Ersten Weltkrieges. Eine Studie zur Entwicklung und Handhabung des deutschen Ausnahmezustandsrechts bis 1918. 1994.

Band 116 Elisabeth Bellmann: Die Internationale Kriminalistische Vereinigung (1889-1933). 1994.

Band 117 Julia Pfannkuch: Volksrichterausbildung in Sachsen 1945-1950. 1993.

Band 118 Jörg Offen: Von der Verwaltungsgemeinschaft des BGB von 1896 zur Zugewinngemeinschaft des Gleichberechtigungsgesetzes von 1957. 1994.

Band 119 Dorothee Kohlhas-Müller: Untersuchungen zur Rechtsstellung Theoderichs des Großen. 1995.

Band 120 Monika Rose: Das Gerichtswesen des Herzogtums Pfalz-Zweibrücken im 18. Jahrhundert. Ein Beitrag zur territorialen Gerichtsbarkeit im Alten Reich. 1994.

Band 121 Jörn Eckert / Hans Hattenhauer (Hrsg.): Bibel und Recht. Rechtshistorisches Kolloquium 9. - 13. Juni 1992 an der Christian-Albrechts-Universität zu Kiel. 1994.

Band 122 Robert Martin Mizia: Der Rechtsbegriff der Autonomie und die Begründung des Privatfürstenrechts in der deutschen Rechtswissenschaft des 19. Jahrhunderts. 1995.

Band 123 Walther Graf von Plettenberg: Das Fortleben des Liber Iudiciorum in Asturien/León (8. - 13. Jh.). 1994.

Band 124 Wolfgang Schulz: Das deutsche Börsengesetz. Die Entstehungsgeschichte und wirtschaftlichen Auswirkungen des Börsengesetzes von 1896. 1994.

Band 125 Frank Hagemann: Der Untersuchungsausschuß Freiheitlicher Juristen. 1949 – 1969. 1994.

Band 126 Andreas Rethmeier: "Nürnberger Rassegesetze" und Entrechtung der Juden im Zivilrecht. 1995.

Band 127 Edith Grether: Die Poesie der Throne. Die Juristen in der Fruchtbringenden Gesellschaft. 1995.

Band 128 Anna Bartels-Ishikawa: Der Lippische Thronfolgestreit. Eine Studie zu verfassungsrechtlichen Problemen des Deutschen Kaiserreiches im Spiegel der zeitgenössischen Staats. 1995.

Band 129 Jörg Schmidt: Otto Koellreutter 1883-1972. Sein Leben, sein Werk, seine Zeit. 1995.

Band 130 Christian Hattenhauer: Wahl und Krönung Franz II. AD 1792. Das Heilige Reich krönt seinen letzten Kaiser - Das Tagebuch des Reichsquartiermeisters Hieronymus Gottfried von Müller und Anlagen. 1995.

Band 131 Jutta v. der Decken: Das Seearbeitsrecht im Hamburger Stadtrecht von 1301 bis 1603. 1995.

Band 132 Detlev Schmidt: Die Reform des Rechts der Handelsvertreter von 1953. 1995.

Band 133 Gabi Roßdeutscher: Privatautonomie im Scheidungsrecht. Scheidungsbezogene Vereinbarungen in den letzten 200 Jahren. 1995.

Band 134 Harald Kahlenberg: Leben und Werk des Rechtshistorikers Walther Merk. Ein Beispiel für das Verhältnis von Rechtsgeschichte und Nationalsozialismus. 1995.

Band 135 Michael Steitz: Adelbert Düringer am Reichsgericht (1902-1915). Seine aktienrechtlichen Entscheidungen und sein Einfluß auf das Aktienrecht in Deutschland. 1995.

Band 136 Christian Becker: Beata Justorum Translatio. Juristen in schleswig-holsteinischen Leichenpredigten. 1996.

Band 137 Christoph Seiler: Vom Allgemeinen Landrecht zum Bürgerlichen Gesetzbuch. Dargestellt am Beispiel der höchstrichterlichen Judikatur zum kaufrechtlichen Sachmängelgewährleistungsrecht. 1996.

Band 138 Bernd Mayer: Die Vertrauensmännerausschüsse auf den preußischen Steinkohlegruben an der Saar. Entstehung und Wirken. Eine rechtshistorische Untersuchung. 1996.

Band 139 Rochus Scholl: Juden und Judenrecht im Herzogtum Pfalz-Zweibrücken. Ein Beitrag zur Rechtsgeschichte eines deutschen Kleinstaates am Ende des alten Reiches. 1996.

Band 140 Meike Bursch: Judentaufe und frühneuzeitliches Strafrecht. Die Verfahren gegen Christian Treu aus Weener/Ostfriesland 1720-1728. 1996.

Band 141 Markus Hillenbrand: Fürstliche Eheverträge. Gottorfer Hausrecht 1544 - 1773. 1996.

Band 142 Ulf Häder: Das gemeinschaftliche Oberappellationsgericht thüringischer Staaten in Jena. Ein Beitrag zur Geschichte des Gerichtswesens im 19. Jahrhundert. 1996.

Band 143 Andreas Bauer: Das Gnadenbitten in der Strafrechtspflege des 15. und 16. Jahrhunderts. Dargestellt unter besonderer Berücksichtigung von Quellen der Vorarlberger Gerichtsbezirke Feldkirch und des Hinteren Bregenzerwaldes. 1996.

Band 144 Christian Wirth: Der Jurist Johann Andreas Georg Friedrich Rebmann zwischen Revolution und Restauration. 1996.

Band 145 Stefanie Müller: Die Rechtsprechung des Hanseatischen Oberlandesgerichts zum persönlichen Eherecht in Hamburgischen Gerichtsfällen von 1879 -1900. 1996.

Band 146 Jean-Nicolas Morisset: Der Frachtvertrag in der *Ordonnance de la marine* von 1681. 1996.

Band 147 Dirk Lentfer: Die Glogauer Landesprivilegien des Andreas Gryphius von 1653. 1996.

Band 148 Wencke Mull: Die Haftung für Einsturzschäden nach den §§ 836-838 BGB in der Rechtsprechung des Reichsgerichts. 1996.

Band 149 Renate Zelger: Teufelsverträge. Märchen, Sage, Schwank, Legende im Spiegel der Rechtsgeschichte. 1996.

Band 150 Guido Kraß: Das Arrestverfahren in Frankfurt am Main im Spätmittelalter. 1996.

Band 151 F. Benedict Heyn: Die Entwicklung des Eisenbahnfrachtrechts von den Anfängen bis zur Einführung des Allgemeinen Deutschen Handelsgesetzbuches (ADHGB). 1996.

Band 152 Thomas Lang: Die Staats- und Verfassungslehre Carl Salomo Zachariaes. 1996.

Band 153 Michael Hebeis: Karl Anton von Martini (1726-1800). Leben und Werk. 1996.

Band 154 Gerald Hubert: Die Diskussion um die rechtliche Natur der Bizone in den Jahren 1947-1949. 1996.

Band 155 Christof Horn: Die Rechtsprechung des Reichsgerichts in Ehescheidungssachen der Jahre 1900 bis 1905. 1996.

Band 156 Hermann Nehlsen / Georg Brun (Hrsg.): Münchener rechtshistorische Studien zum Nationalsozialismus. 1996.

Band 157 Jan Otto Clemens Kehrberg: Die Entwicklung des Elektrizitätsrechts in Deutschland. Der Weg zum Energiewirtschaftsgesetz von 1935. 1997.

Band 158 Johannes Tradt: Der Religionsprozeß gegen den Zopfschulzen (1791-1799). Ein Beitrag zur protestantischen Lehrpflicht und Lehrzucht in Brandenburg-Preußen gegen Ende des 18. Jahrhunderts. 1997.

Band 159 Dietmar Olsen: Das kaufrechtliche Sachmängelgewährleistungsrecht des Code civil in der Rechtsprechung deutscher Gerichte im 19. Jahrhundert. Ein Beitrag zur Ablösung der Partikularrechte durch das BGB. 1997.

Band 160 Ulrich Bernhardt: Die Deutsche Akademie für Staats- und Rechtswissenschaft „Walter Ulbricht" 1948-1971. 1997.

Band 161 Claudia Susan Hoppe: Die Bürgschaft im Rechtsleben Hamburgs von 1600 bis 1900. 1997.

Band 162 Franz-Rudolf Ecker: Die Entwicklung des Bergrechts im Saarbrücker Steinkohlenrevier bis zum Ende des 18. Jahrhunderts. Ein Vergleich mit dem älteren deutschen Bergrecht. 1997.

Band 163 Anne Katrin Rückert: Politik und Privatrecht in der „konservativen Revolution". 1997.

Band 164 Gisbert Laube: Der Reichskunstwart. Geschichte einer Kulturbehörde 1919-1933. 1997.

Band 165 Nicolas Lührig: Die Diskussion über die Reform der Juristenausbildung von 1945 bis 1995. 1997.

Band 166 Regula Gerber Jenni: Die Emanzipation der mehrjährigen Frauenzimmer. Frauen im bernischen Privatrecht des 19. Jahrhunderts. 1997.

Band 167 Mischa A. Färber: Das gemeinschaftliche Testament in der höchstrichterlichen Rechtsprechung zum Allgemeinen Preußischen Landrecht und zum BGB. Ein Beitrag zur Ablösung der Partikularrechte durch das BGB. 1997.

Band 168 Catherine Antoinette Gasser: Philipp Lotmar 1850-1922. Professor der Universität Bern. Sein Engagement für das Schweizerische Arbeitsrecht. 1997.

Band 169 Lars Immisch: Der sozialistische Richter in der DDR und seine Unabhängigkeit. Der Versuch eines Rechtsvergleiches zum Unabhängigkeitsbegriff in der bundesdeutschen Rechtsordnung. 1997.

Band 170 Jessica Jacobi: Besitzschutz vor dem Reichskammergericht. Die friedenssichernde Funktion der Besitzschutzklagen am Reichskammergericht im 16. Jahrhundert, dargestellt anhand von Kameralisten. 1998.

Band 171 Ewald Hügemann: Die Geschichte des öffentlichen und privaten Mietpreisrechts vom Ersten Weltkrieg bis zum Gesetz zur Regelung der Miethöhe von 1974. 1998.

Band 172 Lutz Rentzow: Die Entstehungs- und Wirkungsgeschichte der Vernewerten Landesordnung für das Königreich Böhmen von 1627. 1998.

Band 173 Sabine Stürmer: Mühlenrecht im Herzogtum Pfalz-Zweibrücken während des 18. Jahrhunderts. Ein Beitrag zum Wirtschaftsrecht eines deutschen Kleinstaates im Alten Reich. 1998.

Band 174 Mario Bogisch: *Nemo testis in re sua.* Das Problem der Zeugnisfähigkeit bei der Anwendung der deutschen Zivilprozeßordnung von 1877. 1998.

Band 175 Rainer Oßwald: Pactane sunt servanda? Freiwilligkeit, Zwang und Unverbindlichkeitserklärungen im islamischen Vertragsrecht malikitischer Schule. 1998.

Band 176 Bettina Kern: Der preußische BGB-Entwurf von 1842. 1998.

Band 177 Inken Fuhrmann: Die Diskussion über die Einführung der fakultativen Zivilehe in Deutschland und Österreich seit Mitte des 19. Jahrhunderts. 1998.

Band 178 Annette Rieck: Der Heilige Ivo von Hélory (1247-1303). Advocatus pauperum und Patron der Juristen. 1998.

Band 179 Frank Bottenberg: Die Hamburgische Strafprozeßordnung von 1869. 1998.

Band 180 Matthias Krauß: Das kursächsische Postrecht von seinen Anfängen bis zum Ende des Alten Reichs. 1998.

Band 181 Torsten Schmidt: Die Entmündigung von den Anfängen des BGB bis zu ihrer Ablösung durch das Institut der Betreuung. 1998.

Band 182 Christian Nunn: Rudolf Müller-Erzbach. 1874-1959. Von der realen Methode über die Interessenjurisprudenz zum kausalen Rechtsdenken (Leben und Werk). 1998.

Band 183 Christian Ortloff: Das staatskirchenrechtliche System Wilhelm Traugott Krugs. Glaubens- und Gewissensfreiheit – eine Forderung der Vernunft. 1998.

Band 184 Christian Hattenhauer: Schuldenregulierung nach dem Westfälischen Frieden. Der sog. § *de indaganda* und seine Umsetzung im Jüngsten Reichsabschied (AD 1648 und 1654). 1998.

Band 185 Werner Schubert: Preußen im Vormärz. Die Verhandlungen der Provinziallandtage von Brandenburg, Pommern, Posen, Sachsen und Schlesien sowie – im Anhang – von Ostpreußen, Westfalen und der Rheinprovinz (1841-1845). 1998.

Band 186 Silvia Schumacher: Das Rechtsverhältnis zwischen Eltern und Kindern in der Privatrechtsgeschichte. 1999.

Band 187 Kai Sommer: Die Strafbarkeit der Homosexualität von der Kaiserzeit bis zum Nationalsozialismus. Eine Analyse der Straftatbestände im Strafgesetzbuch und in den Reformentwürfen (1871-1945). 1998.

Band 188 Jan Erik Backhaus: Volksrichterkarrieren in der DDR. 1999.

Band 189 Ralf Ruhnau: Die Fürstlich Thurn und Taxissche Privatgerichtsbarkeit in Regensburg. Ein Kuriosum der deutschen Rechtsgeschichte. 1999.

Band 190 Antonio Grilli: Die französische Justizorganisation am linken Rheinufer 1797-1803. 1999.

Band 191 Stephanie Kammerloher-Lis: Die Entstehung des Gesetzes über die religiöse Kindererziehung vom 15. Juli 1921. 1999.

Band 192 Jan Telp: Ausmerzung und Verrat. Zur Diskussion um Strafzwecke und Verbrechensbegriffe im Dritten Reich. 1999.

Band 193 Kurt von Pannwitz: Die Entstehung der Allgemeinen Deutschen Wechselordnung. Ein Beitrag zur Geschichte der Vereinheitlichung des deutschen Zivilrechts im 19. Jahrhundert. 1999.

Band 194 Sylvia Busch: Die Entstehung der Allgemeinen Gerichtsordnung für die Preussischen Staaten von 1793/95. Ein Beitrag zur Geschichte der Kodifikationsbewegung und der Reform des Zivilprozesses in Preußen im 18. Jahrhundert. 1999.

Band 195 Dirk Bieresborn: Klage und Klageerwiderung im deutschen und englischen Zivilprozeß. Eine rechtshistorische und rechtsvergleichende Untersuchung unter besonderer Berücksichtigung der Beeinflussung durch das römisch-kanonische Verfahren. 1999.

Band 196 Andreas Thier / Guido Pfeifer / Philipp Grzimek (Hrsg.): Kontinuitäten und Zäsuren in der Europäischen Rechtsgeschichte. Europäisches Forum Junger Rechtshistorikerinnen und Rechtshistoriker München 22.-24. Juli 1998. 1999.

Band 197 Franz Smola: Die Fürstlich Liechtenstein'sche Kunstsammlung. Rechtsfragen zur Verbringung der Sammlung von Wien nach Vaduz in den Jahren 1944/45. 1999.

Band 198 Frank Martin Krauss: Das geteilte Eigentum im 19. und 20. Jahrhundert. Eine Untersuchung zum Fortbestand des Teilungsgedankens. 1999.

Band 199 Matthias Frey: Die spanische Aktiengesellschaft im 18. Jahrhundert und unter dem Código de Comercio von 1829. 1999.

Band 200 Alexandra Gilde: Die Stellung der Frau im Reichsstrafgesetzbuch von 1870/71 und in den Reformentwürfen bis 1919 im Urteil der bürgerlichen Frauenbewegung. Eine Analyse ausgewählter Straftatbestände. 1999.

Band 201 Malte Dießelhorst / Arne Duncker: Hans Kohlhase. Die Geschichte einer Fehde in Sachsen und Brandenburg zur Zeit der Reformation. 1999.

Band 202 Jörg Hillmann: Territorialrechtliche Auseinandersetzungen der Herzöge von Sachsen-Lauenburg vor dem Reichskammergericht im 16. Jahrhundert. 1999.

Band 203 Carsten Engler: Die Kommanditgesellschaft (KG) und die stille Gesellschaft im Allgemeinen Deutschen Handelsgesetzbuch (ADHGB) von 1861. 1999.

Band 204 Vesta Hoffmann-Steudner: Die Rechtsprechung des Reichsgerichts zu dem Scheidungsgrund des § 49 EheG (EheG 1938) in den Jahren 1938-1945. 1999.

Band 205 Michaela Thiele: Die Auflösung von Arbeitsverhältnissen aufgrund Anfechtung und außerordentlicher Kündigung nach der Rechtsprechung des Reichsarbeitsgerichts (1927-1945). 2000.

Band 206 Peter Landau / Hermann Nehlsen / Mathias Schmoeckel (Hrsg.): Karl von Amira zum Gedächtnis. 1999.

Band 207 Marcus Flinder: Die Entstehungsgeschichte des Zivilgesetzbuches der DDR. 1999.

Band 208 Boris Franz Leo Bromm: Die Entstehungsgeschichte des Berufs des Handelsvertreters. Unter besonderer Berücksichtigung der Sozialgesetzgebung in den Jahren von 1871-1933. 2000.

Band 209 Winfried C. J. Eberstein: Das Tierschutzrecht in Deutschland bis zum Erlaß des Reichs-Tierschutzgesetzes vom 24. November 1933. Unter Berücksichtigung der Entwicklung in England. 1999.

Band 210 Patrick Deller: Der „nach dem Vertrage" vorausgesetzte Gebrauch (§ 459 Absatz 1 Satz 1 BGB). Eine kaufrechtliche Untersuchung unter Berücksichtigung rechtshistorischer wie rechtsvergleichender Grundlagen. 2000.

Band 211 Eckard Freiherr von Bodenhausen: Haftung des Geschäftsherrn für Verrichtungsgehilfen im Straßen- und Schienenverkehr. Eine Analyse der Entscheidungen des Reichsgerichts zu § 831 BGB (1900-1945). 2000.

Band 212 Birte Gast: Der Allgemeine Teil und das Schuldrecht des Bürgerlichen Gesetzbuchs im Urteil von Raymond Saleilles (1855-1912). 2000.

Band 213 Hansjörg Michael Huber: Koloniale Selbstverwaltung in Deutsch-Südwestafrika. Entstehung, Kodifizierung und Umsetzung. 2000.

Band 214 Ulf Björner: Die Verfassungsgerichtsbarkeit im Norddeutschen Bund und Deutschen Reich (1867-1918). Eine rechtshistorische Untersuchung über Gerichtsbarkeit im Spannungsfeld von Politik und Recht innerhalb der von Bismarck geschaffenen deutschen Bundesstaaten. 2000.

Band 215 Mathias Freiherr von Rosenberg: Friedrich Carl von Savigny (1779-1861) im Urteil seiner Zeit. 2000.

Band 216 Reinhard Binder-Krieglstein: Österreichisches Adelsrecht 1868-1918/19. Von der Ausgestaltung des Adelsrechts der cisleithanischen Reichshälfte bis zum Adelsaufhebungsgesetz der Republik unter besonderer Berücksichtigung des adeligen Namensrechts. 2000.

Band 217 Claudia-Regine Nerius: Johannes Lehmann-Hohenberg (1851-1925). Eine Studie zur völkischen Rechts- und Justizkritik im Deutschen Kaiserreich. 2000.

Band 218 Ludger Meuten: Die Erbfolgeordnung des Sachsenspiegels und des Magdeburger Rechts. Ein Beitrag zur Geschichte des sächsisch-magdeburgischen Rechts. 2000.

Band 219 Christoph Alexander von Wilcken: Die Reformbestrebungen zum Genossenschaftsgesetz in der Frühzeit der Bundesrepublik. Die Beratungen der Sachverständigenkommission zur Überprüfung des Genossenschaftsrechts 1954 bis 1958 und der Referentenentwurf von 1962. 2000.

Band 220 Verein Junger RechtshistorikerInnen Zürich (Hrsg.): ¿Rechtsgeschichte(n)? ¿Histoire(s) du droit? ¿Storia/storie del diritto? ¿Legal Histori(es)? Europäisches Forum Junger Rechtshistorikerinnen und Rechtshistoriker Zürich 28.-30. Mai 1999. 2000.

Band 221 Hans Christian Schüler: Die Entstehungsgeschichte der Bundesnotarordnung vom 24. Februar 1961. 2000.

Band 222 Nils-Eberhard Schramm: Die Vereinigung demokratischer Juristen (1949-1999). 2000.

Band 223 Silke Anke Torp: Das Rechtsverhältnis zwischen den Eltern und ihren Kindern. Dienstleistungspflicht, Aussteuer und Ausstattung. Eine Analyse der Rechtsprechung des Reichsgerichts und des Reichsarbeitsgerichts zu den Vorschriften der §§ 1616 bis 1625 des Bürgerlichen Gesetzbuches in der Zeit von 1900 bis 1945. 2000.

Band 224 Martin Jürgen Maaß: Die Geschichte des Eigentumsvorbehalts, insbesondere im 18. und 19. Jahrhundert. 2000.

Band 225 Stefanie Langer: Rechtswissenschaftliche Itinerarien. Lebenswege namhafter europäischer Juristen vom 11. bis zum 18. Jahrhundert. 2000.

Band 226 Ulrich Schmitz: Der Unterhaltsanspruch des nichtehelichen Kindes gegen seinen Erzeuger. Die rechtsgeschichtliche und dogmatische Entwicklung im deutschen Recht. 2000.

Band 227 Sebastian Günther: Friedrich Carl von Savigny als Grundherr. 2000.

Band 228 Henning Ibs: Hermann J. Held (1890-1963). Ein Kieler Gelehrtenleben in den Fängen der Zeitläufe. 2000.

Band 229 Matthias Rücker: Wirtschaftswerbung unter dem Nationalsozialismus. Rechtliche Ausgestaltung der Werbung und Tätigkeit des Werberats der deutschen Wirtschaft. 2000.

Band 230 Hendrik Sandmann: Die Entwicklung von Begriff und Inhalt des Wirtschaftsrechts durch die Rechtswissenschaft in der Weimarer Republik. 2000.

Band 231 Sibylle Müller: Gibt es Menschenrechte bei Samuel Pufendorf? 2000.

Band 232 Karin Olechowski-Hrdlicka: Die gemeinsamen Angelegenheiten der Österreichisch-Ungarischen Monarchie. Vorgeschichte – Ausgleich 1867 – Staatsrechtliche Kontroversen. 2001.

Band 233 Johannes Mierau: Die juristischen Abschluß- und Diplomprüfungen in der SBZ/DDR. Ein Einblick in die Juristenausbildung im Sozialismus. 2001.

Band 234 Jörg Wolff (Hrsg.): Stillstand, Erneuerung und Kontinuität. Einsprüche zur Preußenforschung. 2001.

Band 235 Friedo Schröder: Die anwaltliche Tätigkeit während der nationalsozialistischen Herrschaft. Eine Analyse der anwaltlichen Argumentation in Zivilprozessen anhand der vorhandenen Prozeßakten der Landgerichte Frankenthal, Wiesbaden, Limburg und Frankfurt und der Handakten der *jüdischen Konsulenten* des OLG-Bezirks Frankfurt. 2001.

Band 236 Der Code pénal des Königreichs Westphalen von 1813 mit dem Code pénal von 1810 im Original und in deutscher Übersetzung. Herausgegeben und mit einer Einleitung versehen von Werner Schubert. 2001.

Band 237 Klaus Richter: Deutsches Kolonialrecht in Ostafrika 1885-1891. 2001.

Band 238 Kai von Lewinski: Deutschrechtliche Systembildung im 19. Jahrhundert. 2001.

Band 239 Alexander Herzog: Sittenwidrige Rechtsgeschäfte in der höchstrichterlichen Rechtsprechung aus den Jahren 1948-1965. 2001.

Band 240 Claudia Rönnau: Die Beratungen des Wasserrechtsausschusses der Akademie für Deutsches Recht zu einem Reichswassergesetz (1934-1941). Ein Beitrag zur Dogmatik der Begriffe *Gemeingebrauch* und *Sondergebrauch* in der Zeit des Nationalsozialismus. 2001.

Band 241 Momme Rohlack: Kriegsgesellschaften (1914-1918). Arten, Rechtsformen und Funktionen in der Kriegswirtschaft des Ersten Weltkrieges. 2001.

Band 242 Rolf Geyer: Der Gedanke des Verbraucherschutzes im Reichsrecht des Kaiserreichs und der Weimarer Republik (1871-1933). Eine Studie zur Geschichte des Verbraucherrechts in Deutschland. 2001.

Band 243 Felix Lorenz Benjamin Lehmann: Der Rote Adlerorden. Entstehung und rechtliche Grundlagen (1705-1918). 2002.

Band 244 Marc Ludwig: Der Pfändungsschutz für Lohneinkommen. Die Entstehungs- und Entwicklungsgeschichte der Vorschriften zum Schutz vor Lohnpfändung in Deutschland. 2001.

Band 245 Alexander Wachter: Dorfschule zwischen Pastor und Schulmeister. Zur Säkularisierung des niederhessischen Schulwesens im 19. Jahrhundert. 2001.

Band 246 Richard Scholz: Analyse der Entstehungsbedingungen der reichsgerichtlichen Aufwertungsrechtsprechung. Untersuchung unter besonderer Berücksichtigung der konservativen Geldpolitik der Reichsbank und der Inflationspolitik der Reichsregierung. 2001.

Band 247 Judith Laeverenz: Märchen und Recht. Eine Darstellung verschiedener Ansätze zur Erfassung des rechtlichen Gehalts der Märchen. 2001.

Band 248 Christina Schenk: Bestrebungen zur einheitlichen Regelung des Strafvollzugs in Deutschland von 1870 bis 1923. 2001.

Band 249 Nils Werner: Die Prozesse gegen die Landvolkbewegung in Schleswig-Holstein 1929/32. Ein Beitrag zur Justizkritik in der späten Weimarer Republik. 2001.

Band 250 Wolfgang Walter: Das Duell in Bayern. Ein Beitrag zur bayerischen Strafrechtsgeschichte. 2002.

Band 251 Jörn Eckert / Kjell Å. Modéer (Hrsg.): Geschichte und Perspektiven des Rechts im Ostseeraum. Erster Rechtshistorikertag im Ostseeraum 8.–12. März 2000. 2001.

Band 252 Jan Könighaus: Die Inauguration der Christian-Albrechts-Universität zu Kiel 1665. Symbolgehalt und rechtliche Bedeutung des Universitätszeremoniells. 2002.

Band 253 Andreas Görgen: Rechtssprache in der Frühen Neuzeit. Eine vergleichende Untersuchung der Fremdwortverwendung in Gesetzen des 16. und 17. Jahrhunderts. 2002.

Band 254 Ralf Schäfer: Die Rechtsstellung der Haigerlocher Juden im Fürstentum Hohenzollern-Sigmaringen von 1634-1850. Eine rechtsgeschichtliche Untersuchung. 2002.

Band 255 Regine Schmalhorst: Die Tierhalterhaftung im BGB von 1896. Die Entstehung und Änderung des § 833 BGB sowie eine Analyse der Rechtsprechung des Reichsgerichts bis 1908. 2002.

Band 256 Thomas Hense: Konrad Beyerle. Sein Wirken für Wissenschaft und Politik in Kaiserreich und Weimarer Republik. 2002.

Band 257 Christian Mahlmann: Die Strafrechtswissenschaft der DDR. Klassenkampftheorie und Verbrechenslehre. 2002.

Band 258 Henning Kahmann: Die Bankiers von Jacquier & Securius 1933–1945. Eine rechtshistorische Fallstudie zur "Arisierung" eines Berliner Bankhauses. Mit einem Geleitwort von John Kornblum. 2002.

Band 259 Volker Friedrich Drecktrah: Die Gerichtsbarkeit in den Herzogtümern Bremen und Verden und in der preußischen Landdrostei Stade von 1715 bis 1879. 2002.

Band 260 Andreas Klass: Standes- oder Leistungselite? Eine Untersuchung der Karrieren der Wetzlarer Anwälte des Reichskammergerichts (1693-1806). 2002.

Band 261 Wolfgang Eder: Das italienische Tribunale Speciale per la Difesa dello Stato und der deutsche Volksgerichtshof. Ein Vergleich zwischen zwei politischen Gerichtshöfen. 2002.

Band 262 Albrecht Cordes / Bernd Kannowski (Hrsg.): Rechtsbegriffe im Mittelalter. 2002.

Band 263 Thomas Hildebrandt: Die Brandenburgischen Provinziallandtage von 1841, 1843, und 1845 anhand ausgewählter Verhandlungsgegenstände. 2002.

Band 264 Jan Finzel: Georg Adam Struve (1619–1692) als Zivilrechtler. 2003.

Band 265 Björn Carsten Frenzel: Das Selbstverständis der Justiz nach 1945. Analyse der Rolle der Justiz unter Berücksichtigung der Reden zur *Wiedereröffnung* der Bundes- und Oberlandesgerichte. 2003.

Band 266 Nils Reichhelm: Die marxistisch-leninistische Staats- und Rechtstheorie Karl Polaks. 2003.

Band 267 Raik Schneider: Altrechtliche Personenzusammenschlüsse. Ihre Entwicklung unter besonderer Berücksichtigung des Rechts des Großherzogtums Sachsen-Weimar-Eisenach sowie der Herzogtümer Sachsen-Meiningen und Sachsen-Gotha. 2003.

Band 268 Anke Meier: Die Geschichte des deutschen Konkursrechts, insbesondere die Entstehung der Reichskonkursordnung von 1877. 2003.

Band 269 Stefan Jens Jordan: Leben und Werk des Tübinger Rechtsprofessors Wilhelm Gottlieb Tafinger 1760–1813. 2003.

Band 270 Stefanie Hubig: Die historische Entwicklung des § 23 ZPO. Zum Ursprung und Fortleben des Vermögensgerichtsstandes im deutschen Prozeßrecht des 19. Jahrhunderts. 2003.

Band 271 Michael G. Perband: Der Grundsatz der freien Beweiswürdigung im Zivilprozeß (§ 286 ZPO) in der Rechtsprechung des Reichsgerichts. 2003.

Band 272 Mathias Bouveret: Die Stellung des Staatsoberhauptes in der parlamentarischen Diskussion und Staatsrechtslehre von 1848 bis 1918. 2003.

Peter Lang · Europäischer Verlag der Wissenschaften

Götz-Friedrich Schau

# Das Verhältnis von Verfassung und einfachem Recht in der Staatsrechtslehre der Weimarer Republik

Frankfurt/M., Berlin, Bern, Bruxelles, New York, Oxford, Wien, 2002. 220 S.
Europäische Hochschulschriften: Reihe 2, Rechtswissenschaft. Bd. 3439
ISBN 3-631-39514-0 · br. € 35.30*

In der Weimarer Staatsrechtslehre war das Verhältnis von Verfassung und einfachem Gesetz umstritten. Während Gerhard Anschütz – und mit ihm die herrschende Meinung – der Verfassung keinen Vorrang einräumte, sondern sie „zur Disposition" des Gesetzgebers stellte, hielt Carl Schmitt die formale Sicht des Art.76 WRV für unzutreffend, weil sie Ursache und Wirkung verkehre. Eine Sonderstellung nahm Hans Kelsen ein, der vom Stufenbau der Rechtsordnung ausgehend den Verfassungsvorrang bejahte. Die Kontroverse zwischen Anschütz und Schmitt ist noch heute von hohem rechtshistorischen Interesse, da sie ein rechtshistorisches Paradoxon ist. Denn durch den von Anschütz vertretenen Positivismus wurde auch dem Ermächtigungsgesetz der Weg geebnet, während der den Positivismus bekämpfende Schmitt zum „Kronjuristen des Dritten Reiches" aufstieg. Die Motive dieser Staatsrechtler für ihre jeweilige Position sind daher von besonderer Bedeutung.

*Aus dem Inhalt*: Der Vorrang der Verfassung in den deutschen Verfassungen des Früh- und Spätkonstitutionalismus · Den Verfassungsvorrang betreffende Auslegungen der Weimarer Reichsverfassung · Motive für die Ablehnung bzw. Anerkennung des Verfassungsvorrangs bei Hans Kelsen, Gerhard Anschütz und Carl Schmitt · Bedeutung der Kontroverse um den Verfassungsvorrang für das Scheitern der Weimarer Republik und die „Ewigkeitsgarantie" in Art.79 III des Grundgesetzes

FSC
www.fsc.org
MIX
Papier | Fördert
gute Waldnutzung
FSC® C083411

Kolibri 360 GmbH
Ferdinand-Jühlke-Straße 7
99095 Erfurt, Deutschland
produktsicherheit@kolibri360.de

Druck:
CPI Druckdienstleistungen GmbH
im Auftrag der
Kolibri 360 GmbH
Ferdinand-Jühlke-Str. 7
99095 Erfurt